CARLOS MAGNO

FUNDAÇÃO EDITORA DA UNESP

Presidente do Conselho Curador
Mário Sérgio Vasconcelos

Diretor-Presidente / Publisher
Jézio Hernani Bomfim Gutierre

Superintendente Administrativo e Financeiro
William de Souza Agostinho

Conselho Editorial Acadêmico
Luís Antônio Francisco de Souza
Marcelo dos Santos Pereira
Patricia Porchat Pereira da Silva Knudsen
Paulo Celso Moura
Ricardo D'Elia Matheus
Sandra Aparecida Ferreira
Tatiana Noronha de Souza
Trajano Sardenberg
Valéria dos Santos Guimarães

Editores-Adjuntos
Anderson Nobara
Leandro Rodrigues

GEORGES MINOIS

CARLOS MAGNO

TRADUÇÃO
NÍCIA ADAN BONATTI

editora
unesp

Título original: *Charlemagne*

© 2010 Perrin, Paris
© 2024 Editora Unesp

Direitos de publicação reservados à:
Fundação Editora da Unesp (FEU)
Praça da Sé, 108
01001-900 – São Paulo – SP
Tel.: (0xx11) 3242-7171
www.editoraunesp.com.br
www.livrariaunesp.com.br
atendimento.editora@unesp.br

Dados Internacionais de Catalogação na Publicação (CIP) de acordo com ISBD
Elaborado por Vagner Rodolfo da Silva – CRB-8/9410

M666c	Minois, Georges
	Carlos Magno / Georges Minois; traduzido por Nícia Adan Bonatti. – São Paulo: Editora Unesp, 2024.
	Tradução de: *Charlemagne* ISBN: 978-65-5711-223-6
	1. História. 2. Europa. 3. Idade média. 4. Sacro Império Romano-Germânico. 5. Carlos Magno. I. Bonatti, Nícia Adan. II. Título.
2024-1379	CDD 940 CDU 94(4)

Editora afiliada:

Asociación de Editoriales Universitarias
de América Latina y el Caribe

Associação Brasileira de
Editoras Universitárias

SUMÁRIO

INTRODUÇÃO 1

**1 – O MITO DE CARLOS MAGNO: MIL ANOS DE
METAMORFOSES (1000-2000)** 5

A ressurreição do ano 1000: o imperador germânico; São Carlos Magno? (1165); Carlos Magno como ancestral dos reis da França; Um homem para cada estação: cruzado, cavaleiro, universitário (séculos XII-XV); Carlos Magno, príncipe dos humanistas; Século XVII: a remitificação de Carlos Magno; Século XVIII: o herói das Luzes... e do anti-Iluminismo; Napoleão: "Eu sou Carlos Magno"; Carlos Magno romântico; Carlos Magno mestre-escola e objeto de estudo; Carlos Magno nazista e colaborador; Carlos Magno, emblema da União Europeia

**2 – DO MITO À REALIDADE: ESTUDO DAS FONTES
(SÉCULOS IX-X)** 57

Os diplomas oficiais; Os capitulares; Os Annales Regni Francorum; *Outros anais e liber pontificalis; As cartas de Alcuíno; O codex carolinus; As crônicas e seus limites; Eginhardo, testemunha privilegiada?; A* Vita Caroli, *texto de referência; Notker, o Gago: uma fonte acessória*

**3 – A EUROPA EM MEADOS DO SÉCULO VIII:
DOS MEROVÍNGIOS AOS CAROLÍNGIOS** 97

As invasões germânicas (séculos V-VII); A Europa entre romanidade e germanidade; A conquista árabo-muçulmana e seu impacto (séculos VII-VIII); O reino franco: dos merovíngios aos pepínidas; Carlos Martel, "vice-rei" (714-741); Pepino, coroado rei dos francos (751); O papa na França (754); As campanhas da Itália (755 e 756); Os vizinhos: Saxônia, Baviera e Bizâncio; Morte de Pepino, o Breve (768)

4 – UM REINO DIVIDIDO: CARLOS MAGNO E CARLOMANO (768-771) 139

O reino em 768: Economia e sociedade; Um Estado multinacional; Desentendimento fraterno; Projetos de casamentos lombardos (769-770); A morte de Carlomano (4 de dezembro de 771)

5 – SUCESSOS E FRACASSOS DE UMA POLÍTICA EXPANSIONISTA (772-780) 163

772: primeira campanha na Saxônia; 773-774: a campanha da Itália e a anexação do reino lombardo; 775: prioridade para a Saxônia; 776: guerras-relâmpago na Itália e na Saxônia; 777: Paderborn e os preparativos da guerra da Espanha; 15 de agosto de 778: Roncesvales; 779-890: uma retomada pelo direito e pela guerra

6 – A AFIRMAÇÃO DO PODER: SAXÔNIA, BAVIERA, ITÁLIA (781-788) 197

A frutífera estadia italiana de 781; Derrota de Süntel e massacre de Verden (782); 783: duas vitórias, um casamento e dois funerais; Submissão e conversão forçada da Saxônia (784-785); Interlúdio litúrgico, distúrbios internos e externos (785-786); Carlos Magno e Offa: o entendimento cordial; Do Benevento à Baviera (787-788); Novamente o problema italiano; Os ávaros e os aquitanos (788)

7 – A CALMA E A TEMPESTADE (789-793) 237

Demonstração de força contra os eslavos (789); A Admonitio generalis: um projeto de sociedade (789); Divulgação de instruções; 790: nada?; O incêndio em Worms e os trabalhos em Aachen; 791: a campanha contra os ávaros; 792: Annus horribilis; 793: saxões, sarracenos e carestia

8 – GUERRAS DE USURA E COMBATES POLÍTICO-RELIGIOSOS (794-799) 273

A luta religiosa contra Bizâncio: os Livros carolíngios; O Concílio de Frankfurt (794): o amálgama político-religioso; Morte de Fastrada e ressurgimento dos problemas saxão e ávaro (794 e 795); Um papa sob influência: Leão III; O ouro do ring (796); Pai e filho; Os problemas anglo-saxões (796); Guerra e paz na Saxônia (797); Campanha contra os Nordliudi e as novas embaixadas (798)

9 – 800: CARLOS MAGNO IMPERADOR 311

O atentado de 25 de abril de 799; O encontro de Paderborn (verão de 799); Os casos de sempre: saxões, ávaros, sarracenos, bretões; Os deslocamentos do ano 800; Roma, 23 de dezembro: humilhação do papa, exaltação do rei; A encenação da coroação imperial (25 de dezembro); O imperador e o papa: uma questão de relação de forças; Uma noção estranha à cultura franca; Imperador de qual império? A natureza incerta do novo regime

10 – OS DEVERES DE UM IMPERADOR (801-805) 355

Uma embaixada de Bagdá; Carlos Magno e Harun al-Rachid; Tomada de Barcelona (801); Flerte com Bizâncio; O capitular de março de 802: sermão ou programa político?; O juramento de 802 e os novos missi; *Os capitulares: votos piedosos?; A misteriosa visita do papa e o início da rendição; A fome e o capitular de Thionville (final de 805)*

11 – UM FINAL DE REINO DIFÍCIL: DECADÊNCIA DO PODER, MORTES E ÚLTIMOS ACERTOS (806-814) 393

A Divisio regnorum *de 6 de fevereiro de 806; Os capitulares de Nijmegen: os* missi *chamados à ordem (março de 806); Escassez crescente de soldados (807-808); Os anos cinzentos: 807, 808, 809; Um ano negro: 810; Um testamento meticuloso; 811: a inspeção das defesas costeiras; Os últimos anos (812-813); A coroação de Luís (setembro de 813); Morte de Carlos Magno (28 de janeiro de 814)*

12 – CARLOS MAGNO E SEU IMPÉRIO: DIVERSIDADE DE PAÍSES E FRAQUEZAS DAS TROCAS 439

O imperador e a percepção espacial de seu império; Quinze a vinte milhões de súditos: uma relativa escassez de mão de obra; Um mosaico linguístico e cultural; Países com status *diferentes; A economia a serviço da política e da religião; A moeda, um instrumento de unificação; Obstáculos e limites das trocas comerciais; O pequeno mundo dos mercadores*

13 – CIDADES E CAMPOS: UM IMPÉRIO RURAL À BEIRA DA PENÚRIA 475

As explorações agrícolas: a documentação; Estrutura da villa *carolíngia; Um campesinato com estatuto variado; Uma degradação da condição camponesa?; Uma economia de escassez, sempre à beira da fome; O capitular* De villis, *programa econômico de Carlos Magno; Uma rede urbana pobre*

14 – CARLOS MAGNO: O HOMEM E O SOBERANO 513
Força e simplicidade; Mulheres e filhos; Sensibilidade e bom senso; Os letrados do palácio; A Academia Palatina e as escolas; Uma devoção formalista e utilitária; Um regime cesaropapista

15 – O GOVERNO E A ADMINISTRAÇÃO 547
Uma aristocracia turbulenta e rebelde; Laços pessoais com os súditos: a vassalagem; O juramento e a preocupação de unidade; Assembleias e capitulares; Uma monarquia itinerante?; O palácio: uma administração restrita; Finanças reduzidas; Condes e missi

16 – GUERRA E PAZ: EXÉRCITO E CULTURA, INSTRUMENTOS DO PRESTÍGIO 585
O homem de ferro; Recrutamento e organização do exército; O cristianismo e a lei da guerra; Um mundo de violência e superstições; Bispos e abades, engrenagens administrativas e religiosas; A escrita como expressão da cultura; Cartas: a primazia da forma sobre o conteúdo; Artes na medida do império

CONCLUSÃO – CARLOS MAGNO: O PRIMEIRO EUROPEU OU O ÚLTIMO ROMANO? 625

CRONOLOGIA 635
Lugares de residência de Carlos Magno no Natal e na Páscoa segundo os Annales Royales

CRONOLOGIA GERAL SINÓPTICA 641

MAPAS 643

QUADROS GENEALÓGICOS 653

BIBLIOGRAFIA 657
Fontes impressas; Estudos e trabalhos sobre Carlos Magno e seu reino

ÍNDICE ONOMÁSTICO 667

INTRODUÇÃO

Carlos Magno é um desses gigantes da história que, como Alexandre, César e Napoleão, deixaram uma marca indelével na memória coletiva. Todos eles deram origem a lendas e mitos, o que é a suprema consagração da carreira de um grande homem, e o faz entrar no panteão dos heróis.

Para o historiador, essa marca de glória é ambivalente: por um lado, é reveladora da evolução cultural e, portanto, um interessante tema de estudo; por outro, é um envelope pesado que encobre a verdade histórica do personagem e torna muito mais difícil o acesso à sua existência autêntica, que deve ser o objeto de uma biografia. O caso de Carlos Magno é um caso típico disso. Como se pode acessar o "verdadeiro" Carlos Magno após as historietas imaginárias de Notker, as ficções épicas das *Canções de Rolando*, as piedosas imagens laicas do imperador visitando escolas? Durante 1.200 anos, a figura de Carlos Magno tem sido incessantemente recuperada, usada e manipulada, até seu último avatar, que consiste em fazer dele o pai da Europa, uma espécie de fusão de Adenauer e De Gaulle, que, de seu palácio em

Aix-la-Chapelle, não muito longe de Bruxelas, concilia os mundos germânico e francês.

Não constitui a menor dificuldade de uma biografia de Carlos Magno libertá-lo das sucessivas camadas de interpretações e manipulações orientadas que o tornaram um porta-voz de quase todas as orientações políticas desde a Idade Média. Mas essas metamorfoses do imperador do Ocidente através dos tempos são, elas próprias, elementos reveladores da evolução cultural, e como tal merecem ser relatadas. Portanto, iniciamos este livro com um resumo da história do mítico Carlos Magno, desde a abertura de sua tumba, no ano 1000, até a entrega do Prêmio Carlos Magno, no ano 2000. Retomar essa história é, ao mesmo tempo, desbravar as camadas arqueológicas sob as quais se encontra o "verdadeiro" Carlos Magno.

Mas o que resta? Ainda é possível reconstituir – nem falemos de ressuscitar – o grande carolíngio do ano 800? Para responder a essa pergunta, num segundo capítulo faremos um exame crítico das fontes disponíveis, a fim de ver o que delas pode ser extraído. A massa de documentos, anais, crônicas, correspondências, é mais importante do que se poderia pensar para um período tão distante e alegadamente bárbaro. Evidentemente, as precauções são necessárias, mas, desde que as regras elementares da crítica histórica sejam respeitadas, pareceu-nos que uma biografia razoavelmente precisa e completa desse personagem poderia ser produzida, sem o que não teríamos empreendido este trabalho.

Esta não é nem a primeira nem a última tentativa, longe disso. Sem conjecturar sobre as que virão, já há uma infinidade de biografias de Carlos Magno, das quais cerca de trinta são dignas de atenção, e uma dúzia ou mais de muito boa qualidade, até a mais recente, em inglês, publicada em 2008, pela professora Rosamond McKitterick. Então, por que outra? Esta é uma questão ritual e legítima quando se trata de assuntos históricos repisados. Neste caso, a resposta é bastante simples: nenhuma das boas biografias de Carlos Magno publicadas até o momento é uma verdadeira biografia. São frequentemente excelentes trabalhos sobre os acontecimentos do reino e seu contexto, às vezes estendidos a todo o período carolíngio, ou estudos críticos muito eruditos sobre as fontes (como no caso do livro de McKitterick). Procede-se por temas: Carlos Magno e os saxões, Carlos Magno e os lombardos, Carlos Magno e os ávaros, Carlos Magno e a Igreja, e assim por diante.

Dessa forma, o personagem é cortado em pequenos pedaços, às vezes muito dispersos, o que dificulta a reconstrução de sua vida.

Em nossa opinião, uma biografia, no sentido estrito, só pode ser cronológica. Uma vida se desenrola com o tempo, do começo ao fim, tornando-se gradualmente mais rica com o ritmo das experiências, felizes ou infelizes, e a vida de um soberano não é exceção a essa regra. Cortá-la em fatias verticais introduz uma clareza artificial que não permite reconstruir a evolução de um ser humano: é a dissecação de um cadáver. Como todo soberano, Carlos Magno tem que lidar com muitos problemas ao mesmo tempo, e essa simultaneidade deve ser levada em conta para compreender suas reações e decisões.

Uma biografia medieval certamente apresenta problemas específicos, devido ao caráter estritamente esquemático da documentação e à ausência de fontes relacionadas à vida privada e à infância. É por isso que concordamos plenamente com a conclusão de Hervé Martin, em seu notável trabalho sobre as *Mentalités médiévales*, quando ele escreve, no que diz respeito às biografias: "As histórias de vida nos parecem constituir uma das formas mais seguras de renovar a história das mentalidades e dar-lhe um segundo sopro, desde que não se fique preso a narrativas lineares e se conceba biografias estruturais, [...] todo indivíduo se inscreve em um campo de forças, que o molda e no qual ele imprime sua marca, em uma troca contínua". Jacques Le Goff deu um exemplo brilhante disso em seu *São Luís*.

Dito isso, Carlos Magno apresenta um problema particular, na medida em que a documentação a seu respeito é muito mais lacunar e heterogênea, a ponto de Jean Favier, autor de um *Charlemagne* em 1999, ter declarado em sua introdução: "Devo dizer ao meu leitor: a palavra biografia é inadequada para um livro sobre Carlos Magno", e dez anos depois Rosamond McKitterick escreveu: "Mesmo com a ajuda de Eginhardo, não teria sido possível apresentar este relato de seu reinado como uma biografia". Então, o empreendimento está condenado ao fracasso? Deixamos para cada leitor a tarefa de dar a resposta a esta pergunta. O que tentamos fazer é mesmo uma biografia e, para isso, depois do estudo do mito e das fontes, retraçamos o mais fielmente possível a vida e o reino de Carlos Magno, de modo cronológico e seguindo atentamente os documentos, em nove capítulos, antes de consagrar cinco à síntese dos aspectos econômicos, sociais, políticos, administrativos e culturais desse reino. Se essa parte temática já foi objeto de estudos notáveis sobre o mundo carolíngio, a parte cronológica é, ao nosso conhecimento, a primeira tentativa. Os dois aspectos se complementam, às vezes se repetem, e isso é inevitável, mas esperamos que deles venha a emergir um retrato coerente desse personagem, que é um marco importante na edificação da cultura europeia.

– 1 –

O MITO DE CARLOS MAGNO:
MIL ANOS DE METAMORFOSES (1000-2000)

Ano 1000, domingo de Pentecostes. Pode-se imaginar um momento mais propício para efetuar um gesto simbólico? Era o que pensava Oto III, imperador do Sacro Império Romano-Germânico. Vindo de Magdeburg para Aachen,[1] ele ordena a escavação no solo da famosa basílica para abrir a tumba de Carlos Magno. O problema é que a localização exata da tumba não é mais conhecida. Antigamente ela era marcada por um monumento, destruído pelos normandos em 881, e que nunca mais foi reconstruído. Segundo a crônica de Thietmar de Merseburg, escrita logo após o evento, por volta de 1012-1018, Oto, "sem saber o lugar exato onde estavam os ossos do imperador Carlos, ordenou que secretamente se abrisse o chão da igreja no lugar onde se presumia que eles estavam, e depois que se cavasse, até que foram realmente descobertos em um sarcófago real. Ele tomou para si a

---

1 Em francês, Aix-la-Chapelle. Fica no oeste do país, próxima à Bélgica e aos Países Baixos. (N. T.)

cruz de ouro que pendia do pescoço do morto e parte das roupas que ainda não haviam apodrecido; depois, colocou tudo de volta no lugar, com muito respeito".

A cena é descrita com mais detalhes na *Crônica de Novalesa*, no Piemonte, escrita pouco depois de 1027, baseada no testemunho de um dos atores, Oto, conde de Lomello e conde palatino de Pavia, uma das três pessoas que acompanharam o imperador germânico ao túmulo: "O imperador Oto III, chegando ao lugar onde o corpo de Carlos havia encontrado uma justa sepultura, desceu rapidamente à cripta com dois bispos e com Oto, conde de Lomello; o imperador era o quarto". O conde narrou assim: "Entramos e nos detivemos diante de Carlos. Ele não repousava deitado, como os outros cadáveres, mas estava sentado, como uma pessoa viva, numa espécie de trono. Usava uma coroa de ouro e tinha um cetro entre as mãos, que estavam cobertas por luvas; suas unhas haviam crescido e perfurado o tecido. Por cima dele havia um formidável dossel de pedra e mármore. Assim que chegamos, nós o perfuramos para poder transpô-lo. Ao entrarmos, sentimos um forte odor. Imediatamente, reverenciamos o falecido de joelhos e sem tardar o imperador Oto o cobriu com vestes brancas, cortou-lhe as unhas e arrumou tudo o que estava em desordem ao seu redor. A degradação não havia derrubado seus membros, mas lhe faltava a ponta de seu nariz; o imperador ordenou que se fizesse o reparo com um pedaço de ouro e retirou-lhe um dente da boca. Em seguida, restaurou o dossel e se foi".

A RESSURREIÇÃO DO ANO 1000: O IMPERADOR GERMÂNICO

A cena, confirmada pelas *Anais de Hildesheim* e pela *Crônica* de Adémar de Chabannes, é impressionante. Não é surpreendente que tenha inspirado os românticos oito séculos e meio depois. Em 1847, a Comissão de Arte da Renânia-Vestfália organiza um concurso para a elaboração de um grande afresco que decoraria o salão real da prefeitura de Aachen, representando Oto III no túmulo de Carlos Magno. O pintor Alfred Rethel vence a competição, e sua obra, cujo desenho agora é preservado em Dresden, é marcante, dramática e macabra. Na penumbra de um cinza-esverdeado pálido, o cadáver de Carlos Magno, sentado em um trono e segurando o cetro e um globo, é como um espectro misterioso, uma estátua do Comandante; um fino véu branco cobre seu rosto, cuja aparência emaciada, lívida, impassível e terrível pode ser adivinhada. O ancião barbudo tem um livro no colo, e ao seu lado estão pendurados sua espada e seu escudo. Os que assistem, cheios de admiração e de respeito diante dessa aparição de além-túmulo, se prosternam aos seus pés. A velha múmia parece estar prestes a se mover e falar.

O símbolo é muito forte. É uma espécie de ressurreição de Carlos Magno, que começa uma segunda vida, uma vida mítica. O imperador, cuja memória havia se dissipado gradualmente no tumulto que se seguiu ao colapso de seu império, a ponto de se perder o rastro de sua tumba, volta à vida. Uma vida espiritual, a de uma figura sagrada ou de um ícone, que será usada por mais de mil anos para justificar as mais variadas causas, até fazer dele o quase anjo da guarda da União Europeia.

Como em todos os mitos, porém, o imaginário supera o real, e o real é menos pitoresco que o imaginário. Carlos Magno foi enterrado rapidamente, no mesmo dia de sua morte, em 28 de janeiro de 814, e ninguém então se preocupou em montar essa cena macabra, que nenhuma fonte de primeira mão assinala, da qual não se veria a utilidade, e que não se teria tido tempo para realizar. O fato de ter sido imaginado que Carlos Magno foi enterrado sentado provavelmente deriva de uma confusão na leitura da *Crônica de Novalesa*, na qual se diz que o imperador estava *"in quandam cathedram ceu vivus residebat"*. A expressão *in cathedram resido* era usada para dizer sobre um bispo, não que estava inumado num trono, mas que ele usava seus ornamentos *como se* estivesse sentado em um trono. Thietmar, por outro lado, diz que ele estava *in solio regio*, o que pode muito bem significar um sarcófago real.

O fabuloso destino póstumo de Carlos, o Grande, desde o início é, portanto, colocado sob o signo do sagrado e do imaginário. Ele ainda não foi canonizado, mas suas unhas e um dente já foram tirados para serem transformados em relíquias; a cruz peitoral e o pequeno talismã que ele usava ao redor do pescoço também são retirados, para serem venerados por gerações de admiradores, e hoje fazem parte dos tesouros da Capela Palatina em Aachen e do Palácio de Tau em Reims. Após ter sido feita a limpeza, reequipado o cadáver com um nariz de ouro e colocado roupas limpas, cortado as unhas e arrancado um dente, a tumba é fechada. O redator dos *Anais de Hildesheim* se declara indignado com essa violação da sepultura, realizada "contra as leis da religião divina". Mas ele não avalia o imenso alcance simbólico do acontecimento. A partir daquele momento, Carlos Magno, que começa sua vida mítica, não pertence mais a si mesmo. Ele toma uma dimensão lendária, desproporcional à sua efêmera existência real, de 742 a 814.

Com esta ressurreição do ano 1000, o mítico Carlos Magno inicia uma carreira extraordinária, que acaba por obscurecer a realidade de sua vida física. Pode-se dizer que este é o caso de muitos grandes personagens. No entanto, é excepcional ver a lenda apagar a realidade a esse ponto. Para personagens mais recentes, o peso dos documentos históricos é tal que a lenda só pode tomar um voo limitado. Assim, a lenda napoleônica só pode se libertar da realidade, lembrada por uma infinidade de textos autênticos, em proporções bem restritas. A distância entre o Napoleão mítico e o verdadeiro Napoleão é relativamente modesta. Além disso, o mítico Napoleão é unidimensional; ele é o homem de um partido, de uma concepção da vida política, e nunca está muito longe daquilo que foi o homem real. Com Carlos Magno, ao contrário, a escassez de fontes e a espessura do tempo permitiram que a lenda elaborasse um personagem que só remotamente se relaciona com o filho de Pepino. Além disso, tendo vivido na era das trevas da Alta Idade Média, antes dos confrontos e debates que dividiram a Europa há mil anos, ele pode ser "recuperado" para todas as causas, todas as partes, todas as opiniões. Pode ser usado como referência tanto pelos partidários da monarquia absoluta quanto pelos do parlamentarismo, pelos da preponderância francesa, pelos da preponderância alemã, pelos do nacionalismo, pelos da União Europeia, pelos da escola pública, pelos da educação confessional, pelos do secularismo, pelos do cesaropapismo, pelos do Estado de direito e pelos da ditadura, pelos da cultura humanista e pelos da censura religiosa, pelos da guerra santa e pelos da *Realpolitik*, e muitos outros ainda. Cada um tem seu próprio Carlos Magno, e não há risco de ser contrariado por documentos históricos, que são ao mesmo tempo raros e exigem uma exegese meticulosa, na ausência da qual se pode fazer dizer qualquer coisa. Da mesma forma que existe um Jesus histórico, do qual não conhecemos quase nada, e um Jesus teológico, que emergiu de uma corrente de especulações em algumas páginas de textos duvidosos, também existe, guardadas todas as proporções, um Carlos Magno histórico, chefe bárbaro da família dos Pipinidas, que travou lutas obscuras nas florestas germânicas há 1200 anos, e um Carlos Magno mítico, super-homem dotado de todas as qualidades, e que serve de caução para todas as causas. Quando a dimensão mítica atinge tais proporções, pode-se perguntar qual é o "verdadeiro" personagem, ou melhor, pode-se afirmar que os dois são "verídicos". O personagem mítico é o arquétipo, no sentido que lhe dava Jung: pelo papel que ele desempenha na consciência coletiva e na consciência individual, é tão real quanto o personagem histórico. O Jesus teológico também é tão real quanto o Jesus histórico, ainda que, sem dúvida, nada tenha a ver com ele. O mesmo ocorre com os dois Carlos Magnos.

É por isso que uma biografia do carolíngio é necessariamente dupla, e nos parece normal começar pela vida do Carlos Magno mítico. A ordem lógica prevalece sobre a ordem cronológica. De fato, na medida em que durante mil anos é o caráter mítico que se impõe, acumulando sucessivas camadas de interpretações e manipulações, é ele que espontaneamente vem à mente. A primeira coisa a fazer é recompor as principais linhas da história desse mito para melhor medir o quanto o Carlos Magno da consciência coletiva contemporânea é fruto das deformações e manipulações dos políticos e intelectuais do último milênio, que usaram a imagem do imperador para defender as mais variadas causas. O resultado é um Carlos Magno caleidoscópico e quimérico, cuja carreira tem poucos equivalentes na cultura ocidental.

Essa carreira começa, de maneira lógica, como a de um campeão da causa germânica, e mais precisamente otoniana. O gesto de Oto III no Pentecostes do ano 1000 não foi obviamente motivado por simples curiosidade ou admiração, como dizem os *Anais de Hildesheim*. Está em consonância com a restauração do Império Romano empreendida em 962 por Oto I. Após a morte de Carlos Magno e o triste reinado de seu filho Luís, o Piedoso, o império tinha sido dividido em três pelo Tratado de Verdun, em 843. Após a desintegração da parte central, dois territórios se enfrentam: França e Germânia.

O título de imperador ainda é usado por alguns governantes medíocres, mas depois cai em desuso. A própria dinastia carolíngia acaba por afundar nos solavancos da política caótica dos séculos IX e X: na Frância Ocidental, ela desaparece pela primeira vez em 888, e depois definitivamente em 987, com a eleição de Hugo Capeto. Na Frância Oriental, ou Germânia, é um duque saxão – que vingança sobre Carlos Magno – que se torna rei em 919: Henrique I, chamado de Passarinheiro. Seu filho, Oto I, é coroado rei em 936, na capela do palácio de Aachen, em cima do túmulo do imperador. Durante a cerimônia, ele aparece vestido em estilo franco e senta-se no trono de Carlos Magno. Guerreiro e conquistador, obtém uma grande vitória sobre os húngaros em Lechfeld, em 955, o que evoca a vitória de Carlos Magno sobre os ávaros. Ainda é preciso dar o último passo: em 2 de fevereiro de 962, Oto I é coroado e sagrado imperador do Santo Império Romano Germânico, em Roma, pelo papa João XXII. A nova entidade política, que durará oito séculos e meio, pretende-se global, reunindo elementos fictícios e reais em uma síntese heteróclita de pretensão universal: o império é cristão (santo), ficticiamente romano, e verdadeiramente germânico, mesmo que também englobe outros povos.

Para a ocasião, confecciona-se uma "coroa de Carlos Magno", sem levar em conta o fato de que ele não usava uma. Mas veremos que o período não é muito cuidadoso quanto ao uso de falsidades. Foi essa coroa que Albrecht Dürer representou em 1512, em seu majestoso retrato de Carlos Magno, na Câmara das Relíquias em Nuremberg. O objeto é altamente simbólico, consistindo em oito placas de ouro articuladas entre si por dobradiças e reforçadas por dois círculos de ferro. As oito placas formam um octógono, ou seja, a intersecção de dois quadrados: um, com placas menores, representa a Jerusalém terrestre, e o outro, com placas maiores, a Jerusalém celeste. As placas da frente e de trás são adornadas com doze pedras preciosas, como a placa peitoral do sumo sacerdote no templo de Jerusalém: uma evocação tanto das doze tribos de Israel quanto dos doze apóstolos. As placas são alternadamente esmaltadas e sem esmalte, representando cenas com lendas que lembram as origens e deveres do poder imperial: Cristo em majestade ("É por mim que reinam os reis"), Davi ("A honra do rei é amar o direito"), Salomão ("Temei o Senhor e afastai-vos do mal"), Isaías ("Adicionarei quinze anos ao número de teus dias"). A placa dianteira é sobreposta por uma cruz, provavelmente acrescentada no século XI, assim como o arco que une as placas dianteira e traseira, o que permite que a coroa seja usada ao mesmo tempo que uma mitra: a dignidade imperial também tem uma dimensão sacerdotal.

A panóplia do imperador perfeito se enriquecerá no decorrer da Idade Média por outras falsidades de prestígio. Em 12 de março de 1350, o filho de Luís da Baviera entrega uma coleção inteira ao imperador Carlos IV de Luxemburgo: espada, túnica branca, manto vermelho, luvas bordadas, globo de ouro, tudo supostamente pertencente a Carlos Magno, é claro. Os reis da França não ficam atrás: uma pesada "coroa de Carlos Magno", feita no século XIII, destruída pelos *ligueurs*[2] em 1590 e imediatamente substituída por outra, também atribuída ao imperador; uma "espada de Carlos Magno", cujas peças mais antigas são datadas do século X, e as mais recentes, do século XII, usada durante as coroações dos reis da França.

Oto, coroado rei em Aachen em 936, sagrado imperador em Roma em 962, inscreve-se na tradição carolíngia. Alguns dias após a sagração romana, ele confirma ao papado os territórios cedidos por Carlos Magno. A abertura da tumba, que permite a Oto III recuperar algumas relíquias no ano 1000, completa a afirmação explícita de uma filiação espiritual e política entre o grande carolíngio e o soberano da Germânia. A partir de então, Carlos Magno é a figura emblemática dos titulares do Santo Império Romano-Germânico. Aachen é a cidade da coroação até Carlos V e de seu irmão Ferdinando, em 1530. As moedas alemãs trazem a efígie do imperador, como o denário de Hersfeld em 1075, as moedas de prata cunhadas em Aachen no século XIII, as moedas de ouro e de prata do século XIV, e as de Frankfurt e Zurique no século XV.

SÃO CARLOS MAGNO? (1165)

Promovido ao *status* de fundador da potência imperial germânica, em 1165-1166 Carlos Magno alcançará uma honra de outra ordem: a santidade, ao mesmo tempo que também é considerado o defensor da independência do império em relação ao papado. Natal de 1165: O imperador Frederico I, também conhecido como Frederico Barbarossa (ou Barba Ruiva), está em Aachen com seu aliado Henrique II Plantageneta, rei da Inglaterra. Ambos têm problemas com o papa, Alexandre III, contra o qual Frederico apoia um antipapa, Pascal III. Para fortalecer sua causa, Barbarossa simplesmente decide canonizar Carlos Magno, no decorrer de uma encenação tão boa quanto a de Oto III. Trata-se de "exaltar", ou seja, exumar o corpo do carolíngio, com o objetivo de glorificá-lo. Mas ele enfrenta o mesmo problema que

---

2 Membros da Liga, nos reinados de Henrique III e Henrique IV. A Liga era um partido de católicos cuja finalidade era proteger essa devoção do protestantismo, durante as guerras de religião francesas do final do século XVI. (N. T.)

seu antecessor: a localização do túmulo havia sido perdida novamente! Isso é bastante curioso, concernindo a uma tal celebridade, e num espaço tão restrito quanto a capela palatina... Mas o fato permite a Frederico mostrar que Deus está do seu lado: é por uma "revelação divina", diz ele, que a localização do túmulo é encontrada, porque "o corpo santíssimo tinha sido prudentemente escondido por medo dos inimigos externos ou do inimigo íntimo [o diabo]". Isto é o que ele escreve alguns dias depois, em 8 de janeiro de 1166, em um documento que confirma um falso ato de Carlos Magno em favor da cidade de Aachen. Nele, o soberano explica que o carolíngio levou uma vida santa: fundador de bispados, abadias e igrejas, dedicou sua vida à conversão de infiéis e pagãos, fez a peregrinação a Jerusalém (uma lenda generalizada no século XII), e, tendo assim sacrificado sua vida a serviço da fé, merece o título de confessor e mártir:

> Ele desejou com toda a força de seu coração obter recompensas eternas, espalhar a glória do nome cristão, propagar a prática da religião divina; quantos bispados ele fundou, quantas abadias, quantas igrejas ele construiu, desde os alicerces, com quantas propriedades e benfeitorias ele as enriqueceu, com que grandes esmolas ele brilhou não apenas aquém dos mares, mas também além-mar: suas ações e os inúmeros grandes escritos que registram suas façanhas dão um relato mais detalhado, com uma evidente autenticidade. Para difundir a fé cristã e converter os bárbaros, ele foi um corajoso atleta e um verdadeiro apóstolo, como o atestam a Saxônia, a Frísia e a Westefália, mas também os espanhóis e os vândalos, todos eles convertidos à fé católica pela palavra e pela espada. E mesmo que a espada não lhe tenha tirado a vida, o tormento de vários sofrimentos, a incerteza dos combates, e a vontade cotidiana de morrer pela conversão dos pagãos são fatores que fizeram dele um mártir. E hoje o reconhecemos e o adoramos na terra como um santo confessor, que levou uma vida santíssima, que foi encontrar Deus depois de uma pura confissão e de uma verdadeira penitência, e que acreditamos estar coroado no Céu como um santo confessor entre os santos confessores.

Por isso, continua o imperador, "com o acordo e a aprovação do senhor papa Pascal e com a anuência de todos os nossos príncipes, tanto seculares como eclesiásticos, realizamos uma cerimônia solene no Natal, em Aachen, para revelar, exaltar e canonizar seu santíssimo corpo". Obviamente, a descoberta da tumba foi um sinal da aprovação divina. Exumam-se os restos de Carlos Magno, dos quais dois ossos do braço são removidos e colocados em um relicário de ourivesaria. O restante é colocado em um santuário provisório, que logo é substituído por outro, magnífico, com decoração de prata dourada e que retrata episódios da vida do falecido. Em 27 de julho de 1215, o imperador Frederico II torna a fechar o santuário, em uma grandiosa cerimônia em Aachen, e toma a cidade sob sua proteção especial.

A canonização de Carlos Magno é, portanto, realizada em condições excepcionais. Nessa época, as regras do procedimento de canonização ainda não estão bem definidas. Na verdade, é um momento de plena transição. O próprio termo "canonização" surge no início do século XI, e até então é uma espécie de consenso informal entre a opinião dos fiéis, que organizam um culto espontâneo em torno do corpo de uma pessoa venerada, ao qual se atribuem milagres, e a aprovação dos bispos. No século XII, o papado começa a colocar alguma ordem nesse procedimento, reservando-se gradualmente o direito exclusivo de instituir santos. Eugênio III (1145-1153) é o primeiro a pronunciar canonizações fora de um concílio ou de um sínodo. Alexandre III (1159-1181), que é justamente o papa oficial da época de Frederico Barbarossa, pronuncia doze canonizações, e recusa a de Carlos Magno. Mas Barbarossa tem o acordo do antipapa Pascal e o apoio da *vox populi*, ainda considerada essencial nesse assunto: é na presença de "uma grande assistência de príncipes e uma enorme multidão de clérigos e laicos", escreve, que ele proclamou Carlos Magno santo. A consulta do papa ainda não é absolutamente obrigatória. A proclamação só será afirmada em 1215 pelo IV Concílio de Latrão, que não tem efeito retroativo.

Então, Carlos Magno é ou não é um santo? Para nós, a questão é puramente formal. Não era assim no século XII, quando tinha consideráveis implicações culturais, religiosas e econômicas. O local da sepultura se torna um centro de peregrinação, atraindo multidões e suas oferendas, atraídas pela perspectiva de milagres. O corpo, desmembrado, alimenta um lucrativo comércio de relíquias, pois a demanda é muito forte: possuir um pedaço de um santo reconhecido é uma forma das igrejas de atrair peregrinos. Carlos Magno, já privado de um dente por Oto, amputado de um braço por Barbarossa, logo perde a tampa do crânio, que o imperador Carlos IV mandará colocar num soberbo relicário. Outras peças vão para Bruges, Fulda, Osnabrück, Halle e Zurique (1233). A parte principal das relíquias obviamente permanece em Aachen, no esplêndido santuário criado por volta de 1200, na companhia de outras relíquias preciosas: uma fralda do menino Jesus, o pano que envolveu a cabeça decepada de João Batista, a roupa usada pela Virgem Maria no nascimento de Cristo. No século XIV, o imperador Carlos IV, um grande colecionador de relíquias, presenteia o rei Carlos V da França com um dente de Carlos Magno.

Espontaneamente, o culto de São Carlos Magno se estende para Estrasburgo por volta de 1175, depois para Metz, Paderborn, Fulda, Frankfurt, Münster, Osnabrück, Bremen, Verden, Lorsch e Halberstadt. Estátuas, pinturas, trabalhos de ourivesaria e vitrais celebram o santo imperador, cujo dia de festa é 28 de janeiro, aniversário de sua morte. A atitude das autoridades eclesiásticas em relação a São Carlos Magno é notavelmente ambígua. A canonização nada mais é que uma demonstração de força de Frederico Barbarossa, que, além de tudo, é apoiado por um antipapa contra o papa legítimo. A Igreja poderia muito bem tê-la declarado nula e sem efeito. Mas, diante da extensão do fervor popular, da difusão espontânea do culto, das relíquias e das peregrinações, contentou-se em adotar a estratégia que havia funcionado tão bem em muitas áreas: a indefinição, uma atitude que permite adaptar-se a todas as circunstâncias. O próprio Alexandre III, inimigo de Frederico Barbarossa, tem o cuidado de não negar a canonização, mas não a confirma. Afinal, uma celebridade como Carlos Magno é um bom recruta para as legiões celestiais, mesmo que ele tenha entrado no paraíso por efração. Além disso, pode-se agradecer-lhe por ter confirmado ao papa a doação dos Estados pontificais. Então, a Igreja faz vista grossa. Inocêncio III, em 1202, quando declara que tinha sido ela quem "transferiu o Império Romano dos gregos para os germânicos na pessoa de Carlos, o Magnífico", permanece silencioso sobre a santidade do personagem, mas, em 1226, um legado papal dedica um altar na capela de Aachen em honra aos santos apóstolos e ao "bem-aventurado rei Carlos", um reconhecimento implícito de sua beatificação. Em 1234, os *Decretais* de Gregório XI, que tornam obrigatória a consulta ao papa para uma canonização, não são retroativos. Em meados do século XIII, o canonista Henrique de Susa estipula que somente o papa pode decretar o culto de um santo, mas, por uma especial "tolerância da Igreja Romana", é feita uma exceção para a veneração de Carlos Magno em Aachen. Instala-se dessa forma a imprecisão; com o tempo, o culto a São Carlos Magno torna-se uma tradição, um fato consumado, e sua antiguidade lhe dá uma espécie de legitimidade. No século XVIII, Bento XIV conclui que, como não houve condenação, pode-se pensar que houve uma beatificação "equipolente", ou seja, por equivalência. Carlos Magno nunca foi incluído no calendário litúrgico romano, o que significa que também nunca foi retirado dele: uma maravilhosa flexibilidade da instituição eclesiástica! O culto a São Carlos Magno pôde assim se perpetuar até o século XX, especialmente na Alemanha.

CARLOS MAGNO COMO ANCESTRAL DOS REIS DA FRANÇA

Durante toda a Idade Média, Carlos Magno é de fato um herói e santo germânico. A monarquia francesa, no entanto, reivindicou o grande antepassado como sendo seu e procurou afrancesá-lo. A monarquia capetiana de fato tenta se aproximar da dinastia carolíngia. A avó de Hugo Capeto, Beatriz, é trineta de Carlos Magno, o que é um vínculo bastante tênue e, além disso, um vínculo feminino. Mas há descendentes mais diretos: os condes de Vermandois, que descendem em linha masculina de Pepino, conde de Vermandois, bisneto de Carlos Magno. Ao se casar com membros da família de Vermandois, os Capetos recuperam algumas gotas do sangue carolíngio. Roberto, avô de Hugo Capeto, morto em 923, casa-se com Beatriz de Vermandois; sua filha Hildebrande tinha sido casada com o conde Herberto II de Vermandois, morto em 942; Hugo da França, bisneto de Hugo Capeto, morto em 1101, casa-se com Adélia de Vermandois, e seu filho, Raul de Vermandois, morto em 1152, é senescal da França.

Muito mais eficaz na recuperação de Carlos Magno pela monarquia francesa é a ação da abadia de Saint-Denis no século XII. O mosteiro, que pretende tornar-se o centro simbólico dessa monarquia para fazer face a Reims, cidade de Clóvis e da coroação, desenvolve uma campanha de opinião cujo principal argumento é a ligação privilegiada com Carlos Magno, de quem se exalta, ao mesmo tempo, o papel de fundador da monarquia francesa. Se ela não tem o corpo do imperador, tem o de seu pai, Pepino, o Breve; se não possuem documentos autênticos, inventam-se: nada poderia ser mais fácil para os copistas habilidosos do *scriptorium* da abadia do que forjar, em meados do século XII, um diploma de Carlos Magno conferindo a Saint-Denis a primeira posição no reino, e a seu abade a primazia sobre o monaquismo francês. Se faltam fatos históricos autênticos, eles também são inventados: já no final do século XI, uma canção de gesta, *Le Pèlerinage de Charlemagne* [A peregrinação de Carlos Magno], relata que o imperador foi a Jerusalém e que de lá trouxe relíquias da Paixão, as quais seu neto Carlos, o Calvo, ofertou à abadia. Por volta de 1150, um monge de Saint-Denis, oriundo do sudoeste, escreve uma *Histoire de Charlemagne et Roland* [História de Carlos Magno e Rolando], relatando as fabulosas façanhas do imperador na Espanha e sua peregrinação a Compostela, uma peregrinação que não existia na época de Carlos Magno, mas quem se importa com isso? A história é ficticiamente colocada na boca do arcebispo Turpin, que teria sido monge em Saint-Denis, daí o título sob o qual esta história, aceita como líquida e certa na Idade Média, é conhecida: a *Chronique du Pseudo-Turpin* [Crônica do Pseudo-Turpin]. Mostra Carlos Magno devotando a França a Saint-Denis e, no seu retorno de Roma, colocando seu diadema no altar da abadia. Outras lendas circulam, como aquela segundo a qual Carlos Magno teria proibido a coroação de reis em outro lugar que não em Saint-Denis. E, em todas essas histórias, Carlos Magno é um francês: ele é o rei dos francos, e quem diz francos não diz francês? A homonímia ajuda a esquecer que os francos eram um povo germânico. E é ainda outra fábula que liga a auriflama[3] – mantida em Saint-Denis e que os reis da França buscam a cada vez que vão à guerra – a Carlos Magno: o imperador Constantino (início do século IV), lutando contra os muçulmanos (religião que surgiu no século VII), sonha que um anjo lhe pede para apelar a Carlos Magno (final do século VIII); este último, um velho barbudo, aparece então a Constantino, e a ponta de sua lança "emitia uma chama ardente", diz a lenda.

É ainda um monge de Saint-Denis, Rigord, que, no final do século XII, usa pela primeira vez o nome de Augusto em conexão com o rei francês, Filipe II, em sua crônica da *Gesta Philippi Augusti*. Esse título, que pode parecer bastante incongruente para um rei francês, é uma lembrança direta dos imperadores romanos, e é o título usado para aclamar Carlos Magno como imperador em

---

3 "Bandeira, estandarte vermelho recamado de chamas ou estrelas de ouro que, na Idade Média, os reis de França levavam para a guerra" (*Dicionário Houaiss*). (N. T.)

800. Desde então, a monarquia francesa, a fim de se libertar da superioridade teórica do imperador do Santo Império Romano-Germânico, enfatizará sua origem carolíngia. É isso que se dá o nome de *Reditus Regni ad stirpem Karoli*, o retorno da coroa à raça de Carlos Magno. O rei é "imperador em seu reino", mesmo que a fórmula só date de Felipe, o Belo: ele reivindica a igualdade com o imperador germânico, em nome da mesma origem deles em Carlos Magno.

Erige-se este último como um arquétipo de soberano, um modelo político, mas também uma referência de virtudes cristãs e domésticas. Em seu *Carolinus*, um poema moral destinado à educação de Luís, filho de Filipe Augusto, o cônego Gilles de Paris dá como exemplo o grande imperador, que se contenta com quatro pratos e quatro taças de vinho em suas refeições. Ele encarna as virtudes da prudência, justiça, força, temperança e utilidade, e Gilles de Paris não tem medo de fazer dele um modelo de fidelidade conjugal, o que é ir um pouco longe demais na idealização de um soberano que colecionava concubinas e bastardos. Esta é uma forma indireta de o autor criticar as aventuras matrimoniais de Felipe Augusto. Além disso, ele elogia Carlos Magno por ter conquistado a Europa. Ao mesmo tempo, Guillaume, o Bretão, celebra em Felipe Augusto a ressurreição da "virtude" carolíngia. Um pouco mais tarde, por volta de 1250, Gilberto de Tournai, traçando para Luís IX o retrato do soberano ideal, toma Carlos Magno como exemplo, e Vicente de Beauvais, em seu *Miroir historial* [Espelho da história], elabora um modelo idealizado do imperador.

Chegamos à época de São Luís, cuja prestigiosa imagem poderia apagar a de Carlos Magno como a figura de proa da monarquia francesa, mas este não é o caso. Primeiramente, o próprio São Luís é apenas o "sucessor do invencível Carlos Magno", que, portanto, continua sendo o ancestral de referência, segundo o cronista Matthieu Paris. Em segundo lugar, com a transição para a dinastia dos Capetos Valois em 1328, o número dos Luíses ficou bloqueado em nove, e o dos Carlos aumentaram de modo espetacular: o efêmero número IV (1322-1328) foi seguido pelos números V (1364-1380), VI (1380-1422), VII (1422-1461), VIII (1483-1498) e, um pouco mais tarde, IX (1560-1574). Essa onda de Carlos é tanto uma homenagem a Carlos de Valois, origem desse ramo, quanto uma lembrança de Carlos Magno. Finalmente, não se deve esquecer que, assim como São Luís, Carlos Magno também é um santo: sua festa é celebrada duas vezes por ano na capela real: em

28 de janeiro e em 27 de julho, data do fechamento do relicário que contém seus restos mortais. A liturgia do missal de Aachen é utilizada para esses serviços.

A veneração a Carlos Magno aumenta consideravelmente na França no século XIV, que começou com a grande epopeia de 23 mil versos compostos por volta de 1300 por Girard d'Amiens: *Charlemagne*. Por volta de 1312, quando Jacques de Longuyon inventa a lista dos nove homens valentes em seu romance *Les Vœux du paon* [Os votos do pavão], escrito para Thibaud de Bar, príncipe-bispo de Liège, Carlos Magno é um dos três valentes cristãos, junto com Artur e Godofredo de Bulhão, enquanto São Luís não é incluído. Assim, o imperador faz parte desse clube muito fechado que também inclui Josué, David, Judas Macabeu, Heitor, César e Alexandre.

Durante a Guerra dos Cem Anos, ele é chamado como reforço para os Plantagenetas: Cristina de Pisano, na sua *Histoire de Charles V*, lembra que a Gasconha, pomo da discórdia entre os reis da França e da Inglaterra, está claramente "sujeita ao reino da França", pois foi conquistada por São Carlos Magno; e, para elogiar os méritos do rei Carlos V, ela o compara a *"Charlemaine, qui, par la haultece de sa proece, fu appellé Charles le Grant"* [Carlos Magno, que, pela grandeza de sua proeza, foi chamado Carlos, o Grande]. Em várias cidades do reino, São Carlos Magno é celebrado. Em Reims, a Aachen francesa, ele é colocado, nas grandes litanias, entre Santo Agostinho e São Luís.

Carlos V, que reina de 1365 a 1380, é um grande admirador de Carlos Magno. Ele manda fazer um novo cetro, que atualmente pode ser visto no Louvre, decorado com uma estatueta de ouro do imperador, sentado, usando coroa e cetro, e decorado com cenas da lenda carolíngia. A inscrição fala de "São Carlos Magno". Em 1369, o rei isenta os comerciantes de Aachen dos impostos exigidos dos estrangeiros que entram no reino. Seu jurista, Jean Golein, sem pejo, atribui a Carlos Magno a regra de sucessão ao trono por ordem de primogenitura masculina. Na mesma época, o imperador alemão Carlos IV, que aliás é tio do rei Carlos V, também é um admirador incondicional do carolíngio. Ele estimula a peregrinação a Aachen e manda fazer magníficos relicários para a tampa do crânio e para alguns outros fragmentos de seu ídolo. E os dois Carlos procedem a trocas de relíquias: um dente de Carlos Magno enviado em 1367 a Carlos V, que por sua vez presenteia Carlos IV com um precioso frasco, no qual se vê São Tiago ordenando a Carlos Magno que vá libertar a Espanha.

O imperador carolíngio é então um elemento de aproximação entre a França e a Germânia, o que é excepcional. Na maior parte do tempo, os juristas de ambos os lados do rio Mosa competem entre si em sutilezas, a fim de se apoderar do grande antepassado. Nessa competição, os reis da França têm uma desvantagem: falta-lhes o título de imperador, o que não impede o notário Galbert de Bruges, no século XII, de decorar Luís VI com o título de *imperator Franciae*, e os juristas de Felipe, o Belo, afirmarem categoricamente que "o rei da França é imperador em seu reino". A resposta alemã, por volta de 1300, é: Carlos Magno é alemão, e o Império Germânico, do qual ele está na origem, é mesmo o império universal, ao qual os reis estão sujeitos, incluindo o rei da França. Essa afirmação é confirmada por Lupold de Bebenburg e, em 1312, pelo imperador Henrique VII. Já no século XII, Godofredo de Viterbo declarava que Carlos Magno, nascido em Ingelheim, era indubitavelmente alemão.

No século XV, os reis da França tomam novamente a ofensiva. Sob Carlos VII, o *Retable du Parlement* [retábulo do parlamento], um grande quadro que reflete a posição oficial, colocado na grande sala do Parlamento de Paris, mostra, no painel direito, Carlos Magno, a única figura a olhar diretamente para o espectador, com o olhar de justiceiro, encarnando força, justiça e unidade, ao lado de Saint Denis, que se contenta em carregar sua cabeça decepada. Luís XI, outro grande admirador de Carlos Magno, manda colocar sua estátua junto à de São Luís na capela do Parlamento. Em 1475, ele inaugura oficialmente o culto a São Carlos Magno na França, fixado em 28 de janeiro. Em Paris, este será um dia feriado. Além disso, ele oferece um esplêndido relicário a Aachen, para conter o braço do imperador, e nunca se separa da "verdadeira Cruz de São Carlos Magno", que se dizia ter sido trazida da Terra Santa pelo imperador, que jamais colocou os pés lá.

Para Carlos VIII, Carlos Magno é o herói absoluto, o ídolo, o modelo cujas façanhas, reais ou supostas, ele sonha em imitar, tais como as lera em Eginhardo, na *Canção de Rolando*, no *Pseudo-Turpin*, nas *Grandes Crônicas*. Para a chegada de sua esposa Anne da Bretanha a Paris, ele manda que seja recepcionada por um homem representando Carlos Magno; em 1492, ele dá ao seu primogênito o estranho nome de Carlos-Orlando, o que é um programa e tanto, pois é o nome de Carlos Magno e o de Rolando, mas em sua forma italiana (Orlando), o que é um convite para conquistar a Itália, assim como Carlos Magno tinha invadido o reino lombardo. Para atraí-lo, o duque de Milão, Ludovico, o Mouro, que conhece sua paixão, escreve-lhe em 1494: "Eu o ajudarei a fazer ainda mais do que Carlos Magno". Carlos VIII manda copiar a história do carolíngio para seu filho, e é como um novo Carlos Magno que ele se apresenta na Itália, fazendo um desvio pelo Monte Cassino, para seguir as pegadas de seu modelo.

UM HOMEM PARA CADA ESTAÇÃO: CRUZADO, CAVALEIRO, UNIVERSITÁRIO (SÉCULOS XII-XV)

Carlos Magno germanizado, afrancesado e canonizado, foi retomado por todas as grandes causas da Idade Média. No final do século XI, quando começam as cruzadas, ele é promovido ao cargo de iniciador da viagem a Jerusalém e patrono da luta contra os muçulmanos. O texto fundador nesse campo é a *Canção de Rolando*, um poema épico de gênese misteriosa e sucesso prodigioso. O herói, é claro, é Rolando, mas no fundo, como um Deus Pai, que ordena e vinga, Carlos Magno aparece como o campeão da guerra santa, o exterminador dos muçulmanos. A narrativa, que se imagina ter sido elaborada por volta de 1100, mas que utiliza elementos anteriores da tradição oral, de fato fixa sobre o carolíngio múltiplos papéis que são centrais para os valores culturais da sociedade aristocrática do início do século XII: o cruzado, o cavaleiro, o rei. Não se trata mais de verdade histórica, é claro. O episódio obscuro de Roncevaux é apenas um pretexto. Carlos Magno é usado para servir às preocupações de 1100: a Primeira Cruzada acaba de ser concluída, e a prioridade da cristandade ocidental é agora a luta contra os infiéis muçulmanos. Não importa que Carlos Magno nunca houvesse considerado a ideia de uma guerra santa; não importa que tivesse visitado a Espanha apenas uma vez durante seu longo reinado: ele é erigido como o modelo do cruzado. Este é também o auge da monarquia feudal, em que o rei só toma decisões após discussão com seus pares, e está ligado a seus vassalos por obrigações mútuas: na *Canção*, o imperador consulta seu conselho, no qual ocorrem ácidos debates, e respeita as opiniões dos vassalos: ele é o modelo do soberano feudal. Ele é também o valente ideal, o cavaleiro que é corajoso, forte e caridoso. Assim, todas as qualidades essenciais exigidas pelos códigos da sociedade cavalheiresca e feudal são implantadas nele. A *Canção de Rolando* foi copiada e imitada muitas vezes, e deu origem a variantes locais, de acordo com a necessidade: Carlos Magno é verdadeiramente o homem que encarna todos os valores da Idade Média cristã. No texto original, oriundo da França, o aspecto "patriótico" é importante: os cruzados são "os francos", a "flor da França", os "franceses da França"; nele se evoca a "doce França", e a espada de Carlos Magno, Joyeuse, é a "espada da França". A versão alemã, desenvolvida por volta de 1170 pelo padre Konrad, apaga este aspecto: o *Ruolantes Liet*, escrito em alto-alemão, tem mais o aspecto da vida de um santo: de fato, Carlos Magno acaba de ser canonizado por Frederico Barbarossa. O tema continua no século XIII, com as canções de *Karl der Grosse* e *Karl Mainet*. Há também versões italianas, que fantasiam os casos de amor de Rolando, e cujo sucesso não diminuiu até o século XVI, com o *Orlando amoroso*, de Matteo Boiardo, e o *Orlando furioso*, de Ariosto.

Na Espanha, Carlos Magno torna-se o herói da Reconquista, o protótipo do Cid. Já por volta de 1100, a *Crônica do Pseudo-Turpin* conta como ele conquistou a península a fim de libertar o túmulo de Santiago de Compostela, e durante três séculos essa fábula foi considerada como história autêntica. Por volta de 1160, o *Cabrar Joglar*, de Guiraut de Cabrera, e cerca de 1250, a *Gesta de Maldizer*, do português Alfonso Lopez de Baião, se referem a esses episódios. A literatura ibérica do *Siglo de Oro* também retoma a história, por meio de uma tradução de Ariosto em 1556, feita por Jerônimo de Urrea, e do *Roncevaux*, de Francisco Garrido de Villena, em 1583.

Na época das cruzadas, as relações dos cruzados com o Império Bizantino são execráveis, e em 1204 eles até tomam Constantinopla. Nesse clima, não é surpreendente que as canções de gesta façam de Carlos Magno o grande rival e conquistador do Império Bizantino. No final do século XI, a *Descriptio qualiter Karolus Magnus* conta como o basileu, impotente contra os muçulmanos, invoca a ajuda do imperador franco, que chega, retoma Jerusalém e de lá traz relíquias. Por volta de 1200, a muito bem-sucedida obra *Galien di Restoré* retoma o tema da *Canção de Rolando* e, fantasiando sobre os planos de casamento entre a filha de Carlos Magno e o filho da imperatriz Irene, inventa o personagem Galeno, que seria o filho fictício de Olivier e da filha do basileu.

A relação de Carlos Magno com Bizâncio é tratada numa veia mais leve na *Pèlerinage de Charlemagne à Constantinople et à Jérusalem*, datada do terceiro quarto do século XII. Mostra um Carlos Magno vaidoso, que pergunta à esposa se ela já tinha visto alguém que usasse a espada e a coroa tão bem quanto ele. Ela responde que sim: é Hugo, o Forte, imperador bizantino. Furioso, Carlos Magno reúne seus doze cavaleiros e resolve ir conferir *in loco*, fazendo um desvio por Jerusalém. Esta é uma razão como qualquer outra para uma cruzada. Além disso, ele ameaça cortar-lhe a cabeça no retorno, caso ela tenha mentido. Em Jerusalém, o imperador senta-se sem cerimônia na cadeira de Cristo, e seus companheiros, nas dos apóstolos. Quando chegam a Bizâncio, eles se comportam como arrogantes e gabolas. Rolando afirma que poderia destruir a cidade assoprando sobre ela, e Olivier assegura que poderia fazer amor cem vezes em uma noite com a filha do basileu. Este último fica sabendo disso e os desafia a realizar suas proezas, sob pena de decapitação. Naturalmente, eles conseguem, o basileu se submete, e Carlos Magno, ao retornar, perdoa sua esposa. Esta é uma forma paródica de lidar com a cruzada por meio da ironia, trazendo à tona os traços dominantes dos francos: corajosos, orgulhosos, poderosos, guerreiros e amantes sem iguais, crentes, violentos, lascivos, fanfarrões e acessíveis à piedade. Carlos Magno encarna essa mistura duvidosa.

Assim, a *Pèlerinage* inicia uma certa crítica do imperador, sob a forma de zombaria. Esse aspecto também é encontrado na *Chronique rimée*, de Philippe Mousket, escrita por volta de 1240, que apresenta um super-herói que não é desprovido de fraquezas: Carlos Magno é um guerreiro invencível, mas quebra o braço ao tentar estuprar uma garota que se debate, o que o faz cair um pouco de seu pedestal. Acrescentemos a isto o fato de que ele é um pouco mesquinho em suas esmolas, e temos o esboço, ou a caricatura, de um Carlos Magno burguês. Este é o tempo do *Roman de Renart*. Outras narrativas traçam uma crítica mais séria e se detêm no aspecto tirânico do imperador, a ponto de certos comentaristas falarem de "desidealização" de Carlos Magno: no romance *Fierabras*, por volta de 1170, ele é mostrado como um soberano que não pode fazer nada sem seus barões, e que deve finalmente abdicar. *La Chanson d'Aspremont*, e *Renaut de Montauban*, por volta de 1200, legitimam as revoltas dos vassalos contra um imperador que não se comporta de acordo com os valores que deveria encarnar. Estamos na época do progresso do poder real capetiano, que preocupa os grandes senhores feudais. Esses textos refletem a reação aristocrática. Irônica ou mais grave, a crítica sempre mantém certo vínculo com a personagem histórica, explorando traços bem reais de seu reinado: sua vida conjugal turbulenta e a frequência das revoltas aristocráticas.

O que é mais notável é que sempre Carlos Magno é a figura a ser usada para encarnar as teses mais contraditórias, para ilustrar os debates políticos, sociais e religiosos da Idade Média. Ele pode justificar tanto o cesaropapismo quanto a teocracia durante a grande disputa entre o sacerdócio e o Império, com Frederico II denunciando que ele havia subjugado o papa, e Inocêncio III apontando que foi o papa quem o coroou. Campeão ao mesmo tempo da monarquia e do sistema feudal, de Roma, de Aachen e de Saint-Denis, é nesse papel de homem universal que o mestre vidreiro de Chartres o representa, por volta de 1220, com a auréola de santo, como cruzado, defensor da Igreja, pecador perdoado, modelo do cavaleiro cristão. De acordo com as necessidades e os rumores, endossados pela literatura, inventam-se histórias maravilhosas que enriquecem sua lenda e ilustram a causa que está sendo defendida. Fazem-no transitar de Santiago a Jerusalém, e o sobrenatural vem até a embelezar a vida de seus colaboradores mais próximos, Rolando, Olivier, Turpin, Eginhardo e Alcuíno.

Em 1288, um cônego de Colônia, Alexandre de Roes, divide o legado de Carlos Magno em três: à Roma ele deu o sacerdócio, à Alemanha a realeza eletiva, e à França a realeza hereditária, assim como a "escola superior de filosofia e artes liberais, que ele transferiu de Roma para Paris". Assim, foi dado a Carlos Magno um papel adicional, mais inesperado: o de patrono dos intelectuais. Aqui, novamente, são tomadas como base algumas vagas indicações de Eginhardo e Notker, que mostram Carlos Magno encorajando escolas, e no século XIII, na época da criação das universidades, exploram-se esses dados para colocar essas fundações sob um prestigioso patrocínio. E como sempre, quando faltam fatos, eles são inventados: o cisterciense Helinando de Froidmont e o dominicano Vicente de Beauvais, em seu *Miroir historial*, contam como a prestigiosa Academia de Atenas, transferida para Roma durante a Antiguidade, foi primeiramente estabelecida em Aachen por Carlos Magno, e depois em Paris por Alcuíno. Em 1478, os franceses da Faculdade de Artes da Universidade de Paris fundam uma confraria, em honra da Virgem e de São Carlos Magno; ela erige um altar dedicado a este último na igreja dos Maturinos, e o santo imperador é lá celebrado todo 28 de janeiro. A nação alemã faz o mesmo, e a maça de prata de seus oficiais de justiça é adornada com uma estatueta de Carlos Magno. Esse papel de patrono das escolas, o mais improvável de todos, continuará, no entanto, apesar de algumas vicissitudes, até o século XX.

Ainda falta um papel no repertório do Carlos Magno medieval: o de libertador da Itália. Os autores florentinos do final do século XV não deixam de atribuí-lo a ele, à custa de uma distorção partidária dos fatos: fazer de um rei germânico que destrói a monarquia lombarda e governa a península a partir de Aachen o campeão da liberdade italiana é de fato um desafio. Além disso, há uma grande voz discordante, a de Petrarca, que em 1333, em *Le Familiari*, se revolta contra esse tirano germânico e se indigna que, com a alcunha de "Grande, os povos bárbaros ousem elevá-lo ao nível de Pompeu ou de Alexandre". E ele difunde histórias lendárias que desacreditam o imperador, atribuindo-lhe uma moral depravada: enfeitiçado por um anel mágico usado por sua esposa Fastrada, ele teria efetuado atos de necrofilia após a morte dela; então, como o bispo de Colônia toma o anel, Carlos Magno se apaixona pelo prelado, até que este joga o anel em um pântano. O imperador, que fica apaixonado pelo lugar, manda que lá se construa Aachen.

Essa história pouco edificante, destinada a desacreditar o invasor germânico, não impede que guelfos e gibelinos utilizem o carolíngio em sua própria causa: os primeiros veem nele o apoio do papa, e os segundos, o do Sacro Império. Mas é sobretudo no contexto das guerras da Itália, no final da Idade Média, que o precedente de Carlos Magno é utilizado. Os florentinos utilizam-no para pedir ajuda ao rei da França: desde o século XIV, Giovanni Villani lembra que Carlos Magno foi o restaurador da capital toscana. Em 1451, Agnolo Acciaiuoli, enviado numa embaixada ao rei da França, lembra a Carlos VII que seu país, "devastado por Totila e os hunos, reduzido a um estado de deserto, havia sido restabelecido e restaurado pelo glorioso Carlos Magno. Foi ele quem libertou nossa cidade, a Igreja Romana e toda a Itália dessas nações bárbaras". Dez anos mais tarde, a delegação florentina que foi felicitar Luís XI por sua ascensão ao trono insiste em bater novamente na mesma tecla, e Donato Acciaiuoli apresenta sua *Vita Caroli Magni* ao novo rei. Maquiavel recorda também que o imperador mandou reconstruir as muralhas de Florença; Luigi Pulci, em seu poema *Il Morgante*, apresenta a corte carolíngia como um modelo moral e cultural, e, em 1494, Ugolino Verino dedica sua *Caroliade* a Carlos VIII, o novo Carlos Magno que veio libertar os florentinos.

Quando a Renascença se anuncia, Carlos Magno se torna o homem universal, investido de todas as funções e tarefas. "Mas onde está o valente Carlos Magno?", pergunta Villon. Está em toda parte, fazendo tudo ao mesmo tempo, sendo o fundador da monarquia francesa, de acordo com as *Grandes Crônicas da France*, do Santo Império, de acordo com Maximilian, modelo do conquistador da Terra Santa, de acordo com o *De Recuperatione Terre Sancte*, de Pierre Dubois em 1306, perfeito cavaleiro, de acordo com *Croniques et conquestes de Charlemagne, de* David Aubert em 1458, destemido, cruzado, santo, erudito, homem providencial, *omnium horarum hominem*, homem para todas as horas ou para todas as estações, de acordo com a fórmula aplicada por Erasmo a Thomas More em 1509.

CARLOS MAGNO, PRÍNCIPE DOS HUMANISTAS

Chegamos à idade dos humanistas. À primeira vista, o guerreiro conquistador dos tempos bárbaros não deveria encontrar muita simpatia entre eles. De fato, sua imagem quase padeceu com as novas exigências da cultura renascente. A mente crítica dos novos eruditos não podia aceitar, em particular, todas as lendárias maravilhas com as quais a Idade Média havia cercado o imperador, desde a *Canção de Rolando*: a viagem a Constantinopla, a de Jerusalém, as fabulosas aventuras do *Pseudo-Turpin*, são rejeitadas com desprezo. Robert Gaguin, em 1482, recusou-se a escrever uma biografia de Carlos Magno, acreditando que havia mais lendas do que fatos comprovados sobre ele, e expressando o maior ceticismo sobre sua canonização. Em 1560, Etienne Pasquier, em sua obra *Recherches de la France*, desmistifica o rei herói e o traz de volta a proporções humanas: um soberano autoritário, com uma vida privada dissoluta, que não fundou nenhuma grande instituição e que governou de modo demasiadamente absoluto.

Contudo, despido de sua lendária aura medieval, Carlos Magno é imediatamente remitificado à nova moda: ele se torna um herói no estilo antigo, um "César gaulês", um "Marte gaulês", um Ulisses, um Fábio, um Marco

Antônio, um Augusto: esta é a imagem dada por François de Belleforest em sua *Histoire des neuf rois Charles de France*, apresentada a Carlos IX em 1568. Carlos Magno, de fato, supera todos os seus ilustres predecessores, pois tem sobre eles a superioridade de ser cristão. Depois de evocar os macedônios e os romanos, Belleforest escreve: "Façamos uma comparação dos tempos, da força dos homens, das ocorrências das coisas: estou certo de que a ventura, a boa sorte e a virtude deste [Carlos Magno] terá como vantagem sobre os anteriores a religião que ele professou, e que prevaleceu sobre a desses primeiros monarcas".[4] Aliás, Carlos Magno tem o imenso mérito de ter sido o precursor da Renascença. Mesmo que a expressão "Renascença carolíngia" ainda não exista, os humanistas, que conhecem seus Eginhardo e Notker, sabem que o imperador foi o promotor de uma renovação da cultura. Robert Gaguin lhe atribui esse mérito num *Compendium de Francorum origine et gestis* de 1495.

Modelo dos príncipes, dotado de todas as virtudes públicas e privadas, culto, eloquente, corajoso, sábio, conquistador, ele tem todas as qualidades do soberano perfeito, escreve Bernard du Haillan em sua *Histoire de France* de 1576: "Carlos tinha nele todas as graças que tornam um príncipe louvável, de modo que deve ser proposto a todos os príncipes como um modelo, como espelho e exemplo das virtudes dignas deles, tais como religião, valentia, felicidade, justiça, conhecimento, eloquência, presteza, clemência, clareza, sabedoria e liberalidade, que são as pérolas preciosas, com as quais os príncipes devem se adornar e fazer brilhar em todos os lugares. Belo, forte e admirável foi em seu tempo o estado de coisas na França, rico e opulento, honrado com infinitas vitórias, decorado e apoiado pela justiça, adornado com a religião, enaltecido com todas as virtudes e ampliado e aumentado pelas armas". Esta é também a opinião de Nicole Gilles, que, em *Les Très Elégantes, Très Véridiques et Copieuses Annales des très preux, très nobles, très chrestiens et très excellens modérateurs des belliqueuses Gaules*, em 1525, não hesita em confirmar todas as qualidades que a Idade Média havia conferido a Carlos Magno.

---

4 Em francês arcaico no texto: "Qu'on fasse comparaison des temps, de la force des hommes, des occurrences des choses: je m'assure que la fortune, heur et vertu de cestuy [Charlemagne] aura l'avantage sur les précédents, non moins que la religion de laquelle il faisoit profession, tenoit les dessus sur celle de ces premiers monarques". (N. T.)

Um homem assim era digno da monarquia universal, a única maneira de garantir a paz, diz Guillaume Postel, no ano de 1551, em suas *Raisons de la monarchie*. César e Constantino mostraram o caminho, diz ele, e Carlos Magno o confirmou. Soberano universal, talvez ainda seja prematuro, escreve Jean Lemaire de Belges em suas *Illustrations de Gaule et singularitez de Troye*, por volta de 1500, mas soberano da Europa, certamente: o carolíngio abriu o caminho para a união europeia ao reunir sob sua autoridade a França e a Alemanha, "estas duas casas e nações da França oriental e ocidental, que vocês hoje chamam de húngaros, alemães, lansquenetes,[5] por um lado, e franceses e bretões, por outro". Ele defendeu "nossa Europa" contra os muçulmanos. Lemaire de Belges anuncia sua intenção "de mostrar como a grande ilustração de todas as linhagens nobres acima mencionadas, do sangue dos francos orientais e ocidentais, dos borgonheses e dos austrasianos,[6] todos competiram juntos na genealogia do imperador cristão César Augusto Carlos, o grande monarca, rei da França, da Áustria baixa e da Borgonha, e dele deriva e procede a referida nobreza, como de uma grande nascente e fonte para sua posteridade". Hoje, ele continua, "estas duas nações estão começando a se amar e a se reconhecer mutuamente [...] como faziam no tempo do imperador Carlos, o Grande".[7]

Na verdade, Carlos Magno é mais um fator de divisão do que de aproximação, pois Francisco I e Carlos V têm, cada um, seu próprio Carlos Magno. O Carlos Magno germânico, como retratado por Dürer em Nuremberg, em 1512-1513, um velho impressionante com uma espada, um globo e a famosa coroa feita para Oto I, apesar de ter sobre si a flor-de-lis francesa e a águia austríaca, representa a aspiração dos Habsburgos pelo domínio europeu. Além do

---

5 Segundo o *Houaiss*, "soldado mercenário alemão que, nos séculos XV-XVI, servia sob o comando de oficiais de sua nacionalidade". (N. T.)
6 Habitantes da Austrásia (região de Metz e Reims), um dos territórios advindos da divisão do reino franco operado por Clóvis entre seus dois filhos, Thierry e Clotário. Com a morte do primeiro e a de seu herdeiro, o reino é reunificado sob o segundo. (N. T.)
7 No texto, em francês arcaico: "de monstrer comment la tresparfonde illustrité de tous les nobles lignages dessusdits, du sang des Francs orientaux et occidentaux, des Bourguignons et des Austrasiens, eurent tous ensemble concurrence en la généalogie du treschrestien empereur Cesar Auguste Charles, le grand monarque, Roy de France, d'Austriche la Basse et de Bourgongne, et de luy est dérivée et procédée ladite noblesse, comme d'une grande source et fontaine à sa postérité". Em seguida, "se commencent ces deux nations à s'entreaymer, et sentreaccointer[...] comme ilz faisoient du temps de l'empereur Charles le Grand".

mais, os humanistas alemães sustentam que o Império Romano foi passado dos gregos para os alemães por meio de Carlos Magno. Quatro anos depois, os colaboradores de Rafael pintaram um afresco em Roma, a pedido de Leão X, retratando a coroação de Carlos Magno: o imperador tem os traços de Francisco I, e Leão III, os de Leão X: o trabalho, que foi feito logo após a Concordata de Bolonha, significa que o rei da França renova a aliança entre Carlos Magno e o papado, que permitiu ao primeiro dominar a Europa. Jean Thenaud, em 1518-1519, no *Triomphe de la justice*, estabelecerá o mesmo paralelo.

Ainda não é hora da união europeia, mas sim a da afirmação das monarquias nacionais. É bastante revelador que os humanistas franceses prefiram um Carlos Magno rei dos francos a um imperador Carlos Magno. François de Belleforest empresta aos nobres as palavras dirigidas ao soberano carolíngio: "Você tomou em Roma o título de imperador, para a sujeição das nações estrangeiras. Mas, quanto a nós, você nasceu, se alimentou e foi coroado Rei e Augusto dos francos. É o sortilégio e o destino da nação ser invejada por causa de sua virtude, pela covardia e pela pusilanimidade dos outros, de modo que nossa liberdade é a servidão dos estrangeiros". Da mesma forma, Claude de Seyssel compara Carlos Magno, um imperador supranacional, a Luís XII, rei da França, que soube respeitar as liberdades nacionais (*Histoire singulière du roy Luís XII*, 1506). Deseja-se um Carlos Magno franco-francês, ou melhor, um Carlos Magno franco-gaulês, como escreve François Hotman em sua *Francogallia*. Ele elogia o imperador como uma forma disfarçada de elogiar o povo francês: "Carlos Magno não foi capaz de tirar dos francos seu direito primitivo e sua liberdade, nem empreendeu nada de importante sem ter buscado a opinião do povo e a autoridade dos grandes".

No século seguinte, essa crítica deveria se transformar em louvor: Carlos Magno governou como um soberano absoluto, ou seja, como um tirano, escreve Etienne Pasquier. Diz-se que ele governou com seus doze pares; isto é falso:

> Parece-me que aqueles que eram dessa opinião nunca entenderam corretamente o poder de Carlos Magno, nem como os assuntos da França eram conduzidos em seu tempo; pois eu, de minha parte, nunca daria meu consentimento a eles. E acredito que este discurso é mais emprestado da ignorância fabulosa de nossos romances do que de qualquer história autêntica. Que, se não for assim, é certo que Carlos Magno governou seus países somente com a própria

autoridade, e não pela necessidade de duques e condes, que naquela época eram meros governadores, que ele depunha à sua vontade.

Além disso, ele espoliou os herdeiros de seu irmão, era cruel, debochado e perverso, e "a corte desse grande imperador era apenas um balcão de toda vergonha e pudor". Ele buscava seduzir tanto as mulheres quanto os bispos, como mostra o episódio de Fastrada e do anel mágico, que relatamos.

Carlos Magno também foi invocado durante as lutas da Liga: o duque de Guise, que cobiça o trono, alega ser descendente do imperador, e Simon Goulart escreveu, em 1598, nas *Mémoires de la Ligue*, que "os descendentes de Carlos Magno são virtuosos, cheios de vigor na mente e no corpo, para fazer coisas importantes e louváveis". Em consequência, a contribuição de São Luís remonta à corte dos Valois, e, depois, dos Bourbon. Durante 172 anos, os Luíses monopolizarão a coroa. Teria a glória do carolíngio perecido com o dia de São Bartolomeu?

SÉCULO XVII: A REMITIFICAÇÃO DE CARLOS MAGNO

De modo algum. O mítico Carlos Magno é uma fênix, que renasce imediatamente de suas cinzas, pronto para trajar novas vestimentas. A partir da primeira metade do século XVII, ele ressurge como um conquistador. De fato, a extensão de seu império fornece uma justificativa para as reivindicações territoriais de Luís XIII e Luís XIV. Em 1643, Jacques de Cassan, em *La Recherche des droits du Roy*, escreve que "Hungria, Áustria, Valáquia, Boêmia, Transilvânia e Polônia, conquistadas por seu valor, enriqueceram seus troféus, que eram mais belos e simbólicos que os de Alexandre. A Dinamarca também fazia parte do Estado de Carlos Magno". O exagero é óbvio: esses territórios nunca foram carolíngios. Isso dá matéria para discussão, pois, para Cassan, "os direitos de Carlos Magno, não obstante a Antiguidade, foram transmitidos a Sua Majestade", e ele reivindica para o rei da França, além dessas regiões, a Espanha, Portugal e a Itália. Pretensões absurdas, é claro, mas que fornecem uma eventual moeda de troca. Em nome da inalienabilidade do domínio real, Richelieu nomeou uma comissão em 1624 para investigar usurpações de terras nos bispados de Metz, Toul e Verdun. Em 1666, enquanto Nicolas Courtin reivindica a monarquia universal para Luís XIV com base no precedente de Carlos Magno, em *Charlemagne ou le rétablissement de l'Empire romain*, Charles Sorel, historiógrafo do rei, apresenta *Divers Traitez sur les droits et prérogatives des roys de France*, também baseado em recordações quiméricas do império carolíngio. Em 1667, Antoine Aubery, na *Epistre au Roy*, que abre seu livro *Des justes prétentions du Roy sur l'Empire*, também faz referência a Carlos Magno.

No entanto, se o velho imperador é muito útil na política externa, mostra-se um pouco inadequado na época de Versalhes e dos salões mundanos. Além disso, os monarcas absolutos preferem se identificar com heróis mitológicos, em vez de heróis históricos. Estes últimos, atolados em lutas terrestres, são sempre vulneráveis à crítica dos defensores de uma ou outra política particular, enquanto Júpiter, Apolo ou Hércules estão acima de qualquer ataque, são atemporais, divinos e, além disso, se encontram livres das restrições da moral cristã. Henrique IV já é comparado a Hércules por Pierre Boton, em *Les Trois Visions de Childéric, quatriesme roy de France, pronostics des guerras civiles de ce royaume*, em 1595. Por sua vez, Luís XIV, é alternadamente Apolo, Hércules ou Júpiter.

Todavia, Carlos Magno não é esquecido. Seu nome ainda evoca o grande fundador, o conquistador, o soberano inigualável. Basta caracterizá-lo como um homem honesto no estilo francês para torná-lo um modelo totalmente respeitável. Essa nova metamorfose do mito mobiliza particularmente os historiadores. Em 1643, François Eudes de Mézeray alça Carlos Magno ao nível de César e Alexandre, e faz dele o modelo do perfeito soberano: "Quem quiser desenhar um retrato ideal do Príncipe, deixe-o tomar este [Carlos Magno] como modelo [...], pois ele superou de longe a piedade de todos aqueles que já usaram a coroa, e em minha opinião igualou as belas façanhas de César e Alexandre". Jean Baluze, o bibliotecário do rei, faz uma primeira edição dos capitulares[8] em 1677, e Jean Mabillon, em seu *Traité des études monastiques* de 1691, vê em Carlos Magno o pai dos estudos. Em 1696, o padre Daniel, em seu *Histoire de France*, não hesita em fazer do imperador

---

8 Ato real ou imperial da época carolíngia, dividido em capítulos e contendo decisões legislativas ou administrativas tomadas pelo soberano em matéria política, econômica ou social. (N. T.)

um modelo de vida privada cristã. Por outro lado, o abade Claude Fleury, em sua imensa *Histoire ecclésiastique*, é mais reservado: se ele lhe concede grandeza política, "é preciso admitir", diz ele, "que a profusão de suas esposas e concubinas causou algum dano à sua reputação. Pois lhe são atribuídas até quatro esposas com o título de rainha, e cinco concubinas". Bossuet não se detém em tais trivialidades e, em seu *Abrégé de l'histoire de France*, traça para a educação do delfim um retrato lisonjeador, erigindo Carlos Magno como um modelo do soberano: invencível – "ele sempre foi vitorioso quando liderou seus exércitos pessoalmente" –, piedoso – "lia frequentemente as Sagradas Escrituras e os escritos dos Santos Pais, que servem para bem entendê-la" –, culto e eloquente – "ele não só era hábil na ação, mas também na fala [...] ele falava latim com tanta facilidade como se fosse sua língua natural, e compreendia o grego perfeitamente [...] escrevera uma gramática [...] empreendera a redação da história da França" –, justo e caridoso – "sua bondade era extrema para com seus súditos e para com os desafortunados [...] era muito bom para os pobres, apegado à justiça e à razão, um grande observador das leis e do direito público" –, trabalhador – "ele era tão apegado ao estudo que a noite muitas vezes o surpreendia enquanto ditava ou meditava algo" –, protetor da Igreja, do papa e do clero – "ele protegia o papa e o clero com grande zelo, e era um grande defensor da disciplina eclesiástica" –, propagador da fé, com métodos talvez um pouco duros, mas os saxões procuraram isso, e era para seu próprio bem – "a religião foi o principal tema das guerras que travou [...] Quanto ao resto dos saxões, é verdade que foram tratados com rigor, mas isso foi apenas depois de ter visto que não podia conquistá-los nem pela razão, nem pela doçura" – e, finalmente, mas aqui Bossuet mostra-se cauteloso, ele talvez seja um santo: "O que é o auge de todas as honras humanas, ele mereceu, por sua piedade, que sua memória fosse celebrada no martirológio, de modo que, tendo igualado César e Alexandre em ações militares, tem uma grande vantagem sobre eles, por causa do conhecimento do verdadeiro Deus e por sua sincera piedade. Por todas essas coisas ele recebeu, com razão, o nome de Grande, e por esse nome foi conhecido pelos historiadores de todas as nações do mundo".

Bela homenagem, confirmada por Fénelon, inimigo público e íntimo da Águia de Meaux, que redigiu uma *Histoire de Charlemagne*, agora perdida, e que escreveu, por volta de 1695, ao duque de Beau-Villiers: "A vantagem que ele [Carlos Magno] teve por ser cristão o coloca acima de todos os heróis do paganismo, e o fato de ter sido sempre feliz em seus empreendimentos o torna um modelo muito mais agradável do que São Luís".

O novo Carlos Magno, no estilo clássico, foi a escolha unânime dos *beaux esprits* do *Grand Siècle*. É o árbitro do bom gosto, o restaurador das letras e das ciências, e sua Academia Palatina é o protótipo de nossa Academia Francesa, declara Cordemoy em 1675, durante seu discurso de recepção nessa instituição: "Carlos Magno, que foi sem dúvida o maior capitão, o príncipe mais sábio e um dos homens mais instruídos de seu tempo [...] iniciou uma gramática de sua língua, e este foi aparentemente um dos temas que o levaram a fundar, em seu próprio palácio, essa bela Academia, à qual foram convocadas todas as pessoas de sua corte nas quais ele notara polidez e amor pelas belas letras". Carlos Magno, fonte da ciência e da sabedoria, é o que Bossuet repete ainda no *Discours sur l'histoire universelle*: "Restaurou as ciências e a disciplina eclesiástica, reuniu concílios famosos, nos quais sua profunda doutrina era admirada, e disseminou não só na França e na Itália, mas também na Espanha, na Inglaterra, na Germânia, e em todos os lugares, os efeitos de sua piedade e de sua justiça".

Carlos Magno, acadêmico, Carlos Magno universitário: em 1661, o reitor Du Boulay determinou que a Faculdade de Artes adotasse a celebração da *Carlomagnalia* em 28 de janeiro. Carlos Magno, herói de poemas épicos, como o de Louis Le Laboureur em 1666, que leva seu nome. Carlos Magno, personagem central de tragédias clássicas, como a *Carolus Magnus,* que os jesuítas representam em latim, em 1684 e 1698. Carlos Magno jansenista, retratado por Nicolas Courtin em *Charlemagne ou le rétablissement de l'Empire romain* (1666) e, especialmente, em *Charlemagne pénitent* (1687): no final de seu reinado, o imperador leva uma vida de asceta solitário, um verdadeiro Jó, que renuncia ao mundo e aceita com firmeza todas as dificuldades, tais como a perda de seus filhos e a premonição do colapso do império. Apesar disso, em sua humildade, ele se esquece de mandar apagar seu nome da fachada de uma igreja que fundara, mas felizmente uma tempestade providencial destrói a inscrição.

O que mais interessa a Luís XIV é o Carlos Magno gaulês, que aceita do papa o título de imperador, dado que poderia muito bem tê-lo tomado por conta própria: isso agrada a Roma, além de dar mais brilho a Aachen, e deixa ao imperador a autonomia e o direito de supervisionar o clero de seus Estados. Isto é o que o Rei Sol escreve em 1661, em suas *Mémoires pour l'instruction du dauphin*: "Como se o Império Romano tivesse recuperado suas forças e recomeçado a viver em nossos climas, o que não era de fato o caso, este nome [do imperador] por si só parece ser capaz de distinguir e designar a extraordinária elevação de Carlos Magno. Embora essa mesma elevação, que ele só devia a Deus e à sua espada, lhe desse o direito suficiente para tomar o título que quisesse, o papa que, com toda a Igreja, tinha obrigações extremas para com ele, estava bastante feliz em contribuir com o que pudesse para sua glória e em confirmar, como mais autêntica, a condição de imperador, por meio de uma coroação solene, como a sagração; embora esta não nos dê a realeza, não deixa de declará-la ao povo e de torná-la mais augusta, mais inviolável e mais santa". E seu mestre, Bossuet, o confirma: "No ano 800 de Nosso Senhor, esse grande protetor de Roma e da Itália, ou melhor, de toda a Igreja e de toda a cristandade, eleito imperador pelos romanos sem que o demandasse, e coroado pelo papa Leão III, que havia exortado o povo romano a essa escolha, tornou-se o fundador do novo império e da grandeza temporal da Santa Sé".

Assim, o mítico Carlos Magno realizou o feito único no século XVII de inspirar ao mesmo tempo a monarquia absoluta, a Igreja, os jesuítas, os jansenistas, os acadêmicos, os universitários, os militares, o universo do Manto e o da Espada. Este último fará dele um verdadeiro ícone em sua luta contra o absolutismo. A grande aristocracia, domesticada por Luís XIV, precisa de uma figura de proa, capaz de encarnar suas reivindicações de um regime de monarquia limitada pelos grandes. Carlos Magno é o homem da situação, mais uma vez, e isto de duas maneiras.

Primeiramente, de forma privada, fornece a algumas famílias um antepassado ideal, permitindo-lhes contestar a primazia da família reinante. É assim que observamos os Guise reclamarem a descendência direta do carolíngio. Um século mais tarde, Saint-Simon tem a mesma pretensão: "essa posição de príncipe estrangeiro, sob o pretexto da casa de Vermandois, do sangue de Carlos Magno, do qual somos descendentes, pelo menos por uma mulher, sem qualquer contestação", é nosso por direito, diz o famoso memorialista.

Mais importante é a apresentação de Carlos Magno como fundador dos duques e pares, e do governo monárquico limitado pela aristocracia. Na década de 1660, os duques e pares, que tiveram uma disputa com os presidentes de câmaras do Parlamento, encarregaram Jean Le Laboureur de pesquisar suas origens. O resultado foi uma *Histoire de la pairie*, publicada somente em 1740, e que faz remontar a criação dos pares até Carlos Magno: "É supérfluo buscar a antiguidade do nome de par: nós o vemos usado nos capitulares de Carlos Magno, no título 71". Em 1666, na dedicatória de seu livro a Pierre de Cambout de Coislin, Nicolas Courtin afirma: "É verdade que Carlos Magno instituiu os duques e pares".

Henri de Boulainvilliers também está convencido disso e, em sua *Histoire de l'ancien gouvernement de la France*, idealiza o regime de Carlos Magno, que ele apresenta como uma colaboração íntima entre o soberano e seu povo. As assembleias do Campo de Maio (ou Março) prefiguram os estados gerais; ali, o complacente imperador consulta a opinião de homens livres, e as decisões refletem a perfeita harmonia entre o soberano e o povo, dentro da estrutura de uma monarquia participativa: "Afirmo, portanto, que devemos voltar ao século de Carlos Magno para encontrar esse tempo feliz. É ali que vemos uma união íntima de todos os membros com seu chefe, uma perfeita união de sentimentos e uma correspondência mútua para o bem comum: o príncipe, tendo tanto cuidado com a preservação dos direitos dos súditos, quanto estes contribuindo para a glória e o poder do príncipe". Carlos Magno, de maneira totalmente desinteressada, tinha em vista apenas o bem da nação e do povo franco, do qual adveio a nobreza: "Carlos Magno, príncipe sincero e verdadeiro em sua intenção, bem como em sua conduta, e incapaz de separar seu interesse do interesse do Estado, nem de pensar que é possível ao soberano obter qualquer glória sólida independente de sua administração interna, julgou que o artifício era tão indigno dele quanto impróprio a uma nação tão generosa, tão afetuosa e tão fiel como os franceses a seu rei... Esse príncipe, não desejando nada para si que não fosse vantajoso para toda a nação, e os grandes homens do Estado, cheios de confiança na sabedoria desse grande príncipe, e persuadidos de que seu bem particular também estava no bem geral, não queriam nada vantajoso que não fosse comum a todo o reino... No tempo de Carlos Magno... o povo francês caminhava por uma só e única via, que era a do interesse público, da paz e da concórdia entre a nação...". Por "povo", é claro que se entende os detentores de quatro quartos da nobreza, os conselheiros nascidos da monarquia.

SÉCULO XVIII: O HERÓI DAS LUZES... E DO ANTI-ILUMINISMO

No século XVIII, quando cresce o protesto contra o absolutismo, Carlos Magno assume um novo papel: o de fundador do Estado Geral, e, em seguida, o da monarquia constitucional. Antes disso, ele recebe uma calorosa homenagem de Montesquieu, que o vê como o criador de um equilíbrio de poder: "Carlos Magno pensou em manter o poder da nobreza dentro de seus limites, e evitar a opressão do clero e dos homens livres. Ele colocou tal temperamento nas ordens do Estado, que foram contrabalançadas, e ele permaneceu o mestre. Tudo foi unido pela força de seu gênio", escreve ele em *O espírito das leis*. Também era um legislador excepcional: "Fez regras admiráveis; e fez mais do que isso, ele as fez executar. Sua genialidade espalhou-se por todas as partes do império. Nas leis desse príncipe, vemos um espírito de previsão que compreende tudo, e uma certa força que leva a tudo... Ele sabia como punir, mas sabia ainda melhor como perdoar. Vasto em seus planos, simples na execução, ninguém tinha em maior grau a arte de fazer as maiores coisas com facilidade, e as difíceis com prontidão". Sempre em movimento, observando tudo, enfrentando todos os perigos, frustrando todas as conspirações, "ele desafiou todos os perigos". Depois do homem público perfeito, vem o homem privado, quase impecável. É verdade que "ele talvez fosse sensível demais ao prazer das mulheres; mas um príncipe que sempre governou por si mesmo, e que passou sua vida trabalhando, pode merecer mais desculpas". Exceto por essa reserva – um pecadilho –, o homem Carlos Magno era encantador: "Esse príncipe prodigioso era extremamente moderado; seu caráter era gentil, suas maneiras simples; e gostava de viver com as pessoas de sua corte". Ele não faria um papel ruim num salão parisiense. Além disso, dirige sua casa com um cuidado econômico bem burguês, uma sabedoria que "um pai de família poderia aprender". É simples: "Só mais uma palavra: ele ordenava que fossem vendidos os ovos dos galinheiros de suas terras, e as ervas inúteis de seus jardins", como se vê num de seus capitulares.

O elogio é notável. Entretanto, em suas notas particulares, que só serão publicadas no final do século XIX, sob o título *Mes pensées*, Montesquieu é mais reservado. Ele fala de "sua injustiça em despojar os lombardos e favorecer a usurpação dos papas. Os papas favorecem a casa carliana em sua usurpação, e os carlianos favorecem os papas na deles". Carlos Magno criou os

Estados Papais para fazer deles um Estado tampão entre o seu próprio e o Império Bizantino. Os carolíngios usurparam o poder, e o papa usurpou seus Estados: seu acordo repousa sobre essa dupla usurpação. Mas isso não diminui as qualidades do soberano.

Em 1765, em suas *Observations sur l'histoire de France,* Gabriel Bonnot de Mably fez de Carlos Magno um herói providencial, que salva a nação do caos ao restabelecer o poder legislativo para a assembleia do povo, quando "teria sido muito fácil, para um gênio tão grande e tão fértil em recursos como o seu, usar as discórdias entre seus súditos em seu próprio proveito, humilhar mutuamente as diferentes ordens do Estado e impor a prerrogativa real sobre a ruína comum dos privilégios deles. Carlos Magno quis, ordenou e comandou, porque a nação tinha querido, ordenado e comandado, e o havia encarregado de publicar suas leis, observá-las e de ser seu protetor e vingador". Carlos Magno é o soberano do povo, um povo no qual os nobres e os plebeus se fundem. Ele tira sua força do apoio popular, e vive como um simples burguês: a mulher de Carlos Magno, "uma simples mãe de família, cuidava dos móveis do palácio e do guarda-roupa de seu marido", que "ordenava a venda dos legumes que ele não podia consumir". Essa tendência de aburguesar o imperador já estava presente no *Mémoire,* lido em 1720 pelo abade Vertot, na Académie des Inscriptions: Carlos Magno, um homem simples e virtuoso, vestido como o povo, condena o luxo dos grandes.

"Imite Carlos Magno, *Sire,* convocando os Estados Gerais, é vossa última chance", pedem em coro a Luís XVI os reformadores e os fisiocratas. "Ouça o povo", escreve Malesherbes em sua *Remontrance de* 1775: "Cabe a vós julgar, *Sire,* se seria enfraquecer vosso poder imitar nisso Carlos Magno, esse monarca tão orgulhoso, e que estendeu tão longe as prerrogativas da Coroa. É por esse exemplo que vós podereis ainda reinar à frente de uma nação que será inteiramente vosso Conselho". Em 1788, em *L'Esprit des édits,* Antoine Barnave fez este apelo urgente ao rei: "Eles são covardes, os que lhe disseram que essa feliz instituição [os Estados Gerais] enfraqueceria seu poder. Carlos Magno devolveu à nação sua constituição há muito esquecida. Chefe de um império ainda maior, cercado por tributários indômitos, reunindo em suas mãos os fios dispersos de uma imensa administração, reinou por quarenta anos em meio às aclamações de um povo legítimo, e morreu deixando atrás de si o nome do mais poderoso dos monarcas e do maior dos mortais". Em 1789, quando se está à beira do abismo, Charles-Michel de Villette pensa que uma simples mudança de título resolveria o problema: que Luís XVI abandone seu título de rei, que evoca o absolutismo, e que tome aquele de imperador, que evoca Carlos Magno e a colaboração com o povo: "Carlos Magno foi proclamado imperador dos franceses e convocou a nação no Campo de Março. Depois de mil anos, ela recuperou sua glória e seus direitos..." Seja moderno: ... imite Carlos Magno! Foi mais ou menos isso o que o fisiocrata Guillaume-François Le Trosne disse em 1787 em *De l'administration provinciale et de la réforme de l'impôt*. Mais clarividente, Condorcet denuncia o ridículo que há em propor reformas "racionais" usando como modelo um rei bárbaro que viveu há mil anos: "Pode o 'grande espírito' de Carlos Magno ser citado no século XVIII na discussão de uma questão de filosofia? Certamente é apenas uma brincadeira...". Isso não se concilia com o progresso da mente humana.

Além disso, Carlos Magno também serve de modelo para o campo oposto: em 1762, Jacob-Nicolas Moreau, adversário dos filósofos, propõe a criação de um fundo para reunir uma documentação histórica e legal a fim de lutar contra os parlamentos, e Carlos Magno se torna seu cavalo de batalha: ele encarna o soberano absoluto por excelência, que concentrou em suas mãos os três poderes: legislação, administração e jurisdição, o homem que restaurou o poderio do Estado e domou os magistrados: isto é o que lemos nos *Principes de morale, de politique et de droit public, puisés dans l'histoire de notre monarchie, ou discours sur l'histoire de France, dediés au roi*, em 1778. É claro, adiciona Moreau, que Carlos Magno era um homem de seu tempo, como pode ser visto em sua atitude em relação à escravidão, mas, naquela época, "a razão e a reflexão ainda não haviam iluminado suficientemente nossos ancestrais".

É o que pensa Voltaire, que não tem nenhuma simpatia pelo "tirano Karl, apelidado de Magno", como ele o chama em uma carta de 28 de outubro de 1757 dirigida a Jacob Vernes. Henrique IV, libertino, cético e tolerante, é o modelo a ser seguido. Mas Carlos Magno, um bandido bárbaro, usurpador, déspota, conquistador, fanático, massacrador de pagãos, aliado do papa, talvez fratricida, e por cima de tudo, crime supremo, canonizado, é um verdadeiro contraexemplo: "Esse monarca, no fundo, foi, como todos os outros conquistadores, um usurpador; seu pai havia sido um rebelde... Ele usurpa a metade da França de seu irmão Carlomano, que morreu subitamente demais para que não se suspeite de uma morte violenta; usurpa a herança de seus sobrinhos e o sustento da mãe deles; usurpou o reino da Lombardia de seu sogro. Seus bastardos, sua bigamia, seus divórcios, suas concubinas são conhecidos; sabe-se que ele mandou assassinar milhares de saxões; e dele se fez um santo". Ele deve sua fama somente a seus sucessos militares, escreve Voltaire, no *Essai sur les mœurs:* "A reputação de Carlos Magno é uma das maiores provas de que os sucessos justificam a injustiça e atribuem a glória".

Essa é uma opinião não muito distante daquela do historiador inglês Edward Gibbon, em seu monumental livro *Declínio e queda do Império Romano,* em 1776. Carlos Magno só é grande porque vivia numa época em que tudo era pequeno: "Seu verdadeiro mérito certamente é aumentado pelo caráter bárbaro da nação e do tempo em que apareceu". É verdade que ele fez boas leis, "mas em suas instituições eu raramente descubro a visão geral e o espírito imortal de um legislador que sobrevive para a posteridade". A união e a estabilidade de seu império dependiam da vida de um único homem; ele imitou a perigosa prática de dividir seus reinos entre seus filhos. Foi vitorioso na guerra, mas contra quais inimigos? "Nações selvagens e degeneradas, incapazes de se unirem para o bem comum; nunca enfrentou um adversário igual em número, disciplina ou em armas; [...] suas campanhas não são marcadas por nenhum cerco ou batalha de retumbante dificuldade ou sucesso, e ele pode contemplar com inveja os troféus sarracenos de seu avô [Carlos Martel]." Seu comportamento para com os saxões é "um abuso do direito de conquista, e suas leis não são menos sangrentas que suas armas", ditadas pelo fanatismo religioso ou pela cólera. Quanto à sua vida privada, é a de um debochado, com suas "nove esposas ou concubinas", sua "multidão de bastardos", e sua conduta mais que duvidosa para com suas filhas, a quem ele "amava com paixão excessiva". A acusação de incesto paira no ar.

Como se vê, Carlos Magno não tinha apenas amigos no século XVIII. No entanto, foi a admiração que prevaleceu, às vezes além de qualquer verossimilhança, a ponto de torná-lo um intelectual, refinado e culto, como se a Academia Palatina fosse o equivalente da Academia Platônica de Florença: Em 1736, num ensaio da Académie des Inscriptions, que em 1732 havia proposto como tema de seu prêmio literário "O estado das ciências na extensão da monarquia francesa sob o império de Carlos Magno", La Curne de Sainte--Palaye descreve um imperador literato, fazendo versos, estudando a vida de seus antecessores, restaurando os estudos. Em 1750, perante a mesma

Academia, o conde Anne Claude Philippe de Caylus se põe a provar que o reinado de Carlos Magno é a fonte de todos os romances de cavalaria, e que os ingleses inventaram Artur porque não tinham nenhum herói comparável ao imperador. Em 1782, Gabriel-Henri de Gaillard faz de Carlos Magno um visionário que ultrapassa seu tempo, que forja a unidade da nação e cujo reinado é fonte de todos os romances de cavalaria. Fábula e história se juntam para dar a esse herói uma glória imortal: "Fábula é uma parte essencial da história desse monarca, e pode-se dizer que permeia a verdade, realçando a superioridade desse príncipe sobre todos os outros, o império que sua glória exerce sobre a imaginação, o entusiasmo que inspirava, tanto nos romancistas e poetas, quanto nos guerreiros".

NAPOLEÃO: "EU SOU CARLOS MAGNO"

Após ter encarnado os diferentes tipos de monarquias, o mítico Carlos Magno conhece um novo avatar a partir de 1792. Diferentemente do caso de Jesus, não se chegará a fazer dele um *sans-culotte*, é claro, mas, apesar disso, o episódio de Roncesvalles será usado como um precedente para a luta patriótica: em *Roland à Roncevaux*, Rouget de Lisle faz do conde o modelo do soldado que se sacrifica pela pátria. E quando as tropas francesas entram em Aachen, organiza-se o retorno à França dos objetos-relíquias do tesouro de Carlos Magno. Mas é com Bonaparte que o carolíngio volta diretamente ao papel principal. Ele apresenta, para o primeiro cônsul, a vantagem de prefigurar sua situação: o conquistador fundou uma nova dinastia, afastando os últimos merovíngios; ele porta o título de imperador, e não o de rei, e governa antes dos Capetos, o que evita qualquer comparação incômoda com o Antigo Regime. Ele se distingue primeiramente por sua campanha italiana contra os lombardos, e David, em sua famosa pintura de *Bonaparte atravessando o Grande São Bernardo*, inscreverá o nome Karolus Magnus ao lado daquele de Aníbal, para distinguir os grandes iniciadores da façanha. Finalmente, vantagem inestimável, Carlos Magno também governou as regiões além do Reno, o que permitiria a adesão das populações germânicas. O carolíngio é decididamente útil para os candidatos ao domínio europeu: Napoleão o utiliza para juntar os alemães, e Hitler o utilizará para juntar os franceses, criando a divisão Carlos Magno.

Bonaparte compreendeu rapidamente os benefícios que poderia tirar de um antecessor assim. Mesmo antes de se tornar Napoleão, ele prepara habilmente o terreno, primeiro devolvendo a Aachen os objetos de arte ligados ao culto de Carlos Magno, que Jourdan havia saqueado em 1794. O relicário do braço, uma estátua e o sarcófago foram, no entanto, mantidos. Em seguida, o casal consular faz a peregrinação, separadamente, o que torna possível falar sobre ela duas vezes: Josefina vai a Aachen em 27 de julho de 1804, e, em 1º de agosto, o bispo Berdolet oferece-lhe duas peças do tesouro, encontradas no corpo de Carlos Magno no ano 1000: um ícone bizantino (pintado pessoalmente por São Lucas!) e o talismã contendo os cabelos da Virgem, que, aliás, é substituído por um fragmento da "verdadeira" Cruz. Em 2 de setembro, é a vez de Napoleão visitar Aachen, onde fica uma semana inteira, o que constitui uma honra notável para um homem com tanta pressa. Organiza-se uma grande festa e ele faz questão de ver as relíquias de Carlos Magno.

Ao mesmo tempo, sua propaganda está em ação. Em 11 de março de 1804, em um artigo no *Moniteur Universel*, Portalis escreve que "A longa minoridade da raça humana durou até o reinado de Carlos Magno. Esse príncipe fundou um vasto império por suas conquistas e suas leis, e com os materiais da religião ele construiu a Europa", como o faz Napoleão. Fontanes explora o paralelo num discurso ao Corpo Legislativo, colocando o futuro imperador corso no mesmo nível do imperador carolíngio, "o maior homem de nossa história, conquistador e fundador". Em dezembro de 1804, o *Moniteur* publica a *Histoire de l'empereur Charlemagne*, justificando o fato de que Napoleão também se fez coroar pelo papa.

Desde Carlos Magno, uma sagração imperial requer um papa, ao passo que, para coroar um rei, basta um arcebispo. A memória de 25 de dezembro de 800 é evidente na organização do 2 de dezembro de 1804. Ordena-se a Denon, diretor geral dos Museus, que verifique se nas reservas do Louvre ainda há relíquias carolíngias que possam ser usadas. Sim, ainda existem justamente a espada e o cetro, ditos "de Carlos Magno", embora a primeira provavelmente seja de Felipe Augusto, e o segundo, de Carlos V. Alguns ajustes e eles servirão. Como não há uma coroa, manda-se fazer uma pelo ourives Martin-Guillaume Biennais, que usa como modelo o desenho de uma estátua do imperador carolíngio feita em Aachen em 1733. Outro ourives, Jacques-Evrard Bapst, faz a coroa de folhas de louro, que foi a única a ser utilizada.

Mas Bonaparte, tendo aprendido com o exemplo de Carlos Magno, não quer se deixar surpreender: coroa a si mesmo, enquanto foi Leão III quem colocou o diadema na cabeça do carolíngio, o que pesou muito nas controvérsias posteriores entre o Sacerdócio e o Império.

A partir de então, o regime imperial mantém acesa a chama carolíngia, lembrando a todo momento a grandeza de Carlos Magno, de quem Napoleão se quer o imitador: "Eu sou Carlos Magno, porque, como Carlos Magno, reúno a coroa da França com a dos lombardos", ele escreve em 6 de janeiro de 1806 ao cardeal Fesch, embaixador em Roma. E em 1809, num acesso de cólera contra os bispos, ele lhes lança: "Senhores... vocês querem me tratar como se eu fosse Luís, o Piedoso. Não confundam o filho com o pai [...]. Eu sou Carlos Magno, sim, eu sou Carlos Magno". A família inteira participa: Lucien escreve uma epopeia em verso, comparando seu irmão ao carolíngio. No mesmo espírito, Louis Dubroca, em *Les Quatre Fondateurs des dynasties françaises*, em 1806, saúda Carlos Magno como o legislador, o filósofo, "seguindo os passos dos Augustos, dos Trajanos, dos Antoninos", o homem providencial que salva o país do caos e cuja única ambição era "trazer os franceses de volta aos antigos princípios do governo que seus pais haviam trazido da Germânia". Em 1810, sob o estranho título de *Une matinée de Charlemagne*, Charles-Victor d'Arlincourt publica uma epopeia em verso na qual o carolíngio prefigura o corso como o restaurador da grandeza nacional. Após a queda do Império, imperturbável, d'Arlincourt, em *Charlemagne ou la Caroleïde*, faz do filho de Pepino o precursor de Luís XVIII, libertando o país da ocupação estrangeira. De todo modo, Carlos Magno marca o início da consciência da identidade nacional, como escreveu Louis-Antoine de Marchangy em 1813 em *La Gaule poétique*.

Em 1804, foi decidido erguer uma coluna na Place Vendôme, imitando a Coluna de Trajano em Roma. No alto é preciso uma estátua, e só há um lugar. Vamos colocar lá Carlos Magno ou Napoleão? O Senado, bajulador, inclina-se para o segundo; mas este recusa a oferta, e cede o lugar ao seu grande antecessor. "Mas será que ainda precisamos dele, depois de Austerlitz?", pergunta Denon em 10 de março de 1806. "Não precisamos mais da ilusão dos séculos para buscar no passado o herói da França. Esta coluna planejada para Carlos Magno torna-se, portanto, a coluna germânica. Sua última expedição seria nela inscrita em bronze." Não se saberia dizer melhor que Carlos Magno foi, para Napoleão, apenas um trampolim para a glória, um instrumento de propaganda, que agora pode ser rejeitado como uma casca vazia. Carlos Magno terá sido para Napoleão I o que este seria para Napoleão III: um nome de prestígio apresentado para juntar as multidões. No final do Império, não se fala mais do carolíngio, e, em Santa Helena, o imperador deposto se torna mais crítico a seu respeito, censurando-o em particular por ter "dado muito ao papa", e por ter cometido o "erro de permitir que os líderes espirituais residissem longe [dele]".

CARLOS MAGNO ROMÂNTICO

Para os românticos apaixonados pela Idade Média, pelas florestas escuras, pelas pedras antigas e pelas lutas contra os turcos que oprimiam os gregos, Carlos Magno só pode ser um herói, e tanto melhor se estiver cercado pelo mito e pela lenda. O Carlos Magno deles é mais o da *Canção de Rolando* que o personagem da história. A epopeia de Roncesvalles conhece um grande sucesso no século XIX. Republicada várias vezes, notadamente em 1837, a partir de um manuscrito descoberto na Inglaterra, serve como base para teorias literárias que exaltam o papel de Carlos Magno na memória coletiva e no espírito nacional francês. Ele foi o herói fundador da cultura francesa, escreve Jean-Jacques Ampère em 1839, autor de uma *Histoire littéraire de la France avant le XIIe siècle*: "Essa imensa mudança foi provocada por um único homem, e nenhum outro exemplo poderia estabelecer melhor o quão poderosa é a influência de grandes indivíduos sobre as massas". Para o autor, quatro nomes dominam a história: Alexandre, César, Carlos Magno e Napoleão. Alexandre e Carlos Magno são os dois maiores, porque agiram "no sentido da civilização: Alexandre helenizou o Oriente, Carlos Magno latinizou o Ocidente". Napoleão só teria reacendido a luz acesa por Carlos Magno, cuja glória está consagrada pela sua presença nas canções populares.

Presença discreta, garante Claude Fauriel em uma série de artigos em *La Revue des Deux Mondes*, em 1832. O verdadeiro herói das canções, cuja origem ele situa nos populares poemas provençais dos séculos IX e X relativos às batalhas contra os mouros, é a Nação, o povo, e o imperador aparece apenas como uma espécie de presidente, um personagem secundário, pouco admirável: de certa forma, seria bastante aceitável para uma república!

Carlos Magno, o príncipe-presidente, é também a imagem dada por Pierre Larousse em 1867, no artigo "Chanson de Roland" em seu *Grand Dictionnaire Universel*. Essa epopeia, escreve ele, exalta sobretudo o "amor à pátria", e "o poeta da *Canção de Rolando* reconhece em Carlos Magno a autoridade, a grandeza, a majestade; ele glorifica essa figura imponente a fim de glorificar a pátria. Ele nos mostra que o herói é amado e obedecido por todos, soberanamente justo e soberanamente poderoso... Não nos surpreendamos, então, se a *Canção de Rolando* tiver sido, durante vários séculos, a *Marselhesa* da velha França". Mas uma *Marselhesa* católica, estima Léon Gautier em 1865, em *Les Epopées françaises*: nela se vê a intervenção de Deus para salvar o cristianismo. No mesmo ano, Gaston Paris, na *Histoire poétique de Charlemagne*, mostra que o mítico Carlos Magno é tão importante quanto o Carlos Magno real: "A fabulosa história de um grande homem tem seu lugar ao lado de sua história real". Nesta última, ele é ao mesmo tempo alemão e francês. Foi a lenda tudesca, por um lado, e romana, por outro, que separou os dois papéis. Nessa época, a questão patriótica jamais é estranha aos debates literários.

A questão do povo também não. É desse ângulo que Michelet julga e condena Carlos Magno. Para ele, esse tirano devastador, que legisla a cavalo, está à frente de um "governo sacerdotal e jurídico, friamente cruel, sem generosidade e sem discernimento da índole bárbara". De Aachen – que Michelet situa no Reno! –, o imperador criou apenas "aparências de administração", retomando textos merovíngios. Na epopeia mítica e romântica que é sua *História da França*, o grande historiador vê em Carlos Magno apenas um opressor que usurpou a glória. Mas o historiador tem menos impacto que os poetas e romancistas nesse período crucial. Esses autores, para quem os impulsos líricos tomam o lugar da ciência histórica, Chateaubriand, Lamartine e Vigny evocam um Carlos Magno com barba florida, uma espécie de bom gigante na origem tanto da epopeia literária quanto da civilização europeia. Será preciso todo o rigor de Guizot, em seu *Cours d'histoire moderne*, de 1828-1830, para obter uma imagem mais sóbria e equilibrada.

Com Hugo, Carlos Magno assume proporções completamente diferentes. O genial sopro épico do poeta dá ao imperador uma estatura colossal. Oitocentos anos depois de César, mil anos antes de Napoleão, ele é como um dos arcos gigantes da grande ponte da civilização: "Para a história, ele é um grande homem, como Augusto e Sesóstris; para a fábula, é um paladino como Rolando, um mágico como Merlin; para a Igreja, é um homem santo como Jerônimo e Pedro; para a filosofia, é a própria civilização que se personifica, que se torna um gigante a cada mil anos para atravessar qualquer abismo profundo, as guerras civis, a barbárie, as revoluções, e que então é chamado às vezes de César, às vezes de Carlos Magno, e até mesmo de Napoleão" (*En marge du Rhin*). Em 1830, a "bomba"[9] de *Hernani* incendeia a juventude romântica. No âmago da peça está a descida de Don Carlos, futuro Carlos V, ao túmulo de Carlos Magno, e o grandioso monólogo sobre glória e vaidade que lhe inspiram os restos mortais do imperador, criador de uma nova Europa:

> Carlos Magno está aqui! Como, sombrio sepulcro,
> Você pode, sem rebentar, conter tão grande imagem?
> Você está aí, gigante de um mundo criador?
> E pode aí deitar-se com toda sua grandeza?...
> O papa e o imperador! Não eram mais dois homens.
> Pedro e César! Acoplando neles as duas Romas...
> Fundindo em blocos povos e desordenadamente
> Reinos, para fazer deles uma nova Europa,
> E ambos retomando no molde de suas mãos
> O bronze que restava do velho mundo romano!...
> Gigante, por ter tido como pedestal a Alemanha!
> E mais! por título César e pelo nome Carlos Magno!
> Ter sido maior do que Aníbal, do que Átila,
> Tão grande quanto o mundo!... e que tudo se mantenha!...
> Se isto for verdade, imperador da Alemanha,
> Oh, diga-me, o que se pode fazer depois de Carlos Magno!

Vem à mente a atmosfera sinistra e grandiosa da visita de Oto III ao túmulo no ano 1000, que Alfred Rethel pintou quinze anos mais tarde. Victor Hugo também fez uma peregrinação a Aachen e registrou a memória de sua

---

9 A representação dessa peça causou o que foi chamado de "batalha de *Hernani*", uma feroz polêmica, de cunho político e estético, e constituiu o terreno de enfrentamento entre os "clássicos", partidários de uma hierarquização estrita dos gêneros teatrais, e a nova geração dos "românticos", que aspiravam a uma renovação desse campo. Para muitos, essa batalha é tida como o ato fundador do romantismo na França. (N. T.)

visita em *O Reno*. À primeira vista, ele fica desconcertado com a aparência heteróclita dos edifícios e a comercialização que os rodeia. Mas sua mente fértil logo supera essa dificuldade e a percebe como um símbolo do trabalho unificador de Carlos Magno: "Uma majestade singular emana desse extraordinário edifício – que ficou inacabado, como a obra do próprio Carlos Magno –, composto por arquiteturas que falam todos os estilos, assim como era seu império, composto por nações que falavam todas as línguas". "Nesse momento, decisivo para todas as fusões e para todo o caos, quando o precipitado se forma, a civilização se encarna de repente e Carlos Magno aparece." Ao entrar na capela, Hugo medita em frente ao trono, e sua imaginação se desdobra: Carlos Magno seria recolocado ali (com a condição de poder recuperar todos os pedaços!) e ele se tornaria objeto de contemplação e de peregrinação, "cada um levará um grande pensamento deste túmulo. Viria gente das extremidades da Terra, e todos os tipos de pensadores compareceriam"... E o poeta, entre a prefeitura e a capela, tem uma visão: "Pareceu-me vislumbrar a sombra desse gigante, a quem chamamos Carlos Magno, levantar-se lentamente no horizonte pálido da noite, entre este grande berço e esta grande tumba".

Mas ele volta rapidamente à terra. Seria um erro fazer de Carlos Magno a encarnação da civilização, de "personificar demais a ideia e inquietar-se com o ciúme das nacionalidades por sua entidade, que é antes francesa que germânica. Isto pode levar a equívocos, e os povos passem a imaginar que estão servindo a um homem e não a uma causa, à ambição de um e não à civilização de todos". Hugo tem as mesmas hesitações sobre o culto a Carlos Magno que tem sobre o culto a Napoleão: "Talvez o trabalho de Carlos Magno e Napoleão deva ser refeito sem Napoleão e sem Carlos Magno". Além disso, os verdadeiros grandes homens não são antes os pensadores, os homens de letras? São eles que expressam o espírito de uma civilização: "dado o aumento do espírito humano, Dante importa mais que Carlos Magno, e Shakespeare importa mais que Carlos V"... E Victor Hugo mais que Napoleão.

Apesar dessas hesitações, o poeta persiste em ver em Carlos Magno a pessoa que prefigurou a "união da Alemanha e da França" ao redor do Reno, para fazer dela o núcleo da Europa unida. O grande imperador mostrou o caminho, é preciso segui-lo. A amizade franco-alemã seria "a salvação da Europa, a paz do mundo".

CARLOS MAGNO MESTRE-ESCOLA E OBJETO DE ESTUDO

Infelizmente, esse é um longo caminho a ser percorrido. Com a guerra de 1870, Carlos Magno mais uma vez se torna um fator de hostilidade entre a França e a Alemanha. Do lado francês, a tendência é denegrir esse personagem, que era alemão demais para ser honesto. Em 1876, Fustel de Coulanges tenta mostrar, em *La Revue des Deux Mondes*, que seu império "nada tinha de germânico", e, dois anos depois, Alfred Duméril estuda a forma pela qual a figura de Carlos Magno havia sido usada na história com finalidades ideológicas, principalmente por regimes autoritários, explorando esse "cetro de ferro em nome da nação francesa". Em 1881, Lucien Double, em *L'Empereur Charlemagne*, escreve que "a lenda não é a história", e que Carlos Magno é "bem diferente do personagem dos romances"; ele fustiga o "inconcebível fascínio que a história tem universalmente mostrado por esse alemão, que nem sequer tem o pungente mérito dos conquistadores vitoriosos". Em 1882, Albert Sorel mostra que a lenda do imperador serviu para opor a França e a Alemanha, a serviço de políticas agressivas, de Felipe Augusto a Napoleão.

Paralelamente a essa "desfrancezação", a desmitificação foi empreendida. O progresso das ciências histórica e filosófica reduzem o personagem a um tamanho mais "documental": o imperador perde seus lendários atributos e torna-se objeto de estudos áridos, com a publicação de cartulários e polípticos. E, mesmo nesse campo, a erudição francesa deixa à ciência alemã o cuidado de dissecar as fontes da história de um Carlos Magno decididamente germânico demais: em 1899, a Académie des Inscriptions et Belles-Lettres começa a publicar as *Chartes et diplômes* do *Recueil des historiens de la France* a Carlos... o Calvo. A história positivista, felizmente, mostra menos chauvinismo: em 1903, a grande *Histoire de France*, de Ernest Lavisse, dá uma visão bem equilibrada do reinado de Carlos Magno.

Mas esse foi o fim do culto do qual ele havia sido objeto durante séculos. Em uma França republicana, laica e antigermânica, é difícil cultuar um imperador cesaropapista, cuja capital está na Alemanha. Assim, quando os irmãos Rochet propõem erigir uma grande estátua equestre em Paris, mostrando Carlos Magno triunfante, cujo cavalo é conduzido por dois escudeiros, que seriam Rolando e Olivier, a reação foi medíocre. Projetada em 1852, essa estátua foi adaptada ao espírito do Segundo Império, mas só foi concluída sob a República. Em 1878, Charles Rochet tenta dar-lhe uma gênese republicana, argumentando que ele e seu irmão haviam se inspirado no trabalho de Guizot e Augustin Thierry. Mas a estátua não encontrou quem a quisesse. Eles se dirigiram ao conselho municipal de Paris solicitando autorização para colocar a estátua no adro em frente à catedral de Notre-Dame. Uma pesquisa feita pela Comissão de Belas-Artes concluiu que "a figura de Carlos Magno só tem, para a cidade de Paris, um interesse assaz medíocre. O grande imperador do Ocidente não é um parisiense e nem mesmo um gaulês". Em 25 de fevereiro de 1879, quando a questão é debatida no conselho municipal, os republicanos dizem ser hostis a essa glorificação dos "domadores de povos"; um deles declara ser inadmissível que o conselho, "depois de ter visto ser recusada a autorização para erigir uma estátua de Voltaire, que havia lançado uma luz tão brilhante sobre a marcha da civilização, autorize a construção da estátua de Carlos Magno... que representa, acima de tudo, o poder absoluto". A situação foi resolvida graças ao novo prefeito, ao propor que uma estátua de Voltaire fosse erguida ao mesmo tempo em frente à prefeitura do *XI° arrondissement* e outra naquela da *République*. O imperador pôde então ser instalado no adro da Notre-Dame. Ele ainda está lá..., graças aos alemães, que, durante a Ocupação, enquanto derretiam quase todas as estátuas parisienses para recuperar metais não ferrosos, pouparam a estátua do imperador. Um gesto revelador, que não melhorou a imagem de Carlos Magno aos olhos dos franceses.

Há, no entanto, um aspecto do imperador que ainda é reverenciado até mesmo na França: o de um promotor de instrução "pública". Em 1893, uma circular pede aos inspetores da Educação Nacional que mostrem aos estudantes que "este grande reinado não foi inútil para a humanidade e, sob a liderança de Carlos Magno, nossos ancestrais ofereceram, em particular à Europa ocidental, serviços notáveis". Em 1892, *Le Petit Journal Illustré* publica um desenho mostrando os estudantes aplaudindo o imperador. A historieta de Carlos Magno dedicando-se à escrita à noite, e especialmente aquela em que Notker o mostra recompensando os bons alunos, de origem modesta, e repreendendo os maus, das classes abastadas, estão em todos os manuais didáticos das escolas primárias. Em 1900, o *Petit Lavisse* explora esse lado democrático do carolíngio, e o *Livre unique pour l'enseignement du français* opõe os "nobres, orgulhosos de seu nascimento", e preguiçosos, e os "filhos de baixa e média condição", e trabalhadores. Carlos Magno visitando uma escola, como um inspetor da La Laïque, é, junto com Rolando soprando em sua trompa, São Luís sob seu carvalho, Joana D'Arc em Orléans, Henrique IV e sua galinha na panela, Colbert esfregando as mãos diante de sua pilha de dossiês, e alguns outros, uma ilustração obrigatória nos livros de história da escola elementar.

Na França, portanto, certos aspectos tradicionais do carolíngio foram mantidos – o inspetor escolar e o proprietário de terras atento à administração de suas *villae* – e deixa-se aos alemães o militar e o conquistador. Não se pode dizer que eles o recuperam com muito entusiasmo: afinal, ele foi um chacinador de saxões, que impôs a latinidade aos alemães. Na mitologia do II Reich, Widukind desempenha o papel do Vercingetórix germânico e os *Nibelungen* ofuscam a famosa *Canção de Rolando*. Aachen não volta a ser novamente a cidade da coroação, e, em 1878, o *National Zeitung* compara timidamente Guilherme I a Carlos Magno e a Frederico Barbarossa. Guilherme II também não manifesta muito entusiasmo. Para ele, o soberano ideal, tal como o descreve no exílio em 1924, é "uma mistura de Mussolini, Trótski, Touro Sentado, Armínio e Carlos Magno". Sem dúvida, ele se vê como a encarnação desse monstruoso coquetel.

A ciência alemã, por outro lado, se apodera inteiramente do grande imperador, de quem publica, com notável erudição, os capitulares e outros documentos relativos ao seu reinado, na *Monumenta Germaniae Historica* de 1880.

A partir de então, a figura de Carlos Magno é cindida em duas. Por um lado, ele é objeto de estudos históricos eruditos, conduzidos por pesquisadores cujo único objetivo é o conhecimento, o que não significa neutralidade. Como a história não é uma ciência exata, mas uma ciência humana que visa estabelecer fatos e extrair deles uma interpretação, as escolas históricas do século XX chegam a imagens diferentes do imperador, mas sempre baseadas numa exploração escrupulosa das fontes, e num espírito de independência e senso de relatividade das culturas. O resultado são as obras clássicas da historiografia alemã, francesa, belga, inglesa e italiana, de Louis Halphen, Robert Folz, Arthur Kleinclausz, Wolfgang Braunfels, Edouard Perroy, Rosamond McKitterick, Alessandro Barbero e muitos outros.

CARLOS MAGNO NAZISTA E COLABORADOR

Por outro lado, Carlos Magno é objeto de uma recuperação maciça, levada a cabo por movimentos ideológicos, que trabalhavam pela grande ideia do século: a unidade europeia. Mas essa ideia passou por uma mudança capital em 1945: antes dessa data, era monopólio das forças de extrema direita, que queriam criar uma nova Europa, de tipo fascista e anticomunista; depois daquela data, as forças democráticas tomam a dianteira e levam à criação da União Europeia. Ora, Carlos Magno é utilizado sucessivamente por ambas as correntes, e não é a menor das realizações do personagem ter conseguido incorporar, uma de cada vez, a Europa nazista e a Europa do Tratado de Roma.

É na década de 1920 que o movimento pan-europeu toma forma. Trata-se de um movimento de extrema direita que visa à aproximação franco-alemã, enfatizando tudo o que une os dois países e insistindo em seu parentesco original. O primeiro congresso Pan Europa ocorre em Viena em 1926, em uma sala decorada com um grande retrato de Carlos Magno, reverenciado como o ancestral comum. Em 1934, Régis de Vibraye declara que "Stresemann sonha com Carlos Magno, imaginando uma Europa na qual a França, a Alemanha, a Áustria-Hungria e a Itália de antes de 1914 se encaminhariam gradualmente para uma unidade econômica, ponto de partida de uma federação europeia". Carlos Magno, que havia sido por vezes evocado pelos pangermanistas do século XIX, serve sob o III Reich para justificar a ideia de transmissão do Império Romano para os alemães, enquanto Moscou se apresenta como o herdeiro de Bizâncio. A oposição Roma-Bizâncio é perpetuada na oposição Berlim-Moscou, e Aachen serve de intermediário.

Já em 1935, a imagem do imperador é explorada com finalidades hegemônicas numa coleção de estudos publicados sob o título de *Karl der Grosse oder Charlemagne*. Além disso, Carlos Magno, tipo ariano, alto e louro, que lutou contra os sub-homens eslavos, prefigura a conquista do espaço vital a leste. Em 1942, em um artigo nos *Cahiers Franco-Allemands* intitulado "Como vemos hoje a posição de Carlos Magno na história?", Gerhard Krüger escreve que "o apego ao sangue e à raça era forte" no imperador, que tinha "origem puramente alemã e franca", um "homem tão próximo da natureza, transbordante de vida física" e, "em seu modo de vida, profundamente germânico".

Com a ocupação da França, Carlos Magno torna-se o campeão da colaboração, celebrado pelo regime de Vichy e pelas autoridades militares alemãs. Em 1942, o 1200º aniversário de seu nascimento deu origem a comemorações e publicações que, como *La Mission de la France*, de Louis Lallement, fazem de seu reinado a "primeira grande conquista francesa em benefício da comunidade dos povos europeus", ao lançar as "bases culturais da futura civilização do Ocidente". Para Joseph Calmette, em *L'Effondrement d'un empire et la naissance d'une Europe*, Carlos Magno mostrou o caminho para a construção europeia com o Império Carolíngio: "Assim se apresenta em resumo a elaboração do que um dia será a Europa. Unidade de dominação ou multiplicidade de Estados? Esta é a alternativa eternamente colocada pela história. O Império é a primeira solução, o equilíbrio das nacionalidades é a segunda. Carlos Magno tentou uma. O futuro escolheu outra". Enquanto Oto Abetz lembra o "ideal essencialmente moral do Reich federalista e universal dos imperadores da Idade Média", as revistas colaboracionistas cantam os louvores de um Carlos Magno que prefigura Hitler. "Carlos Magno, imperador da Europa", escreve Marcel Déat em *L'Œuvre*, de 28 de fevereiro de 1942; em 2 de abril, ele convida os "verdadeiros europeus a meditarem diante do sarcófago vazio de Aachen". Em 12 de abril, em *Révolution nationale*, Jean Héritier vê a Europa ser construída "segundo as linhas traçadas pelo gênio de Carlos Magno" e seguida por seu êmulo Adolf Hitler. A partir de abril de 1942, os *Cahiers Franco-Allemands* são adornados com a efígie do carolíngio, a quem dedicam uma edição especial. Marcel Déat neles escreve um artigo em alemão intitulado "Karl der Grosse, Europa und wir", enquanto, na Alemanha, Leo Weisberger fala da "missão europeia" de Carlos Magno na revista *Deutschland-Frankreich*. Em um colóquio organizado pelo grupo Colaboração, o alemão Kurt Borries descreve Carlos Magno como o "símbolo da reconciliação"; embora, afirma o autor, liderasse um Estado "conscientemente germânico", "a constante aspiração a um Estado nacional alemão, uma fundação racial e uma delimitação racial de seu império lhe fossem estranhas, assim como o eram a toda sua época". Em Berlim, diante da Academia das Ciências, no mesmo ano, Friedrich Stieve exalta a unidade europeia alcançada por Carlos Magno, o "império universal do imperador franco que pudemos descrever como o triunfo da organização germânica da Europa". Ele também justifica a divisão do império, em 843, seguindo as linhas nacionais, e a restauração da superioridade germânica por Oto I.

No ano seguinte, 1943, é o 1100º aniversário do Tratado de Verdun, que também dá origem a comemorações, cujo tom geral é muito crítico: esse tratado, verdadeira "sabotagem da Europa", escreve Céline em *L'Ecole des cadavres*, desfez o trabalho de Carlos Magno e despedaçou a unidade europeia. Em *Charlemagne européen*, Mabille de Poncheville, que celebra o "valor educativo de um herói" para "homens de pensamento e ação, os líderes de todos os tipos, os condutores de povos", deplora a fragmentação do império. Em *La Gerbe*, de 26 de agosto de 1943, Alphonse de Châteaubriant, que glorifica a "imensa ordem de possibilidades" surgida com Carlos Magno, convoca a recuperação, "sob o poder de uma ideia da comunidade europeia, a nova unidade racial da germanidade ocidental". Os três irmãos, Lotário, Luís e Carlos, romperam a unidade do império de Carlos Magno em 843; felizmente, Hitler apareceu e vai recolar os pedaços, como os de um vaso de porcelana. É o que diz a surpreendente inscrição em latim que figura numa porcelana comemorativa feita para a ocasião, em 1943, pela Manufatura de Sèvres: "*Imperium Caroli Magni divisum per nepotes anno DCCCXLIII defendit Adolphus Hitler una cum omnibus Europae populis anno MCMXLIII*" ("O império de Carlos Magno, dividido por seus herdeiros em 843, foi protegido em 1943 por Adolf Hitler, com o apoio de todos os povos da Europa").

1944: Himmler e o estado-maior alemão decidem reagrupar os sobreviventes da Legião de Voluntários francesa, voluntariamente alistados no exército alemão desde 1941, em uma nova unidade, de cerca de 7 mil homens, a 33ᵉ Divisão da Waffen SS, que será enviada para o *front* Leste. Será a divisão Carlos Magno. Mais uma vez, o imperador é usado como símbolo da fraternidade franco-alemã para a construção de uma nova ordem europeia racista e anticomunista. Obviamente, a divisão tem um capelão católico, o extravagante e fanático conde Mayol de Lupé, que se faz chamar de "Monsignore". Incidente: os colaboradores bretões não querem ser incorporados a uma divisão cujo patrono é um carolíngio que havia lutado contra eles. Seu líder, *Obersturmführer* Le Coz, à frente de duzentos homens da Bretonnische Waffenverband SS, declara: "Somos parte dessa minoria que pegou em armas contra a França. Agrada-nos que se diga isso".

CARLOS MAGNO, EMBLEMA DA UNIÃO EUROPEIA

O mais surpreendente é que a imagem de Carlos Magno não apenas sobreviveu aos destroços do Reich e à colaboração, da qual se tornara o ícone, mas foi imediatamente recuperada pelo campo das democracias e pelos construtores da Europa dos povos. Apenas cinco anos após o fim da guerra, em 1950, o general de Gaulle declara, em uma entrevista coletiva: "Não vejo razão para que, se o povo alemão e o povo francês superarem suas ofensas mútuas e as intrigas externas, não acabem por se unir. Em suma, seria retomar, sobre bases modernas, isto é, econômicas, sociais, estratégicas e culturais, o empreendimento de Carlos Magno". Homenagem do Grande Carlos a Carlos, o Grande!

No mesmo ano, por iniciativa de doze intelectuais e políticos, a cidade de Aachen cria o Prêmio Carlos Magno, que recompensará anualmente uma personalidade comprometida com a unificação europeia. O júri é composto pelo prefeito de Aachen, o preboste do capítulo, o reitor da universidade e oito cidadãos. Ele concede uma pequena soma, atualmente 5 mil euros, e uma medalha representando Carlos Magno sentado em seu trono, cópia de um sinete da cidade de Aachen, datado do século XII. O primeiro laureado, em 1950, foi o conde Coudenhove-Kalergi (1894-1972), fundador do movimento pan-europeu. Os seguintes são políticos, não necessariamente europeus, já que, ao lado de Winston Churchill (1955), Paul-Henri Spaak (1957), Jens Otto Krag (1966), Joseph Luns (1967), Konstantin Karamanlis (1978), a rainha Beatrix (1996) e Tony Blair (1999), por exemplo, há também americanos, como George Marshall (1959) e Bill Clinton (2000). Que seja o presidente dos Estados Unidos que, nesse ano altamente simbólico, mil anos após a abertura do túmulo, 1200 anos após a coroação do imperador, deva receber o Prêmio Carlos Magno de Unificação Europeia, é em si mesmo muito revelador da mudança no centro do poder político mundial. Também reveladora, e mais de acordo com a tradição carolíngia, é a frequência de laureados alemães e franceses. Não é surpreendente que o general de Gaulle, que não era exatamente um forte apoiador da Europa, esteja ausente, mas vale a pena notar a presença de Konrad Adenauer (1954), Jacques Delors (1992), Giscard d'Estaing (2003) e a inseparável dupla Helmut Kohl – François Mitterrand, que receberam o prêmio conjuntamente em 1988. Em 2008, é ainda o espírito de Carlos Magno que preside à premiação, pois a honraria é entregue à chanceler alemã Angela Merkel, pelo presidente francês Nicolas Sarkozy, que em seu discurso saúda o "imperador dos francos", acrescentando: "Seria excessivo fazer de Carlos Magno o primeiro fundador da Europa, pois ele provavelmente se via mais como o restaurador do Império Romano", mas de seu império vieram a França e a Alemanha, cuja aliança ele prefigurou.

Desde 1950, as referências ao papel unificador europeu de Carlos Magno se multiplicaram: criação de uma Medalha Carlos Magno para a mídia europeia, portando o monograma do imperador e concedida a jornalistas, apresentadores e diretores de canais que trabalharam pela unidade; cunhagem de uma moeda pela Monnaie de Paris em 1992, representando Carlos Magno, pai da Europa; criação em 1999 de um Prêmio Eginhardo, dedicado à história europeia, e concedido a cada ano em Seligenstadt; um Prêmio Carlos Magno para a juventude, concedido pelo Parlamento Europeu em 2008 aos jovens envolvidos em projetos ligados à integração europeia; publicação da revista *Francia* desde 1973, por iniciativa do Instituto Histórico Alemão de Paris; organização de congressos europeus sobre o papel de Carlos Magno, como o realizado em Spoleto em 1980, que reuniu medievalistas de toda a Europa sobre o tema "O nascimento da Europa e a Europa carolíngia: uma equivalência a ser verificada"; organização pelo Conselho da Europa, em 1965, de uma grande exposição Carlos Magno em Aachen.

Em 1957, em Roma, a cidade da coroação, foi fundado o Mercado Comum, que se tornou a União Europeia, cujos seis países de origem coincidem de maneira notável com o Império Carolíngio. Voltaremos a esse assunto. Desde então, esse grupo tem procurado uma figura representativa na qual os cidadãos europeus possam se reconhecer. Em 2003, a associação Europartenaires organiza uma pesquisa-eleição, fazendo a seguinte pergunta a 6 mil europeus: "Na seguinte lista, qual é, ou quais são, o personagem ou os personagens que você acha que melhor representa(m) a identidade europeia?". Foram elaboradas duas listas de catorze nomes cada uma, de antes e depois de 1800. A primeira propõe os seguintes candidatos: Carlos Magno, Francisco de Assis, Dante Alighieri, Gutenberg, Cristóvão Colombo, Leonardo da Vinci, Nicolau Copérnico, Martinho Lutero, Carlos V, Teresa de Ávila, Miguel de Cervantes, William Shakespeare, Isaac Newton e Voltaire.

Os resultados são instrutivos. Considerando que Carlos Magno é de longe o mais velho dos candidatos, cujo nome não evoca mais do que lembranças muito vagas, que remontam ao colegial, e que ele está diante de celebridades da estatura de Dante, Voltaire, Newton ou Leonardo da Vinci, seu resultado é muito notável, já que ele vem em quarto lugar, atrás de Leonardo da Vinci, Cristóvão Colombo e Martinho Lutero, com 15% dos votos. Evidentemente, seu desempenho varia muito de país para país. Enquanto os franceses o colocam em 1º lugar e os alemães em 4º, ele é 5º entre os italianos, 7º entre os espanhóis, 8º entre os poloneses ... e penúltimo entre os ingleses, que lhe dão 2% dos votos, contra 60% aos dois únicos candidatos ingleses (32% para Shakespeare e 28% para Newton).

Igualmente notável é o resultado obtido por Carlos Magno na questão "aberta", que não fornece uma lista preestabelecida e que, portanto, permite aos cidadãos escolher livremente, de acordo com sua cultura pessoal: esse imperador do século IX chega à França em 9º lugar, à frente apenas de personagens dos séculos XIX e XX. É claro que essa posição se degrada rapidamente, como mostram as comparações com pesquisas anteriores. O naufrágio da cultura histórica, causado por reformas catastróficas dos currículos escolares, só deixa sobrenadar na mente dos novos cidadãos nomes contemporâneos, nem sempre de boa qualidade e com uma duvidosa vocação europeia: para a Europa como um todo, a lista das 20 personalidades inclui 18 contemporâneos, incluindo Silvio Berlusconi e Margaret Thatcher, que supostamente representam melhor a "identidade europeia" do que Carlos Magno, que já nem sequer aparece mais nessa *top twenty*.

Será esse o fim do fabuloso destino do carolíngio? Será que o homem que superou todas as crises da história durante os últimos 1.200 anos, de quem se fez sucessivamente, ou mesmo simultaneamente, um santo, um cruzado, um pai da Alemanha, da França, da Europa, da escola, um nazista, um democrata, um soberano absoluto, esclarecido, constitucional, será vítima da regressão cultural contemporânea? O fato de que, na pesquisa de 2003 mencionada, ele tenha sido precedido, na França, pelo abade Pierre, seguido por Zinedine Zidane, Johnny Hallyday e pela princesa Diana, é motivo de reflexão. Ou a fênix ressurgirá de suas cinzas, como o ecologista Carlos Magno, precursor da agricultura orgânica em seu capitular *De villis*, precursor do comércio justo por meio de suas declarações contra empréstimos a juros, ou como o ciberecologista Carlos Magno em um grande jogo de vídeo contra os saxões virais? Tudo é possível, especialmente o pior.

Depois desse rápido afresco das metamorfoses do Carlos Magno mítico, temos agora que partir para descobrir o que poderia ter sido o verdadeiro Carlos Magno. Para isso, devemos primeiro examinar as fontes à nossa disposição e sua confiabilidade. De fato, em que se baseia nosso conhecimento sobre o Carlos Magno histórico?

– 2 –

DO MITO À REALIDADE:
ESTUDO DAS FONTES (SÉCULOS IX-X)

Todas as grandes figuras que marcaram profundamente a história se tornaram lendas. O fervor popular e a paixão dos lisonjeadores bordam, embelezam, ampliam, distorcem, inventam e comentam sobre eles, dando origem a um ser mítico, que muitas vezes tem pouca relação com a pessoa real. E a memória coletiva retém muito mais o mito do que a realidade, porque o mito responde às necessidades das gerações sucessivas; o caráter mítico é enfeitado com qualidades que o tornam um ideal, enquanto a realidade o reduz à banalidade, e até mesmo à trivialidade. A distância entre o mito e a realidade é obviamente maior quando se refere a períodos remotos, que deixaram pouquíssimos traços confiáveis da vida de grandes homens. O trabalho do historiador é ingrato: consiste em desmistificar, ou seja, frequentemente consiste em despedaçar sonhos. É por isso que muitas vezes ele nem sequer é ouvido, e se prefere a ilusão à realidade, sobretudo no caso dos fundadores de religiões. O exemplo extremo é Jesus: o que honestamente sabemos sobre ele que é absolutamente certo, inquestionável, irrefutável, unanimemente aceito? Quase nada, mas isso não impede que "biografias" de várias centenas de páginas lhe sejam dedicadas.

Quanto mais parcas são as fontes, mais os estudiosos são reduzidos a glosar infinitamente algumas palavras, arquitetando romances e ficções sem consistência, mas que respondem às necessidades. Alguns períodos da história são particularmente pobres em documentos autênticos, qualquer que seja sua natureza, e deixaram traços de extrema fragilidade. Este é o caso dessa "Idade das Trevas", as *Dark Ages*, que constituem a Alta Idade Média, período confuso que se estende desde o fim do Império Romano até o surgimento de uma nova civilização estável, digamos, por uma questão de clareza, de cerca do ano 500 ao ano 1000. Os estudiosos da época, é claro, contestam esse fato e produzem joias, papiros, ruínas, sarcófagos, provando a existência de material histórico sólido sobre o qual é possível reconstruir o fio dos acontecimentos desses cinco séculos. No entanto, esse período continua sendo um dos mais caóticos e difíceis de conhecer na história da Europa. Não seria razoável negar isso. Em termos arqueológicos, o que são essas criptas e fragmentos de muros entre os templos greco-romanos e as catedrais medievais? Em termos de provas escritas, o que encontramos entre os últimos historiadores romanos e as grandes crônicas medievais?

O reinado de Carlos Magno está situado no meio desse vazio. Um vazio relativo, certamente, já que se fala até de uma "Renascença Carolíngia" no século IX. Mas conservemos um senso de proporção: os séculos VIII e IX são comparáveis a um leve aquecimento temporário dentro de uma profunda idade glacial. Isso não é muito promissor para fazer uma biografia de Carlos Magno, sobretudo se o foco for se limitar a fatos comprovados. A mais recente dessas "biografias", a notável *Charlemagne* publicada em 2008 em inglês, da historiadora Rosamond McKitterick, uma das melhores especialistas do período, conclui com esta observação: "Mesmo com a ajuda de Eginhardo, não teria sido possível apresentar esse relato do reinado como uma biografia". Louvável modéstia. No entanto, muitos historiadores, e não dos menos importantes, também produziram um *Carlos Magno*: há dezenas deles no decorrer do século XX. Como explicar essa aparente contradição? É porque as fontes são ao mesmo tempo raras e numerosas, pobres e ricas. Tudo depende de como se as utiliza. Por isso é necessário dedicar-lhes um capítulo, para que saibamos com o que estamos lidando, para que tenhamos consciência da origem e do grau de confiabilidade dos materiais utilizados.

OS DIPLOMAS[1] OFICIAIS

Esses papéis são de vários tipos. Primeiramente, existem os documentos administrativos oficiais: 164 diplomas autênticos do reinado de Carlos Magno sobreviveram, seja em sua forma original, para 47 deles, ou na forma de cópias feitas nos séculos IX ou X. Isso é muito e ao mesmo tempo muito pouco para um período de quase meio século. Esses atos [ou atas], elaborados de acordo com formulários preestabelecidos, são escritos em pergaminho. Eles começam por um protocolo, que inclui o *chrismon*, ou monograma de Cristo, com a invocação do nome de Deus ou da Trindade, seguido pela subscrição, ou seja, o nome do autor e seu título, "Carlos, pela graça de Deus rei dos francos e dos lombardos". Esse título é consideravelmente ampliado após a proclamação do império. Depois vem o endereço e a saudação: "A todos os nossos fiéis súditos, presentes e futuros, saudações". O corpo do texto consiste em um preâmbulo, muitas vezes bem longo e verborrágico, seguido por uma notificação, que introduz o exposto, ou seja, um lembrete das circunstâncias, que leva ao dispositivo, o verdadeiro cerne do ato, que amiúde é breve e seco: é a declaração da decisão tomada. Passa-se, então, às cláusulas finais, cominatórias ou penais, ou seja, as imprecações, anátemas, ameaças de ira espiritual e uma multa de 60 *sous*[2] para aqueles que se opuserem à decisão. O protocolo de encerramento inclui os sinais de validação: "E para que nossa autoridade possa ser mais rigorosamente observada e mais bem mantida no decorrer dos anos, decidimos confirmá-la abaixo com nossa própria mão e marcá-la com nosso sinete". Seguem-se o sinete e o monograma de Carlos Magno, na forma de uma cruz cujos braços e centro contêm as letras

---

1 No sentido de ato solene emanado de um soberano ou de um grande feudatário, e autenticado por um sinete. (N. T.)
2 Do baixo latim *soldus*, do latim clássico *solidus*, maciço, moeda que na época de Carlos Magno valia 1/72 de uma libra romana de ouro. Com a desvalorização causada pela escassez do ouro, passa a valer 1/20 da libra carolíngia de prata. Ele é dividido em 12 denários, que, com raras exceções, na prática serão os únicos a circular. (N. T.)

de KAROLUS. Há também a firma do escriba que validou o ato, e finalmente a data: o dia e o mês em estilo romano, e o ano do reinado. Tudo em latim, é claro. Em suma, a diplomática carolíngia não inova, seguindo a prática romana e merovíngia.

Esses documentos frequentemente são muito longos, pois utilizam uma prosa verborrágica, recheada de referências, que obriga a decifrar dezenas de linhas para extrair alguns elementos úteis, muitas vezes muito limitados. A escrita, em letra cursiva, segue o lado longo do pergaminho, quase sempre de grande tamanho. A produção é muito irregular: 6 dos 47 anos do reinado produziram cinco ou mais *chartes*,[3] 25 anos produziram entre uma e três, e oito não produziram nenhuma (784, 785, 789, 793, 796, 798, 804, 805). O fim do reinado foi mais prolífico, e as *chartes* foram cada vez mais escritas em Aachen: das 27 *chartes* do período 794-803, um terço vem do *scriptorium* dessa cidade, e a proporção aumenta para três quartos nas 16 *chartes* dos anos 804-814.

OS CAPITULARES

Nos documentos oficiais, os famosos capitulares ocupam um lugar especial. Seu nome se refere à forma: são textos que enumeram as decisões do rei, tomadas em assembleias, e divididas em *capitula* ou capítulos. Muitas vezes eles são simplesmente uma sucessão de *capitas*, ou artigos. A palavra apareceu na chancelaria dos reis lombardos em 750, sob o reinado de Astolfo, e foi em 779 que ela surgiu entre os carolíngios, com o capitular de Herstal, sendo que até então se falava em éditos ou decretos.

Este tipo de documento é bastante confuso, devido a sua natureza heterogênea: mesmo que exista um tema dominante, ele trata, em completa desordem, de áreas totalmente diferentes. Um capitular de organização religiosa, por exemplo, pode muito bem conter artigos sobre o equipamento de homens convocados para o exército, sobre a organização de pedágios e sobre a repressão ao banditismo. A maioria dos capitulares dá a impressão de ser

---

3 Diferentemente das *lettres*, cartas, as *chartes* designam escritos solenes destinados a consignar direitos ou a regularizar interesses. (N. T.)

uma incrível miscelânea, e muitas vezes nem mesmo é datada. Isso se deve à origem e à natureza desses documentos.

Os capitulares, na forma em que chegaram até nós, são recapitulações dos vários pontos discutidos nas grandes assembleias de primavera e outono. São o resultado da atividade preparatória de uma espécie de comissão, ao elaborar um documento de trabalho que permita ao rei enumerar as diversas decisões a serem tomadas. As deliberações na comissão que precede a assembleia são realizadas em língua tudesca, e a redação, feita pelos escribas num mau latim, torna a leitura e a compreensão muitas vezes difícil, pois o mais importante nas decisões reais não é o escrito, mas o oral. Em um mundo em que tudo se baseia no contato humano direto, a vontade do rei se faz conhecida por meio da palavra falada. O que faz a lei é o que o rei diz na assembleia; o que está escrito em pergaminho é apenas a preparação ou o lembrete. Isso às vezes leva a contestações, quando o rei exige num capitular algo que não tenha sido dito na assembleia. É, por exemplo, o que acontece, em torno de 810, na Itália: Carlos Magno deve lembrar a seu filho Pepino, que governa o reino italiano na época, que havia discutido certos assuntos com ele oralmente na assembleia: "Alguns dos nossos e dos vossos dizem que as *capitula*, que ordenamos fossem incluídas entre as leis, não lhes foram dadas a conhecer por nós, e por isso se recusam a obedecê-las, a consenti-las e as ter como leis. Você sabe como e quanto discutimos com você esses *capitula* e, consequentemente, deixamos aos seus cuidados publicá-las em todo o reino que lhe foi confiado por Deus e para fazê-las serem obedecidas e aplicadas".

Acontece também que, ao reler o documento, o rei queira esclarecer certos pontos, dar detalhes, explicar aspectos obscurecidos pelo latim ruim dos escribas. Nesse caso, ele intervém pessoalmente no texto, acrescentando uma escrita em primeira pessoa, o que perturba ainda mais a ordem do texto, mas é valioso para o historiador, que pode apreciar ali uma intervenção direta de Carlos Magno. O capitular de Frankfurt em 794, por exemplo, resume as decisões tomadas pela assembleia, que na realidade era um sínodo eclesiástico, na forma de artigos na terceira pessoa e na voz passiva, e de tempos em tempos o rei irrompe abruptamente com um "Nós", "Nós ouvimos", "Nós e o santo sínodo decidimos"; ou então o texto especifica que "nosso muito piedoso senhor decretou...". São todas fórmulas que indicam a intervenção pessoal do rei. Esse capitular, que trata principalmente de assuntos religiosos, também contém artigos sobre a regulamentação de pesos e medidas, preços, moeda e repressão de complôs.

O capitular não é apenas um documento de trabalho. É também um resumo para os enviados do rei, os *missi dominici*, que são responsáveis por tornar conhecidas as decisões reais em todas as partes do reino. Cada um deve reunir os notáveis em sua circunscrição, anunciar as decisões, comentá-las em um discurso e depois pedir aos presentes, de forma mais ou menos solene, que declarem que respeitarão essas ordens. Isso pressupõe que os *missi* tenham consigo uma cópia do capitular, o que coloca o problema da rápida reprodução do documento: há várias centenas de condes, bispos e *missi* na assembleia, e o pequeno número de escribas nos escritórios do palácio não consegue lidar com a tarefa. Em 808, por exemplo, o imperador ordena: "Queremos que sejam feitas quatro cópias deste capitular. Nossos *missi* terão uma. O conde, em cujos negócios essas coisas devem ser feitas, terá outra, de modo que nem o *missus*, nem o conde, agirão de outra forma que não seja a ordenada por nossos *capitula*. Nossos *missi*, que serão por nós colocados à frente do exército, terão a terceira. Nosso chanceler terá a quarta". Cabe então a cada um deles mandar fazer cópias pelos clérigos de seu séquito. Depois, em cada região do império, os condes, bispos e notáveis, por sua vez, mandam copiar o documento, que assim se dissemina amplamente. Os exemplares que foram encontrados nunca são o documento original, mas cópias de cópias, o que indica uma certa eficiência do sistema. Por exemplo, foram encontradas 33 cópias do capitular de Herstal, de 779, e mais de 40 do *Admonitio generalis*, de 789. A multiplicação de cópias também foi facilitada pelo uso de um estilo de escrita mais rápido e fácil de ler, inspirado na antiga minúscula latina: a minúscula chamada "carolina" (ou carolíngia), com suas palavras bem separadas e letras bem formadas. Eficiência administrativa e progresso técnico andam de mãos dadas.

Outra indicação de uma busca de eficiência é a constituição de coleções de capitulares pelas autoridades locais e pelos *missi*, embrião de serviços de arquivos, que pode ser consultado a qualquer momento. Carlos Magno até mesmo pede aos seus *missi*, em 806, para que unam esses documentos, a fim de que não se percam e sejam mais fáceis de usar durante as visitas de inspeção. Três dessas compilações foram encontradas, uma datada de 806, possessão de Gerbaldo de Liège (787-810); uma outra, feita por um *missus* da Aquitânia no início do século IX; a terceira na Itália, composta por quase duzentas folhas, remonta aos primeiros anos do reinado de Luís, o Piedoso. Essas coleções, que também incluem cópias das leis locais, são os instrumentos de trabalho dos *missi*, uma espécie de manuais de códigos civis e penais para resolver os muitos problemas que enfrentam.

Cento e sete capitulares do reinado de Carlos Magno chegaram até nós, aos quais é preciso adicionar decisões de concílios ou sínodos convocados pelo rei-imperador, e que, sem serem tecnicamente qualificados como capitulares, da mesma forma expressam as diretrizes tomadas em assembleias eclesiásticas: sínodos bávaros de 796, 798, 800, os conselhos de Aquileia (796), Roma (798), Aachen (809), concílios de Arles, Tours, Reims, Chalon e Mainz de 813. A distribuição cronológica é a seguinte: 11 capitulares para os primeiros 20 anos do reinado (768-788), outros 11 para os 20 anos seguintes (789-800); e 79 para os últimos 13 anos, os de Carlos Magno imperador. O desequilíbrio é menos flagrante se considerarmos a extensão dos documentos: os capitulares do final do reinado são muito mais curtos do que os do início, mas as decisões são mais objetivas.

A classificação temática dos capitulares é muito aleatória, devido à natureza heteróclita das decisões tomadas, como já vimos. Alguns historiadores adotaram uma classificação que data de Luís, o Piedoso, e distinguem entre as *Capitula missorum*, ou "capitulares dos enviados", contendo instruções específicas que os *missi* eram encarregados de aplicar, as *Capitula legibus addenda*, ou "capitulares a serem adicionados às leis", que completam, ou mesmo modificam, as leis locais de um povo ou outro no reino, e os *Capitula per se scribenda*, ou "capitulares a serem escritos por eles mesmos", decisões de circunstância, ligadas à conjuntura. Mas, como Jean Favier escreve, " na realidade, encontra-se de tudo em muitos capitulares".

Rosamond McKitterick tem outro sistema de classificação. Ela distingue, por um lado, entre os "capitulares-programas", como os capitulares aquitanos, que provavelmente datam do período da monarquia conjunta de Carlos Magno e seu irmão Carlomano, em 768 ou 769, e o capitular de Herstal, ou *capitulare primum*, primeiro capitular, de data mais incerta. Eles só confirmam decisões anteriores tomadas durante o reinado de Pepino III (o Breve). Nessa categoria também se enquadra a grande *Admonitio generalis* de 779, que enuncia em seu prólogo a vontade real de fazer do reino franco um reino cristão, e que para isso não hesita em incorporar disposições do direito canônico, em regular o conteúdo dos sermões, em impor o canto romano no ofício, em lembrar os deveres do clero, enquanto cuida da harmonização de pesos e medidas. A *Admonitio* é completada pelo capitular *De litteris colendis* de 784-785, e pelo capitular de Frankfurt de 794. Todos traçam as principais linhas do programa do governo, válidas para o conjunto do reino.

Outros capitulares dizem respeito apenas a uma região específica do reino ou do império. Eles visam a consolidar o domínio franco sobre povos de diferentes origens, dentro da estrutura de um Estado multinacional. O exercício é delicado, e esses textos ilustram o método de Carlos Magno, feito de compromisso e de equilíbrio entre as leis gerais do reino e o respeito aos costumes locais, com o objetivo de se conciliar com a opinião pública. Assim, para a Itália, o capitular de Mântua, em 781, poderia ser descrito como um exercício de "relações públicas". Nele é especificado que os pedágios só seriam cobrados "de acordo com os costumes antigos", e se confirmam os privilégios locais. Carlos Magno havia nomeado seu filho Pepino como rei da Itália, e foi em colaboração com ele que elaborou os capitulares lombardos. O pessoal administrativo écomposto principalmente por italianos, cuja lealdade é incerta, mas com os quais Carlos Magno se mostra bem flexível, como ocorre com o conde lombardo Aio, que participa da revolta de Rodgaud em 776, e depois foge para as terras dos ávaros. Entretanto, ele obtém o perdão do rei em 799, e a restituição de suas terras em Friuli, Vicenza e Verona. Ele esteve envolvido num julgamento em 804, entre os habitantes da vila de Rizana-Risano e o duque local, a respeito de novos impostos, que terminou a favor dos aldeões e pela elaboração de uma *charte* por Paulo, o diácono, de Aquileia, garantindo a manutenção dos costumes locais. Os notários locais mantêm as disposições e as fórmulas tradicionais na redação dos atos.

Em que pesem a flexibilidade de Carlos Magno e a relativa indulgência para com os italianos, uma atitude incomum para ele, a Lombardia experimenta várias revoltas contra o jugo dos francos. Podemos adivinhá-las a partir de alusões discretas, como as de uma *charte* de maio de 774, que fala de *tempore barbarici*, e o testamento de Taido de Bergamo, no mesmo ano, que menciona o *carietas calamitatum insurgentium*. Nenhum vestígio disso subsiste nos documentos oficiais, o que sublinha suas limitações: eles nos dão uma imagem puramente administrativa, a do funcionamento "normal" das instituições, o que pode levar a uma interpretação ideal da situação. Assim, observando a notável coleção de capitulares reunidos em Aquileia em um livro que também inclui cópias das leis dos francos salianos e ripuários,[4] dos alamanos, dos borgúndios, dos bávaros, dos romanos, além de excertos das leis de Carlos Magno e de seu filho Pepino, em 92 capítulos, pode-se concluir que houve uma aceitação e adaptação harmoniosa do domínio franco na Itália. A realidade é certamente mais matizada.

Isso é ainda mais verdadeiro no caso da Saxônia. Lendo os textos oficiais, a vida dos missionários, o capitular saxônico de 785 (ou 782, segundo alguns historiadores), o de 797 ou o de Thionville em 803, constatando a criação de novos bispados em Paderborn, Verden, Minden, Münster, Osnabrück, Bremen, e a construção de igrejas, ter-se-ia a tendência de acreditar que os francos rapidamente se tornaram senhores do país, e que o cristianismo fez ali progressos espetaculares. A realidade é bem diferente. A igreja em Paderborn não pôde ser consagrada até 799; o missionário Willehad teve que fugir de Vestfália no início dos anos 780; e as repetidas expedições militares até o início do século IX mostram o quão resistente o país era ao domínio franco e à cristianização. Seria a severidade do capitular saxônico de 785 um sinal de controle efetivo da região ou, pelo contrário, de um desejo de aterrorizar habitantes maciçamente hostis? Seria a proibição de vender armas aos eslavos em 805 uma medida preventiva, ou a condenação de uma prática generalizada? E qual foi a eficácia da medida? O fato de Carlos Magno ter sido forçado a retornar à Saxônia em 804 e realizar deportações em massa sugere que os capitulares permaneceram amplamente letra morta. Medidas de clemência no final do reinado, como a restituição em 813 das terras confiscadas de Hiddi, o Saxão, a seu filho, ou a confirmação da doação de uma propriedade a Amalung, o Saxão, por sua lealdade em 811, indicam uma sociedade saxônica profundamente dividida entre colaboradores e resistentes.

Os capitulares destinados à Baviera mostram vontade de respeitar as leis e a jurisprudência locais. O conde Geraldo, cunhado de Carlos Magno,

---

4 Povos que habitavam regiões do Reno compreendidas entre os atualmente Países Baixos e Alemanha. (N. T.)

governa o país a partir de 788 e evita confrontos com a população local. Regulamenta-se o comércio, adapta-se o *Formulário de Marculfo*, usado no país franco, e a tutela de Carlos Magno parece ser mais bem aceita.

Os capitulares do final do reinado, de 801 a 813, que são os do período imperial, são majoritariamente de natureza administrativa, com a intenção declarada de moldar o império de acordo com um plano mestre de base cristã. Dos 79 capitulares desse período, 4 se referem ao exército, 7 às reformas judiciais, 10 às questões de direito canônico e disciplina eclesiástica, e mais de 50 listam os deveres dos *missi*. O papel desses personagens torna-se fundamental; eles são a boca, os ouvidos e os olhos do mestre; são a espinha dorsal do império. O imperador conta com eles para unificar seu vasto estado. Ele tem, portanto, o cuidado de especificar seus poderes e o conteúdo de sua missão. O grande capitular de 802 lhes é particularmente dedicado. Escolhidos entre ricos e poderosos senhores, "arcebispos e outros bispos, bem como veneráveis abades e piedosos laicos", para que sejam incorruptíveis, operam em um território definido, o *missaticum*, cujos limites por vezes puderam ser reconstruídos: assim, o conde Godefrid e o bispo de Sens, Magnus, percorrem uma região entre Orléans, Troyes, Besançon e Autun, o equivalente a cinco departamentos[5] atuais. Depositários da autoridade real, inspecionam, julgam e recebem juramentos. Carlos Magno detalha seus poderes, e pode-se perceber nesse documento sua intervenção pessoal, por meio de detalhes que evocam memórias e situações específicas vividas. Assim, vê-se no artigo 33, que proíbe o incesto e a violação de freiras: aqueles que se recusam a submeter-se ao julgamento do bispo ou do *missus* devem ser enviados à minha presença; "veja-se o exemplo do que foi feito no incesto cometido por Fricco em uma freira". Aqui está um caso específico, sobre o qual ele provavelmente decidiu pessoalmente. Num capitular de 808, ele insiste sobre o fato de que os *missi* e condes devem possuir cópias dos capitulares, e, em 806, um *missus* escreve a um conde pedindo-lhe que leia novamente seus capitulares.

Esses documentos oficiais são, portanto, uma fonte fundamental para conhecer o reinado de Carlos Magno. Numerosos, abordando todos os campos – público, privado, religioso, secular, econômico, político, cultural,

---

5 Os departamentos franceses correspondem a divisões administrativas sob a autoridade de um prefeito e dirigidas por um conselho geral. (N. T.)

militar –, poderiam por si sós fornecer os materiais de uma história do imperador. Entretanto, sua utilização necessita uma certa prudência. Além do fato de que sua data é por vezes incerta, há a questão de sua difusão e de sua aplicação. Não seriam declarações teóricas, proclamações de intenção, desejos piedosos, como o são as declarações de direitos humanos e as resoluções da ONU de hoje? Os historiadores que, daqui a mil anos, encontrassem esses textos e não tivessem meios para verificá-los, poderiam formar uma imagem completamente falsa de nosso mundo e acreditar que os homens do século XXI viviam em uma sociedade livre, igualitária, justa e fraterna. Como se devem interpretar as prescrições dos capitulares? Quando Carlos Magno ordena aos vassalos que se juntem ao exército equipados com cota de malha,[6] uma lança e uma espada, devemos acreditar que o exército carolíngio estava bem equipado, ou que estava tão mal equipado que era necessário lembrá-los dessas regras elementares? Devemos interpretar as proibições e prescrições como reflexos de uma realidade positiva ou negativa? Parece claro que elas não permaneceram letra morta e que foi feito um esforço real para pô-las em prática: "Que o povo seja questionado sobre os *capitula* que foram recentemente acrescentados à lei. Quando todos tiverem consentido, que tragam a estes *capitula* suas assinaturas e as confirmações de suas mãos", ordena Carlos Magno em 803. Em 802, ano em que o imperador ordena que todos os homens livres prestem um juramento de fidelidade, uma testemunha declara em uma carta de Freising: "Como prometemos este ano em nosso juramento de lealdade ao senhor Carlos...": a exigência do juramento não era, portanto, letra morta.

Esses exemplos advogam a favor de levar a sério o conteúdo dos capitulares como uma fonte confiável para o conhecimento do reinado de Carlos Magno. Entretanto, eles não são suficientes e devem ser comparados com outras fontes, que também podem complementá-los.

---

6 Proteção flexível, feita com malhas de metal entrelaçadas, portadas pelos cavaleiros na Alta Idade Média sobre o tórax, para impedir que fossem perfurados por lanças durante um combate. (N. T.)

OS *ANNALES REGNI FRANCORUM*

Um documento-chave entre as fontes são os *Annales Regni Francorum* (*Anais do Reino dos Francos*) ou, como eram chamados no século IX, os *Anais Reais*. Na verdade, esse documento é a base para qualquer estudo cronológico da vida de Carlos Magno. A gênese dessa fonte excepcional é muito bem conhecida. Desde ao menos o século VII, os mosteiros tinham uma tabela pascal, ou seja, um calendário no qual a data da Páscoa era indicada para os próximos anos. Como essa data era determinada por cálculos astronômicos muito complexos, era preferível saber antecipadamente quando situar o evento, do qual dependia toda uma série de comemorações: Semana Santa, Ascensão, Pentecostes. Pouco a pouco, e primeiramente na Inglaterra, os monges tomam o hábito de anotar, à medida que o tempo passa, e que os anos futuros se tornam passados, os dois ou três eventos principais, tanto locais como gerais, que marcaram cada um deles, a fim de preservar a memória. Por uma inclinação natural, essas anotações crescem gradualmente, até se tornarem pequenas crônicas anuais. Da Inglaterra, esse costume anglo-saxão se espalha pelo continente, por intermédio de missionários, e cria raízes sobretudo nos países francos, no vale do Reno, do Meuse e do Mosela, assim como na Suábia.

Em 788, Carlos Magno, que continua seu trabalho de organização do poder central, demanda aos escribas – disso que por comodidade pode ser chamado de sua chancelaria – que usem esses anais monásticos para registrar os eventos importantes que ocorreram desde a morte de seu avô Carlos Martel, em 741, e que mantenham esse registro atualizado. O homem que lhe sugere essa iniciativa é Angilram, bispo de Metz desde 768, e capelão do rei desde 784. Esse notável conselheiro conhece bem a prática desses registros, e em Metz ele está na origem de um trabalho semelhante, a *Gesta episcoporum Mettensium*, uma sequência cronológica de notas biográficas curtas sobre os bispos da cidade, cuja redação é confiada a Paulo Diacono.

Essa determinação de 788 tem inicialmente um propósito puramente administrativo: dispor de um resumo que permita encontrar o caminho no emaranhado dos arquivos, que estavam começando a se acumular e que eram usados para o trabalho diário da chancelaria. A ideia básica por trás dos *Anais Reais* era classificar e organizar eventos passados a fim de tornar as decisões mais eficientes. Durante o período de 741 a 788, recorre-se aos anais das abadias vizinhas, bem como a uma crônica rudimentar escrita sob Pepino III, pai de Carlos Magno, o *Pseudo-Fredegário*. A partir de 788, é suficiente observar, ano a ano, os eventos dignos de nota. O trabalho continua até o reinado de Luís, o Piedoso, e termina em 829.

Assim, os *Annales Regni Francorum* fornecem a estrutura cronológica para a história do reino franco de 741 a 829. Existem atualmente quatro versões, designadas pelas letras A, B, C, D, e uma versão revisada, conhecida como E. A versão A, publicada em 1603 a partir de um manuscrito agora perdido na abadia de Lorsch, termina em 788. Da versão B há um manuscrito do século IX, e outro do século XI, de 741 a 813. A versão C, completa, também existe nos manuscritos dos séculos IX e X. Da versão D, há manuscritos em Leiden e Viena. Da versão E, falaremos mais adiante. As diferenças em detalhes que podem existir entre essas versões se devem ao fato de que os *Anais* foram divulgados muito cedo, especialmente nas abadias e nas sedes episcopais, nas quais os escribas, por vezes, acrescentavam alguns episódios. Essa distribuição, que parece ter sido muito ampla, é também uma indicação do uso político dos *Anais* a serviço da propaganda dinástica. Ferramenta que no início era puramente administrativa, logo se tornou o embrião de uma história oficial para a glória da dinastia carolíngia, o que impõe certas precauções em sua utilização.

Um estudo cuidadoso do texto nos permite distinguir várias etapas em seu desenvolvimento. Para limitar ao reinado de Carlos Magno, os historiadores acreditam que os *Anais* foram escritos por três ou mesmo quatro autores sucessivos. O primeiro compilou os eventos de 741 a 788, utilizando outros anais monásticos, e continuou o trabalho, ano após ano, até 797. De fato, várias mudanças podem ser notadas a partir de 798: menção de fenômenos astronômicos que, até então, estavam ausentes; um lugar mais importante dado às notícias do exterior e às embaixadas; uma mudança de tom, com a aparência de fórmulas mais calorosas, mais sentimentais, e uma identificação do autor com os francos, por meio do uso do "nós" e do "nosso". O novo autor parece estar mais envolvido pessoalmente. Assim, é dito, para o ano de 799, que as Ilhas Baleares se renderam "a nós, depois de terem pedido e recebido ajuda de nossos homens, e serem protegidas por nossos homens e pela ajuda de Deus contra os ataques dos piratas". Com frequência, é feita referência aos "nossos homens", ao "nosso povo".

Uma nova mudança de autor provavelmente ocorreu em 807-808, porque, a partir de 809, a fórmula que desde o início faz a transição de um ano para outro – *et immutavit se numerus annorum in...* ("e o cômputo dos anos muda para...") – desaparece abruptamente; e os eclipses são agora regularmente mencionados. Notam-se repetições frequentes. É também impressionante observar que, a partir de 799, os *Anais* dão um papel importante a Luís, futuro Luís, o Piedoso, enquanto os outros filhos de Carlos Magno são negligenciados. A coroação de Carlos (o filho) em Roma, efetuada pelo papa, logo após a coroação de seu pai como imperador, não é nem mencionada, o que sugere que essa parte dos *Anais* foi escrita no início do reinado de Luís, o Piedoso, numa época em que Pepino e Carlos já haviam morrido e sido esquecidos havia muito tempo. Trata-se de valorizar o novo imperador.

Os *Anais*, obra de vários escritores, nasceram inegavelmente no meio do que se pode chamar de a corte, mais especificamente a capela do palácio. Os autores estão bem informados sobre o entorno direto de Carlos Magno, e visivelmente têm acesso a informações confidenciais, que se podem atribuir à abadia de Saint-Denis. Há de fato uma similaridade notável entre o conteúdo dos *Anais* e o das cartas conservadas na abadia e compiladas a pedido do abade Fardulfo, que dirigiu Saint-Denis de 792 a 806. Essa coleção inclui especialmente uma carta de Carlos Magno à sua esposa Fastrada, datada de 8 de setembro de 791, na qual o rei dá pormenores da guerra contra os ávaros, detalhes que são encontrados nos *Anais*. Há também a carta de Cathwulf a Carlos Magno, escrita em 775, que menciona muitos dos eventos ocorridos na primeira parte do reinado, que passaram para os *Anais*. De fato, Fardulfo reuniu toda a correspondência de seus predecessores, os abades Fulrad (751-784) e Maginarius (784-792), e essa coleção, agora na Biblioteca Nacional da França, contém grande parte do material utilizado para escrever os *Anais*. Como capelães de Carlos Magno, essas figuras estavam cientes de todos os eventos importantes da corte. Como *missi*, eles viajam por todo o reino, e, como abades, recebem notícias dos administradores das terras de Saint-Denis espalhados por todo o reino. Acrescente-se que Fulrad é um lombardo, que é estreitamente ligado à rainha Fastrada, e que em 791, quando ainda era capelão, foi feita no palácio outra coleção de cartas, constituída pela correspondência trocada entre o papa e os reis carolíngios, que também continham informações fundamentais, e seremos levados a pensar que Fulrad provavelmente desempenhou um papel essencial na escrita dos *Anais*. Estes são bem informados sobre os assuntos lombardos, e a rainha Fastrada é nelas muito bem tratada, embora pareça ter despertado muita hostilidade no reino em razão de sua dureza.

Assim, os *Anais* são uma fonte indispensável para o conhecimento do reinado de Carlos Magno, mas uma fonte muito parcial. Trata-se, não mais nem menos, da história oficial, com tudo o que isso implica em termos de distorções, de seleção e até mesmo de mentiras deliberadas. Toda a narrativa trata da consagração dos carolíngios, e os eventos menos gloriosos são sistematicamente apagados. Os francos são sempre vitoriosos, não há revoltas, os inimigos são sempre desleais, e em vão se procuraria uma alusão a Roncesvalles. Os *Anais* são a epopeia heroica do invencível imperador. Indispensáveis, então, mas a serem usadas com cautela.

Existe, entretanto, uma versão diferente dos *Anais*, que os historiadores chamam de versão E, ou versão revisada. A data da redação ainda é incerta: logo após 801, de acordo com Rosamond McKitterick; entre 814 e 817, de acordo com P. D. King e Bernard Guenée, ou por volta de 829, de acordo com outros. O autor se serve dos *Anais*, mas os altera significativamente para o período 741-801. É um admirador de Carlos Magno, e lhe atribui um papel mais central, enquanto nos *Anais* o verdadeiro herói é antes o povo dos francos como um todo. Mas isso não o impede de ser mais crítico e, se podemos dizer, imparcial. Ele não tenta ocultar as derrotas, os desastres de 778 e 782; admite que, depois de Roncesvalles, Carlos Magno sentiu "a dor da ferida que recebeu", e que, nas montanhas de Süntel,[7] "as perdas dos francos foram mais que numéricas, visto que dois dos legados, Adalgis e Gailo, quatro condes, e até vinte outras pessoas de alto escalão" pereceram. Nos *Anais*, ao contrário, "os francos, lutando corajosamente e matando muitos saxões, saíram vitoriosos". Há aqui mais do que uma diferença de interpretação. Da mesma forma, a versão revisada menciona as revoltas de Hardrad em 785, e a de Pepino, o Corcunda, em 792, episódios cuidadosamente ocultados nos *Anais*. Também é mais precisa no que diz respeito aos nomes de lugares e pessoas, e é expressa num latim muito mais correto, e até mesmo elegante.

---

7 Maciço montanhoso alemão da Baixa Saxônia, onde os saxões esmagaram a cavalaria franca em 782. Pouco depois, seriam aniquilados por Carlos Magno. (N. T.)

A partir de 801, a diferença com os *Anais* é apenas uma questão de estilo. Por que o autor então parou de revisar o conteúdo? Isso permanece um mistério. O que parece claro, entretanto, é que essa é uma pessoa mais informada que o autor dos *Anais* no que concerne aos assuntos orientais, saxões em particular, e a circulação dos manuscritos também revela uma presença maior no leste. Acredita-se geralmente que era um clérigo do entorno imediato de Luís, o Piedoso.

OUTROS ANAIS E *LIBER PONTIFICALIS*

Os *Anais Reais* e os *Anais Reais Revisados* são compilados nos círculos dirigentes do governo central, no palácio. Vários outros *anais* são compostos na mesma época nos grandes mosteiros do reino. Eles frequentemente não fazem mais do que copiar os *Anais Reais*, mas às vezes fornecem informações, complementos e perspectivas regionais muito úteis.

Assim ocorre com os *Annales Mettense Priores* ou *Primeiros Anais de Metz*, que fornecem principalmente informações sobre a ascensão da família pepínida sob Carlos Martel e Pepino III. A maioria dos historiadores acredita que foram escritos em uma abadia de importantes ligações com o poder, provavelmente a abadia feminina de Chelles, dirigida pela irmã de Carlos Magno, Gisela, onde duas de suas filhas também residirão. Os *Annales Mosellani* (*Anais de Mosela*) cobrem os anos 703-798. A parte que trata do reinado de Carlos Magno foi escrita por dois autores diferentes, antes e depois de 787, certamente contemporâneos dos eventos, nas proximidades de Trier.

Muito importantes são os *Anais de Lorsch*, uma grande abadia perto de Worms, na margem direita do Reno. Provavelmente escritos a partir de 786, se estendem até 803. Para a parte que precede 786, eles copiam os *Anais de Mosela*, simplesmente acrescentando nuanças para os anos 776 e 777, à luz de eventos posteriores, e refreiam um pouco o otimismo em relação à conversão dos saxões. A partir de 786, os *Anais de Lorsch* são completamente independentes, redigidos logo após o final de cada ano, e fornecem detalhes interessantes sobre a coroação de 800 e as reformas de 802.

Menos confiável, mas trazendo algumas informações sobre os casos espanhóis, é a *Chronicon Moissiacense* (*Crônica de Moissac*). Até 803, ela segue os *Anais de Lorsch*, e depois, até 814, utiliza uma fonte não identificada do norte da França. Vários outros *Anais* também são utilizáveis. Eles são de qualidade desigual, muitas vezes copiando-se mutuamente e tomando emprestados seus dados dos *Anais Reais*. O número deles não deve, portanto, criar ilusões. Estes são os *Anais Alemânicos*, os *Grandes Anais de Saint-Emmeran*, os *Grandes Anais de Salzburgo*, os *Anais de Saint-Amand*, os *Anais de Saint-Maximin*, os *Anais de Saint-Nazaire*, os *Anais de Wolfenbüttel*, os *Anais de Prüm*, os *Anais de Fulda*, os *Anais de Saint-Bertin* e os *Anais de Saint-Vaast*.

É também à categoria dos documentos oficiais e anônimos que pertence o *Liber pontificalis*, ou *Livro dos papas*. Em Roma, há muito tempo se escreve um texto sobre o pontificado de cada papa, após sua morte. Não se trata, propriamente falando, de uma biografia, mas sim de um relato dos importantes acontecimentos que marcaram o pontificado. Carlos Magno viu sucederem-se três papas durante seu reinado: Estêvão III (768-772), Adriano I (772-795), Leão III (795-816), e manteve com eles relações frequentes e estreitas, sobre as quais o *Liber pontificalis* fornece informações vitais. Mas aqui, mais uma vez, é preciso ter cuidado: esses documentos não são neutros, expressam a visão romana das coisas, e seu viés é flagrante.

A suspeita é ainda maior porque os escritórios papais são grandes especialistas em falsificações. Falsificação de documentos, confecção de falsas *chartes*: em Roma, não se recua diante de nenhuma mentira para fortalecer a diplomacia. A obra-prima data justamente do século VIII e será usada no decorrer das negociações com Carlos Magno: é a falsa Doação de Constantino. Em uma época em que o historiador da Igreja Eugen Ewig coloca em torno de 774-778, a chancelaria papal produz uma *charte* forjada do imperador Constantino que, no início do século IV, antes de se instalar em Constantinopla, teria concedido ao papa Silvestre o governo de Roma, da Itália e da parte ocidental do império. Esse documento é utilizado por Adriano I e, mais tarde, por Leão III, para legitimar suas reivindicações sobre os antigos territórios bizantinos da Itália. Curiosamente, uma fraude tão grande assim não levanta quaisquer suspeitas ou protestos. Ela só será denunciada sete séculos depois, em 1440, pelo humanista Lorenzo Valla, cujo *Declamatio* só será impresso em 1517 pelo luterano Ulrich von Hütten. Será preciso esperar pelo Renascimento, com sua mudança no *status* da verdade histórica, para abandonar a ficção dessa autodenominada *Constitutum Constantini*.

São os humanistas dos séculos XV e XVI que trazem uma nova concepção de autenticidade, que é a nossa, mas que não era a da Idade Média. Durante esse longo período, as fronteiras entre impostura e realidade, entre o falso e o autêntico, são extremamente imprecisas. Sem pudor, falsos documentos são produzidos para justificar seus direitos e, depois do papa, os maiores falsificadores são os monges, cujos *scriptoria* são muito hábeis em redigir falsas *chartes*. Tendo quase o monopólio da escrita, com todo o material apropriado, eles não têm dificuldade em enganar seus interlocutores e as autoridades: quem é então capaz de perceber a diferença entre um "verdadeiro" e um "falso" documento? A abadia de Saint-Germain-des-Prés produziu toda uma série de falsificações, incluindo uma doação feita por Childeberto I da propriedade real de Issy, datada de 558, uma falsa confirmação por Carlos Magno do privilégio de imunidade concedido à abadia, e muitas outras. Numa época em que as relíquias mais extravagantes, tais como o leite da Virgem ou as fraldas de João Batista são aceitas como autênticas, por que alguém duvidaria da origem de um pergaminho apresentado como autêntico por veneráveis monges? Na verdade, pode-se dizer que eles fazem falsificações de boa-fé: a partir do momento em que uma autoridade legítima e respeitável pretende ter um direito, confeccionar um documento para defendê-lo não é realmente uma enganação, pensa-se. É uma "falsificação autêntica", pode-se dizer.

As exigências contemporâneas são obviamente diferentes, e os historiadores examinam cuidadosamente os documentos medievais oficiais. Há poucas chances de que falsas *chartes* relacionadas a Carlos Magno tenham escapado à sua vigilância. Podemos, então, examinar agora outra categoria de fonte, que é essencial para o conhecimento do imperador: a correspondência.

AS CARTAS DE ALCUÍNO

Por mais surpreendente que possa parecer para uma época tão longínqua e tão conturbada, sobreviveram várias centenas de cartas, cujo conteúdo concerne direta ou indiretamente ao imperador. Infelizmente, apenas uma carta do próprio Carlos Magno chegou até nós: a que ele envia, em setembro de 791, durante a campanha contra os ávaros no Danúbio Médio, para sua esposa Fastrada, em Regensburg. Essa carta é valiosa, por algumas indicações que fornece sobre a atitude e os sentimentos do rei, e pelas informações sobre a guerra. Carta ditada, é claro.

Extremamente preciosa também é a correspondência de Alcuíno, o clérigo inglês originário de York nomeado conselheiro e colaborador próximo de Carlos Magno, que o nomeia como abade de Saint-Martin de Tours. Temos um excepcional *corpus* de 270 cartas de Alcuíno, dirigidas a 141 destinatários, que vão de Carlos Magno até o papa, incluindo arcebispos, bispos, condes, abades, *missi*, príncipes e princesas, o patriarca de Jerusalém, reis e rainhas, missionários, hereges, ex-alunos e simples eremitas. Estima-se que essas 270 cartas representam cerca de um terço de sua correspondência. Um grande número é dirigido aos anglo-saxões, reis, abades e bispos, pois Alcuíno mantém fortes laços com seu país de origem, e suas cartas são valiosas fontes de informação sobre as relações entre Carlos Magno e a Inglaterra: 37 cartas para 22 diferentes destinatários em Nortúmbria, 15 para 10 destinatários na Mércia, 11 para 3 destinatários em Kent, uma para Wessex, e uma para Ânglia Oriental. Outros correspondentes estão na Irlanda, Espanha, Itália, Baviera, Aquitânia, Provença e Saxônia: suas relações cobrem quase todo o império. Depois do rei, é com Arn, arcebispo de Salzburgo, que ele tem o mais intenso intercâmbio. Vinte e quatro cartas também são dirigidas a grupos, sob a forma de admoestações. As mais interessantes para nossos propósitos são as que ele enviou a Carlos Magno e sua família, da qual é próximo. Por exemplo, ele é o único a usar apelidos ao se dirigir às filhas do rei, e com este último usa as alcunhas usadas por prazer na Academia Palatina: Carlos Magno é Davi, e Alcuíno é Flaccus Albinus. Uma das cartas é endereçada como segue: "Ao senhor rei Davi, amavelmente venerável e veneravelmente amável, Flaccus Albinus envia suas saudações na fé e na lealdade". Suas cartas a Carlos Magno mostram tanto a franqueza quanto a ousadia de um homem que tem a plena confiança do imperador e que se considera seu mentor.

Alcuíno se revela de bom grado em suas cartas. Nelas ele se mostra afetuoso, sensível, quase sentimental. Tem um senso de amizade muito forte, e o expressa liricamente, escrevendo por exemplo ao capelão real Riculfo: "A alegria que a doçura do amor me dá é proporcional ao sofrimento que a distância e a ausência me dão. Eu não teria desejado ver separados por tanto tempo, um do outro, aqueles que estão unidos pelos laços mais doces da mesma caridade. O que posso fazer senão seguir com minhas lágrimas, e até seu retorno, o amigo cuja presença minha alma tanto deseja... A alegria que minha alma sente em sua presença é proporcional à tristeza que sua ausência lhe causa". E a Ricbod: "Sua ausência pesa muito na minha alma. Como era doce a vida quando nos sentávamos quietamente entre as escrivaninhas do saber e dos inúmeros livros! Tudo é peso e tristeza para mim, na expectativa e no desejo que tenho de vê-lo".

As expressões de ternura, sinceras e muito intensas, são sempre dirigidas aos homens, o que pode ter levado a se falar de homossexualidade a seu respeito. Quando escreve a Arn que desejaria poder usar a "tradução de Habacuc" para ser transportado até ele, e que então, afirma, "quão rapidamente eu me apressaria a tomá-lo em meus braços, Padre, e quão fortemente eu beijaria com minha boca não só os olhos, ouvidos e rosto, mas também mãos e dedos dos pés, um por um, muitas e muitas vezes ", pode-se efetivamente colocar a questão.

Talvez isso seja apenas retórica, pois Alcuíno é um tagarela incorrigível. Suas cartas são, por vezes, muito longas e ocas, sempre permeadas por uma retórica florida, que estava muito na moda na época, e que é atualmente insuportável para nós. O palavreado e o estilo afetados da frase expõem a uma rude prova a paciência do leitor ou do historiador contemporâneos, que são forçados a decifrar linhas e linhas de prosa vazia antes de chegar ao verdadeiro assunto da carta. Por exemplo, veja-se o início de uma epístola escrita a Carlos Magno em 10 de agosto de 796:

> Ao senhor Carlos, o mais excelente e devoto a honrar Cristo, rei da Germânia, da Gália e da Itália, e aos santos pregadores da palavra de Deus, Albino, humilde filho de nossa santa mãe, a Igreja, saudações e glória eterna em Cristo.
>
> Glória e louvor sejam dados a Deus Pai e a Nosso Senhor Jesus Cristo que, pela graça do Espírito Santo, Ele, pela piedade e ministério de nossa santa fé e justa intenção, estendeu o reino do cristianismo e do conhecimento do verdadeiro Deus e encaminhou muitos povos, de todas as terras, dos erros da impiedade até os caminhos da verdade! Que glória será a sua no dia da eterna retribuição, santíssimo rei, quando todos aqueles que, da adoração de ídolos, se converteram ao reconhecimento do verdadeiro Deus por seus mais justos

cuidados, estarão ao vosso lado, como vós estareis, em sua sorte abençoada, diante do tribunal de Nosso Senhor Jesus Cristo, e a recompensa da beatitude eterna será aumentada devido a todos eles! Contemplemos a grande devoção e benevolência com que vós tendes trabalhado para amenizar o sofrimento do infeliz povo saxão, pelo conselho de uma sã verdade, para que o nome de Cristo possa ser difundido! Mas, dado que a escolha divina [...].

Basta! Aonde ele quer chegar? Só perceberemos isto várias páginas adiante, depois de muitas citações dos Evangelhos e dos Pais. A mensagem da carta é: parabéns por ter derrotado os ávaros, depois dos saxões, mas não cometa o erro de impor o pagamento do dízimo a eles, pois isso provocaria revoltas.

No final de 796 ou início de 797, Alcuíno escreve a Carlos Magno dizendo estar muito ocupado ensinando em sua abadia de Saint-Martin:

> Seguindo sua exortação e justa intenção, eu, Flaccus, estou muito ocupado em fornecer a alguns o mel das Sagradas Escrituras e em embriagar outros com o vinho velho e puro da cultura antiga, sob os telhados de Saint-Martin; estou também começando a nutrir outros com os frutos da precisão gramatical, e aspiro a iluminar outros ainda com a disposição das estrelas, como no teto pintado da casa de alguns grandes personagens. Ensino muitas coisas a muitos homens, para que eu possa instruir muitos deles nas vantagens da santa Igreja de Deus, e para o adorno de vosso reino imperial, e para que a graça de Deus Todo-Poderoso não esteja em mim em vão, e que a abundância de vossos favores não seja estéril. Mas veja: estou com falta de livros; posso obter alguns de York?

Ele leva cinco páginas para fazer essa pergunta, com muitas citações de Salmos, Provérbios, Isaías e Eclesiastes.

Compreenda-se: é claro que as informações úteis contidas nas centenas de páginas das cartas de Alcuíno estão mergulhadas em uma verborreia que não é monopólio do abade de Saint-Martin de Tours: esta é uma característica dos documentos da época, mas também, ao que parece, das trocas orais. Eginhardo conta que Carlos Magno tinha uma forte tendência à tagarelice. Alcuíno pode ser mais sóbrio, porém, mesmo quando diz que tem dor nas costas, não pode deixar de citar São Jerônimo: "Tenho para me confortar, eu, cujo corpo está quebrado, esta observação de São Jerônimo, que diz em sua carta a Nepotiano: nos homens idosos, quase todas as faculdades do corpo se alteram; só a sabedoria aumenta, mas todas as outras diminuem". Alcuíno tem as qualidades e falhas de seu tempo, e, para aqueles que têm a paciência de ler suas cartas, elas fornecem uma notável colheita de informações muito úteis, pois desfrutam da vantagem de serem documentos particulares e, portanto, *a priori*, mais sinceros do que as fontes oficiais. Alcuíno se expressa francamente, e graças a ele conhecemos certos aspectos da vida política e social que são cuidadosamente escondidos pelas cartas públicas. É assim que, por exemplo, ele pede a um correspondente que rasgue cartas comprometedoras sobre rumores a respeito da vida dissoluta do papa. Estas são pistas mais instrutivas do que muitas declarações oficiais.

O *CODEX CAROLINUS*

Verdade seja dita, é precisamente essa sinceridade que falta em outro *corpus* epistolar de grande interesse para conhecer o reinado de Carlos Magno: o *Codex Carolinus*, *Código Carolíngio*, uma coleção de 98 cartas – e mais um resumo de uma carta muito danificada – enviada pelo papa a Pepino III e Carlos Magno. Há também duas dirigidas a Carlos Martel. O único manuscrito sobrevivente do *Codex* data do final do século IX, e essa notável coleção se deve precisamente a Carlos Magno, como é dito no prefácio. Em 791, o rei, na véspera da campanha contra os ávaros, que aparentemente ele vê com alguma apreensão, manifesta preocupação com a deterioração e a desordem dos arquivos reais. Ele ordena que todas as cartas endereçadas pelo papa a seu avô, a seu pai e a si mesmo, que eram escritas em papiro frágil, fossem copiadas em pergaminho e reunidas, "para que nenhum testemunho, seja ele qual for, da santa Igreja, que possa ser útil no futuro, falte a seus sucessores", escreveu no prefácio, no qual manda inscrever esta citação do Eclesiastes: "O homem sábio buscará a sabedoria de todos os antigos" (39, 1). Essa iniciativa, em si, já é uma indicação útil da existência dos arquivos reais e da preocupação de Carlos Magno com a ordem e a classificação.

Entretanto, as 54 cartas que lhe dizem respeito representam um problema: não são datadas, nem organizadas em ordem cronológica. A datação proposta pela *Monumenta Germaniae Historica* foi contestada por O. Bertolini em 1968, e P. D. King preconizou outra, mais verossímil, em 1987. Assim, obviamente, essas cartas são de interesse inestimável para tudo o que diz respeito às relações entre Carlos Magno e Roma.

AS CRÔNICAS E SEUS LIMITES

Chegamos agora às fontes que já são as primeiras tentativas de uma história do reinado de Carlos Magno, compostas durante sua vida ou pouco depois de sua morte, por pessoas que o conheceram, ou que recolheram confidências de testemunhas diretas: as crônicas. São tentativas de narrativas contínuas, cronológicas, focadas na história de um personagem, de uma família ou de um povo, muitas vezes com uma intenção apologética, e os *a priori* que as acompanham. Os gregos e romanos haviam produzido obras-primas nesse campo, mas, desde o final do século IV, com o desaparecimento de Amianus Marcellinus, em 400, a literatura histórica quase desapareceu. No deserto historiográfico que foi o período merovíngio, a *Histoire des Francs, de* Gregório de Tours, no final do século VI, é um verdadeiro milagre cultural, mesmo que o conteúdo, saturado de prodígios e intervenções divinas, obviamente não atenda aos rigorosos requisitos das eras posteriores. No início do século VII, a *Chronica Majora,* de Isidoro de Sevilha, tem um padrão muito inferior, mas, um século depois, o monge anglo-saxão Beda, o Venerável, dá início a um relativo renascimento do gênero histórico, com sua *Chronica de sex aetatibus mundi,* adotando pela primeira vez a datação de Denys Le Petit, a partir do suposto nascimento de Jesus. Sua *Historia ecclesiastica gentis Anglorum* (*História eclesiástica do povo inglês*) rapidamente se torna um clássico. No continente, em meados do século VII, um ou mais monges borgonheses, que a tradição conhece como Fredegário, compuseram uma história do mundo, incluindo um resumo da *Histoire des Francs,* de Gregório de Tours, seguido por um breve relato dos eventos até 642. No início do século VIII, um neustriano fez o mesmo trabalho, que se estendeu até 727: é o *Liber historiae Francorum, Livro da história dos francos.*

Um pouco mais tarde, sob a égide de membros da família pepínida, três prolongamentos foram acrescentados à crônica de Fredegário: o primeiro vai até 736; o segundo, encorajado e supervisionado pelo meio-irmão de Carlos Martel, Childebrando, conta o que aconteceu de 736 a 751; o terceiro, levado adiante por Nibelungo, filho de Childebrando, vai de 753 a 768, data da morte de Pepino III e do acesso de seus filhos Carlos e Carlomano à realeza. Essa *Continuação de Fredegário*, como é conhecida na historiografia, é mais uma história da família pepínida que uma história do reino. É muito favorável a Carlos Martel e a Pepino, e em seus dois últimos capítulos contém elementos relativos aos anos de formação de Carlos Magno.

Outros elementos podem ser encontrados em crônicas menores, contemporâneas dessas últimas, por exemplo a *Vida de Sturm*, fundador e primeiro abade de Fulda, que morreu em 779, escrita pelo monge Eigil, ele próprio abade de Fulda de 818 a 822. Fulda, na região de Hessen,[8] é uma das mais importantes abadias do império, em uma região frequentada por Carlos Magno, e dotada de uma importante biblioteca. Eigil, que é um monge nessa abadia desde cerca de 760, está em boa posição para obter informações e, a despeito de alguns erros facilmente retificáveis, seu relato, composto logo após a morte de Carlos Magno, parece ser bastante confiável. Pode-se dizer com certeza que Eigil conheceu Eginhardo, já que este último estudou em Fulda quando ela era regida por Baugolfo (779-802), nos anos 787-791.

Mencionemos também os *Actes des saints Pères de l'abbaye de Saint-Wandrille*. Esse importante mosteiro, no baixo vale do Sena, na época se chamava Fontenelle. A referida crônica abrange dois séculos (649-850), e a parte relativa ao reinado de Carlos Magno foi escrita antes de 840. Ela contém importantes informações sobre as relações comerciais com a Inglaterra, e sobre a embaixada bizantina, que foi responsável pela organização do casamento entre a filha de Carlos Magno, Rotruda, e o imperador Constantino. A *Vie de l'empereur Louis*, composta por Thegan, bispo auxiliar de Trier, por volta de 835, contém informações genealógicas e uma boa descrição da assembleia de Aachen em 813. O *Poème sur Louis le Pieux*, escrito em 826-827 por um certo Ermoldo, o Negro, fornece algumas notas úteis sobre a Aquitânia e a Espanha dos anos 800-813. Ele era um clérigo aquitano, possivelmente um abade (que tinha feito parte da comitiva de Luís, na época em que este era

---

8 Região central da atual Alemanha. (N. T.)

rei da Aquitânia e liderava expedições na Espanha), que acabou sendo exilado em Estrasburgo, de onde ele escreveu.

Uma pessoa estaria bem colocada para nos falar de Carlos Magno: seu neto Nitardo, abade de Saint-Riquier, autor de uma crônica sobre a vida dos filhos de Luís, o Piedoso. Nitardo é de fato o filho de Berta, filha de Carlos Magno, e de seu amante Angilberto, ele próprio abade de Saint-Riquier. Nitardo tinha quinze anos quando Carlos Magno morreu, e fazia parte do círculo íntimo do avô. Ele deve, portanto, ter tido memórias pessoais e conhecido muitos familiares do imperador, que poderiam lhe ter feito confidências. Mas nos conta pouco sobre o reinado de seu avô, exceto que foi uma era dourada: "No tempo de Carlos Magno, de feliz memória, e que morreu há quase trinta anos, como o povo percorresse o mesmo caminho reto, a voz pública do Senhor, a paz e a concórdia reinavam em todos os lugares".

Uma visão idealizada, destinada acima de tudo a fustigar os distúrbios de seu tempo. Este é também o objetivo de Incmaro, o arcebispo de Reims, que escreve bem depois, em 882, 68 anos após a morte do imperador. Ele nos apresenta um Carlos Magno que governa e legisla com o apoio da assembleia dos grandes homens do reino, como árbitro e mediador. Obra ideológica a serviço de uma concepção de poder imperial controlado pelos bispos, o *De Ordine palatii* tem pouco a nos oferecer para o conhecimento de Carlos Magno.

O misterioso autor que os historiadores batizaram de O Astrônomo, porque ele se orgulha de ter conhecimentos nesse campo, e que Luís, o Piedoso, consulta sobre o cometa de 837, escreve pouco depois de 840 uma *Vie de Louis le Pieux* que não é desprovida de interesse para nosso assunto. Ele é realmente confiável, como pôde ser verificado em várias ocasiões. Viveu na corte do filho de Carlos Magno, onde conheceu muitas pessoas que haviam frequentado o imperador, entre as quais um certo monge Ademar. Também leu Eginhardo e os *Anais Reais*. Sua principal contribuição relativa ao reinado de Carlos Magno está relacionada à vida militar: equipamento, vida do soldado, táticas. O Astrônomo é provavelmente um clérigo limusino. Mostra-nos um sábio Carlos Magno, um bom governante e um pai atento, que se preocupa em treinar Luís para sua função de imperador. Ele lhe dá conselhos sobre como governar a Aquitânia, respeitando os costumes locais, mas sem ceder a eles. Ele desencoraja Luís de se tornar um monge, o que pode não ter sido uma ideia muito boa.

Entre 888 e 891, um monge da abadia de Corvey, no vale médio do Weser, compôs, em cinco livros, um grande poema histórico sobre a vida de Carlos Magno. O primeiro vai de 771 a 780; o segundo começa com a visita a Roma em 781, trata da queda de Tássilo da Baviera, da revolta de Hardrad em 785; o terceiro conta as desgraças do papa e seu encontro com Carlos Magno em Paderborn; o quarto descreve a coroação imperial em Roma, se detém extensivamente sobre a submissão e a conversão dos saxões, sobre a divisão de 806, a morte de Pepino e de Carlos, filho do imperador, em 810 e 811; o quinto é um lamento sobre a morte de Carlos Magno, o homem que "permitiu à minha nação [os saxões] conhecer a luz da fé e rejeitar as trevas da perfídia. Quase todos os povos da Europa se lembram ainda hoje de seus grandes esforços".

Esse autor e sua obra são conhecidos sob o nome genérico de Poeta Saxão. Duas circunstâncias podem levar à sua eliminação como fonte histórica: ele escreve quase oitenta anos após a morte de Carlos Magno, e o faz em verso, o que é incomum para uma obra de história. Um historiador-poeta pode ser suspeito de tendenciosidade. No entanto, a forma poética era muito mais utilizada na época do que é hoje; muitos estudiosos se expressavam em versos; de fato, todos o faziam, inclusive o imperador. Quando Alcuíno aborda o gênero histórico, ele o faz sempre em versos, como na vida dos santos. Na *Vida de São Willibrord*, ele escreve que a história, que é uma parte da gramática, é o "recital de fatos": "Devemos fixá-los com nossa pluma para permitir que a posteridade possa preservar o conhecimento dos fatos que, como sabemos, aconteceram no passado". E a forma versificada favorece a memorização desses fatos. Assim, em seu *Poema sobre os bispos, santos e reis de York*, ele descreve de memória a biblioteca de York e alguns de seus conteúdos: há os autores latinos clássicos, diz ele, os Pais, Atanásio, Orosio, os ingleses Aldhelm, e sobretudo Beda, que "estabeleceu a relação indubitavelmente fiel da história do povo inglês e seus altos feitos desde o início". Pouco antes de 780, Alcuíno enviou a Carlos Magno uma coleção de seus poemas figurativos.

Que o Poeta Saxão escreva a história em verso não é, portanto, surpreendente. Que ele o faça um século após o fato também não é um obstáculo intransponível. Há em Corvey uma boa biblioteca, e ele trabalha a partir do texto dos *Annales Regni Francorum*. Além disso, seus compatriotas saxões mantiveram viva a memória das guerras carolíngias. O dever de lembrar não é então uma palavra vazia; a cultura tradicional é baseada na repetição constante dos mesmos fatos, palavras e historietas. Setenta anos depois de Roncesvalles, O Astrônomo pode dizer que não precisa citar os nomes das vítimas: todo mundo, ele afirma, se lembra deles: "Como seus nomes são conhecidos por todos, eu não preciso citá-los".

O poema histórico do Poeta Saxão não é, portanto, uma fonte totalmente negligenciável. Ele insiste principalmente na obra de conversão que Carlos Magno faz sobre os saxões e tece algumas observações pessoais.

Todos os cronistas precedentes são francos, saxões ou mesmo aquitanos, favoráveis a Carlos Magno, a quem cantam louvores. Evidentemente, é importante verificar cuidadosamente os fatos relatados e levar em conta as distorções e omissões deliberadas. Seria útil comparar suas narrativas com as crônicas estrangeiras. O problema é que, dado que o império carolíngio cobre uma grande parte da Europa, quase não há mais "estrangeiros". A Inglaterra não produziu nenhum cronista nessa época, e o mundo árabe-muçulmano não se interessa pelos assuntos francos. Somente o mundo bizantino é, ao mesmo tempo, bastante culto e bem ligado pelo relacionamento com Carlos Magno para escrever sobre ele em suas crônicas. As relações entre Bizâncio e o mundo ocidental são bastante tensas, então a história de Teófanes é muito crítica e, ao mesmo tempo, muito interessante. Teófanes de Sigriane, nascido por volta de 760, é um afilhado do imperador Leão IV (775-780) que, por meio de seu casamento, se torna um dos mais ricos proprietários de terras do império. Em 780 ele alforria todos os seus servos e se recolhe a um mosteiro, o que lhe vale ser canonizado como São Teófanes, o Confessor. Em 815 ou 816, é preso como oponente do iconoclasmo, do qual o imperador Leão V é um apoiador, e morre no exílio em 817 ou 818. De cerca de 810 a 814, ele escreve uma ambiciosa *Cronografia*, que constitui uma sequência daquela de Jorge o Sincelo e cobre o período de 284 a 813. Se a parte anterior a 602 é bem sucinta, o restante é uma fonte indispensável para o conhecimento da história bizantina nos séculos VII e VIII, e fornece detalhes preciosos sobre as relações leste-oeste. Teófanes é o único a mencionar um casamento planejado entre Carlos Magno e a imperatriz Irene. Ele não é muito favorável ao imperador carolíngio, o que é uma nota discordante bastante interessante no coro de elogios dos cronistas ocidentais. Teófanes comete muitos erros, especialmente na cronologia, mas não se pode abrir mão de seu testemunho.

Há também algumas outras crônicas que são mais reservadas a respeito de Carlos Magno, a saber, as dos italianos. No século IX, a maioria delas se refere à tomada franca do reino lombardo como sendo uma catástrofe, e à destituição do rei Desidério como uma usurpação. Pouco antes de 880, Andrea di Bergamo escarnece da ideologia imperial, e seu colega Agnello, em Ravena, faz do "humilde e bom Desidério", e de seu filho Adalgis, os heróis de sua crônica. Os cronistas italianos se concentram nos episódios da conquista da península, nas disputas com Bizâncio e na coroação em Roma. Um cronista de Salerno fala de tentativas de assassinato contra Carlos Magno por Paulo Diacono, o que é inteiramente implausível, mas reflete a hostilidade em relação à ocupação franca. Para ele, o título de imperador "só pode ser usado por aquele que governa o Império Romano, ou seja, em Constantinopla". Exceto a *Crônica de Novalesa*, escrita no Val de Susa e muito favorável a Carlos Magno, esses relatos altamente partidários têm pelo menos o mérito de nos lembrar que o reino da Itália não era tão submisso quanto o silêncio das crônicas francas poderia nos levar a acreditar. Várias revoltas locais eclodiram, e Carlos Magno, que tinha estado na Itália apenas quatro vezes, não é realmente visto lá como um salvador.

Concluamos a revisão dessas chamadas crônicas menores com aquela do historiador bávaro Aventino (1477-1534). Aqui estamos setecentos anos depois de Carlos Magno, mas Aventino afirma trabalhar usando um texto agora perdido do século VIII e atribuído a um certo Crantz, ou Creôncio. Em sua *Crônica*, em alemão, e em seus *Anais*, em latim, Aventino fornece observações sobre o imperador em notas marginais, e a maioria dos historiadores tende a acreditar nele. Creôncio é particularmente bem informado sobre os assuntos bávaros, nos quais ele dá os nomes dos protagonistas no dialeto local: assim, Tássilo é Thessel ou Thessalo, Liutberga é Leitpirg, Widukind é Weitchund, Rodpert é Rueprecht, e assim por diante. Crantz, que seria o chanceler de Tássilo, fornece informações importantes sobre os litígios deste último com Carlos Magno.

EGINHARDO, TESTEMUNHA PRIVILEGIADA?

Essas crônicas, por mais importantes que sejam, ficam obviamente eclipsadas pelo texto de referência, que é a *Vita Caroli*, a *Vida de Carlos Magno*, de Eginhardo: primeira biografia do soberano, escrita pouco depois de sua morte, por um homem que o conhecia pessoalmente e era até mesmo um de seus familiares. Eginhardo é, para Carlos Magno, o que Joinville é para São Luís, e Commynes é para Luís XI. Seu relato é de primordial importância, ainda que exija certas reservas.

Curiosamente, Eginhardo nem mesmo assinou sua obra, e em nenhum lugar indicou seu nome, enquanto alegava ser um íntimo do imperador. Sua *Vita Caroli* teria permanecido um texto anônimo se não fosse Walafrido Strabo, abade de Reichenau, no lago de Constança, que mandou copiá-lo e distribuí-lo, logo após 840, e não tivesse acrescentado um prólogo, que começa da seguinte forma: "É geralmente aceito que foi Eginhardo quem escreveu esta Vida do gloriosíssimo imperador Carlos Magno...". em seguida, Strabo dá alguns detalhes sobre Eginhardo. Nascido em torno de 770 na região de Maingau, no centro da Alemanha, "pertencia a uma família distinta", o que é confirmado pelo texto de seu epitáfio, escrito pelo abade de Fulda, Rábano Mauro (822-842), que o descreve como um *vir nobilis*, um homem nobre. Graças a Rábano Mauro, também sabemos os nomes de seus pais, Einhart e Engilfrit, e os arquivos Fulda indicam que eles foram benfeitores da abadia. Naturalmente, é para lá que o jovem Eginhardo é enviado para estudar, por volta de 780. O lugar é prestigioso, e essa abadia beneditina foi fundada em 744 por São Bonifácio. Alguns manuscritos escritos por Eginhardo ainda são preservados lá, incluindo um datado de 19 de abril de 788, e outro datado de 12 de setembro de 791. O jovem é notado pelo abade Baugolfo (ou Baugulfo) (779-802): "Seus talentos e inteligência eram muito notáveis, e mesmo em idade tão precoce ele mostrava grandes promessas de sabedoria", diz Strabo. É provavelmente por isso que Baugolfo o envia, por volta de 792, à escola do palácio de Aachen, que acolhe os melhores súditos do reino, a fim de formar uma elite governante.

Eginhardo tem então cerca de vinte anos. Ele logo se torna parte do círculo interno de Carlos Magno, por causa de seus muitos talentos. Suas aptidões não são apenas intelectuais: a crer no apelido "Bezaliel", pelo qual era conhecido na Academia Palatina, ele devia ter sido hábil no corte de pedras preciosas, na escultura em madeira e na prática da metalurgia. Estas são, de fato, as qualidades atribuídas, na Bíblia, no livro do Êxodo (31, 2-5), a Bezaliel, filho de Uri, da tribo de Judá. Eginhardo parece ter sido uma autoridade no campo da arte, atuando como mestre de obras e fiscal dos trabalhos do rei. Ratger, terceiro abade de Fulda (802-817), declara ter enviado um de seus monges, Brun, para estudar as artes em Aachn, sob Eginhardo.

Este último, sem dúvida, gozava de uma posição privilegiada na corte, que Walafrido Strabo descreve assim:

> Portanto, esse pequeno homem – sua baixa estatura era, de fato, uma grande desvantagem para ele –, por causa de sua sabedoria e probidade, alcançou tal celebridade na corte de Carlos Magno, que também era sedento de conhecimento, que entre todos os ministros de Sua Majestade não havia praticamente nenhum com quem o poderoso e sagaz soberano estivesse mais disposto a discutir livremente os segredos de seus assuntos privados.

A confiança de Carlos Magno é ilustrada, por exemplo, pelo fato de que confia a Eginhardo uma importante missão diplomática: em 806, ele foi enviado a Roma para informar o papa sobre o plano de dividir o reino entre seus três filhos. Em 813, faz parte dos que aconselham Carlos Magno a coroar seu filho Luís como coimperador.

O próprio Eginhardo, naturalmente, insistiu nessa benevolência especial que o imperador lhe concedia, falando das "relações de amizade que tinha com ele e com seus filhos, desde que comecei a viver na corte". Reside lá por mais de vinte anos, de 792 até a morte de Carlos Magno, em 814. É surpreendente, porém, que ele pareça não ter tirado disso nenhum benefício material, embora o imperador recompensasse seus colaboradores mais próximos com abadias. Seu papel teria sido exagerado? Não é impossível. Ele não teria deixado de aludir à sua participação nas principais decisões no final do reinado, e na construção do palácio de Aachen. Ora, não há nenhum sinal disso.

O que é certo é que ele faz parte do ambiente intelectual que cerca o imperador, no qual sua pequena estatura é ridicularizada, o que parece mortificá-lo. Ao lado do gigante Carlos Magno, com seu 1,92 metro, ele devia aparentar ser o anão do rei, e as pessoas não se furtavam a atormentar o baixinho com alcunhas, tais como *homullus, homuncio*, das quais se serve Strabo, *Parvulus, Nardulus*, como Alcuíno o chama. Eginhardo é o pequeno *"Nanard"*,[9] pode-se dizer. Em 796, o bispo de Orleans, Teodulfo, o compara a uma formiga.

Após a morte de Carlos Magno, Eginhardo conserva sua posição no círculo governante, "e isto é verdadeiramente milagroso", escreve Walafrido Strabo. Por quê? O novo imperador teria razões para afastar esse colaborador de seu pai? Parece, ao contrário, que Eginhardo goza então de um privilégio crescente: desempenha o papel de um secretário e o imperador lhe dá vastas propriedades em 815, em Michlinstat e Mulinheim, hoje Seligenstadt, no Maine, em sua região natal. Ele manda construir ali uma igreja, onde abriga as relíquias de São Marcelino e São Pedro. Também recebe várias abadias, como as de Sankt Peter e a de Sint Baafs [São Bavo], em Gand, a de Sankt Servaas [São Servácio] em Maastricht, e a de Saint-Wandrille na Normandia. Em 815, ele se casa com Imma, irmã de Bernardo, bispo de Worms e abade de Wissemburg. Ele escreve *De Translatione et miraculis sanctorum suorum Marcellini et Petri*, um *Libellus de adoranda Cruce*, e, claro, o *Vita Caroli*. Também são conservadas 71 de suas cartas desse período. Nas de 829 e 830, ele reclama de suas dores de costas e de estômago. Está agora na casa dos sessenta anos e se aposenta em Seligenstadt. Sua esposa morre em 836, e ele em 14 de março de 840.

A *VITA CAROLI*, TEXTO DE REFERÊNCIA

Quando ele escreveu a *Vida de Carlos Magno*? As opiniões divergem. Os especialistas colocam a composição entre 817 e 829, ou até mesmo em 836, e para isso se baseiam nos seguintes dados: em 829-830, o abade de Ferrières, Loup, em uma carta a Eginhardo, alude à sua obra, que deve ser um pouco anterior; em seu livro, Eginhardo fala de movimentos de revolta entre os abodritas, e do colapso da grande galeria que unia o palácio à capela de Aachen. Os *Anais Reais* colocam esses eventos em 817, portanto Eginhardo escreve depois

---

9 Gíria para "velharia inútil", "coisa sem valor", "antiquado", "em desuso" (*Trésor de la langue française informatisé*).

dessa data. Entretanto, Rosamond McKitterick argumentou recentemente em favor de uma data muito anterior: imediatamente após a morte de Carlos Magno, em 814-815. Deixando de lado os argumentos anteriores (houve muitos anos de instabilidade para os abodritas entre 809 e 817, e os "colapsos parciais de novas construções, especialmente numa região de águas termais, parecem prováveis" – e frequentes). Ela acredita que Eginhardo escreve no período que antecede a lei de 817, que organiza a sucessão no império, a fim de dar ao novo imperador uma legitimidade adicional, em um momento de transição, no qual seu livro teria o maior impacto. Ela observa que Eginhardo de fato fala mais longamente sobre a coroação de Luís, que Carlos Magno organizara já em 813, do que sobre a coroação do próprio Carlos, no Natal do ano de 800. Assim, Eginhardo escreve para dar ao novo soberano o peso de seu testemunho: a coroação de Luís corresponde à vontade de Carlos Magno. Poderia apoiar essa tese o fato de Luís ter dado a Eginhardo a propriedade de Seligenstadt já em 815: seria isso uma recompensa para a *Vita Caroli*?

Em todo caso, o livro alcançou muito sucesso. O texto, editado e dividido em capítulos por Walafrido Strabo pouco depois de 840, foi amplamente difundido. Mais de oitenta manuscritos medievais foram encontrados, sem contar os imitadores. O estilo é muito mais elegante do que nas crônicas antes mencionadas, e a composição é claramente baseada em modelos clássicos, o que contribui para tornar a leitura agradável.

Na introdução, Eginhardo declara que, sem dúvida, é o mais bem colocado para fazer esse trabalho, e talvez mesmo o único que possa escrever uma biografia de Carlos Magno:

> Estou muito consciente do fato de que ninguém pode descrever esses eventos com mais precisão do que eu, pois estava presente quando eles aconteceram e, como dizem, eu os vi com meus próprios olhos. Além disso, creio que esses fatos jamais serão descritos por ninguém... Outra razão me inspirou... Refiro-me ao cuidado que Carlos Magno teve com minha educação, e as relações amistosas que tive com ele e com seus filhos desde o momento em que cheguei à corte. Por essa amizade, Carlos me uniu a ele e me fez seu devedor, tanto na vida como na morte. Eu seria verdadeiramente um ingrato, e poderia ser censurado por isso, se esquecesse os benefícios com que ele me cobriu, e passasse em silêncio sobre os feitos extraordinários e notáveis de um homem que foi tão bom para mim...

Eginhardo insiste: para ele, é um dever redigir a vida "do mais ilustre e famoso dos reis", "do maior homem de seu tempo", "de um homem tão famoso": será obviamente um panegírico. Poder-se-ia até temer um trabalho hagiográfico, em antecipação a São Carlos Magno, tanto que em Fulda o autor teria podido consultar a vida dos santos, especialmente a de São Bonifácio. Mas não foi o caso. Se Eginhardo segue algum modelo, são os modelos pagãos da Roma antiga.

Na introdução, ele mesmo menciona Cícero e sua *Tusculanae Disputationes* [*Discussões tusculanas*], desculpando-se pela mediocridade de seu latim. A influência do grande advogado sobre o estilo de Eginhardo, mas também sobre a composição de seu livro, é reconhecida por todos os críticos. No *De Oratore* [*Sobre o orador*], do qual sabemos que uma cópia estava na biblioteca de Fulda, Cícero explica como escrever um panegírico, tratando da família, da aparência, da força física, dos recursos, das riquezas, das qualidades morais de misericórdia, justiça, bondade, fidelidade, coragem, façanhas e feitos famosos, categorias que se encontram no *Vita Caroli*. Preceitos semelhantes também são encontrados no *Institutio Oratoria* [*Instituição oratória*], de Quintiliano, que ensina como celebrar grandes homens por *Laudationes* em um panegírico. Vê-se em Eginhardo expressões retóricas usadas por esse autor.

Outra fonte importante é a *Vida dos doze Césares*, de Suetônio, como observado pelo acadêmico humanista Isaac Casaubon (1559-1614). Eginhardo toma emprestado principalmente da vida de Augusto, mas é inspirado sobretudo pelos temas: aparência física, hábitos domésticos, vestuário, família, piedade, sinais precursores de morte e testamentos. Em uma edição erudita de 1867 do *Vita Caroli*, Philip Jaffé contabilizou 32 passagens inspiradas diretamente no *De Vita Caesarum* de Suetônio, 20 das quais sobre a vida de Augusto. Isso levou Louis Halphen a escrever: "Ele a seguiu fielmente e, por outro lado, assumiu, com tanta servidão, as expressões familiares do historiador latino, que sua *Vida de Carlos Magno* por vezes parece mais a 13ª 'Vida dos Césares' do que uma obra original".

Duas outras fontes latinas foram descobertas mais recentemente: o *Scriptores Historiae Augustae*, uma crônica latina tardia, na qual o raro termo *dicaculus*, que significa "tagarela, falador", que Eginhardo aplica a Carlos Magno, é encontrado em conexão com a vida de Adriano; sabe-se que havia em Fulda uma cópia do *Scriptores*, um manuscrito do segundo quarto do século IX, copiado de um manuscrito italiano. E, acima de tudo, há a *Agricola*, de Tácito, que fornecia um exemplo perfeito de composição da biografia de um homem célebre. Mais uma vez, há evidências de que um manuscrito dessa obra foi copiado em Fulda no início do século IX, como parte de um códice que também incluía a *Germania*, de Tácito, e que foi encontrado na Itália em 1904. Hitler tinha ouvido falar disso e pediu-o a Mussolini, mas só pôde obter um fac-símile em 1943.

Dessa forma, pode-se perguntar se é realmente de Carlos Magno que Eginhardo está falando, ou se não está antes elaborando um retrato falado do imperador romano ideal, com base nos exemplos fornecidos pelos historiadores latinos. Mas isso seria ir longe demais. Na verdade, o que Eginhardo toma emprestado dos clássicos é a forma, não o conteúdo. Ele copia o plano, imita as expressões e o estilo, mas o conteúdo é de fato o do mundo franco de sua época. O fato de haver uma ou outra semelhança de atitude, de comportamento e de aparência física com um imperador romano não invalida a biografia. No caso dos eventos, Eginhardo tem referências sólidas: primeiramente, sua experiência pessoal de mais de vinte anos na companhia imediata de Carlos Magno. Em uma carta ao rei em 796, Alcuíno refere-se a Eginhardo como "vosso assistente familiar e o nosso"; para eventos que não testemunhara pessoalmente, como o início do reinado e as guerras, ele recorre maciçamente aos *Anais Reais*, que se calculou terem lhe fornecido um terço de seu material sobre esses assuntos; ele também utiliza o *Livro dos bispos de Metz*, de Paulo Diacono; por fim, na qualidade de secretário de Luís, o Piedoso, ele teve acesso a toda a documentação dos arquivos imperiais.

Pode-se por esse motivo dizer que sua *Vida de Carlos Magno* é inteiramente confiável? Não, e isso por três razões: ele comete erros, distorce conscientemente certos fatos, e voluntariamente "esquece" outros, sempre num sentido favorável a Carlos Magno. Na parte dos erros: há confusões de nomes e de datas. E começa muito mal, dado que em sua primeira frase declara que o último merovíngio, Childerico III, foi deposto sob a ordem de papa Estêvão II, mas, de fato, se trata do papa Zacarias. Pouco depois, confunde dois personagens chamados Hunold; depois, coloca a guerra contra o duque de Friuli logo após a captura de Pavia, sendo que dois anos as separam; declara que Carlos Magno tomou Tortosa, o que é falso, e assim por diante. As distorções são numerosas e altamente tendenciosas. Ele começa por minimizar os sucessos de Pepino III para ampliar os de seu filho, particularmente na Aquitânia, caso em que insiste no contraste entre as duas campanhas: "Deve-se notar que elas não foram semelhantes nem no esforço feito, nem nos resultados obtidos": campanha laboriosa do pai, guerra-relâmpago do filho. Exagera grosseiramente os resultados deste último, escrevendo que ele dobrou a superfície do reino por suas conquistas, levando suas vitórias até o Vístula, do qual jamais se aproximou, conquistando a Calábria, onde jamais pôs os pés; também afirma que o rei das Astúrias e os chefes irlandeses se reconhecem como seus vassalos, o que é bastante implausível.

E então, mais significativamente, porque mais insidioso, há as omissões. Em sua introdução, Eginhardo adverte o leitor: "Decidi ser o mais breve possível. Meu objetivo foi não omitir nada de importante que eu tenha notado, mas também não insultar a inteligência dos leitores atentos, elaborando interminavelmente cada nova informação". Uma intenção louvável, que deveria ter inspirado o verborrágico Alcuíno. Sejamos breves e precisos. No entanto, 35 páginas para contar a história de um reinado de 47 anos, tão rico em eventos, é um pouco curto demais! Isto é o que a *Vida de Carlos Magno* representa em nossas edições atuais de livros de bolso, nas quais as notas ocupam mais espaço que o próprio texto. Isso implica muitos silêncios, voluntários ou não. Cada uma de suas omissões levanta suspeitas: ele está tentando esconder algo de nós? Dessa forma, desde o início, ele nos adverte que, por escrúpulos de historiador consciente, nada dirá sobre a juventude de Carlos Magno: "Considero que seria loucura da minha parte escrever sobre o nascimento e a infância de Carlos Magno, ou mesmo sobre sua adolescência, porque não há nenhum texto sobre este assunto". Como é cômodo! Consciência profissional, ou dissimulação deliberada? Para vários historiadores, Eginhardo simplesmente queria manter em segredo a bastardia de Carlos Magno. Seus pais, Pepino e Berta, só se casaram oito anos após seu nascimento. Em meados do século VIII, este era um pecadilho, mas Eginhardo escreve 65 anos depois, na corte pudibunda de Luís, o Piedoso, dominada pelos bispos. Os tempos haviam mudado; em dois terços de um século, os preceitos cristãos relativos ao casamento se impuseram. É claro que a corte carolíngia ainda está muito longe da hipocrisia vitoriana, mas o piedoso Luís provavelmente não apreciaria ser lembrado de que seu pai era, aos olhos da Igreja, um filho ilegítimo. Da mesma forma, é melhor disfarçar as desordens da vida sexual de suas irmãs, as filhas de Carlos Magno, que ele havia acabado de mandar para o convento. Eginhardo nem sequer menciona o nome da primeira amante do imperador, Himiltrude, mãe de Pepino, o Corcunda, embora esteja indicado em uma de suas fontes, o *Livro dos bispos de Metz*. Também é muito evasivo sobre o tratamento dado à primeira esposa de Carlos Magno e ao pai dela, Desidério, rei dos lombardos, assim como sobre aquele dado ao duque Tássilo e sobre as relações tensas com seu irmão Carlomano.

Entretanto, apesar de todas as suas falhas, o *Vita Caroli* continua sendo uma fonte indispensável, sem a qual o caráter de Carlos Magno perderia em profundidade e em dimensão humana. Mesmo os erros, distorções e omissões de Eginhardo são úteis, pois estimulam a pesquisa: é necessário verificar, retificar, completar e fazer isso examinando outras fontes, fazendo perguntas sobre as motivações dos outros e confrontar: todas essas etapas nos permitem aprofundar nosso conhecimento sobre Carlos Magno.

NOTKER, O GAGO: UMA FONTE ACESSÓRIA

Uma última fonte, ainda mais controversa, pode se mostrar útil: o *Carlos Magno* do monge de Sankt Gallen, Notker, o Gago. Na verdade, essa obra tardia, cuja composição data de 884, ou seja, setenta anos após a morte do imperador, encontra-se na junção entre o Carlos Magno real e o Carlos Magno mítico, e poderíamos muito bem tê-lo colocado no primeiro capítulo, marcando o início da lenda carolíngia. Se o retemos dentre as fontes, é porque, apesar de tudo, contém alguns elementos fiáveis, que o autor pode ter colhido de um dos últimos combatentes nas guerras de Carlos Magno na Saxônia e contra os ávaros. Ele se explica no final do primeiro livro:

> No prefácio [agora perdido] deste pequeno livro, prometi que seguiria apenas três autoridades. Werinberto, o mais importante deles, morreu há sete dias, e hoje, 13 de maio, nós, seus filhos e discípulos enlutados, devemos prestar homenagem à sua memória. Paro aqui, portanto, meu pequeno tratado sobre a piedade do senhor Carlos Magno e sua proteção da Igreja, que se baseia nas memórias deste padre.

O livro seguinte, que conta as guerras travadas pelo imperador Carlos Magno com tanta ferocidade, vem das histórias contadas por Adalberto, que foi o pai desse mesmo Verimberto. Adalberto esteve presente, junto com seu mestre Ceroldo, nas batalhas contra os hunos, os saxões e os eslavos. Quando eu ainda era uma criança, ele já era bem velho. Ele me educou e costumava me contar esses eventos. Eu era um aluno lamentável e muitas vezes escapava, mas no fim ele me obrigava a ouvi-lo.

Isso parece verdadeiro, especialmente porque é consistente com outras informações. Porém, antes de tudo, quem é esse autor? Ele é conhecido por dois nomes, que provavelmente se referem a uma só pessoa. É o "monge de Sankt Gallen" e fala frequentemente de sua abadia beneditina ao sul do lago Constança, cuja biblioteca é hoje uma joia da arte barroca, mas que naquela época, se acreditarmos nele, era pobre. Passou toda sua carreira lá, e parece que nunca saiu, seja por submissão à regra, seja por preguiça: "Sou preguiçoso, tão mole quanto uma tartaruga, e nunca viajei para a terra dos francos", ele nos diz. Quando descreve a capela de Aachen, o faz a partir do relato de testemunhas, e abrevia assim o seu relato: "Deixo a descrição dessa catedral a vossos oficiais da corte, pois eu mesmo estou retido aqui no meu mosteiro". Ele parece nunca ter deixado a região do lago Constança: nascido em Thurgau, ao sul do lago, é de língua germânica e, então, foi criado por um veterano das campanhas de Carlos Magno, Adalberto, que serviu sob Ceroldo. Este último, de fato, é um dos irmãos da esposa de Carlos Magno, Hildegarda, e comandou as tropas contra os ávaros e na Saxônia. O filho de Adalberto, Verimberto, é um monge de Sankt Gallen e sabe-se que morreu em 884, o que torna possível datar o livro de nosso autor. Este último também afirma ser discípulo de Grimaldo de Reichenau, abade de Sankt Gallen de 841 a 872. Cronologicamente, tudo isso é consistente com o que sabemos sobre o monge Notker, o Gago, nascido por volta de 840 em Jonschwyl, na mesma região de Thurgau, monge de Sankt Gallen, poeta, músico, professor, administrador de pessoal e cronista, que morreu em 912. A continuação de Ratper (Ratger) da crônica de Sankt Gallen, o *Casus Sancti Galli*, descreve-o como "fraco no corpo, mas não no espírito, gago na língua, mas não no intelecto". Quando sabemos que nosso monge de Sankt Gallen afirma ser não só pouco enérgico, mas também "gago e desdentado", que usa a mesma linguagem latina de Notker, as mesmas formas de superlativos, que demonstra o mesmo interesse pela música, que tem a mesma opinião de Juliano, o Apóstata, de São Jerônimo, de Santo Agostinho, de Alcuíno, a mesma mania de citar Virgílio para qualquer propósito, somos tentados a afirmar, como Louis Halphen, que Notker e o monge de Sankt Gallen são a mesma pessoa.

A obra sem título desse monge, e que os críticos modernos chamam simplesmente de *Carlos Magno*, foi escrita para o imperador Carlos, o Gordo, em 884. Consiste em dois livros, que na verdade são apenas coleções de historietas, sem qualquer preocupação de continuidade: 22 historietas, totalmente independentes, sobre a piedade do imperador (livro I), e 10 outras, entremeadas de considerações gerais, sobre suas guerras. Um terceiro livro, sobre sua vida privada, foi planejado, mas nunca chegou a ser escrito. O julgamento dos historiadores é severo: Notker "gostava de contar histórias divertidas e espirituosas, mas estava mal informado sobre a verdadeira marcha da história" (P. Jaffé); "uma massa de lendas, sagas, invenções, erros grosseiros" (A. J. Grant); "uma narrativa inteiramente mítica" (H. W. Garrod); "de qualquer maneira que se olhe para a questão, é claro que o Carlos Magno do monge de Sankt Gallen é um Carlos Magno da fantasia, e que suas Gestas, tais como as relata, têm seu lugar marcado, não na verdadeira história do famoso rei dos francos, mas em sua história lendária" (A. Kleinclauz); "não acreditamos, de nossa parte, nem na historicidade, nem na origem popular da lenda propagada pelo monge de Sankt Gallen" (L. Halphen).

Não há nada resgatável em Notker? Isto é verdade na primeira parte, que de fato é composta por pequenas histórias, contadas por monges de geração em geração, histórias anticlericais, como é tradicional nos círculos eclesiásticos. Os alvos são os bispos, que não têm boa reputação nos mosteiros: eles são o objeto de 21 ataques, 21 histórias que mostram que Carlos Magno não os estima. "Havia certa vez, na terra dos francos, um bispo excepcionalmente parcimonioso..."; "havia outro bispo de uma pequena cidade, que queria ser adorado com honras divinas..."; "todo o conhecimento do bispo do qual falo era uma vida confortável e uma conduta arrogante..." ; "havia naquela terra um bispo colecionador de objetos inúteis..."; "e você sabe aquela sobre o bispo glutão? aquela sobre o bispo que comprou o diabo disfarçado de mula? a do bispo cuja adega foi saqueada por um duende? o bispo que "permitiu que jovens freiras conversassem com ele", e que, depois de algumas taças de vinho alsaciano, "imaginou em sua mente as formas e gestos lascivos de uma bela mulher, e sonhou que a convidava para sua cama e fazia amor com ela"...? São anedotas divertidas e moralizantes, que foram comparadas às do *Decamerão*, e que terminam com a punição dos bispos, aos quais Carlos Magno dá lições. Não há dúvida de que não há um fragmento de verdade nessas histórias, mas não podemos ver nelas o reflexo, o eco longínquo de um certo comportamento do imperador, uma exigência de dignidade e moralidade em seu séquito, que encontramos em muitos dos capitulares? É também um lembrete de uma certa brusquidão e franqueza que não recuam diante da trivialidade. Como no caso de um bispo que abençoa o pão à mesa e se serve antes de oferecer um pedaço ao soberano: "Você pode ficar com seu pedaço de pão!", diz-lhe Carlos Magno. À mesa com um conde que come feito um porco: "Não seja tímido, vá em frente e coma tudo!". Quando lhe apresentam mantôs gauleses, curtos e bem na moda, questiona: "O que você quer que eu faça com esses guardanapos? Na cama, não podem ser usados como cobertor; a cavalo, não me protegem nem do vento, nem da chuva, e, quando vou esvaziar minhas entranhas, congelo o rabo!". Vemos também Carlos Magno zombando das vaidades que sua comitiva tem com as roupas: ele convida seus condes para um passeio; estes se vestem com seus melhores trajes, mas o soberano os leva de propósito para caminhos enlameados, dos quais saem todos imundos. Essas anedotas, mesmo que inventadas, têm pelo menos o mérito de restaurar a atmosfera ainda muito rude e brutal da corte e do palácio carolíngio.

O segundo livro, sobre assuntos militares, é menos fantasioso. Ele se baseia nas memórias do veterano Adalberto, mas também em uma séria consulta aos *Anais Reais*, à *Vita Caroli* de Eginhardo e a alguns outros *Anais*. Também é possível encontrar empréstimos de Virgílio, Tito Lívio, Suetônio e Suetonius e Sulpício Severo. Particularmente interessantes são os desenvolvimentos sobre o equipamento e as táticas militares, os métodos de combate, que visivelmente foram fornecidos por Adalberto. A conspiração de Pepino, o Corcunda, é contada com mais detalhes que em Eginhardo, que não menciona, por exemplo, que Pepino foi inicialmente banido para Sankt Gallen, antes de ser enviado para Prüm.

Mas é claro que se deve verificar constantemente as informações; por exemplo, a chegada da embaixada bizantina em 812. A recepção é grandiosa:

"Carlos Magno, o mais glorioso dos reis, estava ao lado de uma janela, através da qual brilhava a luz deslumbrante do sol. Ele estava vestido de ouro e de pedras preciosas, e brilhava como um sol nascente... Ao redor do imperador, como um exército celestial, estavam seus três filhos, os jovens que mais tarde iriam compartilhar o império; suas filhas e a mãe, adornadas de sabedoria, beleza e colares de pérolas; seus bispos, de inigualável virtude (!) e em postura digna... Os enviados dos gregos estavam mudos de espanto. Sua coragem os havia abandonado e eles não sabiam para onde olhar... Eles se prostraram no chão. Em sua imensa bondade, o imperador os levantou e os encorajou com algumas palavras de consolo...". Quase dá para acreditar, salvo que nesse momento o imperador já não tem uma esposa há doze anos e dois de seus três filhos estão mortos.

Estas são as fontes, de valor desigual, à nossa disposição para uma biografia de Carlos Magno. A estas devem ser acrescentadas as descobertas arqueológicas, cujas contribuições são agora consideráveis. Tudo isso é, como dizíamos, ao mesmo tempo pouco e muito. O reinado de Carlos Magno é, sem contestação, o mais bem documentado de todo o período da Alta Idade Média, e se foi possível produzir biografias de Clóvis ou Dagoberto, com mais forte razão se pode produzir uma de Carlos Magno. No entanto, obviamente, ela não pode se assemelhar à de um soberano do século XIX. Necessariamente mais esquemática, ela contém uma quantidade significativa de suposições. Em todas aquelas que foram produzidas até agora, o condicional é tão importante quanto a afirmativa. Encontram-se constantemente as expressões: "É razoável acreditar que..."; "é provável que..."; "é possível que...". A presente biografia não escapará disso.

– 3 –

A EUROPA EM MEADOS DO SÉCULO VIII: DOS MEROVÍNGIOS AOS CAROLÍNGIOS

Não sabemos onde ou quando Carlos Magno nasceu. Isso é um bom começo. Onde? Presumivelmente em algum lugar entre o Mosa e o Mosela, entre Herstal e Metz, uma região em que os prefeitos dos palácios francos amiúde viviam naquela época. Quando isso aconteceu? Os historiadores hesitam entre duas datas: 742 e 747. A diferença não é insignificante, quando sabemos que em 751 e 754 eventos capitais ocorreram, nos quais o menino estava diretamente envolvido: não é indiferente, quanto à memória que ele possa ter retido, se tinha 4 ou 9 anos no momento da coroação de seu pai, ou 7 ou 12 anos no momento da chegada do papa, que o coroou ao mesmo tempo que seu pai e seu irmão. Três textos argumentam a favor de 742: sobre o momento de sua morte, em janeiro de 814, os *Anais Reais* lhe dão a idade de 71 anos; Eginhardo diz que estava "em seus 72 anos", e na inscrição funerária ele é descrito como "septuagenário". Alguns historiadores modernos, no entanto, começando por K. F. Werner, em 1973, tendem a favorecer 747. Seus argumentos estão longe de serem decisivos. Dado que

Carlomano, irmão de Carlos Magno, nasceu em 751, uma lacuna de nove anos para um casal do século VIII parece ser inverossímil. Mas não sabemos a data de nascimento de Gisela, irmã de Carlos Magno, e não podemos excluir abortos espontâneos e crianças que morreram na infância, que as crônicas não levam em consideração. Como Jean Favier, acreditamos, portanto, que não há motivo sério para contestar a data de 742.

Os pais são Pepino e Berta, ou Bertranda. Outra incerteza, que encontraremos com frequência, diz respeito aos nomes de pessoas. Por um lado, as transcrições podem variar, dando várias formas em francês moderno (Berthe ou Bertrade, Désirée ou Désirade ou Didière), e sobretudo, como as pessoas têm apenas um nome na época, e alguns deles são muito frequentes, há um grande risco de confusão. Daí a frequência dos apelidos, muitas vezes inspirados por um traço físico: Pepino foi chamado de "o Breve" por causa de sua pequena estatura, e Berta, "do Pé Grande". Quanto a Carlos, recebeu o nome de seu avô, que foi apelidado de "Martel", provavelmente por causa de sua arma favorita. O apelido "Grande", *Magnus*, que o distingue hoje de todos os outros Carlos, só aparece por volta de 840, em um texto de Nitardo. Por comodidade e para evitar qualquer confusão, vamos nos referir sempre a ele, por abuso de linguagem, como Carlos Magno (*Charlemagne*).

Seu pai, Pepino, é bem conhecido, mas sua mãe, Berta, não o é. Filha de Herberto, conde de Laon, segundo alguns, ou de Cariberto, também conde de Laon, segundo outros, ela morrerá em 783. Em 742, Pepino e Berta não são casados, o que faz de Carlos Magno um bastardo. Essa situação não é excepcional em meados do século VIII, quando a noção do sacramento do matrimônio ainda não está bem estabelecida. Entre os povos germânicos, o casamento é antes de tudo um acordo legal, um contrato público, que pode muito bem coexistir com uma espécie de casamento privado, para conveniência pessoal, uma afinidade particular, uma espécie de concubinato oficial: isto é conhecido como o *Friedelehe*, que pode ser facilmente dissolvido. Os poderosos não se privam de recorrer a ele, como mostra a turbulenta história matrimonial dos reis merovíngios. O próprio Carlos Magno terá várias ligações desse tipo. Somente no século IX a Igreja conseguirá impor sua exigência de monogamia estrita.

AS INVASÕES GERMÂNICAS (SÉCULOS V-VII)

O pequeno Carlos é então o primogênito do prefeito do palácio, Pepino III, ou seja, a pessoa mais poderosa do reino franco depois do rei. Ou melhor, antes dele, pois o pobre Quilderico III, último rei merovíngio, tem apenas poder nominal. Apesar disso, ele é o chefe do maior reino da Europa ocidental, um reino heterogêneo, com fronteiras difusas, erguido sobre as ruínas do Império Romano do Ocidente. Para compreender a complexidade da situação europeia em torno de 750, é necessário recuar três séculos, quando colapsou a enorme massa política que constituía o Império Romano.

Oficialmente dividido em dois desde 395, este último sofreu com a arremetida dos povos germânicos amotinados no *limes*[1] do Reno e do Danúbio. Enquanto o Império Romano do Oriente, com sua capital Constantinopla, que se tornou Bizâncio, consegue manter suas posições, o do Ocidente, tendo Roma como sua capital nominal, é esmagado. Em 406, há uma investida: godos, vândalos, suevos, francos, alamanos e burgúndios penetram no império e tomam posse. Roma é saqueada em 410. Este é o início de um período caótico, durante o qual os chefes bárbaros e os oficiais romanos mantêm políticas pessoais, criando principados efêmeros, por motivos que não são étnicos. Numericamente, os invasores não são numerosos e estima-se em 50 mil para os povos mais importantes: com mulheres e crianças, eles poderiam facilmente caber em um grande estádio de futebol atual. Incapazes de ocupar o território nessas condições, eles se fundem às populações locais mais ou menos romanizadas. Quando necessário, sabem unir forças contra novos predadores que ameaçam tomar parte do espólio: em 451, o "romano" Aécio, à frente de uma coalizão heteróclita de romanos, gauleses, burgúndios e francos, obriga Átila, o Flagelo de Deus, e suas hordas asiáticas, que haviam se aventurado até Orléans, a retornar às estepes da Ásia Central. Essa batalha, conhecida como Campos Cataláunicos, que ocorre em Champagne no dia 20 de junho de 451, é quase o símbolo do confronto Leste-Oeste, da Europa contra a Ásia. Mas é somente com uma visão *a posteriori* que ela assume essa dimensão. No momento, é apenas um episódio da anarquia que reina no Oeste. Um quarto de século depois, em 476, o último imperador romano do Ocidente é deposto.

---

1 *Limes Germanicus* (Fronteira da Germânia), linha composta por fortificações que separavam o Império Romano dos germânicos insubordinados. (N. T.)

Outro símbolo: ele leva o mesmo nome do fundador de Roma: Rômulo, ironicamente apelidado de *Augústulo*, o Pequeno Augusto.

É o fim do império, substituído por reinos bárbaros instáveis. Os godos, após uma longa viagem da costa sul do mar Báltico até o litoral do mar Negro, e depois para a Trácia, se estabelecem na Espanha, Aquitânia e Itália. Na Espanha, na Aquitânia e em Narbonnaise, são os visigodos, que têm como capital Toledo. Ali desenvolvem uma civilização original, cujos vestígios ainda podem ser vistos na Espanha atual, e que dura até a chegada dos árabes em 711. É na monarquia visigótica que surge a ideia da coroação real, em 638, e a da unção, em 672, praticada para o rei Wamba. Na Itália, é o reino dos ostrogodos, que conhece, sob o reinado de Teodorico, de 493 a 526, uma fase gloriosa, marcada por um grande desenvolvimento intelectual e artístico, à qual estão ligados os nomes de Boécio e Cassiodoro. Teodorico faz de sua capital, Ravena, um centro cultural em que elementos romanos e góticos se fundem. Carlos Magno é um admirador do trabalho de Teodorico e transfere sua estátua equestre de Ravena para Aachen em 801. O reino ostrogodo, entretanto, por volta de 550, será vítima da reconquista bizantina efetuada por Justiniano.

Os vândalos, também vindos dos limites do Báltico, percorrem toda a Europa e, atravessando as Colunas de Hércules, vão se estabelecer no norte da África. Os suevos, que cruzam o Reno em 406, continuam sua migração até o atual Portugal. Os burgúndios, originários da Escandinávia, depois de se deterem por muito tempo a leste do Reno, de desempenharem o papel de auxiliares no exército romano, de terem participado das intrigas de Aécio e de exercerem um papel na vitória contra Átila, se estabilizam na região do Ródano e do Saône, do sul de Champagne à Provença, bem como no Jura e na Suíça romana. Lyon é sua capital, e o herdeiro reside em Genebra. Seu "sentimento nacional" é muito forte, e eles são intensamente apegados ao seu elaborado código de leis. Seu soberano, assim como Teodorico, funde elementos romanos e germânicos: para os romanos, ele é o *Galliae patricius*, e para os germânicos, o *dominus noster rex*. Seus vizinhos alamanos têm uma origem mais incerta e provavelmente heterogênea, pois *Alamanni* significa "todos os homens". Eles desempenham um papel importante na grande ofensiva de 406, devido às suas formidáveis qualidades militares: são excelentes cavaleiros, equipados com espadas longas e com dois gumes. Eles se estabelecem na atual Suábia, entre a Floresta Negra e a Baviera.

Nesse local, vivem ao lado dos bávaros, cuja origem é obscura. O que é certo é que eles têm uma forte individualidade, e formam uma entidade política sólida, liderada por um duque, da família dos Agilolfingos, o primeiro dos quais foi Garibaldo, em torno de 550. Os limites de seu território são muito vagos: ao sul, os Alpes; a oeste, o rio Iller, um afluente do Danúbio; ao norte, o Danúbio e as montanhas da Boêmia; ao leste, o rio Ems. Desse lado, eles têm inquietantes vizinhos, os ávaros, pelo menos desde a segunda metade do século VI, quando esse povo nômade do norte do Cáspio ocupa a atual planície húngara em grande número, nos dois lados do Danúbio Médio. Vivendo principalmente de incursões de pilhagens, esses asiáticos, comandados por um *Khagan*[2] que vive numa capital móvel, feita de tendas dispostas em círculos, o *Ring*, ou anel, têm um Estado relativamente evoluído e uma civilização que não é desprovida de refinamento. Aliás, os estados ribeirinhos, Bizâncio, os lombardos e até mesmo os bávaros, não hesitam em recorrer a eles como aliados em caso de necessidade. Mas, como pagãos e seminômades, eles são muito diferentes, como um pedaço da civilização das estepes às portas da Europa.

Entre os povos germânicos estabelecidos no território do antigo Império Romano, devemos também mencionar os anglos e os saxões, que chegaram em ondas sucessivas à ilha da Bretanha, onde fundaram vários reinos com fronteiras muito flutuantes, sendo os três principais Wessex, a leste do estuário do Severn, Mércia, no centro-norte da atual Inglaterra, e Nortúmbria, que corresponde ao vasto condado atual de Northumberland; as regiões ocidentais, na Cornualha e no País de Gales, são bastiões da resistência celta. No Norte e na Irlanda, os pictos e os escoceses são povos ferozes, contra os quais os romanos se fortificam, construindo a Muralha de Adriano.

Depois, há os francos. Seu nome aparece pela primeira vez no século III. Durante muito tempo eles vivem na região do Baixo Reno, onde têm contato constante com os romanos e parecem ter adotado muitos aspectos da latinidade. A partir do século IV, grandes grupos são recrutados pelo exército romano, e alguns chegam aos postos superiores. Apesar disso, não

---

2 Ou *Khan* (como o maior deles, Gengis Khan, ou o último deles, Kublai Khan), que significa "líder tribal" ou "senhor de um território". *Khagan* pode significar também *Khan* dos *Khans*, isto é, "imperador" em mongol. (N. T.)

participam da grande agressão bárbara de 406. Muitos até lutam no exército romano nessa ocasião. No decorrer do século V, avançam para o norte da Gália e para o Mosa e o Mosela. No início do reinado de Clóvis, em 486, seu reino se estende até o Loire e a Champagne; no leste, alcança os Vosges, e no norte engloba o que hoje é Hessen e a Renânia do Norte. Clóvis, por meio de suas vitórias sobre os turíngios, os alamanos e os burgúndios, estende seu protetorado sobre esses povos. Em 507, ele derrota os visigodos em Vouillé e estende seus domínios até o rio Garonne. Os visigodos continuam senhores do Languedoc (Septimânia). No oeste, a Bretanha permanece independente.

Nesse momento, Clóvis, que se converte ao cristianismo e recebe a insígnia consular romana, é o rei mais poderoso do Ocidente, juntamente com seu contemporâneo Teodorico. Isso ocorre em torno do ano 500. A Europa parece ter alcançado um novo equilíbrio, que também favorece a difusão do cristianismo. Todos esses reinos bárbaros são cristãos, pelo menos nominalmente, pois, sob o verniz da nova religião, os antigos cultos pagãos, as crenças e as práticas ancestrais subsistem. Essa nova Europa hesita entre a identidade germânica e a românica. A sombra e o prestígio de Roma permanecem muito poderosos, especialmente entre as elites, e em todas as áreas as influências latinas e germânicas se enfrentam ou se fundem. A fronteira linguística reflete o confronto, com um impulso de línguas germânicas para o oeste e para o sul, mas que afinal é bastante limitado, pois as línguas românicas, faladas por uma população autóctone muito mais numerosa que os invasores, resistiu muito bem. A fronteira linguística, partindo das proximidades de Boulogne, vai em direção a Lille, e depois paralelamente ao Sambre e ao Mosa, 30 quilômetros ao norte, atravessa o Mosa entre Liège e Maastricht, e vai até o oeste de Aachen, depois volta para o sul, até Metz, segue os Vosges e continua em direção do sul, até chegar ao Ródano, a leste do lago de Genebra, depois segue o pé dos Alpes para o leste. Essa fronteira não coincide com os limites dos reinos e, portanto, abrange populações de várias línguas.

A EUROPA ENTRE ROMANIDADE E GERMANIDADE

Havia a mesma mistura nos gêneros de vida. As elites permanecem massivamente fiéis à romanidade, particularmente na Gália, onde a aristocracia senatorial, a *ordo senatorius*, estimada em 3 mil pessoas, bastante importunada durante as invasões, retoma a seguir o poder, assume e reconstitui enormes propriedades, nas quais vive no estilo romano, persistindo às vezes até o século VIII. Nas cidades, uma vez passada a tormenta, as atividades são retomadas, num quadro de vida que quase não sofre modificações: assim, em Trier, que havia sido tomada cinco vezes no século V, os edifícios imperiais são entregues ao fisco merovíngio, as termas se tornam a residência dos condes francos, um mosteiro se instala nos entrepostos do fisco romano, as tradições funerárias romanas se perpetuam, como mostram as inscrições funerárias, e as associações comerciais se reconstituem. A mesma continuidade foi revelada pelas escavações em Colônia e em Worms.

A Igreja desempenha um papel essencial na perpetuação da romanidade. Suas estruturas – as dioceses – são herdadas do império; sua língua é o latim; seu pessoal é esmagadoramente romano: no século V, na Gália, apenas dois bispos têm nomes germânicos. No século VI, dos 477 bispos gauleses conhecidos, 68, ou seja, 14%, têm nomes germânicos, enquanto, entre os notáveis laicos mencionados pela epigrafia, essa proporção é de 50%. No sul, existem apenas seis nomes germânicos entre 153 bispos na região de Narbonnaise, e um em 34 na de Lyon, enquanto já constituem quase um terço nas províncias de Rheims e de Trier, onde o episcopado continua sendo parcialmente recrutado na região do Midi (Sul). A germanização é muito gradual: os primeiros bispos germânicos em Trier, Bordeaux e Le Mans aparecem no primeiro quarto do século VI.

A germanização é mais evidente no campo, onde se veem as povoações de cabanas se justaporem ao lado das grandes *villae* galo-romanas construídas em alvenaria. O estabelecimento dos recém-chegados também traz um ressurgimento dos modos de vida indígenas. Gradualmente, os desarrumados cemitérios romanos, com sua mistura de cremados e enterrados, dão lugar aos "cemitérios em fila" (*Reihengräber*); a toponímia mistura os nomes em *acum*[3] e seus derivados àqueles de vilarejos baseados no nome de um homem, seguido por um vocábulo indicando a residência, como *-heim, -dorf, -hof*.

---

3 O sufixo *-acum* é formador de topônimos, típico das zonas geográficas que têm em sua origem um povoamento de língua celta. (N. T.)

A mesma osmose ocorre nos quadros jurídicos dos reinos bárbaros. No direito, não há um confronto elementar entre romanismo e germanismo, mas sim uma fusão, sem que seja possível dizer qual direito absorveu o outro. Pouco antes das invasões, a lei romana já não era mais monolítica, e cada província incorporava os elementos locais. Em torno do ano 500, são elaborados códigos em quase todos os novos reinos, o que é uma prática romana: Código Visigodo em torno de 480, Lei Burgúndia (cerca de 501-515), Breviário de Alarico, Lei de Teodorico, leis dos franco-sálios, dos francos ripuários e dos alamanos no início do século VI, com base nas seguintes características, segundo Lucien Musset: "procedimento puramente oral e formalista, personalidade das leis, papel dos cojuradores e das ordálias, preço das composições pecuniárias (*Wergeld*), solidariedade familiar". Alguns desses códigos, como o dos visigodos, abandonam o princípio germânico da personalidade das leis em favor da ideia romana de territorialidade: o indivíduo é julgado de acordo com a lei em vigor no território onde a ofensa foi cometida.

Também há transição e síntese na categoria das instituições. Em geral, a noção de Estado se desvanece com o desaparecimento dos serviços públicos, como o cadastro, os impostos diretos e a administração local. O rei é essencialmente um senhor da guerra, que comanda porque é o mais forte e o mais rico, e se comporta como proprietário de seu reino. No entanto, uma instituição administrativa romana se perpetua, a instituição condal, surgida nos últimos anos do Império do Ocidente. O conde tira seu nome do meio ao qual pertence: a *comitiva*, o entorno imperial. Ele é destacado para uma região específica, para exercer temporariamente o comando civil e militar. Essa instituição, adotada inicialmente pelos visigodos, se generaliza na Gália no século VII.

Há uma área, porém, em que prevalece a germanização: a antroponímia. Na época das invasões, o sistema clássico latino da *tria nomina* tinha desaparecido havia muito tempo, substituído pelo da *cognomina*: cada homem tinha dois, ou mesmo três nomes, compostos por uma raiz de etimologia transparente, seguido por um sufixo em -*ius*. Bem depressa, se passa para um sistema de nome único, juntando dois nomes germânicos, que evocam fenômenos naturais ou características sociais ou individuais, e que lembra o sistema imagético tradicional dos índios das Américas. Assim temos *Dagobertus* ("Dia brilhante"), *Sigibertus* ("Vitória brilhante"), *Arnulfus* ("Águia-lobo"),

Hariulfus ("Exército-lobo") etc. O nome torna-se estritamente individual, com o desaparecimento do sobrenome da família, mas às vezes pode-se marcar um elo hereditário, mantendo um dos dois componentes do nome do pai: assim Chlodomeris é filho de Chlodovechus. Esses nomes são, portanto, geralmente bastante longos, com quatro sílabas.

Assim, a Europa, após as grandes invasões, está em plena transição, estabelecida sobre bases mutáveis, dentro do panorama de reinos com estruturas rudimentares e fronteiras flutuantes, retendo importantes vestígios de romanidade misturados com práticas germânicas. Mundo pragmático, que Lucien Musset definiu perfeitamente nestes termos: "Por toda parte havia um compromisso, uma síntese mais ou menos avançada de vários elementos e a criação de uma nova civilização, distinta tanto daquela da Baixa Antiguidade quanto da civilização da Germânia independente. É possível considerá-la inferior à civilização clássica, mas não se tem o direito de negar sua originalidade, de fazer dela uma simples decadência indefinidamente prolongada ou um apêndice da história das culturas germânicas".

A nova geografia política sofrerá novas perturbações nos séculos VI e VII. As primeiras concernem exclusivamente à Itália. O imperador bizantino Justiniano (527-565) comprometeu-se, a partir dos anos 530, a reconquistar os territórios do antigo Império do Ocidente, com o objetivo de reconstituir, para seu próprio benefício, o grande Império Romano do período antonino. A despeito das façanhas de seus generais, Narases e Belisário, a tarefa está além dos meios do Império Bizantino, mas permite reocupar o sudeste da Espanha, parte da África do Norte e, sobretudo, a Itália. Após uma longa série de campanhas devastadoras, de 535 a 562, o reino ostrogodo é destruído e parte da população é deportada. A península emerge exangue dessas guerras. Roma, sitiada durante um ano em 537, por dois anos, de 544 a 546, por quase três anos, da primavera de 547 a janeiro de 550, nada mais é que uma cidade fantasma, em que um punhado de sobreviventes vagueia por entre as ruínas antigas. A partir de agora, as autoridades políticas estão sediadas em Ravena. No final do reinado de Justiniano, toda a Itália, incluindo a Sicília e a Sardenha, faz parte do Império Bizantino.

Não por muito tempo. No nordeste, outro povo germânico se prepara para atravessar os Alpes: os lombardos. Talvez originários da Escandinávia, permaneceram muito tempo na costa sul do Báltico, no baixo vale do Elba, onde Veleio Patérculo os descreve como "o povo germânico mais feroz devido à sua selvageria". Precedidos por essa reputação lisonjeira, eles se deslocam para o sul e se estabelecem em Panônia, ou seja, na atual Hungria, ao redor do lago Balaton. Lá têm contatos, às vezes amigáveis, às vezes hostis, com os ávaros, os bávaros e os bizantinos. Em abril de 568, sob a liderança de seu rei, Alboíno, se põem em marcha através do Friuli e chegam ao Vêneto, enquanto atrás deles os ávaros ocupam o espaço deixado livre em Panônia. Os lombardos invadem todo o vale do Pó, tomam Milão e sitiam Pavia por três anos; esta cai em 572, e farão dela a sua capital. A conquista da Itália fica incompleta, pois os bizantinos mantêm o controle de várias áreas costeiras: Ístria, a costa do Vêneto, a região de Ravena, o baixo vale do Pó a partir de Cremona, uma faixa de território, de Rimini a Roma, através dos Apeninos, a costa do Lácio, a costa da Campânia com Nápoles, a Calábria, a região de Otranto, a Sicília e a Sardenha. Todas essas partes de territórios estão sob a autoridade do exarca[4] bizantino que reside em Ravena, na esperança de uma futura reconquista. Quanto ao reino lombardo, compreende a maioria das planícies do norte e da Toscana. No centro e no sul, faixas de composição variável – incluindo lombardos, búlgaros, saxões e turíngios – gradualmente organizam ducados quase independentes, ao redor de Espoleto e Benevento. Assim seccionada, ou melhor, fragmentada, por quase dois séculos a Itália será devastada por lutas esporádicas entre bizantinos e lombardos. Estes, no entanto, a partir do reinado de Agilolfo (590-616), formarão um reino bastante sólido ao redor de Pavia. Em Roma, que teoricamente permanece sob o domínio bizantino, o papa procura tirar proveito dos conflitos para conduzir uma política independente, apoiando-se em territórios mal controlados pelo exarca de Ravena.

Isso nos leva ao início do século VII. Durante esse período, a posição dos bizantinos na Itália se deteriora ainda mais. O imperador, diante das agressões búlgaras e árabes, não consegue mais afirmar sua autoridade na península, onde até mesmo seus funcionários se rebelam. O exarca de Ravena chega a se proclamar imperador em 650. De 662 a 668, o basileu Constante II restabelece a situação de forma efêmera. O impulso lombardo se intensifica:

---

4 Cargo delegado pela autoridade máxima para representar o império na península itálica, que se encontrava muito distante do poder central. (N. T.)

eles tomam Taranto, Brindisi, Calábria e até Ravena pela primeira vez em 731, com o rei Liuprando. O rei lombardo e o imperador bizantino buscam cada um trazer o papa para seu lado, e este procura tirar proveito da situação para se tornar independente. Ele teme a tutela lombarda, e fica irritado com as errâncias teológicas dos imperadores, que apoiam a heresia iconoclasta. O papa Gregório III, em 729, é o último a receber a confirmação de sua eleição pelo imperador. A guerra é retomada em 749; no norte, os bizantinos retêm apenas a Ístria e o Vêneto; em 751, os lombardos tomam Ravena. O papa procura então a ajuda do novo homem forte do Ocidente, que também apresenta a vantagem de não ser seu vizinho: Pepino, o prefeito do palácio dos reis francos merovíngios.

A CONQUISTA ÁRABO-MUÇULMANA E SEU IMPACTO (SÉCULOS VII-VIII)

Nessa época, a monarquia franca já tinha muito tempo antes conquistado a ascendência sobre os outros reinos bárbaros. Os sucessores de Clóvis, que formaram a dinastia merovíngia, certamente experimentaram sortes variadas e uma história turbulenta: seu reino passa por sucessivas fases de divisão e reunificação, contudo, de alguma forma, o território controlado pelos francos sobrevive às provações e permanece intacto. Mas, na verdade, o rei não é mais o senhor. A autoridade havia passado para seu braço direito, seu ajudante principal, o prefeito do palácio, que em 732 havia conseguido um grande prestígio ao deter um exército árabe perto de Poitiers.

Árabes em Poitiers! Eles estavam muito longe de casa. A conquista árabo-muçulmana foi obviamente o outro grande evento que perturbou os dados geoestratégicos europeus no século VII e redesenhou o mapa das relações de poder. Os historiadores ainda em nossos dias debatem o impacto desse novo dado. Após as invasões vindas do nordeste, as invasões vindas do Sudeste. Os árabo-muçulmanos partem da Arábia pouco depois de 632 para conquistar o mundo mediterrâneo. O Império Bizantino é a primeira vítima, cedendo a Palestina, o Líbano, a Síria, o Egito, a Cirenaica e a África (atual Tunísia). A partir de 701, a Sicília é atacada, e, em 717, a própria Bizâncio, mas o fracasso do cerco marca uma freada brusca na conquista do

Mediterrâneo oriental. Ela prossegue no Oeste. Através do Marrocos, os árabes e os berberes islamizados atravessam para a Espanha, onde o reino visigótico desmorona em três anos (711-714). Os Pireneus são ultrapassados em 714, a Septimânia (Languedoc) é invadida, Narbonne é tomada em 720, e de lá são realizadas incursões em direção ao norte, penetrando no reino franco: até a Borgonha, através do vale do Ródano em 724, em direção ao Loire em 732, local em que Carlos Martel, perto de Poitiers, repele os invasores, que acabam recuando para o sul dos Pireneus alguns anos depois.

A fase de conquista termina nesse lado. Inicia-se então uma fase de estabilização e incursões. No lugar do reino visigótico da Espanha, se estabelece o Emirado de Córdoba, criado em 756 pelo omíada Abd al-Rahman. É um Estado muçulmano, que rapidamente se torna famoso por sua prosperidade econômica e sua influência cultural. As divisões religiosas são superadas pelo pragmatismo dos emires. A Igreja cristã mantém suas estruturas, e os moçárabes, assim como os judeus, têm liberdade de culto. Não falemos de tolerância, mas antes de um espírito prático: os não muçulmanos pagam um pesado imposto, o que beneficia as finanças do emir e incentiva muitas conversões. Ao norte do Ebro, entretanto, subsiste uma zona instável, em que o governador de Saragoça se comporta de forma mais ou menos independente, não hesitando em recorrer aos francos contra o emir, em caso de necessidade. No noroeste, os cristãos dos vales cantábricos se agrupam em um reino das Astúrias, nos arredores de Oviedo. De Barcelona a Oviedo há então uma espécie de zona tampão, entre o reino franco e o emirado de Córdoba. Por outro lado, os "sarracenos", como são frequentemente chamados nos estados cristãos, batizados com o nome de uma tribo da Arábia, realizam incursões e pilhagens na Septimânia, na costa provençal, na Córsega e nas Ilhas Baleares, criando um clima de insegurança nessas áreas.

É essencial compreender que na primeira metade do século VIII a ameaça árabe foi percebida como uma ameaça militar, muito mais do que religiosa. O islamismo é classificado como paganismo ou heresia, da mesma maneira que as crenças dos eslavos ou escandinavos. Além disso, o conteúdo dessa religião é totalmente ignorado, e nenhuma tentativa é feita para entendê-la: basta saber que é uma religião falsa, uma idolatria. Até mesmo os teólogos bizantinos, que estão na melhor posição para se informar, são completamente indiferentes. Na primeira metade do século VIII,

João Damasceno, que vive em Jerusalém, escreve que os árabes "adotaram a doutrina de um falso profeta que se manifestou a eles e cujo nome era Mamed, que, por acaso tendo tido a oportunidade de aprender sobre o Antigo e o Novo Testamento, [...] desenvolveu sua própria heresia. Então, quando certamente por causa de dissimulação de piedade, se conciliou com o povo, afirmou que tinha recebido do céu uma Escritura". E isto é mais de um século após a morte de Maomé, dito por um intelectual em contato direto com os muçulmanos. Os outros monges bizantinos não estão mais bem informados: ainda no século IX, Teófanes, o Confessor, fala de um certo "Muamed", falso profeta epilético; Jorge, o Monge, conta que o "pseudoprofeta dos sarracenos, Muchomet", havia seduzido "esses homens de espírito esfumaçado e imbecil, verdadeiramente bestiais e sem almas"; e o mesmo aconteceu com Nicetas de Bizâncio. No Ocidente, a ignorância é total. Beda, o Venerável (673-735), em sua abadia no norte da Inglaterra, não tem ideia da doutrina muçulmana; é mera idolatria, escreve em *Sobre os lugares santos*. Os peregrinos que vão à Palestina não têm nenhum interesse no Islã. Muito revelador é o caso de Vilibaldo, no século VIII, que, em Nazaré, reza ao lado dos muçulmanos na igreja compartilhada entre os dois cultos: não lhe ocorre questioná-los sobre sua fé. Ao mesmo tempo, na Germânia, também São Bonifácio nada sabe.

Ainda mais surpreendente: na Espanha conquistada, muçulmanos e cristãos vivem juntos na ignorância mútua. Uma crônica latina espanhola de 741 afirma que o fundador do Islã foi "Mamet pelo nome, nascido da mais nobre tribo deste povo, um homem muito prudente que podia prever eventos futuros"; os sarracenos "veneram-no com tanta honra e reverência que afirmam em todos os seus sacramentos e escritos que ele é o apóstolo e profeta de Deus". Outra crônica latina de 754 apresenta a invasão sarracena como instrumento de vingança divina causada pelos pecados dos cristãos, e afirma que a batalha de Poitiers foi o confronto do "povo da Austrásia", do "povo do Norte", dos "europeus", contra os árabes.

Esse ponto de vista, cuja importância e difusão não devem ser exageradas, marca o início de uma tomada de consciência de um choque de civilizações. O tradicional confronto Leste-Oeste, ou mundo grego-mundo latino, Bizâncio-Roma, está sendo substituído por um confronto Norte-Sul, europeus-árabes. Por enquanto, os dois confrontos se sobrepõem, sendo que os europeus são ao mesmo tempo do Oeste e do Norte, que se definem cada vez mais por sua religião. Mas isso é apenas o início do processo. Nos séculos VIII e IX, evolui-se para um mundo tripartite: uma Europa do Noroeste dominada pelo reino franco, um mundo intermediário que é o bizantino, e o mundo árabo-muçulmano.

As invasões germânicas, seguidas pela invasão árabe, perturbaram profundamente a região Europa-Mediterrâneo. As questões em jogo têm sido objeto de debates acalorados entre historiadores, debates que nem sempre são desprovidos de preconceitos contemporâneos, dependendo em particular das posições individuais diante da presença crescente e nem sempre pacífica do Islã. Na década de 1930, o livro clássico de Henri Pirenne, *Maomé e Carlos Magno*, culpou a conquista muçulmana pela irremediável divisão entre o leste e o oeste do Mediterrâneo, um trauma que resultou no colapso das trocas comerciais e culturais. Em meados do século XX, Maurice Lombard, em várias obras, incluindo *L'Islam dans sa première grandeur*, argumentou o contrário, escrevendo que, "graças à conquista muçulmana, o Ocidente retomou o contato com as civilizações orientais e, por meio delas, com os grandes movimentos mundiais de comércio e de cultura". Para ele, foram as invasões germânicas que "causaram a regressão econômica do Ocidente merovíngio e depois aquela do carolíngio"; a invasão muçulmana reparou o mal causado pelas invasões germânicas: "Se as invasões germânicas precipitaram o declínio do Ocidente, as invasões muçulmanas provocaram o renascimento de sua civilização".

Atualmente, ninguém mais apoia posições tão categóricas e repletas de maniqueísmo latente. O problema não é saber se os alemães e os árabes eram agentes do bem ou do mal. O que é certo é que eles foram fatores de transição e contribuíram para o surgimento de uma tomada de consciência europeia. Transição entre um Império Romano do Ocidente, cuja prestigiosa memória permanece onipresente em símbolos, títulos e em certas instituições, e um cristianismo que moldará as mentalidades medievais. Transição entre um mundo baseado sobretudo na noção de direito, o mundo romano, e um mundo baseado na crença religiosa, o mundo medieval. Esse novo mundo que está nascendo em meados do século VIII, na época do nascimento de Carlos Magno, é o Ocidente, cuja identidade começa a se afirmar diante de três civilizações, percebidas como hostis: os pagãos eslavos do Leste, os cristãos de estilo grego do Império Bizantino, no Sudeste, e os sarracenos no Sul. Nessa oposição, a religião ainda é apenas um elemento entre outros. Nessa época, a ideia de uma guerra santa está totalmente ausente na Europa, como veremos a respeito das expedições francas na Espanha. A oposição é, antes de tudo, política e militar. Os reis germânicos ainda são essencialmente chefes de clã, liderando uma família e um povo, procurando estabelecer seu poder pessoal. O papel de Carlos Magno será precisamente unir essas forças familiares e étnicas por meio do cimento da religião cristã e assim fazer nascer uma nova identidade, que inicialmente se chamará Império Ocidental, depois cristandade, depois Europa. Essa obra é mais instintiva que consciente. Nem por isso é menos real.

Resumamos a situação por volta de 740-750, na época do nascimento do futuro Carlos Magno. Três mundos estão presentes. Um mundo árabo-muçulmano, politicamente dividido, abrangendo a Espanha, todo o Norte da África, do Marrocos ao Egito, e o Oriente Próximo, até as fronteiras orientais da Anatólia. Um mundo bizantino, que abrange a Ásia e a Europa, incluindo a Ásia Menor, a Grécia e a Trácia, até o Danúbio, assim como a Dalmácia. Um mundo politicamente fragmentado, predominantemente germânico, dominado pela massa do reino merovíngio, do Reno aos Pireneus, da costa atlântica aos Alpes, e que abrange também a Suábia e a Frâncônia atuais. No entorno, o reino lombardo no norte da Itália, o ducado da Baviera entre os Alpes e o Danúbio; nas Ilhas Britânicas, os reinos anglo-saxão e celta. Além desse mundo mais ou menos cristão, há os povos pagãos: saxões entre o Reno e o Elba, eslavos mais ao leste, escandinavos a partir da Dinamarca, ávaros na Panônia.

Entre os três mundos principais, não há fronteiras bem definidas, mas sim zonas de contato, nas quais ocorrem confrontos periódicos, em um jogo confuso de guerra e diplomacia: o norte da Espanha, entre o Ebro e os Pireneus; centro e sul da Itália, onde os bizantinos mantiveram cabeças de ponte no Vêneto, Ístria, Campânia, Calábria, Apúlia, Sicília e Sardenha, e onde sua influência enfrenta a dos lombardos, numa área que toma a península obliquamente, de Ravena a Roma. Os ducados de Espoleto e de Benevento são mais ou menos ligados ao reino lombardo e, de fato, mais ou menos independentes. Ao leste de Anatólia, os bizantinos contêm o impulso árabe. No Mediterrâneo, as ilhas estão sob a constante ameaça dos sarracenos. É nesse mundo complexo e instável que nasce o futuro Carlos Magno, dentro do reino franco, para o qual devemos agora nos voltar.

O REINO FRANCO: DOS MEROVÍNGIOS AOS PEPÍNIDAS

Complexidade e confusão: estes são os termos que melhor caracterizam esse reino franco na primeira metade do século VIII. Confusão no poder, bem como no território. Este é de fato muito impreciso, abrangendo regiões de estatutos variados e de fronteiras incertas. Seu coração é a Austrásia, ou seja, o antigo território dos francos ripuários, centrado no vale do baixo Reno e nos do Mosa e Mosela, com cidades como Trier, Colônia, Metz, mas também Reims e Laon. A própria Austrásia não tem unidade. Fala-se a língua romana no oeste, e o alto alemão no leste; o território se situa no antigo *limes* do Reno e se estende quase até o rio Weser; no norte, faz fronteira com a Frísia, que está sendo cristianizada, mas que não é completamente submissa. No oeste está a Nêustria, terra dos franco-sálios, que se estende desde a costa do Mar do Norte até o rio Loire, cobrindo aproximadamente as regiões atuais de Flandres, Picardia, Normandia, Île-de-France e Touraine. Mais a oeste ainda, a Bretanha permanece totalmente independente. Ao sul do Loire, a Aquitânia, que forma um ducado muito mal controlado pela monarquia franca. Ao sul do rio Garonne, os bascos e os gascões desfrutam de uma independência de fato. No sudeste, a Borgonha, ou seja, a região que vai do Durance ao Jura, do Maciço Central aos Alpes, incluindo as regiões do Saône e do planalto de Langres, está ligada à Austrásia, mas mantém uma forte individualidade que remonta ao povo burgúndio. A Alamânia, ou seja, as atuais Suíça, Suábia e Alsácia, escapa quase inteiramente do domínio franco, assim como a Turíngia e, é claro, a Baviera. A costa mediterrânea, até o Durance, praticamente não obedece a ninguém. Na verdade, exceto a Austrásia e a Nêustria, nem se sabe o que faz parte ou não do reino merovíngio, e as fronteiras desenhadas em nossos mapas são completamente ilusórias.

Quem governa esse quebra-cabeças? A incerteza é a mesma. Oficialmente, há um rei, que é descendente de Clóvis, da família merovíngia. Mas, na tradição franca, o reino é considerado patrimônio familiar e, na ausência de um direito de progenitura, todos os filhos do rei gozam do mesmo direito de herança. Na maioria dos casos, portanto, o reino é fragmentado, dividido entre vários soberanos, que, é claro, se lançam em guerras fratricidas. Nos 263 anos de sua existência, o reino merovíngio esteve unido por apenas 72 anos. Há um século, desde exatamente a morte de Dagoberto em 639, o reino é dividido, e gradualmente as pessoas se acostumam com a ideia de que a Nêustria e a Austrásia formam dois reinos separados. Em cada um deles, o rei, a fim de assegurar a lealdade da aristocracia fundiária, que representa a força militar, distribui propriedades, tirando de suas próprias terras. Assim, à medida que a monarquia fica mais pobre, surge uma poderosa aristocracia, cujos líderes formam redes de alianças e de partidários, em bases territoriais.

No topo dessa aristocracia, a pessoa mais bem colocada para receber presentes, administrar sua própria fortuna e cuidar dos assuntos do reino é o *major Palatii*, ou seja, o "maior no palácio", ou prefeito do palácio, chefe da administração doméstica do soberano. Como a função tende a se tornar hereditária, os prefeitos do palácio, que acumulam propriedades, vêm a formar uma espécie de dinastia paralela, cujo poder aumenta, enquanto o do rei decresce. E como geralmente há dois reis, há dois prefeitos do palácio, um na Nêustria e outro na Austrásia, e é claro que eles são rivais. Na Austrásia, o prefeito do palácio em 623 é Pepino, ou Pippin, conhecido como Pepino, o Velho, ou Pepino de Landen. Ele já é o proprietário mais rico do reino, com terras localizadas principalmente no vale do Mosa, ao redor de Herstal e de Liège, no do Mosela, perto de Trier, mas também na floresta das Ardenas. São propriedades que fornecem cereais, madeira, carvão, minério de ferro que alimentam oficinas de armamentos, propriedades que controlam a navegação fluvial e o comércio no Mosela, no Mosa e no Reno, até Utrecht. Esse Pepino I tem um filho, Grimoaldo, que sucede seu pai como prefeito do palácio em 640, e tenta usurpar a coroa em favor de seu filho Quildeberto. A trama é abalada pela intervenção do prefeito do palácio da Nêustria, Ebroíno: Grimoaldo é assassinado em 662 e seu filho é confinado em um mosteiro. O rei merovíngio da Austrásia, Dagoberto II, é reposto no trono, mas termina sendo assassinado em 679, novamente por instigação de Ebroíno.

Mas Pepino I, de Landen, também tem uma filha, Begga, que se casa com o filho do bispo de Metz, Arnulfo, um santo personagem que será canonizado pela *Vox populi*. Esse casamento é um bom negócio para a família de Pepino, os pepínidas, porque acrescenta o prestígio espiritual à riqueza material: Pepino II, conhecido como O Jovem, ou de Herstal, filho de Begga, é ao mesmo tempo o mais rico proprietário austrasiano e o neto de um santo bispo. Além disso, ele recebe o título de duque, juntamente com outro austrasiano, Martinho, assassinado pouco tempo depois. O título de duque é excepcional; só é usado por príncipes quase independentes: há um duque da Aquitânia, um duque da Turíngia, um duque da Baviera. Pepino II, que havia se tornado prefeito do palácio, confirma sua primazia ao assumir esse novo título. Depois manda assassinar Ebroíno, e em 687 esmaga o exército do novo prefeito do palácio da Nêustria, Bertário, na batalha de Tertry, perto de Saint-Quentin. O tom está dado: a violência faz e desfaz os poderes, e a força faz a lei. O homem forte do reino franco é agora Pepino II de Herstal. A ascensão dos pepínidas é agora inexorável.

Pepino recompensa seus fiéis e atrai outros, dando-lhes partes das terras reais, e assegura para si a aliança das forças espirituais: os bispos e abades. No final do século VII, todo o reino franco está cristianizado, pelo menos aparentemente. Essa cristianização havia sido obra de missionários vindos do Sudoeste, como Amândio, Géry e Elói, e da Irlanda, como Columbano. Os territórios cristianizados são administrados por bispos, cujas dioceses são mais ou menos modeladas sobre as divisões administrativas romanas. Há cerca de 120 deles, e se reúnem de tempos em tempos em concílios. Localmente, a vida religiosa é organizada no âmbito de paróquias, cuja rede começa a se tornar mais densa devido à criação de igrejas por grandes proprietários de terras, que as dotam de terras e de receitas diversas. Os párocos administram os sacramentos e celebram ofícios. Mas, em todos os níveis, o clero está estreitamente ligado às autoridades civis, das quais depende amplamente. Os reis e prefeitos do palácio nomeiam os bispos, que consideram auxiliares de seu poder; convocam concílios, que se tornam cada vez mais raros, e fazem cumprir as decisões tomadas, não hesitando em legislar sobre assuntos eclesiásticos. A Igreja é a Igreja *deles*. Ela lhes fornece o único pessoal capaz de ler e escrever, e preencher tarefas de ordem pública, como a assistência e uma forma embrionária de educação. Em troca, o rei protege os bispos, lhes dá presentes e os favorece, concedendo-lhes o privilégio de imunidade a seus domínios, ou seja, os agentes do poder civil estão proibidos de operar ali. Pepino de Herstal, como prefeito do palácio, está bem posicionado para escolher os bispos e torná-los favoráveis a ele, distribuindo-lhe favores.

Também pode contar com a rede de mosteiros, que representam uma das forças essenciais no mundo merovíngio. Os primeiros mosteiros surgiram no século IV, no sul (Ligugé, Marmoutier, Lérins, Saint-Victor de Marseille), e depois se multiplicaram pelas fundações reais na Nêustria e na Borgonha: Saint-Germain-des-Prés, Saint-Denis, Saint-Médard de Soissons, Saint-Martin d'Autun e Saint-Marcel de Chalon. Columbano, que chegou à Gália por volta de 590, tinha acrescentado suas próprias fundações, sendo a principal delas a de Luxeuil; depois vieram Chelles, Jouarre, Saint-Faron de Meaux na região do Brie, Jumièges, Saint-Wandrille no vale inferior do Sena, Fleury no Loire, e Moutiers-Grandval, Saint-Ursanne, Remiremont, Saint-Dié, Moyenmoutier, Munster, Murbach, Hohenberg no Jura e nos Vosges, e Saint-Bertin, Lobbes no norte. Esses mosteiros seguem várias regras: as de São Cesário de Arles, São Columbano, São Bento, insistindo mais ou menos na ascese, na perfeição pessoal, no trabalho manual ou intelectual, e na vida comunitária. São grandes comunidades, que às vezes ultrapassam cem indivíduos, e que são centros econômicos e culturais, com atividades agrícolas, oficinas, *scriptorium*; dotados de vastas propriedades, organizam a vida de toda uma região, e o abade é um notável muito poderoso. São pontos de apoio essenciais para a família de seu fundador, que os controla e usa seus serviços. Aqui novamente, os pepínidas têm uma rede eficaz, centrada em sua região de origem, entre o Mosa e o Mosela, onde fundaram os mosteiros de Saint-Arnoul de Metz, de Oeren e de Pfalzel, perto de Trier; o de Prüm, de Echternach e de Stavelot, no Eifel e nas Ardenas; e de Nivelles, ao sul da floresta de Soignes.

CARLOS MARTEL, "VICE-REI" (714-741)

Pepino II de Herstal, beneficiando-se do apoio dos bispos, dos abades e de uma grande clientela de senhores laicos, e tendo eliminado os prefeitos do palácio neustriano, é assim o homem forte do reino franco até sua morte, em 714. Nesse momento, tudo é posto em questão. Pepino II deixa uma viúva, Plectruda, e um filho, Grimoaldo, que é assassinado. Apenas os netos jovens permanecem. Plectruda quer aproveitar a situação para tomar o poder em nome deles. Ela se apodera do tesouro de Pepino e se dirige para o norte, para encontrar o duque frísio Radbod e um grupo de saxões que a apoiam. Os neustrianos, por sua vez, escolhem um prefeito do palácio, Ragenfrido, que derrota o exército de Plectruda e se apodera de parte do tesouro.

Então, um filho ilegítimo de Pepino II e sua concubina Alpaida intervém. Esse filho, Carlos, havia sido preso por ordem de Plectruda. Ele escapa da prisão e imediatamente revela uma energia extraordinária, um grande senso político e extraordinários talentos bélicos, que lhe valerão o apelido de "Martel" (Martelo), arma que manuseia com grande destreza. Reunindo seus seguidores, esmaga seus oponentes um a um: derrota as tropas de Ragenfrido em Amblève, perto de Liège, em 716, depois em Vincy, perto de Cambrai, em 717. Ocupa Colônia e se apodera do resto do tesouro de seu pai; em 718, penetra na Saxônia, até o Weser, para punir os saxões pagãos, por terem apoiado Plectruda e depois castiga os neustrianos; a mesma operação é realizada em 719 contra os frísios; ele ocupa Utrecht. No mesmo ano, derrota novamente os neustrianos, e depois o duque da Aquitânia, Eudes, que os havia apoiado. De 720 a 738, lidera expedições em todas as direções, subjugando os saxões, os frísios, derrotando novamente Eudes em 724 em Angers, e avançando em 735 até Bordeaux e Blaye, suprimindo o ducado dos alamanos e reduzindo-o a uma província do reino, forçando os bávaros à obediência, freando os árabes de Abd al-Rahman em Poitiers em 732, e derrotando outra tropa de sarracenos perto de Narbonne em 737.

Suas façanhas espantosas fizeram dele o grande homem da época e o senhor indiscutível do reino. Se ele deixa no lugar um rei merovíngio, este é apenas um fantoche: Quilperico II, e depois da morte deste último, em 721, fica um vago primo, que estava confinado no mosteiro de Chelles, Thierry IV. Quando este último morre, em 737, não é sequer substituído, e ninguém vê a diferença. Não há mais um rei. Carlos Martel assume os títulos de prefeito do palácio – mas de qual palácio? – e de "duque e príncipe dos francos", que de certa forma é mais que um título real: enquanto os reis bárbaros eram reis apenas de seu próprio povo, o *princeps* é um título que vem diretamente do Império Romano; ele foi usado pelo imperador a partir de Augusto, e fazia de seu possuidor a encarnação do Estado, possuindo *auctoritas* sobre todos os povos em seus territórios.

Carlos Martel certamente é a personalidade dominante da primeira metade do século VIII. Quando o destino de um personagem atinge esse nível, começa-se a falar de um homem providencial, enviado por Deus para realizar Seus propósitos. Suas vitórias só podem ser devidas a um favor divino, e sua glória reflete sobre seu povo. Os francos são o povo eleito, cumprindo o plano divino. É o que dizem os continuadores da *Crônica de Fredegário*, e a *Lex Salica*, a lei dos franco-sálios, escrita pouco depois, fala do "ilustre povo dos francos, fundado por Deus, corajoso na guerra e constante na paz, convertido à fé católica e intocado pela heresia, mesmo quando ainda era bárbaro... Foi o povo que rejeitou à força o pesado jugo imposto pelos romanos, que recebeu o batismo e que cobriu com ouro e joias os corpos dos santos mártires que os romanos haviam queimado, decapitado ou feito devorar por feras selvagens". A lenda é enriquecida: os francos são descendentes dos troianos, relata a *Crônica de Fredegário*. Enquanto Enéas é a origem do povo romano, o fabuloso príncipe troiano Franco, que emigrou para a Renânia, deu origem aos francos. É curioso notar que os troianos, embora derrotados, são reivindicados como ancestrais de prestígio por vários povos – romanos, francos, bretões –, enquanto os vencedores, os gregos, são estéreis.

Ao imaginário mitológico acrescenta-se a fábula cristã: argumenta-se que os pepínidas produziram vários santos, que se beneficiaram de milagres, em particular o prestigioso antepassado Santo Arnulfo, bispo de Metz: o próprio Carlos Magno contará como Arnulfo certa vez lançou seu anel no Mosela como sinal de penitência, declarando que se consideraria absolvido de seus pecados quando o anel lhe fosse devolvido. Algum tempo depois, um cozinheiro encontrou-o na barriga de um peixe e o trouxe de volta para o bispo. Um sinal claro de favor divino.

Carlos Martel encoraja a propagação dessas fábulas, que contribuem para o prestígio de seu povo, de sua família e de si mesmo. Sua reputação rapidamente atravessa os Alpes, e o papa começa a vê-lo como um auxiliar muito útil, e lhe pede que apoie os esforços dos missionários que, nesse momento, estão trabalhando para converter os pagãos na Frísia e na Turíngia. Em 722, Gregório II, "conhecendo o espírito religioso que anima" o "glorioso duque dos francos", pede-lhe que proteja Bonifácio, que atua no vale do Main. É atendido: Carlos envia ao missionário uma carta de proteção oficial, em boa e devida forma.

O apostolado de Bonifácio coincide com o "reinado" de Carlos Martel, e é intimamente associado com ele. Ao converter os pagãos de Hessen e da

Turíngia, e ao organizar os quadros eclesiásticos dessas regiões, bem como o da Baviera, ele promove a influência franca sobre toda a região, razão pela qual Carlos Martel o apoia com toda sua autoridade: "Sem a proteção do príncipe dos francos, não posso nem governar os fiéis da Igreja, nem defender os padres, os clérigos, os religiosos e as religiosas; não posso sequer, sem uma de suas ordens e sem o medo que elas inspiram, impedir os ritos pagãos e a prática da idolatria", escreve Bonifácio. Francização e cristianização andam de mãos dadas, com o poder político e o religioso apoiando-se e usando-se mutuamente. A região em que Bonifácio trabalha merece o nome que começa a receber: a terra dos francos, ou Francônia.

A energia e os métodos expeditos de Bonifácio lembram aqueles de Carlos Martel. O monge Vinfrido, nascido na parte bretã da Grã-Bretanha, perto de Exeter, é inicialmente um professor de gramática. Ao aderir ao ideal missionário celta, primeiramente trabalha com Vilibrordo na Frísia, depois vai para Roma em 719, onde o papa lhe confia uma missão. Tomando o nome de Bonifácio, ele retorna à Frísia, e depois vai a Hessen e à Turíngia em 722. Ali, o trabalho de evangelização tinha sido iniciado no final do século VII pelo irlandês Kilian, que foi morto em 689, mas o paganismo ainda está bem estabelecido. Bonifácio chega e derruba os ídolos, em particular o grande carvalho que suportava a abóbada do céu, dedicado ao deus Thor, perto de Fritzlar. Ele o corta em tábuas, com as quais constrói uma capela, e funda mosteiros em Fritzlar, Amöneburg, Ohrdruf, perto de Gotha; também traz reforços da Inglaterra, homens como Burchard, que se torna bispo de Würzburg, e mulheres como Lioba, Thecla e Cynehild, que nomeará como abadessas; também traz manuscritos e monges docentes, e assim monta as primícias do que será chamado de Renascença carolíngia.

Consagrado bispo, depois arcebispo, reorganiza a província eclesiástica da Germânia, criando quatro dioceses na Baviera: Salzburg, Freising, Regensburg e Passau; em 741, acrescenta a diocese de Eichstätt, confiada a Vilibaldo, que tinha acabado de voltar da Terra Santa sem ter aprendido nada sobre o Islã, como vimos. Em 744, funda o mosteiro de Fulda, nas fronteiras da Turíngia, Hesse e Baviera, que rapidamente se torna um dos principais centros culturais do mundo carolíngio. Carlos Martel apoia Bonifácio, assim como apoia Pirmin em Reichenau e na Alsácia, que tinha sido dividida em duas dioceses, Basileia e Estrasburgo, em 740, e assim como apoia

Vilibrordo na Frísia. O prefeito do palácio avalia bem a utilidade que o apoio da Igreja tem para si. Em que pese o fato de acreditar sinceramente, ele é antes de tudo um homem prático e realista, que precisa dos bens da Igreja para executar sua política.

E aí, o acordo é mais difícil. Por um lado, Carlos Martel distribui bispados e abadias a seus amigos e apoiadores. Seu sobrinho Hugo é o bispo de Paris, Bayeux e Rouen, e abade de Saint-Wandrille e Jumièges. Milo, um fiel seguidor, sucede seu pai como bispo de Trier, e também se torna bispo de Reims. Esses bispos e abades, absenteístas, prevaricadores, nepotistas e cheios de concubinas, não se ocupam de seus deveres religiosos, e a Igreja franca se vê num lamentável estado espiritual, como Bonifácio relata ao papa em inúmeras cartas: "Os francos, de acordo com o que dizem os antigos, não têm um sínodo há mais de oitenta anos; não têm um arcebispo, não fundaram, nem restauraram, em nenhuma parte, os estatutos canônicos das catedrais; na maioria dos casos, as sedes episcopais são entregues a leigos gananciosos, para que tomem posse, ou a clérigos adúlteros, devassos, mundanos, para que delas gozem de maneira secular"; os bispos "na verdade são bêbados, negligentes e caçadores... Quanto àqueles chamados de diáconos, são indivíduos que, desde a adolescência, estão imersos em deboche, que têm quatro, cinco ou mais concubinas em seus leitos e que, no entanto, não coram ao ler o Evangelho e alcançar a ordem do sacerdócio e do episcopado". Alguns nem podem ler o Evangelho, porque são iletrados; o latim lhes é totalmente desconhecido: Bonifácio cita o caso de um padre bávaro que, em vez de batizar *in nomine Patris et Filii* ("em nome do Pai e do Filho"), o faz *in nomine Patria et Filia* ("em nome da Pátria e da Filha")! Com um clero assim, pode-se imaginar qual deve ser o nível de conhecimento e das práticas cristãs dos fiéis de base.

Bonifácio, a pedido de Roma, compromete-se a reformar a Igreja franca. Sua tarefa, colossal, continua sob o reinado de Pepino III, com resultados muito limitados. Em 742, ano do nascimento de Carlos Magno, é realizado um "concílio germânico", presidido por Carlomano, filho de Carlos Martel, no qual se decide que Bonifácio, então promovido a arcebispo, deve ser encarregado da restauração da disciplina. Carlomano e seu irmão Pepino realizam sínodos e promulgam cânones de reforma para lembrar o clero de seus deveres, e lutam contra a superstição popular. Isto tem pouco efeito prático, e Carlos Magno será confrontado com o mesmo problema. Também não há progresso no que se refere à mudança do pessoal episcopal ruim: o prefeito do palácio não pode correr o risco de descontentar seus fiéis ao retomar os bispados que lhes havia dado. Somente Gervilib, bispo de Mainz, foi deposto e, aliás, logo substituído por Bonifácio. Também teria sido desejável restabelecer os arcebispos, engrenagem hierárquica entre o papa e os bispos. Como chefe de uma província eclesiástica, o arcebispo tem vários bispos dentro de sua jurisdição, que ele deve controlar. A função havia caído em desuso, pois os bispos não queriam a presença desse incômodo superior, e os prefeitos do palácio não queriam ter intermediários entre si e os bispos. O máximo que se consegue é recriar três metrópoles arquiepiscopais: em Rouen, Sens e Reims. Um projeto de metrópole, da Austrásia até Colônia, fracassa. Bonifácio, já na casa dos 60 anos, começa a perder o ânimo, e em 751, se retira para Fulda.

A colaboração entre o prefeito do palácio e a Igreja tinha assim seus limites. Carlos Martel até deixa uma má memória nessa área, devido à sua prática habitual de espoliação da propriedade eclesiástica, sempre com o mesmo objetivo: recompensar seus seguidores, dando-lhes a única fonte de riqueza da época: a terra. Como o patrimônio real está quase esgotado e não é o caso de tocar em seu próprio, Carlos distribui propriedades da Igreja, das abadias e dos bispados. Afinal, essas propriedades vieram de doações feitas pela aristocracia, mas não se pode correr o risco de alienar completamente o clero. Assim, sob Carlomano e Pepino, o Breve, utiliza-se um subterfúgio: a Igreja mantém a propriedade eminente das terras confiscadas, e recebe uma soma anual, uma espécie de aluguel, como reconhecimento dessa propriedade. O senhor laico é teoricamente apenas o locatário, e a Igreja pode esperar que um dia recuperará sua propriedade. Esse sistema receberá logo o nome de "precário".

O prestígio de Carlos Martel está no auge, em 739, quando recebe uma embaixada do papa Gregório III, trazendo presentes e uma relíquia preciosa: nada menos que as chaves e as correntes de São Pedro! Na realidade, alguns miligramas de limalhas de ferro aparadas da famosa corrente, que ainda hoje pode ser vista em Saint-Pierre-aux-Liens. Mas as relíquias são como o DNA: um minúsculo fragmento é suficiente para conter todas as virtudes do objeto inteiro. Esse magnífico presente destina-se a dar mais peso ao pedido do papa: é um apelo de ajuda contra o rei lombardo Liuprando, que está a poucos quilômetros de Roma.

Na península, a situação está de fato muito tensa. Liuprando, depois de ter castrado o duque de Espoleto, que apoia o papa, ocupa quatro castelos que controlam o caminho para Roma. O papa corre o risco de cair sob o domínio do rei lombardo, que certamente é um bom cristão, mas que seria um senhor temível. Ele não deixaria de se apossar do Patrimônio de São Pedro, constituído pelos territórios teoricamente bizantinos situados no centro da Itália e que o papa, valendo-se de um recuo de Bizâncio, havia tomado. Para repelir o lombardo, não é possível a Gregório III contar com o basileu,[5] que apoia a heresia iconoclasta e tem outras urgências com que se afrontar, como os árabes e os búlgaros. Nessas circunstâncias, o todo-poderoso prefeito do palácio foi a escolha óbvia. O papa se dirige a ele em termos urgentes, chamando-o de "vice-rei" (*subregulus*) e de "filho devotado do príncipe dos apóstolos". Tudo o que recebe são boas palavras e presentes. Carlos Martel precisa da boa vontade de Liuprando para combater os ataques sarracenos na Provença, e não quer se envolver no vespeiro italiano. O papa insiste. Há três cartas urgentes dele, pautadas no registro da piedade, aludindo às lágrimas "que caem dia e noite dos olhos" do pontífice, e no registro do orgulho: começam a falar, a dizer que você tem medo de Liuprando. Isso não faz efeito. Entretanto, esse apelo é um ponto de viragem: a partir de agora, em caso de necessidade, o papa se voltará para o bárbaro do Oeste, e não mais para o decadente grego do Leste.

Em 741, enquanto o trono ainda está vago, Carlos Martel divide o reino entre seus dois filhos, agindo assim como soberano, sem ter o título: Carlomano, o mais velho, será prefeito do palácio da Austrásia, da terra dos alamanos e da Turíngia; o mais jovem, Pepino III, o Breve, terá a Nêustria, a Borgonha e a Provença. Pepino e Carlomano são filhos da princesa franca Rotruda. Mas Carlos Martel também tem um terceiro filho, Grifo, nascido da princesa bávara Suanaquilda, sua segunda esposa ou concubina, não se sabe muito bem. Então, reserva para ele um ducado composto por um pedaço da Nêustria e outro da Borgonha. Mas, assim que Carlos Martel morre em Quierzy, no dia 22 de outubro de 741, e é enterrado em Saint-Denis, Carlomano e Pepino colocam seu meio-irmão Grifo na prisão e dividem entre eles a sua parte.

---

5 Palavra grega para "soberano". Os bizantinos cristãos davam o título de basileu para o imperador em Constantinopla. (N. T.)

PEPINO, COROADO REI DOS FRANCOS (751)

Os dois irmãos agem como verdadeiros soberanos. Em seus documentos, falam de "seu reino". Num capitular de 21 de abril de 742, Carlomano afirma: "Eu, Carlomano, duque e príncipe dos francos, por conselho dos servidores de Deus e dos *meus* ilustres, reuni os bispos e sacerdotes que estão em *meu* reino...". Pepino usa a mesma fórmula. Apesar disso em 743, preferem recolocar no trono um merovíngio, Quilderico III, um rei fantoche que lhes permite atribuir mais legitimidade às suas ações, dado que seu poder é contestado pelo duque da Aquitânia, Hunaldo, pelo duque dos alamanos, Teodebaldo, e pelo duque da Baviera, Odilon. As revoltas são reprimidas e, em 747, a situação é resolvida: Carlomano manda massacrar os chefes alamanos que convidara para um banquete. Como é muito religioso, sente remorsos, vai para Roma, funda um mosteiro e decide retirar-se definitivamente para o de monte Cassino.

Pepino, o Breve, tem o caminho livre. Ele fica sendo o único senhor do reino. Em um ato de 750, ele fala de "*meu* palácio" de Attigny, de "*meus* ilustres", do poder "que me foi confiado por Deus". Liberta seu meio-irmão Grifo, a quem confia um ducado nas cercanias do Mans. De sua concubina Berta, ele tem um filho, Carlos, e agora visa à etapa final: o título real. Afastar o pobre Quilderico não representa em si um problema prático, mas ainda é necessário preparar a opinião pública, pois o título de rei, se não acrescenta nenhum poder concreto àqueles que já tem, guarda um prestígio quase sobrenatural, o que exige que sejam tomadas precauções antes de assenhorear-se dele.

A campanha é cuidadosamente conduzida, em particular pelos monges de Saint-Denis. Carlos Martel está enterrado lá, e eles estão intimamente ligados à família pepínida. A promoção de Pepino ao trono lhes é muito favorável. Parece que também foi lá que a lenda dos "reis indolentes" foi elaborada. Os merovíngios são incompetentes em todas as áreas, enquanto os pepínidas são uma família ilustre, entre os quais há santos e valorosos guerreiros. Eginhardo ecoa essas difamações e propagandas: "O rei nada tem de seu, exceto uma pequena propriedade, que tem renda insignificante, onde tem sua residência e de onde vêm seus pouco numerosos servos. Quando viaja, o faz em uma carroça puxada por bois, de maneira rústica, conduzida por um vaqueiro. Foi assim que compareceu ao palácio e à assembleia do povo... e que retornou à sua casa. Cabe ao prefeito do palácio a responsabilidade pela administração do reino em todas as coisas necessárias, tanto interna como externamente". Ora, Isidoro de Sevilha não diz, em suas *Etymologiae*, que a palavra rei vem de "bem governar"? *Rex a recte regendo*: o rei é aquele que governa corretamente. Os merovíngios são indignos deste título.

E, para que todos saibam, o papa será questionado sobre o que pensa a respeito. Em 750, Pepino envia dois de seus mais eminentes eclesiastas a Roma: o bispo de Würzburg, Burchard, e o abade de Saint-Denis, Fulrad. Eles devem perguntar ao papa "a respeito dos reis que em Francia, naquela época, não tinham o poder real, e se era certo ou errado que assim fosse", dizem os *Anais Reais*. O papa é Zacarias, eleito em 741, que mais uma vez está em posição desconfortável e tem todo o interesse em fazer um favor ao prefeito do palácio. O novo rei dos lombardos, Astolfo, de fato está determinado a pôr fim aos Estados bizantino-pontifícios. Ele toma Ravena de vez em 751, e tem como objetivo conquistar toda a Itália. Não se espera ajuda de Bizâncio, onde o imperador Constantino V é mais iconoclasta do que nunca. Zacarias, portanto, dá a resposta que dele se espera: "É melhor chamar de rei aquele que tem o poder, do que aquele que não o tem, para que a ordem não seja perturbada".

Pepino não precisa ser avisado duas vezes: em março de 751, convoca seus seguidores em Soissons e, seguindo a moda franca, se faz "eleger" rei por esse "povo" reunido que o aclama. O passo está dado. Quanto a Quilderico III, é tonsurado e enviado para terminar seus dias no mosteiro de Saint-Bertin, perto de Saint-Omer. Para maior segurança, embora na verdade não houvesse muito a temer, seu filho Thierry também é condenado à vida monástica em Saint-Wandrille (Fontenelle). Apesar de tudo, Pepino sente a necessidade de reforçar sua legitimidade por meio de um ato religioso. Apesar de muito enfraquecidos, os merovíngios governavam havia 263 anos, e a mudança de dinastia corria o risco de provocar certas contestações. Em novembro de 751, Pepino consolida seu poder por um ato sem precedentes, que o coloca acima de qualquer possível concorrente. Ele convoca os bispos em Saint-Denis e se faz sagrar. É possível que o próprio Bonifácio tenha feito a viagem, a pedido do papa, para realizar a unção. As fontes não são claras a esse respeito. O fato é que Pepino recebe das mãos de um eclesiástico a unção com óleo sagrado, que não se sabe de onde vem. As fontes são tão lacunares sobre esse ato quanto os historiadores são prolixos sobre sua significação. Eles assinalam, com razão, que, entre os povos germânicos da época pagã, a realeza já possuía um caráter religioso. Os reis tinham um caráter divino, possuíam uma virtude que vinha dos deuses e que se espalhava sobre sua família. No século VI, Jordanes escreve em seu *De Summa temporum* que "os godos, atribuindo suas vitórias à feliz influência que emanava de seus príncipes, não queriam vê-los como simples homens; eles lhes deram o nome de Ases, ou seja, semideuses". Com o cristianismo, esse caráter sagrado, ligado ao paganismo, foi apagado. Mesmo o imperador bizantino, o basileu, não se fazia sagrar. Pela etiqueta meticulosa de cada movimento que tinha, seria possível pensar nele como uma espécie de divindade, mas essa aura é um legado da religião imperial. No Ocidente, os reis bárbaros cristianizados gozam de prestígio familiar, mas não recebem a sagração. Uma primeira tentativa foi feita com a coroação do visigodo Wamba, em 672, mas não teve continuidade. Não se sabe quem teve a ideia de usá-la para Pepino, o Breve, mas a prática foi inspirada diretamente no exemplo bíblico, com o personagem enigmático do rei-padre Melquisedeque, no Gênesis, e os casos mais históricos, de Saul e Davi. Os soberanos bíblicos, como seus homólogos do Oriente Médio, são ungidos com óleo consagrado em certas partes de seu corpo. Eles são figuras sagradas, o que os coloca acima dos comuns mortais, e atentar contra seu poder ou sua pessoa se torna um crime de lesa-majestade divina. O rei é intocável: a ideia é excelente, e Pepino inaugura uma prática que logo será imitada por seus colegas, a partir do final do século VIII, na Inglaterra. Antes dele, Clóvis havia sido ungido com o santo óleo miraculosamente trazido do céu, mas não era uma coroação, era um batismo. Pepino, o Breve, foi o primeiro rei a ser sagrado.

Ele não deixa de lembrar esse fato em seus atos,[6] e escreve: "É manifesto que, pela unção, a Providência divina nos elevou ao trono". É curioso notar que a Igreja, ao participar desse ritual, contradiz sua própria atitude: foi sob sua pressão que os reis bárbaros haviam perdido seu caráter sagrado, que foi assimilado à idolatria; e eis que ela recria esse caráter sagrado dos reis,

---

6 No sentido de "registro", "ata", "texto oficial", "documento que obedece a certas normas e que gera consequências jurídicas". (N. T.)

contribuindo para o renascimento de um verdadeiro ídolo. Nesse momento, o estatuto real se torna muito ambíguo: o que exatamente implica um ser "sagrado"? Para o clero, o rei não é o equivalente de um padre e não tem o estatuto sacerdotal. Entretanto, na Idade Média, será aceito que ele possa realizar milagres, como curar escrófulas. Além disso, ele é coroado por um bispo – o que significa que o clérigo lhe é superior, o que é uma fonte potencial de conflitos. E, mais uma vez, a relação de forças decidirá: Carlos Magno será qualificado de "rei e padre" pelo sínodo de Frankfurt em 794, enquanto seu filho Luís, o Piedoso, será humilhado e violentamente desprezado pelos bispos.

Essas questões não se colocam ainda em 751. Pepino é rei dos francos e sagrado. É bem provável que seu filho Carlos, então com 9 anos, tenha participado da cerimônia de Saint-Denis, como parte de sua educação política, uma educação muito mais prática que teórica. Três anos depois, outro episódio, em que ele desempenha pessoalmente um papel, completa sua educação.

O PAPA NA FRANÇA (754)

Na Itália, prossegue o drama a três, entre o papa, o rei lombardo e o imperador bizantino. Em 751, o lombardo Astolfo se apodera de Ravena. Em 752, o novo papa, Estêvão II, está mais que nunca ameaçado por esse soberano. Como formalidade, o papa envia um pedido de ajuda ao basileu Constantino V, mas este se limita a responder que ele exija de Astolfo a devolução de Ravena. O papa, portanto, volta-se mais uma vez para Pepino, que agora é rei, e lhe envia secretamente uma mensagem, por meio de um peregrino, expressando o desejo de ir à Frância para um encontro direto. Pepino lhe envia dois homens de confiança, o bispo de Metz, Crodegango, e o duque Audgar, para escoltá-lo em uma longa e perigosa viagem. O papa deixa Roma em outubro de 753. Leva consigo alguns rostos familiares: seis cardeais, o *primicerius* e *secundicerius*[7] de seu palácio, o arcediácono da Igreja romana; entre esses clérigos, um grego, Jorge, bispo de Óstia, muito culto,

---

7 Primicério (primaz) e secundicério, dignitários da corte, chefes da administração civil e militar. O termo designa sua ordem de importância. (N. T.)

que Pepino retém a seu serviço e que se torna bispo de Amiens e um dos intelectuais do meio social de Carlos Magno.

No caminho, é feita uma parada para pedir a Astolfo que devolva Ravena e, como era de se esperar, ele se recusa, então a viagem continua. A travessia dos Alpes é difícil, dado que o inverno se aproxima. Eles se detêm durante algum tempo no mosteiro de Saint-Maurice d'Agaune, depois no Jura, em Romainmoutiers. Em Champagne, o papa recebe uma escolta enviada por Pepino para acompanhá-lo. À sua frente, um menino de 12 anos, Carlos, o futuro Carlos Magno, que faz sua entrada na grande cena política. Então, um pouco mais adiante, a poucos quilômetros da vila real de Ponthion, perto de Vitry-le-François, o próprio Pepino, com a rainha Berta, vêm receber Estêvão II. O evento, é verdade, é excepcional: trata-se da primeira viagem de um papa a um reino ocidental. O fato deixa claramente sua marca: uma escritura de doação de um senhor bávaro, de 24 de junho de 754, é datada como sendo "do segundo ano do reinado do excelentíssimo rei Pepino, quando o senhor apostólico veio à Gália".

O evento mais detalhado da visita é encontrado no *Livro dos papas*, o *Liber pontificalis*, que é uma versão do evento bastante lisonjeira para Estêvão II. Diz que Pepino, ao encontrar o papa, desmonta, se prostra e em seguida acompanha seu convidado a Ponthion, segurando seu cavalo pelo freio, imitando o gesto de Constantino para o papa Silvestre. A alusão não é fortuita, pois é exatamente o problema dos territórios italianos reivindicados pelo papa, em nome da pretensa Doação de Constantino, que está no centro das discussões que se abrem em Ponthion nesse 4 de janeiro de 754.

Teria Estêvão II trazido em sua bagagem a famosa falsificação que mencionamos, cuja elaboração se pensa ter ocorrido justamente por volta dessa época? Nenhuma fonte indica isso, mas vários e importantes historiadores, entre os quais Louis Halphen, tendem a acreditar que sim. Se o papa não tem consigo o próprio documento, seu conteúdo expressa as reivindicações do pontífice, por isso é necessário examiná-lo aqui brevemente. Foi tema de várias edições, começando com a cópia mais antiga, que remonta ao início do século IX. O imperador Constantino, depois de recordar as razões de sua conversão, expressa nela seu desejo de "exaltar" o poder do "representante do príncipe dos apóstolos", do "vigário do Filho de Deus", e, para tanto, "atribuir-lhe o poder, a dignidade, os meios de ação e as honras imperiais, ou seja, a primazia sobre as quatro sedes principais de Antioquia, Alexandria, Constantinopla e Jerusalém, assim como sobre todas as igrejas de todo o universo". À afirmação desse primado sobre todas as sedes episcopais e patriarcados, o imperador acrescenta o poder de "criar patrícios e cônsules", e a plena soberania sobre Roma, sobre a Itália e sobre todo o Ocidente. A passagem é suficientemente impressionante para justificar sua citação completa:

> Para que a dignidade do pontificado não seja aviltada, mas para que seja honrada em glória e poder ainda maior do que a dignidade do império terrestre, oferecemos ao abençoado pontífice, nosso Santo Padre Silvestre, papa universal, e entregamos a ele e a seus sucessores não apenas nosso supracitado palácio [o de Latrão], mas a cidade de Roma e todas as províncias, todas as localidades, todas as cidades, tanto na Itália inteira quanto em todas as regiões ocidentais, e, por firme decisão de nossa autoridade imperial, em virtude deste édito sagrado e desta pragmática, nós as atribuímos em plena propriedade à Santa Igreja Romana, para que delas desfrutem perpetuamente. Também consideramos oportuno transferir nosso império e o exercício de nossa autoridade para as regiões orientais, construir uma cidade na província de Bizâncio, em um lugar particularmente favorável, que levará nosso nome, e para lá estabelecer nosso império. Pois onde o principado dos sacerdotes e a capital da religião cristã foram instituídos pelo imperador celeste, não é correto que o imperador terreno exerça seu poder.

E, como se essa afirmação espantosa não fosse suficiente, o falsificador acrescenta: a igreja de São Pedro, no Vaticano, o direito de usar o diadema e as insígnias imperiais, com a panóplia completa: cetro, bastão de comando, túnica escarlate, clamídia roxa, diadema e uma escolta de cavaleiros "que acompanham a glória imperial".

Provavelmente foi preciso um certo descaramento para Estêvão II, que no momento era pouco mais que um fugitivo vindo implorar a ajuda dos francos, para fazer valer esses alegados direitos. Durante várias semanas ocorreram discussões, primeiro em Ponthion, depois em Saint-Denis, na presença do abade Fulrad, que havia acompanhado o papa desde Saint-Maurice d'Agaune. A própria duração das negociações sugere sua dureza; sem dúvida, Pepino estava muito relutante em participar de uma campanha na Itália contra os lombardos, que até então tinham permanecido benevolentemente neutros em relação a ele. Mas Astolfo comete um erro: ele tira Carlomano, o irmão de Pepino, de seu retiro monástico no monte Cassino e o envia à Gália, para causar problemas para o rei. Como resultado, Pepino manda prender Carlomano, e em abril de 754, diante de uma assembleia realizada em Quierzy, no Oise, na presença do papa, ele se compromete a intervir militarmente, se necessário, para que os lombardos restituam a Estêvão II os territórios que lhe cabem, mas que na realidade deveriam voltar para os bizantinos. De acordo com o *Liber pontificalis*, a lista desses territórios está escrita em um documento, do qual ninguém jamais viu o menor traço, e ao qual os agentes pontifícios se contentarão posteriormente em aludir, sem nunca fornecer os termos precisos. Suspeita-se que esse documento jamais tenha existido. Seu providencial "desaparecimento" permite à diplomacia papal referir-se a uma "promessa" de Pepino, sem nunca fornecer prova material dela.

O papa, tendo obtido o que queria, em contrapartida concede ao rei um aumento de prestígio e legitimidade. Em julho de 754, na igreja do mosteiro de Saint-Denis, Pepino é coroado, uma segunda vez, por Estêvão II em pessoa. Dessa vez, a família toda se beneficia: os filhos de Pepino, Carlos, de 12 anos, e Carlomano, de 3 anos, e talvez a própria rainha Berta, também são ungidos com óleo sagrado, e, de acordo com o relatório da cerimônia, o *Clausula de unctione Pippini*, o papa "exorta a todos, sob pena de interdição e de excomunhão, a jamais tentar eleger, no futuro, um rei de qualquer outra linhagem além daquela que Deus quis criar, confirmar e consagrar, por intercessão dos santos apóstolos, pelas mãos de seu vigário, o santíssimo pontífice". Em linguagem clara, o papa reserva o título real para a família pepínida. Ele adiciona um título suplementar, em virtude dos supostos direitos conferidos a ele pela Doação de Constantino – o que dá ensejo a pensar que ele tinha o texto consigo: Pepino, Carlos e Carlomano são nomeados "patrícios dos romanos", título honorífico de funcionários imperiais, e que faz deles os protetores da cidade de Roma. Entre o papa e a família de Pepino, a aliança é, ao mesmo tempo, política e espiritual. Estêvão se diz "compadre" de Pepino e pai espiritual de seus filhos. Observemos um detalhe que mais tarde será importante: o rei recebe a unção de cabeça descoberta; ele não porta nem diadema, nem coroa. Por meio desse gesto, o papa sagra um personagem que ele escolhe, e não um rei já eleito e coroado. Dessa forma, o pontífice dá um longo passo à frente.

A cerimônia acontece em Saint-Denis, que já é o emblema de um santuário real para os pepínidas: necrópole e cidade de coroação, pois Pepino de Herstal e Carlos Martel estão enterrados lá; Pepino, o Breve, logo se juntará a eles. O rei também planeja a reconstrução da abadia, e o abade Fulrad é um dos principais apoiadores do seu poder. O futuro Grande Carlos, aos 12 anos de idade, já é coroado rei dos francos, leva o título de patrício dos romanos e frequenta o papa. Ele começa a aparecer na cena política.

AS CAMPANHAS DA ITÁLIA (755 E 756)

Até aqui, é seu pai quem dirige tudo, e sem percalços. Pondo em prática as promessas feitas ao papa, e dado que Astolfo não mostra sinais de boa vontade, na primavera de 755 Pepino atravessa os Alpes à frente de seu exército, pelo desfiladeiro de Mont-Cenis. Os lombardos recuam; Astolfo se tranca em Pavia, onde Pepino, na companhia do papa, o sitia. Ambos os lados carecem de determinação. Pepino não quer passar o verão na Lombardia, e o rei lombardo não quer suportar um longo encarceramento. Ele promete o que for desejado: a evacuação do exarcado de Ravena e outras conquistas recentes e, como garantia de sua boa-fé, liberta quarenta reféns. Pepino, que só esperava por isso, volta para casa, e o papa, para Roma.

Evidentemente, isso foi apenas uma manobra da parte de Astolfo, que, com a saída dos francos, não apenas não evacua os territórios, mas até mesmo retoma a ofensiva. Ele chega próximo a Roma, onde devasta os campos na companhia de uma tropa do ducado lombardo de Benevento. Estêvão II envia então uma série de cartas patéticas a Pepino, pedindo-lhe que volte. Ele diz estar decepcionado com a atitude do rei dos francos, lembra-o da sagração, de tudo o que fez por ele, das promessas, do documento assinado por sua mão. Escreve que os lombardos zombam do rei, provocam o rei, e nada de o rei se mexer! Depois ele prossegue com chantagem: "vós tendes dois filhos lindos, que também são meus filhos espirituais; seria uma pena se a desgraça os açoitasse por meio de um castigo divino, caso não mantenhais vossa palavra; e vós mesmo, cuidado, quando chegar ao julgamento final, Deus vos dirá: 'Eu não o conheço, pois você não socorreu Minha Igreja, você não fez nada para defendê-la, ou ao seu povo em perigo'". Estêvão II chega a ponto de enviar a

Pepino, o Breve, uma carta do próprio São Pedro, ordenando-lhe que venha e expulse os lombardos. Isto é obviamente apenas uma prosopopeia, mas carrega um pouco demais no grotesco. Ele atribui a São Pedro estas palavras:

> Vós, que sois meus filhos adotivos, vinde arrebatar, das mãos de meus inimigos, a minha cidade de Roma e do povo que Deus me confiou; vinde e protegei do contato dessas pessoas a morada onde repousa meu corpo; vinde e libertai a Igreja de Deus, exposta aos piores tormentos, à pior opressão, por causa desse abominável povo lombardo!... Eu vos admoesto e advirto, vós, a maioria dos reis cristãos, Pepino, Carlos e Carlomano, e todos vós da ordem sacerdotal, bispos, abades, monges sacerdotes, e vós, duques e condes, e todo o povo franco, credes em minhas exortações como se eu estivesse aqui vivo e presente diante de vós, [...] Vinde, vinde, vinde! Pelo Deus vivo, pelo Deus da verdade, eu vos peço, eu vos suplico, eu vos suplico; vinde em nosso auxílio, antes que vossa mãe espiritual, a santa Igreja de Deus, pela qual vós esperais alcançar a vida eterna, seja humilhada, invadida, violada, contaminada pelos ímpios... Vós estais avisados. Se obedecerdes prontamente, serão amplamente recompensados: não somente meu apoio vos permitirá triunfar, nesta vida, sobre todos vossos inimigos, mas, após uma longa existência na qual saboreareis os bens desta terra, vos assegurará, no outro mundo, a bênção de uma vida eterna. Se não o fizerdes – e não podemos acreditar nisso – ou se demorardes..., saibam que em nome da Santíssima Trindade, e pela graça do apostolado que me foi dado por Nosso Senhor Jesus Cristo, vossa desobediência às minhas exortações resultará em vossa exclusão do Reino de Deus e da vida eterna.

Pepino provavelmente não fica muito impressionado com essas ameaças, mas sabe que é de seu interesse ter do seu lado o apoio da autoridade espiritual do papa. Na primavera de 756, ele atravessa o Mont-Cenis novamente, com um exército maior e um contingente bávaro liderado pelo duque Tássilo. Começa um segundo cerco a Pavia, durante o qual os enviados do imperador bizantino vêm pedir ao rei franco que devolva os territórios ocupados pelos lombardos ao seu legítimo proprietário, o basileu, e não ao papa. Pepino recusa.

Astolfo capitula, e dessa vez as condições são mais severas: ele deve pagar uma indenização de guerra, entregar novos reféns, e abandonar 22 cidades do exarcado de Ravena e da Pentapole; o abade Fulrad vai buscar as chaves: passa por Ravena, Comacchio, Urbino, Iesi, Gubbio, Narmi e algumas outras, e vai depositar as chaves sobre o túmulo de Pedro em Roma. Segundo o editor do *Liber pontificalis*, Pepino elaborou uma lista de todos os territórios que Astolfo se comprometeu a entregar, e a lista foi depositada nos Arquivos Pontifícios. Este é outro documento que, infelizmente, desapareceu, mas ao qual a diplomacia pontifícia se referirá.

O papa atingira seu objetivo: o que se chamará de Estados da Igreja estão constituídos. Estranhamente moldados, sem qualquer unidade natural, eles obliquamente tomam a península, do Lácio ao delta do Pó, passando pela Úmbria, as Marcas, a Emília e parte da Romagna. Quando conclui o trabalho, Pepino retorna ao seu reino. No entanto, os assuntos italianos não estavam encerrados. Em dezembro de 756, Astolfo morre em um acidente de caça. Há vários candidatos à sua sucessão. Graças ao apoio conjugado de Fulrad, que havia permanecido lá, e do papa, é o duque lombardo da Toscana, Desidério, que o sucede e, agradecido, faz promessas: cederá ao papa, diz ele, Faenza, Bolonha, Ferrara, Ímola, ou seja, todas as regiões a oeste do exarcado de Ravena, mais Ancona, Umana, e Osimo, ao sul da Pentapole. Obviamente, ele não cumpre suas promessas, e Estêvão II novamente pede ajuda a Pepino. O tom das cartas é um pouco mais constrangido, pois ele teme desgastar a paciência do rei por causa de seu apetite insaciável por territórios. Ele tenta convencer Pepino de que essas cidades fazem parte da lista elaborada na época da rendição de Astolfo, e pede ao "novo Moisés", ao "novo Davi", que intervenha contra Desidério. Em seguida ele morre, em abril de 757. Seria esse o fim do assédio? Não. Seu sucessor, Paulo I, assume o comando, só que pior. O novo papa reclama não apenas que Desidério não devolveu os territórios, mas que havia atravessado seus estados para ir punir os duques de Benevento e Espoleto. Como os Estados papais barram a península desde Adriático até o Tirreno, não há como evitar a passagem, e isto se soma às outras recriminações. Pepino fica imerso em cartas de queixas. Para forçar o rei franco a intervir, o papa chega a inventar uma conspiração entre Desidério e o basileu, com um plano para um desembarque bizantino na costa da Pentapole. O efeito foi o oposto: Pepino, exasperado, envia o bispo de Rouen, Rémy, e o duque Audgar para negociar com Desidério, e obriga o papa e o rei dos lombardos a concluir um tratado, por volta de 766.

No ano seguinte, o papa Paulo I morre. Sua sucessão dá origem a uma grave crise, que é a consequência direta da criação dos Estados papais: dado que o papa é agora também um soberano secular, a aristocracia laica de seus estados reivindica o direito de participar de sua eleição, assim como elegia antigamente o duque de Roma, cujo lugar ele havia ocupado. O duque Teodoro, portanto, promove a eleição de seu irmão Constantino. O primaz Christopher protesta e pede ajuda aos lombardos, que fazem eleger o sacerdote Felipe. Esta escolha também não convém a Christopher que, no Fórum, à frente de uma assembleia que congrega religiosos e laicos, faz que seja aclamado seu próprio candidato, o siciliano Estêvão, e este é consagrado em 7 de agosto de 768: Estêvão III. Imediatamente é convocado um concílio reformador, e pede-se que Pepino envie bispos. Esta é a situação que Carlos Magno e Carlomano encontram na Itália, quando de sua ascensão, após a morte de seu pai, em 24 de setembro de 768.

OS VIZINHOS: SAXÔNIA, BAVIERA E BIZÂNCIO

A situação romana não é a única em suspenso nesse momento. Também com a Baviera as relações são muito tensas. O estatuto desse ducado é pouco claro, e flutua entre a independência de fato e a incorporação ao reino franco, dependendo das circunstâncias e do equilíbrio de poder, que não cessa de se alterar. De 696 a 717, o duque da Baviera é Teodon, que apoia o trabalho de Bonifácio na organização da Igreja bávara. Após o reinado de seu neto Hucpert, que morre em 736, Carlos Martel impõe como duque Odilon, filho do duque da Alemânia, Gotfried, da família Agilolfingo. Esse Odilon, durante uma estadia com os francos, toma Hiltruda, irmã de Pepino e Carlomano, como sua concubina, com quem acaba se casando. Seu filho, Tássilo, que nasce em 741, apenas um ano antes de Carlos Magno é, portanto, seu primo. Os laços entre os duques bávaros e os prefeitos do palácio franco são estreitos, pois Carlos Martel tem a princesa bávara Suanaquilda como sua segunda esposa ou concubina, e esta lhe dá um filho, Grifo, meio-irmão de Pepino, o Breve.

Isto não impede que as relações se tornem tensas, pois Odilon se aproxima dos lombardos. Em 743, o ducado é ocupado por Pepino e Carlomano, cujo exército avança até Inn. Em 744, quando Odilon morre, seu filho Tássilo, de 3 anos, sucede-o, com o apoio de seus tios maternos, Pepino e Carlomano. Mas Grifo, seu meio-irmão, sentindo-se injustiçado, tanto na França como na Baviera, lidera uma revolta antifranca no ducado. Pepino precisa intervir novamente, invadindo a Baviera em 748 ou 749, e restabelecendo o governo do pequeno Tássilo, que se mostra muito dócil. A fim de melhor assegurar sua submissão, Pepino o traz a Compiègne em 755, onde ele presta juramento de vassalagem diante de uma assembleia: ele reconhece a Baviera como um "benefício" do rei franco e, portanto, deve lealdade a ele. Nessa ocasião, o jovem Tássilo, que tem 14 anos, certamente se encontrou com seu primo, o futuro Carlos Magno, que tem então 13 anos de idade.

No início, Tássilo cumpre suas obrigações como vassalo: acompanha Pepino na segunda campanha italiana em 756, e em uma expedição à Aquitânia. Mas então, abruptamente, em 763, ele deixa o exército real sob um pretexto fútil, e volta para seu ducado. Pouco depois, ele se casa com uma filha do rei Desidério, a lombarda Liuberga. Tássilo escolheu seu lado, e não é o dos francos. Este será outro assunto a ser tratado por Carlos Magno..

Um terceiro, igualmente delicado, o espera: a Saxônia. O problema aqui é muito diferente. Esse território de contornos mal definidos não faz parte, nem de perto, nem de longe, do reino franco. Ele começa no norte da Turíngia e do Hesse, e se estende por cerca de 300 quilômetros, de sul a norte, até as costas arenosas do Mar do Norte. No oeste, ele começa a cerca de 40 quilômetros da margem direita do Reno e continua por 300-350 quilômetros até o Elba, além do qual começa o país dos eslavos. Essa vasta região é muito ondulada em sua parte sul, com o vale do Weser e seus afluentes, e plana em sua parte setentrional. Coberta por imensas florestas, sem verdadeiras cidades, é cercada por rios, que também são as principais rotas de penetração. Um exército que aí se perca pode nelas desaparecer totalmente: os próprios romanos não conseguiram se apoderar dela, e a memória sinistra do desastre de Varo e suas três legiões destruídas no ano 9 ainda assombra o tenebroso matagal do maciço de Teutoburgo.

Os saxões não formam uma unidade política. Eles estão divididos em grupos, que são mais ou menos federados em quatro tribos: os vestefalianos, na região do Ems e do Lippe, os angarianos, no centro, no Weser, os nordalbingianos, no norte, no que virá a ser o Holstein, e os ostfalianos, entre o

Weser e o Elba. Pagãos, eles mantêm relações hostis com o reino franco, no qual muitas vezes fazem incursões de saque; a estas, os francos respondem com expedições punitivas, que algumas vezes vão até o Elba, e praticam uma devastação sistemática, como em 744, 747, 753 e 758. Aqui, tudo é baseado na mais crua violência. Os francos queimam e massacram; os saxões se vingam, montando emboscadas mortíferas. Às vezes, são incitados à revolta por estrangeiros, que os usam contra os francos, como foi o caso após a morte de Pepino de Herstal, e novamente em 747, quando Grifo, que pode ser encontrado onde quer que possa prejudicar seu meio-irmão Pepino, o Breve, luta em suas fileiras. Geralmente, após uma investida dos francos, os saxões se submetem, prometem pagar um tributo, e até fingem se converter, mas depois recomeçam, assim que os francos se retiram. Em 768, quando Carlos Magno e Carlomano ascendem ao trono, eles ainda não haviam pago o tributo de trezentos cavalos prometido em 758. O problema saxônico será, para Carlos Magno, seu tapete de Penélope.

No noroeste da Saxônia, as regiões costeiras, desde a foz do Reno até o estuário do Weser, também são pouco controladas. Esta é a terra dos frísios, pagãos totalmente refratários à influência do cristianismo e dos francos, a despeito das incursões vitoriosas de Carlos Martel e de Pepino, o Breve. O bispado de Utrecht, implantado pela força, permanece precário, e em 754 o próprio grande Bonifácio, que havia saído de seu retiro em Fulda para evangelizar a região, foi morto lá, em Dokkum. Outro missionário anglo-saxão, Willehad, continua o trabalho. A Frísia faz parte do reino franco? Ninguém pode dizer, e Carlos Magno terá, de qualquer forma, que permanecer atento a essa região.

Mais adiante, além do Elba, entre as montanhas da Boêmia e o Báltico, há os eslavos, também pagãos: abodritas, entre o baixo Elba e o Báltico, wilzes, mais a leste, linons, entre o Havel e o Elba, sorbes, entre o Saale e o Elba, e mais ao sul os boêmios, depois os caríntios. Esses povos não estão em contato direto com o reino franco quando Pepino, o Breve, morre. É somente com a ocupação da Saxônia que eles se tornam interlocutores, mais ou menos hostis. Também os ávaros não são um problema imediato, a menos que Tássilo os envolva em suas intrigas.

No Oeste, os indomáveis bretões permanecem ferozmente independentes. Os merovíngios nunca conseguiram subjugar a península, apesar de várias tentativas. Os clãs locais, superficialmente cristianizados por missionários celtas vindos da ilha da Bretanha, são liderados por senhores da guerra, os *machtierns*, agrupados em federações flutuantes. Periodicamente, uma expedição franca impõe o pagamento de um tributo, esquecido assim que o invasor lhes dá as costas. A última operação desse tipo foi realizada em 753 pelo próprio Pepino, o Breve, que tomou Vannes. A vitória foi de curta duração. Mais eficaz e mais durável é a penetração dos interesses monásticos francos, mas ela não ultrapassa a parte oriental da península, desde a baía do Mont-Saint-Michel até a costa atlântica, entre os estuários dos rios Vilaine e Loire. A abadia de Saint-Denis possui terras na região de Rennes, como comprovado por um documento de Clotário III, entre 657 e 673. Em 765, um grande proprietário de terras da mesma região, Gilles, doa várias propriedades à abadia de Prüm, nas Ardenas. Carlos Magno se contentará com uma submissão inteiramente teórica da Bretanha, constituindo uma zona de vigilância, a "marca".[8] Quando ele chega ao trono, essa região não é sua preocupação principal. Também não é o caso da Espanha, onde o emirado de Córdoba, estabelecido em 756, não é uma ameaça para o reino franco.

Dado que a Inglaterra está dividida em pequenos e inofensivos reinos, o único estado que, por ocasião da morte de Pepino, pode ameaçar a supremacia franca é o Império Bizantino. Mas, durante o reinado de Constantino V (741-775), que cronologicamente corresponde ao de Pepino, o governo imperial está sobrecarregado com preocupações domésticas e orientais, que o impedem de intervir efetivamente na Itália, onde sua influência é substituída pela do rei franco. De fato, Constantino V primeiramente precisa reprimir a revolta de seu irmão Artavasde. Em 742, ele manda cegar o irmão e os filhos deste. Depois, embarca numa política iconoclasta excessiva, ao determinar que o culto das imagens seja condenado pelo Conselho de Hieria em 754, e perseguir o clero iconódulo:[9] centenas de monges são torturados e expostos a insultos. Na Trácia, o estrategista Michel Lacanodracon lhes dá

---

8 Na Idade Média, uma marca é um feudo numa zona fronteiriça – estabelecido seja depois de uma conquista, seja por separação de outro território – ao qual o soberano atribui uma função particular de defesa contra os territórios vizinhos. (N. T.)

9 Termo formado a partir do grego bizantino *eikonódoulos* ("que venera imagens") e do grego antigo *eikôn* ("imagem, ícone") para designar aqueles que cultuam a representação figurada de pessoas divinas. (N. T.)

a escolha entre casar com religiosas ou ser cegados. Em 764, o monge Estêvão, o Novo, é martirizado. Em 765, todo o clero deve jurar que não adora imagens, e em 768 o patriarca de Bizâncio é publicamente cegado, torturado e decapitado. Constantino V até mesmo tenta exportar a iconoclastia para a Gália, por ocasião do Conselho de Gentilly em 767, encorajando em vão as tendências heréticas dos participantes. Excomungado, o imperador só pode assistir, impotente, ao recuo dos territórios bizantinos na Itália, em benefício do papa. Ele envia três embaixadas sucessivas a Pepino, tentando persuadi-lo a restituir a Bizâncio as cidades cedidas pelos lombardos. Tudo em vão. Ele se vê ainda mais incapaz de agir na Itália, pois precisa lutar, aliás sem sucesso, em outras frentes: aproveita as guerras civis do califado de Damasco para expulsar os árabes da Armênia e da Capadócia, trava guerras selvagens contra os búlgaros, que se estabelecem nos Bálcãs, de ambos os lados do vale do baixo Danúbio, e cujos ataques chegam próximos a Bizâncio. Em 762, ele lhes inflige uma derrota terrível, e manda executar milhares deles no hipódromo. No Ocidente, essas guerras deixam Pepino e seus filhos com as mãos livres.

MORTE DE PEPINO, O BREVE (768)

Por fim, o principal problema que Pepino encontra se situa em seu próprio reino: na Alemania, onde várias revoltas são relatadas em 742, 744, 746, sobretudo na Aquitânia.

A particularidade dessa região foi afirmada durante todo o período merovíngio, favorecendo o surgimento de um governo semiautônomo, refratário à tutela franca. Enquanto ainda era apenas prefeito do palácio, Pepino, o Breve, havia liderado duas campanhas, em 742 e 745, contra o duque de Aquitânia, Hunaldo, que finalmente se submeteu e fez um juramento de lealdade, antes de entrar para um convento em 746. Seu filho Waifar toma seu lugar e se insurge, na companhia do indefectível Grifo, um agitador impenitente, que não perdoa seus meio-irmãos Pepino e Carlomano por tê-lo privado de sua parte da herança. Ele acaba sendo assassinado em 753.

Pepino, que se torna rei em 751, combate Waifar, a quem acusa de abrigar rebeldes, assassinar chefes godos e violar propriedades da Igreja. Essas acusações podem ser justificadas, mas certamente Pepino não está na melhor posição para censurar Waifar. Em vez de atacar diretamente este último, ele começa por tomar o controle da Septimânia, ou seja, do Baixo-Languedoc, de onde expulsa os últimos árabes, de 752 a 759. Depois, de 760 a 768, ele lidera a cada ano uma campanha na Aquitânia, exceto em 764 e 765. Ele se apodera de Toulouse e das principais cidades do ducado. Em 767, realiza a assembleia geral do reino em Bourges. É provável que seus filhos, Carlos e Carlomano, tenham participado dessas campanhas. Provavelmente, porque nenhum texto os menciona, mas é difícil pensar que os dois jovens, que tinham 25 e 16 anos em 767, tenham permanecido inativos nas *villae* reais enquanto seu pai lutava em todas as frentes. Este não é o hábito dos pepínidas. Além disso, os *Anais* nos dizem que toda a família passa o inverno de 767-768 em Bourges.

Na primavera seguinte, Pepino acompanha Berta até Saintes, depois parte em perseguição a Waifar, que é assassinado em 2 de junho de 768 por seus próprios homens. O rei reorganiza a Aquitânia, nomeia condes, coloca guarnições nas localidades principais e fica doente em Saintes. A natureza dessa doença, descrita como "febre" pelo continuador de Fredegário, é desconhecida. Pepino, acompanhado por Berta e seus filhos Carlos e Carlomano, volta para Saint-Denis, parando em Poitiers e no mosteiro de Saint-Martin de Tours. A escolha de Saint-Denis é reveladora. O rei tem apenas 44 anos, mas sente que está morrendo, e é em Saint-Denis que deseja ser enterrado, como seu pai e seu avô, e também como vários merovíngios: já estão lá Dagoberto I e sua esposa Nanthilde, Clóvis II, a rainha Aregunda. Pepino sempre teve laços especiais com Saint-Denis, cuja abadia mandou reconstruir, e é o local em que Fulrad, seu amigo próximo e um de seus principais auxiliares, é abade. Fulrad, nascido de uma nobre família alsaciana, realizou missões diplomáticas muito delicadas para o rei: em 749, foi a Roma solicitar a coroa para seu mestre; em 754, foi ao encontro do papa quando este chegou à Gália; em 756, foi encarregado da administração das terras retomadas dos lombardos na Itália e fez a doação oficial delas para o papa em Roma; em dezembro do mesmo ano, ajudou Desidério a tomar o trono de Pavia, e o papa, para agradecer seus serviços, concedeu-lhe, a pedido de Pepino, privilégios extraordinários, contidos em três bulas, cuja autenticidade tem sido muito debatida: o direito de fundar mosteiros sob a proteção da Santa Sé; o direito de nomear um bispo em sua abadia de Saint-Denis para exercer as funções que não podem ser exercidas por simples padres; o direito de usar as insígnias honorárias reservadas aos prelados; o direito de consagrar altares e o santo crisma. Fulrad é capelão e confessor do rei, de quem tem a total confiança. Será ele também quem testemunhará o último suspiro do soberano, em 24 de setembro de 768.

Carlos Magno e Carlomano iniciam seu reinado conjunto.

– 4 –

UM REINO DIVIDIDO:
CARLOS MAGNO E CARLOMANO (768-771)

A sucessão de Pepino, o Breve, não apresentou nenhum problema, prova de que a nova dinastia, combinando o uso da força e do sagrado, tinha conseguido perfeitamente sua usurpação. Ninguém contesta o título real dos dois jovens pepínidas, que podemos começar a chamar de carolíngios. Os últimos merovíngios morreram em seus mosteiros.

Entretanto, a prática da sucessão não foi alterada: dado que o rei teve dois filhos, o reino é dividido entre eles. Pepino fez a divisão antes de morrer e, assim que é enterrado, cada um foi cuidar para ser proclamado rei: Carlos reúne em Noyon os principais leudos, ou seja, os grandes de suas terras. Ele é aclamado, seguindo a tradição, e em seguida coroado pelos bispos presentes. É a segunda vez, após a coroação de 754. Mas, agora que as virtudes dessa maravilhosa instituição foram compreendidas, prefere-se repeti-la: um rei que é coroado duas vezes está mais seguro em sua posição. Por sua vez, Carlomano é aclamado e coroado pelos seus, não muito longe dali, em Soissons. As cerimônias acontecem no dia 9 de outubro, dia de Saint-Denis.

Dois reis, dois meio-reinos. De fato, a divisão feita por Pepino, que não é contestada por seus filhos, é bastante estranha. Tão estranha que é possível questionar se a divisão é de fato o resultado de uma decisão clara e explícita. O continuador de Fredegário nos diz que Pepino "dividiu o reino dos francos igualmente entre seus dois filhos" antes de morrer. Mas a versão revisada dos *Anais Reais* diz, em vez disso, que, "depois que esses dois irmãos, tendo sucedido seu pai, dividiram o reino entre si...", eles se separaram, e ambas as fontes dão apenas uma lista muito aproximativa, que deve ser complementada pelo exame dos campos de ação dos dois reis. O mais velho, Carlos, controla territórios que envolvem os de seu irmão: a metade ocidental da Aquitânia, a maior parte da Nêustria, de Touraine à Flandres, passando pelo que é hoje a Normandia, a Picardia, o Artois; há também a maior parte da Austrásia, desde a costa do Mar do Norte até o vale do Main, com o Hessen e a Turíngia. Carlomano dirige um bloco mais compacto, no sul e no leste, composto pela Borgonha, a Alemânia, parte da Aquitânia, do Berry à Auvergne, da Septimania, de uma parte da Nêustria até Paris e Blois, e de parte da Austrásia, com Reims, Metz e Trier. Ainda hoje, é impossível traçar uma linha clara entre os dois, e com mais forte razão na época, dado que não há mapa do reino. Nas fronteiras da Austrásia e da Nêustria, por exemplo, vemos Carlomano hospedar-se em seus "palácios" de Samoussy, Attigny, Soissons, Corbeny, no Aisne, enquanto Carlos também frequenta Attigny e Corbeny, além de ter um palácio a alguns poucos quilômetros de distância, em Noyon. Por que não respeitar a divisão tradicional da Nêustria, da Austrásia, da Aquitânia e da Borgonha, e ter destacado partes desses territórios de forma completamente artificial? Se a finalidade fosse criar motivos para brigas entre os dois irmãos, não se teria agido de outra forma. A menos que, ao contrário, se tivesse por fim forçá-los a colaborar mutuamente. Historiadores, como recentemente Rosamond McKitterick, questionaram se houve realmente uma divisão geográfica ou se os dois reis governavam juntos, cada um com uma esfera de influência particular. Constata-se que Carlos frequentemente circula no coração do reino franco, em Herstal, Liège, Aachen, Düren, Mainz e Worms, enquanto Carlomano transita em um arco que vai de Paris a Brumath, via Soissons, Samoussy, Corbeny, Attigny e Thionville.

O REINO EM 768: ECONOMIA E SOCIEDADE

Em que estado o reino lhes é legado por Pepino? Politicamente, como vimos, o reino é relativamente estável, dado que a Aquitânia acaba de ser domada, *in extremis*, ou ao menos se imagina. O poder real parece, dezessete anos após a usurpação, bem estabelecido. Ele repousa essencialmente sobre a lealdade dos grandes, que é mantida por meio de doações e de laços diretos, de homem para homem. O sistema de vassalagem já está bem estabelecido. Sob esse sistema, o vassalo recebe terras, que o rei tira de seus domínios ou, acima de tudo, dos domínios da Igreja; é o "benefício", em troca do qual o vassalo "se recomenda"[1] ao rei. Ele se torna seu homem, se compromete, por meio de um juramento de fidelidade, a servi-lo. O rei lhe concede a terra, o que lhe permite viver, e sua proteção real. O compromisso é assumido durante uma cerimônia ritual, herdada das práticas germânicas, que a partir do século XI será chamada de homenagem. A essência desse ritual, que se formalizará na grande era do feudalismo, já existe no final do período merovíngio. O benefício serve em particular para retribuir aos colaboradores diretos do rei, seus ministros e altos funcionários, e para usar a terminologia moderna, esses homens que exercem funções públicas, os "dignitários". Há apenas um punhado deles, e não usam títulos particulares, tão rudimentar é a administração. São feitas apenas distinções entre os membros da "administração central", que estão ao redor do rei, e os condes, que estão encarregados das diversas regiões do reino.

Os vassalos diretos que não ocupam cargos públicos são grandes proprietários de terras, conhecidos como *chasés*, ou seja, "caseiros":[2] recebem um terreno e uma *casa*, ou moradia, e em troca devem um serviço armado ao rei, com montaria e equipamentos corretos durante a temporada de guerra, a partir da primavera. O poder do rei deriva da rede desses fiéis, por interesse mútuo, é evidente. Em regiões mais difíceis de controlar, ele usa esse sistema ao transformar em *chasés*, no local, grupos de senhores que possam rapidamente fornecer-lhe tropas. Carlos e Carlomano têm, cada um, sua clientela de fiéis. Além disso, há no palácio um grupo de vassalos não *chasés*

---

1 Expressão que significa "reclama sua proteção", "invoca seu apoio". (N. T.)
2 Em nossos dias, provavelmente seriam os "inquilinos" ou "arrendatários". (N. T.)

que são alimentados e que recebem pequenos presentes, preenchendo funções subalternas. São em sua maioria jovens, que também constituem uma espécie de guarda pessoal, escoltando o rei, e podem fornecer uma pequena tropa de intervenção rápida, pois são imediatamente mobilizados: os *scarae*.

Dado o tamanho do reino, dois reis não são demais, desde que trabalhem juntos. Esse reino, que se estende da Frísia ao Mediterrâneo, e do Atlântico à Turíngia, é uma vasta extensão de florestas e charnecas, com algumas clareiras onde vivem cerca de 15 milhões de pessoas. As planícies, montanhas e planaltos são intermináveis, e representam uma viagem de duas semanas, tanto de leste a oeste, quanto de norte a sul. As densidades populacionais são baixas, variando de 10 a 30 habitantes por quilômetro quadrado, o equivalente ao atual Lozère. A situação sanitária e alimentar é muito precária, beirando a fome, mas parece que em 768 estava-se em um período bastante favorável, para as condições da época, é claro. A última grande epidemia de peste remonta a 694 na Septimânia; a de 767 atingiu apenas os territórios bizantinos da Sicília e da Calábria. A última carestia foi em 749-750, mas ainda se está à mercê de uma má colheita e de epidemias locais.

Há vários indícios de que se está, em geral, em um período bastante favorável. A análise polínica[3] mostra um declínio da floresta natural e um aumento das plantas cultivadas a partir do século VII, com um leve aquecimento. Nas áreas mais favoráveis, como o centro da Île-de-France, a terra cultivada representa quase metade da área. A população aumenta muito ligeiramente.

Mais de 95% dessa população é composta por camponeses, que vivem e trabalham nas terras da classe dos proprietários. Cada proprietário, dependendo de sua riqueza, explora um ou mais domínios, aos quais é dado o nome genérico de *villa*. Em geral, ele reside numa grande casa de madeira, fortificada, rodeada por edifícios anexos, celeiros e oficinas. Esse conjunto, rodeado por uma paliçada, é o "pátio" ("*cour*"), que está na origem de muitos topônimos, por associação com o nome do proprietário: Robertcourt, Ablaincourt, Gibertcourt etc. Ao redor do pátio, as terras de exploração direta, que o proprietário faz explorar por camponeses não livres, servos, que também

---

3 Pesquisa e inventário dos envelopes de grãos de pólen fósseis nos sedimentos, com vistas a reconstituir a flora nas diversas etapas da história. (N. T.)

trabalham em suas oficinas. Os produtos dessa terra, que mais tarde será chamada de reserva, destinam-se a alimentar a família do senhor. Um pouco mais distante, há pequenas explorações camponesas, os mansos,[4] cada um constituído por uma ou mais parcelas. Os camponeses não os possuem, mas têm o desfrute hereditário deles, em troca de pagamentos de renda, principalmente em espécie, e trabalho gratuito, que começa a ser chamado de corveia, ou seja, dois ou três dias por semana, são requisitados pelos contramestres do senhor para fazer trabalhos: carretos, colheitas, podas de videiras, vindimas, debulha, lenhagem e limpeza de mato. Os mansos variam muito em tamanho, e não são definidos por sua superfície, mas por seu produto: um manso é teoricamente o que permite a uma família viver, o que é uma noção muito vaga, e estudos mostram que eles podem variar de 1 a 10 ou 20 hectares.

As parcelas são geralmente cercadas, têm sebes, aterros e paliçadas, em uma paisagem rural que lembra mais pequenos bosques que o *openfield*. Os cereais são as principais culturas: um pouco de aveia para pagar as taxas, e principalmente trigo sarraceno, centeio, espelta, painço, ervilhas e favas para alimentação. A ausência total de fertilizantes requer o uso de terras em pousio por vários anos consecutivos. A horta fornece os complementos vegetais necessários. As vinhas são cultivadas pelo menos até o vale do Somme, em praticamente toda a Gália e a Germânia. A bebida também inclui cerveja, feita de aveia ou cevada, sidra e perada. Outras culturas alimentares são mais localizadas, tais como oliveiras e nogueiras para a produção de óleo, além da mostarda. Também é preciso produzir linho e cânhamo para roupas, que são fiados e tecidos no local, bem como cera e óleo para lâmpadas.

As ferramentas são miseráveis, essencialmente feitas de madeira tostada ao fogo, como a enxada e o arado, puxados por um boi, quando se tem um, e mais frequentemente por um membro da família. O ferro é raro e caro: o alfange, a foice, a pá e o machado são ferramentas preciosas, ciosamente guardadas. Os cavalos não são ferrados, por isso não se prestam para o trabalho agrícola. Os rendimentos são obviamente irrisórios. A única tecnologia rural ligeiramente mais desenvolvida é a dos moinhos de água, que

---

4 Manso era uma habitação rural com jardim e campos, constituindo uma unidade de exploração agrícola, uma parcela de terreno suficientemente importante para alimentar uma família, cedida pelo senhor aos camponeses em suas propriedades, na alta Idade Média. (N. T.)

pertencem ao senhor, e que pontuam os menores rios: são 22 em 10 quilômetros no vale médio do Eure.

As aves estão em toda parte, úteis especialmente por seus ovos, porque a galinhada dominical ainda não é nem mesmo um sonho da terra da abundância. Ovelhas e bovinos fornecem lã e couro, mas muito raramente carne, pois a têm em pouca quantidade entre a pele e os ossos. No final, a salvação está no porco, o único verdadeiro fornecedor de carne, que é levado para a floresta para se alimentar de bolotas ou nozes caídas. Os camponeses aproveitam esse tempo para colher frutas silvestres e para caçar, com permissão ou furtivamente. Os rios fornecem peixes, que o senhor encontra em seus lagos.

Os camponeses vivem no vilarejo, constituído por um grupo de choupanas feitas de pau a pique e cobertas com colmo, munidas de uma lareira central. Às vezes, especialmente no sul, a cabana dos camponeses é um pouco maior, com uma base de pedra assentada diretamente na terra, alguns postes e paredes de argamassa que suportam um teto de telhas. Nesses abrigos rudimentares, vive uma população miserável, compreendendo categorias mais ou menos hierarquizadas. A distinção básica é entre homens livres, conhecidos como "francos", e os não livres, mas na realidade há muitas nuanças, de uma região para outra, e até mesmo de uma propriedade para outra.

A categoria mais comum é a dos colonos. Eles têm três origens possíveis: filhos de colonos; camponeses livres que cedem suas terras a seu senhor, que as devolvem em usufruto, acrescentando uma ou mais parcelas adicionais, em troca de taxas e corveia; camponeses livres sem terra, aos quais um senhor confiou um manso. Em todos os casos, o colono é apenas meio livre; ele é vendido com a terra, mas pode se casar livremente e transmitir seus bens. Menos favorecido, por assim dizer, é o *lite*, ligado ao senhor por uma dependência pessoal, e que deve, além da corveia e das taxas habituais, uma capitação (imposto) anual de alguns recursos ou pagamento em produtos. Alguns não possuem sequer terras e servem como trabalhadores agrícolas ou domésticos. Uma vantagem: o *lite* pode recuperar sua liberdade resgatando-se, mas essa vantagem é puramente teórica: onde ele encontraria o dinheiro necessário? Mas tem coisa pior: o servo, que é propriedade integral do mestre e, mais ainda, o escravo. Pois a escravidão continua a existir no reino franco em 768. Certamente, há progresso. Com a cristianização, os escravos são considerados como seres humanos; é proibido escravizar os cristãos; também é proibido matá-los; eles podem possuir seus móveis, se têm algum, e certos escravos domésticos têm até mesmo um destino relativamente privilegiado. Apesar disso, a massa servil é composta por escravos *chasés*, que cultivam um pequeno terreno e trabalham na reserva do senhor sem qualquer remuneração. São filhos de escravos, ou antigos homens livres que não puderam pagar suas multas após uma condenação, e sobretudo prisioneiros pagãos, especialmente eslavos. O comércio de escravos permanece ativo, e o centro de distribuição é Verdun, especialmente para o trânsito: eslavos e anglo-saxões chegam a esse local para serem vendidos aos muçulmanos na costa do Mediterrâneo. Em geral, o número de escravos nos domínios francos diminui; sua produtividade é muito baixa, e os proprietários acham mais vantajoso engajar colonos.

As cidades não desapareceram, mas há muito tempo perderam seu esplendor da época romana. Há algumas casas de um ou dois andares, situadas ao redor de uma catedral construída com materiais reutilizados, retirados das ruínas de antigos templos e termas antigos, sendo o todo cercado por uma muralha precária: este é o caso mais frequente. Esses burgos de 2 mil a 3 mil habitantes quase não têm mais nenhuma função produtiva. Eles são – e, nesse aspecto, são muito modernos! – centros de atividade terciária, agrupando um pessoal administrativo e o clero. Somente os mais importantes têm mais de 5 mil habitantes e mantêm uma aparência mais imponente: Trier, Colônia, Metz, Worms, Paris, Tours, Toulouse, Bordeaux, Lyon, Marselha e alguns outros. Estes são nós comerciais, porque ainda subsiste uma atividade de intercâmbio. No norte, comerciantes frísios e anglo-saxões sobem o Reno até Worms, o Mosela até Thionville, o Mosa até Maastricht, o Sena até Paris, onde frequentam as feiras de Saint-Denis. As travessias pelo canal da Mancha são feitas por Bolonha, Étaples, e sobretudo pelo porto vizinho de Quentovic, uma localidade que desapareceu completamente e que suplantava Boulogne a partir do final do século VII. Os navios vêm de Sandwich, Londres, e dos portos frísios. Hamwich, no local da atual Southampton, está em relação com o baixo Sena: em 720, é aqui que o inglês Vilibaldo embarca em sua viagem para a Terra Santa. Ele desembarca em Rouen para alcançar o Mediterrâneo por terra. A rede das principais estradas romanas ainda está em uso, apesar da falta de manutenção. De Bolonha, chega-se a Amiens, Paris, Reims, Metz, Estrasburgo e Lyon. Os desfiladeiros alpinos de

Mont-Cenis e do Grand-Saint-Bernard são acessíveis no verão e, a partir do século VII, muitos comerciantes passam por eles, a despeito de as viagens continuarem sendo uma verdadeira aventura.

Os produtos comercializados são variados, mas em quantidades modestas: produtos pesados, como chumbo e o estanho inglês; preciosos, como artigos de ourivesaria, marfim e âmbar báltico; utilitários, como lençóis ingleses e frísios, as peles e a lã; comestíveis, como trigo, vinho e mel. Os transportadores podem ser ambulantes, comerciantes independentes, como os sírios, anglo-saxões, frísios, judeus, mas a grande maioria das carroças vistas nas estradas e nos caminhos, puxadas por bois, são os veículos das grandes propriedades, laicas e especialmente eclesiásticas, que transportam os produtos de uma *villa* para os celeiros do proprietário.

É por isso que esse comércio não causa muito movimento monetário. Além disso, em meados do século VIII, o dinheiro é raro no reino franco. As moedas de ouro já tinham desaparecido havia muito tempo. Isso se deveu à falta de metal precioso, mas também à falta de usuários: de que serviriam essas espécies tão valiosas em trocas tão limitadas, que geralmente não passavam de alguns *sous*? As pessoas preferem acumular: o metal precioso é usado para fazer jóias, relicários, louças religiosas e cruzes de procissão. As moedas que circulam são de prata, ou melhor, de uma liga de qualidade variável, cunhada em uma infinidade de oficinas de moeda privadas, nas quais o senhor local põe seu nome e sua efígie nas moedas. Os prefeitos do palácio pepínida começaram a colocar alguma ordem nessa anarquia monetária: Carlos Martel fecha centenas de oficinas, incluindo a de Lyon em 736. Sob Pepino, o Breve, havia 32 oficinas, e em 768 há apenas 18, das quais 12 são oficinas reais. A tendência é no sentido de um monopólio de emissão real. A qualidade das moedas melhora: em 755, Pepino decide que 264 moedas seriam cunhadas, de 1 denário por libra de metal prata, o que dá moedas de 1.236 gramas. Doze peças de um denário fazem um *sou*, e 20 *sous* fazem uma libra.

UM ESTADO MULTINACIONAL

Uma das grandes fraquezas do reino franco em 768 é sua falta de unidade, e uma das principais tarefas de Carlos Magno será de a tentar unificar esse enorme território. Não se trata da divisão entre os territórios de Carlos e Carlomano, mas de uma diversidade muito mais fundamental, étnica, linguística e cultural. Esse reino é uma nebulosa, e não se pode sequer dizer exatamente onde ela começa e onde termina. Onde estão as fronteiras, entre Turíngia e Baviera, entre Baviera e Lombardia, entre Austrásia e Saxônia, entre Borgonha e Lombardia, e mesmo entre a Aquitânia e o Emirado de Córdoba? Ninguém é capaz de dizer, e com mais forte razão porque não há mapas.

Dentro dessa massa de contornos flutuantes, há uma variedade de povos: francos, galo-romanos, burgúndios, alamanos, aquitânios, com uma incrível diversidade de idiomas e dialetos baseados no germânico, no celta ou no latim. Existe um idioma administrativo oficial, o latim, mas é escrito e falado com variantes e sotaques locais. No nível de aldeia, uma infinidade de idiomas locais. O equivalente no mundo moderno seria a Índia atual, onde o inglês toma o lugar do latim e se contam mais de sessenta idiomas regionais.

A distinção básica, como vimos, é entre os falantes galo-românicos do Ocidente e os falantes germânicos do Oriente. O limite entre os dois, muito esquematicamente, segue uma linha Bolonha – Saint-Omer – Tournai – o Mosa, entre Liège e Maastricht – Metz – a crista dos Vosges – o leste do Jura – o leste do lago de Genebra – o sopé dos Alpes indo em direção ao Oriente. Ao sul e oeste dessa linha, ouve-se um latim muito degradado, contaminado por línguas gaulesas e diversificado pela pronúncia, de modo que as pessoas do norte e do sul não mais se compreendem. Ao norte do Loire, essa mistura de um latim empobrecido, de termos pré-romanos, no qual se integraram aproximadamente setecentos termos de origem germânica, dá o ancestral da língua românica, da qual o mais antigo testemunho é dado pelo texto do famoso juramento de Estrasburgo, de 842:

> *Pro deo amur et pro christian poblo et nostro commun salvament, d'ist in avant, en quant Deux savir et podir me dunat, si salvarai eo cist meon frade Karlo et in aiudha et in cadhuna cosa, si cum om per dreit son frada salvar dift...*

(Pelo amor de Deus e para a salvação comum do povo cristão e o nosso, a partir de hoje, na medida em que Deus me der o conhecimento e o poder, salvaguardarei meu irmão Carlos aqui presente e em ajuda e em cada coisa, como se deve salvaguardar corretamente seu irmão...)

No leste e no norte, os idiomas germânicos também são variados, com fortes diferenças entre o baixo alemão do norte, que dará origem ao holandês, e o alto alemão da Suábia, que dará origem ao alemão moderno. Entre os dois, o médio alemão dos francos, com fortes nuanças entre o dialeto dos sálios, que estava em declínio, e o dos ripuários do Reno, que era falado por Carlos, Carlomano e seus próximos.

A língua dos documentos oficiais é o latim, mas um latim aproximativo e distorcido, que pode gerar consequências administrativas infelizes no caso de uma interpretação incorreta. Será uma das grandes batalhas de Carlos Magno e seus letrados exigir um retorno ao latim clássico. Combate de longo fôlego. Além disso, a própria chancelaria real adota certas derivas ortográficas, mudando, por exemplo, e isto é muito significativo, de *Carolus* para *Karolus*.

Não é apenas no nível das línguas que se começa a perder o latim. A mesma diversidade existe na lei. Em 768, os delitos e as penas podem ser muito diferentes de uma região para outra. Cada povo tem suas próprias leis, o que não é muito grave, se todos ficassem em seus cantos, mas, após as invasões, a miscigenação é tal que os julgamentos suscitam problemas insolúveis. Como julgar um burgúndio homicida que vive na Septimânia? E um franco ripuário que vive na Aquitânia? E um galo-romano que está pessoalmente sujeito à lei romana e que territorialmente está submetido à lei do povo germânico estabelecido na região? O primeiro passo foi colocar os códigos por escrito: a lei dos sálios a partir do século VI, completada no século VIII, assim como a dos ripuários; a lei dos alamanos em 719, a lei dos bávaros em 745. Ainda em 768, a obra está longe de ser concluída, e esta será outra das principais empreitadas de Carlos Magno.

Há, porém, um poderoso agente unificador em ação: é a Igreja, e a principal razão pela qual Carlos Magno a apoiará tanto, é que vê nela o cimento principal capaz de selar e manter juntos os pedaços do mosaico que constitui seu reino. Este é, há dois séculos e meio, teoricamente cristão. O avanço franco andou de mãos dadas com a cristianização, e os missionários anglo-saxões completaram a tarefa. A Igreja, com sua rede de bispados e paróquias uniformemente administrada, ensinando uma fé única, uma mesma moral, e reunindo os fiéis em um mesmo culto, usando a mesma linguagem, fornece uma estrutura, uma espinha dorsal e valores que, em teoria, seriam capazes de unir as populações do reino franco.

Mas a Igreja franca está doente, e os pepínidas são parcialmente responsáveis por isso. Desde Carlos Martel, eles não param de amputar o patrimônio eclesiástico, distribuindo aos seus seguidores as propriedades pertencentes aos bispados e às abadias. É claro que o sistema precarista permite atenuar as desvantagens: a terra é confiada ao senhor laico apenas durante sua vida, e em troca do pagamento de uma renda fixa ao proprietário eclesiástico, o que deveria satisfazer a todos: o senhor, que tem propriedades para garantir seu estilo de vida; o rei, que obtém dele um serviço militar; e a Igreja, que mantém a propriedade eminente do "precário", enquanto ganha uma pequena renda. Entretanto, essa renda estava longe de compensar a perda da exploração direta, mesmo que Pepino, o Breve, tenha, em 755, instituído o pagamento de um décimo da produção da terra à Igreja: o dízimo. Ninguém se deixa iludir: o "precário", esse termo que entrará na linguagem corrente para significar temporário, é de fato definitivo. A Igreja, portanto, se considera lesada.

Mas há algo pior: ela está gangrenada pela decadência moral em todos os níveis. Os bispados e as abadias são rotineiramente entregues aos laicos, que se livram das tarefas espirituais, lançando-as sobre padres mercenários. Com isso, multiplica-se o acúmulo de bispados e de abadias entregues a eclesiásticos que passam a maior parte de seu tempo caçando e travando guerras. A qualidade do clero de base fica abaixo do medíocre, o que torna indispensável uma reforma da disciplina eclesiástica. E ela já começou. Bonifácio dedicou-lhe os últimos dez anos de sua vida, apoiado com mais ou menos vigor por Pepino e seu irmão Carlomano, que em 742 e 744 convocaram concílios locais. Nestes são tomadas decisões contra os clérigos indignos, os bêbados, os analfabetos, os violentos, os que vivem em concubinagem e os giróvagos.[5] Os esforços de Bonifácio, que morreu em 754, foram seguidos pelos do bispo de Metz, Crodegango, de 742 a 766, que também tentou unificar a liturgia e submeter os clérigos de sua catedral a uma regra de tipo monástico, inspirada naquela de São Bento. Esses esforços ainda são muito isolados e esporádicos, e não podem melhorar a situação em profundidade.

---

5 De acordo com o *Dicionário Houaiss*: nos primeiros séculos do cristianismo, monges não vinculados à casa religiosa, que vagueavam por diferentes monastérios e viviam de esmolas. (N. T.)

Nessas condições, o verniz da cristianização se mostra muito frágil, e as conversões são superficiais. Em todos os lugares, os antigos cultos pagãos das árvores, das pedras, das nascentes e das colinas se perpetuam, como constata o Concílio de Estinnes em 743. Práticas supersticiosas, festivais ligados à passagem das estações, o uso de amuletos, os sacrifícios de animais, se mesclam às cerimônias cristãs. A diversidade litúrgica faz que o culto perca sua virtude unificadora, e a ignorância dos clérigos favorece o surgimento de heresias e movimentos heterodoxos mais ou menos dementes, como o do padre Adalberto no norte da Gália, denunciado pelo Concílio de Soissons em 744: Adalberto recebe uma carta escrita por Jesus Cristo defendendo a rejeição dos sacramentos e a difusão do culto de certas relíquias, das quais envia uma amostra pelo correio angélico; Adalberto prega a rebelião contra a hierarquia eclesiástica e vende seus fragmentos de unhas como amuletos de boa sorte. E não lhe faltam seguidores, que sem dúvida dizem a si mesmos que não é mais improvável receber correio de Jesus Cristo do que acreditar na ressurreição dos mortos.

DESENTENDIMENTO FRATERNO

É esta a situação do reino em 768, quando da ascensão de Carlos e de Carlomano. A obra de Carlos Martel e Pepino, o Breve, tinha sido principalmente política. Pepino transmite a seus filhos um poder forte e um vasto território ainda não muito unificado, em que sobrevivem 15 milhões de pessoas miseráveis, muitas das quais não são livres, todas levando uma existência precária, próxima da vida selvagem. Carlos Magno tentará transformar esse território em um verdadeiro Estado organizado. Tarefa sobre-humana, especialmente considerando os meios disponíveis na época. Assim, a grandeza do personagem não deve ser medida por sua taxa de sucesso, mas muito mais pela qualidade de seus projetos e pela energia empregada para fazê-los ter sucesso.

Quase nada se sabe sobre esse homem de 26 anos que se tornou rei. Eginhardo nada diz a esse respeito, como já vimos, e a primeira menção do nome de Carlos em um documento oficial data de 760, em uma carta de Pepino garantindo imunidade e proteção ao mosteiro de Saint-Calais. O silêncio das fontes não significa, porém, que sua educação tenha sido negligenciada, como às vezes se diz. Mas é a educação do filho de um rei do século VIII e, portanto, baseada no trabalho prático, acima de tudo. Sua presença na corte lhe permite assistir a todos os principais eventos do reinado e tirar lições de suas experiências. Sabemos que ele escoltou o papa quando este foi à França no final de 753; que teve muitas oportunidades para encontrá-lo durante sua estadia; que foi coroado por ele em 754; que provavelmente assistiu ao juramento de Tássilo em Compiègne, em 757; e que participou das operações na Aquitânia de 760 a 768. Ele chega ao poder, portanto, com inegável experiência política e militar. Intelectualmente, certamente não era desprovido de cultura. Seu pai tinha sido educado por Fulrad, o abade de Saint-Denis, e seria surpreendente se tivesse negligenciado a educação de seu filho, especialmente porque Fulrad ainda estava no cargo. Sabe-se também que Gisela, irmã de Carlos Magno e futura abadessa de Chelles, era suficientemente educada para que Alcuíno lhe dedicasse obras de teologia. Assim, mesmo que Carlos Magno tenha dificuldades para dominar a boa escrita, como relata Eginhardo, não se segue que ele seja ignorante.

Fisicamente, não estamos mais bem informados, pois Eginhardo nos diz na mesma frase que "ele tinha um corpo grande e robusto, e alta estatura, mas que não excedia a justa medida", e que "media sete vezes o comprimento de seu pé", o que deve nos dar cerca de 2,10 metros, ou até mais, se seus pés forem tão grandes quanto os de sua mãe Berta! Numa época em que a altura média para um homem, de acordo com os esqueletos encontrados, é de cerca de 1,65 metro, isso faria dele um verdadeiro gigante, tanto mais surpreendente quando se considera que seu pai oficial, o Breve, é famoso por sua baixa estatura. Como Eginhardo pode dizer que ele "não excede a justa medida"? De fato, segundo Alessandro Barbero, a abertura da tumba em 1861 revelou os restos de um homem de 1,92 metro, o que já é claramente bem acima da média. Ele tinha um porte distinto, o que é uma vantagem considerável em um mundo onde a força física é respeitada. Sua voz, por outro lado, não corresponde à sua estatura: "Ele falava distintamente, mas sua voz era fraca para um homem de seu físico", nos diz Eginhardo, o que é uma desvantagem em grandes assembleias ao ar livre. É por isso que podemos acreditar nessa característica, ao contrário do resto do retrato, que parece ser emprestado de vários imperadores romanos descritos por Suetônio: "A parte superior do crânio era redonda, os olhos penetrantes e invulgarmente grandes. Seu nariz era um pouco mais longo que a média... Estivesse sentado ou de pé, era sempre cheio de autoridade e dignidade. Seu pescoço era curto e um pouco grosso, sua barriga um pouco grande demais, mas as belas proporções do resto de seu corpo faziam com que não se notasse esses defeitos. Seu passo era firme, e todos os seus movimentos, viris". É verdade que Eginhardo descreve um homem na casa dos 60 anos. Ele não conhecera Carlos Magno em seus 20 anos, numa época em que devia ter menos barriga e um pescoço mais fino. Em nenhum lugar há qualquer menção a uma barba, e tudo sugere que, à moda de seu tempo, o rei simplesmente usasse bigode. É assim que todos os retratos mais antigos, que obviamente não são precisos, o mostram, já que não deixariam de expor essa pilosidade do queixo, dado que todos apresentam o bigode: as efígies monetárias, os mosaicos de Sainte-Suzanne em Roma, e a estatueta do Louvre, que data de cerca de 870.

Se quase nada sabemos sobre Carlos em 768, sabemos ainda menos sobre seu irmão Carlomano, que é apenas um adolescente de 17 anos. Como ele morre com 20 anos de idade, e como os anais e crônicas foram escritos durante o reinado de Carlos, é óbvio que não lhe é dado um papel proeminente. Não é fácil ser o irmão mais novo de Carlos! Carlomano continua sendo um nome, uma breve aparição, muito rapidamente esquecido pela História. Ele só emerge das sombras como resultado de sua relação com seu irmão, que não parece ter sido muito cordial. Segundo Eginhardo, "Carlos Magno suportou o ódio e o ciúme deste último com tanta paciência que todos ficaram surpresos por ele não perder a calma com seu irmão". Há outra fonte que corrobora isso: em uma famosa carta dirigida a Carlos Magno, o padre Cathwulf, em 775, dá como prova da santidade de Carlos Magno o fato de que Deus o protegeu da traição de seu irmão, e Ele fez Carlomano morrer jovem, para que o reino fosse unido "sem que o sangue fosse derramado". Em uma carta de 770, o papa Estêvão III escreve aos dois irmãos: "Vós me informastes que, embora tenha havido brigas, disputas e desacordos entre vós, a partir de agora, graças a Deus, são vistos como convertidos a um sincero afeto". Portanto, nem tudo estava bem entre eles, mas é difícil saber até que ponto chegou esse desentendimento.

A discordância fica evidente desde o início, em relação à Aquitânia, que só recentemente havia sido subjugada por Pepino. A partir de 769, uma revolta começa, liderada pelo duque Hunaldo, um ex-rebelde e pai de Waifar, que havia sido encarcerado em um mosteiro e que provavelmente tentou aproveitar-se da morte de Pepino e da inexperiência de seus filhos para recuperar sua independência. Não foi fácil para ele. Tendo a Aquitânia sido dividida entre os dois irmãos, Carlos encontra Carlomano em Moncontour e pede sua ajuda para lutar contra Hunaldo. Por razões que nos são desconhecidas, Carlomano recusa. Provavelmente o adolescente não quer fortalecer a posição de seu irmão, e Eginhardo nos diz que ele foi influenciado pelo seu entorno: "Muitos dos apoiadores de Carlomano estavam tentando quebrar a aliança dos irmãos, a ponto de alguns até mesmo fazerem intrigas para induzi-los à guerra". Não se chegará a esse ponto, mas Carlos terá que fazer o trabalho sozinho.

Isso não parece ter lhe causado muitos problemas. Hunaldo, perseguido, foge para os gascões, ao sul do Garonne; o rei o segue até lá. Essa região, entre o Médio Garonne e os Pireneus, chamada de Vascônia, é um ducado quase independente, sob a autoridade do duque Lupo II, que de bom grado se autodenomina "príncipe". Os *vascones* são os gascões, que vieram da Espanha no século VI, e que são frequentemente confundidos com seus vizinhos bascos, estabelecidos em ambos os lados dos Pireneus ocidentais. Eles têm uma reputação de ferocidade e um indomável espírito de independência. Mas o duque Lupo entendeu que seria uma loucura se opor ao carolíngio. Ele lhe entrega Hunaldo, efetua sua submissão e entrega seus filhos como reféns, para serem criados na corte franca.

Tendo subjugado a Aquitânia com suas próprias forças, Carlos a organiza. Esta é uma de suas grandes qualidades: ele sempre se certifica de que o uso da força seja complementado por uma administração sólida. Então nomeia condes, a quem demanda que imponham o que pode ser considerado seu primeiro capitular: o capitular aquitano. Na verdade, como ele diz em sua introdução, estas são as "medidas que nosso pai Pepino, de nobre memória, havia decretado em conselho e que nossa vontade é de fazer aplicar por todos". Os primeiros artigos dizem respeito à manutenção e à restauração das igrejas, que haviam sofrido com a guerra; ele ordena aos bispos e abades que vivam com dignidade, e demanda àqueles que confiscaram os bens da Igreja que os devolvam. Em seguida, condena vários abusos: que aqueles que viajam para se reunir ao exército ou para ir à assembleia nada peguem no caminho, a não ser grama, água e madeira, mas que não lhes seja negado um abrigo; que não se tire proveito de sua ausência para se apoderar de seus bens; que não se exija dos pobres mais do que devem; que cada um seja julgado de acordo com sua própria lei e, "se um homem vier de outra região, que viva de acordo com a lei desta terra". Desde o início, Carlos se dedica a melhorar a ordem pública.

Em sua porção do reino, ele também se mostra generoso com várias grandes abadias, confirmando as doações de Pepino para Corbie, Saint-Bertin, Saint-Aubin d'Angers, Saint-Martin-des-Fossés, garantindo o dízimo em Utrecht, e até mesmo oferecendo Saint-Dié para Saint-Denis, que está na área de seu irmão. Este último, por sua vez, garante as imunidades concedidas a Saint-Denis, Münster, Granfelden, Honau, Argenteuil, a liberdade de eleição do abade de Novalesa, a isenção do pedágio em Saint-Denis e Novalesa. Os dois irmãos estão claramente interessados em garantir os favores dos grandes centros eclesiásticos.

Nesse mesmo ano de 769, o papa se volta para eles, primeiramente a respeito do concílio que deseja reunir em Roma. O enviado de Estêvão III, Sérgio, pede-lhes que enviem os bispos. Eles concordam, e treze deles estarão presentes no Concílio de Latrão: os de Reims, Amiens, Meaux, Noyon, Sens, Langres, Bourges, Tours, Narbonne, Lyon, Mainz, Worms e Würzburg. O concílio é aberto em 12 de abril de 769 e regula algumas questões pendentes – o julgamento do pseudopapa Constantino, a anulação de suas ordenações, a condenação da iconoclastia – e toma decisões para combater os abusos e as derivas no funcionamento das instituições: proibição da participação de laicos em eleições pontificais, nas quais os candidatos têm que ser clérigos que passaram pelas fileiras de diácono ou de padre-cardeal.

PROJETOS DE CASAMENTOS LOMBARDOS (769-770)

Por ocasião do concílio, as relações entre o papa e os dois reis francos pareciam boas. Mas logo Estêvão III experimenta sérias preocupações quanto a eles, causadas pelas manobras da rainha-mãe Berta. Curiosamente, essa mulher, que permaneceu totalmente à sombra enquanto seu marido era vivo, surge nos anais e nas crônicas durante o reinado conjunto de seus filhos, sobre os quais parece ter uma forte ascendência, mesmo quando já são maiores de idade.

A cronologia exata dos eventos é muito difícil de reconstruir, e alguns pontos permanecem obscuros. Uma coisa é quase certa: Berta toma a iniciativa de se aproximar do rei dos lombardos, Desidério. Seus motivos podem ser adivinhados: Berta, filha do conde de Laon, tem propriedades na Germânia, onde incentivara a criação da abadia de Prüm por Pepino. Ela tem alianças na Baviera, onde o duque Tássilo se casou com Liuberga, filha de Desidério. Para Berta, um bom relacionamento com Desidério só pode fortalecer a posição de seus filhos na Itália, e em particular a de Carlomano, que é vizinho direto dos lombardos. Após um encontro com seu filho mais novo em Seltz, ao norte de Estrasburgo, ela viaja para a Lombardia e, com a rainha Ansa, esposa de Desidério, estabelece um plano surpreendente para um casamento duplo entre seus dois filhos e duas das filhas do rei lombardo. Ele tem quatro filhas, que respondem aos doces nomes de Liuberga, Gerberga, Adelberga e Desiderata (Désirée ou Didière). Duas são casadas: Liuberga, com o duque da Baviera, Tássilo; e Adelberga, com o duque de Benevento, Arequis. Desiderata casaria com Carlos, e Gerberga, com Carlomano, o que faria de Desidério o sogro do duque da Baviera, do duque de Benevento, e dos dois reis francos.

Um projeto surpreendente, dizíamos nós, porque Carlos e Carlomano já são casados, ou quase isso. Para Carlomano, o fato é certo; ele já tem um filho, e em 770 terá outro. Para Carlos, a situação é menos clara. Ele tem uma ligação com uma mulher franca, Himiltrude, de quem tinha ou estava prestes a ter um filho, Pepino, que se distingue de seu avô dando-lhe uma alcunha também ligada à sua anatomia: ele é corcunda. Carlos e Himiltrude são casados? Os textos não são claros sobre esse assunto. Para o papa, atemorizado com a ideia de tal aliança, que o privaria do apoio dos francos contra os lombardos, não há dúvida: os dois irmãos são casados. Isto é o que ele lhes diz em uma carta em 770, ordenando-lhes que renunciem a esse projeto. O tom é de rara violência, proporcional à preocupação do pontífice, e todos os argumentos dissuasivos são utilizados: esse projeto "é uma manobra particular do diabo, e não visa a uma união matrimonial, mas sim a um concubinato do tipo mais detestável"; é "uma espécie de loucura", que coloca vossas almas em perigo e ameaça a sede de são Pedro. "Além disso, ó graciosas e amorosas Majestades pela vontade divina, vós já estais, por essa mesma vontade e pela de vosso pai, unidos em casamento oficial, tendo recebido, como nobres reis, esposas de grande beleza e de seu próprio país, ou seja, do nobre povo dos francos. Por um lado, é justo que vós as ameis e, por outro lado, vós não estais livres, uma vez que as rejeitem, para vos casar com outras mulheres e de se unirem ao sangue de uma raça estrangeira." Sobretudo por se tratar de "uma raça que é bem conhecida por ser a origem dos leprosos". "Nenhuma pessoa sã pensaria que reis de tal renome pudessem ser misturados a um contágio tão detestável e abominável" com o "povo pérfido, fedorento e repulsivo dos lombardos". Nenhum de vossos antepassados tomou para si uma esposa de uma raça estrangeira, e vós pensais em "vos poluir" com esse "povo bárbaro", esse "povo repugnante"? Cuidado: "Na verdade, ninguém que aceitou se casar com uma estrangeira saiu incólume".

A despeito dessas caritativas exortações da sede apostólica, parece que o caso do casamento de Carlos e Desiderata foi levado bastante longe. Segundo Eginhardo, Carlos, embora seja um homem de 28 anos, obedece sua mãe e repudia Himiltrude, cujo filho, Pepino, o Corcunda, será assim considerado um bastardo. Ele não o faz de ânimo leve e, segundo o cronista, foi o único momento de sua vida em que discutiu com Berta: "A mãe de Carlos Magno, Berta, viveu com ele, rodeada de grandes honras, até uma idade avançada. Ele a tratou com respeito e nunca tiveram uma briga, exceto em relação ao divórcio com a filha de Desidério, com quem se casara a conselho dela". O casamento teria, portanto, ocorrido. Isto também é sugerido pela crônica de Creôncio, segundo a qual eles chegaram a ser pais de uma criança, que morreu ao nascer, na mesma época que sua mãe. Os historiadores atuais não têm tanta certeza. Para Rosamond McKitterick, "o projeto matrimonial lombardo-franco não aconteceu. Não se sabe exatamente quando, como, por que ou mesmo se a princesa lombarda chegou à Frância, ou se ela foi realmente casada com Carlos Magno. O relato de Eginhardo, cinquenta anos depois, [...] talvez seja apenas um palpite baseado na leitura das cartas do papa. É muito mais provável que a aliança tenha sido discutida, mas não prosseguida por causa das objeções papais". Mesmo o nome da "noiva" não é certo: Désirée, ou Didière, o que poderia ser uma confusão com o nome do pai.[6]

---

6 De acordo com o *Dicionário Houaiss*: Desidério, duque da Toscânia, também conhecido como Didier da Ístria (710-786), foi o último rei lombardo. (N. T.)

O assunto é, portanto, obscuro. Além do duplo casamento dos dois rapazes, foi planejado também casar sua irmã, Gisela, que ainda é uma garotinha, com um dos filhos de Desidério. Esse projeto, se existiu, também não aconteceu. Mas há algo ainda mais obscuro. Carlomano, como já dissemos, é casado; sua esposa se chama Gerberga. Mas Desidério tem uma filha também chamada Gerberga: poderia ser a mesma pessoa? Alguns, como Jean Favier, pensam que sim. Mas, nesse caso, as palavras do papa declarando que Carlomano já é casado com uma bela mulher da raça franca não têm sentido. Sua advertência foi dirigida a ambos os reis. Ou, então, esse casamento ocorreu após a carta citada. Isto é impossível: no mesmo ano, a esposa de Carlomano deu à luz um filho, Pepino (outra possível causa de confusão com o Pepino de Carlos Magno, que nasceu na mesma época); além disso, Carlomano teve outro filho, já que, logo após sua morte, no ano seguinte, sua viúva foge para a Itália "com seus dois filhos". O último argumento é que, no verão de 770, Estêvão III escreve a Carlomano propondo que ele mesmo fizesse o batizado de seu filho e fosse seu padrinho. Tal pedido seria impossível se a mãe pertencesse à maldita raça de Desidério, além do que o papa não seria tão obsequioso com um soberano de 19 anos que houvesse ignorado suas severas objeções; o pontífice chega a chamá-lo de seu "filho mais eminente, o mais gracioso rei", cujo "nome mais famoso e sagacidade celestial são famosos em todo o mundo": apesar de tudo, a hipocrisia das fórmulas diplomáticas tem seus limites. O papa continua: "Imploramos com todas as nossas forças a Vossa Cristandade, rei nobre e divinamente inspirado e nosso mais excelente filho, que nos permita, para a exaltação da santa Igreja, manter nos braços sobre a pia batismal a pessoa de vossa ilustre e real descendência, para que se torne pela unção do santo crisma nosso filho espiritual...": a formulação, já excessiva em circunstâncias normais, seria absurda se o dito descendente fosse filho de uma odiada lombarda. A Gerberga de Carlomano não é, portanto, a Gerberga filha de Desidério. Mas, então, por que ela foge para as terras de Desidério quando Carlomano morre? Pode-se supor que o papa abençoou esse casamento depois de tê-lo amaldiçoado, o que nada tem de ultrajosamente chocante para a diplomacia papal, acostumada a isso. Em todo caso, esse episódio ilustra as dificuldades e incertezas encontradas pelo historiador na reconstrução da história de Carlos Magno e de seus próximos a partir de fontes lacônicas, incompletas, confusas e que se referem a inúmeros personagens homônimos.

No ano seguinte, 771, ocorrem novas convulsões em Roma, onde a posição do papa é cada vez mais precária. Em uma carta enviada a Carlos e Berta, ele lhes agradece pela intervenção das tropas francas no ducado de Benevento, o que tornou possível salvaguardar os direitos do Patrimônio de São Pedro. Contudo, ao mesmo tempo, Estêvão III se aproxima de Desidério, esquecendo sua recente invectiva contra a raça maldita dos lombardos: "Nosso mais excelente filho Desidério, rei dos lombardos", escreveu por volta da Páscoa a Carlos e sua mãe, "acaba de salvar nossas vidas". O que aconteceu?

Vale lembrar que Estêvão III deveu sua movimentada eleição à ação do *primicerius* Cristóforo e seu filho, o *secundicerius*[7] Sérgio. Desde então, essas duas figuras exerciam uma pesada tutela sobre a Santa Sé. O papa desejaria se livrar deles, e Desidério estava bastante disposto a ajudá-lo, porque Cristóforo e Sérgio tinham sido os responsáveis pelo fracasso do candidato lombardo para o soberano pontificado. Com o pretexto de fazer suas devoções, o rei dos lombardos chega a Roma. Quanto ao resto, temos apenas a versão do papa. De acordo com este último, Cristóforo e Sérgio uniram forças com Dodo, o *missus*, ou representante de Carlomano em Roma, para assassiná-lo: "Para este fim", conta Estêvão III em sua carta, "formando um exército com Dodo e seus francos, bem como com cúmplices muito perversos, eles irromperam armados no santo palácio de Latrão, arrombando as portas e atirando suas lanças através das tapeçarias deste venerado palácio papal... e assim estes homens perversos procuraram nos matar". O papa se refugia na basílica de São Pedro, enquanto os conspiradores se fortificam com barricadas em Roma. Com o apoio de Desidério, o povo de Roma então se levanta contra os atacantes. Estes são presos, levados perante o papa e têm os olhos arrancados, "contra nossa vontade e intenção", adverte Estêvão III. Cristóforo morre pouco depois, e Sérgio é enterrado vivo um ano mais tarde. Quanto ao seu cúmplice, seu destino é desconhecido, mas quando Carlomano souber o que Dodo fez, não ficará satisfeito, diz o papa: "Acreditamos,

---

7 Primeira e segunda dignidades em determinadas igrejas ou capítulos. Título também dado a certas autoridades bizantinas. (N. T.)

certamente, que quando a notícia de tal iniquidade de sua parte chegar aos ouvidos de nosso mais excelente filho Carlomano, ele não ficará satisfeito em saber que esse Dodo, com seus abomináveis cúmplices, procurou causar a ruína e o caos na santa Igreja de Deus". Felizmente, Desidério chegou, e esse "excelentíssimo filho e protegido de Deus" expulsou Dodo.

A MORTE DE CARLOMANO (4 DE DEZEMBRO DE 771)

Então, a nova situação é favorável para o rei dos lombardos, que parece ser o salvador e protetor do papa, o aliado e provavelmente sogro de Carlomano, e cuja filha Desiderata se prepara para casar com Carlos, se ainda não o tivesse feito. O mais velho dos dois reis carolíngios parece bastante passivo durante esses episódios, que dizem respeito mais diretamente a seu irmão, cujos territórios são adjacentes à Itália. Curiosamente, Carlos deixa a iniciativa para sua mãe, quando, em rápida sucessão, dois acontecimentos novamente modificarão a situação europeia: em 4 de dezembro de 771, Carlomano morre brutalmente em seu palácio em Samoussy; e um mês depois, Estêvão III também morre.

A morte de Carlomano foi uma surpresa. O jovem tinha 20 anos de idade e aparentemente estava em boa saúde. A causa da morte é desconhecida, e apenas a crônica de Creôncio fala de "um fluxo de sangue através do nariz, morte incomum". As outras fontes permanecem silenciosas. Envenenamento? Nenhum documento sugere isso, mas é preciso lembrar que todas as fontes disponíveis foram produzidas pelos apoiadores de Carlos Magno, e que tal ato, em uma época em que o assassinato político era uma prática comum, nada teria de surpreendente. É claro que Carlos é um bom cristão, mas não deixa de ser o grande beneficiário dessa morte. E vários elementos o tornam suspeito. Primeiro, ele não está muito longe; assim que a morte é anunciada, ele corre para Corbeny, a poucos quilômetros de Samoussy, e lá convoca seus principais seguidores e os de seu irmão. Entre outros, lá estão Fulrad, o abade de Saint-Denis, Willicher, o arcebispo de Sens, Maginarius, o secretário de Carlomano, que Carlos toma ao seu serviço, e os condes Warin e Adalardo. Carlos se faz proclamar único rei por essa assembleia, embora, pelas regras de sucessão em vigor, ele deveria ter deixado essa parte do reino para os dois jovens filhos de Carlomano. Isto dá um toque de premeditação à sua ação. Aliás, alguns dos seguidores de Carlomano não se aliam a ele. Adalardo preferirá retirar-se para o mosteiro de Corbie; outros se opõem abertamente a esse golpe de força e permanecem opositores até o final do reinado, fomentando revoltas principalmente em 785 e 792. São eles que favorecem a fuga da viúva de Carlomano, Gerberga, e de seus dois filhos para a Itália. Carlos os havia imediatamente trancado em um mosteiro. Foi o duque aquitano Auchier que os levou sob sua proteção e os conduziu até Pavia, para Desidério. Auchier era um velho seguidor de Pepino; foi ele quem preparou a chegada do papa a Frância em 753, e até o final permaneceu um apoiador dos filhos de Carlomano. Eginhardo finge não entender por que Gerberga fugiu de seu cunhado: "Carlomano morreu, e sua esposa e filhos, com vários homens que tinham sido grandes entre seus nobres, fugiram para a Itália. Lá, por nenhuma razão particular, exceto talvez pelo desprezo que sentia pelo irmão de seu marido, a viúva se colocou e a seus filhos sob a proteção de Desidério, rei dos lombardos". Isto dá vantagens valiosas a Desidério: ele pode usar os filhos de Carlomano para dividir os francos e incitar revoltas contra Carlos. Também pode desempenhar o sempre vantajoso papel de defensor dos direitos da viúva e dos órfãos. Por essa razão, ele tentará conseguir que o papa coroe as duas crianças.

Carlos, portanto, continua sendo o único rei dos francos. Teria ele sido coroado uma terceira vez em Corbeny? É possível. O que é certo é que ele passará as festas de Natal no palácio de seu irmão em Attigny. A versão revisada dos *Anais Reais* afirma que ele "suportou com paciência" a fuga de sua cunhada e de seus sobrinhos. Em todo caso, sua tomada do poder levanta suspeitas de usurpação, se não de assassinato. A fim de liquidar uma situação de que ele obviamente não gosta, também se apressa em mandar a filha de Desidério de volta para o pai. "Ninguém sabe por quê", diz candidamente Eginhardo. Na verdade, ele sempre desaprovou essa aliança. Segundo a crônica de Creôncio, a jovem está grávida; ela dará à luz na Itália após seu retorno e morrerá no parto. Seu retorno foi mais um insulto a Desidério, e para Berta foi o fracasso de seu plano para uma aliança com os lombardos. Carlos a afasta do poder por algum tempo. Esses eventos do final de 771 e início de 772 fazem lembrar casos semelhantes que ocorreriam muito mais tarde, com Luís XIII e depois Luís XIV: um jovem rei que até então esteve sob tutela materna, e que, de repente, se afirma rejeitando-a abruptamente e tomando a direção oposta à sua política. Luís XIII afastando Maria de Médici em 1617, Luís XIV afastando Ana da Áustria em 1661, nada mais fazem senão imitar Carlos Magno ao afastar Berta. Somente São Luís não ousou dar o passo com Branca de Castela.

Em 772, Carlos se casa com a mulher de sua escolha: Hildegarda, filha do conde suábio ou alamano Geraldo e de sua esposa Ema. Ela tem 13 anos e cumprirá perfeitamente seu papel de rainha, produzindo 9 crianças em 11 anos, antes de morrer aos 24 anos de idade, após seu último parto, em 783. Não se perde tempo: no final de 772, veio um menino, Carlos; um ano depois, uma menina, Adelaide, depois outra em 775, Rotruda; em 777, Carlomano, que tomou o nome de Pepino em 781; em 778, gêmeos, Luís e Lotário; Berta em 779, Gisela em 781, Hildegarda em 782. A jovem Hildegarda é uma boa cristã e faz doações para os mosteiros de Saint-Denis e Saint-Martin de Tours e para várias igrejas; também discute religião com Leoba, abadessa de Tauberbishofsheim. Carlos Magno parece ter um sincero amor por ela, embora isto não exclua outras relações, é claro. Ele a leva consigo em sua campanha na Itália em 773-774, e para Roma em 781. Ela será enterrada na igreja de São Arnulfo, em Metz, à qual Carlos Magno dá a propriedade do palácio Cheminot, para que se façam orações diárias perpetuamente e para manter velas acesas em seu túmulo. Uma escolha sentimental também pode ser uma escolha política; uma não impede a outra. O casamento com Hildegarda reforça a lealdade da nobreza da Suábia e da Alemânia. Membros de sua família entram ao serviço do rei: o irmão de Hildegarda, Geraldo, será um dos condes mais devotados, encarregado de administrar a Baviera após a deposição de Tássilo, e morrerá em combate contra os ávaros em 799.

Em janeiro de 772, Carlos também terá um novo parceiro em Roma. Estêvão III, o aliado mais ou menos forçado de Desidério, morre. Seu sucessor é um nobre romano, piedoso, culto, de grande rigor moral e fineza política, um papa como encontramos apenas um por século: Adriano I, cujo pontificado irá durar 23 anos. Muito hostil aos lombardos, ele será desde o início um aliado precioso para Carlos Magno, que então começará verdadeiramente seu reinado pessoal.

– 5 –

SUCESSOS E FRACASSOS DE UMA POLÍTICA EXPANSIONISTA (772-780)

Do ponto de vista dos acontecimentos, o reinado pessoal de Carlos Magno é uma extraordinária sucessão de campanhas militares que provocam vertigens: da Itália à Saxônia, da Saxônia à Espanha, da Espanha à Baviera, da Baviera à Panônia, todos os anos, por mais de quarenta anos, vemos o rei correndo de um extremo ao outro do reino, seguindo um ritual monótono: convocação da assembleia da primavera, reunião do exército, campanha militar, balanço da assembleia de outono, inverno no palácio. Há exceções, anos fastos e nefastos, mas, em geral, o padrão é imutável. Da multiplicidade dos campos de atuação, da repetição das intervenções, emerge uma impressão superficial de confusão, de atividades esboçadas, desorganizadas, de vitórias sem futuro, levando a um resultado frágil e efêmero. A desordem, as distorções e as lacunas das fontes, tanto voluntárias quanto involuntárias, aumentam essa impressão de caos. Não há um plano geral, nenhuma data-chave, exceto para o ano 800, nenhum tratado significativo ou vitórias retumbantes. Carlos Magno não tem seu Austerlitz, nem seu Waterloo; para ele, nem Pharsale, nem Arbèles, mas uma obra de Sísifo e Titã ao mesmo tempo, ingrata e colossal. Em muitos aspectos, ele dá a impressão de ser governado pelos eventos em vez de controlá-los, de responder a emergências que se impõem a ele. Carlos Magno não é Alexandre, nem César, nem Napoleão; sua grandeza não reside numa carreira curta e flamejante de conquistador, mas sim em um processo de ambição, obscuro e obstinado, que, preservando sua herança, a transforma para dar nascimento em profundidade a uma nova realidade. Por meio de suas campanhas e capitulares, a noção de Europa é lenta e invisivelmente moldada. Seus objetivos conscientes são consolidar e unificar, e ao trabalhar sem descanso para isso ele dá inconscientemente uma contribuição para a transição da romanidade para o europeísmo.

772: PRIMEIRA CAMPANHA NA SAXÔNIA

No início de 772, ele tem apenas 30 anos de idade. Passara o Natal e o inverno no "palácio" de Attigny, aos pés das Ardenas, no alto vale do Aisne, e em março vai para Herstal, berço da família, no Mosa, onde celebra a Páscoa, que naquele ano caiu no dia 29 de março. Lá, prepara as tarefas para a próxima temporada. Dois setores demandam sua atenção: Itália e Saxônia.

Na Itália, assim que eleito, o novo papa é diretamente confrontado com a ameaça lombarda. Desidério, de fato, enviou-lhe uma embaixada, composta pelo duque de Espoleto, Teodício, pelo duque de Ivrea, Tunno, e seu pupilo Prandulo, para garantir sua amizade. Adriano responde sem rodeios, de acordo com o *Livro dos papas*: "Como posso acreditar em seu rei, sobre quem meu predecessor, de santa memória, o papa Estêvão, me fez saber penetrantemente que sua palavra era enganosa, que ele o havia enganado em tudo, depois de prometer, por juramento sobre as relíquias de São Pedro, fazer justiça à santa Igreja de Deus, e que como prova de sua iniquidade ele se contentou em arrancar os olhos do *primicerius* Cristóforo e do *secundicerius* Sérgio, seu filho...?". O tom está dado.

Imediatamente, Desidério se põe a caminho e penetra nos territórios que Pepino havia dado ao papa. Ele se apossa de Faenza, de Comacchio, do ducado de Ferrara, matando e devastando. E leva consigo os preciosos refugiados francos: o duque Auchier, a viúva de Carlomano e seus dois filhos. Seu objetivo é coroá-los como reis dos francos, "na esperança de criar dissensões no reino franco, de separar o santíssimo pontífice da afeição e da amizade do excelentíssimo Carlos, rei dos francos e patrício dos romanos", continua o *Livro dos papas*. Adriano havia enviado seu embaixador, o camareiro Paulo Afiarta, a Desidério. Este o seduz e o convence a prometer que lhe trará o papa de volta, atado de mãos e pés, se necessário.

O papa envia embaixada após embaixada para Desidério, em vão. Os lombardos continuam a avançar, ainda saqueando, queimando e massacrando. Adriano recusa-se a encontrar-se com Desidério enquanto este não desocupar as cidades e regiões capturadas, e se fortifica em Roma. Ao mesmo tempo, envia por mar um pedido de ajuda a Carlos.

O apelo ao rei franco não foi, no entanto, imediato. Por quase um ano, Adriano espera sair dessa situação difícil por meio de negociações. Ele sabe que Pepino tinha se recusado a retornar à Itália, apesar dos apelos de Estêvão III. Ele nem sequer se preocupara em informar Carlos sobre sua eleição, e este não parecia disposto a intervir militarmente. É a obstinação de Desidério que finalmente leva o papa a enviar um pedido de ajuda, mas em uma data que permanece incerta. O mensageiro foi obrigado a tomar a rota marítima de Roma a Marselha, subindo depois o eixo Ródano-Saona, para finalmente chegar a Carlos em Thionville.

Carlos se vê diretamente concernido pelos acontecimentos na Itália, devido à presença de sua cunhada e sobrinhos com Desidério. No início, porém, ele se contenta em enviar uma embaixada encarregada de investigar a situação. Desidério hesita. O papa lhe envia três bispos, ameaçando-o com um decreto de anátema, "conclamando-o por todos os divinos mistérios, e a todos os lombardos, bem como a Auchier, o Franco, a jamais, em circunstância alguma, ousar pôr os pés em território romano" sem a permissão do soberano pontífice. O rei dos lombardos, que está em Viterbo, decide retirar-se, mas mantém a posse das cidades e territórios tomados. Na chegada dos enviados de Carlos, o papa descreve-lhes a situação e os envia de volta, junto com um de seus representantes, para pedir ajuda ao rei dos francos. No caminho de volta, os enviados param em Pavia para pedir a Desidério que evacue as cidades do território papal, o que é categoricamente recusado. Sobre isso, "relataram em detalhes ao excelentíssimo Carlos, o grande rei protegido por

Deus, a má decisão de Desidério". Este também recusa uma oferta de 14 mil *solidi* de ouro em troca da cessão das regiões ocupadas.

Claramente, será necessário intervir na Itália. Mas não será em 772, pois na primavera, Carlos decide conduzir uma campanha na Saxônia. Não se trata de conquistar o país, mas de retomar a política de expedições de intimidação realizadas por Carlos Martel e Pepino, o Breve, contra esse povo vizinho, julgado perigoso. O processo é sempre similar: uma incursão mais ou menos profunda na Saxônia, com devastação sistemática, massacres e pilhagens, a fim de satisfazer as tropas e enfraquecer temporariamente os saxões. Uma vez infligida a lição, eles se retiram com o saque e eventualmente com reféns e uma promessa de tributo. Em geral, essas operações eram em resposta aos ataques saxões, mas nenhum é relatado nos anos anteriores a 772, a menos que se coloquem aqui as devastações cometidas pelos angarianos em Hessen. É possível também evocar outros pretextos, tais como o não pagamento do tributo anual de trezentos cavalos que havia sido prometido a Pepino em 758. Enfraquecer os saxões parece constituir uma necessidade, pois esses pagãos, com sua reputação de ferocidade, representam uma ameaça permanente para os territórios francos vizinhos, dos quais não estão separados por nenhuma fronteira clara, como aponta Eginhardo:

> Os saxões, como quase todas as nações estabelecidas na Germânia, são bem conhecidos por sua natureza feroz, por se entregarem à adoração de demônios, por se oporem à nossa religião e por não julgarem desonesto violar e transgredir as leis divinas e humanas. O desenho das fronteiras deles e das nossas poderia ser a causa de uma perturbação diária da paz. Exceto em alguns lugares em que grandes bosques e montanhas determinam as fronteiras precisas dos territórios, elas estão quase sempre nas planícies, e os assassinatos, roubos e incêndios não cessam nesses locais, devido a ambas as partes. Os francos finalmente ficaram tão irritados com isso que, achando insuficiente devolver os ataques, consideraram necessário travar uma guerra aberta contra os saxões.

Será que Carlos quer simplesmente demonstrar sua força, para intimidar estes saqueadores pagãos desde o início, a fim de obter a paz nessa área? Se este é seu cálculo, ele está muito equivocado.

Ao entrar na Saxônia, ele inaugura 33 anos de guerra. Eginhardo, é claro, culpa os saxões por isto:

> Durou trinta e três longos anos, com ódio feroz de ambos os lados, mas as perdas dos saxões foram maiores que as dos francos. A guerra poderia ter terminado mais rapidamente, não fosse a má-fé dos saxões. É difícil dizer quantas vezes eles foram derrotados e se apresentaram como suplicantes diante de Carlos Magno, prometendo fazer tudo o que lhes era exigido, entregando os reféns que lhes foram exigidos, e sem demora, e recebendo os embaixadores que lhes foram enviados..., entretanto, [...] estavam sempre prontos para renegar suas promessas.

Contudo, Eginhardo também sugere outra razão para a duração excepcional dessas guerras: "Carlos Magno não poderia enfrentar o inimigo em uma batalha campal mais de duas vezes". Ele se choca contra a eterna armadilha do conquistador que enfrenta um povo inteiro em um país hostil: não consegue impor ao inimigo uma batalha decisiva, e suas forças são constantemente assediadas. A natureza do terreno é desfavorável: colinas e montanhas de médio porte, cobertas por densas florestas em que a pesada cavalaria franca não pode ser eficientemente usada. As expedições partem do Reno Médio, sobem os vales do Lippe e do Ruhr, ou então do alto Reno, atravessando o Main na "passagem dos francos", o *Frank Furt* (Frankfurt), e indo para o norte de Hesse, os planaltos e pequenas montanhas nas fronteiras do Eder, do Fulda e do Diemel, coração da resistência saxônica.

Os saxões lutam em pequenos grupos, mas às vezes podem reunir um exército de vários milhares de homens, equipados com catapultas e engenhos de cerco, capazes de forçar a rendição das fortificações francas. Eles usam a astúcia, por exemplo, para atacar o acampamento dos francos em Lübbecke, na região de Osnabrück, em 775. Os *Anais Revisados* contam como os francos foram "ludibriados e confundidos por um traiçoeiro ardil saxônico. Pois, quando os batedores francos estavam voltando ao acampamento, por volta da nona hora do dia (15h), alguns saxões se misturaram a eles, como se fossem seus amigos, e assim entraram no acampamento franco. Eles encontraram os homens adormecidos ou sonolentos e massacraram essa multidão desarmada".

Os francos fazem uma guerra de terra arrasada na Saxônia. Cada expedição é marcada por massacres e devastações. Os *Anais Reais* e sua versão revisada estão cheios de notas lacônicas por trás das quais se escondem horrores: "o rei semeou a desolação entre muitos saxões e arruinou suas terras"; "progrediu devastando tudo"; "devastou grande parte do país"; "devastou tudo, queimando e saqueando, matou um grande número de saxões que tentaram resistir, e voltou com imenso espólio"; "pilhou suas *villae*, [...] perturbou tudo, matando e queimando". "Ao devastar dessa forma durante todo o inverno, ele infligiu uma destruição imensa a quase todo o território saxônico"; "ordenou que tudo fosse destruído pelo ferro e pelo fogo"; "tudo foi devastado pelo fogo e pela espada"; "o rei entrou em uma fúria violenta, [...] e devastou parte da Saxônia com fogo e espada"; "durante 52 dias ele atravessou o país queimando e devastando; uma enorme quantidade de saque e inúmeros cativos, homens, mulheres e crianças, foram levados"; "destruiu e queimou tudo"; "ele devastou, [...] infligiu um grande massacre". Não há nota discordante: todos os anais e crônicas concordam que Carlos Magno, na Saxônia, se comportou como o flagelo de Deus: queimar, destruir, devastar, massacrar, são verbos que reaparecem insistentemente, ano após ano. De ambos os lados, os ódios são ferozes e levam a atrocidades. Irritado com a resistência dos saxões, Carlos Magno conduz uma guerra que atualmente seria qualificada como genocida. Cada revolta "o incitava ao rápido esmagamento dos saxões e provocava nele um ódio cada vez maior por esse povo pérfido", afirmam os *Anais Reais Revisados*.

Havia uma determinação extraordinária de ambos os lados. Por exemplo, o campo fortificado saxão em Eresburg, no Diemel, no norte do Hesse, uma posição-chave, foi tomado por Carlos em 772, retomado em 773 e destruído; reconstruído pelos francos em 775, retomado pelos saxões em 776 e novamente destruído, antes de ser reconstruído pelos francos.

É, portanto, um empreendimento arriscado em que Carlos se lança em 772. Essa primeira expedição é um sucesso. O rei convoca a reunião da primavera em Worms, e de lá avança com seu exército para o país saxônico. Seu primeiro objetivo é o já mencionado forte de Eresburg, que ele captura. De lá, vai para Irminsul, santuário religioso dos saxões, cuja localização exata e composição são desconhecidas. Provavelmente organizado em torno de uma árvore sagrada, devia comportar vários prédios onde armazenar as oferendas.

De fato, Carlos Magno, que pensa em destruí-lo sistematicamente, precisa de dois ou três dias para fazer isso: "o glorioso rei queria ficar lá dois ou três dias para destruir completamente o santuário", dizem os *Anais*. Mas a água se esgotou, devido a uma seca excepcional naquele ano. Os soldados estavam com sede, e o trabalho de destruição corria o risco de ser abandonado. Então, dizem os *Anais*, Deus faz um milagre: "Enquanto todos descansavam, ao meio-dia, como era costume, surgiu um tal fluxo de água no leito de um rio, ao longo da montanha que margeava o acampamento, que houve o suficiente para o exército todo". A destruição do santuário pode assim ser completada, e o saque, carregado. A expedição continua até o Weser, "devastando pelo ferro e pela espada". Lá, fizeram tratativas com alguns chefes saxões e retornaram com doze reféns.

773-774: A CAMPANHA DA ITÁLIA E A ANEXAÇÃO DO REINO LOMBARDO

Depois desse sucesso, Carlos Magno passa as festas de Natal em Herstal, e o inverno em Thionville. É lá que recebe o mensageiro do papa, portador das notícias que mencionamos. O rei, após celebrar a Páscoa em Herstal, em 18 de abril de 773, decide intervir na Itália. O caso é mais delicado que a expedição saxônica. O adversário é um reino estruturado, bem defendido, em uma região cheia de cidades fortificadas e protegidas pelos Alpes, cuja travessia por um exército continua a ser um feito logístico. Além disso, o feito não é apenas militar, mas comporta aspectos diplomáticos importantes, tendo como interlocutores o papa, o rei dos lombardos, os duques de Espoleto e de Benevento, a viúva de Carlomano e, ao fundo, os observadores bizantinos. Trata-se, então, de combinar operações militares e diplomacia.

A primeira campanha da Itália revela todos os talentos de Carlos, assim como mil anos depois revelará os de Bonaparte. O ponto de reunião do exército é estabelecido em Genebra, na primavera. Carlos divide suas forças em dois grupos para atravessar os Alpes. Esta será uma prática regular para ele, pois apresenta vantagens, tanto logísticas quanto estratégicas: dois pequenos exércitos, que seguem rotas diferentes, podem se reabastecer mais facilmente em forragem e capturar o inimigo em um movimento de tenaz.

Mas isso pressupõe uma excelente coordenação e uma comunicação eficaz entre os dois chefes. Desse ponto de vista, tudo funciona perfeitamente nesse caso. Um dos exércitos é confiado a Bernardo, tio do rei, que passará ao leste do lago de Genebra e tomará a direção do desfiladeiro do Grande São Bernardo, que na época se chamava Montjoux, para descer, do lado italiano, no vale de Aosta. O outro exército, liderado por Carlos, sobe o vale do Arc e passa pelo desfiladeiro do monte Cenis, para descer no vale de Susa. Essa estrada, a *Via Francigena*, era chamada de *Via Romea*, porque era o caminho percorrido pelos *romeo*, os peregrinos a caminho de Roma.

A passagem na primavera continua sendo uma façanha, que Eginhardo celebra em termos líricos, evocando "as cristas inacessíveis das montanhas, as rochas subindo aos céus e os abismos sem fundo" que os francos devem atravessar. Sem dúvida ele tem em mente a epopeia de Aníbal. No entanto, ao descer para o vale de Susa, a tropa de Carlos se depara com as defesas lombardas, que bloqueiam a passagem com um muro de taipa e pedras, de acordo com a *Crônica de Novalesa*. A natureza tardia desse relato há muito fez que os historiadores duvidassem da realidade desse muro, embora ele também seja mencionado pelo cronista de Metz. No entanto, a arqueologia tem confirmado sua existência: os *chiuse* formam um sistema defensivo que bloqueia o vale. Carlos então usa sua tropa ligeira de elite, a *scara*, que, por caminhos de montanha, contorna os *chiuse* pelo Val Sangone, desce em Giaveno e torna a subir em Avigliana, emboscando os lombardos pela retaguarda. Desidério não insiste; capitula imediatamente e se refugia em Pavia. Os dois exércitos francos, reunidos, iniciam então o cerco da capital lombarda.

As defesas da cidade são temíveis. Está fora de questão tomá-las de assalto, já que Carlos não tem engenhos de assédio. Ele monta acampamento e espera que a falta de alimentos, as epidemias e o cansaço acabem com a resistência lombarda. Ele fica lá por mais de um ano, enquanto cuida da rendição de outros lugares, e em particular de Verona, onde Auchier, Gerberga, a viúva de Carlomano e seus filhos são capturados. A submissão da Lombardia não parece ter causado grandes problemas, principalmente por causa da divisão dos lombardos. Alguns dos "grandes", incluindo o duque de Friuli, não haviam aceitado bem a eleição de Desidério e nada fazem para apoiá-lo. Nem os duques de Espoleto e de Benevento. Durante o verão, muitos habitantes de Espoleto vêm prestar fidelidade ao papa:

Prostrando-se a seus pés, imploraram à Sua Santidade três vezes abençoada, com todas as suas forças, que os aceitasse ao serviço de São Pedro e da santa Igreja romana, cortando os cabelos à moda romana. Ele aceitou, e foi com eles à Igreja de São Pedro, onde todos juraram [...] permanecer fiéis ao serviço do santíssimo papa Adriano e de seus sucessores pontífices. Então [...] todos eles tiveram seus cabelos cortados à moda romana, e o pastor e pai três vezes abençoado [...] nomeia como duque o homem que eles próprios haviam escolhido, o nobre Hildebrando, um dos que antes se haviam refugiado na sede apostólica.

Assim, de acordo com o *Livro dos papas*, munidos de um novo duque e um novo penteado, os habitantes de Espoleto se unem à causa de Adriano e Carlos. Este último, entretanto, não pôde impedir que Adalgis, filho de Desidério, fugisse para Bizâncio, de onde constituirá uma ameaça permanente para a Itália.

O cerco de Pavia se arrasta. Carlos passa o Natal em seu acampamento, para onde traz sua jovem esposa Hildegarda. Ele ainda está lá, no final de março de 774, quando más notícias lhe chegam da Saxônia. Aproveitando-se de sua ausência, os saxões atacaram o forte de Büraburg e a cidade de Fritzlar, no Eder, causando grandes danos. Eles também tomaram e destruíram Eresburg. Os angarianos penetraram em Hessen, e os vestfalianos, na Frísia. O rei, imobilizado na Itália, decide aproveitar a ocasião para comemorar a Páscoa em Roma. Essa decisão foi mais política que piedosa. O objetivo é resolver com o papa o destino dos Estados lombardos e pontificais.

De acordo com o *Liber pontificalis*, que dá um relato detalhado do evento, o papa não foi sequer avisado dessa visita, pois "ficou maravilhado e surpreso com a chegada repentina do rei". Este vai acompanhado por "vários bispos, abades e juízes, duques e condes, com uma forte escolta armada". O desejo de impressionar é óbvio. Ambos os lados se comportam com uma prudência que beira a desconfiança, dosando sutilmente os sinais de respeito e de amizade. Tudo é calculado, se não ao milímetro, pelo menos ao quilômetro: o papa envia os juízes, altos dignitários do palácio papal e os portadores de estandartes, para se encontrarem com o rei. Eles o receberam a exatamente 30 milhas de Roma, ao norte do lago Bracciano. O próprio papa não foi, pois isso teria significado fazer a Carlos as mesmas honras que ao imperador. A uma milha, ou pouco mais de um quilômetro e meio da cidade, "todas as milícias dos distritos foram postadas, cada uma com seu comandante, junto com as crianças das escolas, todas carregando galhos e ramos de oliveira e cantando louvores, e que receberam o rei dos francos com aclamações de exaltação; Sua Santidade também envia à sua frente as veneráveis cruzes, ou seja, as cruzes processionais, para recebê-lo com a maior honra, como é feito somente para o exarca ou o patrício". Carlos tem o título de patrício desde 754. Ele recebe, portanto, as honras devidas à sua posição, porém nada mais. O papa o espera no Vaticano.

Carlos desmonta e caminha até a frente da igreja de São Pedro; Adriano fica na entrada, no topo das escadas, do lado de fora. O rei sobe até ele, beijando cada degrau. Eles se abraçam, entram na igreja de mãos dadas e vão se curvar diante da "Confissão"[1] de São Pedro, local onde seu corpo é conservado. É sábado, 2 de abril de 774, véspera da Páscoa. O rei então pede ao papa permissão para dar um passeio pela cidade. Deve-se lembrar que o Vaticano e a igreja de São Pedro estão localizados no exterior da Muralha Aureliana, que constitui o limite oficial da cidade de Roma. Não se trata de entrar na cidade com soldados, que permanecerão, portanto, do lado de fora, na margem direita do Tibre. Mas, antes de atravessar a muralha, os dois homens "juraram proteção mútua", o que pode ser interpretado como um gesto de desconfiança. A visita, no entanto, prossegue sem nenhum problema. Foram à basílica de San Salvatore del Latrano, perto do palácio em que o papa costuma residir. Ali, como em Santa Maria Maggiore, há belas relíquias para Carlos admirar, tais como a escada do pretório de Pilatos, que o próprio Jesus teria subido, e que ainda hoje os peregrinos continuam a beijar. Depois, voltaram para o Vaticano.

No dia seguinte, Páscoa, a visita aos santuários foi repetida. Na segunda-feira, houve outra missa em são Pedro; na terça-feira, aconteceu mais uma em São Paulo Fora dos Muros; ainda na quarta-feira, novamente em São Pedro. Depois disso, passou-se ao que interessa. É 6 de abril, na igreja de São Pedro, no túmulo do chefe dos apóstolos, o que dá aos compromissos assumidos um valor formidável. O papa lembra a Carlos as promessas feitas a Estêvão II, em

---

1 A Confissão é um altar concebido por Carlo Maderno entre 1615 e 1617. Trata-se de um espaço semicircular, diante da tumba de São Pedro, no subsolo do Vaticano, ao qual se acede por uma escada. (N. T.)

754 e 756, de ceder a ele vastos territórios tomados dos lombardos. E o texto dessas promessas, assinado em Quierzy, foi colocado diante dele. Isto é pelo menos o que diz o *Liber pontificalis*, pois nenhum vestígio desse texto jamais foi encontrado. Será que a famosa Doação de Constantino também lhe é apresentada? As fontes nada dizem. Jean Favier pensa que este seria o momento, mas que o documento "provavelmente está sendo forjado". De todo modo, ainda segundo o *Liber pontificalis*, o rei, tendo reconhecido a legitimidade das exigências pontifícias, "ordenou a Ithier, seu religioso sábio capelão e notário que redigisse outra promessa de doação, pela qual fez a concessão das mesmas cidades e territórios a São Pedro, e prometeu fazê-la de acordo com o limite abaixo, que é descrito no ato de doação: desde Luna, com a Córsega, até Sorgnano, depois do Monte Bardone a Berceto, Parma, Reggio, Mântua, Monselice e todo o exarcado de Ravenna, como era antes, as províncias de Veneto e Ístria, assim como todos os ducados de Espoleto e de Benevento".

Assim como os precedentes, esse ato de doação não sobreviveu, o que integra muitos desaparecimentos suspeitos, pois documentos assim preciosos não deixariam de ser objeto de cuidados atenciosos, e os papas teriam ficado muito felizes em conservá-los até 1870. A lista de territórios também é espantosa: o papa reivindica regiões que teriam feito dele o governante de quase toda a península, mais a Córsega, com algumas áreas ainda em poder dos bizantinos, outras em mãos lombardas. Se Carlos realmente assinou tal texto, ou ele foi enganado pelos clérigos e juízes papais, o que, na ausência de mapas, não seria inverossímil, e tudo fora resolvido às pressas; ou ele assinou sem a menor intenção de satisfazer essas reivindicações. As amargas exigências pontifícias que se seguiram tornam essa hipótese plausível. Adriano, no entanto, toma precauções: "Feita esta doação, o muito cristão rei dos francos a confirma com sua própria mão e a faz subscrever por todos os seus bispos, abades, duques e condes, depositando-a primeiramente no altar de São Pedro e depois dentro de sua santa confissão, tanto o rei dos francos como seus juízes se oferecem a São Pedro e a seu santíssimo vigário, o papa Adriano, como fiadores de sua observância, obrigando-se por um poderoso juramento. Mandou Ithier fazer uma cópia do ato, que ele levou até o corpo de São Pedro e a colocou com suas próprias mãos sob os Evangelhos, e este foi beijado, como sinal de uma garantia muito forte e para a lembrança eterna de seu nome e do reino dos francos. Outra cópia da doação, retranscrita pelos escritórios de nossa Igreja Romana, foi levada por Sua Excelência". Desde então, nenhuma dessas cópias jamais foi vista.

Tanto quanto sabemos, o *Liber pontificalis* é também o primeiro, nessa ocasião, a se referir a *Carolus* como *Magnus*, o que é um pouco prematuro, pois o jovem rei ainda tem poucas realizações. A fórmula, tão obsequiosa quanto se poderia desejar, fala de *Deo institutus benignissimus Carolus magnus Francorum rex et patricius Romanorum*, ou seja, o "mui benevolente Carlos Magno, estabelecido por Deus como rei dos francos e patrício dos romanos". E o título logo se tornaria mais longo. De fato, após o episódio da Páscoa em Roma, o rei volta ao cerco de Pavia, onde ainda tem que esperar por mais dois meses antes da rendição de Desidério, em 5 de junho de 774. Carlos decide então assumir o título de rei dos lombardos. Desidério é deposto e levado como prisioneiro para a Frância, onde é mandado para o mosteiro de Corbie, para lá terminar seus dias. Os filhos de Carlomano sofrem o mesmo destino.

Carlos e Hildegarda retornam no início do verão. É muito tarde para uma intervenção na Saxônia, para onde o rei, no entanto, envia algumas tropas: "assim que chegou em casa, e antes que os saxões soubessem de seu retorno, o rei enviou a esse povo um exército ramificado em três divisões, que devastaram tudo, incendiaram, mataram um grande número de saxões que tentaram resistir, e trouxeram de volta uma quantidade imensa de saques", dizem os *Anais Revisados*.

A despeito de seu sucesso italiano, Carlos Magno pode constatar, desde o outono de 774, que a situação se complica. Não só o problema saxônico não está resolvido, como também deixara para trás uma Itália que não estava de forma alguma pacificada. Tomar o título de rei dos lombardos implica novas responsabilidades que devem ser enfrentadas, pois a região não será capaz de se autoadministrar. Além disso, promessas precipitadas haviam sido feitas ao papa, que já começa a reclamar. Antes do final de 774, começam os problemas. Leão, arcebispo de Ravena, envia a Carlos seus representantes, os *missi*: recusa-se a ver seu arcebispado, que corresponde ao exarcado bizantino de Ravena, ficar sob a autoridade espiritual e temporal do papa. Este último reage furiosamente, escrevendo ao rei dos francos: "Soube que o insolente e insuportavelmente arrogante Leão, arcebispo da cidade de Ravena, enviou seus *missi* a Vossa Excelência e Graça para contar-lhe mentiras a nosso respeito. A verdade... é que ele é um rebelde contra São Pedro e contra nós, e tem uma atitude tirânica e vergonhosa. Ele se permite manter em seu poder várias cidades na Emília, a saber, Faenza, Forlimpopoli, Forli, Cesena, Sarsina, Comacchio, o ducado de Ferrara e Imola, Bolonha [...] Este 'execrável', 'abominável' arcebispo, até enviou seus juízes, Filipe, Eustáquio, operar em Ravena. Então, o que vós estais fazendo? Onde estão vossas promessas? As pessoas riem de mim; elas dizem: 'O que vós ganhais com o esmagamento do povo lombardo e vossa sujeição ao reino franco? Vejais: nenhuma das promessas que vos foram feitas foi cumprida; pior: elas vos tiraram o que o senhor rei Pepino, de santa memória, havia dado a são Pedro'. Portanto, façais alguma coisa". A carta é levada a Carlos Magno pelo camareiro Anastácio, que também recebeu instruções orais.

Teria ele ultrapassado suas instruções? Em sua resposta ao papa, Carlos Magno reclama da "linguagem insuportável e indecente" do camareiro, tanto que mandou prendê-lo, assim como o lombardo Gausfrido, que o acompanhou, e que corrompeu um notário real para fazer um documento falso, destinado a envenenar as relações entre o rei e o papa. A resposta do papa, no início de 775: "Devolva-me meu *missus* Anastácio, porque aqui as pessoas estão começando a tagarelar, 'diz-se que o rei não é mais o amigo do *apostolicus*, pois ele está retendo seu *missus*'. Além disso, desde o início do mundo, nunca se soube que um *missus* de seu protetor São Pedro, grande ou pequeno, tenha sido detido por nenhum povo". Cabe a mim puni-lo, se ele o merece. O tom se torna francamente azedo.

Além disso, dois indivíduos, Pascal e Saracinus, que "ousaram cometer nesta cidade de Roma atos como nunca se ouviu falar, desde o início do mundo", refugiaram-se junto a vós, escreve o papa, e se disputaram com nossos *missi* na vossa presença. Enviai-me todas essas pessoas para que eu possa julgá-las. E intervenhais para que me deem os territórios prometidos". Nessa carta, o papa parece acreditar que Carlos pretende voltar à Itália em outubro.

775: PRIORIDADE PARA A SAXÔNIA

Ilusão. Para Carlos Magno, o ano 775 será saxônico. Um de cada vez. Ele passa o inverno na vila de Quierzy, e prepara sua campanha, bem determinado, dizem os *Anais Revisados*, "a travar uma guerra contra o povo traiçoeiro e perjuro dos saxões, até que sejam subjugados e convertidos à religião cristã, ou completamente exterminados". Na primavera ele convoca a assembleia geral em Düren, ao leste de Aachen, e reúne um exército considerável, "todas as forças do reino", dizem os *Anais*.

Após atravessar o Reno, as tropas sobem o vale do Ruhr, capturam o forte de Syburg na Vestfália e depois, seguindo para o leste, ocupam as ruínas de Eresburg, onde as fortificações são reconstruídas. Carlos Magno ali coloca uma guarnição e avança, pelo vale do Diemel, até o Weser. Em Braunsberg, uma tropa saxônica tenta impedi-lo de atravessar o rio. Após uma breve batalha, os francos dispersam o inimigo e a marcha para o leste é retomada, até o rio Oker. Carlos Magno nunca havia ido tão longe. Lá, um dos principais chefes dos ostfalianos, Hessi, vem parlamentar; ele entrega reféns e faz um juramento de lealdade. O rei parte então novamente para o oeste e, no distrito de Bückegau, obtém a submissão dos angarianos, que também entregam reféns.

No entanto, uma parte do exército, que Carlos Magno havia deixado ao oeste do Weser e que se mantinha no campo entrincheirado de Lübbecke, foi surpreendida pelos saxões; ela recupera a vantagem, mas não sem sofrer pesadas perdas. Ao tomar conhecimento do fato, o rei ataca os vestfalianos e "lhes inflige um massacre", retornando em seguida a Düren. Segundo os *Anais Reais*, o resultado foi muito positivo: "Ele havia feito reféns, trazido um abundante saque e por três vezes feito uma carnificina entre os saxões".

No decorrer de 775, Carlos Magno faz mais que matar saxões. A expedição dura no máximo três meses, durante o verão, então fica a curiosidade de saber no que o resto do tempo foi gasto. Os anais e as crônicas são silenciosos. Talvez apenas documentos administrativos elaborados em nome do rei possam ser usados para acompanhar seus movimentos e, desse ponto de vista, 775 é um ano fasto: há 22 *chartes* concedendo imunidades, proteções reais, terras, permissões para eleger um abade, isenções de pedágios e afins. O local onde essas *chartes* foram elaboradas, assim como suas datas, são indicados, e se assumirmos que o rei estava presente quando elas foram assinadas, obtemos o seguinte itinerário:

Carlos Magno está em Quierzy, na região de Oise, onde passou o Natal, até 22 de janeiro; em fevereiro, fica alguns dias em Saint-Denis, a 110 quilômetros de distância, onde inaugura a nova igreja da abadia no dia 24. Retorna a Quierzy em março, assinando uma *charte* no dia 14; lá celebra a Páscoa, no dia 4 de abril. Em seguida, vai para Thionville, a mais de trezentos quilômetros de distância, ou seja, uma viagem de dez dias, onde assina uma *charte* no dia 3 de maio. Retorno a Quierzy, e várias *chartes* até 26 de junho. Depois, vai à assembleia geral em Düren, a 360 quilômetros ao nordeste, uma viagem de doze dias. As *chartes* foram assinadas lá em 28 de julho e 3 de agosto. Segue-se a expedição militar, um círculo de mil quilômetros na Saxônia, com retorno a Düren, onde alguns documentos são assinados em 25 de outubro e em novembro. Nesse mesmo mês, o rei vai para Thionville, a 270 quilômetros ao sul, e de lá para Sélestat, onde passa o Natal.

Essas peregrinações são plausíveis? Durante muito tempo se pensou assim, e isto contribuiu para a imagem de um Carlos Magno itinerante, em constante mudança de um lugar para outro. Essa imagem não é necessariamente errada, mas provavelmente é exagerada. Se for aceito esse itinerário, Carlos é um rei que passa cerca de quatro meses nas estradas e caminhos, fazendo viagens imprudentes de ida e volta em grandes distâncias, cobrindo de 2.500 a 3 mil quilômetros no ano, com sua corte de secretários, capelães e com tudo o que isso implica de precariedade. Por isso, sem negar o caráter errante da monarquia franca, pensa-se hoje que é impossível confiar na escrita das *chartes* para seguir os movimentos do rei. A última biógrafa de Carlos Magno, Rosamond McKitterick, escreve: "Em vez de aceitar as *chartes* como uma indicação da presença física do rei, é então mais verossímil ver em muitas delas, se não em todas, sinais da atividade de oficiais reais, com notários e escribas trabalhando por si, enviados ou baseados no local das transações em nome do rei, e eventualmente acompanhados pelo conde do palácio. Assim, parece que havia um sistema de escribas e notários itinerantes, responsáveis pela correta elaboração e identificação das *chartes*, acompanhando os oficiais do rei". A historiadora rejeita esse "vaivém ziguezagueante que as cartas até agora têm sugerido". Concordamos com esse ponto de vista. Isso não faz de Carlos Magno um governante sedentário. Seus deslocamentos, como veremos, não são apenas uma necessidade material, mas também um instrumento de governo, que serve para manifestar sua presença e sua atividade. Apenas não se pode utilizar os locais onde as *chartes* foram assinadas para estabelecer seus itinerários.

O ano 775 foi saxônico, como dizíamos. Mas o rei também é perseguido pelos enviados do papa, que o assediam com mensagens reprovadoras, pedindo-lhe que retorne à Itália para forçar os recalcitrantes a ceder os territórios prometidos na Páscoa do ano anterior. Carlos Magno temporiza. Durante o verão, no meio da campanha saxônica, ele envia a Roma dois *missi*, o bispo Possessor e o abade Rabigaud, com a mensagem que, assim que terminasse com os saxões, iria encontrar Adriano. Este finge acreditar e lhe relembra sua promessa, feita "sobre a Confissão de São Pedro".

Em 27 de outubro, uma nova mensagem do papa, com caráter de urgência. É porque o assunto é importante: "imagine que o execrável Leão, arcebispo de Ravena, lê minhas cartas antes que me sejam trazidas! Acabo de receber uma de João, patriarca de Grado; 'descobrimos com horror que os selos dessa carta foram adulterados. Ela foi lida pelo arcebispo Leão antes de nos ser entregue'. Vossa Eminente Graça tem assim a prova da falcatrua do arcebispo Leão, que se atreveu a abrir e ler a carta. E agora ele dirá a todos o que havia nela, especialmente ao duque de Benevento, Arequis, e a todos os nossos inimigos. Não há dúvida de que esses inimigos já foram avisados pelo arcebispo". Esse homem é um megalomaníaco esquizofrênico, diz o papa, com o vocabulário de seu tempo: "ele está tomado por um orgulho sem limites e por um empolamento tirânico"; ele ameaça todos aqueles que se juntariam a mim, expulsou nossos enviados na Emília, e "com relação às cidades de Ímola e Bolonha, ele pretende insensatamente que Vossa Excelência não as deu a São Pedro e a nós". Como vós mesmo não vindes, espero vossos *missi*; eles ainda não chegaram. Eu vos envio esta carta com urgência, no mesmo dia em que recebi a carta do patriarca João, "na mesma hora, no mesmo momento, antes que eu e o escriba tenhamos comido e bebido".

Um mês depois:

> Esperamos até agora a chegada de vossos *missi*, [...] durante todo o mês de setembro, depois o de outubro, e agora o de novembro. Como eles não chegaram, enviamos cartas apostólicas a Pavia, aos juízes que vós nomeastes lá, pedindo-lhes que nos informassem sobre a chegada de vossos *missi*, e eles responderam que, por enquanto, vossos *missi* não estão a caminho. No entanto, vós mandastes o bispo André nos dizer que iríeis enviá-los para nós. Portanto, peço ao mesmo André que vos lembre da promessa feita por vosso pai Pepino, e por vós mesmo, sobre a Confissão de São Pedro. E aqui está a mais recente façanha

de Leão, que atinge os "picos da arrogância": ele prendeu nosso enviado em Gavello, e "não permitiu que ninguém das outras cidades da Emília", ou seja, de Faenza, do ducado de Ferrara, de Comacchio, Forli, Forlimpopoli, Cesena, Sarsina ou Pentapolie viesse até nós. Espero que vós não deixeis a Igreja de São Pedro ser humilhada dessa forma por pessoas perversas.

Em dezembro, as relações entre o papa e o rei dos francos se deterioram ainda mais. Os *missi de* Carlos Magno, o bispo Possessor e o abade Rabigaud se puseram finalmente a caminho. O papa envia uma escolta para encontrá-los, mas, surpreendentemente, em vez de ir a Roma, eles vão a Espoleto, para se encontrar com o duque Hildebrando, e enviam uma mensagem desenvolta a Adriano: "Primeiro falaremos um pouco com Hildebrando e depois iremos até vós... como planejado". Pelo menos é isto que o papa diz em outra mensagem a Carlos Magno, em dezembro de 775. E ele continua: "Então, em vez de vir me ver, eles foram diretamente para Benevento, para o duque Arequis, 'nos deixando de lado de maneira ignominiosa, aumentando, com isso, a insolência dos espoletanos'. Vós esqueceis que, segundo nosso acordo, Espoleto e Benevento deveriam caber a mim, 'pelo bem de vossa alma'". A ameaça de castigo eterno mal é velada. "Vós também prometestes, diante dos abençoados príncipes dos apóstolos, Pedro e Paulo, que vosso exército de francos não buscaria apreender ouro, joias e prata, nem terras e homens, mas apenas satisfazer os direitos de São Pedro".

De fato, é de se questionar o que os enviados de Carlos Magno estavam fazendo em Espoleto e em Benevento. Eles só podiam estar lá para negociar com os duques, que estavam cada vez mais hostis, tanto para com o papa quanto para com os francos, de quem aceitavam mal a tutela sobre a Itália. Arequis, sendo genro de Desidério, poderia pretender vingar seu sogro. Mesmo na Lombardia, a administração franca encontra resistências. Desidério conserva partidários e a transição entre seu reino e o de Carlos Magno certamente não é tão fácil quanto o silêncio dos *Anais Reais* poderia deixar pensar. No leste, no Friuli, nessa região montanhosa ao norte do Vêneto, o duque Rodgaud se veria bem como o rei dos lombardos, e juntamente com os duques de Treviso e de Vicenza, organiza uma revolta contra os francos.

776: GUERRAS-RELÂMPAGO NA ITÁLIA E NA SAXÔNIA

Carlos Magno agora sabe: terá que voltar à Itália, não tanto para ajudar o papa, cujas mensagens não parecem comovê-lo, mas para restabelecer sua autoridade na Lombardia. Ele passa o Natal em Selestat, um lugar pouco usual, que parece indicar sua intenção de intervir a partir do início do ano de 776. Em fevereiro chega outra carta do papa, com um conteúdo muito alarmante. Adriano diz: "Por meio de Estêvão, meu enviado a Espoleto, fiquei sabendo que uma ampla conspiração está sendo esboçada contra vós e contra mim, envolvendo o duque de Espoleto, Hildebrando, o duque de Benevento, Arequis, o duque de Friuli, Rodgaud, e o duque de Chiusi, Reginbaldo: eles chegaram a um acordo com o filho de Desidério, Adalgis, que está se preparando para desembarcar com as forças bizantinas. Eles pretendem ocupar Roma, nossa cidade, espoliar todas as igrejas de Deus, roubar o baldaquino de nosso patrono, São Pedro, e, Deus nos livre, prender-nos; além disso, querem restaurar o rei dos lombardos e opor-se a vosso poder real". A carta termina com uma advertência: "se não intervirdes, vós dareis conta disso no julgamento final".

De fato, Carlos Magno intervirá, provavelmente menos por medo do juízo final e por compaixão pelo papa que por seu próprio interesse. Não se sabe se ele acredita na realidade dessa trama, que parece bastante improvável para os historiadores e que o papa provavelmente inventou para pressionar o rei a agir. Uma coisa é certa: Rodgaud e os duques de Trevisa e de Vicenza estão em plena revolta. Isto é suficiente para motivar uma expedição. Ela aparentemente ocorre em março de 776, mas os *Anais* são muito lacônicos a esse respeito, não fornecendo nenhuma informação, nem sobre a data precisa, nem sobre a duração ou as operações. O momento é incomum, dado que o inverno não acabou, o que sugere uma situação de emergência. A travessia dos Alpes nessa época do ano deve ter sido problemática, mas não nos é dito nem uma palavra sobre ela, enquanto a passagem de 773, no verão, foi celebrada como um grande feito. Os *Anais Revisados* simplesmente usam esta frase concisa: Carlos Magno chegou "levando consigo os mais vigorosos de seus homens", o que sugere que esta foi uma operação-relâmpago, com tropas de elite em número restrito, resolvendo assim o problema do abastecimento da forragem.

A campanha é rápida, relatada em cinco linhas nos dois *Anais*: "O rei julgou que não havia um momento a perder para esmagar essa sedição e partiu imediatamente para a Itália... Rodgaud, que aspirava ao trono, foi morto; as cidades que se uniram a ele foram rapidamente reconquistadas e condes foram nomeados. O rei foi embora tão rapidamente quanto havia chegado", depois de celebrar a Páscoa em Treviso, em 14 de abril. Por meio de outras fontes, sabemos que Rodgaud foi morto na batalha de Livenza.

Embora tenha sido curta, a expedição foi, no entanto, muito violenta e deixou um rastro de devastação. Uma carta do papa a Carlos Magno menciona a carestia e os lombardos fugindo e até mesmo se vendendo como escravos. Rumores até acusam os romanos de traficá-los para os sarracenos. Isso é falso, diz o papa: "os vendedores são lombardos, e os compradores são 'reles gregos', cujos navios, aliás, mandei queimar no porto de Civitavecchia". Na mesma ocasião, ele rejeita as acusações de concubinato contra os padres romanos.

Na verdade, os danos relatados na Lombardia parecem ser mais o resultado da campanha de 773-774, em vez da operação de 776. Esta última foi rápida demais para ter consequências tão catastróficas. Pelo contrário, em 773-774, um considerável exército franco permaneceu na Lombardia por mais de um ano, cercando Pavia e atuando amplamente, pilhando e queimando, como era seu costume. Ele deve ter deixado a região exangue, e os vestígios dessa permanência certamente ainda são visíveis um ano e meio depois. Além disso, a transição da administração lombarda para a franca certamente causou sérias perturbações.

Foi para remediar essa situação, para aliviar a situação dos lombardos e assim aumentar a aceitação de seu título de rei, que Carlos Magno tomou uma série de decisões, coletadas em um capitular conhecido como *Noticia Italica*. O documento é datado de 20 de fevereiro, mas o ano não é indicado. É somente por meio de várias verificações cruzadas que a maioria dos historiadores a colocam em 776. O objetivo é tranquilizar a população sobre o destino de suas propriedades: a legalidade das vendas e dos donativos é garantida; aqueles feitos sob coação, são cancelados; os homens que, reduzidos à pobreza, tornaram-se servos, juntamente com suas famílias, são libertados. Aqueles que foram forçados a vender suas terras a um preço reduzido, devido aos danos causados "por onde passamos com nosso exército", poderão dar provas de seu real valor; as vendas feitas por causa da carestia são canceladas; as vendas de terras eclesiásticas são suspensas e serão discutidas num sínodo. Sem constarem da *Notícia*, são tomadas medidas para facilitar a transição administrativa; os títulos de funcionários locais, *gastaldio*, *sculdahis*, *locopositus*, são mantidos. As regiões fronteiriças conservam os duques, que pouco a pouco serão substituídos por condes francos.

Carlos Magno não se demora na Itália na primavera de 776. Após as celebrações da Páscoa em Treviso, ele volta precipitadamente para o Reno e convoca a assembleia geral em Worms. A Saxônia se agita novamente. A submissão dos chefes saxões no ano anterior foi apenas uma simulação. Deixando os reféns à sua sorte, cercaram novamente o forte de Eresburg com máquinas de guerra, tomaram-no e destruíram-no. Depois atacaram o forte em Syburg, no Ruhr, que fica a apenas cerca de sessenta quilômetros a leste do Reno, novamente usando catapultas. Mas foram repelidos, graças a uma aparição milagrosa, dizem os *Anais*, ou melhor, graças a uma manobra da guarnição, que atacou os sitiadores pela retaguarda, matou muitos deles e perseguiu o resto até o Lippe, a cerca de vinte quilômetros ao norte, diz a versão revisada, mais plausível.

E continua: "Assim que essa notícia foi comunicada ao rei, ele convocou uma reunião em Worms e decidiu sem demora que a Saxônia deveria ser atacada militarmente. Forças imensas foram reunidas, e ele chegou ao seu objetivo saxônico com tal velocidade que todos os esforços do inimigo para resistir se tornaram inúteis, dada a agilidade da execução". Dois elementos se destacam. Primeiro, a velocidade de reação de Carlos Magno, tanto na decisão quanto na execução. Os *Anais*, por sua vez, falam de "decisão imediata" e "extrema velocidade de movimento", o que surpreendeu o adversário. Segundo elemento: "forças imensas". Nenhum número é dado, mas a expressão é suficientemente rara para ser tomada literalmente. A façanha está na combinação dos dois: a grande força de Carlos Magno e sua capacidade de reunir, em pouquíssimo tempo, efetivos consideráveis para a época, com combatentes que às vezes provêm de várias centenas de quilômetros ao redor. Veremos como isso é possível.

A execução é rápida como um raio. Carlos Magno sobe o vale do Lippe, onde um novo forte foi construído e chamado de Karlstadt (a "Cidade de Carlos"); restaura o forte de Eresburg, onde deixa uma guarnição de *scarae*.

Os saxões, "aterrorizados", depõem as armas, entregam reféns, fazem a promessa de serem batizados, sendo que muitos o fazem imediatamente, e os francos voltam para casa. O rei vai passar as festas de Natal em Herstal.

777: PADERBORN E OS PREPARATIVOS DA GUERRA DA ESPANHA

Ele não tem a intenção de parar por aí com os saxões. O ano de 777 também é dedicado a eles. Para formalizar sua submissão e obter garantias, ele organiza uma demonstração de força. "No primeiro doce sopro da primavera", dizem suavemente os *Anais*, ele vai para Nijmegen, onde celebra a Páscoa, e pela primeira vez convoca a grande assembleia de maio no coração do território inimigo, em Paderborn. Esse lugar está situado no vale superior do Lippe, na planície, mas perto das montanhas médias de Teutoburgo e Eggegebirge, a trinta quilômetros a oeste do Weser. É um ponto central, a partir do qual toda a Saxônia ocidental pode ser alcançada. Carlos Magno gradualmente fará dela uma de suas residências favoritas. Inicia-se a construção de uma grande igreja e de um palácio, cujas fundações, agora escavadas por arqueólogos, dão testemunho de suas vastas proporções.

Lá, o rei convoca não apenas seus vassalos, como em todas as reuniões de primavera, mas também todos os chefes saxões. Ele faz isso por causa das "promessas fraudulentas" desse "povo pérfido", dizem os *Anais Revisados*. Ele não confia nos juramentos feitos no ano anterior, e quer dar-lhes mais solenidade. Chegam os chefes, "obedecendo e simulando submissão". Muitos são batizados; e "submetem-se tão completamente ao poder do rei" que este os perdoa, mas os adverte de que "seriam privados de suas terras e de sua liberdade se desobedecessem novamente". Apenas um chefe saxão não veio: Viduquindo, um vestefaliano "que, ciente de seus muitos crimes, fugiu para junto de Siegfried, rei dos dinamarqueses". Quase nada se sabe sobre esse personagem, exceto que ele deve encarnar a resistência ao invasor franco.

Durante a estadia de Carlos Magno em Paderborn, apresentam-se visitantes incomuns: os sarracenos, cuja chegada no meio da Saxônia não deixa de despertar curiosidade. Trata-se de Sulayman Ibn al-Arabi, *wali*, ou governador, de Saragoça, acompanhado por uma boa escolta árabe. Ele vem oferecer a Carlos Magno todo o país que ele controla, ou, como dizem os *Anais de*

Metz, "para submeter-se, a si e a todos aqueles que ele governa, ao domínio do senhor rei Carlos". De fato, Ibn al-Arabi vem pedir ao rei dos francos que o ajude a conquistar a independência em relação ao emir de Córdoba, Abd al-Rahman. Em troca, ele promete submeter a região que é suposto governar, entre o Elba e os Pireneus, a Carlos Magno. Colocar-se sob a dependência de um senhor, a fim de escapar de outro – o cálculo deveria ter parecido estranho, e até mesmo suspeito. É claro que o sarraceno espera que a tutela de um rei que vive a 1.200 quilômetros de distância e está ocupado com assuntos saxões e italianos seja puramente teórica, enquanto o emir é seu vizinho imediato.

O empreendimento proposto a Carlos Magno não deixa de ter riscos. Intervir na Espanha, quando a Itália e a Saxônia mal foram pacificadas, pode parecer muito insensato. No entanto, ele aceita a proposta, por razões políticas e estratégicas. A motivação religiosa está excluída: enquanto milhares de saxões são batizados à força, a tarefa será a de ajudar muçulmanos, contra outros muçulmanos, a tomar o controle de um território predominantemente cristão. Esta simples constatação é suficiente para descartar qualquer intenção de proselitismo religioso. Será somente muito mais tarde, durante as Cruzadas, que o episódio será maquiado como uma guerra santa. Apenas duas fontes dão um toque piedoso à operação. O cronista limusino conhecido como o Astrônomo escreve, em sua *Vida de Luís*, que o rei "decidiu enfrentar as dificuldades dos Pireneus para ir à Espanha a fim de, sob o patrocínio de Cristo, socorrer a Igreja que sofre sob o jugo cruel dos sarracenos". Mas o Astrônomo escreve por volta de 840, em um contexto muito diferente, o que o leva a distorcer os fatos retrospectivamente. Por outro lado, nos *Anais de Metz*, lemos que o rei Carlos foi "movido pelas súplicas, ou melhor, pelas lamentações dos cristãos da Espanha, que sofrem sob o jugo dos selvagens sarracenos", o que é claramente falso. Em toda a Espanha, onde os árabes são apenas uma pequena minoria, os moçárabes, ou seja, os cristãos arabizados, e não os islamizados, formam comunidades reconhecidas, com seus privilégios e identidade, e a Igreja conserva suas estruturas hierárquicas. O pequeno reino das Astúrias, no noroeste do país, não realizou nenhuma reconquista. Quanto à área entre o Ebro e os Pireneus, nela reina uma completa confusão. No oeste, os bascos, mais ou menos cristãos, são praticamente independentes; no resto da região, vive uma mistura de visigodos, árabes, berberes e refugiados vindos do norte e do sul, uma verdadeira Babel de línguas e religiões, que o *wali* de Zaragoza tenta transformar em um estado independente, lutando contra a tutela de Abd al-Rahman I, que reina em Córdoba desde 755. Tanto para Ibn al-Arabi, quanto para Carlos Magno, a religião nada tem a ver com o projeto.

Outra indicação é que o papa não tem interesse na operação, que ele veria como um desperdício de forças. A única coisa que lhe importa é a volta das cidades italianas que lhe haviam sido prometidas. A correspondência que ele troca com Carlos Magno durante o caso espanhol é reveladora. Em uma primeira carta, em maio de 778, o papa lamenta que Carlos Magno não tenha ido a Roma para a Páscoa com sua esposa e filhos, como aparentemente havia deixado esperar, para que Adriano pudesse batizar o filho caçula, Pepino, nascido em 777. Depois, ele chega à sua ideia fixa: é preciso lhe dar os territórios prometidos, "Toscana, Espoleto, Benevento, Córsega, Sabina, que foram dados ao abençoado apóstolo Pedro e à santa e apostólica Igreja Romana de Deus por vários imperadores, patrícios e outros povos tementes a Deus". Ele até usa uma fórmula que, dessa vez, realmente sugere que a falsa Doação foi realmente escrita: ele fala do "piedosíssimo Constantino, de santa memória, grande imperador, que se dignou a nos investir com poder sobre essas regiões ocidentais". Ele menciona o envio de documentos comprovando essas doações: "Temos muitas doações preservadas em nossos arquivos sagrados (*scrinium*) no Latrão. Para convencer Vossa Majestade cristã, nós os enviamos a Vossa Majestade, como prova, pelos homens acima mencionados (seus *missi*). E agora pedimos a Vossa distinta Eminência que restaure esse patrimônio em sua totalidade para São Pedro e para mim". Nesse momento, Carlos Magno já está a caminho da Espanha. O papa sabe disso? Parece que ele nem sequer foi informado.

Pouco tempo depois, ele foi avisado por uma carta do rei, que parece distorcer um pouco a verdade. De fato, o papa responde:

> vós me informastes que o povo dos árabes [ele usa o termo *Hagarenos*] pretende invadir vosso território e fazer guerra contra vós. Isto é verdadeiramente "inominável"! Desejo-vos boa sorte, e que o "anjo de Deus Todo-Poderoso" conduza vossos exércitos à vitória. Mas voltemos às coisas sérias: ainda não recebi minhas terras de volta. Os "mais abomináveis beneventinos" uniram forças até

com o patrício bizantino da Sicília, que reside em Gaeta, para usurpar as cidades da Campânia. Pedimos-vos, amado filho, que envieis uma carta... para admoestar esses abomináveis beneventinos, inimigos de Deus, para que caiam em si e abandonem seus maus desígnios.

Visivelmente, o papa não está interessado na expedição espanhola, que inadvertidamente distraiu Carlos Magno dos assuntos importantes na Itália. Para ele, os bizantinos, os duques de Espoleto e de Benevento, são muito piores que os muçulmanos, que de nada lhe servem. Então, fica totalmente excluída a possibilidade de fazer da expedição na Espanha um empreendimento de guerra santa.

Que interesse Carlos Magno pode ter em realizá-la? Essencialmente para assegurar o controle da Aquitânia, cuja submissão permanece precária desde a campanha de 769, e a prisão do duque Hunaldo II. Gascões e bascos continuam turbulentos ao sul dos rios Garonne e Adour; a Septimânia está mal defendida contra os ataques sarracenos. Ter uma base ao sul dos Pireneus significa controlar os desfiladeiros, impedindo tanto as incursões sarracenas quanto a fuga de eventuais rebeldes aquitanos na direção contrária. Significa aferrolhar a fronteira sudoeste do reino.

Talvez houvesse também uma visão estratégica em larga escala, da qual não é certo que Carlos Magno estivesse bem ciente. Ao combater ao sul dos Pireneus, o adversário seria normalmente o emir de Córdoba, o omíada Abd al-Rahman. Entretanto, este é o inimigo encarniçado do califa de Hashimiya, al-Mahdi, que por sua vez é inimigo de Bizâncio, rival dos francos na Itália. De acordo com o adágio de que os inimigos de meus inimigos são meus amigos, combater os omíadas na Espanha significa manter a amizade com os abássidas do Iraque, que estão nas costas de Bizâncio.

É preciso recordar aqui as divisões que abalam o mundo árabo-muçulmano desde meados do século. No Oriente, os últimos califas da dinastia omíada tiveram um reinado conturbado: sob Yasid II (720-724), Hisham (724-743), Marwan II (744-750), estabelecidos em Damasco, uma seita xiita baseada em Khorassan, e que explora a hostilidade dos persas contra os árabes, está em luta contra o poder vigente. Ela é dirigida por um descendente de um tio do Profeta, Ibn Ali Ibn al-Abbas, da família dos abássidas. Essa seita de hachemitas lança uma revolta armada em 747, com o filho de

Ibn al-Abbas, Ibrahim. Na batalha do Grande Zab, os abássidas saem vitoriosos, e Abul Abbas, que havia sucedido seu irmão Ibrahim, é proclamado califa em 750, sob o nome de al-Saffah. Ele muda a capital para o leste, de Damasco para Hashimiya, no Eufrates. Os omíadas, derrotados, se refugiam na Espanha, onde fundam o emirado de Córdoba.

750: advento dos abássidas, que tomam o lugar dos omíadas; 751: advento dos carolíngios, que tomam o lugar dos merovíngios. Notável coincidência de datas: duas famílias de usurpadores que tomam o poder ao mesmo tempo. Isso cria vínculos. E de fato, entre os abássidas e os carolíngios, as relações são excelentes, especialmente porque entre os dois há um adversário comum: Bizâncio. É certo que os contatos não são muito frequentes, mas, sob Al-Saffah (750-754), Al-Mansur (754-775) e Al-Mahdi (775-785), alguns laços foram estabelecidos com os francos, e durante todo o reinado de Carlos Magno foi mantido um entendimento mais que cordial entre os carolíngios e os abássidas, sob Al-Hadi (785-786) e, acima de tudo, Harun al-Rachid (786-809), que transfere a capital para Bagdá. Mais uma vez, a religião não tem nada a ver com esses assuntos, e os muçulmanos de Bagdá ficam encantados de ver seus amigos cristãos francos lutando contra seus inimigos muçulmanos na Espanha.

15 DE AGOSTO DE 778: RONCESVALES

A decisão de Carlos Magno de intervir na Espanha é, portanto, tomada no final de 777. Voltando de Paderborn, ele passa o Natal em Douzy, no Mosa, ao sul das Ardenas. Então, em preparação para a próxima campanha, ele vai para o sudoeste, se instala para a Páscoa de 778 em Chasseneuil, ao nordeste de Poitiers. A família inteira está lá. A rainha Hildegarda, agora com 20 anos de idade, dá à luz, na quinta-feira santa, 16 de abril, a seus quinto e sexto filhos, dois meninos gêmeos, Luís, o futuro imperador Luís, o Piedoso, e Lotário, que morrerá muito jovem. Carlos Magno agora tem quatro filhos e duas filhas. O futuro da dinastia está assegurado.

Enquanto isso, os preparativos para a expedição estão sendo feitos com muito empenho. O rei planeja claramente um empreendimento de grande escala, como deixa constatar a grandeza das forças convocadas. Como na ida para a Itália em 773, haverá dois exércitos: um, sob as ordens do rei, será composto por neustrianos e aquitanos, e descerá para o oeste; o outro, vindo do leste, será composto por austríacos, bávaros, burgúndios, provençais, septimaneses e até mesmo contingentes lombardos, "o que não é pouco", comentam admirativamente os *Anais de Metz*. De fato, pode-se ver que todas as regiões do reino estão envolvidas, o que é excepcional e pressupõe uma organização notável: reunir todos esses guerreiros, alguns dos quais, como os bávaros, vêm de mais de mil quilômetros de distância, e compareçam no dia e no local combinados, além de coordenar todos os movimentos, é uma verdadeira façanha.

O projeto estava "longe de ser irrefletido", dizem os *Anais Revisados*, como se fosse para desculpar antecipadamente seu fracasso. Pois, considerando os meios empregados, pode-se de fato falar de um grave fracasso. No início, tudo corre bem; o rei atravessa os Pireneus pelo oeste, talvez passando por Saint-Jean-Pied-de-Port e Roncesvales. O Astrônomo constrói sobre este fato, em termos líricos, um feito digno de Aníbal e de Pompeu: "Essas montanhas são tão altas que quase tocam o céu; são pontilhadas por rochas íngremes, cobertas por densas florestas onde o sol mal penetra, e são atravessadas por uma estrada, ou melhor, por um caminho tão estreito que alguns homens têm dificuldade em abrir uma passagem: o que dizer, então, de um grande exército! No entanto, com a ajuda de Cristo, conseguiram passar. Pois o coração do rei, dotado por Deus de grande nobreza, não queria ser mais fraco que Pompeu, nem menos vigoroso que Aníbal, que no passado enfrentaram as dificuldades dessa região com grande dificuldade e com perdas importantes". O exército chega a Pamplona, cidade mantida por um emir muçulmano inimigo do emir de Córdoba, e continua até os muros de Saragoça, onde se junta ao outro exército, que se apoderara, ao leste, de Girona, Barcelona e Huesca. Mas o passeio militar termina ali. Saragoça não está mais nas mãos de Ibn al-Arabi, mas nas de al-Hosein, hostil aos francos. É preciso sitiá-la, mas não se tem máquinas de cerco; isso pode levar muito tempo. Não se pode dar ao luxo de ficar lá por um ano, como foi feito em Pavia, e, após um mês e meio, a situação se torna crítica: Abd al-Rahman, o emir de Córdoba, está em marcha, com um forte exército; na retaguarda, os bascos estão ficando inquietos; e da Sazônia chegam notícias inquietantes. A ordem de retorno tem que ser dada. É a retirada, em direção aos desfiladeiros do oeste dos Pireneus.

SUCESSOS E FRACASSOS DE UMA POLÍTICA EXPANSIONISTA

No caminho, Pamplona é saqueada, para justificar o deslocamento até lá. Os habitantes são cristãos, mas os vassalos do rei tinham vindo principalmente pelo espólio esperado, não importando quem seria a vítima. Frustrados pelo fracasso de Saragoça, eles devastam Pamplona, e é um exército sobrecarregado pelos frutos da pilhagem que inicia a subida do desfiladeiro, assediado pelos muçulmanos, que conseguem libertar os reféns deixados por Ibn al-Arabi. Quanto a este último, os francos o levam consigo como prisioneiro, de acordo com os *Anais de Petau*.

É na passagem do desfiladeiro que ocorre o episódio que se tornou mundialmente famoso, graças ao poema épico *Canção de Rolando*. Qual passagem? Nenhuma fonte indica, mas a tradição é formal, e corresponde à rota do exército: Roncesvales. O que aconteceu? Absolutamente nada, se quisermos acreditar no relato quase oficial dos *Anais Reais*, que simplesmente declaram: "Depois de Pamplona ter sido destruída, e os bascos espanhóis e navarrenses, serem subjugados, ele retornou à França". Silêncio também nos *Anais de Metz*: "Uma vez que a fortíssima cidade de Pamplona foi tomada e destruída, os espanhóis gascões e navarrenses foram subjugados, ele voltou vitorioso para sua pátria". Nem uma palavra nos *Anais de Petau*, nem na *Chronique de Moissac*.

É o editor da versão revisada dos *Anais Reais* que levanta o véu: Carlos Magno "avançou pela passagem atravessando os Pireneus. No topo, os bascos fizeram uma emboscada; eles atacaram a retaguarda e lançaram todo o exército em confusão e desordem. E, embora os francos fossem claramente superiores aos bascos em armas e coragem, se viram em desvantagem por causa das encostas íngremes e do caráter da batalha. Muitos dos dignitários do palácio que o rei havia nomeado para liderar as tropas foram mortos na ação. As bagagens foram saqueadas, e o inimigo se dispersou em todas as direções, graças ao conhecimento do lugar". Eginhardo, que deve ter conhecido os veteranos de Roncesvales na corte, nos diz um pouco mais: Carlos Magno

> voltou com seu exército são e salvo, exceto que, por um curto intervalo de tempo, no caminho de volta, enquanto estava nas montanhas dos Pireneus, teve um vislumbre da traição dos bascos. A floresta densa, que se estende em todas as direções, fez do local um lugar ideal para emboscadas. Enquanto o exército de Carlos Magno se alongava em uma extensa coluna, por causa do desfiladeiro

rochoso, os bascos, que tinham armado sua emboscada no topo de uma dessas montanhas, precipitaram-se por trás das bagagens e sobre as tropas da retaguarda, que protegiam o exército que ia na frente. Os bascos os empurraram de volta para um valezinho num nível inferior, lutaram e mataram até o último deles. Em seguida, apreenderam as bagagens e, sob a cobertura da noite, que começava a cair, dispersaram-se em todas as direções, sem perder um momento. Nessa ação, os bascos foram favorecidos por seu equipamento leve e pela natureza do terreno onde ocorreu a batalha. Pelo contrário, o equipamento pesado e a natureza acidentada do terreno dificultaram a luta dos francos contra os bascos. Nessa batalha, morreram Eggihard, encarregado da mesa do rei, Anselmo, conde do palácio, e Rolando, senhor das Marchas da Bretanha, juntamente com muitos outros. Além disso, foi impossível vingar-se desse ataque, pois, uma vez terminado, os inimigos se dispersaram de tal forma que ninguém sabia onde, nem com quem poderiam ser encontrados.

Esse é um exemplo clássico de emboscada realizada por um grupo de combatentes da resistência contra o exército de uma potência ocupante, como todas as guerras conhecidas até os dias de hoje. Assim, algo aconteceu em Roncesvales, algo suficientemente importante para que Eginhardo dedique uma página inteira de sua breve obra, *Vida de Carlos Magno*, a essas poucas horas. Suficientemente importante também para que, mais de sessenta anos após o evento, a crônica do Astrônomo possa dizer: "Um desastre ocorreu durante essa viagem, porque nessas mesmas montanhas as tropas da retaguarda do rei foram exterminadas. Como todos sabem seus nomes, não vou enumerá-los". Se a memória ainda está viva por volta de 840, é porque o caso deve ter sido muito significativo.

Qual é exatamente a extensão desse "desastre"? Esta é a questão. A maior parte do exército certamente não é afetada. O fato de vários *Anais* poderem se dar ao luxo de não fazer a mínima alusão a ele já relativiza a importância do evento. É ainda mais revelador que os cronistas árabes não digam nenhuma palavra sobre o assunto, e nem sequer os relatos poéticos e históricos dos bascos, que poderiam se vangloriar da façanha. Além disso, a arqueologia não encontrou o menor vestígio de uma batalha nessa área. Parece que o impacto do caso se deveu principalmente ao *status* de algumas das vítimas: é a morte de Eggihard e Anselmo, e até de Rolando, que é lembrada sessenta anos depois, embora esse conde Hruodlandus (Rolando) seja bastante misterioso. Seu nome está ausente em vários manuscritos de Eginhardo, e alguns historiadores acreditam que só foi adicionado tardiamente em algumas cópias, sob a influência da *Canção de Rolando*. O personagem não deixou outros traços, enquanto Anselmo e Eggihard aparecem várias vezes. É até pelo epitáfio de Eggihard, preservado nos poemas carolíngios, que conhecemos a data do caso em Roncesvales: 15 de agosto de 778. É provável que, se essas poucas celebridades não tivessem morrido, o caso teria caído no esquecimento.

É um caso banal, que pode facilmente ser imaginado com a ajuda das duas narrativas citadas. A travessia de um desfiladeiro feita por um exército de vários milhares de homens, nas estradas da época, é um caso delicado. A tropa necessariamente se estende por vários quilômetros, praticamente em fila indiana, e o grosso da tropa já está em Saint-Jean-Pied-de-Port enquanto as pesadas carroças carregadas com o saque e puxadas por bois ainda não terminaram a subida. O lugar é muito arborizado, como nos lembra Eginhardo. Nada poderia ser mais fácil para os rudes homens das montanhas, que conheciam perfeitamente o terreno, do que surpreender a escolta; os cavaleiros francos, pesadamente armados, foram privados de toda mobilidade e facilmente dizimados.

O caso, no entanto, não foi insignificante. Muito mais que a perda do saque e do equipamento, e mais que a perda de um certo número de homens, esse foi um revés humilhante para Carlos Magno, o primeiro de sua carreira. Fato notável, ele estava pessoalmente no comando do exército. Além disso, não podia se vingar da afronta, dado que os bascos haviam desaparecido. Em uma sociedade onde toda a lei é baseada em vingança e compensação, este é um duro golpe aplicado ao prestígio. Enquanto na Saxônia toda incursão é respondida com uma expedição punitiva, aqui não é possível se eternizar nas montanhas do País Basco para punir os culpados. Carlos Magno aprendeu a lição e nunca mais voltará à região. Será seu filho Luís que, muito mais tarde, assumirá a tarefa. De imediato, o fracasso é completo: eles não conseguiram tomar Saragoça; os árabes imediatamente reconquistaram Barcelona e Huesca; os francos perderam alguns chefes ilustres e nem mesmo trouxeram algum saque. O editor dos *Anais Revisados* sugere que Carlos Magno ficou profundamente afetado: "A ferida ressentida aniquilou no coração do rei a maior parte das ações alegremente realizadas na Espanha".

Esse fracasso só pode dar mais coragem aos saxões. A partida apressada estava muito provavelmente ligada às alarmantes notícias vindas da região do Weser. Não se pode deixar de estabelecer paralelos com Napoleão, atolado na guerra espanhola e obrigado a voltar em marcha forçada para enfrentar os austríacos, que se aproveitaram de suas dificuldades para recomeçar a guerra. Aqui, é Viduquindo que aproveita a oportunidade para provocar uma revolta geral. Penetrando em território franco até o Reno, ele devasta a margem direita, desde Deutz, perto de Colônia, até a confluência do Mosela, e inflige o mesmo destino no vale Lahn. Paderborn é incendiada, as guarnições francas são massacradas, assim como padres e freiras, que são "tratados de uma forma que é repugnante demais para ser dita".

Ao voltar da Espanha, Carlos Magno soube dessa notícia ao chegar a Auxerre. Dado que ele se encontrava em Roncesvales em 15 de agosto, é provável que agora se esteja na primeira quinzena de setembro. É tarde demais para considerar uma campanha sistemática na Saxônia, então ele envia um destacamento de suas tropas ligeiras de intervenção, as *scarae*, que chegam tarde demais: os saxões já tinham se dispersado. Entretanto, é possível rastrear alguns grupos subindo o vale do Lahn, e eles se encontram em Leisa, no vale superior do Eder. Ali, "eles os atacaram imediatamente enquanto tentavam atravessar o rio num local raso, e fizeram um tal massacre que apenas alguns de sua vasta multidão escaparam", dizem os *Anais Revisados*.

779-890: UMA RETOMADA PELO DIREITO E PELA GUERRA

Um magro consolo para um ano nefasto. Carlos Magno, depois de ter dispensado o resto de seu exército, vai para Herstal, onde passa o Natal, o inverno e a Páscoa de 779. É no início desse ano que ele prepara um dos grandes textos legislativos do reinado: o capitular de Herstal. É possível que essas reformas, que visam melhorar a ordem e a justiça no reino, tenham sido motivadas pelos fracassos do ano anterior, que haviam dado um duro golpe no prestígio do rei. O objetivo era tanto aumentar a eficiência do governo quanto recuperar o favor das populações, cuja lealdade era vacilante, como ocorria na Aquitânia, além de também favorecer a Igreja, instrumento do poder político.

O clero tem que formar um corpo disciplinado, competente e virtuoso. É por isso que o capitular insiste no papel essencial do bispo: "aqueles que ainda não receberam o sacerdócio devem ser ordenados sem demora; devem obedecer aos arcebispos metropolitanos e exercer sua autoridade sobre todos os clérigos de sua diocese, punir casos de incesto e garantir que as viúvas sejam bem cuidadas. Monges e religiosas devem observar sua regra e residir no mosteiro. Com relação às terras da Igreja, os contratos precários devem ser renovados, e aqueles que cultivam as terras da Igreja devem pagar um décimo e um nono da renda, além do aluguel". Além disso, o rei generaliza o pagamento do dízimo: "Todos são devedores do dízimo, e devem pagá-lo a pedido do pontífice".

Com relação à ordem pública, vários artigos abordam a questão dos bandidos e criminosos, sugerindo – o que não é nenhuma surpresa – uma alta taxa de criminalidade. As sanções serão graduadas: "Por um primeiro delito, o bandido não será executado, mas perderá um olho; na segunda vez, seu nariz será cortado; e na terceira vez, se não se emendar, será condenado à morte". Os condes são responsáveis por julgar e punir os bandidos; devem fazê-lo "sem malícia ou má intenção"; nesse caso, podem mutilar e executar, sem pôr em perigo a salvação de suas almas. Caso contrário, perderão sua "honra", isto é, a terra que o rei lhes concedeu como retribuição de sua função. Além disso, se um conde não fizer justiça, os *missi* lhe serão enviados e "ficarão com ele e viverão à sua custa até que ele faça justiça".

Se um bandido for apreendido em uma terra que goza de imunidade, os juízes do senhor dessa terra devem entregá-lo ao tribunal do conde, caso contrário, o senhor perderá sua honra. Se um bandido condenado à morte se refugiar em uma igreja, ele não deve ser preso, mas também não deve receber alimentos: a fome acabará por fazê-lo sair para ser enforcado. Alguns artigos fornecem detalhes sobre a lei penal dos francos. Ela prevê o pagamento de uma taxa de resgate, o *Wergeld*, no caso de uma ofensa contra bens ou pessoas: ao compensar a vítima ou sua família, de acordo com uma taxa preestabelecida, a ofensa é apagada, o que evita a prática da vingança e, portanto, confrontos interfamiliares. O artigo 22 do capitular estabelece que, "se alguém se recusar a receber o pagamento pela taxa da vingança, que seja trazido a nós, a fim de ser expedido para onde possa fazer o menor dano. Da mesma forma, pretendemos enviar para o mesmo lugar o homem que se recusa a comprar a vingança... para evitar que ele faça algum mal". Outro caso: "Aquele que cometer perjúrio terá sua mão cortada... e se alguém acusar outro de perjúrio, ambos se apresentarão diante da cruz, e se o acusado vencer, o acusador pagará o *Wergeld*".

O capitular também regulamenta a venda de escravos: deve ser feita na presença de um bispo, de um conde ou de seu representante. É proibida a venda de escravos fora das fronteiras. Da mesma forma, é proibida a exportação de cotas de malha. Esses itens estratégicos poderiam fortalecer os inimigos. Reitera-se a proibição de pedágios não autorizados. Que ninguém ataque em bandos os viajantes a caminho do palácio; que ninguém pastoreie seu cavalo nas terras de outro "durante o período em que isso é proibido, a menos que esteja a caminho do exército ou que seja um *missu*". Proibição de formar associações e fraternidades juramentadas.

Esse regulamento dá uma visão da dureza daqueles tempos: escassez, violência e opressão são o lote cotidiano tanto dos súditos de Carlos Magno quanto dos outros soberanos. Ao menos o carolíngio faz um esforço para tentar limitar esses males. A frequente repetição dessas leis é tanto um sinal de sua ineficácia quanto do desejo do soberano de proteger a população. Essa obra legislativa é um elemento essencial de sua grandeza e da imagem paternal que ele legará às gerações futuras.

Após a Páscoa, Carlos Magno vai a Compiègne, para um "negócio" indeterminado e, ao retornar, recebe Hildebrando, duque de Espoleto, em sua vila em Verzenay, na Champagne, a sudeste de Reims. Encontro cordial, com troca de presentes, durante o qual ele confirma ao duque a posse de seu ducado, o que o papa finalmente é obrigado a aceitar. O rei também envia a Adriano madeira própria para a restauração da basílica de São Pedro. Na primavera, é confiada ao diácono Atto uma mensagem para a Santa Sé. O papa responde imediatamente e, em agradecimento pela madeira, ele presenteia com o corpo de São Cândido. Uma relíquia completa pelas vigas: Carlos Magno não perde com a troca. Mas Adriano também envia uma mensagem por Atto: os gregos, napolitanos e beneventanos estão conspirando contra mim. Essa reclamação é confirmada por outra carta, no final da primavera:

> Os mais abomináveis napolitanos, agindo em concertação com os gregos, inimigos de Deus, e a conselho de Arequis, duque de Benevento, fizeram

um ataque surpresa em Terracina, que tínhamos submetido ao serviço de São Pedro... e a ocuparam. Na Páscoa eu tinha feito um acordo com os napolitanos: eles me entregariam reféns e Terracina, e eu os devolveria quando o patrício da Sicília me devolvesse tudo o que ele detém do Patrimônio de São Pedro. Mas o duque de Benevento, Arequis, mancomunado com Adalgis, "filho do mui abominável Desidério, o inenarrável ex-rei dos lombardos", se opôs. Por isso, peço-lhe que me envie Wulfuin, com tropas, antes de 1º de agosto, para que possamos acertar a conta com esses "abomináveis napolitanos".

No momento em que recebe a carta, Carlos Magno não demonstra nenhum interesse pelos napolitanos. O objetivo de sua campanha anual é punir os saxões. A assembleia geral de maio e o exército são convocados em Düren, entre Aachen e Colônia, não deixando dúvidas quanto à finalidade. Pouco depois, o exército parte para o norte e cruza o Reno em Lippeham, na confluência com o Lippe. Os vestfalianos tentam bloquear seu caminho, mas são derrotados perto dali, em Bocholt. Carlos Magno então avança para o Weser, que ele alcança em Medofulli, um lugar que pode ser o atual Vlotho, na entrada do Portão da Vestfália, "onde ele permanece por algum tempo". Os vestfalianos, os angarianos e os ostfalianos depõem suas armas, entregam reféns e prestam juramento. É a rotina. O rei então se retira e passa o Natal e o inverno, até a Páscoa de 780, em Worms.

Trata-se apenas de uma pausa. As operações são retomadas em 780, numa escala sem precedentes. Depois de celebrar a Páscoa em Worms, Carlos Magno atravessa o Hesse, ganha o Reno, provavelmente em Frankfurt, passa por Eresburg, "e de lá vai para o vale superior do Lippe, onde convoca a assembleia". Isto corresponde à posição de Paderborn. Mas por que os *Anais* não mencionam esse lugar? De lá, com um "grande exército", ele avança para o leste, alcança o Oker em Ohrum, onde muitos ostfalianos vêm para se submeter e são batizados. Em seguida, a marcha para o leste é retomada. Pela primeira vez, o Elba foi alcançado na confluência com o Ohre. Nunca antes o rei franco havia se aventurado tão longe de sua base. A versão revisada dos *Anais Reais* relata que "ele avançou para o Elba, montou acampamento, para ficar algum tempo, onde o Ohre e o Elba se encontram, e se dedicou à tarefa de regular os assuntos, tanto dos saxões, que viviam desse lado do rio, quanto dos eslavos, habitantes do outro lado". Então, este foi o primeiro contato com os eslavos. Entre eles, os abodritas são os mais dispostos e pedem sua proteção. No entanto, eles vivem mais ao norte, nas margens do Báltico. Portanto, são seus representantes que vêm ver Carlos Magno, assim como aqueles dos povos que vivem nas margens do estuário do Elba, no Bardengau, e do Nordliudi.

Decerto o rei dos francos sente que finalmente está no controle, e isto provavelmente contribui para uma decisão surpreendente: no outono de 780, em vez de retornar aos seus retiros de inverno em terras francas, como fazia todos os anos, vai para a Itália com sua esposa e filhos. Ele agora tem sete filhos; a mais nova, Berta, nasceu em 779, e a rainha Hildegarda, de 23 anos, está grávida pela oitava vez. Ela dará à luz a uma quarta filha, Gisela, na Itália. Dessa vez, a razão da viagem não será militar. A acreditar nos *Anais Revisados*, o rei "decidiu ir a Roma a fim de rezar e cumprir seus votos". Na verdade, é improvável que ele tenha sido movido apenas pela piedade. Essa viagem, feita após a campanha de pacificação na Saxônia, tem a aparência de uma turnê triunfal e, como objetivo, afirmar a tutela franca sobre a península, estabelecer suas modalidades e estrutura institucional. É tanto uma visita política quanto religiosa, é a visita do dono do lugar. Carlos Magno fica por várias semanas na capital de seu reino lombardo, Pavia, onde passa as festas de Natal. O significado político é óbvio. Em seguida, ele prossegue para Roma, onde o papa Adriano já o espera há muito tempo.

– 6 –

A AFIRMAÇÃO DO PODER: SAXÔNIA, BAVIERA, ITÁLIA (781-788)

A estadia italiana de Carlos Magno em 781 é rica de acontecimentos políticos e culturais, tornando-a uma etapa importante no curso de seu reinado. Ele passou os primeiros meses em Pavia, como já vimos. Foi provavelmente lá que sua filha Gisela nasceu. E foi durante esse período que organizou solidamente seu reino lombardo, até então negligenciado, desde a conquista de 773-774. Ele nomeia condes e prepara a equipe administrativa que supervisionaria seu jovem filho, Carlomano-Pepino, conhecido como Pepino de Itália.

A FRUTÍFERA ESTADIA ITALIANA DE 781

Um dos objetivos da viagem é que essa criança seja coroada rei da Itália pelo papa. Carlomano tem 4 anos de idade. Para melhor remover da sucessão seu primeiro filho ilegítimo, Pepino, o Corcunda, e para evitar evocar problemas passados com seu falecido irmão Carlomano, Carlos Magno fará que o papa rebatize o menino como Pepino, do nome de seu pai, caro ao papado. Pepino será rei da Itália, e não dos lombardos, o que é também indicativo da afirmação de uma soberania mais ampla. O que exatamente se entende por "Itália"? Evita-se dizer, e o termo é suficientemente vago e vasto para incluir todos os territórios, desde os Alpes até a Sicília, e de Gênova ao Friuli, dependendo das circunstâncias. Na verdade, o "reino da Itália" é a Lombardia, a Toscana, a Emília, uma certa suserania sobre o ducado de Espoleto, uma autoridade flutuante sobre o ducado de Benevento. O resto é o Estado papal e os territórios bizantinos da Ístria, Vêneto, Campânia, Calábria e Sicília.

O pequeno Pepino, rei da Itália, obviamente não terá poder real. Ele residirá em Pavia, cercado por uma administração franca escolhida por Carlos Magno. O homem forte será seu primo Adalardo, filho de Bernardo, um irmão de Pepino, o Breve, e de uma princesa saxônica. Adalardo é um letrado, um abade leigo da Córbia. É um homem de confiança de Carlos Magno, que por meio dele manteve um controle firme sobre o governo da Itália.

É também durante a estadia em Pavia que chega uma embaixada bizantina, liderada pelo *primicier* Mamalus e pelo sacelário[1] Constaes, com uma proposta interessante. A situação em Bizâncio estava em plena mudança. O iconoclasta Constantino V morrera em 775. Ele fora sucedido por Leão IV, seu filho nascido de um primeiro casamento com uma princesa cazar. Ele afasta do trono os dois filhos da terceira esposa de seu pai e exige um juramento de lealdade da população a seu próprio filho, Constantino, de 5 anos de idade. Leão IV continua a política iconoclasta, e enfrenta com sucesso os ataques muçulmanos na Cilícia (778) e na Armênia (780). Nesse mesmo ano, ele morre prematuramente, de antraz, aos 30 anos.

Ele deixa uma viúva de 28 anos, a bela ateniense Irene, dotada de um temperamento muito enérgico. Ela frustra uma conspiração militar que visava coroar como imperador um dos filhos da terceira esposa de seu sogro. O interessado se sai bem: é tonsurado, assim como todos os seus irmãos, tornando-os inaptos para reinar e, para que isso se torne público,

---

1 Funcionário encarregado de funções administrativas e financeiras no Império Bizantino. Permanece atual na Igreja Ortodoxa. (N. T.)

ele é obrigado a dar a comunhão ao povo, na basílica de Santa Sofia, no Natal de 780. Depois, Irene reprime a revolta de Elpídio, estrategista da Sicília. Pessoalmente a favor do culto das imagens, ela começa a restabelecê-lo, mas precisa proceder com cautela: todos os cargos importantes estão ocupados por iconoclastas. Irene exerce o poder em nome de seu filho, Constantino VI, que tem 10 anos de idade. Sua posição permanece frágil. É por isso que ela pensa em uma aliança que possa fortalecê-la, enquanto se aproxima de Roma: um casamento entre seu filho e uma filha de Carlos Magno. Este tem quatro filhas. A segunda, Rotruda, que tinha 5 anos, serviria. Foi esta a proposta trazida pelos enviados bizantinos.

Carlos Magno imediatamente aceitou. Essa aliança tinha duas vantagens para ele. Em termos de prestígio e reconhecimento internacional, tornar-se o sogro do basileu não é pouca coisa. O próprio fato de ter sido convidado é lisonjeiro: é um sinal de que o governo imperial vê nele um soberano poderoso, mesmo que seja apenas um rei. E, em um nível prático, a aliança bizantina tornaria possível afastar as ameaças a Benevento. A aproximação franco-bizantina certamente tem adversários: em Bizâncio, os iconoclastas e o filho de Desidério, Adalgis; em Roma, o papa, que usurpou os territórios bizantinos do exarcado de Ravena e que teme ataques gregos no sul da península. Mas Carlos Magno e Irene ignoram essas oposições. O casamento de Constantino e Rotruda obviamente ainda é apenas um projeto, mas é levado muito a sério de ambos os lados. Juramentos são trocados e, escreve o cronista Teófanes em sua *Cronografia*, "depois que um acordo foi alcançado e o noivado concluído, Elissaeus ficou no local... para ensinar a Rotruda a língua e as letras gregas, e para instruí-la nas práticas imperiais romanas", o que não devia ser evidente para uma garotinha de 5 anos.

No início de abril, Carlos Magno vai a Roma para celebrar a Páscoa com o papa, como fizera sete anos antes. Essa comemoração, nesse ano, cai em 15 de abril. Enquanto a visita anterior foi descrita em detalhes no *Liber pontificalis*, esta é quase inexistente, e isto porque as relações tinham esfriado consideravelmente. Adriano tinha ficado eufórico em 774, quando ganhou a promessa da doação de quase toda a Itália e da Córsega. Desde então, só ficou desapontado. Suas cartas de recriminação não tiveram nenhum efeito, exceto o de irritar o rei franco. E, sete anos mais tarde, este último voltou como senhor. Apesar de o papa continuar a exigir a Toscana, os ducados de

Espoleto e de Benevento, e a Córsega, ele nada recebe. O rei mantém a Toscana e a Córsega, a soberania sobre o ducado de Espoleto, onde ele confirma Hildebrando, e faz um acordo com Arequis, que mantém o ducado de Benevento. O papa tem que engolir suas pretensões; no entanto, continuará a assediar Carlos com suas cartas agridoces.

No sábado de Aleluia, Carlos Magno, que tinha vindo com seus filhos, faz sagrar e coroar Pepino, de 4 anos, rei da Itália, e Luís, de 3 anos – "que ainda estava em um berço portátil", diz o Astrônomo –, rei da Aquitânia. Em ambos os casos, o objetivo é dar a satisfação e a autoestima aos habitantes dessas duas regiões precariamente leais. Os aquitanos terão assim seu próprio rei, o que é lisonjeiro, e ao mesmo tempo é uma forma de controlá-los melhor, pois em torno do rei de 3 anos haverá uma administração no local que obedecerá a Carlos Magno e que, como na Itália, será dominada por fiéis ao rei franco. O Astrônomo, que sobre esse ponto está bem informado, desde que escreveu a *Vida de Luís* por volta de 840, com base no testemunho do monge Ademar, "que era da mesma idade e foi criado com ele", afirma que "o rei Carlos, muito sábio e perspicaz... tomou as medidas adequadas para vincular os bispos a ele. Ele também instala, em toda a Aquitânia, condes, abades e muitos outros comumente chamados vassalos, homens do povo dos francos, cuja habilidade e bravura ninguém ousaria desafiar... e lhes confia os cuidados do reino, a defesa das fronteiras e a direção das *villae* reais no campo. Na cidade de Bourges, ele nomeia como conde primeiro Humberto e um pouco mais tarde Sturbius; em Poitiers, Abbon; no Périgueux, Widbod; em Auvergne, Itherius; no Puy, Bullus; em Toulouse, Chorso; em Bordeaux, Sigwin; em Albi, Aimo; e em Limoges, Rodgar". Como seu irmão Pepino, o pequeno Luís é imediatamente remetido ao seu domínio: assim que retorna à Frância, Carlos Magno "envia seu filho, o rei Luís, para reinar na Aquitânia. Ele o confia a um tutor, Arnoldo, e nomeia, como convém, outros oficiais adequados para proteger uma criança. Luís foi levado para a cidade de Orléans em seu berço portátil, mas lá ele foi equipado com armas adequadas à sua idade, colocado sobre um cavalo e, com a ajuda de Deus, atravessou a Aquitânia". Com Carlos Magno, a responsabilidade não espera pelo número de anos. A educação de Luís deveria ser, acima de tudo, prática. Entre seus conselheiros, ele logo teve um autóctone: o visigodo Vitiza, também chamado Euticius, filho do conde de Maguelonne. Ele é monge, fundador de um mosteiro na propriedade da família em Aniane, perto de Montpellier. Mais tarde, muda seu nome para Bento de Aniane e torna-se tanto um conselheiro íntimo de Luís quanto um grande propagador da regra de seu homônimo, Bento de Núrsia, no reino.

Durante sua estada em Roma, Carlos Magno discute outro assunto com o papa: o caso do duque bávaro Tássilo III. Desde sua adesão, em 748, ele se manteve discreto. Mas o rei dos francos está de olho nele e sente a necessidade de lembrá-lo de seus deveres. Não que o duque tivesse deliberadamente falhado em algo, mas o soberano desconfia de sua atitude, que é um pouco independente demais. Tássilo tinha vindo para jurar lealdade a Pepino, o Breve, e a seus filhos sobre as relíquias dos santos Dionísio, Eleutério, Rústico, Germano e Martinho em 757, como vimos. O jovem Carlos, que tem mais ou menos a mesma idade, esteve presente na sessão. Posteriormente, Tássilo havia abandonado o exército franco durante a campanha da Aquitânia em 763. Então, antes de 768, ele se casara com Liuberga, filha de Desidério. Tudo isso o tornava suspeito. No entanto, não havia nada de concreto para censurá-lo. Em 772, o próprio papa batizara seu filho Teodão; em 778, ele enviara um contingente ao exército de Carlos Magno para a expedição espanhola, e se mostrara um zeloso propagador do cristianismo, convocando sínodos de reforma eclesiástica em Ascheim em 757, Neuching em 771, Dingolfing em 776, fundando mosteiros, como os de Innichen, Mondsee, Kremsmünster, onde ainda hoje se pode ver sua famosa taça de ouro, apoiando missionários na Caríntia e aproveitando a oportunidade para tomar conta dessa região, vizinha do Friuli. Por outro lado, os bávaros também estão profundamente ligados à sua autonomia e não se esqueceram da derrota infligida pelos francos em 743. Eles alimentam as lembranças nostálgicas dos tempos não tão distantes do bom duque Teodão (696-717), quando eram praticamente independentes.

Carlos Magno sente que é hora de refrescar a memória de Tássilo, lembrando-o de sua promessa de 757. Em concertação com o papa, uma dupla embaixada lhe foi enviada: os bispos Formose e Damase, representando Adriano, e os altos funcionários Richulf e Eberhard, representando o rei, vão até ele e lhe pedem para comparecer diante de Carlos Magno para renovar o juramento de 757. Reféns lhe serão fornecidos como garantia de sua segurança. Ele promete comparecer.

Esta é, pelo menos, a versão dos *Anais Reais*, favoráveis ao rei franco. A crônica de Crantz (Creôncio) apresenta uma luz bem diferente. É preciso lembrar que ela é atribuída, pelo humanista Aventino, a um autor bávaro do século VIII, o que lhe confere um interesse particular para eventos que dizem respeito à Baviera. Segundo essa crônica, foi Tássilo quem tomou a iniciativa de enviar a Carlos Magno e ao papa em Roma uma embaixada amigável, carregada de presentes e comandada por grandes personalidades: o bispo Alim de Brixen, os condes Mägel e Machelm, e o abade de Mondsee, Alto. Carlos Magno teria se recusado a recebê-los, o que levou ao aumento da tensão: "O duque Tássilo ficou aborrecido com esse caso, e se sentiu insultado pelo fato de seu primo, o rei Carlos, não permitir que seu povo passasse, e sentiu um grande rancor contra ele. O rei Carlos, por sua vez, não estava menos preocupado com seu primo, o duque Tássilo, que, segundo ele, estava se tornando poderoso demais e que seguramente estava aliado com os saxões, os vendos e os hunos, todos eles há muito tempo inimigos jurados e mortais do rei Carlos e de todos os reis de Frância. Uma guerra feroz estava a ponto de ser deflagrada". Contudo, o papa intervém e age como mediador, enviando dois bispos a Tássilo, que o apaziguaram e o persuadiram a vir ao encontro de Carlos a fim de renovar seu juramento de lealdade.

Essa versão, que contradiz a dos *Anais*, parece, de fato, mais confiável. Pois, no caso dos *Anais*, não nos é dito por que o rei e o papa teriam de repente, sem causa aparente, decidido enviar uma embaixada a Tássilo. Creôncio nos dá a explicação: Tássilo envia presentes para afagar o rei; este os recusa e o papa, que mantém boas relações com Tássilo e é padrinho de seu filho, se interpõe. Carlos Magno não tem o melhor papel nessa versão, e é por isso que os *Anais* ocultam certos fatos, assim como ocultaram Roncesvales.

Carlos Magno, que de todo modo espera uma visita próxima de Tássilo, pode agora deixar Roma e voltar para a Frância. Na volta, ele se detém em Milão, onde o arcebispo Tomás batiza sua filha Gisela. Ele também passa por Parma, onde conhece Alcuíno, que leva consigo, assim como mais tarde Francisco I levará Leonardo da Vinci. A comparação se impõe, dado que, tudo considerado, em ambos os casos é mais do que um homem que está em jogo, é todo um movimento cultural: Leonardo propagará o Renascimento na França; Alcuíno iniciará o Renascimento Carolíngio.

A semelhança termina aí. Alcuíno não é italiano, mas inglês. Nascido por volta de 730, ele já está na casa dos 50 anos e tem uma reputação bem estabelecida. Educado na escola episcopal de York, na qual se tornou mestre, adquiriu uma vasta cultura, graças à excepcional biblioteca desse centro intelectual, que, na época, tinha uma fama europeia. Em várias ocasiões, foi enviado em missões no continente pelo arcebispo de York, Aelberto, que ocupa essa sede de 767 a 778. Durante uma dessas viagens, ele se hospeda na abadia de Murbach, na Alta Alsácia, onde participa de um debate entre o judeu Lull e Pedro de Pisa. É muito provável, portanto, que esse intelectual, que também é um pedagogo conhecido por seus planos para a organização dos estudos, já tivesse conhecido Carlos Magno, que chegou a empregá-lo em 773 como membro da embaixada enviada ao papa. O *Liber pontificalis* menciona a presença de um certo "Albuinus", descrito como o *deliciosus* do rei. Albinus, Albin, é um cognome que Alcuíno gosta de usar, e nenhum outro é conhecido nesse momento. Quanto ao *deliciosus*, isso só pode significar que ele é caro à pessoa do rei. Em 775-776, sabe-se que ele fez outra viagem à corte de Carlos Magno. Por fim, em 781, ele estava na Itália a pedido do novo arcebispo de York, Eanbald, que o havia enviado para buscar seu *pallium*. É em Parma que Carlos Magno o encontra e o engaja a voltar consigo, com o objetivo de confiar-lhe a reorganização das escolas monásticas.

Entretanto, assim como uma andorinha não faz verão, Alcuíno não faz uma Renascença. Na verdade, é todo um grupo de intelectuais que Carlos Magno leva consigo. Em Roma, ele convence a segui-lo o monge Godescalco, um copista e iluminador sem igual, a quem encomenda um exemplar dos Evangelhos para sua biblioteca. Em Pavia, ele encontra o erudito Pedro de Pisa, conhecido como Pedro, o Arquidiácono, que ensina gramática. O rei tem algumas lições de latim com ele durante sua estadia, e também o convida para a corte. O mesmo ocorre com o lombardo Paulo Diácono, também conhecido como Paulo, o Gramático, um sexagenário advindo de uma família aristocrática do Friuli, ex-preceptor dos filhos de Desidério, e em particular de Adelberga, esposa de Arequis, duque de Benevento. Ele se tornou monge em Monte Cassino e foi apresentado a Carlos Magno por Pedro de Pisa, quando veio implorar o perdão para seu irmão, comprometido na revolta friulana em 776. Poeta, gramático e orador, ele ensinará algumas palavras de grego a Carlos Magno.

Na verdade, toda vez que vai à Itália, Carlos Magno demonstra um grande interesse pela cultura. Esse bárbaro vindo do Norte fica impressionado com os monumentos antigos, ou o que resta deles, e pelas realizações bizantinas, especialmente em Ravena: manda desmontar colunas, mosaicos e estátuas para decorar seu palácio em Aachen. E admira os intelectuais, poetas e gramáticos, ecos enfraquecidos e deformados da grande cultura clássica que evoca a época gloriosa de Roma. Durante sua última visita, embora muito curta e guerreira, em 776, tem tempo de encontrar, em Pavia, o lombardo Paulino de Aquileia, que ele também recruta. Paulino permanecerá em sua comitiva até sua eleição, em 787, como arcebispo de Aquileia. Ele é sobretudo um teólogo e, como tal, prestará grande serviço ao rei em assuntos eclesiásticos.

Quando atravessa os Alpes de volta à Frância com sua família, em meados de 781, Carlos Magno pode, portanto, se mostrar muito satisfeito com sua campanha pacífica na Itália. O balanço é lisonjeiro: ele tem mais uma filha, Gisela; seus dois filhos, Pepino e Luís, haviam sido coroados reis; sua filha Rotruda estava noiva do imperador bizantino; havia persuadido o papa a desistir dos ducados de Espoleto e de Benevento; havia recrutado Alcuíno e toda uma equipe de intelectuais; e convencera Tássilo a vir renovar seu juramento de fidelidade.

DERROTA DE SÜNTEL E MASSACRE DE VERDEN (782)

De fato, o duque da Baviera se apresenta pouco tempo depois, antes de uma assembleia realizada em Worms no início do verão. Ele traz presentes e se mostra muito dócil. Faz um juramento sem nenhum problema e oferece doze reféns, que são realmente entregues antes do final do ano, em Quierzy, sob a liderança de Simperto, bispo de Regensburg; ele também envia a Roma um grupo de peregrinos, com o velho senhor Machelm. O encontro entre o rei e o duque é muito amigável, e Carlos Magno pode então relaxar sua atenção a esse respeito.

O papa, por outro lado, não tem tantos motivos para se regozijar. Apesar de ter dominado a reunião de 774, ele é antes a vítima da reunião de 781. Além disso, logo que Carlos Magno se vai, Adriano retoma suas recriminações. Dessa vez, é sobre o território de Sabina, a leste do Lácio, que ele encontra dificuldades para incorporar aos Estados pontifícios. O assédio epistolar começa novamente. Pouco depois de 15 de abril, o papa escreve a seu "compadre espiritual" (já que era padrinho do pequeno Pepino) para reclamar a transferência do território da Sabina. O assunto se mostra mais complexo do que o esperado. Carlos envia seus *missi* Itherius e Maginarius, juntamente com os de Adriano, para investigar o assunto no local, "para receber o testemunho dos anciãos da região, certificando que ela já fez parte do Patrimônio da Igreja". O procedimento não avança. Em maio, o papa reclama em uma carta. Seguiu-se outra carta, na qual também se trata da questão da crise iconoclasta, com Irene expressando sua intenção de pôr um fim a ela. Adriano envia a Carlos Magno a cópia de uma carta (genuína?) do papa Leão I, datada de 449, confirmando a autoridade papal em assuntos de fé. No final do ano, Carlos Magno recebe uma nova missiva, portada por um certo Etienne: seus *missi*, Itherius e Maginarius, foram impedidos, "por homens cruéis e perversos", de receber o território da Sabina para entregá-lo a mim; suas ordens foram desrespeitadas; envie-me um *missu*. E isso continua no ano seguinte.

Nessa época, Carlos Magno está em seu palácio de Quierzy, onde permanece desde o Natal de 781 até a Páscoa de 782: "No início do ano, quando as pastagens estavam bem abastecidas para alimentar um exército em marcha, ele decidiu entrar na Saxônia e lá realizar a assembleia geral, como estava acostumado a fazer todos os anos em Frância", dizem os *Anais Revisados*. Atravessando o Reno em Colônia, ele vai para as fontes do Lippe, onde monta acampamento. Lá resolve vários assuntos, e recebe uma embaixada do rei dinamarquês Siegfried (ou Sigfred), e uma do *khagan* dos ávaros. Depois retorna à Gália, pois dessa vez tudo parece calmo no leste.

Uma pausa efêmera. Dessa vez, são os eslavos que se agitam: soube-se que os sorbes, que vivem entre o Saale e o Elba, tinham acabado de atacar seus vizinhos saxões e turíngios. Este foi um simples ataque de pilhagem, mas avançou em territórios que Carlos Magno considera como seus. Ele não pode permitir que essa violação de seu reino fique sem resposta e correr o risco de ser visto como fraco. Reúne um exército de francos orientais e de saxões fiéis, mas, sem dúvida considerando que o assunto não é suficientemente sério para exigir sua presença, confia o comando ao camareiro Adalgis, ao condestável Gilon e a Worad, conde do palácio. A tropa está a caminho de Saale quando os chefes ficam sabendo, no setor do Weser, que os saxões estão se sublevando novamente. Viduquindo está de volta, saindo de seu retiro dinamarquês e em ação na região do médio Weser, não muito longe dali. Eles tomam então a iniciativa de se desviar de sua rota e confrontá-lo.

Movendo-se para o norte, eles se juntam a outro exército franco, enviado por Carlos Magno e comandado pelo conde Teodorico. Eles se juntam aos saxões ao sul do distrito de Bückegau. Os dois exércitos francos estão na margem esquerda do Weser, os saxões na margem direita, tendo estabelecido seu acampamento aos pés das colinas do Süntel, o Süntelgebirge. O melhor relato dos eventos é fornecido pela versão revisada dos *Anais*. Teodorico e os três chefes francos acordam um plano: Adalgis, Gilon e Worad atravessarão o rio para fazer o levantamento do terreno, e, se este for favorável, o ataque será lançado de ambos os lados de uma só vez, seguindo as táticas habituais. Entretanto, seja por falta de coordenação ou por ciúmes entre os chefes, Adalgis, Gilon e Worad, depois de terem feito a travessia, lançam o ataque apenas com suas tropas. De acordo com os *Anais Revisados*, "eles temem que, se Teodorico participar da batalha, ficará com o prestígio da vitória". Assim, "eles atacam a toda velocidade, tão rapidamente quanto os cavalos possam correr, na direção em que os saxões estão colocados em ordem de batalha diante de seu campo; agem como se estivessem perseguindo um inimigo em fuga e se apoderando dos despojos, mas têm que enfrentar um inimigo que os espera corajosamente, sem recuar". É um massacre. Rodeados pelos saxões, quase todos os francos são mortos, incluindo Adalgis, Gilon, quatro condes e cerca de vinte chefes importantes. Em termos de perdas humanas, o desastre é muito pior que o de Roncesvales. A forma como os *Anais Reais*, na versão não revista, relatam os fatos, é ainda mais surpreendente: embora tenham se calado sobre Roncesvales, chegam a fazer dessa derrota uma vitória: "Eles enfrentaram os saxões numa batalha. Os francos lutaram corajosamente, mataram muitos saxões e saíram vitoriosos. Dois dos *missi*, Adalgis e Gilon, foram mortos nas montanhas de Süntel, como são chamadas".

A inconsistência é gritante, pois, imediatamente depois, o relatório dos *Anais* diz que "quando o senhor rei Carlos ficou sabendo disso, acorreu com o maior número possível de francos que pôde reunir com urgência", uma reação que seria incompreensível se os saxões tivessem sido derrotados. Na verdade, Carlos Magno, que deve pensar que decididamente precisa fazer tudo pessoalmente, chega com reforços, determinado a vingar a afronta e a fazer do fato um exemplo. Ele persegue os saxões para o norte e os encontra em Verden, onde o Aller deságua no Weser. Os chefes saxões são divididos; acusam Viduquindo, que já havia retornado à Dinamarca, e, tomados pelo medo, denunciam-se mutuamente: 4.500 são presos e, por ordem de Carlos Magno, decapitados no local no mesmo dia. Os *Anais Reais* mencionam o fato sem comentários: "4.500 foram mortos"; a versão revisada não fica menos embaraçada: "não menos que 4.500 dos outros, aqueles que haviam cedido às incitações de Viduquindo e cometido tal ultraje, foram entregues e, no lugar chamado Verden, sobre o rio Aller, foram decapitados em um único dia por ordem do rei". Somente os *Anais de Metz* esboçam uma suspeita de reserva: "uma multidão de saxões foi cruelmente passada pelo fio da espada".

783: DUAS VITÓRIAS, UM CASAMENTO E DOIS FUNERAIS

Aliviado, Carlos Magno volta à França e celebra o Natal em família em Thionville, onde passa o inverno, até a Páscoa de 783. Depois, na volta da "doce e sorridente primavera", ele se prepara novamente para ir matar saxões. Os preparativos são, no entanto, um tanto perturbados pela morte da rainha Hildegarda, em 30 de abril. A jovem de 24 anos, enfraquecida por nove partos, pode ter morrido como resultado do nascimento de sua filha Hildegarda. Carlos Magno "lhe oferece as honras que lhe são devidas, e apressadamente começa – 'com toda a velocidade de que é capaz' – a campanha". Ele cruza rapidamente o Hesse e encontra o inimigo em Detmold, ao norte de Paderborn. Os saxões são derrotados, e "foi um massacre tão grande que pouquíssimos escaparam". A vitória estava incompleta, porém, porque Carlos Magno havia chegado tão rapidamente que tinha "poucos francos consigo", e, antes de continuar a campanha, fez uma pausa em Paderborn, onde novas tropas se juntaram a ele. Ele soube que os vestfalianos estavam se reunindo mais ao norte, no rio Hase, na confluência do Ems. "Essa notícia o enfureceu", dizem os *Anais Revisados*, e "sem perder um momento" foi ao seu encontro e infligiu-lhes outra derrota, em um ponto indeterminado ao longo do Hase. "Uma quantidade enorme foi morta, o saque foi apreendido e um grande número de cativos foi levado". Dali, Carlos Magno foi para o leste, cruzou o Weser e chegou ao Elba, "devastando tudo em seu caminho", como convém. Depois, atravessando a Turíngia e o Hessen, voltou para Worms.

E então ele se casa novamente. Desde a morte de Hildegarda, e apesar de suas ocupações militares, ele não parou de procriar. É sabido que em 784 um de seus filhos ilegítimos nasceu de uma mãe desconhecida, Hruodhaid. Ele tem agora cerca de 40 anos e precisa de uma nova rainha. A escolha foi novamente uma jovem de 13 ou 14 anos, Fastrada, filha do conde franco Rodolfo. Ela lhe dá duas filhas: Teodrada, em 785, que se tornará abadessa de Argenteuil, e Hiltruda, em 787. Carlos Magno parece sentir uma verdadeira ligação com sua jovem esposa; os *Anais Reais*, habitualmente muito secos, relatam como os cônjuges ficavam felizes ao se encontrar após as campanhas militares, e a única carta privada do rei, da qual uma cópia foi preservada, é dirigida à sua cara companheira durante a guerra contra os ávaros. No entanto, Fastrada deixou uma reputação de mulher altiva e cruel, cuja dureza teria sido a causa de certas revoltas. Eginhardo escreve: "Pensa-se que a crueldade da rainha Fastrada foi a causa dessas conspirações, pois é sob sua influência que Carlos Magno parece ter empreendido certas ações contrárias à sua habitual mansidão e boa natureza". Após o massacre em Verden e as campanhas de devastações sistemáticas, permanece uma dúvida sobre a "doçura natural" de Carlos Magno. Não parece que ele precisasse dos conselhos de Fastrada para dar provas de ser rigoroso.

Durante o verão, em 12 de julho, o rei também perdeu sua mãe, a rainha Berta, que não mais desempenhava um papel desde 772. Duas vitórias, um casamento e dois funerais: este foi o balanço do ano de 783. Carlos Magno vai então para uma de suas residências favoritas, Herstal, onde passa o Natal, o inverno e a Páscoa. Ele continua a acompanhar os assuntos da Itália, de onde as cartas do papa sempre chegam. Este reclama, como de costume, mas dessa vez sua insatisfação é motivada por abusos judiciais. Ele acusa dois juízes de Ravena por assassinar um diácono durante a missa, por oprimir os pobres, por confiscar seus bens e por vendê-los como escravos. Esses juízes fugiram para o rei, e o papa pede que lhe sejam enviados de volta, para julgá-los. Depois, há o caso do abade do mosteiro de São Vicente, no ducado de Benevento, que ilustra até que ponto a tutela franca é mal aceita pelos lombardos. O abade foi acusado de ter proferido palavras hostis contra o rei franco, de ter omitido deliberadamente que se cantasse o salmo para sua proteção e a de seus filhos e de ter impedido que monges o visitassem. Ele foi convocado a se explicar perante uma comissão, composta pelo bispo Possessor, *missus* de Carlos Magno, pelo notário Campulo, pelo duque Teodoro e por Hildebrando, duque de Espoleto. Dez de seus monges fizeram um juramento a seu favor e, em duas cartas no inverno de 783-784, o papa pede, portanto, que ele seja reintegrado como chefe de seu mosteiro. O resultado desse caso não é conhecido, mas mostra que as autoridades francas se mantêm vigilantes sobre manobras hostis, até mesmo no coração de Abruzzo.

SUBMISSÃO E CONVERSÃO FORÇADA DA SAXÔNIA (784-785)

Para Carlos Magno, na primavera de 784, a urgência continua a ser a Saxônia. Como afirmam os *Anais Revisados*, ele estava "determinado a acabar com essa guerra". Assim, ele mobiliza o exército e dessa vez leva consigo seu filho mais velho, o pequeno Carlos, que tem quase 12 anos de idade. Era hora de completar seu treinamento militar em contato direto com a realidade. Atravessam o Reno em Lippeham, penetram na Vestfália, devastando conscientemente as áreas atravessadas, e o Weser é alcançado em Petershagen. O plano era destroçar os territórios do norte da Saxônia. Infelizmente, devido às chuvas contínuas do inverno e da primavera, a área está inundada e é impossível para o exército avançar. Carlos Magno então divide suas forças. Seu filho Carlos permanecerá com os *scarae* no setor de Petershagen para supervisionar os vestfalianos, enquanto ele mesmo irá se ocupar dos ostfalianos, atacando-os na retaguarda, pela Turíngia. Chegando à área de Saale, "ele saqueia os campos dos saxões orientais e queima suas aldeias". É tempo de colheita, e tal ação busca causar a fome. Passando por Steinfurt e Schöningen, Carlos Magno volta então para a Frância. Enquanto isso, seu filho, à frente dos *scarae*, combate uma tropa vestfaliana na região de Dreingau, entre o Lippe e o Ems. Foi um confronto de cavalaria, do qual os francos saíram vitoriosos. O pequeno Carlos, glorificado por esse sucesso, uniu-se a seu pai em Worms.

Como tudo corre bem, Carlos Magno não se demorará nesse caminho. Excepcionalmente, ele decide conduzir uma campanha de inverno. Contra as pessoas enfraquecidas pela devastação do verão, isso deveria ser eficaz.

O contingente se põe outra vez em marcha, na direção de Weissgau, no coração das terras saxãs, e o rei passa as festas de Natal em Lügde, nas margens do Emmer, perto de Schieder, não antes de destruir a região até Rehme, na confluência dos rios Werre e Weser. Mais uma vez, a inundação o impede de continuar suas operações. Então, ele se instala em Eresburg, para onde leva Fastrada e seus filhos.

Durante todo o inverno, Carlos Magno e sua família permanecem nessa fortaleza, não dando descanso aos saxões. Usando tropas rápidas, o rei os assedia constantemente, com um desejo feroz de aniquilá-los, o que é registrado nos *Anais Revisados*:

> Tendo decidido a lá passar o inverno, mandou buscar sua esposa e filhos. Deixando com eles, no *castrum*, uma guarnição suficiente de soldados leais e robustos, ele saía para fazer ataques rápidos aos distritos dos saxões e saquear suas *villae*. Ele infligiu um inverno terrível aos saxões, ele e seus duques, correndo para cá e para lá, espalhando o caos por toda parte, matando e queimando. Ao devastar o país dessa forma durante todo o inverno, ele causou uma enorme destruição em quase todo o território saxônico.

Após meses de tal regime, o país está exangue, de joelhos. Sem perder um momento, Carlos Magno, após celebrar a Páscoa em 3 de abril em Paderborn, avança para o nordeste em direção à região de Bardengau, no baixo vale do Elba, onde Viduquindo e Abbio reuniram tropas. Viduquindo hesita. A resistência parece impossível; muitos nobres saxões já se juntaram ao lado franco; o massacre de Verden deu-lhes a pensar; o povo não aguenta mais; não há mais recursos. O chefe saxão concorda em negociar. Carlos Magno lhe oferece impunidade se ele se submeter e for batizado em sua presença. Viduquindo concorda: ele virá, na condição de que lhe sejam dados reféns, que garantirão sua segurança. Carlos Magno aceita essa condição e envia um de seus dignitários, Amalwin, com alguns reféns, enquanto ele mesmo evacua a Saxônia e vai para seu palácio em Attigny, no alto vale do Aube, onde se prepara a cerimônia. Algumas semanas depois, Amalwin volta, acompanhado por Viduquindo, Abbio e outros chefes saxões. "E por alguns anos os saxões puseram um fim a sua vontade perversa, especialmente porque não conseguiram mais encontrar uma oportunidade de desertar", dizem os *Annalee Révisées*.

Na verdade, é porque estão aterrorizados. De fato, Carlos Magno lhes impôs uma legislação de exceção, cujas medidas estão coletadas no "capitular saxônico". Duas datas são possíveis para a elaboração deste último: 782, após o massacre de Verden, ou 785, após a capitulação de Viduquindo, mas não há argumentos decisivos para arbitrar.

O objetivo do capitular é óbvio: obter a conversão dos saxões ao cristianismo, voluntariamente ou pela força. Para Carlos Magno, esta seria a única maneira de subjugar esse povo. A religião cristã é um instrumento eficaz de submissão e unificação, única maneira de incorporar os saxões ao reino franco. Como Eginhardo escreve, "eles tiveram que abandonar seu culto diabólico e as práticas malignas herdadas de seus antepassados; e então, uma vez adotados os sacramentos da fé cristã, estariam unidos aos francos e se tornariam com eles um só povo". A unidade religiosa como um fator de unidade étnica. Não disse São Paulo: "Não há mais judeus nem pagãos", estão todos unidos em Cristo? É evidente que Carlos Magno não tem nenhum escrúpulo em impor o cristianismo pela força: tanto a tradição quanto a teologia e a prática política convidam a isso, desde Teodósio, que proibiu os cultos pagãos no final do século IV, até Santo Agostinho, do qual o rei é um grande admirador, que usa as palavras de Lucas (14, 23), "force-os a entrar" (*compelle intrare*), para justificar a perseguição dos pagãos.

O capitular saxônico não toca em outros aspectos da cultura, nem na organização social e no direito privado desse povo. Essa "tolerância" não é surpreendente em um reino tão multinacional quanto o dos francos. Por outro lado, qualquer prática religiosa pagã ou supersticiosa é suprimida com uma incrível ferocidade:

> Se alguém, enganado pelo diabo, tiver acreditado na fala de um homem ou de uma mulher, à maneira dos pagãos, que uma pessoa é bruxa e come homens, e por essa razão a fez ser queimada ou deu sua carne para ser comida ou a comeu ele mesmo, será punido com a morte.
>
> Se alguém, segundo o rito dos pagãos, queimar o corpo de um morto e reduzir seus ossos a cinzas, será punido com a morte...
>
> Se alguém tratou com os pagãos contra os cristãos ou desejou permanecer com eles na oposição aos cristãos, será executado por sentença de morte; e quem

tiver aprovado isto, enganando o rei e o povo dos cristãos, será executado por sentença de morte...

Se alguém fizer um voto a uma fonte ou a uma árvore ou a uma floresta sagrada, ou fizer uma oferenda à maneira dos pagãos ou comer em honra dos demônios, 60 moedas se for um nobre, 30 para um homem livre, 15 para um *lite*; se não tiverem o suficiente para pagar na hora, eles serão dados à Igreja até que paguem essa quantia.

Portanto, as práticas pagãs são proibidas e a conversão ao cristianismo, obrigatória: "Se no futuro alguém do povo dos saxões quiser ficar escondido entre eles sem receber o batismo e recusar-se a vir ao batismo, e quiser permanecer pagão, será executado por sentença de morte". O batismo ou a morte: esta é a escolha imposta aos saxões. O não batismo de uma criança dentro de um ano após o nascimento é punido com uma multa enorme. Qualquer ato hostil à religião cristã é selvagemente reprimido: roubar um objeto de uma igreja: a morte! Comer carne durante a Quaresma: a morte! Participação obrigatória na missa aos domingos, com proibição de qualquer outra atividade que não sejam a oração e as obras piedosas. As igrejas gozarão de privilégios especiais: o direito de asilo para delinquentes que nela se refugiem; estes não poderão ser mortos, mutilados ou reduzidos à servidão, mas pagarão uma multa; se um criminoso se refugiar em uma igreja, confessar e fizer penitência, não será condenado à morte.

Serão cobrados impostos sobre todos a favor da Igreja:

Decide-se, com o favor de Cristo, que, de todas as taxas recebidas pelo erário público, multas, interdições de todo tipo e todas as outras receitas do rei, a décima parte será paga às igrejas e aos padres. Ordenamos também que cada um pague às igrejas e sacerdotes a décima parte de toda sua riqueza e de todos os frutos de seu trabalho, seja ele nobre ou livre, ou até mesmo *lite*, uma parte deve ser paga a Deus, de acordo com o que Ele deu a cada um dos cristãos. Além do dízimo, os nobres e proprietários de terras darão à Igreja dois mansos, e um servo e uma serva para cada 120 habitantes.

Outros artigos dizem respeito à ordem pública: pena de morte para quem desobedecer ao rei, para quem violar a filha de seu senhor, para quem matar seu senhor ou sua esposa, ou um bispo, um padre, um diácono. As reuniões públicas são proibidas; aquele que abrigar um assaltante ou um malfeitor por sete dias e sete noites sem entregá-lo pagará uma pesada multa.

Resta avaliar a eficácia dessas medidas draconianas. De acordo com os *Anais Reais*, a Saxônia permanece calma por vários anos. O papa fica encantado. Ele escreve a Carlos Magno no início de 786:

> Ouvimos falar de vossos triunfos divinamente assistidos, de como povos selvagens e hostis como os saxões foram levados ao culto da verdadeira fé em Deus, de Sua Igreja santa, católica e apostólica, como, com a ajuda de Deus, e por intercessão de Pedro e Paulo, príncipes dos apóstolos, eles se curvaram ao vosso poder e domínio, e como, subjugando seus chefes, vós, por vossas obras reais divinamente inspiradas, conduzistes todo o povo dos saxões à fonte do batismo. E, com a ajuda de Deus, vós podereis subjugar a vossos pés outros povos ainda mais fortes... se cumprirdes o que me prometestes e me ajudares a recuperar meus territórios! Vós pedis que, para celebrar vossa vitória, louvores sejam cantados em Roma por um mês e um dia, e litanias por um dia ou dois. Sem problemas: vós tereis todos os cânticos que quiserdes.

O papa é comovedoramente generoso ao fazer doações espirituais: "Decretamos e enviamos ordens a todos os nossos Estados para celebrar as litanias nos dias 23, 26 e 28 de junho próximo, sendo estes dias as vigílias de São João Batista, São João e São Paulo, e a vigília de São Pedro Apóstolo"; a razão pela qual estou fazendo que sejam celebradas tão tarde é para que vós tenhais tempo de avisar a todos os cristãos do mundo, mesmo além dos mares. Melhor ainda: "Não nos contentamos com a celebração de uma ou duas litanias, mas também decretamos canções de louvor ao Salvador do mundo, para que todos aqueles povos trazidos à fé cristã por vossa solicitude possam, com vossa ajuda, aderir a ela para sempre".

Esse piedoso voto dificilmente será ouvido, como não se demora a perceber. As conversões forçadas de modo algum eliminam o paganismo e, a partir do ano seguinte, as abjurações se multiplicam. No início de 786, Carlos Magno envia a Roma seus *missi*, os abades Itherius e Maginarius, para perguntar ao papa que penitência deveria ser infligida a esses novos cristãos que estavam voltando ao paganismo. Se o capitular saxônico fosse aplicado, seria a morte. Mas obviamente há muitos casos, e os padres estão sobrecarregados. A resposta do papa é totalmente inadequada: deve ser feita uma distinção entre "aqueles que retornam ao seu próprio vômito de livre vontade, e aqueles que são forçados a fazê-lo", portanto, para que os padres "estabeleçam a penitência a seu critério" e recebam "aqueles que se arrependem de sua apostasia". O problema é que, se eles acabam de renegar sua fé, fica bem evidente que não vão se submeter a uma penitência infligida por padres, cuja autoridade não é reconhecida.

"Aproveito esta oportunidade para dizer-vos que há goteiras no teto de São Pedro e que precisaria de vigas e de estanho para os reparos", escreve o papa no mesmo fôlego. "Vós não pensais que seria uma boa ideia pedir aos condes italianos que enviem cem libras de estanho cada um para ajudar com este trabalho caritativo? Eu também destacaria que Arequis, o duque de Benevento, tentou se apoderar de Amalfi, mas foi derrotado pelos napolitanos." Decididamente, para o papa Adriano, a Saxônia está bem distante, e os assuntos italianos são muito mais importantes.

A conversão dos saxões preocupa muito mais Alcuíno, que aborda esse problema em cerca de quarenta cartas que endereça a Carlos Magno, à sua futura esposa Lutgarda, ao arcebispo de Trier, Ricbod, ao arcebispo de Mainz, Riculfo, ao bispo de Salzburgo, Arn, ao tesoureiro, Megenfrido, e a Paulino de Aquileia. Sua atitude em relação às missões evangelizadoras é tão matizada que chega a ser ambígua. Por um lado, ele deseja uma cristianização completa e rápida. Está preocupado com o lento processo na Saxônia, e lamenta que não haja missionários suficientes: "É uma verdadeira tragédia que haja tão poucos pregadores da palavra de Deus e os adoradores das realidades terrenas sejam tão numerosos", escreveu ele aos monges em York. Em 789, ele escreve a um abade na Saxônia: "Escreva-me para dar notícias suas e me contar o que está fazendo: como os saxões aceitam sua pregação? Existe alguma esperança de converter os dinamarqueses? Os veletos e os vendos, a quem o rei subjugou recentemente, aceitam a fé cristã?" Ele acompanha de perto os esforços dos missionários e tem laços familiares com alguns deles, como os anglo-saxões Vilibrordo e Vileado. Ele tenta sensibilizar a corte para esse problema. Em geral, aprova as guerras de Carlos Magno, na medida em que elas ajudam a difundir o cristianismo. Quando o rei lhe pede que escreva um hino guerreiro, ele compõe uma melodia na qual saúda o fato de que, graças ao soberano, "a Igreja esteja em paz na Europa, se desenvolva e cresça".

Por outro lado, ele é reticente em relação aos pesados métodos de conversão usados na Saxônia. E escreve ao tesoureiro Megenfrido: "A fé, como diz Agostinho, é uma questão de vontade, e não de obrigação. Um homem pode ser atraído pela fé, mas não forçado. Ele pode ser forçado a ser batizado, mas é inútil para a fé... Se o jugo leve e o peso fácil de Cristo fossem pregados à dura raça dos saxões, tão seguramente quanto o dízimo é cobrado e a punição da lei é imposta para as menores faltas, talvez eles não reagissem contra o rito do batismo". E continua: "Assim, os missionários devem ensinar a fé ao povo pagão com palavras de paz e prudência. O Senhor conhece os Seus, e abre os corações daqueles que deseja que compreendam os ensinamentos. Porém, mesmo após a fé e o batismo terem sido recebidos, preceitos mais gentis devem ser dados às almas fracas". Sugere um método gradual: atrair pagãos com palavras gentis e levá-los pouco a pouco aos aspectos mais exigentes da fé. Ele lamenta que os esforços de conversão sejam acompanhados por novos impostos e, em particular, pela extorsão do dízimo, o que dá à Igreja uma reputação de ganância e retarda o progresso do cristianismo. Mas suas cartas não contêm nenhuma condenação específica das medidas mais radicais do capitular saxônico.

INTERLÚDIO LITÚRGICO, DISTÚRBIOS INTERNOS E EXTERNOS (785-786)

No final de 785, enquanto a corte está em Attigny, Alcuíno recebe outra tarefa de Carlos Magno: completar o sacramento que o papa enviara ao rei a pedido deste último. Além de suas campanhas na Saxônia, o rei encontra tempo para regulamentar os serviços religiosos. Na verdade, tudo isso é uma e mesma coisa para ele: o trabalho de unificação do reino envolve tanto a conversão dos saxões quanto a reforma litúrgica. Acima de tudo, ele conta com a unidade religiosa para soldar o mosaico de seus estados. Entretanto, é necessário que os cultos sejam celebrados e que os sacramentos sejam administrados de maneira uniforme dentro de seu reino, a fim de difundir um sentimento de pertencimento à mesma comunidade política e religiosa. Ora, os ritos nacionais ainda são muito variados, em termos de textos, formas de oração e de canto, além da ordem das cerimônias. De fato, o trabalho de unificação já havia começado no reinado de Pepino, com a ideia central de adotar os costumes romanos, que eram considerados os mais claros, rigorosos e bem organizados. Monges e peregrinos traziam livros litúrgicos de Roma, e a moda romana começara a se espalhar a partir de meados do século VIII. Em 754, a igreja de Metz, cuja influência é grande no mundo franco, adota o rito romano em bloco. Em 760, o bispo de Rouen, irmão de Pepino, o Breve, numa viagem a Roma, admira a liturgia local e traz consigo um mestre da *Scola cantorum* do papa para ensinar aos clérigos da Nêustria as "modulações da salmodia romana".

Com Carlos Magno, essas iniciativas esporádicas deram lugar a um empreendimento sistemático, conduzido pelo próprio rei, que pôde apreciar as qualidades da liturgia romana em primeira mão durante suas visitas à Itália. Ele então encarrega Paulo Diácono, que retorna ao Monte Cassino, de pedir ao papa uma cópia do *Sacramentário gregoriano*, "livre de qualquer mistura", para que seja copiado e aplicado em todas as igrejas do reino. Mas parece que ocorreu um mal-entendido. Carlos Magno, ao solicitar o *Sacramentário gregoriano*, acredita que eram os textos que governavam os ofícios romanos contemporâneos, porém muitas alterações e modificações haviam sido feitas nele desde que fora escrito. Adriano, que quer agradar ao rei, envia-lhe, em 785, pelo abade João, de Ravena, uma bela cópia tirada de sua biblioteca, datada de cerca de 730. O livro é muito bonito, mas o conteúdo é uma verdadeira curiosidade arqueológica. Além disso, há lacunas nele, e alguns textos são específicos para os ofícios papais. Carlos Magno, portanto, pede a Alcuíno que complete o trabalho, chamado de *Sacramentário Adriano*, baseado em outro sacramentário, o *Gelasiano*, e nos costumes francos, a fim de tornar a reforma litúrgica mais aceitável, o que é sempre um processo longo e impopular, pois entra em conflito com hábitos e tradições aos quais a antiguidade empresta um caráter sagrado. Cópias foram feitas e enviadas para as dioceses.

Pouco tempo depois, Carlos Magno envia uma carta aos leitores das igrejas do reino, ordenando-lhes que utilizem para as leituras os textos revisados e unificados por Paulo Diácono, sobre o modelo romano. O que se espera com a carta é claro: trata-se de "restaurar a fonte do conhecimento, quase esgotada pela negligência de nossos antepassados". "Constatamos que, apesar das boas intenções, as leituras compiladas para o serviço noturno, pelo trabalho vão de alguns, não eram adequadas, pois omitiam os nomes dos autores e estavam cheias de distorções e de inúmeros erros, e é por isso que decidimos melhorar sua forma. Encarregamos Paulo Diácono, nosso fiel e íntimo, para executar o trabalho. Ele leu os tratados e sermões dos Pais católicos, extraiu as melhores peças, e nos ofereceu dois volumes de leituras livres de erros e adaptadas a cada festa do ano". Estas são as leituras que devem ser usadas a partir de agora.

Essa preocupação com a precisão, a exatidão, a autenticidade e a uniformidade pode ser vista em todo o reinado e ilustra a capacidade do soberano de travar batalhas militares, políticas, religiosas e culturais com uma obstinação, uma determinação sem falhas, buscando um único objetivo: a unificação do reino. Para ele, a luta contra textos errôneos e particularidades litúrgicas faz parte do mesmo espírito que a conversão forçada dos pagãos, a consolidação das fronteiras e a repressão das revoltas. Seus intelectuais, seus liturgistas, seus teólogos e seus bispos travam a mesma batalha que seus condes.

Ao mesmo tempo que confia essas tarefas a Alcuíno e Paulo Diácono, ele relança as ofensivas em duas áreas periféricas, onde foi sentida a necessidade de relembrar sua autoridade. No norte da Espanha, desde o amargo fracasso de 778, a situação entre berberes, árabes e cristãos ficou confusa, o que beneficia Milo, ou Milon, conde da Septimânia, que continua a se intitular rei dos godos, mas na verdade é leal ao rei franco, que por esse motivo tolera essa autossatisfação. Em 785, a pedido dos cristãos de Girona, tropas francas atravessam os Pireneus pela primeira vez desde 778 e ocupam Urgel, Vich e Girona, onde os habitantes juram lealdade a Carlos Magno.

Em 786, o soberano também se lembra dos bretões, que regularmente se esquecem de pagar o tributo ao qual Pepino os havia submetido. Esse povo, que "vive no oeste, ao longo das margens do Oceano", diz Eginhardo, com fortes "construídos com troncos de árvores em áreas pantanosas", adicionam os *Anais Reais*, não representa um grande perigo para o reino franco, mas deve ser vigiado, para evitar invasões no oeste da Nêustria. Além disso, é bom relembrar aos *machtierns*, os chefes locais, que eles ainda são tributários dos francos. Na primavera, portanto, Carlos Magno envia o senescal Audulfo, que lidera uma expedição contra esse "povo pérfido"; este deve se submeter e entregar reféns, que são levados, assim como alguns chefes, perante o próprio rei, em Worms.

A crônica de Creôncio, que é a única a mencionar esses eventos, também relata movimentos na Baviera e no Friuli. Enquanto Carlos Magno está ocupado na Saxônia, o duque Rodpert, um dos chefes francos na Itália, suspeita que o bávaro Tássilo esteja preparando um complô. Ele faz um ataque preventivo no Adige, toma e saqueia Bolzano. Os bávaros reconquistam a cidade e, em retaliação, avançam para o norte da Itália. "Mas sobre o que eles cometeram ali, o chanceler do duque Tássilo, chamado Creôncio, que então vivia, escreve que prefere ficar calado para não precisar descrever tais coisas." Rodpert lança um segundo ataque contra Bolzano, mas é derrotado e morto pelos comandantes de Tássilo, Gewein e Irwein. Tássilo faz uma aliança com os ávaros. A situação na região continua a ser explosiva, e a desconfiança do rei em relação ao duque da Baviera cresce. A crônica também se detém sobre uma série de desastres naturais que atingiram a Baviera em 786: um terremoto no inverno, um frio rigoroso em maio: "a neve caiu numa camada espessa, as aves despencavam no chão, congeladas"; riachos ficaram cor de sangue, cinzas ardentes caíram, a peste atingiu o país. Os bispos ordenaram jejum e penitência em todo o país, e Tássilo obedeceu como todos: "Ele tinha que jejuar, aspergir a cabeça com cinzas, andar descalço, fazer penitência pública e se confessar". Os espíritos estão perturbados.

Mais grave ainda: a autoridade de Carlos Magno é desafiada no próprio coração do país franco: em 785 ou no início de 786, uma conspiração é articulada, na Francônia e na Turíngia, em torno do conde Hardrad. Trata-se de uma *coniuratio*, ou seja, uma conspiração conjunta, na qual os conspiradores fazem um juramento, e *adversus regem*, contra o rei, que é pessoalmente visado. As fontes não indicam o motivo, mas por causa da localização pode-se suspeitar dos fiéis de Carlomano, que não aceitavam que os filhos dele fossem privados da herança paterna. O complô não é negligenciável. Eginhardo o chama de "perigoso", e os *Anais Revisados*, de "uma formidável conspiração". Mais uma vez, o silêncio dos *Anais Reais* é enganoso: o poder de Carlos Magno não é assim tão sereno quanto se poderia pensar. Sempre é preciso temer as revoltas dos vassalos. Essa foi rapidamente sufocada, e os líderes acabaram tendo os olhos furados e sendo obrigados ao exílio.

Três foram executados, mas, diz Eginhardo, eles haviam tentado resistir à prisão e, "como não havia outra maneira, foi preciso destruí-los". Depois desse complô, Carlos Magno exige que todos os homens livres façam um juramento de lealdade, que retoma a forma do juramento de vassalagem: "Prometo a meu senhor Carlos e a seus filhos que sou e serei seu fiel servo durante toda a minha vida". Prestado sobre o Evangelho, condena ao inferno qualquer um que o viole.

CARLOS MAGNO E OFFA: O ENTENDIMENTO CORDIAL

Ao mesmo tempo, circula outro rumor, muito mais obscuro, dessa vez contra o papa, mas envolvendo Carlos Magno e Offa, o rei anglo-saxão. O caso parece uma brincadeira, mas Adriano não acha graça nenhuma. É devido a uma carta do papa ao rei dos francos, bem autêntica, mas sem data, e que os historiadores colocam entre 784 e 786, que tomamos conhecimento do assunto: "É mencionado em vossa carta real", escreve o papa, "que Offa, rei do povo dos anglos, enviou a Vossa Excelência Real um documento mostrando que alguns de vossos inimigos comuns informariam nossa apostólica pessoa que o mesmo Offa teria sugerido a Vossa Excelência que nos tirasse a dignidade da Santa Sé e a confiasse a outro reitor, escolhido entre seu povo. Esse escrito vos pareceu bastante abominável e horrível, e Vossa Excelência atesta que ele é absolutamente falso em todos os pontos, dado que Offa jamais vos sugeriu tal coisa, e que ele jamais acalentou em seu coração nenhum outro desejo que não fosse o de ver nossa paternidade governar a santa Igreja de Deus até o fim de nossos dias para o benefício de todos os cristãos". Resumamos: Offa pressionaria Carlos Magno a depor o papa e a substituí-lo por um franco. E o papa continua: "É claro que nunca acreditei nisso. Jamais duvidei de vossa fidelidade, entretanto, não esqueçais de quem sou eu. Eu, que embora indigno, cheguei à sé apostólica, recebi-a e a tenho na qualidade de vigário de São Pedro, príncipe dos apóstolos, e reino sobre todo o povo cristão, que Deus me confiou; não fui escolhido pelos homens, nem por meio deles; fui chamado por Jesus Cristo, Nosso Senhor". Subentendido: se você tiver a mínima ideia de me depor, o inferno lhe estará assegurado. Adriano não o admite, mas esse boato o inquietou.

O rei Offa é o único governante cristão de obediência romana que conta na Europa, depois de Carlos Magno. Desde 757, ele reina sobre o reino da Mércia, que abrange o centro da Grã-Bretanha, e impôs seu domínio sobre os pequenos reinos do sul, Wessex, Kent, Sussex e Essex. Aliás, em seus atos, desde 774, ele se intitula *Rex totius Anglorum patriae*, e reivindica igualdade com o rei dos francos. Esta é uma pretensão exagerada, mas o personagem não é desprovido de semelhança com seu homólogo continental, com quem compartilha realismo, autoridade, senso político, firmeza impiedosa e o uso da Igreja como auxiliar do governo. Ele também imita a prática franca da coroação, em favor de seu filho único, Ecfrith, que é ungido e associado ao trono em 787, o que constitui uma novidade na Inglaterra.

Offa é o governante dominante da grande ilha. No oeste, ele se protege contra as incursões dos celtas do País de Gales, construindo um gigantesco talude, com cerca de 120 quilômetros de extensão, entre o Severn e o Mersey, que leva seu nome, *Offa's Dyke*, grande parte do qual ainda existe hoje. No sul, elimina os pequenos monarcas locais, que se tornam seus dependentes. Alguns oponentes se refugiam com os francos, como Egberto, um pretendente ao trono de Wessex. Ao norte do Humber, ele é vizinho do único outro reino que ainda conta na ilha, o reino de Nortúmbria. Este último perdeu parte de seu antigo esplendor, mas mantém uma influência intelectual surpreendente, com suas abadias de Lindisfarne e Jarrow, ilustradas por Beda, o Venerável, e o centro arquiepiscopal de York, de onde vem Alcuíno, que mantém contato epistolar com os monges. A Nortúmbria enviou muitos missionários para o continente, especialmente para a Saxônia. O principal, Vileado, iniciou seu apostolado em Friesland, entre 766 e 774. Em 780, Carlos Magno o convocou para sua corte e o enviou para pregar entre os rios Elba e Weser. Alguns de seus auxiliares até atravessaram o Elba, mas a revolta de Viduquindo reduziu seu trabalho a nada, e muitos foram mortos. Vileado foi então para Roma, onde Adriano o recebeu e o encorajou, e depois ficou por dois anos no mosteiro de Esternach, cujo abade era outro nortumbriano, Beornred. Em 785, após a submissão de Viduquindo, ele retomou suas missões na Saxônia, e em 787 Carlos Magno o nomeou primeiro bispo de Bremen. Morreu em 789.

Carlos Magno, que nunca foi à Inglaterra, sabe de tudo o que lá ocorre, principalmente por meio de Alcuíno, mas também de outros clérigos:

Beornred, abade de Esternach e futuro arcebispo de Sens, é primo de Alcuíno; Gerwold, abade de Saint-Wandrille, é íntimo do rei Offa; o frísio Liudger, primeiro bispo de Münster, ficou um tempo em York; clérigos ingleses participam de sínodos francos. Alcuíno volta várias vezes à Nortúmbria, e lamenta a desordem da vida política de lá. Após o reinado de Alhred (765-774), Aethelred sucedeu-lhe de 774 a 779, foi substituído por Aelffwald de 779 a 788, depois Aethelred volta ao poder e é assassinado em 796. O assassino é morto por Torhtmund, que vai à corte de Carlos Magno, na qual é apresentado por Alcuíno, que fica furioso com os regicidas; Torhtmund informa o rei franco sobre todos os fatos.

Em 786, Alcuíno está na Inglaterra, onde participa, a pedido de Eanbald, arcebispo de York, de um conselho para a reforma das igrejas nortumbrianas, enquanto dois legados papais, Jorge, bispo de Óstia, e Theophylact, bispo de Todi, chegam a Mércia para discutir com Offa medidas para a reforma do clero. Assim como ocorre com os francos, o rei participa do sínodo, pois o controle da Igreja é visto como um instrumento de governo. Ele insiste na criação de um novo arcebispado em Lichfield, no coração do reino, a fim de enfraquecer a metrópole de Canterbury, situada em uma região que lhe é hostil. Os sínodos da Mércia e da Nortúmbria comparam seus resultados. Alcuíno, que conhece bem os dois governantes, atua como intermediário.

Offa e Carlos Magno, que têm as mesmas preocupações, a mesma forma de governar, com base no realismo cesaropapista, e que não têm fronteira comum, são feitos para se dar bem. E, de fato, as relações são geralmente cordiais até 789. Offa admira Carlos Magno, ao mesmo tempo que tem ciúmes dele; o rei dos francos é cortês, evita ferir o orgulho do inglês, respeita seu título, e se tolera em seu reino a presença de refugiados políticos como Egberto, tem o cuidado de escrever ao arcebispo de Canterbury para reconciliá-lo com seu mestre. Essa carta é um dos primeiros documentos diplomáticos nos arquivos ingleses. Alcuíno é o elo ilustre entre os dois reis, que eram amigos mas nunca se encontraram durante seu longo reinado, de cerca de quarenta anos. De qualquer forma, a ideia de uma conspiração entre eles para destronar o papa não tem nenhum fundamento sério.

DO BENEVENTO À BAVIERA (787-788)

No final de 786, Carlos Magno mais uma vez se volta para Roma. Em dezembro, ele subitamente decide cruzar novamente os Alpes e descer para a Itália. Dadas as dificuldades de viajar nessa época do ano, quando ele geralmente prefere ficar em seus palácios austrasianos, as razões devem ter sido importantes. Os *Anais Reais* sugerem três: "com a finalidade de rezar", "tratar de assuntos italianos", "discutir com os enviados do imperador". A primeira é apenas retórica, pois é difícil imaginar Carlos Magno tomado por uma necessidade urgente de ir a Roma para rezar no meio do inverno. A terceira é provavelmente a mais provável, já que a política bizantina está mudando, e Irene muda de ideia sobre o projeto de casamento entre Constantino e Rotruda. Mas não há necessidade de ir à Itália para discutir isso. Há ainda os "assuntos italianos", especialmente o de Benevento. O duque Arequis conspira com Adalgis, filho de Desidério, e as forças bizantinas na Sicília, ameaçando uma vez mais as posições papais e francas.

Como era seu costume, Carlos Magno reage prontamente. "Ele reuniu bem depressa as forças francas e chegou à Itália nos rigores do inverno", dizem os *Anais Revisados*. Ele se deteve o tempo mínimo em Florença para celebrar o Natal, e sem demora "marchou em direção a Roma, com toda a velocidade possível". A crise é tão urgente? O rei discute sobre ela com o papa e seus condes. O problema reside na atitude ameaçadora do duque de Benevento, Arequis. Este é casado com Adelberga, filha do rei lombardo Desidério, e nutre um ódio feroz pelos francos e pelo seu protegido, o papa Adriano. Também controla a maior parte do sul da península, onde é vizinho dos enclaves bizantinos da Calábria e da Apúlia, e com o ducado de Nápoles, cujo titular, que também é o bispo da cidade, tenta escapar da tutela de Bizâncio. Arequis, a fim de escapar do domínio franco, junta-se aos gregos. Irene lhe conferira o título de patrício, que ele acrescenta ao de príncipe dos lombardos, designação autoatribuída. Ele imita cada vez mais o estilo bizantino de governo, e manda construir um palácio e uma igreja abobadada em Benevento, que dedica a Santa Sofia; em sua residência favorita de Salerno, mantém bons termos com o estrategista da Sicília, e se dá bem com seu cunhado Adalgis, filho de Desidério.

Entretanto, Desidério é agora abertamente apoiado por Irene, cuja política se encontra, naquele momento, hesitante. Teoricamente, o projeto de casamento entre seu filho Constantino e Rotruda, a filha de Carlos Magno, ainda está de pé, mas não se fala mais sobre isso. Irene está ocupada principalmente com os preparativos para o concílio que deseja reunir no império para condenar o iconoclasmo, mas encontra forte resistência por parte dos partidários da heresia. Uma primeira tentativa, na própria Bizâncio, termina em confusão. Uma nova convocação é enviada aos bispos do império, e o papa Adriano também é convidado a enviar representantes, o que ele faz. Esse procedimento irrita Carlos Magno, que é mantido à margem e vê com maus olhos a condução dos assuntos eclesiásticos do governo bizantino, com um papa que o segue, feliz demais por colocar um fim ao iconoclasmo e que, assim, corre o risco de escapar de sua própria influência.

O rei dos francos decide, então, precipitar os fatos e esclarecer a situação, intervindo militarmente no ducado de Benevento. Arequis percebe o perigo e tenta evitar a ação; ele envia Romualdo, seu filho mais velho, para Roma, carregado de presentes e protestos de amizade, o que não comove Carlos Magno. Em fevereiro, este vai com seu exército para Cápua, a cerca de 30 km ao norte de Nápoles. Então, as negociações começam, sem que o duque e o rei se encontrem diretamente. Negociações a três, porque uma embaixada de Irene chega à Campânia nesse momento. Ela é mal recebida e retorna a Bizâncio com os *missi* do rei franco, que sustentam propósitos altivos: ao poder imperial foi simplesmente negado o direito de convocar um concílio. A razão dada, de forma subentendida, é a de que, com a evangelização da Saxônia, da Frísia e da Baviera, Carlos Magno agora tem mais cristãos sob seu governo que o imperador. Esse argumento é um sinal da consciência do rei franco sobre a mudança na balança de poder em favor do Ocidente, por trás da qual está a ideia de restabelecer o título imperial. De imediato, o resultado é que o projeto de casamento é cancelado. Carlos Magno provavelmente já o havia enterrado, mas parece que foi Irene quem o anunciou oficialmente: "A imperatriz Irene quebrou o acordo matrimonial com os francos [...] e fez seu filho, o imperador Constantino, casar-se com Maria, apesar de seus lamentos e oposição, porque ele havia decidido se fixar na escolha da filha de Carlos, rei dos francos", escreve Teófanes. Caminha-se, portanto, para a ruptura com a Bizâncio.

Com Arequis, no entanto, foi alcançado um compromisso. Segundo os *Anais Reais*, Carlos Magno renunciou à guerra e aceitou as propostas do duque por razões humanitárias: como bom cristão, "ele não queria que o país fosse arrasado, e que os bispados e mosteiros fossem devastados". Pode-se tomar o argumento com ceticismo. Esse tipo de escrúpulo nunca o demoveu em suas outras empreitadas. É infinitamente mais provável que ele tenha medido de forma realista os riscos de uma guerra. Como escreveu Alcuíno, "a Itália é uma terra insalubre e o alimento lá é nocivo"; o Benevento tem um "ar pútrido". Certamente o rei só tinha forças limitadas consigo: não se tem o costume de manter os vassalos convocados durante o inverno. E uma guerra que durasse até o verão nessas terras inóspitas, tão longe de suas bases, seria muito perigosa. É mais razoável aceitar as ofertas de Arequis, sobretudo porque são vantajosas: o duque, com a condição de não sofrer a humilhação de se submeter pessoalmente, pagará um tributo anual de 7 mil moedas de ouro, entregará doze reféns e seus dois filhos, Romualdo, que já está em mãos de Carlos Magno, e seu filho mais novo, Grimoaldo. Benevento estará, portanto, sob o domínio franco.

Satisfeito, Carlos Magno, em março de 787, retorna a Roma. Dos dois filhos de Arequis, ele mantém apenas Grimoaldo, e manda Romualdo de volta para seu pai. Em 8 de abril, pela terceira vez, ele comemora a Páscoa em Roma. É feito um acordo com o papa, que recebe Cápua, embora os habitantes façam juramento de lealdade a Carlos Magno. Por outro lado, o rei cede a Adriano algumas cidades no sul da Toscana: Viterbo, Bagnoregio, Toscanella, Siena, e também lhe promete a posse de Rusellae e Populonia. Em troca, o papa precisa abrir mão de suas pretensões à Toscana, Sabina, Verona, Mântua, Vicenza e Reggio. Adriano aceita com relutância, como testemunham suas cartas de recriminação em 787 e 788.

Carlos Magno ainda está em Roma quando surge outro problema. Dois enviados de Tássilo, o bispo Arn e o abade Hunric, chegam e, em nome de seu mestre, pedem ao papa que interceda em favor do duque da Baviera junto ao rei franco. O episódio de 781 parece se repetir, de maneira tão idêntica, que se pergunta se não será de fato o mesmo evento, colocado pela crônica de Creôncio em 781, e pelos *Anais Reais* em 787. Isso parece provável, caso em que deveria ser dada mais credibilidade aos *Anais*, que, apesar de seu viés carolíngio, são geralmente mais detalhados. Apesar disso, sua visão da entrevista é muito diferente daquela oferecida por Creôncio. Para esse autor, Tássilo foi o ofendido, dado que Carlos Magno se recusou a receber seus *missi*.

Nos *Anais*, por outro lado, o rei se mostra benevolente, declarando que sempre quis a paz, mas as conversas azedam quando ele pergunta aos enviados quais são as propostas de seu mestre. Eles respondem que não são portadores de nenhuma oferta e que "não ousam concluir um tratado de paz por sua própria autoridade". Então o papa fica furioso, "reconhecendo a inconstância e a hipocrisia deles, e ameaçando lançar uma sentença de anátema sobre o duque e seus adeptos, caso não respeitem as promessas feitas ao senhor rei Pepino e ao senhor rei Carlos". É-lhes prometido um cataclismo, do qual Tássilo terá toda a responsabilidade: "Tudo o que esse país sofrer com incêndios, massacres e todo tipo de males será culpa de Tássilo e seus seguidores, e o senhor rei Carlos e os francos ficarão isentos de toda culpa". Com isso, foram enviados de volta ao seu mestre.

Agora resta a Carlos Magno voltar para casa, "tendo recebido a bênção e cumprido suas devoções". É o meio de abril. Depois de atravessar os Alpes, ele desce o vale do Reno até Worms, onde se encontra com sua esposa Fastrada, com uma alegria indisfarçada. Os *Anais* não estão habituados a tais efusões: "o gentil rei encontrou sua esposa, a rainha Fastrada, na cidade de Worms, onde eles se alegraram, felizes por estarem juntos e louvando a misericórdia divina".

Um pequeno interlúdio sentimental. Depressa Carlos Magno convoca a assembleia de maio, nessa mesma cidade de Worms, e relata os resultados de sua viagem, mas estes já estão ultrapassados. Pois mal acabara de deixar os lugares e Arequis se insurgiu audaciosamente e entrou em contato com os bizantinos, que preparavam uma expedição à Itália, sob a liderança de Adalgis. Quanto a Tássilo, convocado para se apresentar, recusa-se. Essa atitude provocadora lhe custará caro. Carlos Magno, que nunca deixou de assediá-lo com seus chamados à ordem, sem dúvida estava determinado a acabar com ele de qualquer maneira. Três contingentes são reunidos e convergem para a Baviera. O primeiro, composto por turíngios, austrasianos e saxões, vem do norte e chega ao Danúbio em Pförring, acima de Regensburg; o segundo vem do sul, da Itália, liderado pelo rei Pepino, um espigado garoto de 11 anos, que sobe o Adige via Trento e Bolzano; o terceiro, liderado pelo próprio Carlos Magno, vem do oeste e avança até o Lech, perto de Augsburg. Tássilo não poderia fazer nada. Qualquer resistência seria fútil. Ele vai, portanto, fazer sua submissão no acampamento de Carlos Magno em 3 de outubro de 787.

Renova então seu juramento de lealdade ao rei, a quem entrega doze reféns e seu próprio filho Teodão. Essa capitulação, de acordo com os *Anais Revisados*, foi devida ao fato de que Tássilo queria "garantir sua segurança e a de seu povo". De sua parte, Carlos Magno, devido "à sua natureza gentil [!], o poupou" pelo menos naquele momento. O duque mantém seu título, e o rei, após se assegurar do juramento do povo, desmobiliza seus batalhões e volta à sua *villa* de Ingelheim, onde passa o Natal, o inverno e a Páscoa de 788.

Essa brandura pode parecer suspeita, especialmente quando vemos o rei dos francos, já na primavera, convocar novamente Tássilo para a assembleia geral que ele realiza em maio-junho em Ingelheim. O que aconteceu durante o inverno? De acordo com os *Anais*, o duque tentou se revoltar novamente e incitou seus vizinhos ávaros a atacar os francos. Comportamento suicida. Ou, como dizem os *Annales Nazariani*, um pequeno texto do final do século VIII, será que houve provocação por parte dos francos? De acordo com essa fonte, a esposas e os filhos de Tássilo foram presos, e seu tesouro, apreendido. Sua esposa é Liuberga, filha de Desidério, a quem se acusa de incitar seu marido à revolta.

De todo modo, o que acontece na reunião de Ingelheim parece ser o processo de um grande espetáculo, para resolver o problema da Baviera de uma vez por todas. Diante dos delegados de todo o reino franco, Carlos Magno e Tássilo se confrontam diretamente e deixam explodir seu ódio mútuo. Tássilo é acusado de ter encorajado os ávaros a atacar os francos, de ter procurado atrair seguidores do rei para matá-los, e de ter encorajado seus partidários a perjurarem, praticando a reserva mental ao fazer o juramento. Tássilo não negou isto, ao contrário: acrescentou "que, se tivesse dez filhos, preferiria perdê-los a todos do que submeter-se ao estado de coisas imposto pelo juramento, e que preferiria estar morto do que viver assim". O velho caso de deserção durante a campanha de Pepino na Aquitânia foi levantado contra ele, e finalmente a sentença de morte foi aprovada por unanimidade.

Carlos Magno, um bom príncipe, "pelo amor de Deus e porque Tássilo era um parente, teve pena e obteve o acordo de seus seguidores para que ele não fosse executado", dizem os *Anais Reais*, que chegam a afirmar que foi perguntado a Tássilo: "quais eram seus votos", e ele teria respondido que "queria ser tonsurado, entrar para um convento e ali fazer penitência, para salvar sua alma", o que contradiz a atitude desafiadora que teria demonstrado durante o julgamento, quando de forma alguma considerou suas ações como sendo pecados. A escolha do confinamento no mosteiro lhe é certamente imposta: é isso ou a morte. De acordo com os *Annales Nazariani*, tudo o que ele consegue é evitar a humilhação de ser tonsurado em público. Enquanto os *Anais Revisados* afirmam que ele "entrou na vida religiosa voluntariamente", a crônica de Creôncio afirma que "ele teve que se submeter a uma tonsura contra a sua vontade". Ele foi confinado no mosteiro de Jumièges. Toda a família sofreu o mesmo destino: sua esposa Liuberga e seu filho Teodão foram tonsurados, Teodão foi colocado no convento de São Maximino em Trier. Quanto às suas filhas, a crônica de Creôncio termina abruptamente com a misteriosa pergunta: "O que devo dizer sobre elas?" – o que pode deixar pressagiar o pior. Na verdade, elas também foram confinadas em um convento, uma em Chelles e outra em Laon.

Agora Carlos Magno tem as mãos livres na Baviera, que pode ser considerada como parte integrante de seu reino. Como na Itália, ele conserva as estruturas, os costumes e tradições locais, assim como o direito, e se contenta em substituir os condes de Tássilo, exilados, por seus próprios fiéis, liderados por um "prefeito", Geraldo, um nobre alamano, íntimo dele, já que é irmão de sua primeira esposa, Hildegarda. Não há mais um duque da Baviera; esta é apenas um pedaço do grande mosaico do reino carolíngio.

NOVAMENTE O PROBLEMA ITALIANO

Entretanto, um problema esconde outro; esconde até mesmo vários deles. Os anos 787-788 são muito difíceis para Carlos Magno, e lhe dão a oportunidade de empregar toda sua energia e habilidades. As muitas provações e tribulações e a forma como ele as supera evidenciam tanto as qualidades políticas quanto as militares do rei. O entrelaçamento dos episódios dá a esse período um caráter caótico, e a fim de obter alguma percepção é necessário separar a narrativa, tendo em mente que Carlos Magno é simultaneamente confrontado com essas dificuldades.

Enquanto ele resolve a crise bávara, a situação na Itália se deteriora novamente. Voltemos um pouco ao início do verão de 787, quando Carlos Magno retorna para casa, em Worms, onde ncontra Fastrada, depois de sua expedição beneventana e romana. Se pensa ter resolvido o problema da península, rapidamente se desengana. Logo após seu retorno, recebe uma primeira carta do papa, pedindo-lhe que envie os *missi* para assegurar a transferência efetiva da soberania das cidades que o rei, em princípio, lhe havia dado, tais como Rusellae e Populonia. O duque de Benevento, Arequis, retoma suas manobras contra os francos, e anuncia a Irene que iria lhe enviar seu filho mais velho, Romualdo, para preparar um desembarque grego na Itália. Subitamente, duas mortes inesperadas perturbam a situação: a de Romualdo, em 21 de julho de 787, e a de Arequis, em 26 de agosto. O papa quer aproveitar para pôr as mãos em todo o Benevento, que já não tem mais um senhor.

Carlos Magno tem outros projetos. Ele tem consigo o filho mais novo de Arequis, Grimoaldo, que lhe foi dado como refém, e que parece bem disposto em relação aos francos. É de se esperar, portanto, que ele será fiel. O rei, portanto, o proclama duque de Benevento, para a grande ira do papa. Cólera que se torna fúria quando, no final do ano, Carlos Magno recebe uma delegação da aristocracia beneventana em Ingelheim e promete conceder-lhe cidades já garantidas ao papa. A percepção do rei é a de que o interesse dos francos é ter no Benevento um duque agradecido e dedicado, que atuará naquela região como um vice-rei para bloquear as tentativas bizantinas.

Irene tenta tirar proveito da situação. Ela envia uma embaixada para a filha de Desidério, viúva de Arequis, que com a morte do marido havia tomado o poder. A imperatriz finalmente consegue convocar seu concílio em Niceia, de 24 de setembro a 23 de outubro de 787, com 350 bispos, dois legados papais, e numerosos hegúmenos[2] e monges. Seguindo seus desejos, a assembleia adota decretos condenando o iconoclasmo e defendendo a adoração de imagens. Irene triunfa, com o apoio dos monges, que pressionam o patriarca Tarásio e o impedem de admitir à penitência e de reconciliar os bispos iconoclastas. Com o apoio de seu eunuco de confiança e ministro-chefe, Estaurácio, ela governa mantendo seu filho Constantino VI, agora com 14 anos, sob estreita tutela. Não precisando mais do apoio de Carlos Magno, ela rompe o noivado com Rotruda, e casa seu filho com uma bela provinciana,

---

2 Título do responsável por um mosteiro da Igreja Ortodoxa ou das Igrejas Católicas Orientais, similar ao de abade na Igreja Católica. (N. T.)

Maria, a Armênia, recrutada por Estaurácio em um concurso de beleza, de acordo com o costume. Com a força de seu sucesso no império, Irene apoia Adalgis, filho de Desidério, e promete a Adelberga, irmã de Adalgis e viúva de Arequis, que enviará tropas para a Itália.

Para Carlos Magno, é hora de enviar Grimoaldo para tomar posse de seu ducado de Benevento. Entretanto, ele toma precauções: o duque deve datar seus atos dos anos do reinado do rei franco, ter o monograma de Carlos em suas moedas e fazer um juramento de lealdade, um juramento que também foi exigido de todos os homens livres de Benevento, por meio dos *missi* enviados para lá no final de 787.

As coisas não correram exatamente conforme o planejado. Em meados de janeiro de 788, o *missus* Maginarius informa a Carlos Magno as dificuldades que encontra no Benevento, em uma carta que sobreviveu apenas de forma fragmentária, mas cujo conteúdo é precioso: "Quando entramos no território do Benevento", escreveu ao rei, "não encontramos nenhuma lealdade a Vossa Excelência". Os *missi* chegam em dois grupos: Atto e Godramnus, vindos de Roma, chegam primeiro a Benevento, onde tiveram que esperar por Maginarius e Joseph. Diz-nos Maginarius:

> Contudo, quando conseguimos abrir caminho por entre essa gente desleal, graças a Deus, e chegamos a Benevento, pensando que encontraríamos lá nossos colegas e discutiríamos com eles como cumprir vossas ordens, eles já tinham partido para Salerno, na véspera da nossa chegada. Encontramo-nos então numa situação delicada, pois estávamos separados de nossos colegas e fomos informados por nossos fiéis que, se fôssemos a Salerno, seríamos detidos até que vossas intenções em relação a Grimoaldo e seus *missi* fossem conhecidas. Além disso, disseram que, a menos que vós lhes concedêsseis Grimoaldo como duque e devolvêsseis as cidades que havíeis dado a São Pedro e ao *apostolicus*, eles não tinham a menor intenção de obedecer às vossas ordens e de nos libertar...
> Assim que descobrimos isso, eu, Maginarius, fingi estar muito doente para ir a Salerno. Ao mesmo tempo, a fim de fazer nossos colegas voltarem, agora que sabíamos dessa trama, enviamos uma carta a Adelberga e aos outros grandes beneventanos, dizendo que eu, Maginarius, queria enviar Joseph e Leuderic para lá, mas que eles não queriam ir sem mim. Pedi que enviassem Atto e Godramnus para nós, com doze ou catorze grandes beneventanos, ou quantos quisessem,

e que nós os informaríamos sobre nossas instruções... Mas Adelberga não quis mandar seus grandes, e enviou apenas Godramnus para Benevento. E, como tínhamos descoberto, por meio de vossos fiéis, que eles tinham a intenção de nos matar, contamos tudo a Godramnus... que queria voltar a Salerno por causa de Atto. Mas dissemos-lhe que era melhor que detivessem um do que dois... Então partimos sem aviso prévio, com a ajuda de Deus e de vossos fiéis... e conseguimos, pela força, chegar à fronteira de Espoleto.

A carta é instrutiva. Em primeiro lugar, sobre a dedicação e a eficiência dos *missi* carolíngios, a precisão das informações que enviaram ao rei, que ficou, portanto, informado de todos os acontecimentos; e, em segundo lugar, sobre a fortíssima hostilidade dos beneventanos para com os francos. Tudo isso fortalece o argumento do papa, que se opõe ao retorno de Grimoaldo e exige Benevento para si. Adriano não deixa de explorar o incidente: "Não se pode confiar nessa gente", escreve ele a Carlos Magno em várias cartas a partir de fevereiro de 788. Eu tinha advertido seus *missi*, os diáconos Atto e Joseph, o abade Maginarius, o ostiário Godramnus, o conde Leuderic, de "que eles não deveriam, em caso algum, andar separadamente", porque "os beneventanos são desleais, estão constantemente engajados em ações perversas e hostis para com Vossa Excelência Real e nossa pessoa apostólica". Eles não têm a intenção de obedecer-lhes e me dar as cidades que vós me concedestes, tais como Cápua. Justamente Gregório, um padre de Cápua, "pediu para me falar privadamente... e me disse que após a partida do senhor Carlos, o grande rei, da cidade de Cápua no ano passado, seu duque, Arequis, um inimigo de Deus, enviou os *missi* ao imperador para pedir ajuda e a honra do patriciado, juntamente com todo o ducado de Nápoles. Ele também pediu que seu parente, Adalgis, fosse enviado com grandes forças para ajudá-lo, e prometeu ao imperador que se conformaria ao costume grego para se pentear e se vestir sob a autoridade do imperador". Este último lhe enviou embaixadores, "levando roupas bordadas de ouro, uma espada, um pente e uma tesoura para fazer dele um patrício, e pediram Romualdo, o filho de Arequis, como refém". A morte do pai e do filho não mudou realmente a situação, continua o papa, pois eles tentaram matar vossos *missi* e uma expedição grega se prepara para desembarcar.

Em março de 788, Adriano escreve novamente a Carlos Magno: envie-me tropas porque, "depois de considerar a situação com vossos fidelíssimos *missi*, chegamos à conclusão de que se os beneventanos se recusarem a cumprir vossas ordens reais, vosso poderoso exército deve estar na fronteira, pronto para intervir em 1º de maio, apesar de que não possamos garantir a possibilidade da invasão, naquela época, por causa das epidemias estivais". E, acima de tudo, não deis o Benevento a Grimoaldo: "Suplicamos e imploramos a Vossa justa Excelência que não confie em ninguém além de nós mesmos com relação a Grimoaldo, filho de Arequis. Pois vós podeis ter certeza de que se enviardes Grimoaldo para Benevento vos será impossível manter a Itália sem problemas".

Não pense que estou dizendo isto para meu próprio benefício. "De modo algum Vossa Excelência amado por Deus deve considerar que procuramos informar-vos dessas coisas por ganância de nossa parte, a fim de adquirir as cidades que o Senhor deu ao abençoado apóstolo Pedro e a nós mesmos. Pelo contrário, é pela salvação e prosperidade da santa Igreja Católica, Apostólica e Romana e pela vitória de Vossa Eminente Majestade Real que não deixamos de relatar aos vossos reais ouvidos o que ouvimos e descobrimos". Esse relato equivale a uma confissão. Carlos Magno não é tolo. Além disso, no parágrafo seguinte Adriano acrescenta: não vos esqueçais de dizer a vossos *missi* "que eles não deveriam ter a audácia de retornar a nós antes de terem conseguido nos dar, como vós garantistes ao abençoado apóstolo Pedro e a nós por vossa sagrada oblação, as cidades beneventanas em sua totalidade, sem reservas, e que eles deveriam ter trabalhado para nos restituir todos os nossos direitos sobre Populonia e Rusellae. Pois há alguns entre vossos *missi* que desprezam vossa sagrada oblação".

Carlos Magno não levou em consideração as recriminações do pontífice, o que lhe valeu uma carta de advertência no verão: Onde está vosso exército? Não vejo nada chegando. Vós me dizeis em vossa carta que quereis cumprir vossa promessa, mas as coisas não estão avançando. O que está acontecendo com vossos *missi*? Enviamos os duques Crescêncio e Adriano para receber as cidades beneventanas: deram-lhes as chaves, os palácios episcopais, os mosteiros e os edifícios públicos, mas foram-lhes negados os *homines*, os vassalos dessas cidades. Isso está ficando ridículo. Vós e eu somos zombados: "Grimoaldo, em Cápua, na presença de vossos *missi*, gabou-se, dizendo: 'o senhor rei decidiu que qualquer indivíduo, grande ou pequeno, que queira ser meu homem, o é, sem dúvida, ou de quem ele quiser'. Além disso, ouvimos dizer que homens importantes, dentre os gregos residentes em Nápoles, riram insultuosamente, dizendo: 'Graças a Deus, suas promessas não deram em nada'. Desprezamos sua zombaria e seu escárnio, mesmo que esses gregos tenham afirmado que os *missi* apostólicos já haviam retornado duas vezes de mãos abanando...". Já é hora de vós cumprirdes vossas promessas e forçardes essas pessoas a me darem Cápua e as outras cidades.

Carlos Magno faz ouvidos de mercador. Ele confia em Grimoaldo, e no início os acontecimentos parecem lhe dar razão. A pequena armada enviada por Irene, sob a liderança do logóteta[3] João, que desembarca na Calábria, é jogada de volta ao mar. Mas Grimoaldo logo reconquista sua independência. Ele deixa de se referir a Carlos em seus atos e em sua moeda. Ao menos ele evita atos ostensivos de provocação e hostilidade, ainda que em várias ocasiões fosse necessário enviar algumas tropas para chamá-lo à ordem. Outra expedição bizantina, liderada por Adalgis, também não tem sucesso: desembarca na região de Ravena, em novembro de 788, e é derrotada por uma tropa de soldados dos dois ducados lombardos, liderados por Pepino, rei da Itália. Os bizantinos claramente não estão em condições de preocupar os francos na península. Pelo contrário, é Carlos Magno quem toma a iniciativa e, agora que está no controle da Baviera, envia um exército para ocupar a Ístria, essa grande península entre o Friuli e a Dalmácia, que até então tinha estado sob o domínio dos bizantinos.

OS ÁVAROS E OS AQUITANOS (788)

Assim, Carlos Magno se sai bem na Baviera e na Itália. Mas outro perigo surge em 788: os ávaros, até então bastante discretos, se tornam uma ameaça e lançam vários ataques. Como vizinhos orientais da Baviera, eles estavam envolvidos nas intrigas de Tássilo, que tentou usá-los contra os francos. Seus embaixadores haviam encontrado Carlos Magno pela primeira vez em 782, em Lippeham, com um propósito desconhecido. Então, nada mais se ouviu falar

---

3 Administrador das finanças no Império Bizantino, que respondia em nome do imperador aos embaixadores estrangeiros. (N. T.)

deles. Ao ocupar a Baviera em 788, o reino franco tornou-se seu vizinho imediato. Inevitavelmente, o contato foi feito, um contato muito rude.

Os ávaros são um povo formado a partir de um amálgama de base asiática. O essencial é um ramo do povo Hun, e as fontes usam os dois termos de forma intercambiável para nomeá-los. A esse substrato asiático foram acrescentados os eslavos da Europa oriental. Falando uma língua de origem turca, eles são governados por uma aristocracia guerreira, no topo da qual se encontra o *khan*, ou *khagan*. Na verdade, estão divididos em vários grupos, cada um com seu próprio *khagan* ou *tudun*, e formam uma espécie de federação de contornos incertos, assim como seu território. Por serem criadores de cavalos, são apenas meio sedentários naquela que era a província romana de Panônia, onde tomaram o lugar dos lombardos. Tal povo não tem realmente fronteiras definidas; ocupa a planície do médio Danúbio, atual planície húngara, entre o Tisza, no leste, e os contrafortes dos Alpes, no oeste. Os ávaros não têm uma capital, mas um ou mais acampamentos circulares, cercados por taludes e valas, os *rings*, onde acumulam os lucros de seus saques e tributos. Desde o século VI, grupos ávaros atacam as regiões vizinhas do Friuli, da Baviera e da Trácia, e são temidos pelos estados sedentários da região. Bizâncio os combateu várias vezes. Asiáticos seminômades que pilham e são pagãos constituem uma vizinhança inquietante para reinos europeus sedentários e cristãos. Tanto mais por serem excelentes cavaleiros que, em batalha, são bons manobristas; fortemente encouraçados, empunham uma lança de três metros e um arco, além de assustar o adversário com seu grito de guerra imitando os lobos. É possível que sejam os primeiros a usar estribos, o que dá à sua carga de cavalaria um impacto considerável.

Ao negociar com eles, Tássilo brinca com fogo. Ele os faz vislumbrar a perspectiva de pilhagem, e a eliminação do duque da Baviera por Carlos Magno não os desanima. No verão de 788, eles lideram várias expedições para o oeste e o sudoeste. Uma delas atravessa o Friuli, chega ao Vêneto, e uma frente avançada chega a Verona, onde a basílica de São Zeno é incendiada. São repelidos pelos franco-lombardos, mas partem com um grande espólio. Outros grupos entram na Baviera, avançando até Enns; um exército franco-bávaro, liderado pelos *missi* Grahamann e Audaccrus, os derrota no rio Ybbs. Os *Anais Reais* falam de um "banho de sangue" e de muitos afogados no Danúbio. Outro grupo é preso na mesma área. Os ávaros recuam para o leste, mas o alarme foi suficientemente estridente para que o próprio Carlos Magno viesse a Regensburg, em outubro, para tentar definir e estabilizar a fronteira com seus novos vizinhos. As fontes não indicam que medidas foram tomadas, mas em vista dos eventos subsequentes, é certo que o rei estava determinado a retornar a essa região para resolver o problema ávaro de uma vez por todas. Como a Baviera estava agora sob sua responsabilidade direta, era seu dever garantir a segurança.

Por ora, a temporada já terminara. Ele retorna à Austrásia. Após uma viagem de vinte dias e 580 quilômetros, ele chega a Aachen, onde pela primeira vez passará o Natal e o inverno. Os dois últimos anos tinham sido alguns dos mais agitados desde o início de seu reinado: uma passagem pela Itália em dezembro de 786, Natal em Florença, março em Cápua e a resolução do caso de Benevento, Páscoa em Roma, retorno a Worms, submissão de Tássilo e envio de tropas ao Friuli, confronto com os ávaros e viagem a Regensburg, em outubro, para estabelecer a fronteira. Finalmente, Aachen.

Felizmente, durante todo esse tempo, os saxões não se moveram. Mas a situação na Aquitânia continua preocupante. Desde 781, a região está nominalmente sob a autoridade de Luís, filho de Carlos Magno, com o título de rei. Mas em 788 ele ainda tem apenas 10 anos de idade, e o conselho que dirige os negócios tem grande dificuldade para controlar a "raça inconstante" dos aquitanos, como o Astrônomo os descreve em sua obra *Vida de Luís*. Essa narrativa é a principal fonte de informação sobre a Aquitânia durante esse período, já que os *Anais Reais* não dizem uma só palavra, o que pode deixar supor que lá reina a ordem. Na verdade, a região é perturbada por revoltas e incursões sarracenas, que são difíceis de situar no tempo, pois a *Vida de Luís* não se preocupa com a exatidão cronológica. É somente por meio de verificação cruzada e dedução, com base em certas observações, que podemos tentar restabelecer a ordem dos eventos.

Uma característica se destaca acima de tudo: Carlos Magno vigia de perto o que acontece na Aquitânia e a maneira pela qual seu filho trata os assuntos: "Ele temia que o povo da Aquitânia se tornasse insolente, por causa de sua longa ausência, ou que seu filho, ainda em idade muito tenra, assumisse hábitos estrangeiros, dos quais teria dificuldade de se livrar quando adulto", escreve o Astrônomo. Por essa razão, ele frequentemente traz seu filho de volta para si, a fim de acompanhar seu desenvolvimento e orientar sua conduta. Entretanto, suas exigências são contraditórias, ou difíceis de conciliar: por um lado, ele quer que Luís permaneça um verdadeiro franco, e não se deixe contaminar pela cultura de seus súditos; por outro, ele o encoraja a viver à maneira local, a fim de ganhar a simpatia dos nativos. Assim, em 785, ele traz seu filho, que tinha 7 anos, mas já era um bom cavaleiro, para Paderborn. Luís, "como os rapazes de sua idade que estavam em sua companhia, se vestia à moda gascã; ou seja, usava um casaco circular, uma camisa com mangas longas e largas, calças largas e botas de montar, e segurava um dardo. Seu pai ficou encantado e o quis assim. E ele ficou com seu pai, viajando com ele de Paderborn a Eresburg, até que o declínio do curso do sol moderasse o calor estival de uma descida outonal [o Astrônomo também é um poeta!]. No final da temporada, ele voltou à Aquitânia para o inverno, com a permissão de seu pai... No verão seguinte, o rei Luís, por ordem de seu pai, veio sozinho para Worms, sem um exército, e ficou com ele durante o inverno".

Carlos Magno tem consciência dos efeitos prejudiciais de sua ausência na Aquitânia. Muito ocupado na Germânia e na Itália, ele nunca mais voltou ao sul do Loire depois de 778, o que só pode encorajar as tendências separatistas dos aquitanos, que se sentem negligenciados. Em 785, eclode uma revolta, que os *Anais Reais* têm o cuidado de não mencionar: o gascão Adeleric prendeu o duque de Toulouse, Chorso, e libertou-o após extorquir um juramento, cujo teor não é conhecido. E o conselho de Luís fica impotente: Adeleric, depois de uma troca de reféns, ainda escapa com presentes: "considerando os perigos para os reféns, ele não foi punido, e até mesmo recebeu presentes"! O precedente pode ser perigoso.

Além disso, a ameaça sarracena ainda está presente: em 788, Isham I, filho e sucessor de Abd al-Rahman, retoma Girona, e chega até Carcassonne, cujos arrabaldes são saqueados, e em seguida, Narbonne. Impõe-se uma retomada. O conde de Toulouse, Chorso, é substituído por um homem mais enérgico, o franco Guilherme, primo de Carlos Magno: sua mãe, Aude, era irmã de Pepino, o Breve. Seu pai era o conde Teodorico, que havia tomado Narbonne na época do mesmo Pepino. Assim começará a contraofensiva ao sul dos Pireneus.

Tal é a situação nesse Natal de 788, que Carlos Magno passa em Aachen. Aos 46 anos de idade, sua energia, seu senso político e suas habilidades guerreiras lhe renderam uma sólida reputação. Sem contestação, ele é o maior soberano da Europa, temido e respeitado. O papa lhe deve obrigação; Bizâncio não ousa afrontá-lo; a Itália está submetida; a Baviera, anexada; a Saxônia, fora de combate; os ávaros, contidos. Uma calma precária reina do Elba aos Pireneus, da Frísia ao Benevento. Por quanto tempo?

– 7 –

A CALMA E A TEMPESTADE (789-793)

Não por muito tempo. Carlos Magno não precisa procurar longe para encontrar novos inimigos para matar. A quinhentos quilômetros a nordeste de Aachen, do outro lado do rio Elba, vive um povo eslavo cujas provocações não podem mais ser toleradas. Dado que as outras áreas parecem estar calmas, é preciso aproveitar. Estes são os veletos, que vivem nas planícies arenosas e pantanosas do que é hoje Mecklenburg. Qual é a crítica a eles? "Os veletos sempre foram hostis aos francos e alimentavam um ódio duradouro por seus vizinhos que eram súditos dos francos ou vinculados a eles por tratado, e os oprimiam e assediavam com seus ataques. O rei decidiu que sua insolência não poderia mais ser tolerada, e resolveu atacá-los. Assim dizem os *Anais Revisados*.

DEMONSTRAÇÃO DE FORÇA CONTRA OS ESLAVOS (789)

Trata-se de ir defender os aliados dos francos. É uma questão de honra, prestígio e credibilidade. É necessário mostrar que Carlos Magno assegura a proteção de seus amigos, nesse caso, os abodritas. Certamente a procura do saque é um fator nessa decisão, pois os grandes homens da comitiva real são gananciosos e o tesouro precisa ser reabastecido regularmente. Mas a campanha não deixa de apresentar riscos: aí atingem-se os limites orientais do mundo conhecido, como se pode ver na descrição que Eginhardo faz da região do Báltico: "Do Oceano Ocidental, estende-se para o leste um braço do mar de comprimento desconhecido, que em nenhum lugar ultrapassa cem milhas [cerca de 170 quilômetros], e que de fato é muito mais estreito em vários lugares. Ao redor desse mar vivem vários povos. Os dinamarqueses e os suecos, a quem chamamos de homens do Norte, ocupam as costas do norte e todas as ilhas. Os eslavos, os estonianos e outros povos habitam as costas orientais, e entre estes são preeminentes os veletos, contra os quais o rei ia agora fazer a guerra". Nunca antes se havia ido tão longe para o leste.

É por isso que a campanha é cuidadosamente preparada e conduzida de maneira muito organizada. Uma grande força é reunida, um "vasto exército", e recorre-se à colaboração dos saxões e de alguns povos eslavos inimigos dos veletos (*wilzes*): os abodritas e os sorábios, que enviam contingentes. Assim como na época da conquista romana na Germânia, os movimentos do exército são coordenados com os de uma flotilha que sobe os rios Elba e Havel, com tropas frísias e francas. Carlos Magno cruza o Reno em Colônia, provavelmente no início do verão, e atravessa a Saxônia de oeste para leste, chegando ao Elba em um ponto não especificado, perto da confluência com o Havel. Nesse local, o acampamento é montado enquanto duas pontes são construídas sobre o Elba. Uma delas é fortificada em ambas as extremidades por uma torre e muralhas de taipa, e uma guarnição é aí deixada. Essa precaução atesta a boa organização, mas também uma certa apreensão: trata-se de ter uma porta de saída no caso de uma retirada precipitada, porque não se sabe exatamente o que vai acontecer do outro lado. É a primeira vez que enfrentam os eslavos. Os veletos, de acordo com os *Anais Revisados*, são "um povo guerreiro e autoconfiante, porque são numerosos".

Segundo os *Anais*, no entanto, tudo correu bem. Carlos Magno, após atravessar o Elba, "ordenou que tudo fosse devastado pelo fogo e pela espada", seguindo os bons hábitos adquiridos na Saxônia. O texto, ao afirmar que os veletos "não puderam resistir por muito tempo contra a investida do exército real", sugere que houve alguma resistência, em torno de um líder idoso e prestigioso, Dragovit. Ele acaba por se render, junto com seus homens, quando Carlos Magno atinge sua *civitas* (cidade? território?). Entrega reféns e jura lealdade ao rei. Os outros chefes seguem o exemplo. Carlos Magno, satisfeito, torna a cruzar o Elba pela ponte fortificada e volta ao Reno em Worms, onde se instala para passar o inverno.

Gostaríamos de saber até onde o exército franco penetrou. "Bem longe para o leste", escreve simplesmente Louis Halphen; "pela primeira vez, ele atingiu o Oder", como Jean Favier acredita poder afirmar, sem indicar de onde obtém essa informação, que não pode ser encontrada em nenhum dos *Anais* ou crônicas. É pouco provável que ele tenha ido assim tão longe, mas essa campanha de 789 é para Carlos Magno uma bela demonstração de força, capaz de impressionar eventuais adversários. A maestria logística da operação, a capacidade de lutar longe e forte, a amplitude da vitória – os veletos ficarão tranquilos durante vinte anos – lhe conferem um prestígio crescente na Europa.

A *ADMONITIO GENERALIS*: UM PROJETO DE SOCIEDADE (789)

É também, aos seus próprios olhos, a confirmação do papel providencial que ele acredita ser chamado a desempenhar, e do qual se vê a expressão nos grandes capitulares desse ano de 789: a *Admonitio generalis*, a diretiva para os *missi*, e, sem dúvida, para os aquitanos. Esses textos, proclamados em Aachen no final de março, ao mesmo tempo que a decisão de atacar os veletos, ilustra a combinação da força e do direito, que é o método favorito de Carlos Magno. Não sejamos ingênuos: dos dois elementos, a força é o preponderante, é ela que faz o direito. O rei conquista, esmaga, elimina, e em seguida organiza os povos que governa, impondo-lhes práticas e regras inspiradas pelos princípios cristãos adaptados às suas necessidades.

Aqueles que o cercam, bispos e abades, assim como as bajulações pontifícias, acabam por persuadi-lo de que é o agente de Deus sobre a Terra, investido de uma grande missão: fazer de seu reino a Cidade de Deus, tal como é descrita por seu autor favorito, Santo Agostinho. Essa ambição fica manifesta no grande capitular do ano, batizado de *Admonitio generalis*, espécie de direito civil e penal e, ao mesmo tempo, de um código de direito canônico. Nele, Carlos Magno é ao mesmo tempo o chefe político e espiritual, e o termo cesaropapismo é aqui amplamente justificado.

O texto é extraordinário por sua extensão – 82 artigos – e pela variedade de assuntos abordados – como sempre, na mais completa desordem. Esse inventário à moda de Prévert desafia qualquer tentativa de classificação, já que fala indiscriminadamente de superstições, pesos e medidas, zoofilia, respeito aos juramentos, penitências indecentes, canto romano, homossexualidade, vagabundagem, Trindade e Credo, vida dissoluta dos clérigos, falsos monges, falsas Escrituras, bandidagem, empréstimo a juros, excomunhão, castidade e continência, observância do domingo, inferioridade das abadessas em relação aos abades, bruxaria, controle dos conhecimentos dos padres, necessidade de concórdia, disciplina eclesiástica, idade da ordenação, justiça, necessidade de pregação, boas maneiras na missa, escolas de canto, e muitas outras coisas, tudo misturado, como uma avalanche de vários preceitos destinados a reformular o comportamento de clérigos e laicos. Uma verdadeira tentativa de revolução cultural, portanto totalmente utópica, ao mesmo tempo sermão, tratado de moral, de teologia, e código de leis.

A inspiração é essencialmente religiosa. De fato, os primeiros cinquenta artigos são praticamente copiados de um código de direito canônico conhecido como *Dionísio-Hadriana*, que Carlos Magno havia solicitado a Roma em 774. A incorporação das regras do direito canônico, ou seja, do direito eclesiástico, na legislação civil, é bastante reveladora da mentalidade de um soberano que se comporta como um rei-sacerdote, levando ao pé da letra o juramento da coroação. Na longa introdução do capitular, ele se refere ao rei bíblico Josias: "Lemos nos *Livros dos Reis* (II Reis, 22, 3) como o santo Josias, através da visitação, correção e admoestação, se esforçou para trazer de volta o reino que Deus lhe havia dado para a adoração do verdadeiro Deus. Digo isto não para me comparar à sua santidade, mas porque é nosso dever, em todos os momentos e em todos os lugares, seguir exemplos santos e salutares, a fim de reunir todos aqueles que pudermos numa boa vida para o louvor e a glória de Jesus Cristo". A necessidade de paz e harmonia é particularmente enfatizada, uma ideia diretamente inspirada na *Cidade de Deus*, na qual Santo Agostinho defende a paz, que reside na "concórdia bem ordenada dos cidadãos no comando e na obediência". O artigo 62 da *Admonitio* diz: "A todos. Que reine em todo o povo cristão a paz, a concórdia e a harmonia entre bispos, abades, condes, juízes e todas as pessoas, em toda parte e de todas as condições, pois nada agrada a Deus sem a paz, nem mesmo a oferta do santo sacrifício do altar".

Na introdução do capitular, Carlos Magno se apresenta sobretudo como representante de Deus: "Eu, Carlos, pela graça de Deus e pelo dom de Sua misericórdia, rei e reitor do reino dos francos e humilde servo de Sua santa Igreja...", e, num considerando interminável e verborrágico, explica que seu dever é obrigar os habitantes de seu reino a viver de maneira cristã: "Os homens devem ser, com grande zelo e devoção, advertidos e exortados, ou melhor, forçados a esse fim". Para isso, apela à colaboração dos bispos, usando uma imagem pastoral em todos os sentidos do termo: "convém à nossa sagacidade, ó pastores das igrejas de Cristo e líderes de Seu rebanho... pedir-lhes que se esforcem, com um cuidado vigilante e uma exortação assídua, para conduzir o povo de Deus para os pastos da vida eterna, e para trazer a ovelha perdida de volta às paredes da fortaleza eclesiástica, para que o lobo à espreita não encontre alguém transgredindo as sanções dos cânones ou desprezando os ensinamentos dos Pais dos concílios universais, e o devore!".

Alguns historiadores sugeriram que a *Admonitio generalis* tenha sido o resultado de certa crise de consciência por parte de Carlos Magno, após as dificuldades e perigos encontrados durante os anos 787-788. Assim escreve P. D. King: "Há poucas dúvidas de que o segundo grande capitular do reinado, a *Admonitio generalis*, tenha nascido da convicção sentida por Carlos de que Deus estava descontente, e de seu desejo de apaziguá-lo por meio de uma reforma radical da sociedade". Numa perspectiva veterotestamentária,[1] o rei dos francos vive com medo de um Deus que castiga os fiéis que se desviam do caminho correto, e que lhes traz sucesso se eles se corrigirem. Em apoio a essa hipótese, podemos citar esta frase de um capitular de 805: "nós, que somos obrigados a sofrer tais males externos (esta foi uma epidemia de peste), desagradamos ao Senhor de várias maneiras, devido à nossa

---

1 Do latim *vetus*, "velho", relativo ao Antigo Testamento. (N. T.)

conduta interior". A prosperidade das armas do rei depende de sua fidelidade a Deus. Outro indício: multiplicação das precauções religiosas na véspera da próxima grande guerra contra os ávaros, em 791, e as decisões do Concílio de Frankfurt, em 794. No entanto, nenhuma prevenção religiosa é relatada antes da expedição contra os veletos. E que pecados poderiam ter inspirado tais sentimentos de arrependimento em Carlos Magno? Certamente não por cortar as cabeças de 4.500 saxões, ou por saquear e devastar regiões inteiras: isto foi por uma boa causa, e o próprio papa lhe deu sua bênção. Quanto às desordens de sua vida privada, não vemos nada que ele tenha mudado a partir de 789: se condena no último artigo "as obras da carne... a fornicação... as atitudes lascivas", o concubinato, e recomenda "castidade e continência", isso evidentemente só diz respeito aos outros, enquanto a lista de suas concubinas e de seus bastardos continua crescendo. De qualquer forma, nesse início de 789, seus negócios vão muito bem, e é difícil perceber por que ele imaginaria ser alvo de algum castigo divino. Não, se ele toma tanto cuidado para impor a conduta cristã nos mínimos detalhes, para exigir paz e harmonia, com a ajuda de citações bíblicas fornecidas por seus bispos, é com o único objetivo de assegurar a coesão de seu reino, por meio da boa compreensão, da paz e da harmonia. O objetivo é, antes de tudo, político. O soberano se serve da religião em todas as áreas; veremos que para ele os bispos são funcionários públicos a serviço do Estado, da mesma forma que os condes. Em nenhum caso Carlos Magno procura estender o cristianismo para fora de seu reino: ele encorajou as missões na Saxônia, mas isso não se aplica aos eslavos ou aos ávaros, para grande pesar de Alcuíno. Certamente ele é profundamente religioso, no contexto cultural dessa dura época, mas, na qualidade de rei, pretende usar a religião como um instrumento de governo para exigir submissão e unidade, na pura tradição cesaropapista.

Se considerarmos agora o conteúdo do capitular, há duas maneiras de ver tais preceitos. Uma forma positiva, que consiste em admirar a vontade reformadora do rei, e uma forma negativa, que consiste em dizer que se foi necessário fazer todas estas regulamentações, significa que a situação moral devia ser muito ruim. Desse modo, devemos admirar o fato de que o rei proíba de se vingar assassinando o vizinho, ou constatar que essa proibição revela uma sociedade bárbara, de extrema brutalidade, na qual cada um toma a justiça em suas próprias mãos? Cada um pode escolher sua interpretação.

O texto é muito longo e muito desordenado para que possamos aqui fazer uma análise completa. Um rápido olhar será suficiente para mostrar o espírito geral.

Um dos objetivos é eliminar os traços do paganismo e as numerosas superstições, que provam que a cristianização ainda é muito superficial: "feiticeiros, mágicos, encantadores ou encantadoras" pululam (art. 18); eles lançam feitiços, que tornam os homens impotentes; "além disso, no que diz respeito às árvores, pedras e nascentes onde pessoas estúpidas colocam velas ou realizam outros ritos religiosos", esses lugares devem ser destruídos (art. 65). Algumas pessoas inventam nomes de anjos para fins mágicos, em vez de se contentar com os três autênticos, Miguel, Gabriel e Rafael (art. 16); falsos santos e falsos mártires são venerados (art. 42). Circulam falsos escritos animados por um sopro criador, tais como a carta "que no ano passado se dizia ter caído do céu" (art. 78). Práticas indecentes perturbam os espíritos, tais como os penitentes que circulam "nus e acorrentados" (art. 79). As igrejas não são respeitadas: por lá os cães vagueiam, as pessoas fazem seus negócios, conversa-se, inclusive durante os ofícios, e elas saem muito antes do fim (art. 71). Não se respeitam os domingos, nos quais todos os tipos de trabalho rural e doméstico são realizados, enquanto apenas três atividades são permitidas: o transporte para o exército, o enterro dos mortos e a compra de suprimentos (art. 81). A ordem pública é perturbada por inúmeros vendedores ambulantes e por vagabundos. A moralidade sexual é relaxada: acasala-se com animais ou entre machos (art. 49); casa-se novamente sem esperar a morte do cônjuge anterior (art. 43). E, em muitos casos, as sentenças de excomunhão nem sequer são aplicadas (art. 1º e 7º).

Constatação bem banal, e que será encontrada por séculos nos estatutos sinodais. Essas deficiências não são surpreendentes, dadas as críticas feitas no âmbito clerical: padres ordenados antes da idade canônica de 30 anos (art. 50), às vezes incapazes de celebrar a missa, de administrar os sacramentos, de cantar os salmos, de compreender o Pai-Nosso, que portam armas (art. 70), vagabundeiam (art. 3º), vivem com mulheres (art. 4º), celebram a missa sem comunhão (art. 6º), pagam para serem ordenados (art. 21), são enredados em assuntos profanos (art. 23), processam-se uns aos outros (art. 28), conspiram contra seu bispo (art. 29), desviam ofertas (art. 47), são de condição servil (art. 57). Os monges não são melhores, frequentando tabernas (art. 14), fugindo dos mosteiros (art. 27); alguns são admitidos sem qualquer controle de conhecimento e de origem (art. 73), e outros são falsos monges, que usam o hábito para enganar as pessoas (art. 77). As mulheres são colocadas em conventos antes dos 25 anos de idade (art. 46), se permitem subir ao altar (art. 17), e algumas abadessas têm a audácia de abençoar os homens, colocando as mãos sobre suas cabeças e fazendo o sinal da cruz, como se tivessem autoridade sobre os homens (art. 76).

Os bispos não são melhores: ordenados sem controle (art. 2º), não obedecem aos metropolitanos (art. 8º), oficiam nas dioceses de seus confrades (art. 11), não frequentam sínodos (art. 13), não residem no local (art. 41).

O capitular insiste na necessidade de melhorar o nível cultural do clero, assim como o dos fiéis, e corrigir e unificar os textos: "Devem ser criadas escolas, em cada mosteiro e centro episcopal, para ensinar aos meninos os salmos, a notação musical, o canto, o cômputo eclesiástico e a gramática. Corrijam os livros católicos, pois muitas vezes, enquanto as pessoas querem rezar a Deus de maneira adequada, rezam incorretamente por causa de livros defeituosos. E não deixem que seus alunos neles introduzam erros, seja lendo ou copiando; se houver necessidade de copiar o Evangelho, o saltério ou o missal, que isso seja feito por homens maduros, e com diligência" (art. 72). Somente livros canônicos devem ser lidos na igreja (art. 20).

É surpreendente a importância que Carlos Magno dá ao canto litúrgico, no qual ele vê um poderoso instrumento de unidade: "A todo o clero. Que aprendam o canto romano em sua totalidade, e que o utilizem nos serviços noturnos e diurnos em sua forma correta, de acordo com o que nosso pai, de santa memória, o rei Pepino, se esforçou para estabelecer, abolindo o canto galicano para estabelecer a unidade com a Sé Apostólica e a harmonia pacífica da santa Igreja de Deus" (art. 80).

É claro que a unidade doutrinária é também essencial: "Acima de tudo, que a doutrina da Santíssima Trindade, da Encarnação, da Paixão, da Ressurreição e da Ascensão ao Céu de Cristo seja diligentemente pregada a todos" (art. 32). O último artigo, o mais longo, é uma verdadeira profissão de fé. O rei demanda aos sacerdotes que "preguem com retidão e dignidade", "não inventem nem preguem ao povo coisas novas ou não canônicas que saíram de sua imaginação e que não estão em conformidade com as Sagradas Escrituras". Isso diz muito sobre o que podem ser as crenças dos fiéis de base. O rei então lembra o que é a verdadeira doutrina a ser ensinada, recitando o Credo Niceno-Constantinopolitano (art. 82). A obrigação de pregar é lembrada pelo artigo 61.

Isso não é tudo. O empréstimo a juros é formalmente proibido, em função do Levítico (25, 37): "Não darás o teu dinheiro para auferir juros" (art. 5º e 39); os pesos e medidas devem ser iguais, "seja para dar ou receber", porque o Levítico (19, 35) diz: "Não cometam injustiça no que é regulamentado: nas medidas de comprimento, peso e capacidade" (art. 74). Da mesma forma, o rei exige a equidade por parte dos juízes: eles devem conhecer a lei, o que nem sempre é o caso, e não devem ceder à lisonja, ao medo, à pressão, à corrupção, à amizade, e "parece-nos apropriado que os juízes compreendam e decidam os casos após terem jejuado" (art. 63). Carlos Magno também enfatiza a importância dos juramentos, aos quais frequentemente recorre para garantir a lealdade dos povos. Para que os juramentos sejam eficazes, todos devem estar convencidos de seu caráter sagrado e das punições que esperam os perjuros: "Que todos sejam diligentemente advertidos, em termos bem claros, para que evitem o perjúrio, não apenas pelos juramentos feitos sobre o santo Evangelho, sobre o altar ou sobre as relíquias dos santos, mas também na prática diária, pois há alguns que juram por amor à verdade, tomando o cuidado de evitar jurar em nome de Deus, não sabendo que Deus é a mesma coisa que o amor e a verdade. O apóstolo João disse que 'Deus é amor', e o próprio Senhor falou: 'Eu sou o caminho e a verdade' [...] Parece-nos apropriado que aquele que jura sobre os santos o faça jejuando e com toda a reverência e temor a Deus; ele deve compreender que dará contas a Deus de cada juramento..." (art. 64).

DIVULGAÇÃO DE INSTRUÇÕES

Essa é a *Admonitio generalis* de 789, pela qual Carlos Magno quis fazer de seu reino uma cidade cristã, unida na mesma fé, na mesma moral, na mesma cultura, e cujos povos estariam diretamente ligados a ele por juramento. A tarefa de difundir esse ideal é confiada a seus enviados nas diversas partes do reino, os *missi dominici*. Outro capitular, proclamado ao mesmo tempo que o anterior, demanda a eles que deem o exemplo: "Ordenamos a nossos *missi*, nos termos mais fortes, que mostrem em suas ações as mesmas virtudes que exigem dos outros por nossa ordem". Esse documento é perfeitamente datado: "No 789º ano da Encarnação de Nosso Senhor, na 12ª convocação, no 21º ano de nosso reinado, o édito desta comissão foi redigido em nosso palácio real em Aachen. Este documento foi produzido em 23 de março". Trata-se, de fato, de um memorando que lembra aos *missi* os vários pontos que devem abordar, uma espécie de lembrete, que ilustra a importância da comunicação oral no governo de Carlos Magno. Os *missi*, assim como os embaixadores, recebem suas ordens oralmente. Quando têm uma carta para entregar, esta é sempre complementada por detalhes passados de boca a orelha, e que por essa razão nos escapam para sempre. Assim, o presente documento deve ajudar os *missi* a não esquecer este ou aquele ponto, cujo conteúdo tenha sido aprendido oralmente. Por exemplo, o artigo 1º diz simplesmente: "A respeito de monges vagabundos"; 8º: "A respeito de presentes"; 13: "A respeito da nomeação de um abade"; 14: "A respeito de irmãos enviados em viagens"; 28: "A respeito de pedágios ilegais". Felizmente para nós, outros artigos são um pouco mais explícitos, mas ainda assim muito lacônicos, o que contrasta agradavelmente com a abundância de palavras vazias nas cartas.

O texto concerne principalmente aos mosteiros, nos quais Carlos Magno está ansioso para impor unidade, uniformidade e regularidade. A maneira mais simples de conseguir isso é aplicar a regra de São Bento em todos os lugares. Os *missi* são, portanto, responsáveis por lembrar às pessoas as exigências básicas: desencorajar a errância dos ermitãos ("Em relação aos anacoretas: é melhor encorajá-los a permanecer em uma comunidade monástica do que deixá-los vaguear à vontade"); restabelecer a disciplina nos mosteiros: Os monges devem obedecer ao abade "sem murmurar", obedecer à regra, não se embriagar; as punições também devem ser conformes à regra: "Que a disciplina da regra, e não a disciplina secular, seja aplicada aos monges, ou seja, que não se deve furar seus olhos ou lhes infligir outras mutilações, mas apenas o que a regra permite". Quanto aos abades, abadessas e bispos, "eles não devem ter cães, falcões, gaviões ou bufões". Que a roupa dos monges seja correta, que nenhum homem ganancioso seja escolhido como intendente. Nos "conventos muito pequenos, onde as freiras não têm regra, queremos que elas adotem uma, e que nenhuma abadessa se permita sair ou permita que aquelas a ela confiadas o façam sem nossa permissão; que seu convento seja bem fechado; que em nenhum caso elas se permitam escrever ou cantar canções profanas". Cuida-se até mesmo de sua saúde: os *missi* têm instruções "concernindo sua palidez devido ao abuso da sangria".

Isso dá uma certa ideia da vida monástica carolíngia, que não deve ser idealizada. O capitular também inclui artigos relativos ao clero secular e à celebração de ofícios. Fica-se sabendo que alguns padres se reuniam em casas particulares aos domingos e em dias de festa, em vez de celebrar os ofícios nas igrejas, que se recorre às mais variadas fórmulas de batismo, que os livros do culto são utilizados para adivinhação, "lendo o futuro no saltério ou no Evangelho".

Finalmente, há diretrizes relativas à manutenção de um mínimo de ordem pública: "deve-se forçar os pobres espalhados nas principais estradas e caminhos a vir à igreja e a se confessar"; proibir as associações juradas; "que os condes não devem ir caçar e se banquetear nos dias em que deveriam presidir sua corte de justiça". Por fim, "com relação ao juramento de fidelidade que os homens devem fazer a nós e a nossos filhos, a fórmula deve ser: 'Assim, eu ... prometo a meu senhor rei Carlos e a seus filhos que sou fiel e o serei para o resto de minha vida, sem fraude ou má intenção'".

É isso que os *missi* são encarregados de difundir por todo o reino em 789. A tarefa é pesada, e há trabalho a ser feito para cristianizar verdadeiramente o reino. Entretanto, não se deve acreditar que as instruções dadas tenham sido puramente formais. É preciso admirar a perseverança de Carlos Magno, que, com os meios terrivelmente limitados de seu tempo, se esforça incansavelmente para melhorar o padrão geral de seus "súditos" e para garantir que a ordem seja respeitada. Os capitulares difundidos pelos *missi* não são vãs exortações sem acompanhamento. Como prova, há outro texto, sem data, mas que os historiadores geralmente colocam em 789, dirigido aos *missi* Mancio e Eugerius, pedindo-lhes que fossem à Aquitânia verificar se as disposições dos capitulares anteriores haviam sido bem aplicadas: "a respeito de nossos próprios decretos: como foram observados?" (art. 1º); "a respeito da restauração das igrejas: o que fizeram aqueles que possuem os bens dessas igrejas durante vinte anos, ou por que nada foi feito?" (art. 2º); "que os bispos, abades e comunidades monásticas voltem a viver sob a regra: por que não o fizeram?" (art. 4º); "novas obrigações de costumes foram impostas aos pobres desde então?" (art. 5º); "foi tomada alguma propriedade, pela força ou não, daqueles que estavam no exército ou a nosso serviço?" (art. 8º).

Existe, portanto, uma continuidade na ação, que também pressupõe a existência de um serviço de arquivo embrionário, a fim de acompanhar as regulamentações que foram feitas, de modo a poder verificar sua aplicação. É através dessas práticas que podemos ver a construção de um verdadeiro Estado carolíngio. E, mais que na era romana, mais que na era dos reinos modernos, em que os governantes dispõem de uma equipe competente e uma administração já bem estabelecida, a construção estatal do reino franco no final do século VIII se deve à energia de um homem, Carlos Magno, pois ele partiu do nada, ou de pouquíssima coisa. Ele governa há mais de vinte anos, e cada ano tem sido marcado por uma atividade transbordante, viagens, guerras, reuniões, legislação. Ele parece estar em todos os lugares ao mesmo tempo, e ser pessoalmente responsável por todas as áreas. No final de 789, ele se tornara a figura central da Europa.

790: NADA?

Carlos Magno tem perfeita consciência dessa situação, de seu papel, e do que deve fazer para mantê-lo. Por isso, nunca descansa, mesmo quando, excepcionalmente, não há guerra. Este é o caso em 790, quando os anais e crônicas ficam surpreendentemente silenciosos, como se estivessem surpresos por essa súbita calma. Os mais lacônicos são os *Anais de Saint-Nazaire*: "790: os francos permaneceram calmos". Os outros simplesmente ecoam a espantosa notícia: "Ele não levou o exército a lugar algum naquele ano" (*Anais de Metz*); "Aquele ano passou sem campanha" (*Anais de Lorsch*); "Naquele ano, o rei Carlos realizou a assembleia em Worms no verão, mas não empreendeu uma campanha" (*Anais da Mosela*); "Ele não empreendeu uma campanha" (*Anais Reais*). Calma total. O que está acontecendo? O rei está doente, amolecido, entorpecido? Uma primavera que não ressoa com preparativos para a guerra não é normal. Carlos Magno sabe que há um risco de falatórios. Então, já que não há guerra, ele fará uma viagem ao Main, apenas para mostrar que está ativo, porque em movimento. Os *Anais Revisados* deixam bem claro: "O rei, entretanto, para que não se pensasse que estava se tornando preguiçoso por sua inatividade, ou que desperdiçava seu tempo, foi de barco até seu palácio em Salz, na Alemanha, construído perto do Saale franconiano, e de lá retornou pelo mesmo rio para Worms". Mudar de residência, fazer barulho, é também governar, pois mostra que se está ocupado, ao contrário do que acontece com os ociosos merovíngios.

No entanto, um cruzeiro no Main, uma viagem de ida e volta de Worms a Salz, não é suficiente para preencher um ano. Mas a Europa está desesperadamente calma. No leste, nada de novo: os bizantinos estão muito ocupados com suas brigas familiares para intervir na Itália. Em 790, o jovem Constantino VI, que tem agora 16 anos, está impaciente com a guarda de sua mãe e de seu eunuco Estaurácio. Ele conspira para derrubá-los. Estaurácio fica sabendo disso, manda prender os conspiradores e chicotear Constantino, enquanto Irene faz as tropas jurarem não o reconhecer enquanto ela estiver viva. As tropas se revoltam; Estaurácio é preso e Irene é confinada no palácio de Eleutheria. Constantino toma o poder, mas ele é incapaz. De nada lhe adianta cortar a língua de quatro de seus irmãos e furar os olhos do mais velho, bem como os do chefe das tropas armênias descontentes: ele continua impopular. Supersticioso, ataca os búlgaros por sugestão de um astrólogo e é completamente esmagado. As tropas armênias se insurgem e segue-se uma guerra civil de seis meses. Irene tira proveito disso. Seu filho a havia chamado de volta ao palácio e restaurado seu título de Augusta: um erro fatal. Em vingança por ter sido afastada do poder, ela primeiro encoraja o adultério de seu filho com uma de suas damas de companhia, a fim de levá-lo ao completo descrédito, depois convence a guarda a traí-lo durante uma expedição contra os árabes. Constantino VI é preso, e sua mãe manda furar seus olhos para conservar o poder. Enquanto essas peripécias orientais ocorrem, entre 790 e 797, Carlos Magno não precisa temer uma intervenção bizantina.

No lado ávaro, o problema da fronteira continua em suspenso e em 790 o *khagan* envia uma embaixada para Worms para discuti-lo, sem resultado. Na Aquitânia, o conde Guilherme toma a iniciativa contra os sarracenos, mas sem nenhum efeito concreto antes de 793. O papa, sempre insatisfeito, continua a enviar suas recriminações a Carlos Magno: reclama que muitos dos grandes proprietários de terras da Pentápole transferem sua lealdade ao rei; que este último havia enviado alguns *missi* para exercer pressão durante a eleição do arcebispo de Ravena; que o duque de Florença havia apreendido bens monásticos; que monges lombardos estavam voltando à vida secular; que um certo monge João estava fazendo comentários suspeitos sem que o rei reagisse. Carlos Magno lhe pediu para expulsar os comerciantes venezianos da região de Ravena e da Pentápole, o que ele fez. Adriano também expressa sua preocupação com a propagação de certas proposições heréticas na Espanha, relativas à data da Páscoa, ao consumo de carne na Quaresma, à predestinação, ao livre arbítrio; ele vê nisso um efeito da promiscuidade espiritual na qual vive esse país em que os cristãos têm má frequentação: judeus e "pagãos", isto é, muçulmanos. Uma heresia o inquieta particularmente: a que é divulgada pelos bispos Egila, Elipando e Ascaric, para quem Cristo é o filho adotivo de Deus Pai. Essa questão do adocionismo está destinada a ter futuros desenvolvimentos quando Carlos Magno a abordar. Por enquanto, as cartas do papa não têm nenhum efeito.

Em 790, as relações entre o reino franco e o reino inglês de Mércia se tornam tão tensas que Carlos Magno interrompe o comércio através do canal da Mancha com a Grã-Bretanha: os portos do continente são fechados aos comerciantes anglo-saxões. As causas desse minibloqueio continental permanecem obscuras. O incidente é mencionado em uma carta enviada por Alcuíno a um professor irlandês, Colcu, em 790. Nessa missiva, Alcuíno tenta informar seu correspondente, que vive nas extremidades ocidentais do mundo habitado, sobre "recentes acontecimentos do mundo". Eis as novidades frescas: "Há dois anos, os gregos invadiram a Itália..."; foram derrotados e perderam 4 mil mortos, e mil prisioneiros. "Da mesma forma, os ávaros, a quem chamamos de hunos, invadiram a Itália, mas voltaram para casa ignominiosamente, depois de terem sido batidos pelos cristãos"; eles também foram vencidos na Baviera. "No ano passado, o rei atacou os eslavos, a quem chamamos de vendos ou veletos, com um exército e os submeteu à sua autoridade". E então, na Espanha, "os duques e chefes militares do mesmo rei cristão também reconquistaram uma vasta região dos sarracenos, uma faixa de cerca de trezentas milhas ao longo da costa". Aqui Alcuíno exagera, pois isso estenderia o avanço do conde Guilherme além de Valência; nem Alcuíno, nem seu correspondente haviam visto um mapa da Espanha, cuja configuração desconheciam. "Mas", prossegue o inglês, "infelizmente, mil vezes, infelizmente! Que dor! Estes mesmos malditos sarracenos, a quem também chamamos de hagarianos, são senhores de toda a África e da maior parte da Ásia". "Hagarianos" é um termo às vezes usado nas fontes para designar os árabes, em referência à origem lendária atribuída a eles na

Bíblia: eles descenderiam da escrava egípcia Hagar, com quem Abraão teria tido um filho, Ismael, antes de abandoná-los no deserto.

Tirando isso, Alcuíno continua, "a Santa Igreja na Europa está em paz, avançando e ganhando terreno, pois os antigos saxões e os povos da Frísia se converteram à fé de Cristo sob a pressão do rei Carlos, que conquistou alguns deles com recompensas, outros com ameaças". Após essa visão panorâmica da situação internacional, Alcuíno volta-se para as relações franco-inglesas: "Não sei o que será de nós, pois o diabo acaba de atear seu fogo, causando uma disputa entre o rei Carlos e o rei Offa, tendo como resultado a proibição de atravessar o mar para os comerciantes de ambos os lados. Dizem que se cogita me mandar para lá para restaurar a paz". De fato, Alcuíno conhece Offa pessoalmente.

Ele não aponta a causa da disputa, que deve ser buscada na *Gesta abbatum Fontanellensium*, a *História dos abades de Saint-Wandrille*, escrita entre 833 e 843, na seção dedicada ao abade Gervold (789-807). Segundo esse texto, havia um projeto de casamento entre Carlos, o filho mais velho de Carlos Magno, então com 18 anos, e uma filha de Offa, Aelfflaed. Mas Offa teria exigido que esse casamento fosse completado com aquele de seu filho Ecgfrith e da filha de Carlos Magno, Berta, de 10 anos, o que teria provocado a cólera do rei franco, não por causa da idade da noiva, é evidente, mas por causa da arrogância do reizinho anglo-saxão, que se permitia tratar de igual para igual com o poderoso Carlos.

Essa explicação, há muito aceita pelos historiadores, está agora sendo questionada. Para Rosamond McKitterick, é "um produto da imaginação" do autor da *Gesta*. Vários fatores tornariam essa história improvável: a relutância de Carlos Magno em casar seus filhos com estrangeiros e estrangeiras, a ausência de qualquer referência ao incidente na correspondência subsequente entre os dois soberanos, assim como nas cartas de Alcuíno. Este último, em outra missiva de 790 para Adalardo, pergunta-lhe se conhece a "razão desta briga entre dois velhos amigos", mas esses dois velhos amigos poderiam muito bem ser o rei e o papa.

O episódio tem pelo menos o interesse de chamar a atenção para esse filho mais velho de Carlos Magno, Carlos, que até então permanecera na sombra, enquanto seus irmãos mais novos, Pepino e Luís, receberam um reino cada um. Os *Anais Reais* são particularmente discretos a seu respeito.

Sabe-se, entretanto, que ele recebeu um comando na Vestfália já em 784, aos 12 anos de idade, e que mais tarde conduzirá expedições à Saxônia, contra os eslavos, contra os dinamarqueses, que escoltará o papa em 804, e que seu pai lhe reservará sua parte da herança em 806, da qual não poderá se beneficiar, pois morrerá misteriosamente em 812, solteiro, aos 40 anos. Nessa ocasião, nenhuma expressão de tristeza é relatada sobre seu pai, tão pronto a derramar lágrimas por seus outros filhos; o local de sepultamento de Carlos, o Jovem, nem mesmo é indicado. Este é um estranho silêncio, relativo a um filho mais velho, que Carlos Magno parece ter esmagado completamente com sua personalidade, exigindo sua presença contínua junto a si e uma submissão absoluta. Os filhos mais jovens, Pepino e Luís, cada um residindo em seu próprio reino, desfrutam de mais independência, embora sejam frequentemente chamados de volta ao pai para inspeção, como vimos com Luís. Carlos, o Jovem, por outro lado, vive constantemente à sombra do rei, que não tolera nenhuma iniciativa de sua parte. A sombra gigantesca de Carlos, o Grande, apagou completamente Carlos, o Jovem, esquecido pela História. No caso do suposto projeto de casar com a filha de Offa, a *Gesta de Saint-Wandrille* sugere que a ideia de tal união foi apresentada pelo filho, levando Rosamond McKitterick a dizer que, "nesse caso, a reação de Carlos Magno poderia ser dirigida tanto contra essa manifestação de independência de seu primogênito quanto contra a presunção de Offa". Enquanto seus dois irmãos se casarão jovens, é estranho que Carlos tenha permanecido solteiro até sua morte, aos 40 anos. Contudo, em 790, Carlos Magno lhe concede o ducado de Le Mans, e permite que ele passe alguns dias lá, mas, "no verão do mesmo ano, ele voltou para seu pai, que estava realizando a assembleia dos francos em Worms, tratando dos assuntos internos de seu reino". São os *Anais de Metz*, confirmados por aqueles de Saint-Amand, que nos fornecem essas informações. Mais uma vez, os *Anais Reais* não dizem nada sobre a presença de Carlos, o Jovem.

O INCÊNDIO EM WORMS E OS TRABALHOS EM AACHEN

Excetuando a excursão a Salz, Carlos Magno passou o ano inteiro em Worms. Ele está lá desde o Natal de 789. Naquele ano, o inverno é particularmente rigoroso: "o frio foi pior que nunca", dizem os *Anais de Saint--Amand*. Excepcionalmente, a assembleia geral não ocorre na primavera, mas no verão, já que nenhuma campanha militar foi planejada. O rei ainda está em Worms no Natal de 790, mas, "enquanto passava o inverno lá, certa noite, o palácio onde residia foi consumido pelo fogo, que começou acidentalmente". Acredita-se que o incêndio não destruiu todo o edifício, já que o rei ficou lá até a Páscoa de 791.

No entanto, esse acidente pode ter sido uma das razões pelas quais a construção de um novo palácio foi iniciada em Aachen, que até então mal tinha sido visitado por Carlos Magno: ele tinha passado apenas dois invernos lá, em 768 e 788-789. O lugar era certamente conhecido e habitado havia muito tempo. Os romanos não tinham deixado de ali explorar as fontes de água quente para estabelecer uma estação termal, que já era muito popular no século I, e ainda em uso no século IV. Uma cidadezinha havia se desenvolvido sobre cerca de vinte hectares, com templos, edifícios administrativos e três banhos térmicos. Importantes destruições haviam acontecido num ataque germânico, em 370, e no período merovíngio restara apenas uma pequena aldeia. Mas o lugar ainda é atraente, e não apenas por sua água quente: uma localização favorável, sobre um espigão que domina a confluência pantanosa de dois pequenos rios, nas proximidades do Wurm, um pequeno afluente do Reno; uma situação não menos vantajosa, a meio caminho entre o Reno e o Mosa, perto do cruzamento de duas grandes estradas romanas, a que vai de Liège a Colônia, e a que liga Trier a Nimègue, com uma ponte sobre o Wurm; acrescentemos a presença de florestas de caça, que são encontradas em quase todos os lugares nessa época.

Os merovíngios não frequentavam Aachen, suas *villae* e palácios estavam mais na Nêustria, na região de Paris. Os primeiros pepínidas, Carlos Martel e Pepino, o Breve, iam frequentemente a Ver, Quierzy, Verberie, Saint--Denis, Compiègne, Ponthion, Soissons, Berny, Attigny, Corbery, Samoussy. Mas Pepino vai às vezes a Aachen e lá passa seu último Natal, em 767. Nessa época, a residência real de Aachen pode ser apenas qualificada de vivenda. Carlos Magno passa lá seu primeiro Natal real em 768, e já em 769 o lugar é descrito como um *palatium* em duas cartas, de 13 de janeiro e 1º de março. As fontes não parecem fazer uma distinção muito clara entre uma vivenda real e um palácio. Parece que este último exigia a presença de uma *Aula regis*, uma sala real de grandes dimensões, capaz de conter os participantes de uma assembleia geral.

Até 790, Carlos Magno dá a impressão de negligenciar Aachen. Ele prefere passar os invernos, o Natal e a Páscoa em Herstal (4 Natais e 5 Páscoas), Worms (3 Natais e 3 Páscoas), Quierzy (2 Natais e 2 Páscoas), Thionville, Ingelheim e até Paderborn e Eresburg, em território saxônico, o que lhe permite reafirmar seu controle sobre essa região e estar pronto para o início das campanhas. Em Ingelheim e Paderborn, a arqueologia descobriu importantes vestígios do palácio e da capela, cuja decoração colorida é descrita por Ermoldo.

Quando o palácio de Worms queima, Carlos Magno acabara de passar o inverno de 788-789 em Aachen. Certamente apreciou essa estadia e, acima de tudo, suas fontes quentes, que alimentam agradáveis piscinas, um argumento decisivo para um homem que se aproxima dos 50 anos e começa a sentir os efeitos da gota e da artrite. Decide, portanto, realizar grandes obras: um vasto complexo palaciano com uma grande capela, como pode ser lido na *Crônica de Moissac*: "Ele construiu uma igreja de tamanho extraordinário, com portas e balaustrada da galeria em bronze, e colocou todo o cuidado e devoção possíveis e apropriados no restante da decoração. Também construiu ali um palácio, que chamou de Latrão, e reuniu todos os tesouros de seus reinos e ordenou que fossem levados para Aachen".

O trabalho levará cerca de dez anos. Questiona-se sobre os criadores do projeto e as fontes de inspiração para esse conjunto monumental. Do arquiteto, só conhecemos o nome, Eudes, e o local de seu enterro, Metz. Quanto à inspiração, não há dúvidas: Itália, e mais particularmente Roma e Ravena. Carlos Magno fez várias visitas lá, e a cada vez ficava deslumbrado com o que via. Ele assistiu aos serviços, visitou monumentos, conheceu intelectuais, alguns dos quais trouxe consigo: esse bárbaro do Norte foi conquistado pela cultura italiana, o que, no entanto, é apenas um pálido reflexo da grande era clássica. Canto romano, liturgia romana, linguagem romana, arquitetura romana: é na fonte romana que Carlos se inspira para criar todos os elementos de construção do reino carolíngio. A igreja de Aachen, esse grande polígono que ainda hoje vemos, assemelha-se a várias igrejas italianas, e em particular ao mausoléu da dinastia teodosiana, no lado sul da basílica de São Pedro em Roma, formada por duas rotundas com oito nichos; há também uma grande semelhança com o batistério de Latrão, onde se diz ter sido batizado Constantino. A escolha do nome Latrão para a construção ao lado da Capela Palatina é suficientemente reveladora pela sua incongruência, mesmo ao norte das Ardenas.

Quanto à decoração, ela é mais que decoração, é pilhagem ou reutilização. Carlos Magno, provavelmente em 790, envia o duque Aruin a Roma com um belo presente para o papa: um magnífico garanhão. Em troca, o rei pede a Adriano a autorização para que possa levar mosaicos e mármores do palácio de Ravena para embelezar sua capela em Aachen. A permissão foi concedida. A estátua equestre de Teodorico também foi levada. A despeito da dificuldade da viagem, esse método é mais rápido que ter a decoração feita no local.

O conjunto foi concluído pouco depois de 800, o que é bastante notável, dada a escala da obra: um complexo de pátios e construções abrangendo 20 hectares, incluindo a capela, o palácio e sua *aula* de 47x 20 m, capaz de abrigar mil pessoas, banhos térmicos, parques, jardins, *ménagerie*,[2] construções anexas e uma grande galeria coberta, ligando o palácio à capela. Um complexo majestoso, imperial antes de seu tempo, pode-se dizer. Uma construção dessa magnitude levanta a questão: Carlos Magno pretendia, desde o início do ano de 790. restabelecer o Império do Ocidente em seu proveito? Não há como saber ao certo, mas Aachen já apresenta a aparência de uma Roma do Norte. Ou talvez de uma Jerusalém do Oeste: acumulam-se relíquias, e o trono, na galeria da capela, reproduz o de Salomão, o que levou Alcuíno a dizer em uma carta a Carlos Magno: "Que em breve me seja permitido comparecer com ramos de palmas, acompanhado por crianças entoando cânticos, ao encontro do triunfo de vossa glória e encontrar vosso querido rosto na Jerusalém de nossa pátria tão desejada, onde se encontra o templo que o sábio Salomão ergueu para Deus".

Somente em 794 Carlos Magno começa a visitar Aachen regularmente, quando os trabalhos de construção estarão bem avançados, e, à medida que envelhece, lá residirá com mais frequência. De 794 a 814, de 20 Natais, passará nesse local 16 deles, além de 14 Páscoas. No entanto, foi somente sob seu filho, Luís, o Pio, que a cidade pôde realmente ser considerada uma capital. O fato de Aachen ter permanecido tão intimamente associada a Carlos

---

[2] Termo de origem francesa para designar um lugar em que são mostrados animais exóticos em cativeiro, uma espécie de predecessor do zoológico. (N. T.)

Magno na memória coletiva deve-se, em grande parte, ao fato de todas as fontes relativas ao seu reinado datarem do reinado de Luís, numa época em que Aachen é indissociável do imperador, laço que os redatores dos *Anais* e das crônicas têm tendência a aplicar retrospectivamente ao período anterior.

791: A CAMPANHA CONTRA OS ÁVAROS

No início de 791, em Worms, Carlos Magno já sabe que o ano será dedicado a uma grande guerra, contra um adversário que ele conhece pouco e, por isso mesmo, lhe inspira temor: os ávaros. As verdadeiras razões para essa ofensiva não são claras. Há três delas discerníveis. Em primeiro lugar, há um problema de fronteira que não pôde ser resolvido por meio de negociação. No decorrer de 790, o *khagan* enviou uma embaixada para Worms, depois o rei enviou uma para o *khagan*, sem resultado. A fronteira tacitamente aceita entre o território da Baviera e o território dos ávaros é o Enns, mas ela é facilmente cruzável de ambos os lados. Para os *Anais Revisados*, "a questão eram os limites do território de cada um deles: por onde as demarcações deveriam passar? É a discordância e a disputa sobre esse tema que estava na fonte e na origem da guerra que deveria ser travada contra os hunos".

A maioria das fontes sugere outra causa: essa guerra foi principalmente religiosa, destinada a pôr fim às perseguições feitas pelos ávaros pagãos contra os cristãos. Os *Anais Reais* falam dos "imensos e intoleráveis males que os ávaros haviam perpetrado contra a Santa Igreja e o povo cristão"; para os *Anais de Metz*, Carlos Magno "decidiu com seus grandes que, com a ajuda de Deus, vingaria a afronta perpetrada pelos ávaros contra o povo cristão"; um poema lombardo acusa os ávaros de "darem às suas esposas, por instigação do diabo", os ornamentos litúrgicos que roubaram das igrejas. Os excepcionais preparativos religiosos, com orações e jejuns, ordenados por Carlos Magno, podem de fato ter levado à crença de que esta seria uma espécie de guerra santa. Isto dificilmente corresponde ao espírito do rei, que nunca empreendeu uma guerra por razões religiosas, seja na Espanha, nos países eslavos ou nos saxões. Se ele exige a conversão dos saxões, é porque estão em seu reino, e a religião cristã é o cimento indispensável da unidade desse reino. As pessoas fora do reino podem acreditar no que quiserem; o que importa é que não ameacem o território franco. Carlos Magno jamais tentou converter os muçulmanos, nem os eslavos, nem os ávaros.

O terceiro motivo é certamente muito mais importante, tanto para ele quanto para seus vassalos: é o ouro do *ring*. Circulam rumores sobre a fabulosa riqueza acumulada pelos ávaros em seus acampamentos ao longo de dois séculos de pilhagem. A atração do saque era uma motivação indispensável para os homens de Carlos Magno, razão pela qual havia tão poucas deserções quando, praticamente a cada ano, o exército era montado na primavera, durante meio século. Para o rei, o saque serve para manter a fidelidade; para os fiéis, é um complemento indispensável à sua renda. Aqui, o espólio promete ser enorme, e em toda legitimidade, pois pilhar saqueadores é antes de tudo fazer uma boa ação, diz Eginhardo: "Os francos retomaram dos hunos o que os hunos haviam primeiro tirado injustamente de outros povos". Não que eles se preocupem muito com justificações morais, mas para os cronistas, que muitas vezes são monges, isso é importante. Além disso, são bastante discretos sobre a ganância dos francos, a ponto de muitos historiadores modernos se persuadirem sobre os piedosos motivos avançados. Na verdade, o confronto contra os ávaros é uma guerra para acabar com a ameaça permanente de invasões na Baviera e para se apoderar da riqueza do *khagan*; a religião só intervém *a posteriori*, para dar uma aparência mais respeitável à operação.

O empreendimento pode parecer arriscado. Carlos Magno parece superestimar a capacidade de resistência dos ávaros, sobre os quais pouco conhecia. Desde as hordas de Átila, os povos asiáticos que chegavam pelo Danúbio tinham mantido uma reputação de ferocidade e eficiência guerreira que os húngaros herdariam um pouco mais tarde. Essa reputação não é totalmente imerecida, mas os ávaros não são mais o que eram. Divididos, meio sedentarizados, misturados com outros povos, eles não são mais movidos pelo espírito conquistador dos guerreiros do Flagelo de Deus. Ainda formidáveis cavaleiros, eles estão dispersos em grupos relativamente pequenos, e certamente incapazes de fazer frente ao sólido exército franco.

Carlos Magno não sabe disso, e a extensão de seus preparativos é proporcional à sua apreensão. Eginhardo observa que essa guerra "foi travada com mais vigor do que qualquer outra, e com uma preparação muito mais importante". Em primeiro lugar, ele reuniu números consideráveis, convocando contingentes de todo o reino, especialmente frísios, saxões, eslavos, bávaros e, é claro, francos. Os *Annalles Royales* falam de "um número extraordinariamente grande de frísios", e os *Anais Revisados* dizem que "ele reuniu uma força de potência excepcional vinda de todo o reino, e acumulou provisões". Não são apresentados números, mas, pelo que sabemos de outras fontes, é razoável supor uma concentração de mais de 10 mil cavaleiros.

Isso cria problemas logísticos. A expedição não começou antes de agosto, a fim de ter bastante pasto para os cavalos. O ponto de reunião é Regensburg, no Danúbio. O rio será o eixo da campanha, permitindo que equipamentos e alimentos sejam carregados por um comboio de barcos, que flutuariam rio abaixo com facilidade. Uma vasta estratégia de conjunto é implementada. Dois exércitos seguirão o vale do Danúbio para o leste, em paralelo, um em cada margem: Carlos Magno comandará o exército na margem direita, enquanto o conde Thierry (ou Teodorico) e o camareiro Megenfrido liderarão o exército na margem esquerda; entre os dois, os barcos, com todo o equipamento, sob o comando do prefeito da Baviera, Geraldo, cunhado do rei. Ao mesmo tempo, um terceiro exército, composto por lombardos e francos, liderado pelo rei italiano Pepino, filho de Carlos Magno, agora com 14 anos de idade, sairá da Ístria e, atravessando as montanhas médias da Eslovênia, entrará na Panônia pelo sul. Esta é, em grande escala, a aplicação da estratégia de pinça (ou tenaz).

Carlos Magno tinha com ele seus dois outros filhos: o mais velho, Carlos, de 19 anos, sobre o qual os *Anais* ainda nada dizem, e o caçula, Luís, que mandara vir da Aquitânia para a ocasião. O jovem rei da Aquitânia atingira seu 13º ano, idade da maioridade para um guerreiro. Carlos Magno aproveitou para realizar uma pequena cerimônia de investidura. O Astrônomo conta: "O rei Luís, estando agora no limiar da juventude, foi cingido com a espada". Toda a família, exceto Pepino, está reunida em Regensburg. Fastrada está lá, com suas filhas, além das filhas do primeiro casamento, das quais Carlos Magno só se separa com relutância. É possível que a rainha esteja grávida, e que sua gravidez seja difícil, pois, na carta que ele lhe escreve durante a campanha, o rei se refere à sua "saúde" e à sua "enfermidade". Fastrada tem cerca de 21 anos, e seu último parto foi em 787, com o nascimento de Hiltruda. Quatro anos sem uma gravidez é bastante anormal, e leva a crer que Fastrada teve vários abortos espontâneos após o nascimento de Hiltruda, que foi a última filha antes de sua morte, em 794, aos 24 anos.

O grande exército se põe então em marcha em agosto, descendo o vale do Danúbio. Ao chegar a Lorsch, na confluência com o Enns, que marca a entrada no território dos ávaros, eles param. Megenfrido cruza o Danúbio para conferir com o rei as táticas a serem adotadas. Decide-se tomar precauções espirituais suplementares, o que é outro sinal do nervosismo de Carlos Magno: três dias de oração e jejum para todos, a fim de garantir a ajuda divina. A medida é excepcional, e talvez não muito sábia, humanamente falando: três dias de abstinência para os guerreiros que precisarão de todas as suas forças não é a dieta mais adequada. Mas estão previstas isenções, como o próprio Carlos Magno relata em sua carta a Fastrada: "Observamos, com a ajuda de Deus, três dias de litanias, começando no dia 5 de setembro, que era uma segunda-feira, e depois na terça e na quarta. Imploramos a misericórdia de Deus, para que Ele nos conceda a paz, a segurança, a vitória e o sucesso na expedição, e que em Sua misericórdia e bondade Ele possa ser nossa ajuda, nosso conselheiro e nosso defensor em todas as dificuldades. E nossos padres ordenaram que aqueles que não estivessem dispensados por enfermidade, idade avançada, ou juventude, se abstivessem de vinho e de carne". Haveria inválidos, idosos e crianças no exército? A observação é curiosa. Além disso, aqueles que realmente não podem ficar sem vinho por três dias podem fazer compensações com um pagamento de esmolas. Esses detalhes não são desprovidos de interesse, para se ter uma ideia de como o exército carolíngio, que provavelmente ainda se assemelha a uma horda bárbara, pode ter sido. Nessa expedição, a supervisão clerical é particularmente importante, e conta-se muito com os sacerdotes para colocar o Deus dos exércitos do lado dos francos: "Cada padre deveu celebrar uma missa particular, salvo em caso de enfermidade. Os clérigos que não conheciam os salmos deviam cantar cinquenta cada um, e deviam andar descalços enquanto entoavam as litanias". Então, há velhos padres doentes e que não conhecem todas as preces: mais uma anotação que levanta questões sobre o clero e sobre as tropas que entram no território ávaro.

Fortalecidos por esses três dias de exercícios espirituais, os dois exércitos retomam a marcha em 8 de setembro, cada um sobre uma das margens do Danúbio. A resistência dos ávaros não parece muito enérgica. Eles estão entrincheirados atrás de algumas construções rudimentares fortificadas, muralhas de terra, perto do rio Kamp, da cidade de Königstetten, e nas colinas do Wienerwald. A luta é curta: "Quando os ávaros viram que o exército estava chegando pelas duas margens, com os navios no meio, pelo rio, Deus os atingiu com o terror. Desertando suas posições fortificadas, abandonando suas edificações de terra e suas máquinas de guerra, eles fugiram", dizem os *Anais Reais*, e a versão revisada acrescenta: "tudo foi destruído pelo fogo e pela espada". Os *Anais de Petau* mencionam "grandes massacres", "devastações". A rotina. Não será assim que Luís fará seu aprendizado de guerreiro. Chegando ao Wienerwald, Carlos Magno o manda de volta para Regensburg, onde ele reencontra Fastrada, e no ano seguinte o enviará à Itália para se juntar a seu irmão Pepino.

É o exército lombardo-franco que trava as batalhas mais importantes contra os ávaros. Tendo partido em 23 de agosto, ele alcançou um grande sucesso, cuja notícia encheu Carlos Magno de alegria. Eles haviam acabado de perpetrar um banho de sangue. Ele escreve à sua esposa: "Eles mataram uma multidão de ávaros, um número tal que se diz que um massacre desse povo, dessa magnitude, não acontecia há muito tempo". O exército de Pepino também se apoderara de um *ring*, em que fizeram um saque considerável, antes de retirar-se.

Carlos Magno continuou a devastação metódica do vale do Danúbio, ainda avançando para o leste, sem encontrar uma verdadeira resistência. Seu alívio é evidente na carta que envia a Fastrada; seus temores eram vãos: os ávaros estão em colapso. A carta é um dos poucos testemunhos diretos da psicologia do rei, com sua mistura característica de selvageria e sensibilidade. Enquanto relata com satisfação os massacres e a destruição, mostra certa ternura para com sua jovem esposa, "nossa muito amada e amante esposa, a rainha": "Desejamos, com esta carta, enviar-lhe nossos pensamentos afetuosos em Deus, e através de você às nossas amadas filhas e outras fiéis que estão com você. Queremos que você saiba que, graças a Deus, estamos sãos e salvos". Segue-se uma passagem sobre a matança dos ávaros, e depois um relato dos três dias de devoções que precederam a campanha. Ele então lhe pede para organizar algumas por conta própria: "sobre as quais desejamos que você decida ... com o resto de nossos fiéis, como essas ladainhas poderiam ser recitadas lá [em Regensburgo]. Quanto a você, cabe-lhe decidir o que é razoável fazer em seu estado. Estamos surpresos de não ter recebido nenhum *missu*, ou carta sua... Queremos que você nos informe com mais frequência sobre sua saúde e sobre todos os assuntos que você achar pertinentes". Isto é um sinal de ternura ou de descontentamento? É muito difícil saber.

Em todo caso, ele não demora muito para voltar, pois, se não é detido pelos ávaros, sua ofensiva é interrompida por uma epidemia que dizima seus cavalos. Após "52 dias de incêndio e devastação", dizem os *Anais de Lorsch*, o exército, carregado de "inúmeros despojos e de uma multidão de cativos, homens, mulheres e crianças" chegou à confluência do Danúbio e do Raab, ou seja, a meio caminho entre as atuais cidades de Viena e Budapeste. Em longitude, Carlos Magno nunca havia estado tão a leste. Já se está em meados de outubro. É tempo de voltar, especialmente porque, segundo os *Anais Revisados*, "uma praga se espalhou entre os cavalos do exército que o rei havia liderado, e apenas um décimo, em vários milhares, sobreviveu". O retorno se dá por uma via mais meridional: o rei sobe o Raab, depois se vira para o oeste via Szombathely. O exército é desmobilizado, e Carlos Magno reencontra Fastrada em Regensburg, onde ele passa o Natal. Quanto ao exército da margem esquerda, os saxões e frísios de Teodorico e Megenfrido, sobem para o norte através da Boêmia.

O balanço da campanha é mitigado. Pode-se constatar que os ávaros não eram tão temíveis quanto se esperava; suas terras foram bem devastadas, o que deve enfraquecê-los ainda mais; as tropas trouxeram muitos saques e, em particular, prisioneiros e prisioneiras que irão abastecer o mercado de escravos, já que não são cristãos. Mas o trabalho não está terminado. O *ring* principal não foi alcançado e os ávaros ainda têm capacidade de causar danos. Carlos Magno sabe disso: será preciso recomeçar no ano seguinte. É por isso, aliás, que ele decide passar o inverno em Regensburg.

792: *ANNUS HORRIBILIS*

Os acontecimentos iriam decidir de outra forma. O ano de 792, no entanto, começou normalmente. Carlos Magno até teve tempo durante o inverno para lidar com um problema teológico. Na Espanha, a heresia do adocionismo toma amplitude. Nascida em Toledo, está na linhagem do arianismo professado antigamente pelos visigodos, que negavam a divindade de Cristo. Jesus, na qualidade de homem, da linhagem de Davi, não pode ser de natureza divina; ele é apenas um filho de Deus por adoção. Essa posição foi defendida pelo arcebispo de Toledo, Elipando, um teólogo idoso e respeitado, apoiado por uma grande parte dos moçárabes, que estavam ansiosos pela autonomia religiosa de Roma. Félix, bispo de Urgel, que compartilha essa visão, vem ao seu encontro e espalha a heresia por meio de seus escritos. O rei das Astúrias, Alfonso II, reage por meio de Etério, o futuro bispo de Osma, e do monge Beato de San Torrilio, em Lebiana, que publica uma carta sob a forma de tratado. Carlos Magno, sem dúvida alertado por Alcuíno, não pode ficar indiferente. Afinal, Urgel está localizada nos Pireneus, em um território que teoricamente está sob a jurisdição do rei dos francos. Portanto, Félix é um de seus bispos, e sua heresia ameaça a unidade da Igreja, que o carolíngio tanto aprecia. Félix é então convocado a Regensburg, diante do próprio Carlos Magno e de uma assembleia de bispos, e o adocionismo é condenado. Em seguida, Félix é enviado a Roma, onde deve abjurar sua heresia, após o que retorna a Urgel.

Após esse interlúdio teológico, Carlos Magno prepara sua campanha contra os ávaros. Mas, ao convocar, na primavera, as tropas frísias e saxônicas, como no ano anterior, chega-lhe uma péssima notícia: os frísios e os saxões do norte e do leste se revoltaram. Durante o inverno, eles souberam do pouco sucesso da expedição de 792 e da mortalidade que dizimou os cavalos e desorganizou a cavalaria. Além disso, estão na expectativa de um contra-ataque dos ávaros, com os quais haviam estabelecido contatos. Os *Anais de Lorsch* são muito claros a esse respeito:

> Com a aproximação do verão, os saxões, acreditando que o povo dos ávaros iria se vingar dos cristãos, manifestaram o que tinham escondido em seus corações: como um cão, que volta ao seu vômito, retornaram ao paganismo que haviam rejeitado, abandonando o cristianismo, traindo a palavra dada a Deus,

assim como ao rei, que lhes havia concedido grandes benefícios, e ligando-se aos povos pagãos das regiões vizinhas. Enviando também alguns *missi* aos ávaros, eles se rebelaram, primeiro contra Deus, depois contra o rei e os cristãos: devastaram as igrejas de seu país, destruindo-as e queimando-as; expulsaram os bispos e sacerdotes que tinham autoridade sobre eles, apreendendo alguns, matando outros, e voltaram para a adoração de seus ídolos.

A notícia é catastrófica: é o despertar do pesadelo saxônico, e isso em pleno processo de convocação das tropas contra os ávaros. Os contingentes que vinham do norte para se encontrar com o exército são atacados e, por vezes, aniquilados: "uma parte de seu exército, que deveria chegar por barco pelos territórios dos frísios e dos saxões, foi traída por esses povos e em grande parte, destruída", dizem os *Anais da Mosela*, confirmados pelos de Saint-Amand, que afirmam que "os saxões mataram os francos no rio Elba, perto do mar, na sexta-feira, 6 de julho".

Um infortúnio nunca vem sozinho. A Itália do Sul começa a se mover novamente. Carlos Magno "enviou Pepino e Luís com um exército para Benevento", dizem os *Anais de Wolfenbüttel*. Luís, que havia acabado de voltar à Aquitânia, uniu-se a seu irmão "pelos desfiladeiros íngremes e sinuosos do Monte Cenis. Celebrou o Natal em Ravena e juntou-se ao seu irmão. Agrupados, invadiram a província de Benevento com suas forças combinadas, saquearam tudo o que encontraram e se apoderaram de um castelo". O Astrônomo, em sua *Vida de Luís*, de onde vem esse excerto, não diz qual foi a causa dessa intervenção. Parece que Grimoaldo experimentara um desejo de independência e isso teria exigido uma operação de intimidação.

Esse problema periférico não é nada, comparado à crise que irrompe no outono, e que dessa vez diz respeito ao próprio coração do reino: enquanto Carlos Magno ainda está em Regensburg, um lombardo que lhe é próximo, Fardulfo, vem lhe revelar a existência de um complô para assassiná-lo, a fim de substituí-lo pelo seu filho adúltero, Pepino, o Corcunda, que deve ter cerca de 25 anos. Esse Pepino é o filho da primeira esposa, ou concubina, de Carlos Magno – como vimos, a diferença ainda é bastante tênue na época –, Himiltrudes. Ele foi criado na corte, com os outros filhos do rei, mas excluído da sucessão, e estava destinado a se tornar bispo de Metz. Entretanto, o bispado acabara de ser liberado em 791: havia chegado a hora da tonsura, o que não agrada a Pepino. Quase nada se sabe sobre o jovem, que Eginhardo retrata como sendo "bastante bonito, mas corcunda". É concebível que ele tenha ficado amargurado e com ciúmes de seus meio-irmãos.

O mais grave para Carlos Magno era que havia muitas figuras importantes no reino para querer usar Pepino contra seu pai, o que revela uma insatisfação inquietante nos círculos dirigentes. Eginhardo diz que "certos chefes francos o conquistaram para sua causa e pretendiam oferecer-lhe a realeza", e os *Anais da Mosela* citam "um grande número, entre os francos mais importantes, tanto jovens como velhos". Nenhum nome é dado, mas o assunto é visivelmente muito sério. Todas as fontes maiores falam disso, exceto os *Anais Reais*, que se preocupam em não revelar a existência de uma oposição e de uma resistência ao rei. Certamente, entre os conjurados, há antigos partidários dos filhos de Carlomano, que nunca perdoaram Carlos Magno por ter espoliado os sobrinhos, além de nostálgicos de Desidério, e outros de Tássilo: ao destronar esses personagens, Carlos Magno fez muitos inimigos. Talvez sua política de guerra contínua também comece a cansar. Outra causa é indicada pelos *Anais Revisados*: "Eles não poderiam mais suportar a crueldade da rainha Fastrada". Isto também é o que diz Eginhardo. Deve-se admitir que esse motivo parece bastante incongruente nesse mundo de brutos e esbarra em três objeções: nenhuma outra fonte o menciona; nenhum fato confirma a acusação; e, finalmente, assassinar o rei porque a rainha é cruel não parece muito coerente, especialmente porque, para algumas fontes, não se trata apenas de matar o rei, mas também seu filho, dizem os *Annales Mosellanes* (mas qual deles?), ou mesmo todos os seus filhos, Carlos, Pepino e Luís, de acordo com os *Annales de Lorsch*. Essa última hipótese, contudo, não parece muito verossímil ou, em todo caso, é irrealista, porque parece que Pepino e Luís ainda estão em Benevento nessa época, como relata a *Vida de Luís*: foi lá que "eles souberam que seu irmão natural, Pepino, havia conspirado contra seu pai comum, e que muitos nobres haviam sido seus cúmplices". Mas talvez os conspiradores tivessem que esperar pelo seu retorno para assassinar os quatro homens ao mesmo tempo. Em todo caso, a referência à crueldade de Fastrada tem a intenção de desviar qualquer suspeita de descontentamento: ninguém pode querer mal ao rei, é sua esposa a responsável.

No entanto, é o rei que querem matar. Mas, dado que foram descobertos, os conspiradores são presos, levados perante uma assembleia convocada por Carlos Magno em Regensburg, e condenados à morte por alta traição. Alguns são decapitados, outros enforcados, todos os seus bens confiscados e o informante, Fardulfo, é recompensado: é nomeado abade de Saint-Denis. Quanto a Pepino, o Corcunda, o rei se recusa a mandar executá-lo: ele é tonsurado e encarcerado por toda a vida em um mosteiro – em Sankt Gallen por algum tempo, segundo Notker, e depois em Prüm, onde morre em 811.

Acabamos de mencionar Notker. Ele também conta a história dessa conspiração, muito mais longamente que os outros e de forma mais pitoresca, o que, evidentemente, traz à tona a questão de suas fontes. Onde ele conseguiu esses detalhes? Eis o que ele diz: os conspiradores se reúnem na igreja de São Pedro, em Regensburg. No final da reunião, encontram um clérigo que se escondera atrás de um altar, que seria Fardulfo. Eles o obrigam a jurar não dizer nada. Mas é claro que ele corre até o palácio para revelar tudo. Atravessa, não sem dificuldade, os sete postos de guarda, e chega ao quarto do rei. Bate à porta. Carlos Magno, que está ocupado com várias jovens, se pergunta quem o está importunando. Ele manda as jovens para descobrir. Notker continua: "Elas saíram e encontraram o pobre clérigo. Fecharam a porta e voltaram rindo, conversando, levantando suas vestes e se escondendo nos cantos. O rei inquiriu as mulheres para saber o que elas tinham e quem tinha batido. Quando soube que era apenas um rapaz imberbe, sem dúvida um simples de espírito, vestido com uma sobrepeliz de linho e usando calças por baixo, que pediu para falar com ele imediatamente, Carlos Magno ordenou que o deixassem entrar". E foi assim que ficou sabendo sobre a trama.

Os *Anais* e crônicas oficiais obviamente não mencionam esses detalhes. Mas eles são implausíveis? Que interesse teria Notker em inventar inteiramente essa história? Nela se mostra um Carlos Magno bem guardado, passando tempo com um enxame de garotas, o que corresponde à sua reputação, mesmo que esse aspecto seja cuidadosamente escondido nas fontes oficiais. Lembremos do monge Wetti de Reichenau, que morreu em 4 de novembro de 824, e que no dia anterior à sua morte teve uma visão do inferno, em que Carlos Magno lá estava, com um animal devorando seu sexo como castigo por sua incontinência. Essa visão foi colocada em verso por Walafrido Strabo, abade de Sankt Gallen, o mosteiro onde mora Notker.

O resto da história contada por este último é menos crível: Carlos Magno, tendo mandado prender os conspiradores, pergunta a Pepino o que deve ser feito com eles. Pepino, que está cuidando de seu jardim (!), recusa-se a responder, dizendo: "Eu arranco as ervas daninhas para que os bons legumes tenham mais espaço para crescer". Isso é interpretado pelo rei como cortar a cabeça dos culpados para que os bons servos tenham mais liberdade de ação. Esta é uma repetição exata da história de Trasíbulo, tirano de Mileto, e daquela que Tito Lívio conta sobre o rei Tarquínio (I, 54). Notker quase o copiou. O fato ilustra o método do monge gago e não aumenta sua credibilidade.

Fechemos o parêntese. A revelação dessa trama persuade Carlos Magno sobre a necessidade de reforçar o controle sobre todos seus súditos, para garantir sua lealdade. Na ausência de meios eficazes de vigilância num reino tão vasto, ele recorre mais uma vez à prestação de juramento, que exige em 792-793 de todos os homens livres acima de 12 anos. O juramento em si não é uma inovação. A Roma antiga o havia praticado; Pompeu e César o haviam exigido. A cada 1º de janeiro, os legionários faziam um juramento ao imperador. Os merovíngios, e depois Pepino, o Breve, o tinham usado, assim como Leão IV em Bizâncio, em 780. A novidade é o caráter sistemático e a insistência com que Carlos Magno usa este meio, ao qual parece dar uma confiança que se suspeita exagerada. É claro que existe a ameaça de punição eterna para os perjuros, mas o mesmo poderia ser dito de muitos pecados, o que não impede os homens de cometê-los; além disso, existe a reserva mental, que torna possível jurar por palavras, sem jurarem em seu foro íntimo.

Apesar disso, Carlos Magno insiste. Ele é reforçado em sua convicção sobre a importância do juramento pelo fato de que os conspiradores declaram, quando julgados, que não haviam feito o juramento anterior, o de 789. Portanto, pode-se supor que, se o tivessem feito, não teriam conspirado. Isto é o que diz o rei no capitular do início de 793, que exige o novo compromisso. Ele se dirige aos *missi*: "Quanto à necessidade deste juramento, deve-se explicar, em primeiro lugar, que ele vem de um antigo costume e, em segundo lugar, que aqueles homens infiéis, que recentemente conspiraram para causar sérios distúrbios no reino do senhor rei Carlos e tramaram contra sua vida, disseram, quando questionados, que não lhe tinham prestado juramento de fidelidade". Os *missi* e os condes devem então se certificar da prestação em todos os lugares, fazer uma lista daqueles que haviam jurado e enviá-la ao rei. Essa exigência é nova e bastante extraordinária para a época e pelos meios limitados de que se dispõe. Ainda mais extraordinário é o fato de que ela tenha sido seguida, pelo menos em algumas regiões. Uma lista de juramentados de um vilarejo da Itália do Norte sobreviveu. Ela pode ser encontrada em uma coleção de capitulares de Sankt Paul de Lavanttal. É uma cópia de uma lista enviada ao rei; 174 nomes de homens são listados, dispostos em cinco colunas. Como não se tem sobrenome, e muitos deles têm o mesmo prenome, há um risco de confusão. Portanto, o clérigo tenta distinguir, anotando um detalhe adicional. Assim, como não há menos de dez Urso, há Urso *gastaldo*, Urso *notario*, Urso *de Cornitulo*, Urso *infante*, Urso *Ambrosio*, e assim por diante.

Não há como evitar o ceticismo sobre a eficácia do sistema, que apresenta problemas materiais intransponíveis. Esse "fichamento" carolíngio suporia a constituição de consideráveis arquivos locais e centrais, onde listas inutilizáveis de centenas de milhares de pergaminhos seriam empilhadas, listas que rapidamente se tornariam obsoletas com as mortes, a chegada a cada ano de uma nova população de 13 anos, e mudanças de condição entre livres e não livres. Digamos que, entre o povo, o juramento pode ter um efeito psicológico dissuasivo, mas é especialmente entre as pessoas importantes que ele pode ter consequências concretas, ao colocar indivíduos sob a ameaça de serem acusados de perjúrio e de traição.

793: SAXÕES, SARRACENOS E CARESTIA

Esses eventos forçam Carlos Magno a adiar sua segunda campanha contra os ávaros. Para ele, isso é apenas um adiamento, pois continua seus preparativos. Passa o ano inteiro na Baviera, em Regensburg, onde, na expectativa de uma nova incursão ao longo do Danúbio, manda construir uma ponte de barcos desmontável, que o exército levaria consigo e que lhe permitiria atravessar o rio a qualquer momento. "O conjunto era mantido por âncoras e cordas, de tal forma que pudesse ser montado e desmontado", dizem os *Anais Reais*.

No entanto, 793 ainda é outro ano ruim, o que mais uma vez frustra os planos do rei. Na primavera, na assembleia em Regensburg, Carlos Magno conta seus seguidores, na sequência do complô de Pepino: outro sinal da amplitude da conspiração, que enfraquece o rei. Assim, ele procura fortalecer a lealdade distribuindo presentes: "Quando identificou seus leais seguidores, bispos, abades e condes, que estavam presentes com ele, e o resto do povo leal, que não havia apoiado o perverso plano de Pepino, ele os recompensou generosamente com ouro, prata, seda e muitos presentes", dizem os *Anais de Lorsch*. Não se sabe de onde vieram esses bens: talvez fossem os despojos dos conspiradores e dos saques da campanha de 791 contra os ávaros.

Então, tudo se desarranja novamente. No norte, a Saxônia continua em efervescência, e as tropas que o conde Thierry (Teodorico) deveria encaminhar pela Baviera foram dizimadas no Weser. É o que dizem os *Anais Revisados* para o ano de 793: "Ansioso para terminar a guerra que havia começado, o rei havia se preparado para um novo ataque na Panônia, quando foi informado de que as tropas que o conde Teodorico trazia da Frísia haviam sido interceptadas e destruídas pelos saxões do distrito de Rüstringen, no Weser". Seria isso uma repetição do desastre do ano anterior, ou um erro de datação dos *Anais*, que confunde 792 e 793? As opiniões são divididas. Em todo caso, a situação na Saxônia está imobilizada, e algo grave deve ter acontecido, porque a campanha da Panônia foi cancelada, e o rei é levado a dissimular a extensão do desastre para não alarmar os que o cercam e para desencorajar seus adversários: "Ao receber esta notícia, o rei abandona a expedição da Panônia, enquanto esconde a importância das perdas".

A precaução não é inútil, pois já se espalha o rumor das dificuldades que o rei enfrenta: permanece na Baviera há mais de um ano, não reagiu contra os saxões, foi confrontado com um complô em sua própria família: o leão está ferido, e suas vítimas levantam a cabeça ou, pelo menos, aqueles que ainda a têm. No sul da Gália, a situação se degrada; os sarracenos atacam e infligem sérias perdas aos francos. O novo emir de Córdoba, Hisham, quer se aproveitar dos problemas que assolam Carlos Magno: "Quando soube que o rei Carlos tinha ido para a terra dos ávaros, e acreditando que estes haviam lutado vigorosamente contra o rei e que era por isso que ele não tinha podido voltar para Frância, ele enviou Abd al-Malik, um de seus nobres, com um grande exército de sarracenos para devastar a Gália. Chegando a Narbonne, atearam fogo nos subúrbios, capturaram muitos cristãos e se apoderaram de um importante saque. Estavam prestes a atacar a cidade de Carcassonne quando Guilherme, com outros condes francos, foi de encontro a eles. A batalha ocorreu no rio Orbieu. Foi uma batalha muito dura, e a maioria dos cristãos morreu. Guilherme lutou corajosamente, mas, quando viu que não podia contê-los, pois seus companheiros o haviam abandonado e fugido, se retirou. Os sarracenos recolheram o saque e retornaram à Espanha". É assim que a *Crônica de Moissac*, confirmando os *Anais Revisados*, descreve a derrota do conde Guilherme no Orbieu. A mesma fonte faz do emir Hisham I um homem brutal e perseguidor dos cristãos: "Este homem foi o mais cruel dentre todos os reis sarracenos que governaram a Espanha. Matou muitos sarracenos e mouros de todas as classes sociais por meio de várias torturas, e até mesmo mandou cortar as mãos e os pés, e queimar o filho de seu pai, seu próprio irmão. Ele oprimiu tanto os cristãos e judeus da Espanha com taxas exorbitantes, que eles venderam seus filhos, suas filhas e suas terras, e os que subsistiram foram reduzidos à mendicância". A Septimânia está à mercê dos ataques sarracenos. No Benevento, Grimoaldo continua agitado e, segundo os *Anais de Lorsch*, "o rei enviou seus filhos Pepino e Luís com um exército", enquanto ele mesmo está limitado a intervenções de emergência, "enviando seus *scarae* para onde necessário", em particular para a Panônia e a Saxônia.

Para piorar a situação, o acúmulo desses reveses coincidiu com a mais intensa penúria de alimentos do reinado. Tendo sido a colheita de 792 particularmente ruim, os estoques se esgotaram na primavera de 793, e a escassez ocorreu numa escala sem precedentes, afetando toda a Europa: "Uma penúria muito severa ocorreu lá [em Benevento], afetando tanto as pessoas que viviam na região quanto o exército que chegava, de modo que muitos não podiam deixar de comer carne na Quaresma. Uma fome severa também atingiu a Borgonha e muitas partes da Frância, e muitos morreram dessa míngua" (*Anais de Lorsch*); "uma fome muito severa atingiu Benevento... mas uma fome severa também atingiu a Itália e a Borgonha, e partes da Frância, e houve uma fome severa também em Gothia e Provença, e muitos morreram..." (*Anais de Moissac*); "a fome, que havia começado no ano anterior, tornou-se mais severa, tanto que, entre outras abominações, levou os homens a comer carne humana, irmãos a comer seus irmãos, mães seus filhos" (*Annales mosellanes*). As primeiras vítimas foram os escravos, deixados para morrer de fome, como testemunha o capitular de Frankfurt em 794.

Tal catástrofe foi excepcional durante o reinado de Carlos Magno. Naturalmente, os *Anais* relatam uma série de outros incidentes, tais como invernos particularmente rigorosos, uma canícula devastadora em 783, quando "o inverno foi tão ferozmente quente que muitos morreram devido ao calor" (*Annales Mosellanes*), inundações em 784, uma epidemia mortal em 786, um terrível terremoto na Itália em 778: "Em Treviso, e em outras cidades da região, houve um grande terremoto, de tal forma que muitos edifícios e igrejas ruíram e muitas pessoas morreram, como por exemplo, quarenta e oito pessoas em uma só vila" (*Annales Mosellanes*). Essa fúria da natureza está sempre relacionada a causas sobrenaturais e maus presságios. Assim, em 786, dizem os *Anais de Lorsch*, "foram vistas no céu, em dezembro, terríveis desdobramentos de batalha, como nunca tinham sido vistos em nosso tempo; além disso, o sinal da cruz apareceu nas roupas dos homens, e alguns disseram que tinham visto uma chuva de sangue. Então, o povo foi apanhado pelo pânico e pelo terror, e em seguida veio uma grande mortalidade". A penúria de alimentos de 793, que excedeu tudo o que era conhecido até aquele momento, não escapa à regra: tal praga só podia ser devida à cólera divina: "nossos pecados foram a causa", dizem os *Anais de Lorsch*. E foi para apaziguar a ira divina que Carlos Magno, de acordo com os bispos, ordenou medidas excepcionais pelo capitular de Regensburg, na primavera de 793.

A importância dessas medidas, que combinaram penitências, orações e obras de caridade, é compatível com a gravidade da situação.

> Cada bispo cantará três missas, e três saltérios, um para o rei, o segundo para o exército dos francos, o terceiro para as tribulações atuais, e cada padre dirá três missas, e cada monge, freira e pároco, três saltérios. E todos devem jejuar dois dias, bispos, monges freiras e párocos, e todos aqueles que têm plantação em suas terras, pelo menos aqueles que estão suficientemente saudáveis. E cada bispo, abade e abadessa que puder, dará uma libra de prata em esmolas, cada pessoa de condição média, meia libra, e os de condição baixa, cinco *sous*. Por essa disposição, os bispos, abades e abadessas devem receber em suas casas quatro pobres famintos e mantê-los até o momento da colheita; aqueles que não puderem manter tantos farão o que conseguirem, e cuidarão de três, de dois ou de um. Além disso, os condes mais poderosos darão uma libra de prata ou seu equivalente, e os menos poderosos, meia libra; os vassalos reais darão meia libra para duzentas plantações, cinco *sous* para cem, e uma onça para cinquenta ou trinta. E eles, e todos aqueles que têm plantações em suas terras, devem jejuar

dois dias, se puderem. E se alguém preferir pagar, que um conde poderoso pague três onças, um médio, uma e meia, e um pequeno, um *sou*. E devem fazer como acima com relação aos pobres famintos.

Se é a vontade divina, que todas estas medidas referentes ao rei, ao exército dos francos e à atual tribulação sejam ser prolongadas até a missa de São João (24 de junho).

Embora possa parecer estranho jejuar em uma época de fome, não deixa de ser bastante notável o esforço de solidariedade que é exigido dos ricos e poderosos para apoiar os mais fracos. Não temos números para as vítimas dessa carestia, mas as cenas de canibalismo relatadas, bem como as medidas de emergência, na escala do enorme reino, deixam entrever um pico de mortalidade excepcional.

A colheita de 793 restaurou o precário equilíbrio, mas qualquer campanha contra os ávaros foi descartada naquele ano terrível. Entretanto, Carlos Magno não permaneceu inativo. Sob o conselho de "algumas pessoas que se diziam certas sobre o assunto", ele decide nada menos que fazer a junção Reno-Danúbio por meio de um canal! Um dos afluentes na margem esquerda do Main, o Regnitz, tem sua nascente a poucos quilômetros do vale superior do Altmühl, um tributário da margem esquerda do Danúbio. Daí a ideia de cavar um canal entre os dois, o que teria permitido uma navegação fluvial entre Colônia e Regensburg, via o Reno, o Main, o Regnitz, o Altmühl e o Danúbio. Comerciantes, soldados e material de guerra poderiam passar da Austrásia para a Baviera e, mais além, para a Panônia. Os trabalhos começaram no verão de 793: "Ele foi imediatamente para o local com a corte, reuniu um grande número de trabalhadores e dedicou todo o outono ao empreendimento. Foi aberta uma trincheira com 2 mil passos de comprimento e 300 pés de largura entre os dois rios", dizem os *Anais Revisados*. Contudo, depois de alguns meses, foi necessário desistir, "pois, por causa da chuva contínua e do solo, que era pantanoso e alagado, o trabalho não se mantinha. Não importava o quanto os trabalhadores escavassem durante o dia, o mesmo volume deslizava durante a noite e retomava seu lugar". Uma tarefa de Sísifo, que Carlos Magno decidiu interromper. Os vestígios disso ainda hoje podem ser vistos: uma trincheira de 1.280 metros de comprimento por 30 metros de largura. Calculou-se que, com os meios da época, teriam sido necessárias mais de 3 milhões de horas de trabalho, ou seja, um esforço colossal, feito por milhares de trabalhadores. E, em todo caso, uma surpresa muito ruim os aguardaria: há uma diferença de dez metros de desnível entre os dois rios, e o sistema de eclusa não era conhecido. O trabalho teria sido inútil.

Decididamente, nada foi bem-sucedido para Carlos Magno nos anos de 792 e 793. Ressentido, deixa Regensburg no final do outono e, descendo pelo Main, para em Würzburg, onde passa as festas do Natal. No decorrer do inverno de 794, continua sua viagem para Frankfurt, onde se estabelece por vários meses.

O saldo dos últimos quatro anos é muito negativo: três temporadas de imobilidade, uma campanha meio perdida, apesar dos enormes efetivos mobilizados, relações deterioradas com Offa, ávaros ainda ativos, saxões parcialmente de volta ao paganismo, sarracenos atacando na Aquitânia, beneventanos insubordinados, uma conspiração liderada pelo próprio filho do rei, um palácio incendiado, um canal fracassado, uma carestia. Os únicos pontos positivos: os bizantinos estão muito ocupados arrancando os olhos uns dos outros para se intrometer em assuntos francos, e o papa se acalmou. Mas, de modo geral, a situação de Carlos Magno se deteriorou. Seu prestígio é afetado. Contudo, seria preciso muito mais para derrubá-lo. Sua energia está intacta, e é mais do que nunca como mestre do Ocidente que ele reaparece na primavera de Frankfurt.

– 8 –

GUERRAS DE USURA E COMBATES POLÍTICO-RELIGIOSOS (794-799)

O ano de 794 marca uma virada na vida e no reino de Carlos Magno. Pouco a pouco, as campanhas militares perdem intensidade, mesmo não desaparecendo, enquanto questões políticas, diplomáticas e administrativas tomam cada vez mais relevância. E elas são indissociáveis dos problemas religiosos. É evidente que, no espírito de Carlos Magno, política e religião são uma única e mesma coisa. Entre elas não há separação ou hierarquia, e seria inútil tentar descobrir qual delas está a serviço da outra. Cidade de Deus e cidade dos homens se confundem, sob a autoridade do soberano, cujo objetivo supremo é realizar a unidade de seu reino, um reino que tende a se confundir com o Ocidente, a Europa, começa-se a dizer. A evolução em relação aos seus antecessores merovíngios, e até mesmo ao seu pai, é que o elemento franco recua para dar lugar ao do povo cristão, que é muito mais federativo. Quando Eginhardo escreve que os saxões que "tinham adotado os sacramentos da fé e da religião cristã estavam unidos com os francos e se tornaram com eles um só povo", expressa a ideia central do reinado: unir os povos da Europa pela e na fé cristã, sob a direção de um líder simultaneamente religioso e político: o rei, junto ao qual o papa desempenharia o papel de sumo sacerdote.

A primeira fase da unificação foi militar, a segunda será política e religiosa. É claro, o uso da força permanece, mas agora serve principalmente para proteger contra os inimigos externos. As campanhas são defensivas. No interior do reino, o soberano tenta unificar, por meio da administração, da cultura e da religião. Dessa forma, ele está em processo de constituição de um bloco rival do mundo grego, que ainda se considera como herdeiro de todo o mundo romano, mesmo que a parte ocidental lhe escape de fato. Desde Constantino, o imperador cristão se considera como o mestre do conjunto político-religioso que é o império. Os reis bárbaros do oeste são apenas satélites recalcitrantes, que devem se submeter. Justiniano havia tentado reconquistar o Ocidente. Foi um fracasso, mas, na lei, o basileu continua a afirmar sua supremacia sobre os povos do oeste, considerados com uma mescla de desprezo e desconfiança. Dentre esses povos, os francos, que haviam se tornado dominantes, são particularmente reprovados. "Se um franco é seu amigo, é que ele não é seu vizinho": esse adágio grego citado por Eginhardo é muito revelador.

A LUTA RELIGIOSA CONTRA BIZÂNCIO: OS LIVROS CAROLÍNGIOS

A novidade é que Carlos Magno, com os francos, comprometeu-se a um processo de federação desses povos bárbaros, um processo que o levou a se estabelecer como o único líder do Ocidente, um Ocidente a partir de agora cristão e, portanto, fazer a figura de um rival do basileu, um rival que é ainda mais perigoso porque tem o papa sob sua dominação. As relações entre o papa e os dois governantes temporais, o basileu e o rei dos francos, são mal definidas, pois os reinos temporal e espiritual não estão realmente separados. O papa pretende controlar os dois, e urde a prova disso com a Doação de Constantino, mas na realidade deve adequar-se aos dois governantes. Ele é frequentemente intimidado pelo basileu, que toma a liberdade de convocar os concílios ecumênicos e impor-lhes suas decisões, então procura o apoio do rei dos francos, cuja proteção está no momento se tornando uma tutela. Como vimos, Carlos Magno contestara o direito de Irene de convocar os concílios ecumênicos, sob a alegação de que agora havia menos cristãos no Império Bizantino que no reino franco. Ele refutara o caráter ecumênico do Concílio de Niceia em 787, que descrevera como "um concílio inepto".

O objetivo dessa assembleia era condenar o iconoclasmo. O papa lá esteve representado e aprovara os decretos, que lhe haviam sido enviados, em grego. Esses decretos revogavam os do concílio iconoclasta de 754, e restabeleciam o culto das imagens, cuja *veneração* é considerada legítima, enquanto a *adoração* é devida somente a Deus. O papa manda traduzir esses decretos do grego para o latim e os envia para Carlos Magno. Este já tinha preconceitos sobre esse concílio grego, a respeito do qual nem mesmo tinha sido informado. A leitura dos decretos provoca sua indignação. De fato, o tradutor romano, "um clérigo que não conhecia nem grego, nem latim", escreve Robert Folz, tinha produzido um texto repleto de erros, e em particular no ponto central: ele fez os decretos dizerem que a *adoração* de imagens era legítima.

Carlos Magno aproveita a oportunidade para capturar os gregos em flagrante delito de heresia e, ao mesmo tempo, posar como o campeão da ortodoxia, da doutrina cristã autêntica. Ele encarrega um de seus teólogos, há muito tempo pensado como sendo Alcuíno, mas que atualmente se cogita ser Teodulfo, bispo de Orléans, para escrever uma refutação dos decretos de Niceia. Esse texto, redigido em 792, intitula-se *Libri Carolini*, ou *Livros carolíngios*, e o rei fez dele um ato jurídico soberano, ou seja, a doutrina nele exposta torna-se lei, ilustração flagrante da mistura de gêneros que caracteriza tanto o método bizantino quanto o carolíngio.

A importância dos *Libri Carolini* é considerável, pois eles contêm não apenas pontos de doutrina religiosa, mas também declarações políticas sobre o papel do rei e suas reivindicações da primazia no Ocidente. Ao ler o documento, se é atingido pela incisividade e vigor da argumentação, traços que, para muitos historiadores, traem a intervenção direta de Carlos Magno em sua redação. De toda forma, parece que as notas acrescentadas na margem do exemplar mais antigo de que se dispõe, são a expressão direta das observações do rei.

Cada palavra da titulatura é cuidadosamente considerada: Carlos Magno é o "Ilustríssimo e excelentíssimo ou honradíssimo, pela graça de Deus, rei dos francos, governando, com a ajuda de Deus, a Gália, a Germânia, a Itália, assim como as províncias adjacentes". Ele é o rei dos francos, mas "rege" um espaço que, com exceção da Espanha e de Bretanha, corresponde ao antigo Império do Ocidente. As "províncias adjacentes" são suficientemente imprecisas para nelas se compreender o que se quiser. Ele as "rege": o que isso significa? Os *Libri Carolini* resumem a história do mundo pela sucessão das quatro grandes monarquias universais: babilônica, persa, greco-macedônica e romana. Esses grandes impérios desapareceram, e agora resta apenas o Império de Cristo, que inclui todo o mundo cristão, e que é administrado por reis ou imperadores, que são apenas homens governando com a ajuda de Deus: o único verdadeiro imperador, o *verus imperator*, é Cristo. Assim, o título de *divus*, com o qual o basileu se adorna, e o culto do qual ele é o objeto, são idolatria. O título de *basileu* parece, além disso, desconcertar o autor, que o traduz às vezes como rei, às vezes como imperador.

O basileu governa apenas uma parte do mundo cristão, que não é nem mesmo a mais vasta; sua pretensão à universalidade é absurda, e ele obviamente não tem o direito de convocar um concílio universal, ecumênico. O Concílio de Niceia, que queria ser o VII ecumênico, foi apenas uma reunião de bispos sem autoridade dogmática. O ecumenismo é agora a Igreja de Roma, apoiada pelo consentimento de todas as outras Igrejas, que o representa.

Carlos Magno se põe então como um árbitro entre os dois concílios, que ele designa como equânimes, por assim dizer: o de Hieria, em 754, que tinha proibido a adoração de imagens piedosas e ordenado que fossem destruídas, e o de Niceia, em 787, que determinara que fossem adoradas, de acordo com a tradução latina equivocada disponível para o rei. Não é uma questão de destruir ou adorar imagens. A verdadeira doutrina, como o rei a define, com base nos Pais e na tradição, é que as imagens devem ser veneradas; elas têm um valor decorativo, e não religioso; elas podem ser usadas para o ensino, desde que sejam acompanhadas de um comentário, um *titulus*, que explica seu significado. E elas não são indispensáveis: "O homem pode se salvar sem ver imagens, mas não pode fazê-lo sem o conhecimento de Deus. Quão infeliz é a mente que, para se lembrar da vida de Cristo, precisa da ajuda de imagens, de pinturas, e que é incapaz de tirar seu ímpeto de sua própria potência". Em todos os casos, o texto é superior à imagem. A exaltação do poder da palavra escrita é uma constante da mentalidade de

Carlos Magno. Quase se poderia falar de uma obsessão, dada sua insistência em termos precisos e exatos, na qualidade, na uniformidade e na autenticidade das cópias e traduções. Há nele, que mal sabe escrever – talvez precisamente *porque* mal sabe escrever – uma verdadeira mística das palavras, dos textos escritos. A ironia é que ele se baseia em um texto mal traduzido para afirmar a importância das palavras exatas.

E essa obsessão com a palavra correta encontra sua aplicação justamente em outro problema abordado pelos *Libri Carolini*: a questão do *Filioque*.[1] Os *Libri Carolini* acusam o patriarca de Bizâncio, Tarásio, de usar no Credo uma fórmula errada a respeito da Trindade: o Espírito Santo procede do Pai *pelo* Filho. Erro, dizem os clérigos francos: deve ser dito que o Espírito Santo procede do Pai *e* do Filho (*qui ex Patre Filio que procedit*). Essa séria questão está então se tornando um dos pomos da discórdia entre o Oriente e o Ocidente. Esse debate ainda ocorre no início do século XXI entre católicos e ortodoxos.

Vamos resumir o caso. Em 381, o Concílio de Constantinopla, complemento ao de Niceia, tinha desenvolvido a fórmula do Credo, um resumo de todas as crenças fundamentais do cristão. A respeito do tema da Trindade, ele dizia: "Acreditamos que o Espírito Santo, Senhor e Vivificador, que procede do Pai, que com o Pai e o Filho é adorado e glorificado, e que falou pelos profetas...". Tal formulação poderia deixar uma leve dúvida quanto à igualdade entre o Pai e o Filho, pois em um primeiro tempo somente o Pai é mencionado. Essa hesitação se torna importante quando se lembra que, naquela época, a heresia ariana, muito difundida no Ocidente, negava a divindade de Cristo. Por isso, a fim de apagar qualquer ambiguidade, os teólogos visigodos, no Concílio de Toledo em 589, declararam: "Devemos reconhecer o Espírito Santo, e dizer dele que procede do Pai *e do Filho* (*Filio que*), e que ele é uma só substância com o Pai e o Filho". Além disso, exige-se que esse Credo seja recitado todos os domingos na missa. O *Filioque* então se espalha na Espanha e na Gália, enquanto no Oriente se continua a usar a antiga fórmula, que aliás não era recitada na missa, mas unicamente durante a liturgia

---

[1] A querela do *Filioque* opõe a Igreja Romana à Igreja Grega sobre a Trindade e acabará por separá-las em 1054. À questão: "De quem procede o Espírito Santo?", Constantinopla responde: "procede do Pai" ("*Ex Patre procedit*"), somente do Pai (em grego antigo, ἐκ μόνου τοῦ Πατρός/ *ek monou tou Patros*), enquanto no Ocidente se afirma: "procede do Pai e do Filho" (*ex Patre Filioque procedit*). (N. T.)

batismal. O papa não havia se pronunciado, e as duas fórmulas coexistiram pacificamente até que Carlos Magno e seus teólogos quiseram pôr um fim a esse escândalo. O *Filioque* é introduzido nos livros de piedade do palácio carolíngio, como o Saltério de Dagulfo; o rei insiste sobre seu uso em uma carta de 794 ao papa, numa outra a Elipando, arcebispo de Toledo, e aos bispos espanhóis. O papa não reage. Mas Carlos Magno está convencido da necessidade do *Filioque*, e colocará nela a mesma obstinação que dedica a todos os seus empreendimentos. Os *Libri Carolini* expressam seu pensamento sobre esse assunto.

Isso está de acordo com o outro problema da cristologia que já foi discutido, o do adocionismo: um Jesus que é o filho adotivo de Deus também é um Jesus inferior ao Pai. A luta contra o adocionismo e pelo *Filioque* caminham juntos, mesmo que sejam dois aspectos diferentes. Entretanto, Félix só se submeteu na aparência. Uma condenação solene deve ser obtida. Esta é a oportunidade para Carlos Magno fazer uma demonstração de força, para mostrar que o centro do cristianismo não está mais em Bizâncio, mas no Ocidente: por sua vez, ele decide convocar, na primavera de 794, seu próprio concílio. Irene realizou o dela em Niceia, em 787, o "concílio inepto"; o rei dos francos terá o seu em casa, na terra dos francos, em Frankfurt.

O CONCÍLIO DE FRANKFURT (794): O AMÁLGAMA POLÍTICO-RELIGIOSO

O próprio rei toma a iniciativa. É ele que decide sobre a reunião, sobre o lugar e que convoca os bispos. O pretexto é a condenação do adocionismo. É um sínodo? um concílio? um concílio ecumênico? A questão é bem formal, porque o vocabulário ainda era bastante vago na época. Os *Anais de Lorsch* falam de um "sínodo universal"; os de Moissac, de um "sínodo", os *Anais Reais*, de um "grande sínodo "; a versão revisada, de um "concílio dos bispos", e duas linhas abaixo, de um "sínodo", termo também utilizado para a assembleia de Niceia. Quanto ao capitular resultante da reunião, fala de um "concílio sinodal"! Portanto, usam-se indiscriminadamente os dois termos. Tecnicamente falando, um concílio ecumênico é uma reunião de bispos do mundo inteiro, convocada pelo papa, enquanto um sínodo é uma assembleia mais restrita de clérigos, convocados por um bispo. A reunião de Frankfurt não é nenhum dos dois. De todo modo, a Igreja não a incluiu na lista oficial dos concílios ecumênicos, enquanto o de Niceia, em 787, está registrado. Aliás, a reunião de Frankfurt é quase o mesmo que a assembleia anual da primavera "Quando realiza a assembleia geral de seu povo, o rei também convoca em sua *villa* um concílio dos bispos de todas as províncias do reino", dizem os *Anais Revisados*. Certamente há reuniões separadas reservadas para os bispos. O rei também admite Alcuíno, devido à sua competência teológica, enquanto os prelados relutam em permitir a entrada desse personagem, que é apenas um diácono.

Estão presentes os bispos da Gália, da Espanha, da Itália e da Germânia: trata-se mesmo de um caso ocidental. O papa é representado pelos bispos Estêvão e Teofilacto, o que deu à reunião um caráter conciliar. Mas é mesmo o rei que preside pessoalmente, ao menos as sessões de abertura e encerramento, e no final é saudado como *rector populi christiani*.

As decisões da assembleia – seja qual for o nome que se dê a ela – são coletadas em um capitular: nova ilustração do amálgama operado entre o secular e o sagrado, o temporal e o espiritual. Há artigos sobre o culto das imagens e o preço do trigo, ou seja, reuniram-se num mesmo texto as medidas tomadas pelo concílio e pela assembleia geral, e se dá força de lei às decisões puramente religiosas. O conjunto do "capitular de Frankfurt" é apresentado como o resultado das discussões do "concílio sinodal", reunido "pelo favor divino, pela autoridade apostólica e por ordem de nosso senhor piedosíssimo, o rei Carlos, no 26º ano de seu reinado, com todos os bispos e sacerdotes do reino dos francos e da Itália, da Aquitânia e da Provença, o próprio rei mui benevolente estando presente nesta santa assembleia".

As duas principais questões foram rapidamente tratadas: a "heresia ímpia e abominável de Elipando, bispo de Toledo, e de Félix, bispo de Urgel, e de seus discípulos, por uma opinião depravada, que afirmava a adoção do Filho de Deus"; ela é unanimemente condenada, e deve ser "erradicada". Quanto à suposta doutrina da adoração de imagens, erroneamente atribuída aos gregos, é "rejeitada e desprezada pelos Santos Pais".

Depois se passa a outros assuntos. Vários artigos são dedicados à disciplina eclesiástica, que ainda deixa muito a desejar, a começar pelo topo da hierarquia: os bispos. Eles são lembrados de seus deveres: que residam em seus locais, que façam justiça, que se mantenham a par das regras canônicas e monásticas, que ensinem, exceto aqueles que estão a serviço direto do rei: é concedida uma isenção especial ao arcebispo Angilram e ao bispo Hildebaldo, que residem permanentemente no palácio real. Recorda-se que um bispo não deve ficar mais de três semanas em suas terras, fora de sua cidade, e que é a Igreja, e não sua família, que deve herdar seus bens. Alguns casos especiais também são mencionados, como a de um certo Gaerbod, que se diz ser bispo, mas não tem nenhuma testemunha de sua ordenação. Lembra-se que é proibido ser ordenado em um "hameau".[2]

O concílio também trata do caso de Pedro, bispo de Verdun, acusado de conspirar contra a vida do rei. Talvez esta tenha sido uma continuação da conspiração de Pepino. Em todo caso, o procedimento ilustra a persistência do recurso ao julgamento de Deus na justiça. O bispo deve jurar perante Deus a sua inocência, com duas ou três pessoas que atestem sua boa-fé. Mas ele não consegue encontrar ninguém para assumir esse risco. Escolhe então um campeão, que se submeterá por ele ao julgamento de Deus, enquanto ele mesmo faz um juramento diante de Deus, mas sem relíquias e sem o Evangelho. O campeão triunfa no julgamento, cuja natureza não está especificada; o bispo é, portanto, inocente, e sua honra e funções lhe são restituídas.

O concílio também trata da disciplina nos mosteiros, nos quais a situação não parece ter melhorado desde a *Admonitio generalis*: "Ouvimos dizer que alguns abades, movidos pela ganância, exigem dinheiro daqueles que entram no mosteiro... Não autorizamos os abades, sob nenhuma circunstância, a expulsar ou mutilar um monge, seja qual for sua culpa... Os sacerdotes, diáconos, monges e clérigos não devem frequentar tabernas... Os monges não devem se envolver em assuntos seculares... O abade deve dormir com seus monges... Certas abadessas não seguem a regra...". Os edifícios religiosos são mal mantidos; algumas pessoas removem as vigas e pedras de igrejas para construir suas próprias casas: "Quando soubermos, por meio de homens de confiança, que vigas, pedras e telhas, que faziam parte das construções da igreja, forem encontradas na casa de alguém, que sejam devolvidas à igreja de onde tinham sido levadas".

---

2 Lugarejo, aldeia, povoado muito pequeno. (N. T.)

As práticas religiosas populares são condenadas: "Nenhum novo santo deve ser venerado ou invocado, e nenhum santuário lhes deve ser dedicado ao longo das estradas; devem-se venerar nas igrejas somente aqueles que mereceram ser escolhidos por suas obras e por sua vida". Recomenda-se o respeito dos domingos, a obrigação de pagar o dízimo, lembrando às pessoas as regras relativas à boa condução dos ofícios e a retificação de certas crenças, tais como aquela que afirma que "só se pode rezar a Deus em três idiomas, pois Deus pode ser adorado, e a prece de um homem, ouvida, se seu pedido for justo, em qualquer língua".

Outros artigos dizem respeito à vida econômica, que também não está separada da vida religiosa. Esses artigos são relativos às consequências da carestia de 793 e aos abusos que ela causou: usurpação de alimentos, preços excessivos, abandono dos escravos, que foram deixados para morrer de fome, recusa de aceitar novas moedas. Lembra-se que "quem quer que tenha obtido de nós um benefício [terras] deve velar, com todo o cuidado e capacidade que Deus lhe deu, para que nenhum escravo sob esse benefício morra de fome; e tudo o que exceder as necessidades dos dependentes deve ser vendido, sem restrições"; "que ninguém, clérigo ou laico, em tempos de abundância ou de escassez, venda o trigo a um preço mais alto do que o fixado pela recente tarifa..."; segue-se uma lista de preços máximos, tais como "doze pães de trigo, cada um pesando dois quilos, por um denário, quinze pães de cevada com o mesmo peso por um denário". E, "no que diz respeito aos denários, todos devem saber que, pelo nosso decreto, em cada cidade e em cada mercado, os novos denários devem ser reconhecidos e aceitos por todos. Se eles portam nosso monograma e nosso nome, e são de prata pura e de peso normal, e se alguém os recusar em uma transação, uma venda ou uma compra, pagará quinze *sous* como punição, em benefício do rei, se for um homem livre; e se for de condição servil, perderá a mercadoria ou será fortemente chicoteado em público".

O capitular de Frankfurt é, portanto, uma vasta coleção de decisões destinadas a corrigir erros e a pôr ordem nos assuntos religiosos, econômicos e administrativos. A mistura de gêneros testemunha a vontade unificadora de Carlos Magno, que considera que nenhuma área da vida pública e privada escapa à sua autoridade. O fato de o mesmo documento tratar da Trindade, do roubo de materiais de construção, do julgamento de Deus e do preço do pão é indicativo da mentalidade sincretista que caracterizará toda a Idade Média. O rei regula tanto o dogma quanto a circulação de dinheiro, no que se deve acreditar e no que se deve fazer. Os capitulares de Carlos Magno, pela sua heterogeneidade e repetição, são a afirmação, pela primeira vez na história do reino franco, de uma maneira desajeitada, mas sistemática, do caráter universal da autoridade real. A meticulosidade dos regulamentos, que descem aos detalhes da vida cotidiana e que devem ser divulgados pelos *missi* mesmo na mais pequena aldeia, deve persuadir a todos da presença do olho do senhor.

As decisões puramente religiosas do "concílio" de Frankfurt colocam o papa numa posição desconfortável a respeito da questão iconoclasta. Por intermédio de seus enviados, ele aprova as decisões de Frankfurt, mas estas condenam as decisões de Niceia, que ele também havia aprovado. Ele se vê posto entre duas (santas) sés, com Bizâncio se recusando a aceitar as conclusões de Frankfurt, e Aachen rejeitando as de Niceia, e tudo baseado num mal-entendido causado por um erro de tradução. Esse mal-entendido é cultivado por ambos os lados com certa dose de má-fé, é verdade. Adriano, como no caso do *Filioque*, adota a atitude mais sábia: não fazer nada e não dizer nada, de modo a não agravar a situação.

Carlos Magno aproveita também essa extraordinária assembleia-concílio para resolver o caso de Tássilo da forma mais solene, irreversível, pública e marcante. O ex-duque da Baviera sai do mosteiro e apresenta-se perante a assembleia, na qual deve solenemente pedir perdão e renunciar a qualquer pretensão à Baviera para si e para seus descendentes. Esse procedimento é descrito em pormenores no próprio capitular, com forte ênfase, mostrando a importância atribuída pelo rei a esse gesto:

> Sobre Tássilo, que anteriormente foi duque da Baviera e que era primo do rei Carlos: Em pé, no meio do Santíssimo concílio, ele implora perdão pelas ofensas que tinha cometido, tanto pelas que tinha feito no tempo do senhor rei Pepino, contra ele e contra o reino dos francos, quanto pelas perpetradas mais tarde, sob o nosso piedosíssimo senhor rei Carlos, pelas quais se tinha mostrado um traidor à sua fé. Repudiando com um coração manifestamente sincero toda a raiva e amargura da sua parte, e tudo o que tinha sido cometido contra o rei com o seu consentimento, foi visto pedir, por meio de uma humilde súplica, que fosse

considerado digno de receber o perdão do rei. Além disso, desistiu e renunciou e, a fim de evitar qualquer disputa futura, devolveu irrevogavelmente todos os direitos e propriedades alodiais no ducado da Baviera que lhe deveriam ter sido atribuídos, ou aos seus filhos ou filhas, e, juntamente com seus filhos e filhas, recomendou-se à misericórdia do rei. Nesse momento, nosso senhor, movido pela compaixão, perdoou de todo o coração ao dito Tássilo as ofensas que ele tinha cometido e concedeu-lhe perdão total, e, na sua caridade, recebeu-o na sua afetuosa amizade, para que no futuro ele pudesse ficar livre de todo o medo. Então, ordenou que fossem feitas três cópias escritas desse artigo, *com palavras idênticas,* ordenou que uma fosse guardada no palácio, que a outra fosse dada a Tássilo, para que a guardasse no mosteiro, e que a terceira fosse depositada na capela do palácio sagrado.

Esse artigo ocupa três vezes mais espaço no capitular que o relativo à questão iconoclasta, de tal modo que cabe perguntar se este não terá sido o verdadeiro motivo da convocação da assembleia. Por que Carlos Magno sente necessidade de tirar Tássilo do mosteiro após quatro anos para fazê-lo passar por esse processo humilhante, diante de dezenas de bispos e representantes do papa? Há apenas uma explicação visível: a Baviera ainda não está subjugada. Claro que os registros oficiais nada dizem sobre isso, mas, se o rei permaneceu em Regensburg durante dois anos, provavelmente não foi apenas por causa do problema ávaro. Ainda há resistências no antigo ducado, onde a tutela franca é mal aceita. O complô de Pepino, o Corcunda, só podia reacender a oposição.

Tássilo, das profundezas do seu mosteiro na Nêustria, continua a ser um perigo potencial. Como ele é um parente do rei, hesitam em arrancar-lhe os olhos ou cortar-lhe a cabeça. Uma boa sessão de autoacusação, com um pedido de perdão e renúncia oficial à Baviera, diante de um concílio de bispos vindos de todo o reino, é a forma mais eficaz de eliminá-lo politicamente. O procedimento é clássico, e muitos outros usaram-no depois de Carlos Magno. Este último também quer mostrar a todos que a renúncia de Tássilo é voluntária, e que tomara consciência de sua culpa; além disso, o rei assume uma imagem positiva ao perdoá-lo. A tripla cópia da ata mostra a que ponto o soberano procura multiplicar as garantias, e a importância que atribui à palavra escrita e à precisão, palavra por palavra, do texto.

A assembleia de Frankfurt constitui um triunfo pessoal para Carlos Magno, apagando as dificuldades dos dois anos anteriores. Mostrou que conseguiu convocar um concílio de bispos de todo o reino, com a aprovação do papa, teve as suas próprias opiniões religiosas sobre o adocionismo e o iconoclasmo aceitas, teve um conjunto de regulamentos sobre disciplina eclesiástica e vida económica proclamados, e eliminou definitivamente Tássilo. Na sequência do concílio, Alcuíno, que era um dos participantes, tirou a conclusão numa carta dirigida ao rei: que Carlos Magno é o novo Davi, escolhido por Deus, o líder, o guia, que conduz o povo cristão contra a heresia:

> Abençoado é o povo exaltado por um líder e sustentado por um pregador da fé, cuja mão direita empunha o gládio do triunfo e cuja boca faz ressoar a trombeta da verdade católica. Foi assim que antigamente Davi, escolhido por Deus como rei do povo, que era então o seu povo escolhido submeteu a Israel as nações dos arredores com seu gládio vitorioso e pregou a lei divina entre os seus. Sob o mesmo nome, animado pela mesma virtude e na mesma fé, este é agora o nosso líder e guia, um líder sob cuja sombra o povo cristão descansa em paz e que de todos os lados inspira o terror nas nações pagãs, um guia cuja devoção não cessa pela sua firmeza evangélica para fortificar a fé católica contra os sectaristas da heresia.

Um povo, um guia; tudo o que resta é criar um império...

MORTE DE FASTRADA E RESSURGIMENTO DOS PROBLEMAS SAXÃO E ÁVARO (794 E 795)

Durante o Concílio de Frankfurt, ou seja, no início do verão de 794, morre a rainha Fastrada. As fontes não dão a causa da morte. Essa jovem de cerca de 24 anos só tinha dado ao rei duas crianças vivas, duas filhas: Teodrada, futura abadessa de Argenteuil, em 785, e Hiltruda, em 787. Durante sete anos, não foram registrados nascimentos, o que permite presumir um aborto. Tínhamos visto o rei se inquietar com sua saúde em 791. As lacónicas observações dos *Anais* indicam que Carlos Magno sente uma ternura real por essa esposa, que ele reencontra com alegria depois de cada campanha, mas que não havia conseguido atrair a simpatia da corte. O rei lhe dedica todas as homenagens fúnebres, manda enterrá-la na igreja Santo Albano de Mainz e se casa novamente, pela terceira, quarta ou quinta vez, dependendo de considerar Himiltrudes e Desiderata como esposas ou concubinas. Dessa vez, a escolhida é Lutgarda, uma alemânica da qual nada se sabe, exceto que não teve filhos, a menos que estes tenham morrido com pouca idade, e que ela mesma faleceu quatro anos depois, em 4 de junho de 800, provavelmente muito jovem. Carlos Magno escolhe suas esposas dentro do reino, e não pratica a diplomacia matrimonial. O projeto de casamento entre sua filha Rotruda e o basileu Constantino foi a única tentativa séria de forjar laços familiares para fins políticos – e ela falhou. De toda forma, para além dos imperadores de Constantinopla, que outra família reinante poderia apresentar um interesse suficiente para uma aliança matrimonial? O rei controla quase toda a Europa ocidental, e está fora de questão casar seus filhos com pagãos, sejam eles sarracenos, ávaros ou eslavos. Apenas Offa de Mércia pode oferecer filhos e filhas aceitáveis, mas Carlos Magno não parece interessado.

Dado que o concílio terminou no início do verão, há tempo suficiente antes do inverno para uma campanha militar. Há três anos o rei não lidera o exército. Um pouco de ação será bem-vinda, em terreno familiar: a Saxônia. Já faz dois anos, de fato, que uma parte dos saxões rejeita o cristianismo e está efetivamente em situação de rebelião contra o rei dos francos. O terrível capitular de 785 mostrou seus limites: as medidas de terror e pressão fiscal parecem ter perdido seu efeito dissuasivo; talvez não se tenham os meios para aplicá-las estritamente. Isso faz com que Carlos Magno considere necessário submeter mais uma vez esse país recalcitrante.

A estratégia habitual é aplicada: dois exércitos, um partindo de Frankfurt, pelo norte, liderado pelo rei, e o outro saindo de Colônia, pelo leste, liderado por Carlos, o Jovem, convergindo na região de Sindfeld, perto de Eresburg, onde existe uma concentração de saxões. Estes, depois de simular querer lutar, não insistem, ao perceber que haviam sido apanhados entre os dois braços da pinça. Depuseram as armas e seguiram o ritual habitual de entrega de reféns e juramento de lealdade... até a próxima oportunidade. "Não houve sequer uma batalha", constata, despeitado, o redator dos *Anais Reais*. Todos voltam para suas casas. Essa campanha é marcada pelo primeiro comando confiado por Carlos Magno ao seu filho mais velho, Carlos, que até então havia estado na sombra do seu pai.

O rei instala-se em Aachen para o inverno. As obras no palácio estão bem encaminhadas. Ele celebra o Natal de 794 e ainda lá se encontra na Páscoa de 795. A submissão demasiadamente fácil dos saxões não o convenceu. Ele não se deixa enganar e não confia na palavra deles. Por isso, "consciente da sua perfídia", dizem os *Anais Revisados*, "realizou a habitual assembleia geral na *villa* de Kostheim, do outro lado do Reno, em frente a Mainz, e de lá entrou na Saxônia". Nesse final da primavera de 795, o velho método de devastação no território saxão foi retomado. Dessa vez, porém, o rei apela aos seus fiéis aliados eslavos, os abodritas, e pede ao seu rei, Witzan, para atravessar o Elba e entrar na Saxônia pelo nordeste. Continua a usar a estratégia da pinça, dessa vez na versão bigorna e martelo, uma vez que francos e eslavos chegam de duas direções diametralmente opostas.

O avanço de Carlos Magno correu de acordo com o plano: "devastando tudo", atravessou toda a Saxônia, até a região de Bardowick, perto do Elba. Mas fica sabendo que seu aliado abodrita foi cortado em pedaços pelos saxões ao atravessar o rio. O próprio Witzan foi morto. "Essa ação teve o efeito de um aguilhão na determinação do rei, atiçando seu desejo de esmagar os saxões ainda mais rapidamente, e alimentando seu ódio por um povo tão pérfido", dizem os *Anais Revisados*. Furioso, Carlos Magno dá início a uma explosão de devastações, incêndios e massacres, apoderando-se de uma "multidão de reféns como nunca se vira antes de seu tempo, naquele de seu pai e de todos os reis dos francos", de acordo com os *Anais de Lorsch*. "Um terço de todos os homens", dizem os *Anais de Saint-Maximin*, e os *Anais alemânicos* dão mesmo um número: "Ele devastou o país, subjugou-o e tomou 7.070 reféns". Sabendo, após o massacre de Verden, do que o rei irado é capaz, eles podem tremer. Aterrorizados, os saxões se apressam a render-se, pelo menos aqueles que estavam ao seu alcance, pois aqueles que haviam participado do ataque a Witzan tinham fugido, e não se atreveram a apresentar-se, pois "não acreditavam que pudessem ser perdoados". É muito provável que tivessem razão.

Carlos Magno regressa a Aachen. É nesse momento que os ávaros se fazem lembrar. Desde a campanha de 791, eles estavam ocupados fazendo guerra uns contra os outros, e um *khagan* tinha mesmo sido assassinado. No verão, um chefe local, o *tudun*, que comanda a região ocidental da Panônia, envia embaixadores a Carlos Magno, oferecendo-se para se submeterem e até para se converterem ao cristianismo. As fontes aqui são bastante confusas, mas parece que, no outono de 795, um exército franco-lombardo, que saiu do norte da Itália, atacou a Panônia, provavelmente tirando proveito das dissensões internas dos ávaros. Um dos *rings* foi tomado, e um saque considerável foi enviado ao rei franco-lombardo, que procedeu a uma distribuição geral. Pelo menos, isso é o que dizem os *Anais de Lorsch*: "Naquele ano chegou da terra dos ávaros uma grande abundância de tesouros; dando graças ao rei todo-poderoso por tudo isso, o senhor rei distribuiu os tesouros para as igrejas e para os bispos, abades e condes, e também recompensou todos os seus fiéis de uma forma maravilhosa". Isto sugere que as riquezas devem ter sido impressionantes. De acordo com essa fonte, o *tudun* dos ávaros do oeste vem pessoalmente a Aachen, onde é batizado.

UM PAPA SOB INFLUÊNCIA: LEÃO III

Dessa forma, o ano de 795 termina com uma nota positiva na corte de Aachen. Pouco depois do Natal, chega de Roma a notícia da morte do papa. Adriano I morreu em 25 de dezembro, após um longo pontificado de 23 anos. Para Carlos Magno, ele foi um parceiro fiel, que contribuiu para a transição de Roma da esfera bizantina para a esfera carolíngia. É verdade que foi um parceiro interessado e ganancioso que, de passagem, se serviu amplamente dos antigos territórios bizantinos, reunindo, por força de recriminações e documentos forjados, uma grande faixa de terra, que se estendia desde a Emília até o Lácio, e que constitui os Estados da Igreja. O rei dos francos conseguiu moderar suas exigências, mas não podia se dar ao luxo de romper com Roma; a aliança com o papa é um pilar essencial na construção do reino carolíngio, indispensável para manter o controle franco sobre a Itália, frente a Bizâncio e ao Benevento.

Ao saber da sua morte, o rei manda fazer preces por todo o reino e envia esmolas a Roma, além de um epitáfio escrito em letras de ouro sobre uma placa de mármore, ambos carregados de deferência e aliança. O texto do epitáfio, geralmente atribuído a Alcuíno, é um poema de cerca de quarenta versos, inserido numa decoração de uvas e folhas de videira, no qual o rei expressa a verdadeira amizade que o ligava a Adriano. Ainda hoje ele pode ser visto no vestíbulo de São Pedro no Vaticano:

> Chorando pelo meu pai, eu, Carlos, escrevi este poema.
> Vós, doce amor para comigo, choro-vos assim, pai...
> Nossos nomes ilustres, eu os junto aos nossos títulos.
> Adriano, Carlos, eu rei, e vós, pai.

A escolha do sucessor de Adriano é, portanto, crucial para Carlos Magno, que não precisou esperar muito: o novo papa é eleito logo no dia seguinte, a 26 de dezembro, com uma bela unanimidade, o que contrasta com os confrontos que tinham presidido à escolha de seus antecessores. O *Liber pontificalis* afirma que Leão III foi eleito "por todos os padres (*sacerdotes*) e notáveis (*proceres*) e todo o clero, assim como os grandes (*optimates*) e todo o povo romano", agindo "como uma só voz e uma só vontade".

Na verdade, essa unanimidade é apenas aparente, e a própria celeridade das eleições a torna suspeita. A personalidade de Leão é bastante confusa. De nascimento relativamente obscuro, fez carreira nos serviços do guarda-roupa papal, do qual se tornou o chefe. Subdiácono, depois padre, esteve envolvido em obras de caridade, mas, durante toda sua carreira, foi seguido por insistentes rumores de conduta imoral, particularmente no campo sexual. As fontes permanecem evasivas sobre o assunto, no entanto, o papa será levado a se desculpar publicamente. Dado que ele não tem nem as origens aristocráticas, nem as qualidades intelectuais dos seus antecessores, essa eleição relâmpago tem um ar de golpe de força, destinado a apanhar as facções rivais desprevenidas, apresentando-a como como um fato consumado.

Em Roma, o novo papa, eleito "por unanimidade", é imediatamente contestado. O povo fica dividido e discute sobre a sua moralidade. A aristocracia está insatisfeita com o papel excessivo atribuído aos clérigos na administração papal. Os sobrinhos de Adriano I formam uma facção perigosa, liderada por um deles, Pascoal, primicério dos notários. Este último, durante vinte anos, havia desempenhado um papel muito importante junto ao pontífice anterior, e agora ficou sem a influência deste, mas manteve sua posição, o que lhe confere um perigoso poder. A seu lado está o chefe da função pública e tesoureiro, Campulo, uma personalidade turbulenta, com muitos amigos na Cúria.

Assim, impelido como papa de um dia para o outro, sem apoio, enfrentando acusações de moralidade duvidosa, pouco respeitado pelo povo e confrontado com a oposição aristocrática, Leão III, desde o início, se vê numa posição muito fraca. Por conseguinte, ele precisa obrigatoriamente de um protetor poderoso, capaz de se impor aos seus adversários. No contexto da época, esse protetor só pode ser Carlos Magno. Por isso, o novo papa não perde um instante para pedir sua ajuda. Desde o dia seguinte à sua eleição, precisamente no dia da sua consagração, 27 de dezembro, ele envia vários sinais ao rei dos francos, que ao mesmo tempo são pedidos de ajuda.

Seu representante foi primeiramente encarregado de apresentar a Carlos Magno a ata de sua eleição, o *Decretum pontificis*, o que é um gesto carregado de significados: até então, os papas eleitos informaram em primeiro lugar o basileu sobre sua eleição. É, portanto, a consagração do novo equilíbrio de poder e uma mudança de lealdade. Com a ata, há uma carta, pedindo ao rei dos francos que mande um de seus nobres a Roma para receber o juramento de fidelidade e submissão dos romanos. Fidelidade a quem? Ao papa ou ao rei? Ou a ambos? As fontes não especificam, mas o procedimento é surpreendente.

O enviado do papa também é portador das chaves da Confissão de São Pedro, um objeto altamente simbólico. Trata-se das chaves que tinham sido colocadas no túmulo do apóstolo na igreja de São Pedro de Roma, juntamente com alguns miligramas de limalhas de ferro provindas das correntes de São Pedro. De fato, deve ser uma duplicata das chaves, uma vez que Carlos Martel já tinha recebido o mesmo presente: a sua renovação, além de ser uma marca de honra, significa que o rei é considerado o protetor do túmulo. Essa significação foi confirmada por outro presente simbólico: o estandarte da cidade de Roma, que representa a tutela que o papa confere ao rei dos francos sobre a sua cidade.

Esses gestos são uma espécie de apelo, na verdade pouco discretos, a Carlos Magno. Nos meses seguintes, o papa ilustrará, de modo mais evidente, sua concepção da relação entre o rei e ele próprio, num grande mosaico que decorará a sala de recepção de Latrão. Uma reprodução desse mosaico do século XVIII ainda existe na Piazza San Giovanni. No centro dele vê-se Cristo enviando os apóstolos para evangelizar o mundo. À esquerda, um segundo grupo mostra Cristo entregando as chaves do poder espiritual ao papa Silvestre e o estandarte do poder temporal a Constantino. À direita, em um terceiro grupo, São Pedro dá a Leão III o *pallium*, representando a jurisdição sobre a Igreja, e a Carlos Magno um estandarte; abaixo deste vê-se uma inscrição: "Bem-aventurado Pedro, dê vida ao papa Leão e vitória ao rei Carlos". Sobre um arco do triunfo estão inscritos os primeiros versos do Cântico dos Anjos, significando que a compreensão dos dois poderes trará a paz. O paralelo entre Silvestre-Constantino e Leão-Carlos é claro: a separação e concordância dos dois poderes é desejada por Deus, e é Carlos Magno, não o imperador bizantino, que é o verdadeiro sucessor de Constantino, embora com uma nuance hierárquica: Constantino lida diretamente com Cristo, enquanto Carlos Magno tem que se contentar com São Pedro. Deve-se também notar que São Pedro é Roma, o poder pontifício: é ele que dá o estandarte, o que, no entanto, coloca o rei numa posição subordinada, e isso não corresponde aos fatos. Leão III adicionará outra marca de sua estreita associação com Carlos Magno: a partir de 798, ele data suas atas tanto de acordo com os anos de seu pontificado, quanto de acordo com os da tomada de posse do reino da Itália pelo rei franco.

Voltemos ao final de 795. Em janeiro de 796, Carlos Magno recebe as chaves, o estandarte, a ata e a carta em Aachen. Por meio dos comentários orais dos enviados do papa, ele percebe a fraqueza da posição do pontífice, o que é para ele tanto positivo quanto negativo. Positivo porque ele será capaz de impor sua vontade ao soberano pontífice; negativo, porque ele precisa de um papa forte e respeitado, um papa que seja um instrumento, certamente, mas um instrumento sólido, caso contrário, toda a influência franca sobre a Itália estará ameaçada.

Responde então ao anseio de Leão III, enviando-lhe um dos seus colaboradores mais próximos, seu amigo íntimo, Angilberto, abade de Saint--Riquier e amante da sua filha Berta. O enviado deve receber o juramento de fidelidade, mas também dar conselhos salutares ao papa. As instruções dadas por Carlos Magno a Angilberto foram preservadas, e são bem claras: fazer o papa compreender que deve se comportar corretamente, dar-lhe lições:

Carlos, pela graça de Deus rei e defensor da santa Igreja de Deus, a Homero [alcunha dada a Angilberto nas reuniões da Academia Palatina], saudações. Se a misericórdia divina proteger sua viagem e o levar em segurança ao senhor apostólico nosso pai, você deve admoestá-lo zelosamente no que diz respeito à integridade de sua vida, e especialmente no que diz respeito à observância dos cânones sagrados e ao piedoso governo da santa Igreja de Deus... Deve apontar-lhe insistentemente o pequeno número de anos durante os quais ele deterá a honra à qual acedeu, e o grande número daqueles de que se desfruta da recompensa atribuída às boas obras; deve exortá-lo diligentemente a destruir a heresia da simonia, que em muitos lugares desfigura o corpo santo da Igreja.

O rei dando lições de moral ao papa é um tanto quanto um mundo invertido. E Carlos Magno vai mais longe: ele manda escrever suas recomendações, provavelmente por Alcuíno, numa carta que Angilberto deve dar a Leão III. Nela, o rei expressa sua grande tristeza pela morte de Adriano: "De repente, infelizmente – não posso falar sem dor e nem pensar nisso sem lágrimas de tristeza –, fiquei devastado com a notícia da sua morte". Ele também felicita Leão: "Regozijamo-nos muito com o caráter unânime de vossa eleição e de vossa humilde aceitação". Pede-lhe que leve uma vida exemplar: "Que possa vossa autoridade esclarecida permanecer fiel às regras dos cânones e seguir sempre os ensinamentos dos santos Pais, a fim de que vossa vida seja rica de exemplos de perfeita santidade manifestada a todos". Ele propõe, sobretudo, fazer um "pacto inviolável" (*inviolabile foedus*) que define assim: "Cabe-me, com a ajuda da divina piedade, defender a santa Igreja de Cristo pelas armas no exterior, contra as incursões dos pagãos e os ataques dos infiéis, e no interior, pela difusão da fé católica. A vós, santíssimo Pai, cabe-vos erguer as mãos para Deus e com Moisés, pedindo, por vossas preces, o sucesso de nossas armas". Você reza, eu combato: juntos, seremos invencíveis. União do Trono e do Altar ou, mais prosaicamente, do sabre e do aspersório. Essa parceria, sugerida pelo rei, não é exatamente aquilo com que o papa sonha, que se vê mais no papel de São Pedro que naquele de Moisés, especialmente um Moisés que deve se contentar em levantar os braços. O que Carlos Magno propõe é relegar o papa ao papel de distribuidor de bênçãos, de chefe de preces para a salvação de suas armas. É isto que Angilberto e a mensagem estão encarregados de diplomaticamente fazer o papa compreender. Este último não está satisfeito, mas não tem escolha. Bem depressa, em Roma, os acontecimentos o farão compreender a que ponto precisa da proteção carolíngia.

O OURO DO *RING* (796)

Apesar disso, Angilberto não chega a Roma de mãos vazias. Ele leva para Leão presentes suntuosos, que ajudarão a suavizar o amargor da mensagem real, e são como primícias do frutuoso acordo entre Roma e Aachen: parte do tesouro ávaro, conquistado durante a campanha anterior pelo duque de Friuli. E isto foi apenas o começo. Aproveitando as disputas entre os ávaros, é lançado um novo ataque contra eles no ano de 796. Mais uma vez, as fontes são muito confusas sobre esse evento, e é quase impossível distinguir os acontecimentos de 795 daqueles de 796. Os *Anais Reais* colocam claramente depois da morte de Adriano e da eleição de Leão, ou seja, em 796, o seguinte episódio: "Érico, duque do Friuli, tendo enviado seus homens para a Panônia com Wonomir, o eslavo, fez que pilhassem o *ring* do povo ávaro, que durante muito tempo permanecera intacto. Os príncipes deles estavam envolvidos numa guerra civil, e o *khagan* e o *jugur*, que haviam se infligido uma derrota mútua, tinham sido mortos pelos homens um do outro. Ele enviou os tesouros acumulados pelos antigos reis ao senhor rei Carlos, no palácio de Aachen". Depois, os *Anais* continuam, Carlos Magno deu uma parte ao papa por intermédio de Angilberto: isto implica que o espólio tinha sido trazido *antes* da eleição de Leão, portanto, em 795. Assim, a mesma fonte contradiz a si própria.

Os *Anais Revisados* têm outra versão para 796: Carlos Magno

> ordenou ao seu filho Pepino, com forças italianas e bávaras, que avançasse sobre a Panônia... Pepino pôs os hunos em fuga no rio Tisza, destruiu completamente sua residência real, a que se chama de *ring*, como já foi dito, e que os lombardos chamam de planície, apreendeu quase toda a riqueza dos hunos, e veio ter com seu pai, que desfrutava da temporada de inverno em Aachen, apresentando-lhe os despojos do reino, que tinha trazido consigo. O *tudun* acima mencionado manteve sua palavra e também veio ao rei; foi batizado, com todos aqueles que o tinham acompanhado, foram-lhes dados presentes e regressaram às suas terras depois de prestar o juramento de fidelidade.

Os *Anais de Lorsch* retomam essa versão, enquanto os do Mosela permanecem silenciosos, tal como os de Petau. Os *Annales Alémaniques*, e os de Wolfenbüttel, também colocam a expedição de Pepino em 796. Os de Saint--Maximin distinguem a expedição de Érico daquela de Pepino, mas situam ambas em 796. Finalmente, a crônica de Moissac contenta-se em dizer que nesse ano o rei construiu o palácio de Latrão e que ali colocou os seus tesouros. Tesouros do *ring*?

Como se vê, a cronologia é bastante confusa. E não vamos pedir pormenores a Eginhardo, que vê isso de forma global: Carlos Magno deixou seu filho Pepino liderar uma guerra contra os ávaros, e a captura do *ring* trouxe um espólio colossal. O resultado mais provável, depois de ler as várias fontes, é que houve uma campanha em 795, na qual o duque friulano Érico desempenhou o papel principal, e que foi marcada pela captura de um dos *rings*, e outra campanha em 796, na qual Pepino penetrou no Tisza, e levou o que era provavelmente o *ring* principal, no qual encontrou imensas riquezas, as quais levou para Aachen.

O famoso *ring* dos ávaros tem inspirado gerações de cronistas e historiadores a desenvolver teorias fantasiosas a seu respeito. A começar por Notker de Sankt Gallen, que poderia ter sido um pouco mais sério, pois conhecera um veterano da guerra dos ávaros, Adalberto, que lhe contara o que tinha visto. "Explicar-vos-ei a disposição desses esconderijos, exatamente como ele me descreveu", escreve o monge, que se lança num longo e fantástico relato, totalmente inverossímil: o *ring* seria rodeado por nove muralhas de pedra e adobe, plantados com árvores, a maior das quais "compreendia tanto território quanto há de terra entre Tours e Constance". Não é necessário ir mais longe: estamos no reino da fantasia, mesmo que Notker provavelmente não tenha a menor ideia da distância entre Tours e Constance. Louis Halphen mostrou que essa descrição parece inspirar-se naquela dos nove círculos do Styx, na *Eneida* (VI, 438-9).

Quanto aos tesouros contidos nesses campos, os historiadores, após um longo período de ceticismo, acreditam agora que devem ter sido de fato consideráveis. Afinal, é o fruto de duzentos anos de rapina em grande escala, pilhagem guardada e nunca mais posta em circulação: os ávaros acumulam, como é bem sabido, e não participam na economia de mercado; o que precisam, pegam, não pagam. A própria troca é muito limitada entre esses seminômades criadores de cavalos. Assim, ouro, prata, joias e peças de prataria religiosa foram acumulados em quantidades consideráveis. Os imperadores bizantinos, por exemplo, há muito pagavam um tributo anual que podia chegar a 200 mil moedas de ouro, e ainda hoje se encontram riquezas nas tumbas ávaras escavadas por arqueólogos. O ouro do *ring* fascinou os contemporâneos; quinze carroças puxadas por quatro bois foram necessárias para transportá-lo a Aachen, e Carlos Magno encontrou nisso uma forma inesperada de recompensar seus fiéis. A prodigalidade contribuiu para seu prestígio e para sua reputação de generosidade e poderio. Na primavera de 796, ele presenteia Offa com uma espada, um arnês[3] e um tecido de seda do tesouro do *ring*, com uma carta: "Enviamos a cada sede metropolitana uma parte do tesouro terrestre que a bondade do Senhor Jesus, embora não sejamos dignos dela, nos concedeu. E também desejamos enviar à vossa amada pessoa, com alegria e gratidão a Deus Todo-Poderoso, um arnês huno, uma espada e dois comprimentos de seda, para que a clemência divina seja proclamada por toda parte entre o povo cristão, e o nome de Nosso Senhor Jesus Cristo seja glorificado para sempre".

O papa Leão é um dos primeiros a se beneficiar com a distribuição. Eginhardo escreve: "A nobreza dos hunos pereceu por completo, e toda a sua glória desmoronou. Todo o dinheiro e tesouros que eles tinham acumulado durante um longo período foram levados. Nenhuma guerra travada contra os francos lhes trouxe, ao que se lembre, mais espólio e maior aumento de riqueza. Eles, que até então podiam passar por pobres, encontraram no palácio do seu rei tanto ouro e prata, tantos despojos preciosos levados nas batalhas, que se pode dizer que os francos retomaram dos hunos o que os hunos antes haviam tirado injustamente de outros povos".

Nesse ano de 796, o poder dos ávaros foi derrubado. Não foi aniquilado, como várias revoltas demonstrariam, mas a maioria dos chefes e dos seus homens haviam se submetido. Serão eles agora convertidos ao cristianismo? Muitos no séquito de Carlos Magno pensam e desejam que assim seja. Um início de evangelização se põe em marcha, mas o rei parece não

---

3 Na Idade Média, no equipamento do cavaleiro, o arnês (*baudrier*, em francês) é a correia de couro que recebe a espada. Ela é usada de viés sobre o ombro direito e a espada fica suspensa sobre o flanco esquerdo, para os que são destros. (N. T.)

estar interessado. Ao contrário dos saxões, os ávaros são exteriores ao reino. O objetivo é subjugá-los pela força, para que deixem de ser um perigo às portas da Baviera. Essa finalidade é alcançada. A conversão não parece estar nos planos do rei. Apesar de ter apoiado muito os esforços missionários na Baviera, na Saxônia e na Frísia, deixou aos religiosos a tarefa de lidar com os ávaros. A experiência saxônica havia mostrado a insinceridade das conversões forçadas, e ele não acreditava na possibilidade de transformar os ávaros em bons cristãos.

O empreendimento foi de fato delicado, concordou Paulino de Aquileia, pois se lida com "um povo bárbaro, inacessível à razão, ignorante, inculto, de mente limitada, lento para iniciar-se nos santos mistérios". É, portanto, necessário proceder com cautela: "A tal povo, que não está familiarizado com a linguagem dos Livros Sagrados, não é apropriado", ele continua, "conferir o sacramento do batismo tão rapidamente como o é de hábito; eles devem primeiro ser imbuídos de fé, permitindo certos atrasos, pois o Senhor disse aos seus discípulos: 'Ide e ensinai todos os povos, batizando-os em nome do Pai, do Filho e do Espírito Santo, ensinando-os a observar tudo o que vos tenho ordenado...'. Ele não lhes disse: 'Ide e batizai todos os povos –, mas primeiro, ensinai', e só depois, 'batizai'".

No entanto, não faltam apelos para a evangelização dos ávaros. No verão de 796, enquanto a campanha ainda decorria, Pepino teria reunido no seu acampamento um conselho, composto pelos bispos que o tinham acompanhado na campanha, para discutir a estratégia a adotar, a fim de converter esse povo. Paulino de Aquileia, consultado, teria enviado a resposta cautelosa que acabamos de citar. Por outro lado, Alcuíno tem grandes esperanças. Escrevendo a Paulino no início do ano, regozijou-se com o "notável triunfo sobre o povo dos ávaros", e com o fato de alguns deles já terem pedido o batismo. No decorrer do verão, escreve a Carlos Magno para felicitá-lo pela vitória e para lhe pedir que envie missionários à Panônia. O estilo é pomposo, como sempre: Cristo "recompensou o seu propósito mais justo com maior glória e maior renome. Pela Sua honra, Ele subjugou os povos e as comunidades dos hunos, temíveis pelo seu poder e sua ferocidade tradicionais, ao vosso cetro guerreiro; com uma graça atenciosa, Ele vergou os pescoços que durante muito tempo foram resistentes ao jugo da fé sagrada, e Ele derramou a luz da verdade nas mentes cegas desde o início dos tempos". Numa palavra: derrotou os ávaros. Mas agora deve enviar "pregadores piedosos a esse povo imaturo, homens de vida virtuosa, instruídos no conhecimento da fé sagrada, imbuídos dos preceitos dos Evangelhos"...

No entanto, Alcuíno continua, é absolutamente necessário evitar cometer o mesmo erro que com os saxões: não seria sensato "impor o jugo do dízimo a um povo ignorante, novato na fé". Cristo, quando enviou os apóstolos para converter os povos, não lhes pediu para recolherem o dízimo. "Certamente o dízimo dos nossos ganhos é uma coisa muito boa (Alcuíno obtém dele um rendimento substancial!), mas é melhor perder o dízimo do que destruir a fé. Nós próprios, que nascemos, fomos criados e educados na fé católica, temos dificuldade em dar o dízimo dos nossos bens; quão mais relutantes serão aqueles cuja fé é tênue, cuja vontade é fraca, e cujas mentes são gananciosas!" Primeiro reforcemos sua fé, e em seguida recolhamos o dízimo.

Essa é a mesma mensagem que Alcuíno envia ao seu amigo Arn, cuja sede episcopal de Salzburgo acaba de ser erigida em uma metrópole, o que significa que se destina a evangelizar as regiões orientais. A carta é datada com bastante precisão: após Pentecostes, ou seja, após 25 de maio de 796. Do que se depreende, parece que Arn é acompanhado por um exército que avança para a Panônia: "A força do exército que está com você é destinada a garantir sua segurança e sua defesa. Santo padre, fiel amigo, irmão bem-amado, querido filho, que possa viajar com sucesso a serviço de Deus, ajudado pela graça divina, e regressar a nós alegremente". Ele dá-lhe este conselho urgente: "Sê um pregador de caridade, não um arrecadador de dízimos; pois a alma imatura deve ser alimentada com o leite da compaixão, até que cresça, ganhe força e seja suficientemente forte para aceitar pagar o devido. Diz-se que o dízimo destruiu a fé dos saxões. Por que impor aos novos convertidos um jugo que nem nós, nem nossos irmãos, fomos capazes de suportar?". É necessário proceder por mansidão e persuasão, e aumentar as exigências somente pouco a pouco.

Contudo, a conversão dos ávaros fez poucos progressos, apesar da colaboração do novo *khagan*, Teodoro, ele próprio um cristão. Várias revoltas no início do século IX levarão à fragmentação desse povo, cujo próprio nome desaparecerá das fontes pouco tempo depois. Carlos Magno, em todo caso, não parece ter apoiado os esforços de evangelização nesse setor. Para ele, bastou ter esmagado o poder de agressão desse povo.

PAI E FILHO

Durante o verão de 796, enquanto seu filho Pepino lida com os ávaros, Carlos Magno leva seus outros dois filhos, Carlos e Luís, numa outra turnê de devastação na Saxônia, "queimando e devastando, e trouxe consigo, cativos, homens, mulheres e crianças, e espólio em considerável quantidade", dizem os *Anais de Lorsch*. As outras fontes confirmam essa expedição, cujo percurso não é conhecido. O rei regressa no outono para Aachen, onde Pepino se junta a ele com os saques do *ring*.

A família está assim reunida, e vemos que Carlos Magno agora dá aos filhos um papel ativo; confia-lhes comandos, com certo grau de iniciativa, ao mesmo tempo que os supervisiona de perto. Carlos liderou um exército na Saxônia, Pepino na Panônia, e em breve Luís distinguir-se-á na Marca da Espanha, na qual os francos iniciam a reconquista. Todos os três são filhos de Hildegarda, e receberam uma educação que era principalmente guerreira, mas também adquiriram certa cultura intelectual, de base religiosa, por meio do contato com bispos, abades e clérigos palacianos. Alcuíno parece ter estado pessoalmente envolvido na educação dos três príncipes, talvez a pedido de Carlos Magno. Algumas das cartas do anglo-saxão mostram que ele enfatiza particularmente a educação moral dos três príncipes.

Assim, no final de 796, escreve a Pepino, rei de Itália, que tem quase 20 anos de idade e que acaba de ganhar uma batalha contra os ávaros, para lhe fazer algumas recomendações sobre a sua conduta. Por meio de seus conselhos, podemos observar que o jovem tinha herdado de seu pai um temperamento bem viril: "Sede virtuoso e casto", escreve-lhe Alcuíno. "Alegrai-vos com a esposa de vossa juventude, e não aceitai nenhuma outra mulher como parceira." Pepino casou-se muito jovem, mas nem sequer se sabe com quem ou exatamente quando. Os nomes de cinco dos seus filhos legítimos foram preservados, mas todos nasceram após 800, o que sugere que houve um novo casamento. Eles são Atala, Gundrada, Berta, Teodrada e Bernardo. Sabe-se muito pouco sobre Pepino. Alcuíno não lhe pede somente que se contente com sua esposa, mas os outros conselhos são bastante formais: "Sede generoso com os miseráveis, gentil com os viajantes, devoto no serviço de Cristo, tratando vossos servos e vossas igrejas com honra... Sede corajoso contra os inimigos, leal com os amigos, humilde com os cristãos, temível com os pagãos, acessível com os pobres, justo nos julgamentos. Escutai os conselhos dos mais velhos e utilizai os serviços dos jovens...". Nada que não seja bem convencional em tudo isso. Pepino, que morrerá prematuramente em 810, é conhecido nas fontes apenas como um guerreiro, e o mais emancipado dos três filhos.

Alcuíno escreve também para Carlos, o primogênito, que está prestes a fazer 25 anos. Vimos a estranha conduta de Carlos Magno com relação a esse filho, que ele não buscará casar, por uma razão desconhecida. No entanto, associou-o estreitamente ao seu governo, talvez estreitamente demais, a ponto de sufocá-lo. Durante muito tempo invisível, à sombra do pai, agora ele se vê atribuir comandos, mas sempre em terras germânicas, enquanto seus irmãos mais novos estão na Itália e na Aquitânia. A carta de Alcuíno permite entrever alguns aspectos do personagem, que parece bem apagado. Uma personalidade enfadonha, esmagada pela de seu pai. "Regozijo-me", escreve o abade de Saint-Martin de Tours, "com a frequência de vossos atos de piedade e a humildade que demonstrais nos vossos mandamentos, seguindo o exemplo do vosso excelentíssimo pai em todas as virtudes e temperança" (!). Carlos, o Jovem, parece carecer de autoridade, de autoconfiança, da qual sua comitiva se aproveita: "Não deixeis que os juízes que dependem de vós julguem em função de presentes e recompensas, [...] escolhais servos honrados, [...] tenhais conselheiros sábios e tementes a Deus, e não os lisonjeiros, ... sejais prudente no pensamento e circunspecto na fala". "Dizem-me", continua Alcuíno, "que a vossa conduta moral é devidamente virtuosa, o que é bom, mas eu gostaria que vós me pedísseis conselhos mais frequentemente, como vosso irmão Luís: Gostaria de ser autorizado a dar conselhos com mais frequência a Vossa Clemência, como o nobilíssimo jovem Luís, vosso irmão, que me pediu para lhe enviar cartas de conselhos de tempos em tempos. Eu já o fiz, e continuarei a fazê-lo, se Deus quiser; ele se habituou a lê-las com grande humildade." Em 800, Carlos, o Jovem, será coroado em Roma. Porém, mais uma vez, o gesto passa despercebido, ofuscado pela coroação de seu pai como imperador. Carlos, cujo próprio nome é o mesmo que o de seu pai, passa como uma sombra, e desaparece prematura e discretamente, em 812.

Luís é muito mais conhecido que seus irmãos, evidentemente, dado que será o único a sobreviver ao pai, tornando-se o imperador Luís, o Piedoso, cuja vida é contada pelo cronista conhecido como o Astrônomo. Em 796, ele tem 16 anos, e herdou o temperamento de seu pai: já tem dois filhos ilegítimos conhecidos, Alpais e Arnulfo. Segundo o Astrônomo, essa hiperatividade sexual preocupava os que o rodeavam, e foi para acalmá-lo que o teriam casado aos 14 anos: "De medo que ele se deixasse levar pelo ardor natural do seu corpo e se encaminhasse pelos vários e tortuosos caminhos da libertinagem, e, por conselho de seus homens, tomou como futura rainha Emengarda, filha do conde Ingermano, de nascimento nobre". No ano seguinte, 795, nasceu seu primeiro filho legítimo, Lotário. Depois virão Pepino, Rotruda, Hildegarda, Luís...

O futuro Luís, o Piedoso, é rei da Aquitânia, como vimos, desde os 3 anos de idade, mas seu pai o chama junto a si muito frequentemente, para assegurar-se de sua educação e, sobretudo, para cuidar que ele não adote as más maneiras dos gascões: Carlos Magno "se preocupa que ao rei seu filho não faltem boas influências na sua educação e que ele não se desonre adotando hábitos estrangeiros". Tolerou a vestimenta aquitana durante algum tempo, mas queria que o seu filho continuasse a ser um verdadeiro franco.

Ele o admoesta, e envia seus *missi* para retomar as coisas em mãos quando constata derivações e abusos:

> Perguntou-lhe por que razão, dado que é rei, tinha tão pouco dinheiro que não podia sequer dar um presente, a menos que lhe pedissem. E assim ficou sabendo que os nobres consideravam seus interesses privados e ignoravam o bem público, e que ele, uma vez que os recursos públicos eram desviados para a propriedade privada, era senhor no nome, mas, na realidade, quase inteiramente destituído de bens. Desejando ajudá-lo na sua necessidade, mas temendo que o afeto que os grandes sentiam pelo seu filho pudesse ficar diminuído se ele lhes retirasse, por um julgamento, o que lhes tinha sido concedido por inexperiência, o rei Carlos enviou-lhe seus *missi*, Viliberto, futuro arcebispo de Rouen, e o conde Ricardo, intendente de suas *villae*, com ordens para restaurar ao serviço público as *villae* que anteriormente eram de propriedade da Coroa.

Carlos Magno organiza até os lugares onde seu filho deverá ficar: a cada quatro anos ele alternará o inverno entre as *villae* de Chasseneuil, Doué, Angeac e Ebreuil, a fim de dar a cada uma delas tempo para reconstituir seus recursos. Ele proíbe a cobrança de provisões para o exército (*annonae militares*) feita sobre os pouco afortunados. "Os militares receberam a notícia muito mal, mas esse bom homem, considerando a pobreza daqueles que davam, e a crueldade dos que tomavam, e as perdas que ambos experimentavam, achou melhor alimentar seus homens com seus próprios recursos." Luís isentou os albigenses do pagamento de vinho e de trigo a que estavam obrigados. Seu pai nomeou Meginar, "um homem sensato e empreendedor, que sabia o que era conveniente e vantajoso para o rei". Em tudo, Luís provou ser um filho obediente, e Carlos Magno parecia satisfeito com a sua conduta. Segundo o Astrônomo, ele lhe dedica um verdadeiro amor paterno. Quando o encontra novamente depois de uma expedição, "beija-o, dá-lhe muitos abraços e faz muitos elogios".

OS PROBLEMAS ANGLO-SAXÕES (796)

O ano de 796 vê a renovação de parte dos dirigentes da cena internacional. Além do novo papa Leão III, o emirado de Córdoba, com a morte de Hisham I, tem Hakam I como novo líder, o que não muda a situação confusa entre o Ebro e os Pireneus, onde o muçulmano Sadun se coloca durante algum tempo a favor dos francos, o que permitirá a Luís retomar a ofensiva em 797. Na ilha da Bretanha, dois reis também morrem: Aethelred em Nortúmbria, e Offa na Mércia. Esses acontecimentos têm algumas repercussões no reino franco, onde a comitiva de Carlos Magno compreende vários clérigos anglo-saxões.

Na Nortúmbria, o rei Aethelred é assassinado, como resultado de uma conspiração tramada por um dos nobres da corte real. A notícia afeta muito Carlos Magno, para quem o assassinato de um soberano perpetrado por um homem que lhe deve lealdade é o pior dos crimes. De acordo com a *Monumenta Alcuiniana*, ele ficou furioso, vociferando e qualificando os assassinos de traidores, assassinos do seu senhor, piores que os pagãos. Acolhe como herói Torhtmund, um ministro de Aethelred, que assassinou o assassino, e que se refugia em Aachen, onde Alcuíno o apresenta como "o fiel servo do rei Aethelred, um homem corajoso e de lealdade comprovada, que valentemente vingou o sangue do seu senhor". Certamente a violência da reação de Carlos Magno também se deve à lembrança recente do complô de Pepino. Nesse momento, a Nortúmbria está afundando numa quase anarquia. Em 793, ela acabara de sofrer o primeiro ataque em grande escala dos vikings, que tinham saqueado a abadia de Lindisfarne, um prestigioso centro de cultura monástica. Amplamente aberta para o Mar do Norte, de frente para a Noruega e a Dinamarca, a Nortúmbria iria sofrer ataques cada vez mais frequentes. O novo rei, Eardwulf, coloca-se sob a proteção de Carlos Magno, mas a região está entregue à guerra civil. O primeiro a expressar seu desolamento é Alcuíno, que tem a intenção de regressar à sua terra natal, mas desiste por causa da insegurança ali existente. É o que escreve a Offa: "Eu estava pronto a regressar *ad vos et patriam*, mas prefiro permanecer *in peregrinatione*, em vez de ir para onde ninguém está a salvo e onde meus conselhos seriam inúteis". No entanto, ele bem gostaria de obter ao menos alguns livros da biblioteca episcopal de York. No final de 796, ele pede autorização a Carlos Magno para enviar discípulos que os tragam para si. Nessa altura, durante o verão, tinha acabado de receber o mosteiro de Saint-Martin de Tours, onde fixa residência. Fica desapontado com o conteúdo da biblioteca, e escreve ao rei no seu estilo florido, mas insuportável:

> Eu, vosso servo, sinto falta do saber escolástico que tinha em minha pátria... Digo isto a Vossa Excelência, caso Vossa Prudência, tão diligente pelo saber, conceda, na vossa bondade, que eu possa enviar alguns dos nossos alunos para lá a fim de pegar o que precisamos, e assim trazer para a França as flores da Bretanha, para que não haja apenas um jardim fechado em York, mas que em Tours possa haver as plantas do pomar, com os frutos e as árvores, para que o vento sul sopre sobre os jardins das margens do Loire e os perfumes se espalhem, e que finalmente aconteça o que é anunciado no canto do qual tomei emprestada esta imagem: "que meu bem-amado venha ao seu jardim e coma o fruto das suas árvores" (Cântico dos Cânticos).

Em Tours, Alcuíno mantém estreito contato com a Inglaterra, de onde monges vêm visitá-lo frequentemente, o que incomoda os religiosos de Saint-Martin. "Todos esses bretões", que vêm visitar "esse outro bretão", são bastante malvistos, segundo a *Vita* de Alcuíno, escrita em Ferrières. O abade fica profundamente afetado pelo que acontecia em seu país, onde, no mesmo ano, morre Offa, o rei da Mércia. A relação entre Carlos Magno e Offa, que se tornara tensa cinco ou seis anos antes, em consequência do fracasso de um obscuro projeto de casamento, a ponto de interromper as relações comerciais, tinha voltado a ser muito cordial. Na primavera de 796, uma troca de cartas entre os dois soberanos levou até mesmo à conclusão do que, por vezes exageradamente, é descrito como um tratado de comércio. A carta de Carlos Magno, que foi preservada, fala de "concórdia", "amizade", "fraternidade", "mútua boa vontade", além de se referir às correspondências precedentes, enviadas por Offa, e que desapareceram. Vários problemas são abordados. Em primeiro lugar, aquele dos peregrinos anglo-saxões que desembarcam em Quentovic e atravessam o reino franco para ir a Roma. "Concedemos-lhes a liberdade de viajar em paz, como no passado, sem serem molestados, e de levar com eles o que precisam", escreve Carlos Magno. Mas, cuidado, "com a experiência, aprendemos que algumas pessoas que procuram lucro, sem servir à religião, se misturam fraudulentamente com elas para negociar. Aqueles que forem encontrados terão de pagar os pedágios nos locais previstos, os outros poderão ir em paz".

No que diz respeito aos verdadeiros comerciantes, é celebrado um acordo de reciprocidade: cada soberano protegerá os comerciantes do outro, que poderão ter acesso a ele se forem molestados. As trocas, que são realizadas principalmente por navios frísios, através de Dorestad, no delta do Reno, e Quentovic, no Somme, dizem respeito, entre outras coisas, à exportação de certas "pedras negras" pelos ingleses, cujo tamanho Offa demanda que seja regulado, e à exportação de casacos pelos francos, cujo comprimento Carlos Magno também demanda que seja fixado.

A carta aborda também outro assunto, mais delicado: o dos refugiados políticos ingleses no reino franco. Em particular, há o caso de um certo "padre Odberht", e "outros exilados que, temendo pelas suas vidas, se refugiaram sob nossas asas protetoras". Nós os enviamos a Roma, para serem julgados pelo papa. Para Carlos Magno, esta foi uma forma de se livrar dessas personagens incômodas sem negar a sua proteção, transferindo-as para essa espécie de tribunal internacional: "Poderia haver uma solução mais política para nós, do que transferir para a autoridade apostólica uma causa que divide as opiniões dos outros?". Carlos Magno sabe ser diplomata quando sua autoridade não está diretamente afetada.

A carta termina com um pedido de preces pelo falecido papa Adriano, o anúncio do envio de presentes tomados dos ávaros, e uma nota de piedade com referência a Santo Agostinho. Esse cordial entendimento franco-inglês da primavera de 796 será, contudo, abalado algumas semanas mais tarde, com a morte de Offa, após a qual se seguiram alguns problemas. O filho de Offa, Ecgfrith, sobrevive ao seu pai apenas cinco meses, e no final do ano o reino de Mércia passa para um parente distante, Cenwulf, que será confrontado com revoltas em Kent e Wessex. Ele triunfará e reinará até 821. Mas com uma Nortúmbria em plena anarquia, uma Mércia enfraquecida, e uma crescente ameaça dinamarquesa, a ilha da Bretanha desempenha apenas um papel sem importância nos assuntos do continente.

GUERRA E PAZ NA SAXÔNIA (797)

Carlos Magno passa o inverno em Aachen e na primavera de 797 concentra novamente toda sua atenção na Saxônia. Todavia, outros setores também exigirão sua atenção, e farão desse ano um dos mais férteis em acontecimentos do reino. Felizmente para o rei, seus três filhos estão agora em condições de ajudá-lo eficazmente, e ele consegue delegar-lhes certas tarefas, a fim de poder concentrar-se na principal, a Saxônia. No entanto, ele mantém o controle do todo. Desde o Elba até o Ebro, e desde o Mar do Norte até o Tibre, mantém todas as rédeas em mãos, ordenando, controlando e legislando. Nem sempre tem a iniciativa, mas sempre reage rapidamente para restabelecer a situação em seu proveito.

A Espanha é o primeiro país a precisar dele. Lá também a mudança de reinado provoca perturbações sociais. O emir de Córdoba, Hisham, morreu em 796 e foi sucedido pelo seu filho Hakam, que expulsa seu tio Abdala. Este último vem pedir a ajuda de Carlos Magno. Quase ao mesmo tempo, Sadun, o governador de Barcelona, que mantém uma política independente entre o emirado e o reino franco, chega a Aachen e oferece ao rei a entrega de sua cidade em troca de proteção. As circunstâncias parecem favoráveis a uma intervenção militar que permita avançar as posições francas ao sul dos Pireneus. Carlos Magno envia seu filho Luís, rei da Aquitânia, para sitiar Huesca durante o verão, sem resultado. O único sucesso nesse setor foi a captura de Vich, efetuada pelo conde Borrell.

Para Carlos Magno, o essencial está em outro lugar. A Espanha é uma periferia distante, com a qual não mais se ocupa pessoalmente desde o desastre de 778. O problema principal está muito mais próximo: a eterna e irritante questão saxônica. No início do verão, ele inicia a enésima campanha além do Reno. "Ele penetra na Saxônia, como de hábito, para devastá-la", dizem os *Anais Revisados*. Desta vez, ele avança até os confins setentrionais, "através dos pântanos e dos lugares sem estradas, chegando até o oceano", que ele atinge entre os estuários dos rios Weser e Elba, nos distritos de Wihmodia e de Hadeln. Segundo os *Anais de Wolfenbüttel*, ele atravessa essas regiões inóspitas e anfíbias usando navios, que são içados para a terra e puxados por bois a fim de atravessar de um rio para o outro. Esses navios também servem como acampamentos noturnos: "O rei Carlos, novamente na Saxônia, com grandes navios, por água e por terra, sobre a qual eram puxados. Ele os usava como um *castellum*, e castigou os saxões sem medida". Não há dúvida a esse respeito: "O distrito foi devastado e queimado. E uma vez mais os saxões vieram ter com ele de todas as partes, dos lugares escondidos onde viviam", dizem os *Anais de Lorsch*. A expedição é de grande envergadura, e mais uma vez demonstra a organização logística do rei dos francos, que é seguido como uma sombra pelo seu filho mais velho, Carlos, enquanto Pepino está na Itália, de onde conduz escaramuças contra o restante dos ávaros, e Luís, na Espanha, onde se encontra estagnado diante de Huesca.

Os saxões submetem-se, entregam reféns, e em outubro Carlos Magno regressa a Aachen. Lá, na assembleia de outono, publica um importante capitular, que marca uma clara mudança na sua política saxônica. Esse texto, o "capitular saxônico", datado de 28 de outubro, suprime parcialmente as medidas terroristas do capitular 785. O rei parece ter aprendido as lições do fracasso do método forte, cujos efeitos perversos Alcuíno lhe tinha constantemente apontado. Execuções, conversões forçadas e a coleta do dízimo não conseguiram quebrar a resistência saxônica. A política dos reféns e os juramentos de lealdade também não produziram quaisquer resultados. Numa jogada pragmática, Carlos Magno suaviza o regime imposto aos saxões.

O texto é promulgado diante de uma assembleia de bispos, abades e condes, na qual estavam presentes muitos saxões, vestfalianos, ostfalianos e angrarianos, mesclados aos francos: o desejo de integrar os saxões é evidente. A tentativa de assimilação é confirmada pelo fato de que o artigo 2º especifica que a multa a ser imposta em casos de violência contra igrejas, viúvas, órfãos, o povo simples, as violações e incêndios voluntários, será "de

60 *sous* para os saxões, *assim como para os francos*". De certa forma, este é o fim do regime de exceção: os saxões sofrerão as mesmas penas que os francos, sanções pecuniárias, e não mais corporais. Em vez de decapitá-los, são submetidos ao sistema de compensação financeira, do tipo *Wergeld*, que está na base do direito penal franco. O artigo 9º declara que as decisões foram tomadas "com o consentimento dos fiéis francos e saxões".

O texto estabelece uma tarifa precisa para os diferentes delitos, e um sistema de compensação financeira para as vítimas. Mesmo o assassinato de um *missi* não implica a pena de morte, mas uma multa enorme: "Quanto aos *missi* do rei, fica decidido que, se um deles for morto, o homem que se presume ter feito isso pagará três vezes a multa por ele". Outros artigos preveem que o rei pode intervir para evitar a pena de morte para malfeitores, o que constitui uma intromissão na lei saxônica: "Em relação aos malfeitores que, segundo a lei dos saxões, deveriam perder a vida, foi decidido por todos que sempre que um deles apelar ao poder real, o rei tem autoridade para decidir se ele lhes será entregue para ser morto, ou lhe será concedida a liberdade, com o seu consentimento, para enviar o malfeitor, com sua esposa e toda a sua família e bens, para fora do distrito, e de colocá-lo, assim como aos seus bens, numa zona fronteiriça, onde ele desejar, para que seja dado como morto". Um artigo curioso prevê que se tem o direito de atear fogo à casa de alguém que se recusa a comparecer a um julgamento, para forçá-lo a ir.

Finalmente, o capitular especifica o que se entende por um *solidus*, ou *sous*, para expressar o montante das multas. Como os condenados não podem pagar em dinheiro, que raramente está em circulação, é de notar que na Saxônia um *solidus* equivale a um novilho de um ano no outono e na primavera, e o seu valor aumenta com o número de anos; equivale também a 40 medidas de aveia e 20 medidas de cevada. A multa padrão de 60 *solidi* é, portanto, uma verdadeira fortuna.

Com esse capitular, pode-se considerar que a maioria dos saxões do oeste, do centro e do sul estão assimilados aos francos. Será que é para demonstrar essa assimilação que Carlos Magno decide, contrariamente a seus hábitos, deixar Aachen em meados de novembro para passar o inverno na Saxônia? Ele toma a estrada para o Weser, perto da confluência com o Diemel, e instala-se num lugar "chamado Herstelle, porque tinha sido construído pelo seu exército". E Herstelle se torna o centro da Europa até a primavera de 798. O rei reúne todos os seus filhos, trazidos de volta de seus locais de operação, e as embaixadas se acotovelam nesse lugar perdido no fundo da floresta saxônica: da Espanha, Bizâncio e Panônia, as pessoas vêm consultar o rei dos francos para lhe pedir uma aliança ou proteção.

Da Espanha, depois das delegações sarracenas de Abdala e de Sadun, é agora o rei cristão das Astúrias que envia seus embaixadores. Alfonso II reinou desde 791 sobre o noroeste da Península Ibérica, e permaneceu no poder durante 52 anos, até 842, batendo de longe o recorde de Carlos Magno. Em termos de moralidade privada, tinha pouco em comum com o rei dos francos: morreu sem filhos, legítimos ou ilegítimos, e foi apelidado de "o Casto". Viveu, segundo a *Crônica de Alfonso III*, "uma vida casta, sóbria, imaculada, piedosa e gloriosa, amado por Deus e pelos homens"; e o *Chronicon Albedense*: "Ele viveu uma vida casta, sem esposa". Dado que constitui uma anomalia entre os reis da época, não é surpreendente que esse governante virgem tenha capturado a imaginação de seus contemporâneos. Aliás, essa virgindade não foi o único prodígio de seu reinado: é de fato nessa época que o corpo de São Thiago é "descoberto" no seu reino, em Compostela. Essa "invenção", tanto no sentido canônico como no senso comum do termo, é um lampejo de inteligência, que fará a fortuna do lugar ao atrair peregrinos e turistas até os dias de hoje. A peregrinação começou pouco depois da morte de Carlos Magno, na década de 820.

No momento, Alfonso, o Casto, inicia a reconquista da península, atacando os muçulmanos do emirado de Córdoba. Em 798, suas tropas capturam Lisboa, que é saqueada. A embaixada que envia a Carlos Magno é liderada por um certo Froia, portador de um magnífico presente: "uma tenda de extraordinária beleza", de acordo com os *Anais Reais*. Da parte de Alfonso, trata-se de uma homenagem ao poderoso rei dos francos, e parece que aqueles que o rodeiam viram-na como um sinal de submissão. Eginhardo escreve: "Alfonso II, rei da Galícia e das Astúrias, torna-se um amigo tão próximo que quando escreve ou envia mensagens a Carlos Magno, insiste sempre em ser chamado de homem do rei".

Outro visitante importante é Teoctisto, um representante do governador grego da Sicília, que traz uma carta do basileu, cujo conteúdo é infelizmente desconhecido. Uma delegação de ávaros também chega com presentes, segundo os *Anais Reais*. No final do ano, Carlos Magno manda seu filho Luís de volta à Aquitânia para ajudar Abdala contra o emir de Córdoba, e seu outro filho, Pepino, para a Itália, para cuidar do seu reino. O filho mais velho, como de costume, fica com o pai, que passa o inverno inteiro em Herstelle.

CAMPANHA CONTRA OS *NORDLIUDI*[4] E AS NOVAS EMBAIXADAS (798)

É nesse local que ele convoca a assembleia da primavera de 798. Essa estação não conhecerá um repouso tranquilo. Se os saxões do sul e do centro são mais ou menos submissos, os do norte continuam a resistir, e já em abril surpreendem os francos com um ataque.

O povo *nordliudi*, que vive ao longo do estuário do Elba, principalmente na margem direita do que é agora Schleswig-Holstein, ao sul da Dinamarca, compreendeu que a força do exército carolíngio está na sua cavalaria, e que ela só é operacional em pleno verão, quando as pastagens são abundantes. Nessas regiões setentrionais, a vegetação é mais tardia. Assim, dizem os *Anais Revisados*, "quando a primavera se aproximava, mas ainda não era possível, devido à falta de forragem, tirar o exército das suas acomodações de inverno, surgiu uma oportunidade para os saxões que viviam do outro lado do Elba". Tomando Carlos Magno de surpresa, eles sublevaram-se, apoderaram-se dos oficiais que ele tinha enviado para garantir a ordem e a justiça, mataram alguns deles e fizeram os outros reféns. Também interceptaram Godescal, um *missus* que regressava de uma incumbência junto ao rei Siegfried da Dinamarca, e mataram-no.

Como se pode imaginar, "essa notícia provocou uma violenta cólera do rei", que reuniu o seu exército em Minden, no Weser, e assim que os pastos permitiram, partiu para norte, "devastando por fogo e espada toda a parte da Saxônia entre o Elba e o Weser". O refrão é bem conhecido. Ele avança até o Elba, em Bardovick, no Bardengau. Mas a parte decisiva acontecerá mais ao norte, com a participação ativa dos abodritas, o povo eslavo aliado dos francos. Seu líder, Thrasco, junta forças com um dos tenentes de Carlos Magno,

---

4 Povo habitante da Nordalbíngia (em alemão, *Nordalbingien*) ou Albíngia do Norte, uma das quatro regiões administrativas do ducado da Saxônia medieval. Situa-se ao norte da atual Alemanha. (N. T.)

e em Suentana, atual Bornhöved, ao sul de Kiel, enfrenta os *nordliudi* numa das raras batalhas campais dessas guerras. Por uma vez, o papel principal foi desempenhado pelos abodritas, com os francos de Eburis a formar apenas a ala direita do exército. Foi uma derrota sangrenta para os saxões: 4 mil mortos a partir da primeira carga, segundo o relatório de Eburis. Os *Anais de Lorsch* dão um número menos elevado, porém mais preciso: 2.901 mortos (!). O resto do exército saxão fugiu.

Carlos Magno recompensou seus aliados, e partiu novamente para a Frância, levando consigo "inúmeros reféns": 1.600 exatamente, de acordo com os *Anais de Saint-Amans*. Dentre os reféns estavam muitos notáveis saxões, "aqueles que os chefes saxões afirmavam serem os mais pérfidos" (*Anais Reais*). Com eles, o rei inicia uma nova tática, que acentuará no final de seu reinado: a deportação definitiva: "ele os dividiu por toda a Frância". Rapidamente essa política será sistemática e é semelhante àquilo a que hoje chamamos de "limpeza étnica": muitos saxões serão instalados em território franco, e serão substituídos em suas terras por colonos francos.

De retorno a Aachen no final do verão, começa então para Carlos Magno a temporada das embaixadas. A primeira vem de Bizâncio, onde a imperatriz Irene, que acabara de mandar cegar seu filho, está agora no controle. Esta é a primeira vez que uma imperatriz exerce o poder em seu próprio nome, e se faz representar em moedas com as insígnias reservadas para o basileu, nomeadamente o globo crucífero. Contudo, a terrível jovem é confrontada com a constante ameaça dos búlgaros e dos muçulmanos do califado de Bagdá, aos quais paga um tributo. Ela precisa, portanto, de paz com o Ocidente, e é com essa finalidade que envia o patrício Miguel e o padre Teófilo a Carlos Magno. O acolhimento é cordial, e o rei franco permite mesmo a libertação de Sisínio, irmão do patriarca de Constantinopla, Tarásio, que tinha sido feito prisioneiro muitos anos antes. Havia ainda uma questão pendente entre os francos e os gregos: os territórios nas fronteiras da Itália e da Dalmácia. Chega-se a um acordo: a Ístria estaria sob o domínio franco, e a Croácia na zona de influência bizantina. Na própria Itália, Benevento permanece na esfera carolíngia.

Outra embaixada importante chega a Aachen: Froia e Basilisco, os enviados de Alfonso, o Casto, trazem a Carlos Magno presentes retirados do saque tomado dos sarracenos em Lisboa: cotas de malhas, mulas e sete mouros, provavelmente negros. Isso só reforça a ilusão, na comitiva do rei, de que as Astúrias se consideram um reino vassalo dos francos, o que de modo algum é o caso. Nos *Anais Revisados*, lemos: "embora tenham sido enviadas (essas oferendas) como presentes, foram consideradas como reconhecimentos de vitória (*insignia victoriae*)". Essa interpretação é indicativa da mentalidade "imperialista" emergente em Aachen, onde, com a multiplicação de sucessos e expressões de deferência das cortes estrangeiras, Carlos Magno é visto como o senhor da cristandade, e qualquer vitória sobre o mundo exterior é de fato uma vitória do rei dos francos. Os outros soberanos ocidentais são seus administradores, como nos tempos do *imperium romanum*. No entanto, o *império* se detém na costa. No mar, são os sarracenos que têm sucesso: no ano de 798, devastam as Ilhas Baleares num ataque de pirataria.

Em paralelo com suas batalhas militares, políticas e diplomáticas, Carlos Magno prossegue a luta, no plano espiritual, pela unidade doutrinal. Porém, é mais fácil derrotar os saxões que convencer os teólogos obstinados, nunca desprovidos de argúcias. Os defensores do adocionismo não foram reduzidos ao silêncio pelo Concílio de Frankfurt, e os opositores do *Filioque* não capitularam. Paulino, metropolitano de Aquileia, tentou convencer os bispos do Concílio de Cividale, em 796, da importância da fórmula, que faz o Espírito Santo proceder do Pai *e* do Filho, em comparação com a que o faz proceder do Pai *pelo* Filho, mas sem muito resultado. Sua acusação inflamada era tanto menos provável de ser bem-sucedida porque, ao atacar o *pelo*, estava de fato culpando os bizantinos, cuja susceptibilidade, a arte da meticulosidade excessiva e de discutir o sexo dos anjos já eram lendárias. O problema do *Filioque*, uma querela "bizantina", se foi uma, é enxertado na oposição política entre Oriente e Ocidente, o que desde então o torna insolúvel.

Quanto ao adocionismo, Elipando e Félix continuam a desafiar os bispos francos, seguidos por muitos eclesiásticos, especialmente os aquitanos. Carlos Magno encarrega seus intelectuais de sustentar o combate. Em particular, Paulino de Aquileia e Alcuíno, que enviam um dossiê sobre a questão aos bispos espanhóis, e que redigem, cada um de seu lado, um tratado *Contra Felicem* em 798. Alcuíno esteve pessoalmente envolvido nessa luta, particularmente contra o arcebispo de Toledo, Elipando, cujos ataques não são apenas teológicos: ele censura o anglo-saxão pelo seu estilo de vida luxuoso, acusando-o de ter 20 mil escravos nas suas propriedades. É verdade que Alcuíno tem um rendimento muito grande, graças aos favores reais: abade de Saint-Martin de Tours desde 796, também possui os mosteiros de Saint-Loup de Troyes, de Ferrières, na diocese de Sens, e de Cormery, uma dependência de Saint-Martin. Aliás, ele dedica muito tempo à administração dessas casas, que gere meticulosamente, o que o obriga a deslocamentos muito frequentes, no decorrer dos quais tem o cuidado de indicar com antecedência os dias e locais de passagem, para que possa ser encontrado, se necessário. Assim, em julho de 798, vai de Tours para Aachen, mas não pôde ver o rei, que partira para a Saxônia; de Aachen, vai a Saint-Amand, em Artois, onde espera encontrar-se com Arn, mas este último está em visita à sua diocese de Salzburgo; Alcuíno continua sua viagem para Choisy-au-Bac, na região de Compiègne, depois vai para Troyes e Ferrières para visitar suas abadias. Regressa a Saint-Martin de Tours no final de setembro, e depois parte novamente para visitar as dependências desse mosteiro, cujas colheitas tinham sido ruins. Essas viagens são feitas a cavalo, com uma sela confortável, ou então de barco. Nas paradas, ele se aloja com mercadores, como em Dorestad; perto de Quentovic, ele tem uma *cella*, Saint-Josse. Essas viagens são cansativas para um homem que tem agora 63 anos. Dois anos mais tarde, quando Carlos Magno o convida para acompanhá-lo a Roma, recusa-se a fazer a viagem, que é "tão longa e cansativa", especialmente porque tem problemas de saúde, dado que contraíra paludismo durante uma estadia anterior em Roma. Viajante esclarecido, observa os habitantes, suas roupas, a comida, e por vezes as paisagens, que descreve brevemente em suas cartas.

Alcuíno é uma boa testemunha do seu tempo, e um grande amigo de toda a família real. Nós o vimos dando conselhos aos filhos do rei. No verão de 799, no seu regresso de uma missão a Quentovic, ele visita a irmã de Carlos Magno, Gisela, no convento de Chelles. O rei confia totalmente nele, como o demonstra sua correspondência, e o consulta quando tem que tomar uma decisão delicada, tanto no domínio político como no religioso. Ele precisará dos seus conselhos na nova crise que começa em 799 e que o levará ao império. Depois de celebrar a Páscoa em Aachen, em 31 de março, Carlos Magno, prepara sua nova campanha, cujo objetivo é mais uma vez a Saxônia, quando chegam notícias alarmantes, vindas de Roma: o papa tinha sido vítima de um atentado em 25 de abril; seus olhos tinham sido furados, e sua língua, cortada.

– 9 –

800
CARLOS MAGNO IMPERADOR

O que aconteceu exatamente em Roma em 25 de abril de 799? Consultemos e confrontemos as fontes. A mais detalhada, o que é normal, é o *Liber pontificalis*, o *Livro dos papas*, essa sequência de biografias papais, redigidas na própria Roma, e quase contemporânea dos acontecimentos.

O ATENTADO DE 25 DE ABRIL DE 799

Em 25 de abril, celebram-se as grandes litanias, festa religiosa destinada a obter a proteção divina para as próximas colheitas. Essa festa, tal como a maioria dos festivais cristãos, tinha substituído a festa pagã dos *Robigalia*, a fim de melhor apagá-la. Foi organizada uma procissão, partindo da igreja de São Lourenço em Lucina, perto do Campo de Marte; ela deveria deixar a cidade pela Via Flaminia, em direção ao norte, atravessar o Tibre pela Ponte Milvian, e regressar ao Vaticano pela margem direita, passando pelos Prados de Nero. O papa, a cavalo, seguiria ladeado por dignitários, clérigos e fiéis.

A procissão forma-se no Latrão. É então que o "perverso e inominável" primaz Pascoal, alegando fraqueza, pede permissão para seguir a procissão sem casula,[1] o que é mais adequado para um atentado, por dar mais liberdade de movimentos. Com seu cúmplice, o sacelário Campulo, flanqueiam o papa, conversando familiarmente. Quando chegam ao mosteiro dos santos Estêvão e Silvestre, esses "satânicos filhos do diabo" dão o sinal: um grupo de conspiradores cercam o papa, atiram-no ao chão e,

> sem piedade, rasgam-lhe as roupas e, com crueldade, tentam arrancar-lhe os olhos e cegá-lo completamente. Cortam-lhe a língua e, juntamente com os terríveis Pascoal e Campulo, abandonam-no na estrada, cego e mudo, acreditavam eles. Depois, porém, como verdadeiros pagãos, arrastaram-no para o confessionário da igreja do mosteiro, onde, perante o venerável altar, ainda mais cruelmente, arrancaram-lhe tanto os olhos como a língua. Espancaram-no com pauladas, causando-lhe vários ferimentos e deixando-o meio morto, numa poça de sangue, diante desse altar. Depois trancaram-no no mosteiro sob guarda.

Pouco depois, os conspiradores, temendo que o papa fosse libertado pelos seus adeptos, transferiram-no para o mosteiro de São Erasmo, ao sul da cidade, onde foi colocado numa cela. "Mas Deus Todo-Poderoso... abortou miraculosamente sua tentativa iníqua. Por Sua obra e a intercessão do santo apóstolo Pedro, aconteceu que o papa recuperou a visão e a língua, com o uso da fala". Um grupo de fiéis, liderado pelo camareiro Albino, conseguiu tirar Leão do mosteiro; ele refugiou-se na basílica de São Pedro, no Vaticano. Foi um verdadeiro milagre, diz o *Liber pontificalis*: "Na verdade, o Senhor, libertando-o das trevas, devolveu-lhe a luz e a língua para falar, restaurou toda a força dos seus membros e curou-o".

Os conspiradores, furiosos e preocupados, atacam e saqueiam a casa de Albino. Vinigiso, duque de Espoleto, chega com tropas. Ele vem resgatar o papa, que se encontra numa situação precária em São Pedro, e leva-o para

---

1 De acordo com o *Dicionário Houaiss*: paramento que o sacerdote usa sobre a alva e a estola para a celebração da missa, e cuja cor varia conforme o tempo litúrgico. (N. T.)

Espoleto, onde ele se encontra com os enviados de Carlos Magno. Estava-se então em maio ou junho. Esta é a versão do *Livro dos papas*. Ela é corroborada pelas outras fontes, com algumas variações de detalhes, particularmente no que diz respeito aos maus-tratos infligidos a Leão. Para os *Anais Reais*, os conspiradores "cegaram-no e arrancaram-lhe a língua"; a versão revista, mais cautelosa, acrescenta: "como pareceu a alguns". Os *Anais de Lorsch* escolhem uma posição mediana, se podemos dizer assim: "Arrancaram-lhe a língua e quiseram furar-lhe os olhos, e que morresse. Mas, segundo a vontade de Deus, não conseguiram completar o mal que tinham começado". Quanto a Teófanes, sua versão é uma anomalia oftalmológica: "Furaram-lhe os olhos. Mas não puderam cegá-lo completamente". É óbvio que Leão manteve os seus olhos e a sua língua: foi com esta última que ele próprio contou a Carlos Magno seus infortúnios, e em parte alguma do resto do seu longo pontificado há qualquer menção à cegueira. Mas seus partidários deixam o boato espalhar-se, sem nunca o negar, pois isso serve à sua causa, provocando a piedade e fazendo de Leão o beneficiário de um milagre, o que prova que Deus está do seu lado. Talvez ele tenha sido ameaçado com essas mutilações, que não foram levadas a cabo. Provavelmente o *Liber pontificalis* também exagera sua condição geral, pois o "meio-morto" é capaz de fazer a viagem de Espoleto a Paderborn, atravessando os Alpes, dois meses mais tarde. Por sua vez, Eginhardo parece aceitar a versão do *Liber*: "os habitantes de Roma haviam atacado violentamente o papa Leão, arrancando-lhe os olhos e cortando-lhe a língua", enquanto Notker acrescenta sua nota pessoal: "A tentativa de arrancarem-lhe os olhos falhou, mas laceraram-lhe o rosto com facadas".

O essencial não está nisso. Está na enormidade do ataque, cujas causas não são dadas por nenhuma fonte, o que é igualmente surpreendente, uma vez que essas mesmas fontes, em particular o *Liber*, apresentaram a eleição de Leão III como um verdadeiro plebiscito. Por que esse pontífice, que aparentemente goza de unanimidade, está sujeito ao ódio de parte do seu círculo íntimo? Não podiam ter sido rumores sobre os seus desregramentos morais privados: esse tipo de pecadilho não choca os censores do século VIII, mesmo que Carlos Magno finja, por razões políticas, considerá-los. A verdadeira razão do ataque é que parte da aristocracia tinha perdido certos poderes com esse papa de origem mais modesta, que pôs fim a alguns privilégios. Não se trata de matá-lo, o que teria sido fácil de fazer, nem de substituí-lo – em momento algum há qualquer menção a outro candidato –, mas de assustá-lo, pressioná-lo para que devolva os poderes da aristocracia. É verdade que o método é brutal, mas estamos no século VIII.

Como sempre faz quando é ameaçado, desde 751, o papa recorre ao seu protetor, o rei dos francos. Aliás, os representantes deste último na Itália não tinham esperado para intervir: quando chega a Roma para socorrer Leão III, o duque de Espoleto está acompanhado por Virundo, um *missus* de Carlos Magno, e ao chegar a Espoleto, o papa encontra o enviado especial do rei, o conde Germaire. De fato, este último tinha sido enviado antes que a notícia do ataque chegasse a Aachen. Isto porque, desde a eleição, no final de 795, o rei tinha monitorado esse papa, cuja conduta privada o preocupava. Não por razões morais, claro, mas porque, para a estabilidade da Itália, ele precisava de um papa que fosse irrepreensível e respeitado por todos. Nós o vimos dando-lhe conselhos nesse sentido. Ora, os rumores persistem, e até mesmo se ampliam. Temos ecos disto na correspondência entre Alcuíno e Arn, que em 798 foi a Roma receber o *pallium*, a insígnia da sua elevação ao posto de metropolitano de Salzburgo. Em junho, Alcuíno escreveu para pedir-lhe notícias sobre a conversão dos ávaros, sobre os dirigentes gregos, e para saber "quais novidades a nobreza romana ainda tinha inventado". Na sequência da resposta de Arn, que não foi preservada, escreveu-lhe em novembro: "Você também me escreveu sobre a vida religiosa e a retidão do senhor apostólico, e sobre o modo como ele suporta as injustas intrigas – e sua natureza – causadas por essas fontes de discórdia".

A partir desse momento, há problemas. As acusações de desordem moral contra o papa tornam-se embaraçosas. Alcuíno não acredita nelas, ou melhor, não quer acreditar. Ele escreve a Arn no início de 799: "A última carta vossa que nos chegou, contendo certas queixas contra a imoralidade do *apostolicus* e o perigo que vós correis quando estais com ele, por causa dos romanos, foi-me trazida pelo vosso clérigo… Mas por não querer que esta carta caísse noutras mãos, apenas Candide a leu na sua totalidade comigo; depois ela foi queimada para evitar o escândalo que poderia resultar do descuido do homem encarregado da minha correspondência". Na mesma carta, lamenta que não tenham sido feitos mais esforços para converter os ávaros, dado que a colheita parecia mais promissora do que com os saxões, "raça maldita e abandonada por Deus".

A má reputação de Leão III chega assim aos ouvidos atentos da comitiva de Carlos Magno. É por isso que o rei envia o conde Germaire para a Itália: ele deve se informar e fazer um relatório. Quando ele chega a Espoleto, o ataque havia acontecido. A notícia chegou a Aachen em meados de maio. Imediatamente, o rei avisa Alcuíno, que, de Tours, em junho, responde instando-o a agir: das três autoridades que governaram o mundo, sois agora a única válida, portanto, aproveitai! O papa está fora de cena, o basileu está destronado pela mãe: é vossa chance de jogar. Isto dá, na carta de Alcuíno:

> Até agora, três pessoas têm estado no topo da hierarquia no mundo. O representante da sublimidade apostólica, vigário do bem-aventurado Pedro, príncipe dos apóstolos, cuja sede ele ocupa; o que aconteceu ao atual titular deste lugar, Vossa Bondade teve o cuidado de me avisar. A seguir vem o detentor da dignidade imperial, que exerce o poder secular na segunda Roma; a notícia do modo profano pelo qual o chefe desse império foi deposto, não por estrangeiros, mas pelos seus e pelos seus concidadãos, se espalhou por todos os cantos. Em terceiro lugar, há a dignidade real que Nosso Senhor Jesus Cristo vos reservou para governardes o povo cristão. Essa dignidade prevalece sobre os outros dois, eclipsa-os em sabedoria e ultrapassa-os. Agora é só convosco que as Igrejas de Cristo contam, só de vós esperam a salvação, de vós, o vingador dos crimes, o guia dos que vagueiam, o consolador dos aflitos, o apoio dos bons..

Será isso um encorajamento para tomar o título supremo de imperador, que só ele pode assumir? O apelo está implícito. Nessa história de cegos, é o único que pode ver claramente: o basileu foi cegado pela mãe, o papa quase o foi pelos romanos, e estes estão "cegos nos seus corações, e agora cegos nas suas mentes". Alcuíno certamente contribuiu muito para despertar as ambições imperiais de Carlos Magno.

O ENCONTRO DE PADERBORN (VERÃO DE 799)

Quando Alcuíno escreve essa carta, em junho, Leão III decide ir ao encontro do rei franco pessoalmente. O episódio de 751 se repete. Também dessa vez, é o papa que faz a viagem, apesar das sequelas do atentado. Ele vai na condição de demandante de ajuda. Não se sabe se foi ele quem decidiu ir a Espoleto, ou se foi convidado pelo rei, como dizem os *Anais*. A notícia alegra Alcuíno, que envia suas recomendações ao rei em meados de julho: "Vejais o que aconteceu à sede apostólica, na primeira das cidades, no mais excelente dos ofícios! Só vossa decisão pode salvaguardar o que existe. Que o que deve ser corrigido seja corrigido, e o que deve ser preservado seja preservado, com serena consideração, pelo prudente julgamento de Vossa Sabedoria celestial!" Tal como Nathan, Alcuíno elabora o programa do rei, o novo Davi:

> Governar os reinos, distribuir a justiça, renovar as igrejas, corrigir o povo, garantir o seu direito a todas as pessoas e dignidades, defender os oprimidos, atribuir leis, consolar os peregrinos, indicar a todos e em toda a parte o caminho da equidade e da vida celestial, para que todos possam encontrar consolo na vinda da vossa piedade e para que os ilustres filhos dos vossos descendentes se beneficiem, graças a vossas benfeitorias, de abundantes bênçãos... Assim como lemos que devido à santidade do vosso homônimo Davi, muito amado por Deus, o poder do trono real foi preservado para todos os seus descendentes, também assim crescerá a exaltação de vossos filhos, a felicidade do reino, o bem-estar do povo, a abundância das colheitas, a alegria de todo o bem, e, para vós, a beatitude do reino celeste, que Cristo Deus, o mais doce Davi, levará à perfeição durante os dias eternos.

A partir desse momento, toma forma o cenário que conduziria Carlos Magno ao império. Nesse mês de julho de 799, o papa está a caminho de Paderborn, mas Carlos Magno já programou uma viagem para Roma. É o que podemos inferir de uma passagem na carta de Alcuíno, na qual este afirma que não irá devido à sua fraca saúde: "Quanto a essa longa e difícil viagem a Roma, não acredito que o meu corpo fraco, alquebrado por dores diárias, possa empreender. Peço, pois, a misericordiosa bondade de Vossa Paternidade para me deixar aqui, para ajudar a vossa viagem com orações leais e diligentes, juntamente com os servos de Deus em Saint-Martin". Assim, a viagem de Carlos Magno à Itália foi planejada com um ano e meio de antecedência. Isso exclui qualquer ideia de improvisação. O conselho de Alcuíno foi bastante claro, em substância, se não em forma: ele prepara o rei para os seus deveres futuros.

Então, o que o papa vai fazer, em meados de julho, no país franco? Demandar ou preparar a chegada do rei a Roma? Provavelmente as duas coisas. Carlos Magno em nada altera seus planos quando fica sabendo da vinda de Leão III. De acordo com os *Anais Revisados*, foi ele quem organizou tudo: "Quando o rei ouviu a notícia do que tinha acontecido, deu ordens para que Leão lhe fosse apresentado com as mais altas honras, como convém ao vigário de São Pedro e ao pontífice romano. Contudo, não desistiu da expedição que tinha preparado na Saxônia". Atravessando o Reno em Lippeham, subiu o vale do Lippe e instalou-se em Paderborn. De lá, enviou seu filho Carlos ao Elba, com a tarefa de resolver certos assuntos com os veletos, os abodritas e os *nordliudi*.

O papa chega no final do mês de julho. O acolhimento é muito cordial, e o visitante é celebrado com todas as honras devidas à sua posição. O rei envia o arcebispo Hildebaldo, seu capelão, e o conde Ascheric para se encontrarem com ele, e depois seu próprio filho, Pepino. São cantados hinos e salmos. Nenhum sinal de afeição é negligenciado, nem sequer as lágrimas: "Abraçaram-se uns aos outros, rompendo em lágrimas; o papa entoou *Gloria in excelsis*, que foi retomada por todo o clero, e pronunciou uma oração sobre o povo; quanto ao senhor Carlos, o grande rei, deu graças a Deus pelo fato de, a pedido dos príncipes dos apóstolos, Pedro e Paulo, ter realizado um milagre tão grande para o seu servo e reduzido os homens da iniquidade a nada". O cenário é suntuoso: o palácio em Paderborn é um dos maiores de Carlos Magno, e a nova igreja é de "tamanho extraordinário", dizem os *Anais de Lorsch*. Segundo os *Anais de Wolfenbüttel*, o papa não veio sozinho: tinha "203 outros romanos, seus conselheiros" com ele. Isso confirma que a viagem não foi tão improvisada e que se preparavam para discutir assuntos muito importantes.

Os ecos mais reveladores podem ser encontrados na correspondência de Alcuíno, pois Carlos Magno mantém o abade de Saint-Martin de Tours informado sobre as negociações e pede sua opinião. Na sua resposta, em agosto, no meio de floreios retóricos, Alcuíno regozija-se "com a milagrosa saúde corporal do pastor apostólico, da qual Vossa Excelência se deu ao trabalho, através da benevolência de Cristo, de nos informar: é conveniente que todo o povo cristão se regozije dessa clemência e da proteção divina, e louve o santo nome de Deus, que jamais abandona os que n'Ele confiam, e que impediu as mãos ímpias daqueles que desejaram, com execrável determinação, na cegueira dos seus corações, apagar a sua própria luz e, com má intenção, privar-se de seu próprio chefe". Então, Leão está fisicamente intacto, não se tocou nem nos seus olhos, nem na sua língua. Mas se permitiu que circulasse o rumor de uma cura milagrosa, que Alcuíno explorou como prova da inocência do papa. Se ele fosse culpado, Deus não o teria protegido. Quanto à punição a infligir aos culpados, ele escreveu ao rei: "Sabeis melhor o que deve ser feito".

O que é certo é que Carlos Magno tenciona ir a Roma pessoalmente, para uma visita que não seria apenas militar. É uma viagem oficial que está planejada, com uma importante escolta de eclesiásticos. É também o que emerge da carta de Alcuíno: o rei está desapontado pelo fato de o abade não querer acompanhá-lo, e pede-lhe que envie vários dos seus clérigos no seu lugar. Daí a resposta do abade: "Quanto aos nossos alunos, a quem ordenais que façam a viagem a Roma no lugar do pai deles, gostaria de saber quando, onde e com quais companheiros eles deverão encontrar Vossa Beatitude... mas quanto à vossa reprovação de que prefiro os telhados de Tours escurecidos pela fumaça às coberturas douradas de Roma, sei que Vossa Prudência leu esta máxima de Salomão: 'É melhor sentar-se no canto de um sótão do que partilhar a casa com uma mulher rabugenta' e, se me é permitido expressar-me assim, o ferro fere mais os olhos que a fumaça. Pois Tours, com os seus tetos enegrecidos, está em paz, graças a Deus e a vosso excelente governo; em Roma, pelo contrário, onde a discórdia fratricida começou, o domínio do veneno natural da dissensão até agora não foi rompido, e obriga o poder de Vossa Reverenda Dignidade a deixar as agradáveis estadias da Alemanha para pôr fim à sua pestilência destrutiva". Resumindo: desde julho-agosto de 799, o rei começa a preparar uma viagem a Roma, e não apenas para restaurar a ordem: por que pediria a Alcuíno, ou aos monges, para acompanhá-lo? É óbvio que ele tem algo a mais em mente do que uma campanha militar. "A graça divina vos enriqueceu de uma forma extraordinária com dois dons, o *imperium* da felicidade terrena e o sopro da sabedoria espiritual", Alcuíno lhe escreve na mesma carta. O *imperium*, a dominação: a palavra não é escolhida por acaso. A data da viagem ainda não foi fixada, e só ocorrerá mais de um ano depois, mas o cuidado concedido aos preparativos é revelador.

Em Paderborn, as discussões entre o rei e o papa prosseguiram durante todo o mês de agosto. Em Roma, os adversários de Leão III não estavam inativos: enviaram cartas a Carlos Magno acusando o papa de "atos criminosos e celerados": perjúrio, adultério, imoralidade, que o tornam inapto para liderar a Igreja. Essas cartas causam confusão na mente do rei e da sua comitiva. Alguns exigem que o papa se explique, que se justifique, que faça um "voto purgatório", jurando solenemente sobre os Evangelhos que é inocente.

Alcuíno se inquieta. Em agosto, escreve a Arn, que está em Paderborn: "Ouvi dizer que o senhor *apostolicus* tem muitos inimigos, que procuram obter sua destituição por meio de um plano engenhoso: primeiro, espalham acusações de adultério e perjúrio contra ele; depois exigem que ele se justifique dessas acusações pelos laços sagrados de um juramento solene; depois encorajam-no secretamente a renunciar ao pontificado sem fazer o juramento, e a levar uma vida tranquila em algum mosteiro. Isto não deve acontecer; ele não deve aceitar o juramento, nem abdicar. Se eu estivesse com ele, diria em seu lugar: 'Que aquele de vós que nunca pecou atire a primeira pedra'". Isso sugere que, para Alcuíno, o importante não é se o papa é ou não inocente, mas que a dignidade de seu ofício não seja minada. Além disso, ele continua, os cânones do santo papa Silvestre preveem que um pontífice só pode ser acusado com base no testemunho de 72 testemunhas irrepreensíveis, e outros cânones dizem que a Santa Sé é o juiz supremo e não poderia ser julgada por ninguém. "Pensei em comunicar-lhe isto e muitas outras coisas por carta, por caridade católica para com ele. Que pastor da Igreja de Cristo estará a salvo, se o cabeça de todas as Igrejas de Cristo for derrubado pelos ímpios?" Para Alcuíno, o papa é intocável, está acima das leis humanas. Ele deve desprezar as acusações. O abade pede a Arn que faça o que puder em Paderborn para que Leão III seja restabelecido em Roma sem ter de se justificar. O extremismo desse posicionamento é estranho, e sugere segundas intenções: Alcuíno precisa de um poder papal forte e intocável, pois Roma é um pilar indispensável na sua concepção de uma cristandade de duas cabeças: um papa e um imperador se apoiando mutuamente, cada um garantindo a força do outro.

O conteúdo exato das negociações de Paderborn não é conhecido. Todas as fontes, que emanam dos círculos reais ou papais, têm interesse em minimizar e desacreditar as acusações contra Leão III e em enfatizar o pleno acordo entre os dois homens. A discrição que demonstram em discussões que duram mais de um mês é ainda mais suspeita. Carlos Magno "recebeu o papa Leão em Paderborn com as mais altas honras; esperou lá pelo regresso de seu filho (Carlos) e se despediu do pontífice com honras semelhantes às que o saudaram": esta é a descrição do encontro relatada pelos *Anais Reais*. A versão dos *Anais de Lorsch* também não se estende: "O rei recebeu-o com honras, agraciou-o com muitos presentes e múltiplas marcas de respeito, e em seguida o reenviou à sua sede com a paz e grandes honras". O *Liber pontificalis* contenta-se em afirmar que as calúnias dos adversários do papa não tiveram nenhum efeito: "Não puderam, no entanto, apresentar provas do que diziam. Mas arcebispos, bispos e padres vieram de todas as partes e reuniram-se junto ao clemente e grande rei. Sob o conselho do piedosíssimo e grande rei, devolveram o papa com grandes honras à sua sede apostólica". Mesmo Alcuíno não sabe o que foi decidido entre "a águia [o papa] e o leão [o rei]". É isso o que ele escreve a Adalardo de Corbie numa carta em que expressa sua impaciência.

A sequência deixa entrever aproximadamente o que pode ter sido dito. A despeito das afirmações pacíficas das fontes, que ostentam a perfeita harmonia entre o papa e o rei, parece que este não ficou inteiramente convencido da inocência de Leão. De fato, mandou levá-lo de volta para Roma, mas com uma escolta que se destinava tanto a controlá-lo quanto a protegê-lo. Seus comissários são simultaneamente encarregados de deter os opositores do papa e de abrir uma investigação das acusações contra ele, enquanto esperam que o próprio rei venha a Roma. As suspeitas que pesam contra o papa permitem ao rei desempenhar o papel principal, o de juiz, e manter seu parceiro numa relativa dependência. Leão III encontra-se numa posição fraca; precisa do rei, e se vê forçado a ceder às suas exigências. Carlos Magno não parece compartilhar das ideias de Alcuíno sobre um papa forte e intocável; esta é a posição de um intelectual que teoriza o equilíbrio do poder. Na prática, o equilíbrio não existe: necessariamente, um dos dois domina, e o que o intelectual pensa em termos de colaboração, o realista o vê em termos de competição. A história longa e cheia de acontecimentos das relações entre o sacerdócio e o Império confirma-o: entre o imperador e o papa, tudo é questão de uma relação de forças. Carlos Magno ainda não é imperador, embora a decisão já pudesse ter sido tomada, mas se comporta como tal. Um papa respeitado, sim, mas um papa dependente, que só recebe sua força do poder real: é isso o que Carlos Magno quer.

Frequentemente foi questionado se a possibilidade de um título imperial para Carlos Magno em troca dos seus bons ofícios ao serviço do papado foi discutida em Paderborn. Somente numa crônica dos bispos de Nápoles isso é dito, e não lhe é dada muita credibilidade. Mas é certo que a ideia está no ar. Vimos as alusões de Alcuíno. Outro texto confirma isto: o poema anônimo intitulado *Carlos Magno e o papa Leão*, composto por um clérigo da comitiva real, na opinião dos críticos, durante a estadia do pontífice em Paderborn. Esse texto também chama a atenção por outra razão: descreve Carlos Magno como o "Pai da Europa", o "farol e ápice da Europa". Depois de Alcuíno, ele faz de Aachen a terceira Roma, agora que já não existe um imperador na segunda, Constantinopla. A implicação é clara: o homem que reina em Aachen deve ser imperador, mesmo que o título de *imperator* jamais seja usado. Carlos Magno é apresentado como superior a todos os reis e governando sobre um "império". "Tanto ele é superior a todos os reis quanto os ultrapassa por sua atividade". Ele é qualificado de *Augustus*: tem todas as qualidades necessárias: justiça, poder, generosidade. Reina sobre um vasto território, mas que não coincide com o do primeiro Império Romano, nem com o do Império Bizantino: o centro de gravidade deslocou-se para o norte, é um império franco E um império cristão, claro: o poema é também uma apologia a Leão III, o "pastor supremo do mundo", que o autor convida o rei a defender. Um império que quase já não é romano, porém já é "santo" e "germânico", um império cujo coração bate entre o Mosa e o Reno, onde também baterá o coração da Europa. O autor do poema não o sabe, mas, em retrospectiva, o império carolíngio terá ares de uma transição entre o Império Romano e a Europa moderna.

OS CASOS DE SEMPRE: SAXÕES, ÁVAROS, SARRACENOS, BRETÕES

Em setembro, Leão III parte para Roma com uma boa escolta, enquanto o rei permanece em Paderborn por mais algumas semanas. A viagem para Roma não é para esse ano: primeiramente ele quer dar aos seus representantes algum tempo para investigar as acusações contra o papa. Além disso, outros assuntos ocupam sua mente.

A Saxônia, agora e sempre. Ele envia seu filho Carlos para o norte, "para resolver certos assuntos com os veletos e abodritas, e para receber certos saxões dos *nordliudi*", dizem os *Anais Revisados*. Os *Anais de Lorsch* informam o que "resolver certos assuntos" quer dizer: "Naquele local o rei capturou uma multidão de saxões, com suas esposas e filhos, e os estabeleceu em várias partes de seu reino, repartindo as terras que lhes pertenciam entre seus fiéis, isto é, os bispos, os padres, os condes e outros, seus vassalos". A política de deportação começa; os *nordliudi* são dispersados em regiões longínquas, e são substituídos por colonos francos e abodritas. O distrito de Wihmode é particularmente concernido em 799. Alcuíno aconselha o rei a diminuir a pressão sobre esse "povo abominável". Em junho, ele lhe escreve: "Interrompamos as ameaças por algum tempo, para que não se tornem obstinados e fujam, mas deixemos que mantenham a esperança, até o momento em que possamos apaziguá-los com conselhos sábios. Os que partiram para outras regiões são os melhores cristãos, como sabemos, enquanto os que permaneceram no local persistiram nas escórias da maldade". A política da deportação continuará por vários anos.

Outro setor se movimenta no verão de 799: os ávaros, que se acreditava subjugados, se sublevam, e duas más notícias chegam ao rei: Érico, duque de Friuli, que se mostrara muito eficaz naquela região, é assassinado numa emboscada, armada pelos habitantes de uma cidade da Ístria, possivelmente por instigação de Bizâncio; ao mesmo tempo, o prefeito da Marca bávara morre numa batalha contra os ávaros, segundo os *Anais*, enquanto Eginhardo acha que foi também um assassinato: ele e dois membros da sua escolta foram alvejados, enquanto passava em revista as tropas antes de uma batalha. Duas perdas significativas, duramente sentidas na comitiva real, em que se receia que isto anuncie sérias derrotas. Alcuíno manifesta sua preocupação numa carta a Arn em outubro: "Grandes são as aflições deste mundo, e muitos os perigos para aqueles que o amam. Veja a forma pela qual os homens mais valentes que guardavam e estendiam as fronteiras do império cristão foram mortos brutalmente! Não só fazemos o luto dessa perda, como receamos que ela pressagie um perigo maior...". A luta na Panônia será assim retomada, uma "guerra suja", sobre a qual os *Anais* e as crônicas não falam, mas que assume o aspecto de uma guerra de extermínio. Se Eginhardo tivesse conhecido a palavra genocídio, provavelmente a teria utilizado, ele que escreve: "quanto sangue foi derramado, percebe-se hoje pelo fato de a Panônia estar agora tão deserta que nenhum sinal de presença humana permanece. Toda a nobreza dos hunos se extinguiu nessa guerra, e toda a sua glória desapareceu". A tarefa cabe a Pepino, e só foi concluída em 803.

Não se trata apenas dos saxões e dos ávaros. Os sarracenos também estão em movimento. No entanto, algumas notícias são melhores. Hassan, o governador de Huesca, oferece as chaves da cidade aos francos, declarando que lhes abriria as portas se a oportunidade surgisse. As Baleares também foram reconquistadas dos piratas mouros, cujos estandartes são enviados a Carlos Magno. Luís parece ter passado o verão com o pai, e regressa à Aquitânia no final do ano.

O rei está de volta a Aachen no outono de 799. Lá, outra boa notícia lhe chega, vinda de uma zona pouco habitual: a Bretanha armórica. Para se proteger de incursões dos chefes celtas da península bretã, uma zona tampão, a Marca da Bretanha, tinha sido criada na década de 770. Correspondendo aproximadamente às dioceses de Rennes e Nantes, estava sob a autoridade de um conde da marca, que no final do século VIII era um certo Gui (Wido). Esse personagem provém de uma grande família do Mosela, e é um dos correspondentes de Alcuíno. Essa família, Garnier-Gui-Lambert, está solidamente estabelecida na região: Frodaldo, irmão de Gui, é o conde de Vannes, e Lamberto, filho de Gui, conde de Nantes, e sucederá a seu pai como prefeito das Marcas. Em 799, Gui lançou uma ofensiva em grande escala contra a Bretanha: já não se tratava apenas de exigir tributos, mas de desarmar os chefes locais. A operação é um sucesso, segundo os *Anais Reais*: "O conde Gui, que comandava a região fronteiriça da Bretanha, entrou na Bretanha com os condes associados, percorreu todo o território e recebeu a sua rendição. Quando o rei voltou da Saxônia, foi apresentar-lhe as armas dos duques rendidos, nas quais tinham inscrito individualmente seus nomes, pois é por suas armas que cada um deles se rende, com sua terra e seu povo. E toda a província dos bretões foi submetida aos francos, o que nunca tinha acontecido antes". Como de costume, o editor da versão revista dos *Anais* vem temperar um pouco esse otimismo oficial; o tom não é tão triunfalista: "Parecia, de fato, que essa província estava inteiramente subjugada; e teria sido, se a inconstância desse povo pérfido, como de costume, não tivesse transformado a situação". Em suma, se há algo de novo no oeste, os indomáveis bretões estão apenas temporariamente subjugados. Entretanto, eles não representam uma séria ameaça para o enorme reino franco.

Assim, o ano de 799 terminou muito bem para Carlos Magno. Para coroar tudo isso, um monge enviado pelo patriarca de Jerusalém chegou a Aachen, trazendo preciosas relíquias. O rei teve o prazer de enriquecer sua coleção, e quando o monge partiu, acrescentou-lhe à comitiva um padre palaciano, Zacarias, portador de presentes para as igrejas de Jerusalém. O Natal é celebrado em Aachen, e lá iniciam o ano de 800.

OS DESLOCAMENTOS DO ANO 800

Para Carlos Magno, o ano de 800 foi excepcional, o de seu apogeu pessoal, a essência de seu reino, o que deixa para sempre essa data ligada ao seu nome, constituindo um dos principais marcos na história europeia. A viagem para Roma havia sido decidida em julho de 799; se foi feita somente no ano seguinte, não foi por acaso: ser coroado imperador no dia de Natal em 800, ou seja, de acordo com as crenças da época, exatamente oito séculos, dia após dia, depois do nascimento de Cristo, já é assegurar um lugar na história. Tudo isto, obviamente, é calculado.

Mas outras tarefas a desempenhar esperam o rei antes do Natal. Esse é um dos anos mais agitados em termos de viagens, reuniões e decisões, e, felizmente para nós, um dos mais bem documentados do reinado. Por uma vez, podemos acompanhar o rei mês após mês nos *Anais Reais*, ao longo de um périplo de 3.200 quilômetros, ou seja, aproximadamente 110 dias passados a cavalo, prova do grande vigor desse homem de 58 anos.

Tudo começa mais cedo que o habitual: o rei deixa suas acomodações de inverno de Aachen em meados de março e dirige-se para oeste, para a costa do Canal da Mancha, na zona de Boulogne, pois começa a preocupar-se com uma nova ameaça vinda do mar: os *northmanni*, os "homens do Norte", cujos ataques de pirataria começam a aumentar. Esses vikings não são desconhecidos. Sabemos de onde vieram: da Escandinávia, em particular da Dinamarca. Durante muito tempo, eles se comportam como comerciantes aventureiros, trocando e comprando-vendendo nas costas do Báltico e do Mar do Norte. Depois, a partir de 780 aproximadamente, atuam cada vez menos como comerciantes e cada vez mais como saqueadores. Marinheiros audaciosos, navegando em notáveis embarcações de fundo plano, atacam as vulneráveis costas da Frísia, as fozes do Reno e do Escalda, e as Ilhas Britânicas. Se suas expedições se multiplicam, isso deve-se em parte a razões demográficas: a pressão humana ultrapassa os recursos dos países nórdicos. Além disso, a crescente riqueza das regiões ocidentais e a multiplicação de igrejas e mosteiros, lugares onde se acumulam ofertas praticamente indefesas, constituem presas tentadoras. Finalmente, é preciso adicionar uma causa política: o impulso franco para o nordeste, que perturba os povos em redor do Báltico e inquieta especialmente os dinamarqueses, que se tinham tornado vizinhos diretos do reino carolíngio. A Dinamarca serviu de base de apoio para os saxões, como refúgio para Viduquindo, e o novo rei, Godofredo, adota uma atitude muito agressiva em relação a Carlos Magno. Segundo Eginhardo, sua ambição era nada menos que se apoderar de Aachen: os dinamarqueses "chegaram primeiro como piratas, depois devastaram as costas da Gália e da Alemanha com uma grande frota. Seu rei Godofredo estava tão cheio de vãs ambições que queria se tornar o senhor de toda a Alemanha. Considerava a Frísia e a Saxônia como suas províncias, e já tinha reduzido os abodritas, que eram seus vizinhos, a um estado de submissão, obrigando-os a pagar-lhe tributos. Agora vangloriava-se de chegar em breve, com seu poderoso exército, a Aachen, onde o rei tinha sua corte".

Esse ainda não era o caso, mas durante vários anos os ataques de pirataria multiplicam-se: nas costas de East Anglia em 789, Nortúmbria em 793, Irlanda em 795; saqueiam a abadia de Lindisfarne em 796; cada vez mais ousados, atravessam o Canal da Mancha e chegam ao Atlântico, desembarcando num local não especificado na costa da Aquitânia em 799. Em Tours, Alcuíno tem um novo motivo de preocupação. Escreve a Arn: "Como sabeis, os navios pagãos causaram muitos danos às ilhas da costa da Aquitânia. No entanto, perderam muita gente, e 105 piratas foram mortos na costa. Essa grande irrupção, que os povos cristãos não haviam experimentado antes, é um castigo divino, pois os servos de Deus não cumprem os seus votos".

Foram esses relatórios que convenceram Carlos Magno a ir à Nêustria, uma região que tinha visitado muito pouco, para inspecionar a linha costeira na zona de Somme e de Pas-de-Calais. Mas o que ele pode fazer? "Inspecionou as regiões costeiras do oceano gaulês; criou uma frota naquele mar, pois naquela época ele estava infestado de piratas, e organizou as defesas..." Defesas ilusórias, sem dúvida: alguns postos de vigilância e alguns barcos destinados a patrulhas, mas o rei não tem meios para construir uma Muralha Atlântica. Os assuntos marítimos lhe são estranhos: os francos são cavaleiros, não marinheiros, e seu reino, continental, é impotente para lutar contra uma ameaça vinda do mar, que pode surgir em qualquer lugar e em qualquer momento.

De momento, o perigo ainda é apenas difuso. Carlos Magno passa cerca de um mês na região, e celebra a Páscoa em 19 de abril na abadia de Saint-Riquier. De lá, vai para Rouen, onde atravessa o Sena, e chega a Tours por volta de meados de maio. Duas razões o trazem ali: o túmulo de São Martinho e a presença de Alcuíno. E estas duas razões são uma e mesma coisa: preparar a viagem a Roma, que seria o grande acontecimento do ano, e mesmo do reinado. Para que tudo corra bem, a ajuda de São Martinho e os conselhos de Alcuíno não serão demais. Ele reza para o primeiro e conversa com o segundo. Alcuíno já lhe disse que não irá a Roma, mas pode dar preciosos conselhos. O rei tem extrema confiança nele. Nessa viagem invulgar, Carlos Magno é acompanhado pela sua esposa, Lutgarda, que adoece e morre em 4 de junho. Ela é enterrada em Tours. Lutgarda só passou pela vida do rei, a quem não deu filhos. É a última esposa oficial do rei, que a partir de então se contentará com concubinas, continuando a procriar a um ritmo frenético até o fim. Seus filhos ilegítimos povoam conventos e mosteiros. Os *Anais* retiveram somente alguns nomes desses bastardos nascidos depois de 800: Rutilda, futura abadessa de Faremoutiers, filha de Madelgarda; Adaltruda, filha da saxã Gersuinda; Drogo, futuro bispo de Metz, filho de Regina; Hugo, futuro abade de Saint-Quentin, também filho de Regina; Teodorico, futuro clérigo, filho de Adelinda; Ricbod, futuro abade de Saint-Riquier, de mãe desconhecida; Bernardo, futuro abade de Moutier-Saint-Jean, também de mãe desconhecida. Esta é apenas a ponta do *iceberg*. Se o rei renuncia a tomar uma nova esposa oficial, é provavelmente para evitar problemas de sucessão. Com o costume de partilhar, é melhor não ter muitos filhos, a fim de evitar disputas, especialmente se eles não forem do mesmo leito. Luís, o Piedoso, terá essa amarga experiência. Carlos Magno já tinha tido aborrecimentos com Pepino, o Corcunda, cujo estatuto era incerto. Uma vez resolvido esse caso, ele tem agora três filhos da mesma mãe: é melhor deixar as coisas assim. Para filhos legítimos, é necessária uma coroa; para bastardos, basta dar uma mitra episcopal ou abacial.

Em Tours, Carlos Magno também se encontra com seu filho Luís, a pedido deste último. Luís, diz o Astrônomo, "mandou um prelado a Rouen, pedindo ao seu pai que fizesse um desvio pela Aquitânia, para visitar o reino que havia lhe dado. Ele deveria ir a um lugar chamado Chasseneuil (onde Luís nascera). O pai recebeu bem esse pedido e agradeceu, mas declinou do convite e ordenou que o filho fosse encontrá-lo em Tours. Quando o filho lá chegou, recebeu-o com grande alegria, e Luís o acompanhou até Ver. Depois, partiu para a Frância e o filho regressou à Aquitânia".

Portanto, foi como viúvo que Carlos Magno deixou Tours na primeira quinzena de junho para regressar a Aachen. No caminho, parou em Orléans e Paris, e chegou a Aachen no final de junho. Ficou lá até meados de agosto, e, nesse intervalo de um mês e meio, acomodou a realização de um "concílio", ou no mínimo uma reunião de eclesiásticos, a que os historiadores chamam de "Concílio de Aachen", destinado a resolver a questão do adocionismo. Esta é a única incerteza da agenda do rei em 800, pois os *Anais* não mencionam esse concílio, o que leva alguns estudiosos a colocá-lo em 799. Uma das dificuldades advém da presença de Alcuíno, que está empenhado num combate oratório com Félix diante da assembleia. Ora, Carlos Magno acabara de se encontrar com Alcuíno em Tours, presume-se então que o abade regressou a Aachen com o rei, ou pouco tempo depois. A assembleia de Aachen pode ser vista como o fim do adocionismo. Félix se retrata, e o velho arcebispo Elipando de Toledo fica sendo o único defensor da heresia, mas quase já não é mais ouvido e quando, nonagenário, morre em 808, o clero espanhol se junta à fé ortodoxa. Para Alcuíno, esta é uma vitória que deve muito à obstinação de Carlos Magno, e que reforça seu prestígio como defensor da fé, papel tradicional do imperador, desde Constantino. É em relação ao adocionismo que lhe escreve em 800: "Que a vossa vontade e o poder ordenado por Deus que possuís defendam a fé católica e apostólica em todos os lugares; da mesma forma como trabalhais para ampliar corajosamente o império cristão pelas armas, esforçai-vos por defender, ensinar e propagar a verdade da fé apostólica... Que Deus Todo-Poderoso aumente e preserve o poder da Vossa Glória real para a exaltação e defesa da santa Igreja, para a paz do império cristão e para o vosso próprio benefício, senhor mais desejado e mais amado...".

A ligação entre o império cristão e a defesa da fé é claramente afirmada. Na mesma época, Teodulfo estabelece em um poema a divisão de poderes entre o rei e o papa: ao papa as chaves do Céu, ao rei o governo do clero e do povo, e dos dois o rei é o primeiro: "Por vós, os pontífices exercem suas funções sagradas"; é o rei que encarrega o papa das suas funções espirituais. Isto corresponde à situação de fato em 800, na qual Leão III depende do apoio de Carlos Magno. Contestado, acusado, ele se encontra inteiramente dependente da boa vontade do rei franco. Se este o abandonasse, estaria perdido.

Desde o seu regresso a Roma, em outubro de 799, o papa está sob a proteção franca. Segundo o *Liber pontificalis*, ele foi triunfalmente acolhido. Em todas as cidades pelas quais passou, foi recebido "como se fosse o próprio Apóstolo". Em Roma, diz-se que há um delírio: "Os romanos, na imensa alegria de encontrar seu pastor, se amontoavam, na véspera do dia de Santo André: os notáveis e todo o resto do clero, os grandes, o Senado e todos os soldados, todo o povo romano, com as freiras e as diaconisas, as mais nobres damas e todas as mulheres, com todas as colônias de peregrinos, francos, frísios, saxões, lombardos, e recebendo-o na Ponte Milvius com cruzes, bandeiras e salmos, levaram-no à igreja de São Pedro Apóstolo...". Passou a noite no Vaticano, no dia seguinte entrou em Roma e ficou no seu palácio de Latrão.

A realidade não é tão gloriosa. Leão III é ladeado por uma imponente delegação franca, incluindo dois arcebispos, Arn de Salzburgo e Hildebaldo de Colônia, cinco bispos, incluindo Atton de Freising e Jessé de Amiens, e três condes, incluindo Germaire. Aos olhos dos romanos, ele regressou "na bagagem do estrangeiro", e este não é bem-visto, como Arn diz a Alcuíno. Ainda circulam rumores sobre a vida privada do papa. Para alguns historiadores, é aqui que deve ser colocada a troca de cartas entre Arn, que relata essas acusações, e Alcuíno, que a queima para evitar que caia nas mãos erradas. Preferimos, na esteira de P. D. King, situá-la em 799, porque a carta de Alcuíno também menciona fatos recentes relativos aos ávaros e aos normandos, que correspondem melhor ao contexto da época. Em todo caso, isso em nada altera a situação.

A delegação franca está lá, teoricamente, para reintegrar o papa em suas funções, ilibá-lo de qualquer suspeita e punir seus acusadores. Estes, Pascoal, Campulo e seus associados, são presos e interrogados durante uma semana no grande salão, o *triclinium*, do palácio de Latrão. Normalmente, o papa deveria ter a posição de juiz nesse processo. De fato, ele está diante de seus acusadores, e são os francos que estão na posição de árbitro. A investigação não produz resultados concretos, e os inimigos do papa são enviados à Frância. Torna-se claro que nada de decisivo pode acontecer antes da chegada de Carlos Magno, a quem todos esperam.

O rei não tem pressa, o que sugere que tudo está preparado para que o "evento" ocorra no dia de Natal. Não é possível acreditar que se trata apenas de uma coincidência fortuita, de circunstâncias. Só no início de agosto Carlos Magno deixa Aachen e vai para Mainz, onde convoca a assembleia geral, que geralmente se realiza em maio-junho. Lá anuncia que, tendo restaurado a paz em todo o reino, poderia agora lidar com o ataque ao papa, e que, por conseguinte, empreenderia uma viagem à Itália. E parte, acompanhado pelo seu filho Carlos, por prelados, condes, e um exército, pois o duque de Benevento está conspirando novamente. Passando pelo Grand-Saint-Bernard, a imponente coorte desce, sem muita pressa, à planície do Pó, e dirige-se para Ravena, onde Pepino vai encontrar seu pai. O único que faltava na reunião familiar era Luís. Segundo o Astrônomo, Carlos Magno hesitou em mandar chamá-lo: "O rei Carlos mandou instruções para lhe pedir que o acompanhasse à Itália, mas mudou de ideia e ordenou-lhe que ficasse em suas terras". Ou seja, na Aquitânia, onde tem muito o que fazer. Durante o verão, Luís deixa Toulouse e viaja através dos Pireneus, chegando a Barcelona, onde Sadun se recusa a deixá-lo entrar. Assim, contornando a cidade, ele ataca Lerida e a arrasa. "Deixando-a em ruínas, destruiu e queimou outras cidades e avançou em direção a Huesca. O trigo nos campos à volta da cidade estava maduro e abundante; as tropas cortaram-no, destruíram-no, queimaram-no; tudo o que foi encontrado fora da cidade foi atirado às chamas. Depois desta ação, voltou para casa, pois o inverno já havia começado." Luís não assistiu à coroação imperial.

Pepino, por sua vez, depois uma semana de estadia em Ravena com o pai, é encarregado de uma intervenção no ducado de Benevento. Separam-se em Ancona, e Carlos Magno retoma a viagem para Roma. Em 23 de novembro, chega a Nomentum (Mentana). Lá, o papa o espera "com humildade e as maiores honras", segundo os *Anais Reais*, enquanto o *Liber pontificalis* não diz uma palavra sobre isso. É engraçado constatar que, a partir desse ponto, as duas fontes se complementam involuntariamente, cada uma dando o melhor papel ao seu herói. Os *Anais* realçam as honras prestadas ao rei, e o *Liber pontificalis* só se torna eloquente quando o papa tem a iniciativa.

ROMA, 23 DE DEZEMBRO: HUMILHAÇÃO DO PAPA, EXALTAÇÃO DO REI

Então, o cenário é Mentana, a 20 quilômetros de Roma. O protocolo é claro: quando se trata da visita de um exarca, o papa envia um dignitário para encontrá-lo; se é o imperador que chega, o próprio papa vai, até 10 quilômetros. Agora aqui está Carlos Magno, e o papa vai ter com ele pessoalmente, até os 20 quilômetros. Isto nunca tinha sido visto antes. Foi fácil tirar a conclusão. Além disso, em 774, o rei dos francos havia então marchado até Roma; dessa vez, foi a cavalo. O papa precedeu-o na cidade, e "no dia seguinte enviou homens para se encontrarem com ele munidos dos estandartes da cidade de Roma, e instalou multidões de peregrinos e cidadãos em lugares apropriados para aclamá-lo quando passasse; depois, nos degraus da basílica do abençoado apóstolo Pedro, com o clero e os bispos, recebeu-o quando desmontou do cavalo e subiu os degraus". Trata-se de uma recepção imperial. Todos esses detalhes provêm, obviamente, dos *Anais*.

O *Liber pontificalis*, por outro lado, prefere relatar a sessão que aconteceu dias mais tarde para resolver o problema que teoricamente tinha motivado a vinda de Carlos Magno: as acusações contra o papa. Realizou-se uma grande assembleia, reunindo arcebispos, bispos, abades, nobres francos e senadores romanos na basílica de São Pedro:

> O grande rei e o abençoado pontífice vieram e tomaram seus lugares, e mandaram que se sentassem os arcebispos, bispos e abades, enquanto os sacerdotes e os *optimates* (os grandes) francos e romanos permaneceram em pé. Coube-lhes apagar os crimes que tinham sido reprovados ao augusto pontífice. Ao ouvirem essa notícia, declararam unanimemente: "Não ousamos julgar a Sé apostólica, que é a cabeça de todas as igrejas de Deus; somos todos julgados por ela e pelo seu vigário, mas ele não é julgado por ninguém: assim tem sido o costume desde a longínqua Antiguidade. Como decidirá o supremo pontífice, obedeceremos

de acordo com os cânones". Quanto ao venerável bispo, falou nestes termos: "Quero seguir os passos dos meus venerados antecessores e estou pronto a purificar-me das acusações caluniosas de que tenho sido o objeto vergonhoso".

No dia seguinte, na mesma igreja, o *Liber* continua, perante a mesma assembleia, cuja disposição, aliás, espelha a dos concílios do reino franco, "o venerável pontífice, levando os quatro Evangelhos de Cristo, foi à tribuna, diante de todos, e sob juramento declarou com voz clara: 'Desses falsos crimes que os romanos injustamente me acusaram, não tenho conhecimento e não reconheço ter cometido nenhum deles'. E quando isto foi feito, todos os arcebispos, bispos e abades e todo o clero celebraram uma litania e cantaram louvores a Deus".

Essa versão é muito favorável ao papa: ninguém vem acusá-lo, todos reconhecem que ele é intocável, e, voluntariamente, ele aceita fazer o juramento purgatório, o que o liberta de qualquer suspeita. Os *Anais Reais* também vão nesse sentido, mas não se debruçam sobre os méritos de Leão III. O relato é sucinto: "O rei, tendo convocado uma assembleia, explicou por que tinha vindo a Roma ... para investigar as acusações alegadas contra o pontífice. Mas ninguém queria ser o juiz dessas acusações, portanto, carregando os Evangelhos, ele [o papa] foi à tribuna da basílica do bem-aventurado apóstolo Pedro, diante do povo, invocou o nome da Santíssima Trindade, e se lavou por juramento de todas as acusações alegadas contra si". Além do fato de o papa estar aqui muito menos em evidência, essas duas versões concordam que as acusações foram retiradas, e que Leão III escolheu livremente fazer o juramento para dissipar qualquer suspeita. Isso não é de modo algum um procedimento judiciário.

Uma terceira fonte perturba essa versão demasiadamente suave: os *Anais de Lorsch*. Robert Folz insistiu com razão no seu valor: escrito por Ricbold, abade de Lorsch e arcebispo de Trier de 791 a 804, amigo de Alcuíno, membro do círculo de intelectuais conhecido como Academia Palacial, ele está muito bem informado, particularmente pelo seu amigo Riculfo, arcebispo de Mainz, que assistiu às sessões dessa assembleia. A versão que ele dá, mesmo nas suas precauções desastradas, sugere que a posição do papa não é assim tão confortável, e que na realidade ele faz o papel de acusado, tendo Carlos Magno como árbitro: "Em Roma, o rei convocou uma grande assembleia de bispos e abades, juntamente com sacerdotes, diáconos, condes e o resto do povo cristão, e perante eles apareceram aqueles que desejavam condenar o senhor apostólico. Quando o rei percebeu que não eram movidos por uma razão de justiça, mas por inveja, pareceu-lhe bem, assim como aos bispos e padres santos que participaram do concílio, que se esta fosse a vontade do papa e ele próprio se expressasse, deveria purificar-se por juramento, não de acordo com seu julgamento, mas de acordo com sua livre vontade. E assim foi feito". Teria portanto havido uma acusação, e, perante a impossibilidade de tomar uma decisão, é pedido ao papa que preste o juramento purgatório. A insistência e as circunlocuções de que o fez livremente indicam, ao contrário, que só se resolve a efetivá-lo porque a assembleia não está convencida de sua inocência. O procedimento que lhe é imposto tem estratégia franca: quando não podem ser apresentadas provas que sustentem uma acusação, a lei germânica prevê que o acusado pode ser absolvido se fizer o juramento purgatório. Cabe a cada um acreditar ou não em sua sinceridade. O papa não sai incólume desse caso.

Quanto aos acusadores, Pascoal e Campulo, eles são levados a julgamento perante Carlos Magno e os nobres francos e romanos. De acordo com o *Liber*, eles se denunciaram mutuamente. Condenados à morte, sua sentença foi comutada para exílio.

O procedimento relativo às acusações contra o papa é apenas uma das razões da presença de Carlos Magno em Roma. É a razão oficial, a capa. Na realidade, o rei não vem de Aachen para ouvir Leão III fazer um juramento de trinta segundos, que poderia muito facilmente ter efetivado em Paderborn ou perante seus representantes. Se o rei veio, é para voltar como imperador. É a única verdadeira finalidade da expedição, pois, fora disso, sua presença não se impõe de forma alguma. Roma tinha recuperado mais ou menos a calma, e o papa, os seus poderes. Não havia nenhuma grande ameaça no horizonte. A questão das acusações foi usada como um pretexto.

Um pretexto muito útil, de fato, porque tornou possível reunir a grande assembleia de arcebispos, bispos, abades, e nobres francos e romanos que serviria de pano de fundo para a proclamação do império. Essa assembleia realizou várias sessões durante o mês de dezembro, tendo a sessão final, crucial, ocorrido no dia 23. Nesse dia, o papa presta seu juramento, e então se passa aos assuntos sérios. Uma proposta é feita: o rei dos francos deveria tomar o título de imperador. São ainda os *Anais de Lorsch* que relatam o episódio:

Por então estar vago o título imperial na terra dos gregos e uma mulher ali exercer os poderes imperiais, pareceu ao próprio papa Leão e a todos os santos pais presentes no concílio, bem como a todo o povo cristão, que era conveniente dar o nome de imperador ao rei dos francos, Carlos, que tinha em seu poder a cidade de Roma, onde os imperadores sempre estiveram habituados a residir, assim como as outras residências da Itália, da Gália e da Germânia. Tendo o Deus Todo-Poderoso consentido em colocá-las todas sob sua autoridade, pareceu-lhes justo que, com a ajuda de Deus e em conformidade à demanda de todo o povo cristão, também ele deveria portar o nome de imperador.

Quem faz essa proposta? As fontes não dizem. O estilo indireto sugere que a ideia surgiu espontânea e anonimamente na mente de todos os participantes. Quem acreditaria nisso? Evidentemente, a sugestão não é espontânea, nem anônima. Entre os francos presentes estão alguns dos fiéis seguidores do rei e amigos de Alcuíno, que só esperam o momento propício: Arn, Hildebaldo, Riculfo, bispos e arcebispos conhecidos e respeitados, e o monge Wizzo, de Saint-Martin de Tours, enviado pessoal de Alcuíno. Há meses se preparava essa encenação. O papa, obviamente, sabe disso. Carlos Magno acabara de livrá-lo de seus oponentes: não podia recusar-lhe nada. Quanto ao rei, que no momento permanece em silêncio, como se pode por um instante imaginar que ignorava o que iria acontecer? Não foi obviamente sem o seu acordo que a proposta foi feita.

Os argumentos apresentados são de dois tipos. Já não há mais um imperador, uma vez que Irene tomou o poder e nunca uma mulher havia sido imperatriz em seu próprio nome. A ideia havia sido apresentada a Carlos Magno desde 798 por uma delegação de opositores de Irene, que veio lhe oferecer o trono imperial. Como não existe mais um imperador e é necessário ter um, a pessoa mais bem colocada para portar o título é aquela que detém o poder de fato sobre vastas regiões do Império Romano, que controla as cidades que haviam sido residências imperiais: Carlos Magno, senhor da Itália, da Gália e da Germânia, tem Roma, Milão, Ravena, Lyon, Paris, Arles e Trier sob o seu domínio. Esta é uma repetição do argumento de 751: aquele que tem o poder deve ter o título, ou, dito mais brutalmente, a força faz o direito.

Como recusar? Carlos não quer desapontar todas essas boas pessoas: "A essa demanda, o rei Carlos não quis opor uma recusa". Assim, ele aceita a proposta: será imperador, uma vez que todos insistem. Essa nomeação é uma inovação. Não se trata de uma eleição feita pelo povo, como manda a tradição, mas de um simples desejo expresso por uma assembleia que se presume dever representar o povo. Como se fosse para dar garantia divina à elevação de Carlos Magno ao império, se apresenta diante dos presentes o padre Zacarias, que acabara de regressar de uma missão à Terra Santa, onde havia se encontrado com o patriarca de Jerusalém. Está acompanhado por dois monges orientais, dos mosteiros de Saint-Sabas e do Monte das Oliveiras, que são portadores de preciosos presentes enviados pelo patriarca: as chaves do Santo Sepulcro, do Calvário, da cidade de Jerusalém e do Monte Sião, bem como o estandarte da cidade. Esses presentes são carregados de símbolos, e recordam aqueles que o papa tinha enviado alguns anos antes ao rei. O molho de chaves, símbolo religioso, sinal de bênção e que faz de Carlos Magno o protetor espiritual dos Lugares Santos; o estandarte, um símbolo político, sinal da investidura de Carlos Magno como protetor secular desses Lugares Santos. A chegada da delegação e desses preciosos objetos causa um forte impacto na assembleia, como se esperava: "O rei recebeu-os muito graciosamente", dizem os *Anais Reais*. Que após uma viagem de vários meses, Zacarias chegasse a São Pedro de Roma justamente no dia 23 de dezembro, em plena assembleia, é "uma coincidência que talvez não tenha sido inteiramente obra do acaso", escreve Louis Halphen. Isto é o mínimo que se pode dizer.

A ENCENAÇÃO DA COROAÇÃO IMPERIAL (25 DE DEZEMBRO)

Depois da encenação em 23 de dezembro, a promoção do novo imperador ainda precisa ser oficializada. Para dar mais brilho e solenidade ao gesto, previu-se esperar até o dia de Natal. Aqui também o evento foi encenado, mas, segundo algumas fontes, não se realizou exatamente como Carlos Magno tinha desejado. Cada gesto, cada palavra, foi cuidadosamente preparado, pois têm muito significado, e tudo indica que, se o imperador é o herói do dia, seja o papa que toma a iniciativa de ordená-lo. Mais uma vez, as nuanças e os silêncios das fontes ajudam-nos tanto quanto suas declarações a compreender o que aconteceu.

Uma coisa é absolutamente certa: o evento estava pré-arranjado. Primeiro indício: a escolha do local do evento. A missa de Natal é normalmente celebrada em Santa Maria Maggiore. Dessa vez, no entanto, foi escolhido o cenário muito mais prestigioso da basílica de São Pedro. A grande assembleia, numerosa, é composta por todos os dignitários francos e romanos, religiosos e seculares. Segundo indício, o imperador chega já com uma túnica comprida, uma clâmide e sapatos roxos. O cerimonial que se segue é inspirado pela prática bizantina, pois nessa época não há liturgia de coroação imperial no Ocidente: há séculos nenhum imperador é proclamado. Portanto, a prática oriental é imitada, mas adaptada ao contexto romano de 800. A cerimônia bizantina compreendia três partes: o rito de aclamação, que é o reconhecimento de que o imperador é simultaneamente o escolhido do povo e o escolhido de Deus; a coroação pelo patriarca, que é a confirmação da eleição; e finalmente a adoração (proscinese) do imperador pelo patriarca e pelos altos dignitários, que é um reconhecimento da dignidade sagrada do imperador. Na cerimônia do Natal de 800, encontramos esses três momentos, numa ordem e com alterações sutilmente calculadas.

Primeiramente, Carlos Magno vai diante da Confissão de São Pedro, isto é, o túmulo do apóstolo. Todas as fontes estão de acordo sobre o que então se passa: "No sagrado dia de Natal, quando, antes da missa, o rei se levantava de sua oração diante da confissão do bem-aventurado apóstolo Pedro, o papa Leão colocou uma coroa na sua cabeça e todo o povo dos romanos gritou: 'A Carlos Augusto, coroado por Deus, grande e pacífico imperador dos romanos, vida e vitória'" (*Anais Reais*). "Então o venerável e augusto pontífice coroou o rei com as suas próprias mãos, colocando-lhe uma coroa muito preciosa. Depois os fiéis romanos, vendo o grande amor que ele tinha pela Igreja romana e pelo seu vigário, aclamaram unanimemente, por ordem de Deus e do bem-aventurado Pedro, porteiro do reino dos Céus, 'A Carlos, piedosíssimo Augusto, coroado por Deus grande e pacífico imperador, vida e vitória'. Esta aclamação foi ouvida três vezes diante da confissão do bem-aventurado Pedro; muitos santos foram invocados" (*Liber pontificalis*). Essa coroação é um ato de "consagração", termo geralmente reservado à ordenação episcopal. O imperador é elevado a uma espécie de ordem espiritual única. De onde veio a coroa "preciosa"? Nenhuma fonte o diz. Os reis dos francos não a usavam até então. Geralmente se pensa que ela veio do tesouro papal, de onde foi levada para a ocasião. De toda forma, não se trata de uma sagração, para a qual se usa o óleo sagrado, mas de uma coroação ou "consagração".

A aclamação que se segue inclui a fórmula das Laudes, substituindo os predicados reais pelos títulos de "Augusto" e de "imperador dos romanos". As Laudes propriamente ditas, nas quais os santos são invocados, são em seguida cantadas. Incluem a famosa aclamação: "*Christus vincit! Christus regnat! Christus imperat!*". Depois disso, invoca-se para o papa a intercessão de Cristo, dos apóstolos Pedro, Paulo e André, dos papas Sisto e Clemente, a fim de que Deus lhe conceda uma longa vida. Para o imperador, pede-se longa vida e vitória, pela intercessão de Cristo, dos arcanjos Miguel, Gabriel e Rafael, ou seja, as figuras mais poderosas do mundo celeste, bem como de São João e Santo Estêvão. Para a família do imperador, invoca-se a Virgem e alguns santos, e para os condes, outros santos são invocados, incluindo Hilário, Martinho e Denis (Dionísio), que são particularmente queridos pelos francos.

Mas o importante é que essas Laudes se limitam a reconhecer a qualidade imperial, não a constituem. Pede-se a intercessão celestial para alguém que já é imperador. Então, quem o fez imperador? Normalmente, é assim que se faz em Bizâncio, são as aclamações, e depois o patriarca coroa o escolhido do povo. Aqui, a ordem é invertida: é o papa que faz o imperador, o "povo" se limita a ratificar a sua escolha. O *Liber pontificalis* deixa isto claro: "o venerável e augusto pontífice coroou o rei com as suas próprias mãos, colocando-lhe uma coroa"; depois é ele, que representa "o bem-aventurado Pedro, porteiro do reino dos Céus", que dá o sinal para as aclamações: "por ordem de Deus e do bem-aventurado Pedro", diz o *Liber*. Os *Anais Reais* expressam-se de forma muito mais condensada, sugerindo uma simultaneidade: "O papa Leão colocou uma coroa sobre sua cabeça *e* todo o povo gritou...". O fato é que a ordem do ritual foi notada por todos: Carlos Magno recebeu sua coroa de Deus e do papa; este último era, portanto, superior a ele.

"No início ficou tão descontente, dizia, que teria se recusado a entrar na igreja nesse dia, embora fosse de grande festa, se soubesse de antemão da intenção do pontífice." Essa observação de Eginhardo fez correr muita tinta. Como deve ser interpretada? Primeiramente, excluamos a possibilidade de Carlos Magno ter ficado genuinamente surpreendido ao ser coroado e ter dito a si próprio: "Se eu soubesse, não teria vindo!". De fato, havia aceitado o título de imperador dois dias antes: a coroação em São Pedro foi a consequência lógica e indispensável. O descontentamento é fingido? Poderá ser uma simulação concebida para apaziguar a ira previsível do governador bizantino? Ao sugerir que foi coagido, Carlos Magno poderia se fazer de inocente. Essa hipótese seria confirmada pelo fato de que Eginhardo acrescenta imediatamente: "Ele, no entanto, suportou com grande paciência o ciúme dos imperadores romanos, que se indignavam com o título que ele havia recebido". Outra possibilidade é que, como vimos, Eginhardo se baseia muito nas biografias imperiais romanas, e então atribua a seu herói aquele gesto de modéstia formal, relatado em relação a vários imperadores "bons", que a princípio fingem recusar o cargo que lhes foi dado. Lembremos também de César, rejeitando com um ar ofendido a oferta da coroa real. Ou, então, Carlos Magno reage à inversão do rito que, colocando a coroação antes das aclamações, confere ao papa a supremacia e torna o imperador um devedor de obrigações a Roma. Isso implicaria que Leão III estava aguardando o momento certo e, sem aviso, colocou imprevistamente a coroa na cabeça do imperador, antes de dar o sinal para que as aclamações fossem feitas. Teria ele tido a audácia, em sua frágil posição, de correr tal risco contra o temível imperador? Nenhuma hipótese é absolutamente convincente.

Resta a terceira parte da cerimônia, aquela que inverte os papéis: a adoração do imperador, imitada da prosternação bizantina. É a vez do *Liber pontificalis* ficar em silêncio. São os *Anais Reais* que declaram com orgulho: "Depois das Laudes, ele foi adorado pelo senhor apostólico, à maneira dos imperadores". O papa se prosterna diante dele. O termo "adoração", usado pelos *Anais*, é impróprio; trata-se mais de "veneração", um reconhecimento do caráter sagrado do imperador. De qualquer forma, aqui o pontífice não está em posição favorável, e essa parte do ritual não só não é relatada pelo *Liber*, como também desaparece na prática: nenhum imperador depois de Carlos Magno será "adorado".

Toda a atenção está voltada para o imperador, tanto que a coroação de seu filho Carlos passa quase despercebida. Essa é a tragédia da vida do jovem: estar sempre à sombra de seu pai, uma sombra tão grande que se o perde de vista. Nunca, nem mesmo no dia de sua coroação, ele está em primeiro plano. Apenas duas linhas no *Liber pontificalis*: "Imediatamente depois, o santíssimo bispo e papa ungiu com óleo santo Carlos, o excelentíssimo filho do imperador". Nem uma palavra nos *Anais*, nem em qualquer outro lugar.

Carlos existe apenas como o filho de Carlos Magno. E ele é sagrado rei, mas rei de quê? Seus irmãos são rei da Itália e rei da Aquitânia; ele é apenas rei.

Após a missa de coroação, os presentes de Natal. Carlos Magno não veio de mãos vazias, e a simples lista de presentes que ele oferece ao papa e às igrejas de Roma seria suficiente para provar que a coroação foi cuidadosamente planejada. Diz o *Liber pontificalis*:

> Quando a missa terminou, o sereníssimo senhor imperador ofereceu uma mesa de prata com pernas, vários vasos do mais puro ouro para o serviço da referida mesa, uma coroa de ouro com grandes pedras preciosas para ser pendurada acima do altar, pesando 55 libras, uma grande patena[2] de ouro com várias pedras preciosas e a inscrição *Karolo*, pesando 30 libras, um grande cálice de duas alças com pedras preciosas, pesando 58 libras, e um grande cálice, pesando 37 libras.
>
> Para o altar do apóstolo São Pedro, ele ofereceu um cálice grande, pesando 36 libras. Para a basílica do apóstolo São Paulo, uma pequena mesa de prata e vários vasos grandes de prata para o uso dessa mesa. Para a basílica de Nosso Senhor Salvador, a que chamamos de Constantiniana, deposita uma cruz com gemas de quartzo vermelho (jacinto), que a partir de agora o bom pontífice mandará levar na procissão da Litania, de acordo com o desejo do piedoso imperador, além de um altar com colunas de prata e um *ciborium*, e um evangelho com encadernação de ouro bem fina, decorada com gemas. Finalmente, para a basílica da bem-aventurada Mãe de Deus, ele oferece uma grande *sicla* de prata.

Muitos desses presentes provavelmente vieram do tesouro ávaro.

O IMPERADOR E O PAPA: UMA QUESTÃO DE RELAÇÃO DE FORÇAS

Carlos Magno agora é imperador. O que esse título lhe proporciona? Isso muda a natureza de seu poder? É simplesmente uma questão de autogratificação ou a passagem de rei para imperador tem um significado político profundo? A resposta a essas perguntas não é óbvia. À primeira vista,

---

2 De acordo com o *Dicionário Houaiss*: também grafada "pátena": disco metálico que serve para cobrir o cálice e sobre o qual se coloca a hóstia na missa. (N. T.)

nada mudou, exceto o título do soberano: ele controla as mesmas regiões, é confrontado com os mesmos problemas, governa da mesma maneira. Então, por que fazer tanto barulho por causa de uma palavra? Por que tantas negociações, manobras e teatralidade para se adornar com um simples título?

Tudo isso repousa sobre a lembrança nostálgica do *imperium romanum*, do Império Romano universal, da era de ouro de um governo mundial, cujo soberano, dotado de todos os poderes, é uma figura divina. Na memória coletiva, o imperador romano, sagrado, era o senhor do mundo civilizado. A realidade do império universal desapareceu, mas a ficção continua muito viva, embora em uma forma transformada. Ao ser cristianizado, o império mudou sua natureza pela primeira vez, com Constantino e Teodósio, durante o século IV. O império tornou-se o povo de Deus, e o imperador, o intermediário entre Deus e o povo. As lembranças do Antigo Testamento foram sobrepostas às da Antiguidade clássica. O imperador é ao mesmo tempo César e Davi, Augusto e Moisés. Como líder político e religioso, ele convoca concílios, legisla, julga e impõe suas decisões dogmáticas. O bispo de Roma é seu sumo sacerdote, em uma posição claramente inferior. O Império Romano Cristão é um regime cesaropapista. Muitos historiadores não gostam desse termo, mas ele é perfeitamente adequado à situação dos séculos IV e V: o imperador detém tanto o poder secular quanto o espiritual, ele é tanto César quanto papa, e as decisões espirituais são tomadas de acordo com os objetivos seculares, que claramente vêm em primeiro lugar.

Ao mesmo tempo, ocorre uma segunda mudança: o império universal foi dividido em dois, com um imperador no Oriente, em Constantinopla, e outro no Ocidente, em Roma, e em breve subsistirá apenas o do Oriente, o Império Bizantino. Na verdade, ele controla somente o leste do Mediterrâneo, mas mantém a ficção do império universal. Ele se considera como o único herdeiro dos Césares, com um *imperium* que se estende por todas as regiões do Império Antonino. A capital simplesmente mudou-se de Roma para Bizâncio.

Mas na parte ocidental, que agora de fato escapa de Bizâncio, é o papa que se considera como o depositário do poder dos imperadores do Ocidente. Para ele, a vitória dos bárbaros no Oeste é de fato uma libertação; ele está livre da tutela direta do imperador, mesmo que os laços de dependência continuem a prendê-lo ao basileu. Assim, duas concepções diferentes do

Império "Romano" se desenvolvem em paralelo. Uma concepção cesaropapista no Leste e uma concepção teocrática no Oeste.

No Leste, o personagem do imperador é exaltado ao extremo, cercado por um culto e uma etiqueta que o fazem parecer uma figura sobre-humana. Ele é considerado o escolhido de Deus, e tudo o que lhe pertence e lhe diz respeito é "sagrado". Ele reside no palácio sagrado, e seu apartamento é o *sacrum cubiculum*, que dispõe de uma grande equipe de eunucos. Seu título oficial é *basileus*, imposto por Heráclio após sua vitória sobre os persas, e que os ocidentais traduzem como *imperator*. Os outros soberanos têm direito apenas ao título latino de *rex*, rei. As audiências imperiais são conduzidas de acordo com uma liturgia quase religiosa, criada para impressionar os visitantes e inspirar-lhes respeito e veneração. O basileu, vestido de púrpura, ouro e joias, senta-se sob um dossel, em um silêncio religioso vigiado por cerca de trinta silenciários,[3] sob as ordens do *praepositus sacri cubiculi*. O soberano dá suas ordens por meio de sinais ou fórmulas breves, transmitidas pelo *praepositus*. O baldaquino que encima o trono lembra o *ciborium* do altar das basílicas. O imperador jamais caminha sobre um piso comum: ele anda apenas sobre pavimentos de pórfiro e tapetes púrpuras. Comparecer à sua presença é tão temível quanto comparecer diante do próprio Deus: o visitante, supostamente tomado pelo medo, é amparado por dois dignitários musculosos, que literalmente o carregam até uma distância segura do trono, onde ele deve desabar no chão. Se o imperador lhe entregar um objeto, uma insígnia ou qualquer outra coisa, o destinatário deve envolver a mão em uma aba de seu manto, pois tocar a mão do soberano seria profaná-lo. No final da audiência, o basileu diz ao assistente: "Vá, dê licença",[4] uma fórmula semelhante à que encerra a missa.

Não existe uma regra de sucessão ao império, mas uma ficção de eleição por aclamação, que supostamente reflete a escolha divina: "Glória a Deus, que vos nomeou como basileu, que o glorificou assim, que manifestou Sua graça a vós", dizem as aclamações que se seguem à coroação. O imperador geralmente é designado ou adotado por seu antecessor, e essa ausência de lei de sucessão abre a porta a muitas contestações: 39 imperadores morreram em seus leitos e 41 foram assassinados. Mas, por meio dessas

---

3 Guarda encarregado de manter o silêncio e a ordem na presença do imperador. (N. T.)
4 "*Va, donne congé*", fórmula que autoriza a retirada do visitante. (N. T.)

vicissitudes, a ficção de um império eterno, que corresponde ao plano de Deus e que acabará triunfando sobre toda a Terra, é mantida. Fora do império é a barbárie.

O imperador é o senhor do poder espiritual. O temporal e o espiritual são inseparáveis. O basileu nomeia o patriarca de Constantinopla, depõe-o, maltrata-o e impõe-lhe suas decisões; o clero secular é totalmente dependente do imperador, cujo caráter divino é ainda mais reforçado pelo rito de "adoração da púrpura", que se tornou "adoração do imperador", e que é assimilado pelos ocidentais a uma verdadeira idolatria, tanto mais que essa adoração também é dirigida a suas efígies, suas estátuas. Todos os aspectos de sua vida se assemelham a uma celebração litúrgica estritamente codificada, com gestos medidos, uso de velas, incenso e música. De fato, é a liturgia do palácio que contaminará os serviços religiosos, e não o contrário.

O brilho do culto imperial é ainda mais realçado pelo uso de títulos pomposos e sonoros para os dignitários e funcionários: protospatário, protovestiário, sacelário e outros logotetas, à frente de uma multidão de subordinados com nomes estranhos, fazem do regime imperial bizantino um mundo confuso para os ocidentais, que sentem por ele um misto de fascínio e desprezo. Nos reinos germânicos, as pessoas ficam impressionadas com o luxo e o refinamento da corte do basileu. Mesmo criticando o que consideram excessos decadentes, os modos afeminados e a idolatria do governante, procuram imitar certos de seus aspectos.

O basileu mantém com o papa um relacionamento privilegiado, porém cada vez mais conflituoso. Para ele, o pontífice é um auxiliar, da mesma forma que o patriarca de Constantinopla. Se ele vem a Roma, é recebido com as honras que convêm ao soberano supremo; é a ele que o papa deve informar primeiro sobre sua eleição; como a Itália ainda é teoricamente parte do Império Romano, o papa é um dos bispos de seu império, o primeiro, certamente, mas de forma alguma o chefe espiritual do conjunto, pois é o basileu que também desempenha esse papel, convocando concílios e impondo suas opiniões dogmáticas, criando e destruindo heresias. Essa tutela é cada vez mais contestada pelo papa, que, depois de meio século, encontrara um protetor na pessoa do rei carolíngio.

É no Oeste que se desenvolveu uma concepção diferente do império e da relação entre os poderes espiritual e temporal. Na ausência de um imperador do Ocidente, o papa se considera como o depositário do poder imperial, cujas insígnias, o diadema, a clâmide, a águia e o globo, Constantino lhe teria dado. Isso é o que ele fez consignar na Doação de Constantino. E o império tende a se confundir com a noção de povo cristão, o que muda sua natureza. O Império Romano é tanto uma unidade religiosa quanto, ou até mais que, uma unidade política. Isso supõe uma separação de poderes, ao contrário do sistema cesaropapista bizantino, que os une na pessoa do imperador. Para os Pais latinos, como Santo Ambrósio, o imperador não está acima da Igreja, mas dentro dela. Santo Agostinho, na *Cidade de Deus*, concebe o corpo político como o corpo místico de Cristo, um organismo que deve se desenvolver para formar a sociedade dos santos; a ordem sobrenatural deve absorver a ordem natural, o que leva a uma subordinação do poder temporal em relação ao poder espiritual, a uma teocracia, ou seja, o oposto do cesaropapismo. Essa é a ideia que o papado está desenvolvendo gradualmente, um papado que foi libertado da dominação bizantina e está gradualmente se conscientizando de sua força e autonomia. A partir do final do século V, Gelásio I desenvolveu a teoria de dois poderes, "a autoridade sagrada dos pontífices e o poder imperial". Dois poderes separados, mas hierarquizados: o espiritual é superior, pois governa até mesmo a salvação dos príncipes e do imperador. Leão I e Gregório I se esforçam para desenvolver esse conceito durante a fase de conversão dos povos bárbaros germânicos.

Porém, quesito fundamental, para colocar essa concepção em prática, o papa precisa de um imperador. Ele carece de um braço secular, que possa ser seu instrumento político diante do basileu. Certamente os reis bárbaros são cristãos e deferentes para com Roma, no conjunto, mas falta-lhes o prestígio conferido pelo título imperial, fator de unidade e de universalidade. O papa, apenas com seu poder espiritual, é impotente, porque na cidade dos homens tudo é uma questão de relações de poder. Desde o final do século V, os novos pontífices, sob o controle de Bizâncio, tentaram desenvolver um contrapoder, atribuindo a certos reis bárbaros os despojos do poder imperial. No século VIII, eles acumulam marcas de honra sobre as cabeças dos prefeitos do palácio e depois dos reis francos: Carlos Martel é o "novo Josué"; seu filho Pepino é o "novo Moisés", o "novo Davi", o "companheiro espiritual" do papa. Paulo I escreve-lhe: "Assim como Moisés exterminou as abominações dos pagãos e a adoração de demônios, você, o mais cristão dos reis, rejeitou o cisma dos hereges e os proponentes de dogmas ímpios"; e também: "Assim como no passado Davi se tornou o prestidigitador de Deus diante da arca da aliança, salvando-o dos inimigos, também o auxiliar e redentor da santa Igreja tem o direito de transbordar de alegria, pois sabe que uma recompensa eterna está reservada para ele no tesouro do Céu".

Os papas Zacarias (741-752), Estêvão II (752-757) e Paulo I (757-767) fizeram de Pepino, o Breve, uma figura providencial, e do povo dos francos o equivalente ao povo romano. Zacarias incentiva sua ascensão à realeza; Estêvão II o coroa; Paulo I lhe promete, como Deus havia prometido a Davi, um futuro radiante: "Deus lhe deu o reino para que ele e seus descendentes o possuam na glória, para todo o sempre". Os francos são "a nação santa, o sacerdócio real, o povo privilegiado": Paulo I emprega os mesmos termos que Leão I usou para descrever os romanos: não se poderia ser mais claro. Pepino é um rei excelente (*rex praecelsus, excellentissimus*), glorioso (*gloriosus rex*), vitorioso (*victor* ou *invictissimus*), muito cristão, inspirado por Deus, conservado, instituído, *orthodoxus*; ele é até mesmo *Magnus*, que é um epíteto imperial, usado em aclamações bizantinas; em suma, Pepino é *fondamentum et caput omnium christianorum*, "base e cabeça de todos os cristãos", escreve Paulo I.

O novo pontífice está em uma posição de demandante em relação ao rei. Assim, embora afirme o princípio da separação de poderes, não hesita em usar fórmulas que sugerem que Pepino poderia ter a melhor parte: "Vossa salvação é a exaltação de vossa Mãe, a santa Igreja; vossa prosperidade é, como é publicamente notório, nossa alegria", escreve Paulo I; ou ainda: "Vossa salvação é, depois de Deus, nossa segurança"; vós sois o "redentor da santa Igreja", com a missão de fazer reinar a paz sobre a Igreja e sobre o povo cristão.

Essa exaltação do rei dos francos aumenta sob Carlos Magno, "ilustríssimo e excelentíssimo, ou honradíssimo, pela graça de Deus, rei dos francos, governando com a ajuda de Deus a Gália, a Germânia, a Itália e as províncias adjacentes", escrevem os autores dos *Libri Carolini*. Adriano I vê Carlos Magno como o "grande rei instituído por Deus", herdando assim seus poderes diretamente do Céu, fórmula perigosa que coloca o rei acima do papa, mesmo que outra leitura possa ser feita, dizendo que a vontade de Deus só pode ser transmitida ao rei após a interpretação feita pelo papa. Como podemos ver, as ambiguidades estão se formando, o que será futuramente uma fonte de conflito. Em 778, o papa declara que "um novo Constantino, o imperador mais cristão de Deus, está chegando": outra declaração repleta de insinuações. Já em 774, o papa fez que as *Laudes regiae*, as Laudes reais, fossem cantadas em Roma durante a visita real, e elas serão novamente usadas no Natal de 800. Ora, elas derivam diretamente das aclamações que faziam parte do culto ao imperador na Roma pagã e que, quando cristianizadas, entraram na liturgia imperial bizantina, misturadas com litanias de santos introduzidas pelos monges irlandeses e anglo-saxões. Depois de "Cristo é vitorioso, Cristo é rei, Cristo é imperador", intercede-se pelo rei, sua família, seus condes e seus guerreiros. Essas Laudes testemunham a esperança depositada na realeza carolíngia, sagrada e protegida por Cristo. Depois das alusões a Davi e Constantino, de quem o basileu se considera o único verdadeiro sucessor, insinua-se a ideia imperial, sem nomeá-la. A ideia de coroar Carlos Magno como imperador certamente surgiu mais cedo na mente do papa do que na do rei. Para o papa, um imperador no Ocidente é uma necessidade; para o rei, é uma agradável superfluidade. O primeiro tem nisso muito mais a ganhar que o segundo.

UMA NOÇÃO ESTRANHA À CULTURA FRANCA

Dito isso, Carlos Magno não rejeita o título. Ele sempre achou que sua função de rei era de origem divina. Seus primeiros diplomas declaram que ele é rei "pela graça de Deus", e ele se comporta cada vez mais como um líder espiritual, responsável tanto pela doutrina quanto pela disciplina, simplesmente porque para ele a ordem e a unidade da Igreja se fundem com a ordem e a unidade do Estado. Terá sido um líder político ou um líder religioso que, em 789, na *Admonitio generalis*, expressa o desejo de que "a paz, a concórdia e a unanimidade reinem em todo o povo cristão entre bispos, abades, condes, juízes, todas as pessoas grandes e pequenas, pois nada agrada a Deus sem paz, nem mesmo uma oferenda feita no altar"? Seus capitulares falam de caridade e disciplina eclesiástica, tanto quanto de ordem pública e administração; seus súditos são "fiéis a Deus e ao rei"; em 794, ele convoca o Concílio de Frankfurt e impõe seus pontos de vista sobre o iconoclasmo, o *Filioque* e o adocionismo, que são questões de dogma: aqui ele se comporta exatamente como o basileu. O mesmo aconteceu no Concílio de Aachen, em 800. Para Paulino de Aquileia, ele é o "rei e sacerdote e governador sapientíssimo dos cristãos".

No final da década de 790, multiplicam-se os sinais, as alusões e os apelos discretos ao império. A chancelaria, imitando a prática bizantina, substitui a simples cruz no final dos diplomas reais, usada para validação, por um monograma em nome do rei: as letras KRLS nas extremidades dos braços de uma cruz, no centro da qual a letra O, em forma de um losango, engloba um A, cuja barra é traçada pelo próprio rei; em 794, o rei é aclamado em Frankfurt como *Rex et sacerdos*, derivado da fórmula bizantina *Basileus kai hieros* para saudar o imperador. Alcuíno tem o cuidado de salientar que ele é "rei pelo poder, sacerdote pelo magistério do ensino". Em 796, o mesmo Alcuíno fala do "império cristão" do rei e afirma que este "trabalhou pela honra de seu reino imperial". A palavra "império" é cada vez mais frequente na correspondência de Alcuíno, às vezes em um sentido geral, às vezes em um sentido mais preciso. Vimos que em junho de 799, em uma carta a Carlos Magno, ele faz um apelo velado: o papa acaba de ser atacado, o basileu acaba de ser deposto, e ele continua sendo o rei dos francos. Conclusão: "Deus vos deu pleno conhecimento para que, no povo cristão, a santa Igreja de Deus possa ser conduzida por vós,[5] exaltada e preservada. Quem sabe qual será a recompensa que Deus vos dará por vossa dedicação?". Essa recompensa só pode ser o título imperial. Ao mesmo tempo, Angilberto, em um poema para a glória do rei dos francos, chama-o de *Augustus* e qualifica seu poder como *imperium*, enquanto Paulino de Aquileia exalta o soberano que alcançou "o topo do poder real". Em agosto, Alcuíno expressa o desejo de que "a mão do Todo-Poderoso o conduza para que reine feliz sobre o vasto globo". Isso está suficientemente claro?

Para aqueles que ainda duvidam, o autor anônimo do poema sobre a reunião de Paderborn chama Aachen de "a segunda Roma", "a Roma que virá", e o rei de "cabeça do mundo". "Por ti, os pontífices ocupam suas funções sagradas", diz Teodolfo. Assim, a marcha para o império, que havia

---

5 Ora o tratamento é formal (vós sois etc.), ora é íntimo (você é etc.). Em que pese a intimidade que Alcuíno tem com o imperador, é prudente deixá-lo uniforme. *Vide* também Teodolfo ("Por ti"). (N. T.)

começado algum tempo antes, se acelerou no final da década de 790 sob a pressão dos acontecimentos: a tomada do poder por Irene e o atentado ao papa. Todavia, repita-se, o mais impaciente é este último. É ele quem tem mais a ganhar com a coroação imperial de Carlos Magno.

Ademais, os francos são indiferentes ao assunto. A noção de império não faz parte da cultura franca. As palavras "império" e "imperador" nem sequer existem nas línguas germânicas, onde *rîchi* (*Reich*) significa tanto reino (*regnum*) quanto dominação (*imperium*), e onde o termo *caeser*, "imperador", é um empréstimo dos greco-romanos (*Kaisar*, César, que dá origem a *Kaiser*). Quando se fala sobre o imperador entre os francos, pensa-se no governante que reina em Constantinopla e cujo título é esse. Ainda em 798, quando os oponentes de Irene vieram oferecer esse título ao rei dos francos, Carlos Magno o recusou por motivos políticos.

Os intelectuais que cercam o rei falam de "império", mas esse é um conceito que tem pouco em comum com o Império Romano. Isso pode ser visto na correspondência de Alcuíno. Quando, em 797, ele menciona o "império dos francos" a respeito de Carlos Martel na sua biografia de São Vilibrordo, ou a "realeza imperial" do rei de Kent no mesmo ano, ou o "reinado imperial" de Carlos Magno, ele está se referindo ao conceito geral de poder. É quando a palavra "império" assume para ele um significado geográfico e "ideológico", é para associá-la à noção de um povo cristão e de região cristianizada do mundo: o "império cristão", o "império dos cristãos", o "império dos povos cristãos": essas são as expressões que aparecem com mais frequência, e quando ele adapta certos textos sacramentais, às vezes substitui "romano" por "cristão" ou por "franco". E à frente desse "império", não havia necessidade de um imperador: o termo "rei", tirado da Bíblia, é perfeitamente adaptado: Carlos Magno é o novo Davi.

Para os povos germânicos, o imperador é o imperador dos romanos. Os francos também acreditam que são um povo providencial e escolhido, mas eles têm sua própria mitologia, que os torna iguais aos romanos: descendentes dos troianos, habilidosos e indomáveis, eles foram predestinados a se tornarem os campeões do cristianismo ao rejeitarem o jugo da romanidade pagã. Essa é a lenda encontrada no texto do *Pseudo-Fredegário*, do século VII, e incorporada no prólogo da lei sálica, escrita em 763-764 na chancelaria real: ela fala da ilustre nação dos francos, fundada por Deus, o Criador, valente nas armas, sólida em suas alianças, profunda em seus conselhos, nobre no corpo, íntegra e pura, de físico perfeito, ousada, forte e indomável, recentemente convertida à fé católica, que, embora ainda praticasse o paganismo, buscava, inspirada por Deus, as chaves do conhecimento e, de acordo com o grau de sua moral, tendia à justiça e preservava a piedade... Viva Cristo, que ama os francos! Que Ele preserve seu reino, cumule seus governantes com as luzes de Sua graça e lhes conceda o baluarte da fé. Que as alegrias da paz e os tempos felizes lhes sejam concedidos pelo Rei dos reis, o Senhor Jesus Cristo, na piedade. Pois esse povo é valente e forte. Os francos combateram e rejeitaram em suas mentes o duríssimo jugo dos romanos, e após o conhecimento que lhes foi dado pelo batismo, cobriram com ouro e pedras preciosas os corpos dos santos mártires que os romanos haviam destruído pelo fogo, pelo ferro e pelas feras selvagens.

A tradição romana, ligada à ideia de império e imperador, e a tradição franca, ligada à ideia do povo escolhido e da realeza bíblica, encontram um ponto em comum na noção do mundo cristão. A imagem do novo modelo de imperador que surge gradualmente no Ocidente é uma fusão de Constantino e Clóvis, o imperador cristão e o rei cristão. O significado geográfico e o significado étnico do império recuam em proveito do sentido religioso: o império não coincide mais com a romanidade, mas com a cristandade, a cristandade ocidental, que corresponde ao reino de Carlos Magno, com exceção das Ilhas Britânicas. O Império do Ocidente é a Itália, a Gália, a Bretanha, a Espanha e o norte da África; o reino de Carlos Magno é a Itália, a Gália e a Germânia: há um deslocamento em direção ao mundo germânico, uma transferência do centro de gravidade de Roma para Aachen. É necessário um novo soberano para esse novo conjunto e, como se trata de uma entidade multinacional, o título desse soberano só pode ser imperador. O título de rei está vinculado a um único povo, a uma única terra: alguém é rei dos francos, dos visigodos, dos lombardos, mas para governar um agregado de povos é preciso ser imperador: é isso que Carlos Magno percebe gradualmente. Seu título de rei dos francos não é mais apropriado para o complexo mosaico que ele lidera. Ele, que é obcecado pela unidade de seu reino, precisa transformá-lo em um império, única maneira de reinar sobre todos indistintamente. Seus três filhos já são reis: Carlos é rei, simplesmente, Pepino é rei da Itália e Luís é rei da Aquitânia: é apropriado que o pai, que reina sobre o todo, tenha um título mais unificador do que o de rei dos francos: só pode ser o de imperador.

Foram todas essas considerações que gradualmente levaram tanto o papa quanto Carlos Magno à coroação imperial de 800. Dos dois parceiros, aquele que mais precisava do restabelecimento de um império no Ocidente era o papa. Ao contrário do que se poderia pensar, não foi Carlos Magno quem mais buscou esse título, mas Leão III, que o incentivou a aceitá-lo. Ele quer fazer do imperador tanto um protetor quanto um instrumento. Mas, desde o momento da coroação, surgiu o problema que envenenaria toda a história desse império: a relação entre o papa e o imperador, entre o espiritual e o temporal. Em um império cristão, não poderia haver igualdade perfeita entre os dois chefes, exceto em teoria. De fato, como as organizações sociais e morais são inseparáveis, elas são de responsabilidade de ambos os soberanos ao mesmo tempo. Necessariamente, um dos dois domina. A relação de forças evoluirá ao sabor do contexto e das personalidades. De imediato, Leão III não está em condições de se impor a Carlos Magno. Acreditando estar livre da tutela de Basílio, ele havia, de fato, dado a si mesmo um senhor, na pessoa do novo imperador.

A coroação de Carlos Magno não teve nenhum efeito imediato e, por algum tempo, o imperador pareceu quase constrangido com seu novo título. Embora a restauração do império tenha sido cogitada por quase dois anos, não parece que todas as consequências disso tenham sido consideradas. Um clima de incerteza e improvisação reina na corte por vários meses após o evento. Isso se aplica principalmente ao novo título oficial e aos costumes da chancelaria. Num primeiro tempo, há um esforço para copiar os costumes bizantinos, o que revela uma total ausência de originalidade e reflexão prévia: uso do termo *sacer* (sagrado) para qualificar o soberano, seu palácio e sua corte; uso do monograma em todos os diplomas; uso de um sinete, feito de chumbo e depois de ouro, em vez de carimbos de cera, para autenticar os atos imperiais: no lado da face há um soberano coroado, com a inscrição "Jesus, Filho de Deus, defende poderosamente Carlos", e, no verso, "Glória a Cristo e vitória ao rei Carlos"; o predicado *serenissimus* aparece cada vez mais frequentemente no título, no modelo dos predicados imperiais bizantinos, assim como o de *orthodoxus*, defensor da verdadeira fé. Os atos do imperador começam, como em Bizâncio, com uma invocação da Santíssima Trindade;

são datados, como em Bizâncio, da indicção, ou seja, do período fiscal de quinze anos, o primeiro dos quais começa em 313.

IMPERADOR DE QUAL IMPÉRIO? A NATUREZA INCERTA DO NOVO REGIME

À primeira vista, portanto, trata-se de uma simples restauração do Império Romano. Os *Anais Reais* são muito lacônicos sobre o real significado do evento, como se tivessem sido pegos de surpresa e não tivessem entendido inteiramente seu significado: eles afirmam que, com a cerimônia do Natal de 800, Carlos Magno abandona o título de patrício para portar o de imperador e o de Augusto. Algumas bulas trazem a inscrição *Renovatio Romani Imperii*. A afinação do novo título é hesitante. Em 801, em um primeiro diploma[6] preservado, Carlos Magno ainda é chamado de "rei dos francos e romanos, assim como dos lombardos"; em um segundo documento do mesmo ano, um capitular para o reino da Itália, ele é "Carlos, coroado pela vontade de Deus, governando o Império Romano, sereníssimo Augusto": uma transição gradual para a ideia de império. A transição é concluída com um terceiro diploma, datado de 29 de maio, em Bolonha, onde finalmente se chega à fórmula definitiva: "Carlos, sereníssimo Augusto, coroado por Deus, grande e pacífico imperador, governando o Império Romano e, pela misericórdia de Deus, rei dos francos e dos lombardos".

Essa é uma fórmula curiosa, no entanto, por causa da persistência do título de rei e da associação do título de imperador com a locução: "governando o Império Romano" (*Romanum gubernans imperium*). Como Robert Folz sugeriu, essa fórmula antiga pode ter sido redescoberta nos arquivos de Ravena, onde Carlos Magno se hospedou em maio de 801, quando voltava para casa; a data do diploma advoga nesse sentido. O mesmo historiador, assim como M. H. Beumann, acredita que a relutância de Carlos Magno em se autodenominar imperador dos romanos se deve ao seu desejo de preservar suas raízes francas; o povo dominante em seu império não são os romanos,

---

6 Ata solene emanada de um soberano ou de um grande feudatário, autenticada por um sinete. (N. T.)

mas os francos. A frase "governando o Império Romano" permite expressar a essência da magistratura imperial, associando-a à supremacia franca, marcada pela manutenção do título de rei dos francos. Carlos Magno não renega a realeza franca para adotar o *imperium romanum*. Ele faz uma síntese dos dois, permitindo que subsista uma certa incerteza.

Isso também pode ser visto em outro sinal explícito e simbólico de poder, que é a moeda. Primeiramente é o papa que, desde 801 em Roma, cunha denários com o nome de Carlos Magno e o monograma IMPA para "imperador". As oficinas monetárias imperiais reagem mais lentamente, imitando as moedas imperiais dos séculos III e IV, tendo no lado face o perfil da cabeça de Carlos Magno, circundada por louros, com a inscrição *Karolus Imp Aug* e, às vezes, a titulação completa: DN KAROLUS IMP AUG REX F ET L (Senhor Carlos, Imperador, Augusto, Rei dos Francos e dos Lombardos); no verso, uma igreja com colunas e frontão encimado por uma cruz: uma estilização de São Pedro de Roma. Entretanto, foi somente entre 805 e 806 que esse tipo de moeda se difundiu, e não há menção à romanidade. De acordo com Rosamond McKitterick, foi somente em 812 que foram cunhadas moedas imperiais, nas quais Carlos Magno aparece com uma coroa de louros, clâmide[7] e fíbula em seu ombro direito.

As marcas da romanidade são discretas e flutuantes. Na segunda bula usada a partir de 802 para selar diplomas, tem-se o busto do imperador, de frente, com uma coroa de raios e as letras D. N. KAR. IMP. P. F. PP. AUG, ou seja, *Dominus Noster Karolus Imperator Pius Felix Perpetuus Augustus* (Nosso Senhor Carlos, Imperador, piedoso, feliz, perpétuo, Augusto). Trata-se de uma titulação imperial tradicional. No verso, há a porta de uma cidade, cercada por duas torres: trata-se de Roma, com a inscrição *Renovatio Roman. Imp* (Renovação do Império Romano). Entretanto, a titulação que aparece nos capitulares logo faz que os elementos romanos desapareçam. Carlos Magno se autodenomina "imperador", "Augusto", às vezes "César", "senhor do Império Romano", mas não "imperador dos romanos". Em 813, em uma carta ao basileu Michel I, ele é "Carlos, pela generosidade da graça divina, imperador, rei dos francos e lombardos".

---

7 De acordo com o *Dicionário Houaiss*: desde a Grécia antiga, manto que se prendia por uma fivela (fíbula) ao pescoço ou aos ombros. (N. T.)

De fato, parece que Carlos Magno nunca assimilou o significado político do título imperial, não avaliou seu alcance institucional verdadeiro. Como escreve Louis Halphen, o "império" era para ele "uma espécie de apoteose pessoal". A prova disso é que, quando em 806 ele prepara sua sucessão, ao redigir a *Divisio regnorum*, divide seu "império ou reino" de acordo com a tradição franca. Ele o fraciona em três partes: Carlos terá o reino franco, a Austrásia e a Nêustria, o norte da Borgonha e da Alemânia, a Frísia, a Turíngia e a Saxônia; Pepino terá a Itália, a Baviera e o sul da Alemânia; Luís terá a Aquitânia. Todos os três seriam reis, mas não havia dúvida quanto ao título imperial, que desapareceria com Carlos Magno. A nova estrutura prevista também é estranha, já que os três serão "consortes do reino e do império": haverá três reis, espécie de trindade franca. O título de imperador, indivisível, seria apenas, portanto, uma realidade pessoal e temporária, o que complica a situação mais do que a simplifica. Carlos Magno raciocina como um franco, e não como um romano. "Que não se invoquem aqui reticências políticas, mas antes uma incapacidade de compreender", escreve Jean Favier. Não é que a Carlos Magno falte discernimento, mas o conceito de império não faz parte de sua cultura, de sua mentalidade. O caso do Natal de 800 foi montado por alguns intelectuais do palácio, familiarizados com a cultura clássica, e pela cúria papal. Para eles, a palavra "império" não tem o mesmo significado que para Carlos Magno.

Assim, pelo menos para o papa, as coisas estão claras: o Império do Ocidente está restaurado. As cartas que ele escreve ao imperador seguem a forma oficial da correspondência *ad principem* (ao imperador), com o destinatário: "Ao nosso piedosíssimo e sereníssimo filho, vencedor e triunfador, amando Deus e Cristo, Carlos Augusto", e o desejo final: "Que a graça do Altíssimo preserve o mais piedoso império do Senhor e faça que todas as nações se curvem diante dele". O papa encontrou um novo Constantino, e o império restaurado é de fato o Império Romano e Cristão.

Os intelectuais ao redor de Carlos Magno compartilham essa visão. Eles não sabem mais como se dirigir ao imperador, tantas são as funções que esse título contém em sua imaginação. Dessa forma, acumulam predicados e qualificadores, uma inflação que é ainda mais grandiloquente porque todos eles cultivam a retórica. Maxêncio de Aquileia escreveu, por volta de 811-812, "ao piedosíssimo e cristianíssimo, glorioso príncipe coroado e preservado por Deus, pacificador, conquistador e triunfador, sereno e perpétuo Augusto, Senhor Carlos, o Grande, imperador e governante do Império Romano". Leidrade de Lyon se dirige ao "mais glorioso e verdadeiramente piedoso senhor, imperador e conquistador em Cristo, triunfador inconquistado, e sempre Augusto". Alcuíno não é o último a derramar epítetos sobre o imperador: ele é "sereníssimo", "grandiosíssimo", "boníssimo", "vitoriosíssimo", "cristianíssimo", "muito Augusto", "reitor e imperador do povo cristão", "guardião da santa Igreja", "pai da pátria". E é de fato o Império Romano e Cristão que ele lidera: são-lhe propostos Constantino, Teodósio, Honório e Valentiniano III como modelos, além de Davi, que continua sendo a referência bíblica.

Alcuíno fica muito satisfeito com a promoção de Carlos Magno ao império: "Agradeço a Deus pela exaltação de meu excelentíssimo senhor Davi", escreve ele às filhas de Carlos Magno no início de 801. A dignidade imperial recompensa as qualidades do rei dos francos, em especial sua sabedoria "salomônica". Graças a essa sabedoria, ele saberá discernir a vontade divina e ensinar a seus súditos a verdadeira fé; graças ao seu poder, será capaz de defender os humildes e derrotar os soberbos. Alcuíno aplica palavras bíblicas e litúrgicas ao imperador para dar a ele um papel equivalente ao de Cristo. O império é tanto o Império Romano quanto o império cristão universal, o "império da sabedoria e do poder", que reunirá a "imensa multidão de cristãos". Carlos Magno será o *felix imperator*, conforme previsto por Santo Agostinho, que garantirá a paz e a concórdia.

Que não haja engano: tudo isso é, acima de tudo, retórica. Seria inútil atribuir um significado estrito e preciso aos termos usados por esses intelectuais carolíngios, que estão muito distantes da mentalidade jurídica dos antigos romanos. Eles são literatos, não juristas, e para eles as noções de realeza e império são repletas de concepções bíblicas e teológicas, que dão ao seu pensamento uma aparência confusa, flutuante e prolixa, da qual dificilmente é possível derivar uma teoria política estruturada. Teólogos acima de tudo, evoluem então no mundo da fantasia, do imaginário. A arte da teologia consiste em um vão palavrear, em tecer um discurso abstrato, sem qualquer contato com a realidade, e é de fato a esse tipo de exercício que Alcuíno se entrega quando discorre sobre o poder imperial. O erro de muitos historiadores é levá-lo a sério e dar um significado preciso ao que é apenas literatura.

É assim que Alcuíno concebe o poder imperial, que ele expõe em uma carta a Carlos Magno, em outubro de 802:

> Uma vez que o cargo imperial foi ordenado por Deus, pode-se ver que ele foi elevado tão alto pela única razão de se responsabilizar e ser proveitoso ao povo. Consequentemente, Deus dá ao escolhido poder e sabedoria: poder, para que ele possa vergar o orgulhoso e defender o humilde contra o perverso; sabedoria, para que ele possa governar e ensinar seus súditos com solicitude piedosa. Por meio desses dois dons, santo imperador, a graça divina exaltou e honrou incomparavelmente Vossa Sublimidade acima de vossos predecessores com o mesmo nome e autoridade, espalhando o temor de vosso poderio sobre todos os povos e lugares, a fim de que aqueles que antes os trabalhos bélicos não conseguiam subjugar, venham a vós por submissão voluntária. O que, então, deve acontecer em uma época de paz e serenidade, quando os talabartes do trabalho militar forem retirados e todo o povo, em salutar tranquilidade, apressar-se em reunir sob o comando de vossos éditos e se colocar diante do trono de vossa glória, aguardando as instruções que vossa autoridade se dignará a dar a cada um, o que então vossa suprema e devotada solicitude a Deus deverá fazer, senão determinar o que é adequado para cada ordem, prescrever o que é bom, impor o que é santo, para que cada um possa alegremente voltar para casa com os preceitos da salvação eterna?

Vamos parar por aqui e repetir: seria inútil procurar nos cérebros nebulosos dos teólogos-retóricos que cercam Carlos Magno uma concepção precisa e estruturada do poder imperial.

Quanto ao próprio imperador, embora não tenha se dado conta das implicações legais, políticas e diplomáticas de seu novo título, que considera acima de tudo uma honra pessoal, ele o leva muito a sério. Ele não estabelece um novo regime imperial, mas está convencido de que o título de imperador lhe dá responsabilidades e obrigações suplementares, de ordem religiosa. Está ciente de que seu império não corresponde ao antigo Império Romano, que não incluía a Germânia, mas abrangia a Espanha e o norte da África; também sabe que seu império não se estende a todo o mundo cristão, já que não alcança as regiões orientais e as ilhas da Bretanha e da Irlanda. Esse império é acima de tudo pessoal, assim como o reino franco é o reino do rei e, portanto, confere obrigações pessoais: cabe a ele garantir a unidade, a paz, a concórdia e o triunfo da verdadeira fé. A natureza mal definida desse império, na verdade, parece perturbá-lo, porque não corresponde aos seus códigos culturais habituais. Durante todo o ano de 801, como um homem consciente e sistemático, ele reflete sobre essa nova situação. As mentes confusas dos retóricos que gravitam ao seu redor o perturbam, com seus arrebatamentos palavrosos. Carlos Magno está habituado com a lógica simples, clara e concreta, enraizada na cultura franca e no cristianismo básico. O papel de Davi lhe convinha perfeitamente; agora ele está no papel de Constantino, com tudo o que isso implica em termos de pressões jurídicas latinas que lhe são estranhas. A percepção de suas novas responsabilidades está na origem do aumento na atividade legislativa que caracteriza o final do reinado.

– 10 –

OS DEVERES DE UM IMPERADOR
(801-805)

Coroado no Natal de 800, o novo imperador permanece em Roma até a Páscoa de 801. Ele aproveita essa estadia para se ocupar dos negócios italianos, em particular do Benevento, onde Grimoaldo continua em revolta. Encarrega seu filho Pepino de uma nova campanha contra o duque, durante a qual morre o camareiro Megenfrido. Este era uma figura familiar para o imperador e fazia parte da Academia Palaciana, onde tinha a alcunha de "Thyrsis". Alcuíno, ao saber da sua morte, escreve a Carlos Magno pedindo-lhe que aja por meio de negociações e não de guerra, "para que não haja maiores perdas para vossos fiéis". Deixai isso à Providência, disse ele: lembrai-vos de que Deus fez que o pai e o irmão de Grimoaldo morressem por acaso, sem que tivéssemos de mexer o dedinho. "Talvez questões como essas possam ser resolvidas com o tempo pela diplomacia, melhor do que por um ataque aberto."

Eu sei, continua Alcuíno, que "alguém pode dizer: 'por que este indivíduo está se intrometendo?'. É porque ele não compreende que não há nenhum aspecto do vosso destino que não me diga respeito... Vós sois a prosperidade do reino, a saúde do povo, o ornamento da Igreja, a proteção de todos os fiéis de Cristo". Alcuíno acentua assim a personalização do império. Agora que é imperador, deve ser ainda mais cuidadoso, porque é responsável por cada um dos seus súditos. A guerra no ducado de Benevento é ainda mais perigosa, dado o clima muito insalubre dessa região. É o que Alcuíno escreve ao conde Rodgar: "Ouvi dizer que ides devastar a região de Benevento. Sabeis do perigo que aí vos ameaça devido ao ar corrompido desse país. Por isso, ponham os vossos assuntos em ordem...". A guerra no Benevento continua durante todo o ano. A cidade de Chieti é tomada e seu governador, Roselmo, é feito prisioneiro e exilado. No ano seguinte, Ortona e depois Lucera caíram sucessivamente, após um longo assédio. Mas Grimoaldo depressa reconquista Lucera, onde o conde de Espoleto, Vinigiso, que está doente, cai nas suas mãos. Pouco tempo depois, liberta-o.

Carlos Magno, no entanto, não pode ficar muito tempo em Roma. Em 4 de abril, ali celebra a Páscoa de 801 e, em 25 de abril, parte novamente para o norte. Durante a viagem, faz várias paradas. Primeiramente em Espoleto, onde, na noite de 30 de abril, é acordado por um terrível terremoto, que se faz sentir em toda a Itália. Os danos são consideráveis: "Uma grande parte do teto da basílica do bem-aventurado apóstolo Paulo, bem como as vigas, desmoronaram devido a este terremoto, e em vários locais desmoronaram cidades e montanhas", relatam os *Anais Reais*, que mencionam também outros tremores na Gália e na Germânia.

UMA EMBAIXADA DE BAGDÁ

O imperador retoma a estrada para Ravena, onde permanece durante alguns dias, antes de se dirigir a Pavia. Nesse local, fica sabendo que uma importante embaixada do "rei da Pérsia" acaba de desembarcar em Pisa e procura por ele. Envia uma delegação para guiá-la, enquanto retoma a estrada para o norte. A meio caminho entre Verceil e Ivrea, os embaixadores encontram-se com ele. Trata-se, de fato, dos enviados do califa de Bagdá, Harun al-Rachid, que, nos *Anais Reais*, se torna "Aarão Amir al-Muminin, rei dos persas". São acompanhados pelos embaixadores do emir de Kairouan,

Ibrahim, ou seja, para os *Anais,* "um sarraceno da África, ... o emir Abraham". Mais uma vez, não podemos deixar de constatar a profunda ignorância dos francos relativamente às realidades orientais. Não é feita qualquer menção ao Islã e a situação político-religiosa do califado nunca é mencionada. Tudo o que se sabe é que Harun al-Rachid é um grande rei não cristão, que domina vastos territórios a leste do Império Bizantino, incluindo a Terra Santa e Jerusalém.

E foi por causa de Jerusalém que Carlos Magno entrou em contato com ele. Desde sua viagem a Roma, em 787, o rei dos francos considerava-se o defensor da Terra Santa e, por conseguinte, dos peregrinos que para lá se dirigiam. A prestigiosa peregrinação tinha começado no século IV com a "descoberta" dos Lugares Santos: a gruta do Santo Sepulcro, a colina do Calvário e a "invenção" da Santa Cruz, atribuída à mãe de Constantino. Foram construídas basílicas no Monte das Oliveiras, em Belém e na colina de Sião. Todos os anos, em 14 de setembro, festa da Exaltação da Cruz, esta era mostrada aos fiéis. Cada vez mais peregrinos afluíam, alojando-se nos asilos. A peregrinação havia se tornado um rito canônico de penitência no século VII, e tinha o valor de remissão total dos pecados: o peregrino de Jerusalém era "como se nascesse de novo e se refizesse inteiramente", escreveu o autor da *Vida de São Silvino,* do século VIII. O prestígio da viagem a Jerusalém está já bem estabelecido desde essa época, como testemunha o anglo-saxão Vilibaldo, cuja vida foi contada por uma freira em Heidenheim: ver "com os próprios olhos", tocar "corporalmente", "com as plantas dos pés", "os mesmos lugares das terras" onde Cristo viveu: nada pode ser mais valioso aos olhos dos cristãos. A peregrinação continua durante os acontecimentos políticos e militares que afetam a região: invasões persas, ocupação árabo-muçulmana. Nessa época, fala-se menos de confrontos ou de guerra santa, porque as duas religiões, muçulmana e cristã, ignoram-se mutuamente, como vimos.

No entanto, no final do século VIII, registram-se alguns atos de hostilidade para com os peregrinos. Por isso, em 797, Carlos Magno tinha enviado o judeu Isaac, acompanhado pelos monges Lanfredo e Sigimundo, junto ao soberano em cujo reino se encontrava Jerusalém, para lhe pedir que pusesse fim a essas desordens. Esse soberano é Harun al-Rachid. Como este é inimigo de Bizâncio e do emir de Córdoba, fica bem disposto em relação ao rei dos francos, cuja reputação ele conhece. Carlos Magno encontra nele um parceiro poderoso, cujo regime não é muito diferente do seu.

Harun al-Rachid tornou-se califa em 786. Pertence à família abássida, que derrubou a dinastia omíada[1] em 750, ou seja, na mesma época em que os carolíngios derrubaram os merovíngios. Estabeleceu sua capital, primeiramente em Damasco e depois em Hashimiya, numa aldeia persa, bem situada em posição de encruzilhada, perto de um canal entre o Tigre e o Eufrates: Bagdá, "Madinat al-Salam" (a Cidade da Paz). Está fazendo dela a maior cidade do mundo, perto da qual Aachen parece um vilarejo: em quatro anos, 100 mil trabalhadores construíram a cidade redonda, com 3 quilômetros de diâmetro, constituída por várias muralhas concêntricas defendidas por 360 torres. Em 800, Bagdá e seus arredores tinham-se transformado numa aglomeração de 10 quilômetros por 9 quilômetros, que ultrapassa Constantinopla e o seu meio milhão de habitantes, um número fabuloso para os ocidentais.

Na sua capital, Harun al-Rachid é um soberano autocrático, rodeado por uma burocracia assalariada, com centenas de funcionários trabalhando em ministérios especializados ou *diwans*: a chancelaria, as finanças, os correios, a segurança, o exército. À frente da administração, o vizir, um cargo ocupado por uma verdadeira dinastia, a dos barmáquidas. O titular tornou-se tão poderoso que o califa precisou depô-lo em 803. Carlos Magno pode invejar muitas coisas a Harun al-Rachid: um harém de 6 mil mulheres, uma corte suntuosa com uma hierarquia de cortesãos e um cerimonial estrito, um exército permanente baseado em escravos, muitos deles turcos, os mamelucos ou "possuídos", uma economia próspera e sofisticada e uma cultura refinada de base científica.

Nestes dois últimos domínios, o contraste com o Ocidente bárbaro é dos mais gritantes. O califado dispõe de abundantes recursos naturais, com as minas de cobre e de ferro da Pérsia, as minas de prata do Indocuche, as minas de ouro da Núbia e do Sudão, que lhe permitem cunhar numerosas moedas e praticar o bimetalismo. As técnicas bancárias já são avançadas: utilizam-se "cheques" e cartas de crédito; em Bagdá como em Bassorá, os grandes comerciantes têm contas em bancos e pagam com cheques, que podem ser descontados até o Marrocos. Os manuais comerciais

---

1 Dinastia árabe que governa o mundo muçulmano de 661 a 750. Seu nome vem do ancestral Umayyah ibn'Abd Sams, tio-avô do profeta Maomé. Fazem parte dos clãs mais poderosos da tribo de Qurays, que dominou Meca. (N. T.)

dão conselhos sobre investimentos. Mas a ameaça religiosa já se faz sentir: a usura, ou seja, o empréstimo a juros, é proibida, o que convém aos banqueiros judeus e cristãos. No seu *Livro do imposto imobiliário*, dedicado a Harun al-Rachid, o chefe cadi Abu Yusuf explica que o califa é o pastor que deve proteger e cuidar do seu rebanho, principalmente porque os abássidas estão ligados à família do Profeta.

As atividades produtivas são importantes, especialmente as têxteis, com sedas e tapetes preciosos. O comércio é muito ativo, tanto com Bizâncio, que exporta as suas baixelas de ouro e prata, suas drogas, seus escravos, suas joias e moedas de ouro, quanto com a Índia, de onde vêm rubis, ébano, elefantes e tigres, com a África, que vende seu ouro e seus escravos, e com a Escandinávia, pelo Volga e a intermediação dos búlgaros e dos cazares. As trocas são mais limitadas com o Ocidente cristão, que tem pouca coisa para vender.

A expansão cultural baseia-se principalmente em traduções e empréstimos bem assimilados. A biblioteca de Bagdá já é famosa; ali são traduzidas obras gregas e siríacas sobre medicina, astronomia, matemática, física, química e geografia. O apogeu só virá no reinado de al-Mamun (813-833), com a grande escola de tradução de Bagdá, que Hunayn Ibn Ishaq (809-877) tornará ilustre, mas já aparecem alguns grandes nomes, como o filólogo al-Asmaï (740-828), autor de obras lexicográficas, e cerca de vinte médicos, matemáticos e astrônomos. Mas, também nesse domínio, o obscurantismo religioso, que acabaria por sufocar a ciência árabe, já aparece em germe. Para a escola teológico-jurídica de Ahmad Ibn Hanbal (780-855), a única ciência aceita é a do Alcorão e a da Suna. No entanto, de modo geral, o califado de Bagdá, por volta de 800, tem uma vantagem considerável sobre o Ocidente em quase todos os campos, desde as técnicas de irrigação até a fabricação de papel, uma invenção chinesa "emprestada" pelos árabes em 751, na sequência da captura de artesãos durante uma vitória. A utilização do papel se difunde durante o reinado de Harun al-Rachid, primeiramente no Iraque e depois no Egito, e o califa ordena que se use apenas o papel na administração, para evitar as falsificações.

Tal como Carlos Magno, Harun al-Rachid se vê confrontado com revoltas dentro de seu próprio Estado. A dinastia abássida sofreu revoltas na Síria em 752, no Irã em 755 e de 776 a 789, com o movimento de al-Muqanna, "o Velado"; perdeu a Espanha em 756, o Marrocos em 788, a Tunísia em 800, e esteve em guerra contínua com o Império Bizantino. E, tal como Carlos Magno, o califa enfatiza o aspecto religioso do seu poder como instrumento político. Nos seus estados, os não muçulmanos, se não são verdadeiramente perseguidos, estão numa posição muito inferior e, de qualquer modo, condenados ao inferno. As seitas extremistas exercem pressão sobre o poder. Essa evolução é pesadamente ameaçadora para o futuro.

CARLOS MAGNO E HARUN AL-RACHID

Mas em 800 o realismo político prevalece. O governo do califa pouco sabe sobre o Ocidente e não se interessa por ele. Sabe que lá existe um poderoso soberano, Carlos Magno, adversário dos bizantinos e do emir de Córdoba. Por isso, acolhe a missão de Isaac, o judeu, e a embaixada carolíngia de 799, à qual promete impedir que os peregrinos cristãos em Jerusalém sejam molestados. Em resposta a essas embaixadas, envia a sua própria em 801. Ela não contém nenhum projeto de acordo ou de aliança. Trata-se de um sinal de amizade, manifestado por meio de presentes suntuosos. O papel dos presentes é importante na diplomacia da época. Os presentes têm um duplo objetivo: mostrar a riqueza e a generosidade daquele que oferece e testemunhar respeito por aquele que recebe. A honra é partilhada; os presentes suntuosos impressionam e lisonjeiam, e os soberanos os colecionam como um sinal da sua importância. Nas trocas com o mundo árabo-muçulmano, os soberanos ocidentais não podem competir com o esplendor e o luxo dos produtos orientais. Carlos Magno tem pouco a oferecer além de cotas de malha, enquanto recebe perfumes, sedas, pratas, tendas cerimoniais e, como curiosidade requintada, animais selvagens para o seu zoológico. Nesse ano de 801, Ibrahim, o emir de Kairouan, enviou-lhe um leão e um urso. Quanto ao presente de Harun al-Rachid, foi uma grande surpresa: um elefante, o que causa problemas de transporte. Os enviados do califa, que se encontram com o imperador perto de Verceil, não têm o animal consigo. Informam Carlos Magno que é o judeu Isaac, que regressa ao fim de quatro anos e cujos dois companheiros morreram, que vai trazê-lo. Só chega em 802 e, para lhe poupar o trabalho de atravessar os Alpes, é desembarcado na costa da Provença, provavelmente em Marselha, e sobe o vale do Ródano até Aachen.

O animal chocou a imaginação dos contemporâneos. Ele se chama Abul Abbas. Em Aachen, diz-se que era o único que o califa possuía, uma lenda lisonjeira para Carlos Magno, e que Eginhardo retoma: "Harun tinha enviado a Carlos Magno o único elefante que possuía, simplesmente porque o rei franco lhe havia pedido". Abul Abbas é uma curiosidade: muitas pessoas vão a Aachen mais para ver o elefante que para ver o imperador. Um escriba de Saint-Denis desenha a sua cabeça para decorar um B maiúsculo num exemplar dos Comentários de Cassiodoro sobre os salmos, no início do século IX. O irlandês Dicuil, que vive na corte, observa no seu *De Orbis mensura* que, contrariamente ao que afirmava o geógrafo romano Solin, os elefantes podem deitar-se, como ele viu Abul Abbas fazer: "É certo que ele se deita como um boi, como todas as pessoas do reino dos francos viam habitualmente o elefante fazer no tempo do imperador Carlos". Mais de trinta anos após a morte de Carlos Magno, ainda se falava do assunto: em 846, um escriba de Tours desenhou dois elefantes num exemplar da Bíblia e um escultor em marfim da mesma região colocou um no Jardim do Éden. Abul Abbas morreria em 810 e os *Anais Reais* considerariam o acontecimento suficientemente significativo para registrá-lo, juntamente com a morte da filha mais velha do imperador: "Rotruda, a filha mais velha do imperador, morreu no dia 6 de junho, [...] e enquanto ele estava lá [em Lippeham] o elefante que lhe foi enviado por Aarão, rei dos sarracenos, morreu subitamente".

Os presentes de Harun al-Rachid são surpreendentes para os ocidentais, quer pelo seu exotismo, quer pela sua tecnologia, como é o caso do relógio hidráulico de 806. Para Eginhardo, eles são a prova da admiração do califa por Carlos Magno:

> Com Harun al-Rachid, rei dos persas, que tinha sob o seu domínio quase todo o Oriente, com exceção da Índia, Carlos Magno mantinha relações tão amistosas que Harun colocava a sua estima acima do apoio dos outros reis e príncipes de todo o mundo e considerava-o o único digno de honra e de presentes. Quando os mensageiros de Carlos Magno, que ele tinha enviado com oferendas ao Santíssimo Sepulcro de Nosso Senhor e Salvador e ao lugar da Sua ressurreição, foram ter com Harun e o informaram das intenções do seu senhor, este não só lhes concedeu tudo o que lhes foi pedido, como chegou mesmo a

aceitar que esse lugar sagrado da nossa redenção fosse colocado sob a jurisdição de Carlos Magno.

A acreditar no cronista, seria o califa que procuraria a amizade do imperador e que se sentiria lisonjeado por ser seu aliado, o que equivale a virar o mundo de pernas para o ar. Com Notker, essa interpretação torna-se delirante. Ele nos mostra os enviados do califa a vaguearem desesperadamente durante um ano à procura do maravilhoso imperador; chegando finalmente a Aachen, são obrigados a esperar pela véspera de Páscoa para poderem ver a "pessoa incomparável, vestida com uma magnificência insuperável". Finalmente apresentados, ficaram estupefatos: "Carlos Magno, em todo o seu esplendor, pareceu-lhes muito mais formidável do que qualquer outro rei ou imperador que alguma vez tivessem visto. O imperador deu-lhes a suprema graça de permitir que o contemplassem: Saltavam de alegria e valorizavam mais que todas as riquezas do Oriente a possibilidade de ficar perto dele, de contemplá-lo e admirá-lo". Permite-lhes, "como se fossem seus próprios filhos", ir aonde quiserem, examinarem, fazerem perguntas, porque estes pobres persas vindos de Bagdá estão evidentemente maravilhados com os esplendores de Aachen. Leva-os a caçar búfalos e touros selvagens, "mas, quando eles viram esses animais imensos, ficaram aterrorizados e fugiram. Nosso herói, Carlos Magno, pelo contrário, não conhecia o medo...". No entanto, é atingido na perna por uma chifrada e vai consolar-se com a rainha Hildegarda (morta havia cerca de vinte anos!). Os persas trouxeram presentes: "Um elefante, alguns macacos, bálsamo, drogas e unguentos de todo tipo, especiarias, perfumes e uma grande variedade de medicamentos. Parecia que pilharam todo o Oriente para poderem oferecer estes presentes ao Ocidente". Testemunham a reputação universal de Carlos Magno: "Nós, persas, dizem eles, e os armênios, medos, indianos, partas, elamitas e todos os povos do Oriente, vos tememos muito mais do que ao nosso soberano Harun. Quanto aos macedônios e aos gregos, o que dizer? Eles temem mais vossa grandeza esmagadora que as ondas do mar jônico. Os habitantes de todas as ilhas por onde passamos na nossa viagem estavam prontos e dispostos a obedecer-vos como se tivessem sido criados no vosso palácio e agraciados por vós com imensos favores". Mas, dizem eles, vossos condes e bispos se comportam de forma demasiadamente independente. Ao saber disso, Carlos Magno demite todos eles.

Essas invenções pueris e delirantes de Notker não mereceriam ser relatadas se não ajudassem a ilustrar a importância atribuída às relações com o Oriente na corte de Carlos Magno. As embaixadas de Harun al-Rachid causaram sensação; o exotismo dos enviados e de seus presentes capturou a imaginação e foi interpretado como prova da influência universal do imperador. A embaixada não se deve ao novo título imperial do soberano, mas sua chegada, quatro ou cinco meses após a coroação, constitui uma homenagem ao chefe supremo do mundo cristão.

Carlos Magno, depois de ter enviado o tabelião Ercambaldo à Ligúria para preparar a chegada do elefante, permanece algum tempo em Ivrea, até o dia de São João Batista, em 24 de junho. Depois, atravessa os Alpes pelo desfiladeiro do Grand-Saint-Bernard e regressa a Aachen em meados de julho. O périplo durou quase um ano. No seu regresso, o imperador encontra os velhos problemas ainda por resolver: a Saxônia, onde a política de deportação prossegue no norte, e os ávaros, que continuam a assediar as guarnições francas. No entanto, não foi planejada nenhuma campanha para o ano de 801. Enquanto o imperador reflete sobre suas novas responsabilidades, são os seus filhos que assumem as tarefas militares, Pepino no ducado de Benevento e Luís na Marca de Espanha.

TOMADA DE BARCELONA (801)

É desse setor que chegam as melhores notícias. Os relatos são bastante confusos para nós, devido à desordem e até à incoerência das fontes. Apenas um fato é certo: a tomada de Barcelona, mas quanto ao resto os *Anais* e as crônicas são muito difíceis de harmonizar. Os *Anais Reais* são muito sucintos: "A cidade de Barcelona, na Espanha, foi tomada neste verão, após dois anos de cerco; seu governador, Sadun, e muitos outros sarracenos foram capturados". Sadun, enviado ao imperador, foi imediatamente exilado. Para o Astrônomo, "Sadun, duque de Barcelona, foi persuadido por alguém que julgava ser seu amigo a ir a Narbonne. Foi preso, enviado ao rei Luís e depois a seu pai, Carlos". O relato do Astrônomo, *Vida de Luís*, é bem pormenorizado no que diz respeito aos acontecimentos que antecederam a tomada de Barcelona. Infelizmente, o autor tem o lamentável hábito de misturar fatos sem levar em conta a cronologia, juntando episódios que ocorreram em momentos diferentes, sem nunca indicar as datas. Seu relato deve, por isso, ser tomado com muita cautela e reserva.

Eis sua versão. Em 800, houve uma grave revolta dos gascões, insatisfeitos com a nomeação de Leutardo como conde de Fezensac. Vários dos seguidores do conde são mortos, quer pela espada, quer pelo fogo. A revolta é esmagada e, em aplicação da lei de talião, um costume local, vários líderes da insurreição são queimados vivos. "No período que se seguiu à conclusão desse caso, pareceu ao rei e aos seus conselheiros que deveria ser empreendida uma campanha para tomar Barcelona". A esse respeito, podemos recorrer ao cronista Ermoldo, o Negro, que confirma que se realiza um conselho de guerra em Toulouse, durante o qual o conde Guilherme, contra o conselho do conde gascão Sancho Lopo, teria persuadido o rei Luís a atacar Barcelona, cujo *wali*, o governador, é Zado (Sadun).

A expedição é cuidadosamente preparada. O rei Luís permanece no Roussillon com uma tropa; uma segunda, comandada pelo conde de Girona, Rotstagnus, atravessa os Pireneus pelo leste e, depois de tomar Vic e Girona, cerca Barcelona no outono de 800; uma terceira, com o conde Guilherme, é colocada a alguma distância da cidade, para impedir a aproximação de um eventual exército de socorro. A tática dá frutos: um exército enviado pelo emir de Córdoba é repelido por Guilherme perto de Saragoça, numa batalha muito sangrenta.

O cerco é terrível. Dessa vez, os francos dispõem de máquinas de guerra, mas é a fome que convence os sitiados, reduzidos a mastigar seus tapetes de couro ou, em desespero, a saltar das muralhas. Os sitiantes, para mostrar que tencionam ficar até a rendição, constroem um vilarejo de cabanas. Luís vem assistir à fase final do cerco. Carlos Magno, em Aachen, informado dos acontecimentos, envia o seu filho mais velho, Carlos, com reforços, em auxílio ao seu irmão Luís. Ele chega a Lyon, onde fica sabendo que Barcelona havia caído: os sobreviventes tinham entregado seu chefe e aberto as portas. Luís faz uma entrada triunfal, com o clero a cantar hinos até a igreja de Sainte-et-Victorieuse-Croix. Carlos regressa a Aachen.

O cerco durou sete ou oito meses, e não dois anos, como afirmam os *Anais*, e a rendição só pôde ocorrer no final do verão, e não na Páscoa, como por vezes se diz, porque na Páscoa Carlos Magno ainda está em Roma, e os sitiados temem não poder resistir durante mais um inverno: não teriam feito tal rendição na primavera.

O imperador está satisfeito. Passa o Natal de 801 em Aachen e pede a Luís que se encontre com ele no início de janeiro. Um reencontro caloroso. Durante os últimos anos do seu reinado, o imperador mostra seu amor pelo filho, que se mostra sábio e obediente como sempre. Quando, por exemplo, soube pelo notário Ercambaldo que Luís mantinha sessões de justiça três dias por semana, "ficou tão feliz que desatou a chorar, tal era a sua alegria, e disse aos que o rodeavam: 'Camaradas, regozijemo-nos por, na idade da sabedoria encanecida, sermos ultrapassados em sabedoria por esse jovem'". Trata-se de uma história edificante, cuja autenticidade não foi provada, mas que é significativa para a relação entre pai e filho. Entretanto, a piedade excessiva de Luís não deixa de inquietar o imperador. O rei da Aquitânia regressa ao seu reino durante a Quaresma de 802.

FLERTE COM BIZÂNCIO

É aproximadamente nesse momento que chega a Aachen uma embaixada, aguardada com alguma apreensão: a da imperatriz bizantina Irene. Durante quase um ano, Bizâncio não reagiu à coroação imperial de Carlos Magno, sinal do seu embaraço. Em princípio, essa coroação é inadmissível para as autoridades do Bósforo. Trata-se de uma usurpação: o basileu considera-se o único imperador, Roma está teoricamente sob seu domínio e o papa nunca teve o direito de nomear um imperador. O relato do cronista Teófanes sobre o acontecimento é revelador pelo seu laconismo: trata-se de um acordo miserável e sem valor entre o papa e o rei franco; este último salvou o primeiro, e "naquele momento Roma caiu nas mãos dos francos e assim permaneceu desde então. Em troca, Leão coroa Carlos imperador dos romanos na igreja do Santo Apóstolo, ungindo-o com óleo da cabeça aos pés, trajando-o com as vestes imperiais e conferindo-lhe o diadema, no dia 25 de dezembro, indicção IX (800)". O relato é irônico e errado, uma vez que Carlos Magno não foi ungido.

Mas o fato permanece: há um imperador usurpador no Ocidente. O fato é apenas uma meia surpresa, pois já se falava, nos círculos opositores a Irene, em oferecer o título imperial a Carlos Magno. Colocado diante do fato consumado, o governo bizantino está embaraçado. Se pudesse, reagiria pela força, lançando uma guerra aberta contra o usurpador. Isso está fora de questão. Irene sabe disso. Já tem dificuldades em conter os búlgaros e os muçulmanos e, internamente, sua posição é frágil. Contestada por uma grande parte da opinião pública, vê-se confrontada com conspirações e revoltas, a que reprime com selvageria. Seus dois principais ministros, os eunucos Aécio e Estaurácio, lutam ferozmente para assegurar a sucessão a um dos seus parentes: Estaurácio fomenta uma conspiração para destronar Irene; a conspiração é descoberta; Estaurácio morre de raiva, em 801. Aécio mantém o controle da situação. Ao mesmo tempo, corre a informação de que Carlos Magno prepara uma expedição, dizem que contra a Sicília, e talvez contra Bizâncio. A única solução é negociar. É com essa finalidade que, no outono de 801, Irene envia o patrício Leão a Aachen com propostas de paz e com a missão de descobrir as verdadeiras intenções do imperador franco.

A embaixada chega no inverno. Carlos Magno fica aliviado, porque também não pode empreender uma guerra contra Bizâncio. Os problemas dos saxões e dos ávaros não estão completamente resolvidos; o Benevento permanece insubmisso; os sarracenos continuam a ameaçar, enquanto no norte aparecem os primeiros vikings. O império não poderia travar mais uma grande guerra contra os bizantinos. Assim, o equilíbrio das fraquezas evitará um confronto entre o Oriente e o Ocidente.

Além disso, Carlos Magno pode contar com seu amigo Harun para ocupar Irene: ele acaba de constituir uma marca militar em torno de Tarso, entre a Síria e a Cilícia, que povoa com habitantes de Khorassan e que constitui uma ameaça permanente para o Império Bizantino. Não há, portanto, necessidade de guerra. Ele garante ao patrício Leão que seu único objetivo é dominar o Benevento e que não tem intenções belicosas para com Irene... pelo contrário: pede-a em casamento! Esse caso tem sido objeto de muita discussão entre os historiadores. Muitos são céticos: a proposta de casamento, de fato, é mencionada por uma única fonte, o cronista grego Teófanes, e de forma confusa. Lendo-o, não fica claro quem propôs primeiro o casamento ao outro: "Neste ano, indicção IX, 25 de dezembro, Carlos, rei dos francos, foi coroado pelo papa Leão e, depois de ter pensado em mandar uma frota atacar a Sicília, mudou de ideia e pensou em concluir um casamento e a paz com Irene; para este fim, enviou embaixadores a Constantinopla no ano seguinte, indicção X. Foram, então, enviados embaixadores a Carlos e ao papa Leão, pedindo que Irene se unisse em casamento a Carlos e que, assim, o Império Oriental e o Império Ocidental se unissem num só". Teria sido, obviamente, um casamento puramente político, de conveniência, entre um imperador de 60 anos e uma imperatriz de 50, ainda bela, cada um ficando em suas terras e governando a sua metade do império. Conhecendo as duas personalidades, poder-se-ia prever um futuro tempestuoso para esse temível casal. Sua união teria criado mais problemas do que teria resolvido, especialmente quando um deles morresse e o poder e os títulos fossem transmitidos. Pensando bem, trata-se de um projeto totalmente irrealista, o que leva a crer que se trata de um boato infundado, que circulou no âmbito da corte.

Entretanto, se não se chega a ponto de imaginar um casamento, estavam prontos, de ambos os lados, para um acordo, uma espécie de coexistência pacífica que permita a cada um resolver os seus próprios problemas. Assim, na primavera de 802, Carlos Magno envia uma embaixada a Irene, chefiada por Jessé, bispo de Amiens, e pelo conde Helgaud. Estes foram encarregados de apresentar propostas de paz à imperatriz. Estavam em Bizâncio havia algumas semanas quando se deu uma nova revolução palaciana: Nicéforo, o logoteta do Tesouro, um oriental helenizado, funcionário zeloso, à frente de uma coligação de descontentes, tomou o poder em 31 de outubro. Irene foi exilada em Lesbos, onde morreu em 9 de agosto.

O casamento estava fora de questão. Nicéforo, proclamado imperador, recusa categoricamente reconhecer esse título a Carlos Magno, a quem envia de volta os seus embaixadores, acompanhados por três dos seus, o bispo Miguel, o abade Pedro e Calisto. As relações voltam a ser tensas. Em Salz, na Francônia, os enviados de Nicéforo I encontram-se com o imperador. A situação do basileu ainda está incerta: tem contra si várias facções, a dos iconoclastas, que continuam a ser numerosos, e a dos estuditas, partidários do poder teocrático e do culto das imagens, que chegam a fomentar uma revolta. Também lhe falta prestígio no exército, onde o estratego Vardanes, o Turco, que comandava contra os árabes, se revolta em julho de 803. Harun al-Rachid retoma suas incursões e os búlgaros continuam ameaçadores. O basileu deve continuar a negociar com Carlos Magno, que, por sua vez, tenta tranquilizá-lo, afirmando que não procura a primazia e o chama de "irmão". Na sequência das discussões de Salz, o imperador franco envia uma nova embaixada em 803, com propostas cujo conteúdo é desconhecido, mas às quais Nicéforo nem sequer responde.

Homem de princípios, que desejava restaurar a grandeza de Bizâncio, não podia aceitar o título imperial de Carlos Magno. Além disso, nessas terras, surge um novo pomo de discórdia nas fronteiras dos dois impérios: nas profundezas do Adriático, nas ilhotas da costa pantanosa entre a foz dos rios Pó e Piave, uma antiga aldeia de pescadores está se tornando um centro de comércio marítimo entre o Oriente e o Ocidente: Veneza. De quem é essa cidade? De Bizâncio ou do império franco? Até agora, pouca atenção foi dada a essas miseráveis ilhas da laguna, que flutuam numa zona indeterminada entre o Friuli, a Ístria e a Emília. A região foi outrora bizantina, e o duque de Veneza, o doge, dependia de Constantinopla.

Mas, com o avanço franco nessa região, um partido franco passa a disputar a eleição do doge com o partido bizantino. Para os dois imperadores, ceder não está em questão. A guerra vai então recomeçar nessa região, mas de forma sub-reptícia, de 804 a 805.

É certo que a coroação imperial de Carlos Magno contribuiu grandemente para a deterioração das já más relações entre o Oriente e o Ocidente, tanto no nível político quanto no religioso. A ruptura entre Carlos Magno e Nicéforo acentua a hostilidade religiosa entre Roma e Constantinopla. Eginhardo sublinhou essa desconfiança recíproca, pela qual obviamente culpa os bizantinos:

> Do mesmo modo, os imperadores de Constantinopla, Nicéforo I, Miguel I e Leão V, procuraram livremente a amizade e a aliança de Carlos Magno e enviaram-lhe muitos mensageiros. Ao aceitar o título de imperador, ele provocou sua desconfiança, pois poderia ter procurado despojá-los do seu poder imperial, mas concluiu um sólido tratado com eles, a fim de evitar que surgissem motivos de discórdia. No entanto, o poder dos francos sempre pareceu suspeito para os gregos e os romanos. Daí este provérbio grego, que ainda hoje é citado: "Se um franco é teu amigo, é porque ele não é teu vizinho".

O CAPITULAR DE MARÇO DE 802: SERMÃO OU PROGRAMA POLÍTICO?

Os anos 802 e 803 são para Carlos Magno um período de atividade legislativa, consequência direta de sua coroação imperial. Levando muito a sério seu novo título, procede a uma atualização institucional do seu império e delineia o programa que pretende implementar: aproximar-se o mais possível do ideal da cidade humana segundo o modelo agostiniano. Tira proveito de uma relativa pausa na atividade militar e, limitando seus deslocamentos, reside quase permanentemente em Aachen, onde ele e seus conselheiros redigem os principais capitulares da reforma.

Durante todo o ano de 802, não abandona sua "capital" e, em março, convoca a grande assembleia, diante da qual é proclamado o grande texto legislativo que vamos discutir. É também aí que passa as celebrações da Páscoa, em 27 do mesmo mês. Durante a primavera e o verão, vai à caça nas Ardenas, mantendo-se informado sobre a continuação das negociações com Bizâncio e sobre o desempenho de suas armas no Benevento e contra os ávaros, que ainda apresentam revoltas esporádicas. Envia também um exército além do Elba contra os saxões do norte, que continuam a ser deportados. Em 20 de julho, o acontecimento é a chegada de Abul Abbas, o elefante. Os *Anais Reais* registram a data exata, e os *Anais de Lorsch* também consideram útil informar que "um elefante chegou à Frância neste ano". Em outubro, reúne-se novamente uma grande assembleia, na qual é decidida uma nova vaga de reformas.

O Natal é passado em Aachen. Depois, nos primeiros meses de 803, um violento terremoto na região do Mosa faz vítimas. O palácio é sacudido, mas sem grandes danos. Depois da Páscoa, que nesse ano caiu em 16 de abril, o imperador parte para sul. Em Mainz, convoca a assembleia de maio, em que talvez tenha sido proclamado o capitular militar. Carlos Magno dirige-se então para a Baviera e é a caminho de Salz, no Saale, que encontra os enviados de Nicéforo. Segundo os *Anais de Metz*, recebe também o patriarca de Veneza, Fortunato, que vem pedir-lhe ajuda e lhe traz de presente "duas portas de marfim maravilhosamente esculpidas".

O imperador retoma então o caminho da Baviera. O objetivo da expedição é supervisionar as operações das suas tropas de elite contra os ávaros, pois alguns grupos continuavam a resistir e tinham matado dois condes. Mas, contrariamente ao seu hábito, Carlos Magno não parece ter pressa e, unindo o útil ao agradável, decide fazer uma incursão pelas montanhas da Boêmia, "com alguns companheiros escolhidos [...], para caçar auroques e outros tipos de caça selvagem", dizem os primeiros *Anais de Metz*. Dado que o auroque era um boi selvagem preto, semelhante ao bisão, que se encontrava na Europa central até a Idade Média, talvez esteja aqui a origem da narrativa de Notker, contando que Carlos Magno caçava bisões para deslumbrar os enviados de Harun al-Rachid.

Enquanto isso, "o resto do exército viaja por caminhos mais fáceis". O imperador se junta às suas tropas em Regensburg, de onde envia seus *scarae* para a Panônia e, enquanto aguarda seu regresso, volta a caçar na Baviera. Trata-se de um comportamento novo e surpreendente da sua parte. Ele não nos habituou a pôr seu lazer à frente do trabalho de guerra. Será que está desenvolvendo os hábitos de um rei preguiçoso? Não é seu temperamento, mas a idade contribui para moderar seus ardores. Trata-se de operações de *commando*,[2] por assim dizer, levadas a cabo por tropas de intervenção rápida, e não de uma invasão sistemática, que exigiria sua presença. Além disso, ele não gosta de lidar diretamente com os ávaros.

Quando as tropas regressam a Regensburg, os chefes eslavos e ávaros vêm apresentar sua submissão. No outono, o imperador deixa a Baviera. Após uma parada em Worms, regressa a Aachen, onde passa as festas de Natal.

Dois anos sem grandes ações, então, mas de grande atividade legislativa, marcados por capitulares essenciais, que são consequências diretas da coroação imperial. O principal deles é o de março de 802, cujo tom geral é marcadamente religioso, quase místico, se é que se pode usar esse termo com um homem de ação tão realista como Carlos Magno. O termo "cesaropapismo" nunca foi tão justificado, tanto no conteúdo como na forma. Será um soberano secular ou um chefe religioso que se exprime nessa exortação que os *missi* estavam encarregados de transmitir às populações?

---

2 Formação militar de poucos membros, encarregados de missões especiais e que operam isoladamente. (N. T.)

Escutai, caros irmãos, a advertência que o nosso senhor, o imperador Carlos, vos dirige pela nossa boca. Fomos enviados aqui para a vossa salvação eterna e estamos encarregados de vos avisar para viverdes virtuosamente, segundo a lei de Deus, e justamente, segundo a lei temporal. Em primeiro lugar, fazemos-vos saber que deveis acreditar num só Deus, o Pai, o Filho e o Espírito Santo, verdadeira Trindade e unidade entre si... Acrediteis que existe uma só Igreja, que é a sociedade de todos os homens piedosos da terra, e que só se salvarão aqueles que perseverarem até ao fim na fé e na comunhão desta Igreja... Amai a Deus de todo o coração. Amai o vosso próximo como a vós mesmos; dai esmolas aos pobres segundo as vossas possibilidades. Recebei os viajantes em vossas casas, visitai os doentes, tendes piedade dos presos. Perdoai as vossas dívidas uns aos outros, como quereis que Deus vos perdoe os vossos pecados. Redimi os cativos, socorrei os oprimidos, defendei as viúvas e os órfãos... Que os duques, condes e outros funcionários públicos façam justiça ao povo e sejam misericordiosos com os pobres; que o dinheiro não os desvie da equidade... Nada está escondido de Deus... A vida é curta e a hora da morte incerta. Estejamos sempre preparados.

Isso é dogma e moral. Já não é a cidade dos homens que Carlos Magno quer fundar, mas a cidade de Deus, como se o título imperial fizesse dele uma autoridade religiosa. O seu capitular é um verdadeiro sermão e os seus *missi* são verdadeiros missionários. Aliás, inúmeros artigos são assimiláveis ao direito canônico, como quando regulamentam os deveres dos bispos: "Os bispos e os padres devem viver segundo as regras dos cânones e ensinar os outros a fazer a mesma coisa" (art. 10º); devem dirigir "com solicitude, honesta afeição, doçura, caridade"; "com toda a caridade e concórdia da paz" (art. 14); não devem favorecer familiares ou amigos nas escolhas que fazem para as ordenações; assim como os outros membros do clero, não devem ter cães de caça e falcões. Os cônegos são particularmente convocados: "Em nenhum caso devem vadiar, mas, pelo contrário, devem viver sob constante vigilância, não devem procurar o lucro, nem ser fornicadores, ladrões, assassinos, raptores, briguentos, coléricos, arrogantes, bêbados" (art. 22).

A disciplina monástica é objeto de longos desenvolvimentos, que ao mesmo tempo revelam as desordens dos monges e a importância que Carlos Magno atribui a essas comunidades, cuja rede estrutura seu império. Ele confia nelas para obter o auxílio divino, por meio de suas orações, e para serem centros de cultura e de ensino, multiplicando os livros e formando as elites da Igreja e do Estado. Infelizmente, esses núcleos de santidade são muitas vezes centros, se não de devassidão, de laxismo moral: a embriaguez, a homossexualidade, a frequentação de prostitutas e a avareza são práticas e atitudes comuns, diz o imperador, que ameaça: "Se tais atos me forem de novo denunciados, infligirei um tal castigo, não só aos culpados, mas a todos os que toleraram esses atos, que qualquer cristão que ouvir falar disso não quererá mais se entregar a eles".

Outros artigos atacam os pecados do povo, as superstições e as desordens morais de todo tipo: que os condes reprimam "os ladrões, assaltantes, assassinos, adúlteros, mágicos, encantadores, adivinhos e outras pessoas sacrílegas" (art. 25); "aqueles que cometem parricídio ou fratricídio, ou matam um tio, paterno ou materno" devem ser privados dos seus bens e presos, "para que não possam contaminar outros, até que sejam trazidos perante nós" (art. 37); aqueles que matam o seu filho, o seu irmão, aqueles que cometem incesto, devem ser julgados pelos bispos ou pelos condes. Para limitar a vingança privada, "o culpado, sempre que comete um homicídio, por instigação do demônio, deve imediatamente se retratar e pagar prontamente a soma devida à família do defunto. E ordenamos firmemente que os parentes da pessoa que foi morta não aumentem o mal cometido recorrendo à vingança ou recusando-se a fazer as pazes com aquele que as pede, mas que, depois de ele ter dado a sua garantia, aceitem a composição prevista, e em troca concedam a paz perpétua; mas o criminoso pagará sem demora" (art. 33). Isso diz muito sobre a brutalidade ambiente. A prática do *Wergeld*, ou precificação dos crimes, comum nos povos germânicos, garante pelo menos um mínimo de ordem. O conde ou o bispo é responsável pelo julgamento, e o recalcitrante pode, em teoria, recorrer ao imperador. Ele também julga os casos de caça furtiva nas florestas imperiais. Todo ato desse tipo deve ser denunciado (art. 39). Quanto à "prática do perjúrio, é indispensável erradicar do povo cristão esse crime gravíssimo. Se alguém for condenado por perjúrio, saiba que lhe será cortada a mão direita; além disso, ficará privado dos seus direitos alodiais[3] enquanto aguarda o nosso julgamento" (art. 36).

---

3 Direitos sobre um *alleu*, terra cuja posse não implica pagamentos, homenagem ou reconhecimento a um senhor. (N. T.)

O capitular recorda, sem qualquer ordem especial, a obrigação de ajudar "os pobres, as viúvas, os órfãos e os peregrinos", de dar hospitalidade aos viajantes e de fornecer "um teto, um fogo e água ao peregrino que atravessa o país em nome de Deus e a qualquer pessoa que esteja viajando por amor de Deus e pela salvação da sua alma" (art. 27); recorda que "os juízes devem julgar com equidade, de acordo com a lei escrita, e não segundo o seu arbítrio" (art. 26), que é proibido roubar ou reter escravos ou as terras do rei, ou abrigar servos reais fugitivos, roubar igrejas, dilapidar os bens das basílicas. Que os condes, os *missi* e os juízes não tenham a presunção de cobrar impostos dos pobres que o imperador isentou; que tenham o cuidado de aplicar a boa justiça e, em particular, "que ninguém postulando em tribunal a causa de outro o faça injustamente, quer defendendo mais brando do que pode, por cupidez, quer escamoteando um julgamento justo pela habilidade do seu arrazoado, embora sua causa seja mais fraca. Cada um deve defender sua própria causa, exceto se estiver enfermo ou ignorar a maneira de pleitear..." (art. 9º).

O JURAMENTO DE 802 E OS NOVOS *MISSI*

Todas essas decisões, essas recomendações, por vezes desajeitadas e desorganizadas, têm como objetivo assegurar a paz e a harmonia no império, o ideal da cidade cristã. Mas ainda é preciso que sejam conhecidas e aplicadas. Daí o recurso aos *missi* e ao juramento. Essas duas instituições não são novas. Carlos Magno já tinha exigido duas vezes que os homens livres prestassem juramento e utilizava regularmente os *missi*. Mas o capitular de 802 dá-lhes uma nova dimensão.

Em primeiro lugar, explica que o recurso ao juramento e aos *missi* é necessário porque o imperador não pode estar fisicamente presente em todos os lugares ao mesmo tempo: "Que cada um se esforce, segundo sua inteligência e suas forças, por se reservar inteiramente para o serviço de Deus, segundo o preceito de Deus e segundo seu compromisso solene, porque o senhor imperador não está em condições de manifestar ele próprio o seu cuidado e a sua disciplina sobre todos e sobre cada um". Esse primeiro ponto merece duas observações: em primeiro lugar, ilustra a preocupação de Carlos Magno em explicar e motivar as suas decisões, o que testemunha uma certa confiança na razão humana. Nos seus capitulares, procura tanto convencer como obrigar e especifica sempre que os seus regulamentos se aplicam àqueles que os podem compreender; ordena aos seus *missi* que expliquem. É claro que não tolera a oposição, mas pelo menos dá suas razões, o que é mais do que fazem os soberanos absolutos que seguem o "bom prazer".[4] Em segundo lugar, indiretamente, é a ele pessoalmente que todos devem obediência; os *missi* apenas representam o senhor, são literalmente os *missi dominici*, os enviados do senhor, e o juramento é prestado, por meio deles, ao senhor imperador. Há uma personalização do poder e uma encarnação do poder público na pessoa do imperador.

Essa personalização reflete-se no fato de, contrariamente ao juramento de 789, o juramento de 802 ser dirigido apenas a Carlos Magno, e não mais aos seus filhos. Em 789, havia três reis, Carlos Magno, Pepino e Luís; em 802, há três reis, Carlos, Pepino e Luís, e um imperador, Carlos Magno, e é só ele que encarna o Estado. E para que não haja mal-entendidos, para que o imperador Carlos não seja confundido com o seu filho, o rei Carlos, a fórmula do juramento especifica que se trata do "Senhor Carlos, piedosíssimo imperador, filho do rei Pepino e da rainha Berta". Não se presta juramento a uma dinastia, mas a um homem. Será que devemos também ver nisto uma certa desconfiança em relação aos seus filhos e ao seu séquito de vassalos, que ele quer vigiar estreitamente? Não é impossível.

O capitular tem também o cuidado de explicar por que razão é necessário um novo juramento, dado que já foram exigidos dois. A razão é que os juramentos anteriores estão desatualizados. Exigiam apenas uma obediência passiva, que consistia na "fidelidade ao imperador concernindo à sua vida, não introduzir inimigos no seu reino para fins hostis e não consentir em, ou calar sobre, a infidelidade de outrem para com ele". A partir de então, exige-se uma lealdade ativa, um compromisso de colaborar no esforço conjunto para a realização do império cristão, ou seja, de respeitar todas as prescrições do capitular. É por isso que o juramento a César é diferente e mais exigente que o juramento ao rei: "A respeito da fidelidade que se deve prometer ao

---

4 Em francês, *"bon plaisir"*, expressão que designa a própria vontade, aceita sem discussão. (N. T.)

senhor imperador... que todos os homens em todo o reino, tanto eclesiásticos como laicos... que anteriormente prometeram fidelidade em nome do rei, façam agora a mesma promessa em nome de César, e que aqueles que ainda não haviam feito o façam igualmente, a partir dos 12 anos de idade. E que isso seja exposto a todos, de tal maneira que cada um possa compreender...". Sempre a preocupação de explicar.

A fórmula do juramento é mais elaborada que em 789. Cada um deve dizer:

> Juramento pelo qual a partir de agora prometo novamente ser fiel ao senhor Carlos, piedosíssimo imperador, filho do rei Pepino e da rainha Berta, em pura intenção, sem fraude nem embuste, de minha parte, para sua parte, e pela honra do seu governo, como por direito um homem deve ser para com o seu senhor. Que Deus me ajude, assim como as relíquias dos santos que se encontram neste lugar. Para que eu cumpra e queira cumprir este juramento, na medida em que sei e compreendo".

Esse juramento tem outras particularidades. É feito sobre as relíquias dos santos. Tem, portanto, um valor religioso, o que lhe dá mais força, porque o perjúrio compromete a salvação eterna, o que sublinha o caráter espiritual e temporal do regime. Além disso, inclui uma fórmula emprestada do juramento de vassalagem: "Sou fiel como homem [vassalo] deve ser por direito ao seu senhor, para o bem do Estado e do seu direito". Assim, cada um se torna um "homem" do imperador, com todos os deveres que isso implica, tais como o serviço militar: "Que ninguém ouse negligenciar a mobilização do senhor imperador relativa ao serviço militar, e que nenhum conde seja tão presunçoso que ouse dele isentar, seja para proteger seus parentes, seja por corrupção ou lisonja, alguém que deva fazer esse serviço armado", diz o artigo 7º do capitular. E o número 8º acrescenta: "Que ninguém se atreva, de modo algum, a fugir à mobilização ou à ordem do senhor imperador, ou a impedir, dificultar, restringir o que ele deve fazer, ou agir de outra forma em oposição à sua vontade e ordens. Que ninguém ouse obstruir o pagamento do que é devido ao imperador". Fazer o juramento significa, portanto, engajar-se na submissão ao direito de mobilização, ao *bannus*, isto é, ao poder de comando do soberano: ir para o exército, submeter-se à justiça, pagar impostos, respeitar o temporal eclesiástico.

Todos os homens livres a partir dos 12 anos são obrigados a prestar esse juramento, independentemente de terem ou não prestado o juramento precedente, tanto os clérigos como os laicos, e mesmo os não livres, se exercem funções na administração imperial ou se recebem benefícios ou honras do imperador. As únicas exceções são os velhos que, devido às suas enfermidades, não podem ir às audiências ou que são demasiado débeis para compreender o que lhes é pedido, e os monges que seguem a regra de São Bento. Estes últimos se contentarão com uma promessa verbal de fidelidade, registrada pelo abade, que fará um relatório ao imperador. Os *missi* deverão enviar ao imperador uma lista com os nomes de todos os que prestaram o juramento. A prestação será pública e aqueles que tentarem escapar disso serão levados perante o imperador.

Uma enorme responsabilidade recai assim sobre os ombros dos *missi*, cujo papel é redefinido. Prefigurando ao mesmo tempo os oficiais de justiça e os senescais, os intendentes, os representantes em missão e os prefeitos, esses homens polivalentes do Império Carolíngio são os pilares do regime. A partir de então, são permanentemente ligados a um determinado distrito, ou *missaticum*, e vão e voltam frequentemente para Aachen. Sua tarefa é esmagadora e os seus poderes, quase ilimitados. São verdadeiramente os olhos e os ouvidos do imperador, que conta com eles para saber tudo o que se passa no império. No último artigo do capitular de 802, Carlos Magno especifica o que espera deles:

> Queremos saber, por meio de nossos *missi* enviados por todo o reino, como é que, tanto entre o clero masculino – bispos, abades, padres, diáconos, cônegos e todos os monges – quanto entre as freiras, cada um observou no seu ministério a nossa mobilização, decreto e chamamento, e se seria sensato agradecer a alguns pela sua boa vontade ou conceder-lhes ajuda, e se há lugares que ainda precisam de reformas. E do mesmo modo queremos saber se, em todos os lugares, os laicos protegem as santas igrejas e também as viúvas, os órfãos e os mais fracos. No que concerne às violações, às convocações ao exército, no que diz respeito a esses assuntos, como obedecem às nossas ordens e comandos, e também como observaram a nossa mobilização, e sobretudo como cada um se esforça por cumprir o santo serviço de Deus, para que todas essas tarefas sejam bem-feitas, para louvor de Deus Todo-Poderoso... Da mesma forma, queremos ser

informados, no que diz respeito a esses assuntos, sobre a atitude dos condes e centenários,[5] nossos oficiais.

Os *missi* devem supervisionar, informar, fazer cumprir as ordens do imperador, administrar o juramento, assegurar a ordem pública, o respeito pela religião, a justiça e corrigir os erros. "Sempre que alguém se queixa de que outro lhe fez mal, os *missi*, para conservar o favor de Deus Todo-Poderoso e manter a fidelidade que prometeram ao imperador, devem investigar sem demora...". E se tiverem dúvidas, em casos delicados para resolver, devem remetê-los por escrito ao imperador, juiz supremo: "Se houver um problema tal que não saibam, nem os condes, onde se situa o direito, e que não possam resolver por si mesmos, não devem permanecer na dúvida, mas remetê-lo ao imperador, por meio de um relatório escrito".

Os *missi* em serviço não devem exigir nada dos condes e dos habitantes das regiões por onde passam, exceto o alojamento e a alimentação, e devem certificar-se de que "não haja obstrução ao reto caminho da justiça pela lisonja, corrupção, proteção de parentes ou medo dos poderosos". Para evitar tais abusos, Carlos Magno prefere recrutar seus *missi* entre os ricos e poderosos, que acredita serem menos suscetíveis de se deixar corromper por presentes. É o que assinalam os *Anais de Lorsch*, em 802: "Cuidadoso com a sua misericórdia, com a situação dos pobres do seu reino, que não podiam usufruir plenamente dos seus direitos, mostrou-se relutante, por receio de corrupção, em enviar os vassalos mais pobres do palácio para exercerem a justiça, e escolheu, em vez disso, arcebispos, bispos e abades, bem como duques e condes do seu reino, que não tinham necessidade de receber presentes em detrimento dos inocentes". Apesar disso, a corrupção dos *missi* é um mal recorrente. Arn, o arcebispo de Salzburgo, se inquieta e pede a Alcuíno que intervenha. Quando o bispo de Orléans, Teodolfo, e o seu colega de Lyon, o arcebispo Leidrade, são enviados para inspecionar as dioceses do sul da Gália, relatam que o povo fica surpreendido ao ver que recusam presentes.

---

5 Em francês, *centenier*. Na Idade Média, administrador de uma divisão territorial de um condado. (N. T.)

OS CAPITULARES: VOTOS PIEDOSOS?

O problema é que Carlos Magno não dispõe de pessoal simultaneamente rico e qualificado. Quando envia arcebispos e condes em missão, que aliás têm funções importantes, estes deixam de exercê-las. O caso dos bispos é flagrante, pois são eles que fornecem os grandes batalhões de *missi*: por um lado, os capitulare exigem que eles residam em suas dioceses e, por outro, o imperador não pode prescindir de seus serviços, pois tem uma carência enorme de pessoal. O mesmo se aplica ao conjunto da obra legislativa do imperador. Meritória no plano teórico e no da boa vontade, ela é totalmente ilusória na realidade. Não sejamos crédulos: como é possível que um único homem, com os meios da época, rodeado por um punhado de auxiliares em Aachen, faça cumprir os capitulares no seu vasto império? Carlos Magno não dispõe de meios para manejar um *Big Brother*. Os Estados do início do século XXI, com a tecnologia sofisticada de que dispõem, continuam a ter dificuldade em manter a ordem pública; como é que algumas centenas de pessoas a cavalo podem vigiar dezenas de milhares de aldeias dispersas nas imensidões florestais entre a Bretanha e o Elba, e da Frísia aos Pireneus?

A organização do império existe sobretudo no espírito dos seus dirigentes. Nisso, aliás, ela é interessante no contexto de uma biografia. O império de Carlos Magno existe muito mais em sua mente do que no terreno. O imperador está mesmo redescobrindo a noção eminentemente abstrata de poder público, de bem público, de direito público, ou seja, de fato, a noção de Estado, de *Res publica*, que é estranha à mentalidade merovíngia. O capitular de 802 fala de "duques, condes e outros funcionários públicos", o que sugere a existência de uma realidade independente da pessoa do soberano, uma realidade a serviço da qual esses funcionários trabalhariam. Mas acabamos de ver que, ao mesmo tempo, Carlos Magno interpreta o título imperial no sentido de uma maior personalização do poder. Não se trata necessariamente de uma contradição entre os dois, mas sim de uma fusão: "O Estado sou eu". A fórmula pretensamente de Luís XIV convém ainda melhor a Carlos Magno, mesmo que este nunca a tenha utilizado. Implicitamente, o regime com que sonha a partir de 800, e que descreve de forma ideal em seus capitulares, é um regime em que a coisa pública está encarnada na pessoa do soberano.

Ele o confirma ainda em outubro de 802, com a continuação de sua obra legislativa. A assembleia que convoca em Aachen é qualificada pelos *Anais de Lorsch* como um "sínodo universal". Trata-se de um termo impróprio, mas é de fato uma assembleia extraordinária, na qual o imperador encaminha uma tarefa colossal: a atualização de todas as leis, eclesiásticas e seculares, do império. Todo o direito civil e canônico deve ser examinado, alterado, reformado e redigido. Trata-se de adaptar a legislação às exigências do regime imperial, tal como Carlos Magno o concebe.

As fontes não indicam o tempo de permanência dos delegados, mas, dada a magnitude da tarefa, pode-se presumir que permaneceram em Aachen durante várias semanas. Os trabalhos resultarão na proclamação de vários capitulares durante o ano de 803. Três grupos trabalham separada e paralelamente: por um lado, os bispos, os padres e os diáconos, aos quais "o imperador mandou reler todos os cânones recebidos pelo santo concílio e os decretos dos pontífices, e ordenou que fossem publicados integralmente diante de todos". Essa assembleia de clérigos seculares reviu assim toda a coleção canônica conhecida como *Dionysio-Hadriana*, a fim de verificar cada artigo e modificá-lo, se necessário. Por outro lado, numa outra sala, sentam-se os abades e os monges, que representam o clero regular. "A regra do bem-aventurado padre Bento foi-lhes lida e os estudiosos [peritos] explicaram-na aos abades e monges. Então, ele [o imperador] emitiu uma ordem geral a todos os bispos, abades, padres, diáconos e a todo o clero para que, como clérigos, vivessem de acordo com os cânones, cada um no seu próprio estado, quer numa catedral, num mosteiro ou numa santa igreja, como os santos Pais haviam decidido; e que deveriam corrigir, de acordo com os preceitos dos cânones, as faltas e deficiências que aparecessem no clero e no povo; e que tudo o que fosse feito nos mosteiros contra a regra de São Bento fosse regenerado de acordo com ela". Uma preocupação de unificação e de simplificação em todos os domínios: para que servem várias regras monásticas? A regra equilibrada de São Bento deve ser aplicada por todo lado.

Por fim, uma terceira assembleia está em ação: a dos "duques, condes e o resto do povo cristão, com especialistas em leis, e todas as leis do reino lhes foram lidas, e cada uma delas foi explicada e retificada, se necessário, e as leis refeitas foram redigidas, para que os juízes pudessem pronunciar as suas sentenças de acordo com textos lavrados. E ele [o imperador] declarou que os juízes deveriam julgar de acordo com a palavra escrita, sem aceitar presentes, e que todos os homens, ricos e pobres, deveriam gozar de justiça no seu reino. E um elefante chegou à Frância nesse ano" (trata-se de Abul Abbas, que aparece incongruentemente nos *Anais de Lorsch* entre a obra dos juristas).

Tal como Constantino, Teodósio e Justiniano, Carlos Magno reforma o direito. Cada povo conserva o seu, mas com algumas modificações para harmonizá-lo. O direito dos francos-sálios, já revisto sob Pepino, foi pouco alterado; o dos francos ripuários foi mais modificado. Por exemplo, além da ordália e do combate legal, foi acrescentada a possibilidade de prova por juramento: "Se um homem livre não puder pagar uma dívida, [...] que faça um juramento e, com ele, doze testemunhas. Se o queixoso não quiser aceitar os juramentos dos doze homens, que os combata com a cruz, o escudo e o bastão". Alguns artigos são acrescentados à lei dos bávaros. As dos francos camavos, dos frísios e dos saxões foram escritas. A lei dos visigodos, contida no chamado *Breviário de Alarico*, ficou intocada. Mas todas elas receberam um adendo comum, o *Capitulare legibus additum* de 803. Apesar desse esforço de harmonização, permanece no império uma grande diversidade jurídica, fonte de desordem, pois continua a existir uma hesitação entre a aplicação do direito territorial e do direito pessoal: deve-se julgar segundo o direito do povo a que se pertence ou segundo o do território onde a infração tinha sido cometida? O esforço de clarificação não está concluído. Pelo menos, já começou.

Dentre os capitulares resultantes da grande atividade legislativa dos anos 802-803, assinalemos o que regula o equipamento militar. Também nesse campo, o imperador tenta unificar e racionalizar. O equipamento do glorioso exército carolíngio parece ter deixado muito a desejar, pois Carlos Magno deve lembrá-los de que é necessário não só um bastão, mas pelo menos um arco (art. 17). O artigo 9º especifica

> que o conde deve proceder à convocação de todos os homens do seu condado por mobilização, com a obrigação de irem para o exército sob pena de uma multa de sessenta *sous*, de modo a que todos compareçam na assembleia no local previsto. E que o conde verifique o equipamento deles, a saber, que todos tenham uma lança, um escudo e um arco com duas cordas e doze flechas. Os bispos, os condes e os abades devem ter homens assim equipados, que cheguem no dia

previsto para a assembleia e mostrem o seu equipamento. Devem ter cota de malha e capacete para a época da campanha, ou seja, o verão.

O artigo 10º trata da gestão e da logística: os bispos, condes, abades e os nobres do imperador devem fornecer carroças carregadas de "farinha, vinho, presuntos e víveres em abundância; mós, ferramentas para serrar pedras, machados, brocas, máquinas de arremesso com homens que saibam utilizá--las. E, se for necessário, os marechais do rei devem trazer pedras para essas máquinas... e que todos estejam equipados para a campanha com várias ferramentas de todos os tipos. E cada conde deve reservar dois terços das pastagens do condado para as necessidades do exército, e ter pontes e barcos robustos". Esse tipo de detalhe revela a capacidade de organização de Carlos Magno. Contudo, esta não se aplica ao conteúdo do próprio capitular, que, como todos os outros, mistura os assuntos mais variados. Entre dois artigos sobre os equipamentos do soldado, encontramos um que proíbe um homem de abandonar seu senhor, "a menos que o senhor procure matá-lo, atacá-lo com um pau, debochar da sua mulher ou apoderar-se dos seus bens" (art. 16).

A extraordinária atividade legislativa de Carlos Magno em 802-803 é um sinal claro da consciência dos novos deveres que o título imperial lhe impõe. A produção de capitulares atinge um ritmo sem precedentes: 47 em 13 anos após a coroação. Enquanto a atividade bélica diminui de intensidade e o soberano se sedentariza cada vez mais em Aachen, ele se concentra cada vez mais no seu papel de administrador e justiceiro. A idade também contribui para essa evolução. Carlos Magno tem agora 60 anos e, embora sua saúde continue boa, sua energia física já não é a mesma de outrora. Sua determinação, porém, mantém-se intacta.

A MISTERIOSA VISITA DO PAPA E O INÍCIO DA RENDIÇÃO

A partir de 804, ele retoma a tradição das campanhas na Saxônia. No início do verão, parte de Aachen, atravessa o Reno em Colônia e realiza uma assembleia geral no vale superior do Lippe. Depois de ter reunido o exército, dirige-se para o baixo Elba e instala seu acampamento nas charnecas de Lüneburg, em Hollenstedt, no distrito de Rosogau. Seus aliados eslavos do outro lado do Elba, os abodritas, também estão presentes, com seu rei Thrasco, que chega com muitos presentes. O objetivo da operação é acelerar a deportação dos saxões do norte. O empreendimento, que havia começado no final do século VIII, assume as novas proporções de uma verdadeira limpeza étnica. Os setores de Wihmodia, Hadeln, Rosogau e Ostogau devem ser esvaziados dos seus habitantes saxões e substituídos por famílias abodritas leais. Trata-se de uma expulsão planejada, executada *manu militari* pelas tropas de elite, os *scarae*. Todas as fontes confirmam que se trata, de fato, de uma expulsão maciça. "Ele conduziu um exército para a Saxônia e retirou todos os saxões que viviam para além do Elba e em Wihmodia, com mulheres e crianças" (*Anais Reais*); "o imperador enviou seus *scarae* de lá para Wihmodia, Ostogau e Rosogau, para tirar os habitantes do seu país; também deportou os saxões de além do Elba e dispersou-os no seu reino, onde quer que achasse conveniente" (*Crônica de Moissac*); "a partir daí, enviou suas tropas para diferentes partes da Saxônia e, com a ajuda de Deus, por meio de uma decisão sábia, limpou completamente o país daqueles que eram desleais, [...] mandou levá-los para fora da Saxônia, com mulheres e filhos, por diferentes caminhos, e dispersou-os pela Gália e pelas outras regiões do seu império" (*Primeiros Anais de Metz*); "os saxões que viviam além do Elba foram expulsos das suas casas" (*Anais de Salzburgo*); "o imperador Carlos entrou na Saxônia com os seus filhos, mandou matar uma parte da população e dispersou o resto pelo seu reino" (*Anais de Saint-Amand*).

É também durante esse verão que Carlos Magno estabelece uma colônia franca na parte superior do estuário do Elba, nos limites do seu império: Hamburgo. No entanto, enquanto organiza a deportação a partir do seu acampamento de Hallenstedt, toma conhecimento de que Godofredo, rei dos dinamarqueses, tinha avançado para Sliesthorp (Schleswig). Godofredo está preocupado com as manobras dos francos e de seus aliados abodritas ao sul de seu reino. É em parte para desviar a atenção que os navios dinamarqueses atacam as costas da Frísia e do sul da Gália. A tensão entre francos e dinamarqueses crescera durante as guerras saxônicas. Um confronto direto parecia estar próximo. Sérias batalhas aconteceram em 803, no decorrer das quais os francos tinham matado o líder dinamarquês Sigurdo Serpente no Olho. Para proteger seu reino, Godofredo construiu uma muralha fortificada, que delimitava a península dinamarquesa desde a costa do Mar do Norte, na foz do

Eider, até a costa do Báltico, na foz do Slee. Trata-se de uma estrutura defensiva de adobe, o Danevirk, com fossos e paliçadas, à semelhança da muralha de Offa, construída na mesma época. No verão de 804, no entanto, os francos limitam-se à correspondência por embaixadas. Carlos Magno pede a extradição dos refugiados saxões que fugiram para o território dinamarquês.

Em meados de setembro, deixa Hellenstedt, regressa a Aachen e passa o outono caçando nas Ardenas, quando, em meados de novembro, toma conhecimento de que o papa deseja se convidar para as festas de Natal. O pretexto é um pedido de informações que o imperador lhe tinha enviado sobre um rumor que circulava até Aachen, segundo o qual o sangue de Jesus tinha sido descoberto em Mântua. Sempre à procura de relíquias preciosas, Carlos Magno pedira a Leão III que verificasse o fato. Esse pedido pode ser objeto de duas interpretações contraditórias: é um sinal de prudência racional ou, pelo contrário, de credulidade? Preferimos nos inclinar para a segunda hipótese.

Em todo caso, o papa aproveita a ocasião. Parece mesmo ter pressa em vir, por uma razão que não revela a ninguém, mas que deve ter considerado importante e que exige segredo. De fato, os *Anais Reais* dizem que ele se dirigiu a Mântua "como que para efetuar o inquérito mencionado, e aí, súbita e inesperadamente, foi encontrar o imperador". Além disso, na sua mensagem a Carlos Magno, afirma que deseja se encontrar com ele "em qualquer lugar, onde for possível". Alguns historiadores supuseram que ele trazia uma cópia da Doação de Constantino. Isto é duvidoso, por várias razões: há indícios de que a falsificação já tinha sido feita havia vários anos, ou mesmo décadas, e por isso ele poderia muito bem tê-la mostrado durante as visitas de Carlos Magno a Roma. Por outro lado, não fica claro por que haveria urgência em mostrá-la no inverno de 804-805. E depois, por que trazê-la pessoalmente? E por que manter a notícia em segredo? E por que as fontes nada dizem? O papa teria todo o interesse em torná-la pública. O único indício que pode levar a pensar que Leão trouxe a Doação é o fato de, entre 805 e 806, Carlos Magno ter usado um título semelhante ao da Doação em certos textos, nomeadamente no ato de partilha de 806. Indício demasiadamente fraco. Mas, na ausência de qualquer indicação nos *Anais*, só podemos confessar nossa ignorância.

No entanto, o motivo deve ser importante: o papa não atravessa o Grand-Saint-Bernard, a 2.473 metros de altitude, em dezembro, a cavalo por caminhos perigosos, apenas pelo prazer de abraçar o imperador. Este último envia seu filho mais velho, Carlos, para receber o pontífice no sopé do desfiladeiro, em Saint-Maurice d'Agaune, e para acompanhá-lo até Reims, onde ele se instalara para recebê-lo, o que também é um local invulgar. Depois, seguem para Quierzy, onde celebram o Natal, e daí para Aachen, onde o papa consagra a capela, que acaba de ser concluída. Terá sido este o objetivo da viagem? De acordo com as fontes, ele fica apenas oito dias, após os quais regressa à Itália, por um caminho igualmente invulgar, mas a seu pedido: através da Baviera e de Ravena, que não é o caminho mais curto de Aachen a Roma. Talvez os desfiladeiros estejam bloqueados pela neve. Em todo caso, uma viagem de 3.500 quilômetros em pleno inverno, com duas travessias dos Alpes, sem dar qualquer razão para isso, o que permanece um mistério.

Carlos Magno, após a partida de Leão III, permanece em Aachen até a primavera. Tinha acabado de perder um conselheiro precioso, Alcuíno, que morrera em 804. O abade de Saint-Martin de Tours não pôde, portanto, assistir à submissão dos ávaros, sendo que um dos chefes, Teodoro, convertido ao cristianismo, veio pedir autorização para emigrar para a região do lago Neusiedl, no sudeste da atual cidade de Viena, para escapar aos ataques dos eslavos. O imperador concordou, mas Teodoro morreu pouco tempo depois. Em 21 de setembro de 805, foi eleito um novo *khagan*, que foi batizado com o nome de Abraão. O povo ávaro estava se desintegrando. Sob a pressão do *khan* búlgaro de Krum, a leste, dos eslavos, ao norte, dos bávaros, a oeste, e dos francos-lombardos, ao sul, o povo ávaro desintegrou-se e foi gradualmente sendo absorvido pelos seus vizinhos. Dizimado pelos repetidos ataques dos francos, desapareceu rapidamente. A parte ocidental do seu território, ao longo do Danúbio, passou a fazer parte da Baviera, o sul, do Friuli, enquanto a Panônia se tornou uma espécie de marca entre o império franco, os búlgaros e os eslavos.

Dessa forma, esses últimos tornaram-se vizinhos, vizinhos turbulentos, sobretudo os da Boêmia. Por esse motivo, Carlos Magno dedica-lhes a campanha de 805. É um empreendimento de grande envergadura, que provavelmente ele próprio planeja, mas confia a realização ao seu filho Carlos. No início do verão, três exércitos convergem para o quadrilátero da Boêmia, atravessando as cadeias montanhosas com densas florestas que o rodeiam: do oeste, o exército franco do rei Carlos, através do Böhmerwald; do sudoeste, os bávaros liderados pelos condes Audulfo e Werinar; do norte, os saxões e possivelmente também os eslavos aliados, através do Erzgebirge. Forçam o caminho pela região da atual Dresden, pelo território dos dalemingi, cujo rei, Senela, é morto. A junção é feita no Eger, e a partir daí o território é metodicamente devastado. Os eslavos recusam-se a lutar, refugiando-se "nas florestas e em lugares inacessíveis". São as cenas de sempre, relatadas com as expressões habituais nos *Anais*, como os de Metz: "durante quarenta dias, a região foi devastada e queimada". O duque da Boêmia, Lecho, é morto. O vale do Elba foi de tal forma saqueado que, ao fim de quarenta dias, já não havia nada para comer: tiveram de voltar. "Quando a forragem para os cavalos e as provisões se esgotaram, o exército regressou". Mas o trabalho ainda não terminou: terão que voltar no ano seguinte.

De momento, o rei Carlos vai encontrar-se com o pai e fazer o balanço da campanha. Estamos no início do outono de 805 e Carlos Magno encontra-se em Champ, nos Vosges. De fato, desde o início do verão ele caça, o que os primeiros *Anais de Metz* relatam com uma ponta de surpresa e censura: "O imperador, passando o verão a caçar e se dedicando a outros prazeres...". Podemos adivinhar quais. Confirma-se que algo está mudando na atitude do soberano. Confia cada vez mais nos seus filhos e, em particular, agora em Carlos, sua sombra, se não seu *alter ego*. Confia-lhe agora as expedições de guerra, enquanto se entrega cada vez mais aos seus esportes favoritos: a caça e o sexo.

Claro que continua a velar pelos seus outros filhos, mas eles estão longe. Pepino está na Itália, onde a tensão retomada com os bizantinos exige sua presença permanente. Em 805, consegue apoderar-se do Vêneto e da Dalmácia, duas regiões quase independentes, vizinhas da Itália franca e da Croácia bizantina, e atormentadas por rivalidades familiares. Luís, por outro lado, ocupa-se da Marca Espanhola e do sul da Aquitânia, regiões conturbadas e de configuração mutável. De acordo com o Astrônomo, em 805 ocorreu uma grave revolta dos gascões, que foi reprimida "com a maior severidade". O rei conduziu suas tropas até os rebeldes "e autorizou o saque e a destruição de tudo que possuíam". Em seguida, atravessa os Pireneus, talvez através de Roncesvalles, para fazer uma incursão na região de Pamplona. No regresso, sabendo que os bascos preparam uma emboscada como a que tinha sido tão bem-sucedida em 778, toma suas precauções: apodera-se das mulheres e das crianças e as mantêm como reféns até que o exército atravesse o desfiladeiro.

Essas ações enérgicas do futuro Luís, o Piedoso, são enganosas. O rei da Aquitânia não é um guerreiro implacável como seu pai. Sonha em imitar seu tio-avô paterno, Carlomano, e tornar-se monge. Carlos Magno não quer nem ouvir falar disso, diz o Astrônomo. Precisa do filho no campo, onde ele faz um bom trabalho na difícil região da Aquitânia. Luís se dedica a melhorar a qualidade do clero local, que, segundo o mesmo cronista, "tinha aprendido a montar a cavalo, a fazer exercícios militares e a lançar dardos, em vez de celebrar o ofício divino". Ele manda que sigam ensinamentos, restaura mais de 25 mosteiros, faz doações a igrejas e bispos, multiplica os exercícios de piedade, "a tal ponto que as suas obras fazem dele não só um rei, mas também um sacerdote". Isso não deixa de inquietar seu pai.

Carlos Magno precisa mais que nunca dos seus filhos. Durante esse verão de 805, ele se apoia neles: enquanto comandavam exércitos na Boêmia, na Dalmácia e no país basco, ele viajou de Aachen para Thionville em julho, depois para Metz e para os Vosges, para Champ, sempre para caçar. Quando Carlos regressa da Boêmia, no outono, felicita-os e leva-os a Remiremont, depois a Thionville, para onde também chama Pepino e Luís, para celebrarem o Natal em família.

A FOME E O CAPITULAR DE THIONVILLE (FINAL DE 805)

Esse é um Natal negro para o império, que desde o fim do verão se encontra sob a ameaça de uma fome muito grave. Embora os *Anais* e as crônicas não se dignem a mencioná-la, ela surge nas prescrições de vários capitulares e numa preciosa carta dirigida no outono por Carlos Magno ao bispo de Liège, Gerbaldo. Esse precioso documento faz parte da coleção de cartas e capitulares compilados a partir de 806 pelo bispo. Trata-se de uma carta-circular, normalmente destinada a vários bispos, o que sugere que a fome estava afetando uma área bastante vasta, como confirmam estas palavras de Carlos Magno:

Ficamos sabendo, por nossos fiéis, que nos contaram de todos os cantos de nosso reino, que *em todos os lugares*, de uma forma anormal e extraordinária, o solo parece estéril, e a fome, ameaçadora. Além disso, devemos levar em conta a perturbação do tempo, que é muito desfavorável às culturas, as pestes que atingem certas regiões, as guerras contínuas dos povos pagãos nas nossas fronteiras, e muitas outras coisas que seria demasiado longo enumerar e sobre as quais recebemos informações...

Parece, pois, que a fome é iminente, devido à péssima colheita de 805, porque estamos em outubro-novembro, e já se prevê a escassez. Sem dúvida, a fome afetará o reino durante mais de dois anos inteiros, 806, 807, e talvez mesmo até o verão de 808. De fato, a fome acontece em grande escala, talvez mais pronunciada no coração da Austrásia: terá sido esta a razão pela qual o imperador troca Aachen por Thionville, depois por Nijmegen, o que é completamente inédito? A fome fará, sem dúvida, muitas vítimas e enfraquecerá as populações: há indícios disso no capitular de Thionville, o que sugere uma falta de mão de obra.

O imperador, na sua carta, atribui-lhe causas naturais – deterioração do solo, mau tempo – e causas humanas: as guerras nas fronteiras. Não se sabe, porém, que impacto estas últimas podem ter tido no império, no qual cada região é quase autossuficiente. Mas é certo que a devastação sistemática e a destruição repetida de aldeias, ferramentas, celeiros e sementes só podem contribuir para acentuar a escassez nas regiões periféricas.

Contudo, para o imperador e os seus conselheiros, estas são apenas causas secundárias. A causa principal é a cólera divina, e é por isso que Carlos Magno sente que é seu dever, na qualidade de imperador, intervir. Faz parte dos seus deveres, como intermediário entre Deus e seus povos, responsável pela ordem cristã, pela moralidade, pela correta condução dos ofícios e pela disciplina eclesiástica. Se Deus envia esses flagelos, é porque está insatisfeito com a conduta do povo, e do clero em particular. Escreve o soberano:

> Por isso, parece-nos justo que cada um de nós se esforce e humilhe verdadeiramente seu coração, e procure, com toda a circunspecção, em que ofendeu a Deus, tanto em atos como em pensamentos, e faça penitência, com choro e lamentações, e no futuro se abstenha e se guarde desses males. O objetivo da

nossa oração deve ser que Deus Todo-Poderoso, que não só sabe tudo o que é feito, mas também antes de ser feito, nos inspire ao arrependimento, [...] e converta cada um de nós à observância dos Seus mandamentos, rejeitando todo erro, [...] e nos proteja de todo o mal.

Para prevenir a fome, o imperador ordena aos seus bispos que organizem um jejum de três dias, com instruções muito específicas: nos dias 11, 13 e 15 de dezembro, todos devem abster-se de vinho e de carne até a nona hora; depois, todos devem dirigir-se à igreja local, e daí em procissão para uma clareira, e regressar à igreja cantando hinos e salmos, e assistir à missa. Depois, é permitido comer, "mas segundo as necessidades e com moderação, e não por gula". Todos devem dar esmolas e todos os padres, monges e freiras devem cantar cinquenta salmos. O tratamento deve ser repetido nos dias 7, 10 e 12 de janeiro, e nos dias 12, 14 e 16 de fevereiro. Remédios de choque, proporcionais ao mal.

A fome está também onipresente nos artigos do grande capitular promulgado durante o inverno em Thionville. Pode-se mesmo presumir que ela foi a motivação essencial. Por trás das prescrições desse texto, das advertências, das regulamentações morais, econômicas e canônicas, pressente-se uma vontade de moldar o reino conforme à vontade divina, tal como Carlos Magno a concebe, para apaziguar a cólera do Todo-Poderoso e afastar a ameaça. As medidas ordenadas são, felizmente, mais racionais do que as contidas na sua carta, mas revelam o mesmo receio. Os apelos à entreajuda, à moderação dos preços e à proibição da exportação de produtos alimentares reforçam a oração. Está escrito no art. 20:

> Quanto à possibilidade de fome, mortalidade, pestilência, intempéries ou outras tribulações, qualquer que seja a sua natureza: que ninguém espere pelas minhas ordens para rezar pela misericórdia divina. E neste ano, no que diz respeito à escassez de alimentos, cada um ajude os seus próximos na medida das suas possibilidades; ninguém venda trigo a um preço excessivo, nem venda alimentos fora do nosso império.

Um temor aparece no capitular: é o da falta de mão de obra por causa da fome. De fato, em tempos de calamidades naturais, não só a mortalidade é mais elevada do que a habitual, que já é muito alta, como também há uma inflação de vocações religiosas, e homens e mulheres afluem aos mosteiros, lugares relativamente ao abrigo da fome e das epidemias, graças aos produtos de seus campos e ao seu relativo isolamento. A vida monástica tem seus constrangimentos, mas oferece alimento e abrigo, uma vantagem inestimável em tempos difíceis. As abadias estão superlotadas, e todos esses monges e freiras representam braços e barrigas a menos para o trabalho agrícola e para a reprodução. É por isso que o artigo 11 prevê que "a tonsura e o véu não serão tomados enquanto houver gente suficiente [nos mosteiros], para que as *villae* não fiquem desertas". Outros artigos proíbem "que as meninas recebam o véu na sua infância, antes que possam escolher o que querem" (art. 14), e alertam para que se esteja bem seguro sobre a vocação e a formação das candidatas à vida monástica. Os conventos estão superlotados, o que prejudica também a qualidade da vida religiosa. Por isso, "no que diz respeito às comunidades de monges demasiado numerosas: não sejam permitidas, e o abade reúna apenas o número de monges que puder manter" (art. 12).

Não há apenas o risco de falta de mão de obra para a agricultura, mas também de soldados para o exército: "Relativamente aos homens livres que desejam entrar ao serviço de Deus: é-lhes proibido fazê-lo sem a nossa autorização. Porque nos foi dito que alguns o fazem, não tanto por piedade, mas para escapar ao serviço militar ou a outros serviços do rei; outros também são enganados por aqueles que cobiçam os seus bens; por todas estas razões, nós os proibimos de fazê-lo" (art. 31). Do mesmo modo, o imperador preocupa-se com o fato de os senhores pressionarem os pequenos camponeses livres a cederem-lhes suas terras para aumentarem as suas propriedades, o que leva a um grande número de mendigos e salteadores nas estradas: "Quanto à coação exercida sobre os homens livres pobres: que não sejam oprimidos pelos poderosos por quaisquer meios maléficos e contra toda a justiça, de modo a serem obrigados a vender ou a entregar os seus bens. Decidimos isto em relação aos homens livres para que não aconteça que os pais deserdem os filhos ao arrepio da justiça, diminuindo assim o serviço devido ao rei, e que os herdeiros, por indigência, se tornem mendigos, ladrões ou criminosos".

O capitular de Thionville aborda ainda outras questões, sempre com o objetivo de reforçar a coesão do império e assegurar a ordem divina, fiadora da paz e da prosperidade. Mais uma vez, são condenadas as desordens sociais mais difundidas: incesto, banditismo e assassinato. A vingança e as guerras privadas perturbam gravemente o bom funcionamento da vida pública. De forma totalmente ilusória, o imperador proíbe o porte de armas, "isto é, escudos, lanças e cotas de malha". Como, por outro lado, todo homem livre deve estar equipado com uma arma, caso seja convocado para o exército, essa proibição faz pouco sentido. Em caso de guerra privada, "que se proceda a um inquérito para determinar qual dos dois é hostil à reconciliação, e que sejam forçados a reconciliar-se, mesmo que não o queiram fazer, e caso se recusem à concórdia de qualquer outra forma, que sejam trazidos à nossa presença. E se um deles matar o outro depois da reconciliação, pagará o acordo, perderá a mão com que cometeu perjúrio e, além disso, pagará o *bannus* imperial" (art. 21). A taxa deste último é fixada em três libras para um homem que possua bens móveis no valor de, pelo menos, seis libras em "ouro, prata, cotas de malha, objetos de bronze e de cobre, peças de tecido, cavalos, bois, vacas e outros animais; no entanto, as mulheres e as crianças não devem ser espoliadas por isso". A interdição será de 30 *sous* para quem tiver bens de 3 libras, 10 *sous* para um bem de 2 libras, 5 *sous* para 1 libra, "para que se possa reequipar para o serviço de Deus e nosso proveito". Mas "que os nossos *missi* se acautelem e façam uma investigação séria, para que alguns não escapem à multa por métodos fraudulentos e transmitam seus bens para outrem" (art. 35).

Carlos Magno preocupa-se com conspirações, nas quais os associados se engajam por juramento. Essa prática parece ter sido suficientemente difundida para que ele insista na sua regulamentação, e a importância atribuída a essas conspirações revela um poder imperial menos sólido e menos estável do que se poderia pensar. Em primeiro lugar, "quanto ao juramento: não se deve jurar fidelidade por juramento a ninguém, senão a si mesmo e ao seu senhor, com o objetivo de se servir a si mesmo e ao seu senhor". No que respeita ao juramento exigido desde 802, o imperador pede aos *missi* que obriguem os que tenham atingido 13 anos de idade a prestá-lo desde essa data. Quanto às conspirações juramentadas, se tiverem resultado em algum mal, "os autores devem ser executados, e seus participantes devem chicotear-se uns aos outros, e cortar os narizes uns aos outros. Mas, se nenhum mal tiver sido perpetrado, açoitar-se-ão uns aos outros, e cortar-se-ão os cabelos uns aos outros". As associações juramentadas são severamente regulamentadas, e os que rompem um juramento feito ao imperador terão a mão cortada.

O imperador também procura regulamentar a circulação de armas. Por um lado, como acabamos de ver, proíbe o porte de armas. Por outro lado, ordena que todos os homens livres estejam equipados e, em particular, exige que todos aqueles que tenham pelo menos doze propriedades tenham uma cota de malha, e não apenas para decoração: em caso de convocação, "aquele que tiver uma cota de malha e não a trouxer consigo perderá o seu benefício e a sua cota de malha". Deve-se supor que alguns guerreiros deixavam seu equipamento em casa por receio de danificá-lo? Em todo caso, a venda de armas para o exterior é proibida, principalmente para os eslavos e os ávaros: os mercadores "não devem levar consigo armas e cota de malha para vender. Se forem encontrados com elas, todo o seu estoque será confiscado, metade para as autoridades fiscais e a outra metade para ser partilhada entre os *missi* e aquele que as encontrou" (art. 23).

Todo o comércio externo com os países eslavo e ávaro deve ser objeto de um controle rigoroso. Os mercadores devem obrigatoriamente passar por alguns postos de controle: Bardowick, sob a autoridade de Hredi; Scheessel, Erfurt, Hallstadt, sob a autoridade de Madalgaud; Magdeburgo, sob a autoridade de Aito; Forscheim, Pfreimd, Regensburg, sob a autoridade de Andulfo; Lorsch, sob a autoridade de Werinar. Quanto aos pedágios, só são legais os que foram estabelecidos há muito tempo em pontes, balsas e locais de mercados. Os outros, que são cobrados sem qualquer contrapartida aos comerciantes, ou aos barcos que passam por baixo de uma ponte, ou "onde se estendem cordas no meio da estrada", são proibidos. Estão isentos de pedágios os que transportam suas próprias colheitas de uma propriedade para outra, ou que abastecem o palácio ou o exército. Quanto às moedas, o imperador constata que, apesar das suas ordens, elas são cunhadas em quase todo canto e admite, em meias palavras, sua impotência: "Quanto às moedas falsas, uma vez que são cunhadas em muitos lugares, violando a lei e os nossos éditos, queremos que sejam cunhadas apenas no nosso palácio, a menos que, se necessário, ordenemos de outra forma. Mas as moedas já cunhadas devem ser aceitas se tiverem o peso e a pureza convencionados" (art. 34).

A administração da justiça ainda deixa a desejar, apesar da utilização de juízes mais competentes, os *scabini*: muitos litigantes recusam suas sentenças e recorrem ao imperador. "Se eles apelarem para o palácio sobre o litígio em questão, e apresentarem uma carta real, que não sejam tomados pela sua palavra, mas que também não sejam presos, que sejam enviados para o nosso palácio, sob guarda, com sua carta, para que possam ser julgados dentro das formas" (art. 24). Por fim, o capitular aborda, com a habitual desordem, vários pontos que são problemas recorrentes: a manutenção das igrejas, frequentemente descuradas demais pelos que recebem o dízimo; faltam-lhes luz, estão cheias de altares. O povo continua a fazer canonizações selvagens, louvando "santos" locais, sem a aprovação dos bispos; persistem as superstições não cristãs...

Numerosos artigos, que se repetem de um capitular para outro, e que tratam dos mais variados campos da moral, da religião, da economia, da sociedade, da justiça e da ordem pública, ilustram o caráter admirável e ao mesmo tempo irrisório do governo de Carlos Magno. Sua ambição de reger absolutamente todos os campos, para fazer do seu império a sociedade cristã ideal está, evidentemente, destinada ao fracasso, devido aos meios extremamente limitados de que dispõe. Fascinado pelo exemplo de um Constantino mítico, de um Davi idealizado, o imperador se consome tentando realizar uma utopia em todos os pormenores. Enquanto a paz ainda não está assegurada, enquanto as batalhas se desenrolam na Marca Espanhola, no Vêneto, nas fronteiras dos países eslavos e da Dinamarca, ele tenta unificar seu imenso império multinacional, cimentar o mosaico de seus estados, do qual ele se quer a encarnação. O título imperial leva-o a uma personalização excessiva do poder, que ele não é capaz de assumir. Seus esforços são admiráveis; seu fracasso é inevitável. Aos 63 anos, à frente de um império europeu atingido pela fome, Carlos Magno, cuja energia começa a declinar, multiplica os capitulares como proclamação de suas intenções, mas o fosso entre o seu ideal e a realidade é cada vez mais evidente. Entre a teoria, manifesta em suas leis, e a realidade da expressão geográfica do Império Carolíngio, há um abismo. Nesse Natal de 805, reunido em Thionville com seus filhos e filhas, começa talvez a perceber isso e a refletir sobre sua sucessão. No início de 806, anuncia um projeto de divisão do império: será este o reconhecimento de um fracasso, da impossibilidade de manter a unidade de um tal Estado? Seja como for, o destino vai frustrar mais uma vez seus planos. A morte de dois dos seus filhos forçará a manutenção dessa unidade e, ao fazê-la repousar sobre os ombros demasiado frágeis de Luís, preparará sua desintegração.

– 11 –

UM FINAL DE REINO DIFÍCIL: DECADÊNCIA DO PODER, MORTES E ÚLTIMOS ACERTOS (806-814)

Para Carlos Magno, o ano de 806 marca a entrada na última fase de seu reino. Vários sinais indicam um declínio físico: ele quase não sai mais de Aachen e, quando o faz, é de barco; as grandes cavalgadas chegaram ao fim, e não é para imitar Suetônio que, segundo Eginhardo, ele claudica em seus últimos anos. O acidente de caça mencionado por Notker – uma chifrada de auroque – pode não ser imaginário. Ele tem frequentes ataques de febre, mas continua a fazer o que lhe apetece, "em vez de seguir os conselhos dos seus médicos", diz Eginhardo, o que, provavelmente, não faz grande diferença. Num ponto, no entanto, eles tinham razão, aconselhando-o a comer menos carne assada, principalmente de caça. Grande caçador e grande comedor dos produtos da sua caça, Carlos Magno sofria da doença que atormentava a aristocracia havia séculos: a gota. Essa doença extremamente dolorosa afeta os homens a partir dos 40 anos, em consequência de excessos alimentares, principalmente o consumo de grandes quantidades de carne de caça. Esta provoca um excesso de ácido úrico que, ao se cristalizar nas articulações, acaba por deformá-las, provocando ataques agudos, com dores tão fortes que não se consegue pôr os pés no chão.

No entanto, suas faculdades intelectuais não parecem estar afetadas. É verdade que Ermoldo, o Negro, diz que ele foi "acometido de senilidade", mas não há registro disso. O silêncio das fontes não é, contudo, garantia suficiente: que cronista ou analista se atreveria a manchar a imagem desse mito vivo? Será que não podemos ver, nas suas decisões, certos sinais de hesitação reveladores de um enfraquecimento de sua clarividência e lucidez política? Assim, diante da insubordinação de um número crescente de nobres que não respondem às convocatórias para o exército, o velho imperador ameaça, em 802 e 803, os nobres faltosos com uma multa enorme, de 60 *sous*, ou seja, 720 peças de prata; depois, em 805, modula essa multa de acordo com as posses de cada um; em 808, culpa os condes, que eram demasiadamente rápidos em conceder dispensas; em 811, decreta uma pena de servidão temporária para os insolventes e a pena de morte para os desertores. Sua atitude também é incerta em relação às oficinas monetárias. Seu autoritarismo aumenta ao mesmo tempo que suas hesitações: enfurece-se contra os *missi*, que acusa de incompetentes, e contra os condes e bispos, que chama de ineficazes. Ao mesmo tempo, parece perder um pouco do seu sentido de realidade e de seu espírito prático. Irrita-se com a resistência que encontra seu grande projeto de um império cristão unido e submisso. Multiplica os capitulares, mas estes têm cada vez menos influência na realidade. Recebe homenagens das embaixadas longínquas, mas tem menos controle sobre seu séquito imediato. Sobrecarregado por um título imperial a respeito do qual não domina os contornos, tem dificuldades para pensar o futuro desse império, cujo conceito nunca assimilou verdadeiramente.

A *DIVISIO REGNORUM* DE 6 DE FEVEREIRO DE 806

Isso fica claramente visível no grande capitular de 6 de fevereiro de 806, que ele preparou no decorrer de janeiro com seus três filhos em Thionville, e que estabelece sua sucessão por uma divisão à maneira franca. Esse ato foi meticulosamente redigido, como se pode ver pela exatidão das disposições. Carlos Magno apresenta-o a uma assembleia dos nobres, aos quais faz prestar o juramento de respeitá-lo e em seguida envia Eginhardo a Roma, para levar uma cópia ao papa e obter a sua aprovação. "O pontífice leu o documento, aprovou-o e assinou-o com a sua própria mão", dizem os *Anais Reais*. Isso mostra a importância que lhe é atribuído.

O texto tem a forma de um testamento – termo utilizado pelos *Anais* – e utiliza as fórmulas clássicas, recordando a condição humana mortal, das "gerações que se encaminham para a morte, preparando a sucessão das outras", alusões à "sua partida desta vida mortal", e o fato de termos de "pagar a dívida pelo destino da humanidade". Mas todo o conteúdo diz respeito à divisão do império. Por que Carlos Magno toma essa decisão nesse preciso momento? Sem dúvida, ele está ciente de seu declínio físico e da possibilidade de um acidente: já tinha sido ferido numa caçada e as epidemias estavam à espreita. O contexto global da fome, embora não o afete diretamente, torna a ideia da morte onipresente; o falecimento de seus companheiros de juventude, de vários condes e de seus antigos conselheiros, como Alcuíno, aumentam a pressão. Alguns membros da sua família podem também tê-lo encorajado a planejar sua sucessão: vários historiadores sugeriram sobretudo uma intervenção de sua irmã Gisela, a abadessa de Chelles. Teria o próprio papa, durante sua visita no inverno anterior, abordado o assunto? O fato de o texto ter sido enviado a Roma para aprovação pode sugerir essa possibilidade. Além disso, Carlos Magno sabe por experiência que a divisão de um reino entre vários herdeiros é um assunto delicado, uma fonte de guerras fratricidas. As relações com o seu próprio irmão Carlomano não tinham sido fáceis, e a forma como ele tinha despojado seus sobrinhos levou-o também a prever o destino dos seus netos.

No início do texto, anuncia a finalidade da operação: "Para não deixá-los confusos e desordenados, ou legar-lhes controvérsias, conflitos e disputas, falando do reino como um todo, dividimos antes todo o corpo do reino em três partes...". Não foi com o objetivo de conseguir essa divisão que ele chamou seus três filhos a Thionville no Natal? Era raro que toda a família estivesse reunida, e, para que a divisão fosse aceita, seria necessário que fosse na presença dos três irmãos, para que cada um pudesse expressar sua opinião. Assim que o texto foi aprovado, Pepino e Luís foram enviados para seus respectivos reinos. Nenhuma fonte menciona qualquer rivalidade ou conflito entre os filhos de Carlos Magno, mas o fato de o imperador querer evitar "controvérsias, conflitos e disputas" pode sugerir que as relações nem sempre eram harmoniosas.

O conteúdo do ato é bastante confuso e reflete os embaraços e as hesitações de Carlos Magno sobre a natureza do seu poder e dos seus estados. Essa hesitação aparece desde logo no seu título, confuso e embaraçado. Os seis manuscritos sobreviventes contêm dois protocolos diferentes, correspondentes a duas redações diferentes. No manuscrito de Londres, Carlos Magno apresenta-se como "sereníssimo Augusto, coroado por Deus, imperador pacífico que governa o Império Romano e, pela graça de Deus, rei dos francos e lombardos", e dirige-se "a todos os fiéis da santa Igreja de Deus e aos nossos, presentes e futuros". Nos outros cinco manuscritos, "imperador César Carlos, rei inconquistado dos francos, reitor do Império Romano, piedoso, feliz, vitorioso e sempre Augusto [dirige-se] a todos os fiéis da santa Igreja e a toda a população católica atual e futura [pertencente aos] povos e nações sob o seu império e governo". Essa segunda fórmula é bem próxima da Doação de Constantino, e indicaria que Carlos Magno tem uma cópia desta última, e que ele próprio deseja ser uma cópia de Constantino. Mas quantas contorções! Imperador de quê? Rei dos lombardos ou não? Rei dos francos: que lugar estes ocupam no império? Em última análise, é um império ou um reino? Não está decidido: o texto utiliza várias vezes a expressão *regnum et imperium*, "reino e império", fala dos "herdeiros do nosso império e reino", da "plena soberania real e imperial", por vezes, o "corpo do conjunto do reino", mais raramente do "império", apenas, e, no final, da "plena soberania real e imperial", referindo-se a si próprio. Carlos Magno não sabia exatamente como se definir, mas uma coisa é clara: o título de imperador desaparece completamente para seus filhos. Todos os três seriam reis, nenhum será imperador. Esse título pesado não é hereditário, parecia pensar Carlos Magno. Pelo menos esse é um motivo de ciúmes que desaparece.

Mas qual será exatamente a natureza do poder dos três irmãos? Serão reis, mas reis de quê? Há uma grande ambiguidade, na medida em que Carlos Magno tentou conciliar unidade e partilha. Enquanto o imperador viver, os três filhos serão seus *consortes regni et imperii*, "associados ao reino e ao império"; depois disso, o *totum corpus regni*, o "corpo do conjunto do reino" será dividido em três zonas, cada uma confiada à administração de um dos co-herdeiros, que devem mutuamente se ajudar e assistir. Três reinos formando um corpo único do reino; um reino com três reis, cada um encarregado de uma parte que é ela própria um reino: uma fórmula sem precedentes e, para dizê-lo sem rodeios, impraticável. Como poderia Carlos Magno ter imaginado, por um momento sequer, que um sistema tão vago pudesse funcionar? O caráter impreciso do ato está expresso no seu próprio título: é uma *ordonatio regni*, uma forma de ordenar o reino, e os contemporâneos falarão de divisão, não de compartilhamento.

Essa falta de precisão sobre a natureza dos reinos contrasta com a extrema precisão de sua delimitação. Essa precisão é ainda mais notável dado que tudo isso foi feito sem mapa, o que levanta mais uma vez a questão da representação do espaço nessa época. Que imagem geográfica tinha Carlos Magno do seu império? Isso continua a ser um mistério. Voltaremos a este assunto mais tarde. O que é certo, é que as fronteiras dos três reinos são descritas meticulosamente, com grande exatidão. Luís terá a Aquitânia, a Provença, a Septimânia e a Marca Espanhola; no norte, o seu reino não chegará ao Loire: o distrito de Tours estará no reino de Carlos; a leste, Luís tem os distritos de Avallon, Alise, Chalon, Mâcon, Lyon, Savoie, Maurienne, Tarentaise, Mont Cenis, a fim de ter acesso à Itália através do vale do Susa. Pepino terá a Itália e a Baviera, com exceção do distrito de Nordgau; também a parte de Alemânia ao sul de uma linha que começa em Enge, perto de Schaffhausen, junta-se à nascente do Danúbio e segue depois esse rio, com o ducado de Chur e o distrito de Thurgau. Carlos terá todo o resto: Austrásia, Nêustria, Borgonha, Turíngia, Saxônia, Frísia e a parte da Baviera ao norte do Danúbio, com acesso à Itália através do Grand-Saint-Bernard e do vale de Aosta. Sua parte é a mais importante: é ele que possui o território histórico dos francos, o coração do reino merovíngio e carolíngio, e Aachen é o centro de seu reino.

A divisão parece-nos estranha, habituados como estamos ao mapa da Europa que irá emergir gradualmente ao longo da Idade Média e que se manteve até os nossos dias. No entanto, em termos gerais, corresponde às divisões do período merovíngio, com a parte acrescentada que constitui a Itália do Norte. Carlos Magno atribui aos três filhos um certo número de deveres: manter a paz e a amizade entre eles, oferecer ajuda e assistência mútua, defender as fronteiras contra os "povos estrangeiros" e as "raças exteriores", os sarracenos da Espanha, os eslavos e dinamarqueses, os bizantinos, e defender o papa. Esta é uma das razões pelas quais é previsto um acesso direto à Itália para Luís e Carlos. Também há a proibição de tocar nas fronteiras com os outros dois reinos.

Para limitar os atritos, foi estipulado que cada rei só poderá atribuir terras em seu reino aos seus próprios vassalos, para evitar que os senhores sejam obrigados a prestar vassalagem por juramentos a vários soberanos. Será proibido a cada rei receber doações ou comprar bens imóveis no reino de um dos seus irmãos. As únicas transferências de um reino para outro serão o ouro, a prata, as pedras preciosas, as armas, o vestuário, os servos sem dono e as mercadorias comuns. Os casamentos serão permitidos entre nativos de reinos diferentes, e a esposa manterá seus bens no seu reino de origem. Se, apesar de tudo surgir uma disputa sobre a delimitação das fronteiras e não for possível pôr-lhe termo por "testemunho humano", será preciso recorrer ao julgamento de Deus, sob a forma do "teste da cruz", sem recurso a um duelo judicial.

O imperador também estipula que suas filhas "terão a liberdade de escolher o irmão sob cuja proteção e defesa querem se colocar", quer estejam num mosteiro, quer desejem se casar. E depois, num esforço de previsão de todas as eventualidades, a morte de cada um dos seus filhos. Se Carlos morrer antes dos seus irmãos, Luís e Pepino partilharão seu reino. O primeiro fica com a parte de Carlos Magno em 768, e o segundo com a de Carlomano. Se Pepino morrer primeiro, Carlos herdará tudo o que estiver ao norte e a leste de uma linha que une Aosta, Ivrea, Pavia, o Pó, Reggio, Modena, até os limites do estado de São Pedro, mais o ducado de Espoleto, "tudo o que se estende à esquerda em direção a Roma". Luís terá "tudo o que se estende à direita". Finalmente, se Luís morrer primeiro, Pepino ficará com a sua parte da Borgonha, Provença, Septimânia e Gothia, até a Espanha; Carlos ficará com a Aquitânia e a Gasconha.

E se o falecido tiver um filho, e o "povo" quiser que ele suceda ao seu pai? Nesse caso, "nosso desejo é que os tios do rapaz deem seu consentimento e permitam que o filho de seu irmão reine sobre o reino que o pai, seu irmão, possuía". De todo modo, acrescenta Carlos Magno, "proíbo meus filhos de tocar nos seus sobrinhos, arrancar-lhes os olhos, mutilá-los ou tonsurá-los contra a sua vontade (!) sem julgamento e investigação justos". O imperador, que tinha mostrado menos sensibilidade para com os seus próprios sobrinhos, tem muita consciência da força da tradição no mundo franco!

Tal como está, esse ato testamentário de divisão, apesar da indefinição da natureza do regime, é notável no cuidado de precisão, examinando todas as possibilidades, a fim de evitar futuras lutas fratricidas. Como qualquer documento desse gênero, é uma tentativa irrisória de controlar o futuro. Irrisória porque a história mostra que as vontades dos soberanos são sistematicamente rejeitadas pelos seus sucessores, e porque é, de qualquer modo, impossível antecipar todas as eventualidades. No caso de três filhos, que podem, tal como o pai, casar várias vezes, e podem ou não ter um ou mais filhos, o número de combinações possíveis é virtualmente infinito. Carlos Magno previu tudo, exceto o que estava para vir.

OS CAPITULARES DE NIJMEGEN: OS *MISSI* CHAMADOS À ORDEM (MARÇO DE 806)

Antes de deixar Thionville, o imperador recebe uma importante delegação do Vêneto e da Dalmácia, composta pelos duques do Vêneto, Willeri e Beato, Paulo, duque de Zara, e Donato, bispo da mesma cidade. Trazem consigo presentes e vêm buscar as ordens relativas à organização de seus territórios. Um pedido prematuro, porque pouco depois naquele ano o patrício Nicetas desembarca na Dalmácia com um exército bizantino, inflige uma séria derrota a Pepino e reocupa o Vêneto e a Dalmácia para o basileu Nicéforo. O revés é severo e chega a pôr em perigo os embaixadores francos que voltam de Bagdá: desconhecendo a nova situação, chegam no meio de navios gregos; milagrosamente, conseguem alcançar Treviso, e retornam a Aachen no ano seguinte.

No final de fevereiro ou início de março de 806, Carlos Magno, que tinha saído de Thionville de barco, desce o Mosela, depois o Reno, até Nijmegen, onde permanece até meados da primavera. Durante esse período, redige vários capitulares, nas quais se preocupa com o agravamento da fome. Ele demanda aos bispos, abades e administradores das suas propriedades que assegurem a alimentação dos que deles dependem, e fixa um preço máximo para os cereais: dois denários por um *modius*[1] *de aveia, três para um modius* de

---

1 Na Idade Média, medida de capacidade para materiais secos, principalmente para o trigo, contendo cerca de 8,70 litros. Por metonímia, quantidade contida nessa medida. (N. T.)

cevada, ou para um *modius* de trigo (*spelta*) sem casca, quatro para um *modius* de centeio e seis por um *modius* de trigo candial[2] "preparado". E alertava para que não se fizesse falcatrua com as medidas: "Que o *modius* seja aquele que se decretou usar, e que todos tenham medidas iguais e *modii* iguais". A fome levou multidões de mendigos às estradas: é preciso ajudá-los, mas que cada um fique com o seu; aos mendigos estrangeiros não se deve dar nada, a menos que trabalhem. Há muitos servos em fuga e os bandidos proliferam: todas essas pessoas devem ser trazidas de volta para suas casas e postas para trabalhar. Esses artigos mostram a que ponto a fome perturba a vida no campo, desestruturando as comunidades e causando migrações. O medo de ficar sem mão de obra é óbvio: não se trata de executar nem mesmo os bandidos, mas sim de pô-los a trabalhar.

O imperador também se preocupa com os abusos cometidos por parte dos grandes proprietários, que perseguem os pequenos agricultores independentes até que estes abandonem suas terras; outros monopolizam as terras do tesouro real e arrendam-nas como se fossem suas; outros ainda utilizam a mão de obra das *villae* reais para trabalhar nas suas próprias terras. Outra preocupação: muitos ainda não prestaram juramento sob a forma de 802, quatro anos mais tarde: é preciso exigir isso deles, e também dar a conhecer e aceitar a *Donatio* de 6 de fevereiro. E, depois, pôr fim à pilhagem dos móveis das igrejas, "por medo de que, por infidelidade e negligência dos seus guardiães, objetos dentre pedras preciosas, louças ou outros tesouros das sacristias sejam perdidos, porque me disseram que mercadores judeus, e outros, se gabam de poder comprar o que quiserem dos sacristãos". Que os *missi* verifiquem a manutenção e a restauração das igrejas, e "façam uma investigação diligente sobre o estilo de vida de cada indivíduo, como eles corrigiram o que foi ordenado em matéria de leitura, canto e outras disciplinas do código eclesiástico". Que tudo seja verificado, desde o modo como se rezam as orações, até o estado dos telhados das igrejas, de como se cuida das casas e das terras de benefícios reais, que muitas vezes são negligenciadas enquanto se cuida das terras e construções alodiais. E, depois, há muita negligência e fraude quando se trata de convocações para o exército, em detrimento dos efetivos e da eficiência: se eu quiser tropas para servir na

---

2 Termo botânico para variedade de trigo cuja farinha é muito branca. (N. T.)

Espanha, ou contra os ávaros, "então que cinco saxões equipem um sexto; e se houver necessidade de uma intervenção na Boêmia, que dois deles equipem um terceiro, mas, se for para defender o país contra os sorábios, então todos devem ir". Foi precisamente esse o caso em 806. No que diz respeito aos frísios, que todos os que recebem um benefício venham pessoalmente, e devidamente equipados; que, dos que não se podem equipar, seis contribuam para enviar um sétimo. E que os *missi* "façam um relatório escrito de tudo o que encontraram e os enviem para mim".

Esses capitulares de Nijmegen dão uma ideia muito clara da crescente impaciência de Carlos Magno, que deseja controlar tudo, nos mais ínfimos pormenores, e exaspera-se com a lentidão das realizações. Sabe que está ficando sem tempo e isso o irrita. Torna-se cada vez mais exigente e autoritário. Seu grande ideal de um império cristão, da Cidade de Deus na terra, esbarra na lentidão social, na inércia do povo. Ataca seus auxiliares, os executores. Não sou bem servido; os condes vão à caça em vez de fazer assembleias e cumprir o seu dever; "é nossa vontade e nossa ordem que os condes não negligenciem seus tribunais ou não os encurtem para ir à caça ou para se entregarem a outros prazeres". E os *missi*! Incompetentes que nem sequer entendem as minhas instruções! "Eu já vos dei essa ordem, da minha própria boca, e você não entendeu nada", escreve ele a um *missus* que lhe fazia perguntas.

O documento de onde foi extraído esse comentário mordaz é valioso pelas indicações que nos fornece a respeito da personalidade do imperador e do funcionamento da sua administração. Os *missi* são frequentemente confrontados com casos difíceis, que não se atrevem a decidir, porque temem a ira do senhor. Por isso, escrevem-lhe para perguntar o que devem fazer. Carlos Magno, que está cada vez mais irritado, responde com brutalidade, ao mesmo tempo que diz ao *missus* que ele é estúpido. Sua exasperação é evidente neste documento em que um *missus* consciencioso lhe submete seis casos embaraçosos:

– Pergunta-me a quem pertencem os filhos nascidos de um casamento entre um servo e uma mulher livre. Considere isto: "Se um dos vossos servos casar com uma serva pertencente a outro, ou se um servo pertencente a outro tomar como esposa uma das vossas servas, perguntai a vós mesmos a qual de vós pertencem os seus filhos, e fazei o mesmo neste caso. Porque há livres e não livres, isso é tudo".

– Pergunta-me se um conde ou um juiz deve receber um *sou* pela sua sentença escrita. Mas, afinal, tudo o que você precisa fazer é ler a lei! "Leia o direito romano e aja em conformidade. Por outro lado, se é uma questão de lei sálica, e você não encontre nela o que procura, coloque a questão para a assembleia geral."

– Pergunta-me o que você deve fazer no caso de alguém se tornar livre por falso testemunho. A resposta é óbvia! "Se ele obteve a sua liberdade de acordo com a lei, continua livre; se ele a obteve por testemunho falso, não deve consentir."

– Pergunta-me o que fazer quando alguém se recusa a vir ter convosco depois de três convocatórias. "Eu já dei ordens sobre o que deve ser feito em tal caso!" Basta referir-se a elas! Por que é que tenho de repetir constantemente a mesma coisa?

– No que diz respeito aos pedágios cobrados em certas pontes, é preciso continuar a exigi-los, mas não os recentes pedágios ilegais. Mas quantas vezes já dei essa ordem?

Esse documento ilustra a multiplicidade das tarefas confiadas aos *missi* e os problemas que enfrentam, em particular nas relações com as autoridades locais, especialmente as eclesiásticas, que se consideram de estatuto superior e desprezam um *missus* que não tenha o poder, a posição e o prestígio para ser obedecido. Por esse motivo o imperador se esforça para recrutá-los entre os grandes personagens, mas falta-lhe cruelmente pessoal em quantidade que baste. O texto mostra também a possibilidade de que os *missi* tenham arquivos, documentos escritos, cópias de capitulares, aos quais se devem se referir para aplicar a lei, o que pode colocar alguns problemas práticos: eles têm que fazer a ronda com uma verdadeira biblioteca, cuja consulta pode ser morosa.

Presos entre as ordens do senhor e a resistência das autoridades locais, os *missi* tentam impressionar estas últimas. Enviam cartas-circulares aos condes, anunciando-lhes a sua chegada e recordando-lhes o que deve ser feito e ameaçando punir os recalcitrantes. Os preciosos arquivos do bispo de Liège, Gerbaldo, já mencionado, contêm uma carta-circular desse gênero, datada de março de 806, e enviada pelos *missi* Adalardo, Fulrad, Unroque e

Hroculf aos condes da região. Gerbaldo, que foi ele próprio um *missus*, sem dúvida utilizou esse documento para fazer cópias, que usava nas suas viagens. Como se trata de personagens poderosos, o tom é muito autoritário, até mesmo desagradável, e as ameaças são pouco veladas.

O imperador "ordenou-nos e a todos os outros *missi*, sem exceção, que lhe informem fielmente, até meados de abril, quais das coisas que ele mandou fazer nos últimos anos foram feitas e quais não foram feitas no seu reino, para que ele possa agradecer aos que obedeceram e castigar os que desobedeceram". Por isso, procure lembrar-se do que deve fazer: "Nós vos advertimos que releiam os vossos capitulares, e que lembrem do que vos foi ordenado oralmente", em particular que "deveríeis listar os nomes, por mais numerosos que sejam, daqueles que são rebeldes e desobedientes, que se recusam a ouvir-vos segundo o direito e a justiça, e que nos mandem esses nomes com antecedência, ou nos informem quando nos reunirmos, para que possamos agir...". Se tiverdes dúvidas sobre o que têm de fazer, "devem enviar-nos rapidamente um homem competente, para que vós possais compreender vossos deveres". E atenção: "Tenham o maior cuidado, vós e, tanto quanto possais verificar, todos os de vosso condado, para não recorrer ao detestável estratagema que consiste em dizer: 'Vamos ficar tranquilos até que esses *missi* se vão e depois resolveremos os nossos assuntos entre nós'". Porque, nesse caso, "tenhais a certeza de que disporemos de bases sólidas para vos incriminar". Advertência final: "Lede e relede esta carta várias vezes e guardai-a com cuidado, para que vós e nós possamos nos servir dela como prova para verificar se vós agistes em acordo com o que está escrito".

O documento revela como funciona a administração local no império: as ordens são dadas tanto por escrito como oralmente, e os condes, assim como os *missi*, devem manter arquivos, nos quais guardam o texto dos capitulares. Temem a chegada dos inspetores do senhor, e tendem a fingir obediência na sua presença, para, após sua partida, retomar suas práticas. Essa carta mostra tanto os limites da aplicação das ordens como os esforços reais para assegurar o seu cumprimento. A imensidão da tarefa, a dificuldade de controle por um pessoal demasiadamente reduzido, explicam a lentidão dos resultados e a exasperação de Carlos Magno.

ESCASSEZ CRESCENTE DE SOLDADOS (807-808)

Pouco depois da Páscoa, que nesse ano caiu em 12 de abril, o imperador regressou a Aachen com a finalidade de se preparar para a campanha de verão de 806. Os combates prosseguem em cinco frentes, sob a liderança dos seus filhos. Pepino viu-se confrontado ao mesmo tempo com os ataques bizantinos à Dalmácia, onde sofre um grave revés, e as incursões dos piratas sarracenos no mar Tirreno. Uma operação é lançada na Córsega, durante a qual o conde de Gênova, Hadumar, morre em combate contra os mouros. Na Espanha, Luís continua o processo de ocupação da marca, na companhia do conde Guilherme e do conde de Barcelona, Bera. Pamplona e a atual Navarra caem definitivamente nas mãos dos francos.

No leste, a Boêmia é novamente devastada pelas forças vindas da Alemânia e da Borgonha, que subiram o Elba a partir de Magdeburgo. A campanha principal é confiada a Carlos, o filho mais velho. Ela é dirigida contra os sorábios, um povo eslavo estabelecido entre o Saale e o Elba. O objetivo continua a ser a proteção das fronteiras orientais da Turíngia e da Saxônia. O exército é convocado em Stassfurt, no rio Bode, bem a leste da Saxônia. As convocações são enviadas desde meados de abril, por meio de uma carta-circular, da qual se conserva uma cópia, recebida por Fulrad, abade de Saint-Quentin. Trata-se de um documento muito valioso pelas informações que fornece sobre os preparativos militares para as guerras de Carlos Magno.

As ordens são meticulosamente precisas. No que diz respeito ao local e à data da concentração: "Na Saxônia, na parte oriental, no rio Bode, num lugar chamado Stassfurt, [...] em 17 de junho, sete dias antes da missa de São João Batista". Esses pormenores não são supérfluos para quem vive a oitocentos quilômetros de distância, em Saint-Quentin, e que não tem nenhum mapa à sua disposição. Quando recebe essa carta, Fulrad não dispõe sequer de dois meses para reunir seus homens, equipá-los, encontrar o material e fazer a longa viagem, pedindo indicações. Para pessoas que não têm ideia da geografia da Europa, é aí que reside a proeza, muito mais do que nos combates propriamente ditos. As ordens são formais: "Deveis vir com vossos homens para um determinado local, equipados de forma a poderem ir com o exército para uma região que nós vos ordenaremos, isto é, com armas, ferramentas e outros equipamentos militares, provisões e vestuário. Cada cavaleiro deve levar um escudo, uma lança, uma espada longa e outra curta, um arco, uma aljava com flechas, e vossas carroças devem conter uma variedade de ferramentas: machados, cortadores de pedra, brocas, enxadas, ferramentas afiadas, pás de metal e todo o equipamento de que um exército precisa. Nas carroças, provisões para os três meses que se seguem ao ajuntamento, e armas e roupas para seis meses". Compreende-se, assim, que Carlos Magno tenha sido capaz de empreender guerras perpétuas sem ir à falência: o exército não lhe custa um tostão: todos servem gratuitamente, fornecem seu próprio equipamento, armas, ferramentas, comida e roupa. E não se trata de tirar da população local durante o percurso: "Nós vos ordenamos, nos termos mais absolutos, que, quaisquer que sejam as regiões do reino que tenhais de atravessar para chegar ao dito lugar, que isso seja feito em boa ordem, e sem perturbação, isto é, que não consumam nada além de forragem, fogo e água. E vossos homens devem viajar com as suas carroças e cavaleiros, permanecendo com eles em todos os momentos, até chegarem ao local em questão, para que ninguém tenha a oportunidade de aproveitar a ausência do seu senhor para causar desgastes".

Melhor ainda: não só a campanha não custará nada, como também trará lucros ao imperador, dado que todos os vassalos que vão ao exército devem levar presentes ao soberano: "Quanto aos presentes que devem nos apresentar na assembleia, enviem-nos em meados de maio, onde quer que estejamos. Se o itinerário de vossa marcha vos der a oportunidade de trazê-los pessoalmente durante a vossa viagem, gostaríamos muito que o fizessem. Cuidem para não negligenciar nada disto se quereis manter o nosso favor".

É um documento extraordinário, que nos ajuda a compreender muitas coisas sobre os assuntos militares dos carolíngios. Compreendemos ao mesmo tempo seus sucessos, devido a uma organização e equipamentos notáveis; seu prolongamento, devido ao fato de que, para o soberano, se trata de uma atividade lucrativa: aos presentes se adicionará o espólio; e entende-se a frequência das deserções, devidas à enormidade das despesas e à amplitude dos esforços exigidos dos participantes. No presente caso, os vassalos da região de Saint-Quentin, a partir do final de abril, época das semeaduras, tiveram de abandonar tudo para reunir às pressas seu equipamento, dar as suas instruções, abastecer-se de alimentos, encontrar presentes, fazer uma viagem de mais de um mês através da Alemanha, passando por Aachen para deixar as prendas ao seu querido imperador, viver em acampamentos improvisados, lutar, incendiar, destruir e violar durante dois ou três meses nas terras dos eslavos, antes de percorrer oitocentos quilômetros de regresso às suas casas em outubro. Além disso, ainda estamos num período de escassez.

Não é de surpreender que Carlos Magno tenha encontrado uma resistência cada vez mais forte dos seus vassalos, dos quais um número crescente já não responde mais às convocatórias. Essa carta de 806, com todos os seus pormenores e a sua insistência nas obrigações, já revela o problema. A campanha contra os sorábios pôde, no entanto, realizar-se; foi breve e terminou com uma vitória rápida. Um líder sorábio, Miliduoch, foi morto e foram criadas duas povoações fortificadas, uma no Saale, em Halle, a outra no Elba. Carlos juntou-se então ao seu pai na *villa* de Seilles, no Mosa. Para os contingentes vindos do norte da Gália, é um périplo de mais de 2 mil quilômetros, incluindo operações militares, e muitas despesas por pouca coisa.

Em 807, o absenteísmo atingiu um nível tal que a campanha teve de ser abandonada, fato sem precedente na história do reino. No entanto, foi planejada uma expedição: depois de passar o inverno em Aachen, até a Páscoa, Carlos Magno foi para Ingelheim, no Reno, e convocou o exército, que deveria se reunir nesse rio em meados de agosto. A carta de mobilização foi conservada. Todos "devem comparecer à assembleia anunciada, com seus homens, suas carroças e seus presentes, tão bem equipados quanto possível", o que já era menos exigente que no ano anterior. Mas o imperador insiste que "todos aqueles, sem exceção, que vivem além do Sena devem, este ano, observar o que está prescrito".

O fato é excepcional: constata-se que Carlos Magno é obrigado a convocar os vassalos que vivem em regiões cada vez mais distantes do teatro das batalhas. Para as campanhas que desse momento em diante se concentram contra os eslavos, convocavam-se até então os saxões, os turíngios, os franconios, os bávaros, os frísios e os francos que viviam entre o Mosa e o Reno. Já em 806, a convocação de vassalos do norte da Gália é invulgar. Agora, a área de recrutamento é ampliada para a região entre o Sena e o Loire, o que implica deslocamentos consideráveis. Havia duas razões para tal: em primeiro lugar, a fome, que reduziu o número de pessoas que podiam ser mobilizadas. A carta de convocação especifica: "Devido à falta de alimentos, todos os homens de além do Sena devem fazer o serviço militar". Segunda razão: as deserções. É por isso que a carta especifica exatamente quem deve comparecer: todos os homens livres que têm três, quatro ou cinco mansos; aqueles com dois mansos devem unir-se e contribuir para enviar o mais forte dos dois; os que têm apenas um manso devem formar um grupo de três para enviar um deles; os que têm meio manso devem se juntar em cinco; os que não têm terra própria têm que se cotizar em cinco para pagar cinco *sous* e equipar um homem.

Essas medidas revelam-se insuficientes. Não haverá campanha em 807 por falta de combatentes. É, de fato, o que diz a carta de convocação de 808, que ordena aos *missi* que "façam uma investigação diligente sobre aqueles que se abstiveram no ano passado de comparecer ao exército que tínhamos convocado, em contravenção ao decreto que havíamos elaborado concernindo aos homens livres segundo seu grau de riqueza, [...] e quem quer que seja que será determinado por não ter participado no envio de um homem para o serviço militar, de acordo com as nossas ordens, ou de não ter vindo, terá de dar provas de submissão à nossa mobilização e prometer pagá-la de acordo com a lei". Os *missi* também investigarão certas práticas dos condes ou senhores locais, que usam meios ilegais para manter seus homens em suas terras. Alguns fazem-nos pagar duas vezes: uma primeira para equipar um soldado e outra segunda para que eles próprios se isentem de comparecer ao exército. Alguns condes também mantêm um número excessivo de homens para cuidar das propriedades durante sua ausência: o imperador lhes permite deixar dois para proteger suas mulheres e outros dois para cuidar das propriedades. Ele também flexibiliza um pouco as regras: se tiverem quatro mansos, vão para o exército; os que tiverem três mansos se associarão com alguém que tenha apenas uma, para que um dos dois possa ir servir; os que têm dois mansos cada um se associarão da mesma forma, e os que tiverem apenas uma, juntar-se-ão em quatro para enviar um deles. E, para que não haja contestação, se farão quatro exemplares desse regulamento: um para o *missus*, um para o conde, um para o comandante das tropas, um para o chanceler.

A má vontade dos vassalos se alia aos efeitos da fome para criar uma penúria de soldados. A escassez de espólio agrava a situação: enquanto as grandes campanhas na Itália, na Baviera, na Saxônia e na Panônia ofereciam oportunidades de enriquecimento pessoal, as limitadas expedições contra os eslavos quase não trazem ganhos, o que não encoraja os homens a se juntar ao exército. Os últimos anos do reinado são difíceis desse ponto de vista. Os súditos de Carlos Magno estão cansados de guerra.

Apesar de tudo, há combates em 807, mas no Mediterrâneo. Os *Anais Reais* falam de uma frota sarracena que partiu da Espanha e desembarcou tropas na Sardenha. Repelidos com pesadas perdas – 3 mil mortes, segundo os *Anais* – os sarracenos atacam em seguida a Córsega, para onde Carlos Magno envia o conde do estábulo, Burchardo. Uma batalha naval, fato excepcional no reinado de Carlos Magno, aconteceu num porto corso não identificado. Os sarracenos são derrotados, perdem treze navios e muitos homens. Os *Anais* relatam que sessenta monges tinham sido levados da pequena ilha de Pantellaria e vendidos na Espanha, mas que alguns deles puderam ser comprados de volta. Por outro lado, no Adriático, o patrício Nicetas conclui uma trégua com Pepino e regressa a Bizâncio.

OS ANOS CINZENTOS: 807, 808, 809

Os principais acontecimentos de 807 foram os fenômenos astronômicos e a chegada de uma nova embaixada vinda de Bagdá com presentes maravilhosos. Primeiramente, os astros: o céu estava muito movimentado, e o editor dos *Anais*, muito excitado. Nunca antes ele tinha prestado tanta atenção aos movimentos planetários, mencionando as posições zodiacais exatas da Lua, de Mercúrio e de Júpiter. A partir disso não elabora explicitamente presságios, mas está claramente perturbado: um eclipse da Lua em 2 de setembro de 806; em 31 de janeiro de 807, Júpiter passa em frente à Lua; em 11 de fevereiro, um eclipse do Sol; em 26 de fevereiro, um eclipse da Lua, com claridades nórdicas; em 17 de março, Mercúrio passa em frente ao Sol; em 22 de agosto, eclipse lunar.

Mais espetacular foi a chegada dos embaixadores de Harun al-Rachid, a quem os *Anais* continuam a chamar de "rei dos persas". Mais uma vez, trazem presentes diplomáticos que despertam curiosidade e admiração em Aachen: "Uma tenda-pavilhão com tendas anexas, em várias cores, de tamanho e altura surpreendentes. Tudo é feito de lona fina, tanto as tendas como as cordas, todas tingidas de cores diferentes". Em seguida, dois candelabros de oricalco,³ sedas, perfumes, unguentos, enfeites e bálsamo. E, acima de tudo, uma maravilha da tecnologia – um relógio hidráulico de cobre, com um mecanismo complexo: de hora em hora, pequenas bolas de cobre caem sobre um sino, produzindo um som harmonioso, e um número de cavaleiros correspondentes à hora saem por uma pequena porta. O mais notável é que esse mecanismo tenha podido suportar a viagem de Bagdá a Aachen. A corte fica fascinada. Tudo o que Carlos Magno tem para oferecer em troca são alguns cães de caça, cavalos e mulas: o fosso cultural entre Bagdá e Aachen não é vantajoso para Carlos Magno.

O embaixador de Harun al-Rachid, Abd Allah, veio acompanhado por dois monges enviados pelo patriarca de Jerusalém, Tomás: Jorge, abade do Monte das Oliveiras, que é de fato um germânico, cujo nome de origem é Eglibald, e Félix. No seu regresso a Jerusalém, comentarão as particularidades litúrgicas ocidentais, em particular o *Filioque*, o que leva à retomada da questão. Note-se que Abd Allah, Jorge e Félix, muçulmano e cristãos, viajam juntos, na ida e na volta, como se fossem uma única e mesma embaixada, a do Oriente.

Carlos Magno passa o inverno de 807-808 em Aachen, um inverno "extremamente ameno e pouco saudável", dizem os *Anais*, e no início da primavera viaja, como em 806, para Nijmegen, que parece ser uma estadia de seu agrado. Ainda lá se encontra na Páscoa, em 16 de abril. Nessa época, o rei da Nortúmbria, Eardwulf, chega à sua corte, em fuga. Expulso do poder, ele vem pedir a ajuda do imperador: um testemunho do prestígio que este goza na Europa. Carlos Magno está em contato com a monarquia da Nortúmbria por carta, e também se comunica com o papa sobre esse assunto. Recomenda a causa de Eardwulf a Leão III, que o acolhe em Roma. Fortalecido por esse apoio, o rei da Nortúmbria, acompanhado por um legado papal, o anglo-saxão Ealdwulf, e dois dos *missi* do imperador, o notário Rotfrid e Nauthar de Saint-Omer, regressa ao seu reino, onde é novamente acolhido como soberano. O eixo Roma-Aachen parece fazer a lei na Europa.

---

3 De acordo com *World History Encyclopedia*: estudos modernos mostraram que o oricalco era composto por 80% de cobre, pouco menos de 20% de zinco, com pequenas quantidades de chumbo, de estanho e de outros metais. (N. T.)

Mas não por todo lado. O rei dos dinamarqueses, Godofredo, continua a desafiar o poder carolíngio, e até lhe inflige uma séria devastação durante o verão de 808. Godofredo ataca os abodritas do rei Thrasco, fiéis aliados eslavos do imperador, nas margens do Báltico. Destrói o porto de Reric, possivelmente no local da atual Wismar, deporta os mercadores, captura e enforca o duque abodrita Godelaib, e toma o controle de dois terços do território. Ele é apoiado por vários povos eslavos rivais dos abodritas: os wilzes (veletos), os linons e os smeldinges.

Carlos Magno regressa a Aachen na primavera, reúne um exército, da melhor forma possível, e envia seu filho Carlos contra os dinamarqueses. Foi um fracasso, que os *Anais Reais* disfarçam como um meio sucesso, afirmando que "Carlos construiu uma ponte sobre o Elba, e atravessou o exército que comandava o mais rapidamente possível através do território dos linons e dos smeldinges, que haviam se aliado ao rei Godofredo. Ele saqueou inteiramente seus campos e atravessou novamente o rio, regressando à Saxônia com seu exército intacto". Um exército que, como vimos, incluía contingentes de mais de mil quilômetros ao redor, desde a Île-de-France, do Maine, da Touraine, tudo para incendiar alguns campos de trigo em Mecklenburg. De fato, o exército havia sofrido um sério revés e tinha atravessado o Elba de novo mais rapidamente do que fizera antes. Os *Anais de Moissac* admitem que "alguns dos nossos homens também foram mortos", e a *Crônica de Lorsch* revela finalmente a verdade: "Carlos, filho do imperador Carlos Magno, atravessou o rio Elba com um exército franco contra os wendes. Mas o ataque não foi um sucesso, e muitos francos foram mortos".

O exército dinamarquês também sofreu perdas, incluindo o sobrinho de Godofredo, Reginaldo, morto durante o ataque a uma fortaleza. Foi em resultado dessa luta, dizem os *Anais Reais*, que o rei da Dinamarca, que havia se estabelecido em Schleswig, ordenou a construção da muralha que une o Báltico ao Mar do Norte, o Danevirk, deixando uma única passagem para carroças e cavaleiros, entre a Dinamarca e os territórios eslavos.

Portanto, 808 não foi um ano glorioso. O seguinte não foi melhor. O inverno em Aachen fica cada vez mais melancólico. O imperador está envelhecendo e já não viaja muito; também desiste da viagem a Nijmegen na primavera. A *Crônica de Lorsch* resume o ano inteiro numa única fórmula lacônica: "O imperador ficou em Aachen todo o ano". Contudo, se o imperador não viaja mais, há muita agitação nos confins do império, de onde chegam notícias pouco animadoras.

Em primeiro lugar, da Espanha, onde Luís fracassa na tentativa de tomar Tortosa, a principal cidade do baixo vale do Ebro. A campanha tinha sido cuidadosamente preparada: começou-se por destruir tudo, de Tarragona até o Ebro, incendiando cidades e aldeias. Em seguida, o exército foi dividido em dois grupos. O principal, com o rei, seguiu pela costa até Tortosa, enquanto o outro, comandado por Isembardo, Ademar, Bera e Burellus, penetrou no interior do país, com o objetivo de atravessar o Ebro a montante e regressar a Tortosa de surpresa pelo oeste. Avançaram durante dez dias, discretamente, encobertos pelas florestas, ou viajando durante a noite, atingiram a confluência dos rios Cinca e Ebro, atravessaram a nado e regressaram pela outra margem, dessa vez saqueando e destruindo as aldeias desprevenidas. Escaparam de uma emboscada no desfiladeiro de Valla-Ibana. Surpreendidos por uma tropa de sarracenos, defenderam valentemente o seu saque. "Nossos homens, deixando o espólio para trás, enfrentaram o inimigo, lutaram ferozmente e, com a ajuda de Cristo, puseram-no em fuga. Mataram os prisioneiros, regressaram com alegria para o saque que tinham deixado e, finalmente, vinte dias depois de terem deixado o rei, voltaram para junto dele. O seu moral estava excelente e tinham perdido poucos homens. O rei Luís recebeu-os com alegria e, depois de ter devastado todo o território inimigo, retirou-se". O Astrônomo, autor desse relato, nada diz sobre o essencial: Tortosa, o objetivo da expedição, não foi tomada. Por uma vez, os *Anais Reais* são um pouco mais honestos e afirmam que, "depois de passar algum tempo a sitiá-la, ele [Luís] apercebeu-se de que não podia tomá-la tão depressa, levantou o cerco e regressou à Aquitânia com seu exército intacto".

A situação no Mediterrâneo não está melhor: no sábado de Aleluia, os mouros desembarcam na Córsega, destruindo uma cidade, "deixando apenas o bispo, alguns velhos e alguns doentes". A costa italiana também não é poupada: a cidade de Populônia é saqueada pelos gregos; uma frota bizantina, sob o comando do duque Paulo, ataca a ilha de Comacchio, perto de Veneza. São feitas tratativas com Pepino, mas fracassam, devido à intransigência dos duques do Vêneto, Willeri e Beato. No Mar do Norte, os *missi* de Carlos Magno e o legado papal, o diácono Ealdwulf, que havia acompanhado o rei da Nortúmbria, Eardwulf, são atacados por piratas no caminho de volta. O legado é preso e resgatado. Os mares não são, de fato, seguros.

E, depois, há sempre a ameaça dinamarquesa. Nesse setor, apesar da aparente desproporção de forças diante do Império Carolíngio, o rei Godofredo continua a afrontar Carlos Magno: ele propõe uma conferência entre os seus representantes e os do imperador, do seu lado do Elba, para discutir recriminações mútuas. O que ele propõe é uma negociação em pé de igualdade, num território amigável. Noutros tempos, Carlos Magno teria respondido invadindo a Dinamarca à frente do seu exército. Agora, aceita as condições de seu adversário. Seu aliado Thrasco, duque dos abodritas, precisou enviar seu filho como refém de Godofredo, e a conferência teve lugar em Badenfliot (Beidenfleth). "Muitos assuntos foram discutidos e expostos por ambas as partes, mas, quando se separaram, nada tinha sido resolvido", dizem os *Anais Reais*. O contrário teria sido espantoso. Contudo, o mais surpreendente é que o encontro tenha podido acontecer.

No entanto, em breve voltaram aos antigos métodos: Thrasco, com uma tropa de abodritas e saxões, ataca os wilzes, devastando seu território e capturando a principal cidade dos smeldinges; Godofredo faz que seus homens o assassinem; Carlos Magno ordena ao conde Egberto que fortifique a cidade de Itzehoe, no rio Stör, ao norte do estuário do Elba, para torná-la uma cabeça de ponte contra os dinamarqueses. O confronto continua.

No entanto, Carlos Magno não se esqueceu de outra questão séria: o Espírito Santo foi gerado do Pai *pelo* Filho, ou do Pai *e* do Filho? Em outras palavras, a questão do *Filioque*, que torna a ser colocada, depois de uma volta pelo Oriente. O problema merece que se reúna uma grande assembleia de delegados de todo o império para discuti-lo, e é o que o imperador faz em novembro, em Aachen. Se o debate, que estava adormecido havia algum tempo, é retomado agora, é porque dois monges do mosteiro do Monte das Oliveiras, que tinham vindo a Aachen em 807, haviam reparado que na capela imperial o Credo era cantado na missa com a fórmula do *Filioque*. Regressando a Jerusalém, introduziram essa prática na sua igreja, para escândalo dos monges gregos do convento de São Sabas, que os denunciaram ao patriarca. Este escreve ao papa, assim como os dois monges, pedindo a Leão III que decida entre as duas opções. Um gesto revelador: o papa não encontra nada melhor para fazer do que enviar as duas cartas a

Carlos Magno, o que equivale a reconhecer que Carlos Magno é também o árbitro em matéria doutrinal.

Para o imperador, o *Filioque* é uma questão de princípio: é a marca da sua preeminência sobre o basileu, inclusive em matéria religiosa. Daí a importância que atribui a esse detalhe teológico. Por isso, encarrega três especialistas de preparar um dossiê de justificação do *Filioque*, que servirá de base aos trabalhos da futura assembleia que tenciona convocar sobre esse assunto. Teodolfo de Orléans compõe, por isso, o tratado *De Spiritu Sancto*, baseado nos escritos patrísticos; o abade Smaragdo de São Miguel reúne argumentos bíblicos, e Arn, arcebispo de Salzburgo trabalha, por sua vez, numa variedade de fontes. Em novembro de 809, reúne-se então a assembleia em Aachen, por vezes designada como concílio. Os *Anais Reais* não indicam o resultado, mas é evidente que ela aprova o *Filioque*. Carlos Magno envia Adalardo, abade de Corbie, e Bernardo, bispo de Worms, para discutir o assunto com o papa. O imperador quer que o *Filioque* seja introduzido no Credo cantado na missa, tanto em Roma como em Aachen. Leão III, que respeita o Credo Niceia--Constantinopla e não quer agravar a situação com Bizâncio, sugere uma solução radical: fazer desaparecer o problema, deixando de cantar o Credo! Em Aachen, isso estava fora de questão. Continuariam a entoar o Credo, com o *Filioque*, e esse costume carolíngio acabaria por se impor na Igreja ocidental. Este é mais ou menos o único sucesso de 809.

UM ANO NEGRO: 810

O ano de 810 não foi melhor. De fato, foi particularmente trágico e turbulento para o imperador. Começa na Espanha, onde, após a morte do conde Auréolo, que governava a região de Huesca e Saragoça, um certo Amrus assumiu o controle e enviou uma delegação ao imperador, prometendo submeter--se, juntamente com tudo o que estava em seu poder. Numa região como a Marca Espanhola, onde a situação está em constante mudança, e é difícil saber quem obedece a quem e por quanto tempo, esse tipo de procedimento é suspeito. Quando Carlos Magno envia os seus representantes, Amrus "demanda uma conferência entre ele e os defensores da região fronteiriça da Espanha". As conferências estão decididamente no gosto da época. Mas, dizem os *Anais Reais,* "embora o imperador tenha concordado com essa reunião, surgiram vários problemas que impediram a sua realização". A situação permanece, portanto, confusa.

Durante o ano, Luís faz uma nova tentativa de tomar Tortosa. Mais um fracasso. Segue-se o mesmo plano do ano anterior, mas com ainda mais precauções, e com uma preparação logística meticulosa. Conta o Astrônomo: "Foram construídos barcos para servir de transporte; cada um composto por quatro seções, para que cada peça pudesse ser transportada por dois cavalos ou mulas, e pudessem ser montadas com pregos e martelos; então, assim que o rio era alcançado, as juntas das estruturas eram seladas com alcatrão, cera e *filasse*.[4] Assim equipadas, a maior parte das tropas marchou com o missus Ingoberto para Tortosa". Mais uma vez, a ideia era marchar pelo vale do Ebro pela margem esquerda, para atravessar o rio em segredo, descer pela margem direita e surpreender os sarracenos pelo sul. Luís, por ordem de Carlos Magno, permanece na Aquitânia, e é Ingoberto que comanda.

O avanço é feito com infinitas precauções, especialmente à noite; dorme-se sob as estrelas, sem fazer fogueiras. Os barcos pré-fabricados são montados; atravessam o Ebro. Mas comete-se um erro fatal: os cavalos atravessam a nado. Ora, os sarracenos acampados a jusante são "extremamente astutos", diz o Astrônomo. Astutos como os sioux, pode-se dizer, anacronicamente. De fato, enquanto se banham no rio, seu chefe, Ubaidun, duque de Tortosa, avista algum estrume a flutuar na correnteza. "Pegou um pedaço e cheirou-o. Então exclamou: 'Olhem, rapazes! Tenham cuidado, eu vos digo, porque este estrume não provém de um burro ou de qualquer outro animal que se alimente de erva. É estrume de cavalo, feito de cevada, isso é certo. e cevada significa cavalos ou mulas. Por isso, fiquem vigilantes. Na minha opinião, eles estão a montante para nos surpreender'." Boa dedução, confirmada pelos batedores. Traídos pelo estrume, os francos tiveram de travar batalha contra forças numericamente superiores. No entanto, ganharam, e efetuaram um verdadeiro massacre: "a estrada estava obstruída pelos cadáveres", diz o cronista, que se comove com o lado poético das coisas: "Eles não pararam de matar até que a luz do sol e o dia declinavam, as sombras se

---

4 Preparação de uma fibra vegetal embebida em alcatrão e usada para vedar fissuras, muito usada antigamente para calafetar as juntas em embarcações de madeira. (N. T.)

alongavam sobre a terra, e as estrelas brilhantes se levantavam para iluminar a noite. Depois, quando tudo estava (ex)terminado, pela graça de Cristo, foram ao encontro dos seus, com alegria e muitas riquezas. E, depois de terem cercado a cidade durante muito tempo, voltaram para casa". Dito de outra forma, é um fracasso: Tortosa não foi tomada.

Durante esse tempo, outros sarracenos desembarcam novamente na Sardenha e na Córsega. Esta última foi devastada duas vezes durante o ano. No Adriático, Pepino empreende a reconquista do Vêneto por terra e por mar. É apenas meio sucesso: os bizantinos são repelidos, mas, quando os navios ítalo-francos se preparam para desembarcar as tropas na Dalmácia, a chegada da frota grega do patrício Paulo os obriga a se retirar.

Para Carlos Magno, estes são teatros secundários. O que o preocupa realmente é a crescente ameaça dinamarquesa, que ora se desenha. Em Aachen, no final da primavera, ele tenta desenvolver uma estratégia contra Godofredo, mas está num beco sem saída: o dinamarquês pode atacar tanto em terra, com seus cúmplices eslavos, como no mar, com os seus *drakkars*. O imperador não tem mais a iniciativa. Ao mesmo tempo, sofre um luto privado: a morte da sua filha mais velha, Rotruda, aos 35 anos, em 6 de junho de 810. A causa da morte é desconhecida, mas conhecendo o amor que Carlos Magno tem pelas suas filhas, ele não pode deixar de ficar profundamente afetado. E então chega a notícia catastrófica: "O imperador foi informado de que uma frota de duzentos navios da Nordmannia (Dinamarca) tinha navegado em direção à Frísia, que todas as ilhas da costa frísia tinham sido devastadas, que um exército desembarcou no continente e travou três batalhas contra os frísios, que os dinamarqueses, vitoriosos, tinham imposto um tributo aos vencidos, que os frísios já tinham pago cem libras de prata a esse título, e que o rei Godofredo já tinha regressado para casa. Tal era a situação", relatam os *Anais Reais*, que, no entanto, tendem a minimizar os revezes.

A notícia provoca a fúria de Carlos Magno, que, apesar de seus 68 anos e de sofrer de artrite e gota, decreta uma mobilização geral e decide liderar ele próprio a campanha contra os dinamarqueses. Mas onde atacar esse inimigo anfíbio? Os *Anais* registram sua hesitação: "O imperador ficou tão furioso que enviou os seus homens para todos os lados e pôs-se imediatamente a caminho, decidindo primeiramente ir ao encontro da frota e, finalmente, atravessar o Reno em Lippeham, para esperar as tropas, que ainda não estavam reunidas". O velho imperador estava ainda mais impaciente para enfrentar Godofredo, pois o insolente, "inflado com as mais vãs esperanças de vitória, vangloriava-se de querer encontrar o imperador numa batalha campal", e já se via triunfante em Aachen.

A reunião das tropas, algumas das quais vêm de muito longe, leva tempo. Carlos Magno, assim que tem homens suficientes, avança para o norte, até Verden. Uma após outra, três mortes perturbam a situação. Depois de sua filha Rotruda, o imperador perde seu elefante, e em seguida, em 8 de julho, o seu filho Pepino e, por fim, seu adversário Godofredo. Os *Anais*, que dedicam três linhas à morte do elefante Abul Abbas, concedem apenas uma à de Pepino, não indicando sua causa. A morte do rei da Itália é um duro golpe: para além do choque pessoal de Carlos Magno, que perde um filho de 33 anos, toda a organização da península é posta em causa, no meio de uma guerra contra os bizantinos. O imperador decide entregar o título de rei da Itália a Bernardo, filho de Pepino. Mas este ainda é demasiadamente jovem para exercer pessoalmente esse cargo. Quanto à morte de Godofredo, priva Carlos Magno de sua vingança. O rei dinamarquês foi assassinado por um membro da sua comitiva, por uma razão desconhecida. Seu filho Hemming o sucede, e imediatamente pede ao imperador para moderar o conflito por meio de uma conferência, nos moldes daquela que ocorrera em Beidenfleth, em 809. Carlos Magno concorda e cancela sua campanha, pois mais uma má notícia acaba de chegar: os wilzes voltaram a sublevar-se e tomaram a fortaleza de Höhbeck, no Elba, onde havia uma guarnição de saxões orientais a serviço do imperador, e fizeram o conde Odon prisioneiro.

Em todo o caso, a guerra é impossível, devido a uma terrível epizootia que afeta toda a região, e talvez mesmo toda a Europa: "Houve uma tal epidemia no gado durante essa expedição que quase não sobreviveu um único animal para todo o exército, todos morreram. E não foi só nas províncias sujeitas ao imperador que a morte causou tanta devastação nesse tipo de animais". Essa observação dos *Anais* é confirmada pela *Crônica de Lorsch*, que sugere obscuramente que a epidemia também atinge os homens, e que esta pode ter sido a causa da morte do filho e da filha de Carlos Magno: "Altíssima mortalidade no gado em grande parte da Europa, e também a morte de muitas pessoas, incluindo Rotruda, a filha do imperador, e Pepino, seu filho".

A única coisa que resta fazer é regressar a Aachen e desmobilizar os milhares de homens que se tinham juntado a essa campanha. De volta ao seu palácio em outubro, Carlos Magno recebe duas embaixadas que lhe permitem restabelecer uma paz frágil na Itália e na Espanha, mas em condições pouco favoráveis: o Vêneto é devolvido ao basileu Nicéforo, enquanto na Espanha o emir de Córdoba, embora libertasse o conde Haimeric, que havia sido capturado, continuava a dominar o vale do Ebro, de Saragoça a Tortosa, e Amrus conduzia uma política independente em Huesca.

O capitular promulgado após a assembleia outonal de Aachen reflete as principais preocupações e a relativa desordem que se abate sobre o império nesse final de 810. A epizootia impressionou a imaginação e provocou reações violentas e irracionais: foi ordenada uma investigação sobre o assassinato de várias pessoas inocentes, acusadas de terem espalhado o pó envenenado (a epidemia), sob demanda do duque de Benevento. O episódio é confirmado por uma carta de Agobardo de Lyon, escrita pouco tempo depois, na qual exprime seu espanto, dado que os próprios acusados tinham confirmado os fatos. O capitular ordena que a verdade seja restabelecida: a epidemia não é causada pelo pó envenenado, mas pela ira de Deus, por causa de nossos pecados; o remédio não é, portanto, matar inocentes, mas dar esmolas e rezar. A explicação também não é racional, mas pelo menos as soluções são mais úteis.

Outra medida reveladora: o capitular ordena a construção de barcos, para fazer face ao perigo externo, que chega cada vez mais do mar, quer sejam os sarracenos no Mediterrâneo, ou os vikings no Mar do Norte e na costa atlântica. Durante o ano, Carlos Magno já pedira ao seu filho Luís que reunisse flotilhas nos estuários dos rios Loire e Garonne, e no delta do Ródano. E depois há um artigo curioso, "relativo aos queixosos que causam sérios incômodos aos ouvidos do imperador no palácio". Carlos Magno é vítima do seu desejo de decidir tudo sozinho: encorajava constantemente os litigantes a recorrer a ele em caso de litígio, enquanto justiceiro supremo do império. O resultado: Aachen é inundada por litigantes que lhe "enchem os ouvidos". O capitular, que é um resumo para os *missi*, não indica a solução.

UM TESTAMENTO METICULOSO

O ano de 810 foi, sem dúvida, bem nefasto, marcado também por cinco eclipses: dois do Sol (7 de junho e 30 de novembro) e três da Lua (26 de dezembro de 809, 21 de junho e 15 de dezembro de 810), como salienta o editor dos *Anais Reais*. Para o novo ano, depois de um Natal sombrio em Aachen, Carlos Magno dá o tom: ele faz seu testamento.

O texto é dado na íntegra por Eginhardo, que o copiou dos arquivos imperiais e o colocou como apêndice à sua *Vida de Carlos Magno*. O documento é excepcional em si mesmo: é o primeiro testamento real do período pós--romano. Na sua forma, reproduz o modelo dos testamentos episcopais do século VII, começando por uma invocação da Trindade, a lista de títulos e a data de cada um deles. Diz respeito apenas à divisão dos bens móveis do palácio e da capela imperial, com o objetivo, segundo ele, de evitar litígios e contestações após sua morte. Eginhardo nos diz que o imperador também tencionava reservar uma parte para as suas filhas e para os filhos das suas concubinas, mas que, tendo tomado medidas demasiadamente tarde, não teve tempo de efetuar essa repartição. É verdade que o número dos seus bastardos não simplifica a tarefa. Será que ele sabe quantos tem, após meio século de reinado?

O fato de o documento de 811 ter sido levado muito a sério é demonstrado pelo fato de que fez que fosse lido perante onze bispos, quatro abades e quinze condes, que assinaram o documento. Essas grandes figuras, vindas de muito longe, teriam sido convocadas a Aachen com esse único objetivo? Não sabemos, mas eles representam todas as regiões do império, com duas exceções: a Aquitânia e a Itália. Os sete arcebispos são os de Colônia (Hildebaldo), Mainz (Riculfo), Salzburgo (Arn), Reims (Vulfário), Clermont (Bernoin), Lyon (Leidrade), Arles (João), acompanhados pelos bispos de Orléans (Teodulfo), Amiens (Jessé), Basileia (Heito) e Liège (Walcaudo). Os quatro abades são os de Saint-Martin de Tours (Fridugise), Lorsch (Adalungo), Saint-Germain-des-Prés (Irminon) e Saint-Riquier (Angilberto). A identificação dos condes é mais difícil: Otulf e Hatto provêm da Baviera, Geraldo da Marca bávara oriental, Unroque da Marca do Friuli, Bera de Barcelona, Estêvão de Paris, Ercanger da Suábia, Burchardo e Meginhardo da Turíngia, Rihwin de Pádua; Wala é primo do rei e se tornará abade de Corbie. Meginher, Edo, Hildger e Hroculf não foram localizados.

O ouro, a prata, as pedras preciosas, os ornamentos reais e os móveis são divididos em três partes. A divisão é tão meticulosa quanto a divisão dos territórios efetuada pela *Divisio regnorum*. Essa preocupação com a precisão é um dos principais traços da personalidade de Carlos Magno. O primeiro terço era conservado pelo imperador "enquanto viver ou até que julgue que estes bens já não lhe são necessários". A esse terço juntam-se as baixelas de bronze, de ferro ou de outro metal, as armas, vestimentas, mobiliário, cobertas, tapetes, feltros, peles e arreios encontrados nos seus aposentos. Após sua morte, essa parte será dividida em quatro: um quarto para as 21 cidades metropolitanas, um quarto para os filhos, filhas, netos e netas, um quarto para os pobres e um quarto para os criados do palácio. As partes correm o risco de não ser muito grandes: um vigésimo de um quarto de um terço não é muito. O imperador terá sobrestimado o valor dos seus bens?

O segundo e o terceiro terços serão divididos igualmente entre as 21 cidades metropolitanas, que receberão então 1/21 dos dois terços, mais 1/21 de um quarto de um terço. Carlos Magno tem, sem dúvida, bons contabilistas na corte. Mas isso não é tudo: cada arcebispo ficará com um terço dessa parte, e dividirá os dois outros terços entre os bispos de sua província. Sabendo que há uma média de quinze bispos por província, calculem a parte de cada bispo: um excelente exercício de aritmética.

Continuemos. Vasos litúrgicos e ornamentos de capela serão divididos em duas partes. De um lado, o que o imperador encontrou na sua ascensão e o que ele próprio acrescentou: tudo isso permanecerá na capela. De outro, as diversas aquisições, e a "grande coleção de livros que ele reuniu na sua biblioteca, [que] será comprada a um preço razoável por quem os quiser". O sonho do bibliófilo! Infelizmente, não sabemos quantos livros há, quais são os títulos, quem os comprou e por qual preço. O dinheiro deveria ser dado aos pobres.

Finalmente, há quatro mesas, mas não são mesas quaisquer: três de prata e uma de ouro, finamente cinzeladas. Uma mesa retangular de prata, sobre a qual está traçado o mapa de Bizâncio, será doada à São Pedro de Roma; uma mesa redonda de prata com o mapa de Roma será doada ao arcebispo de Ravena; uma terceira mesa de prata, mais pesada e mais bonita, com a representação do universo em três círculos concêntricos, bem como a mesa de ouro, serão acrescentadas ao quarto do terço reservado aos filhos e netos, e ao quarto do terço reservado aos pobres. A origem dessas mesas deu margem a muitas especulações. É possível que tenham sido recebidas como presentes: oferecer uma mesa parece ser bastante comum entre soberanos. O próprio Carlos Magno deu uma a Leão III, em 799.

Esse testamento é também um testemunho de uma época de frugalidade, de simplicidade e escassez, em que o maior soberano da Europa, o imperador, divide os bens móveis do seu quarto como um simples particular. Eginhardo assegura-nos que Luís, o Piedoso, aplicará ao pé da letra, "da maneira mais escrupulosa", o testamento de seu pai. Louis Halphen demonstrou, de forma decisiva, que este não foi o caso. Os últimos desejos dos soberanos raramente são respeitados.

811: A INSPEÇÃO DAS DEFESAS COSTEIRAS

Por enquanto, Carlos Magno ainda está bem vivo e tem diante de si um ano de 811 que se anuncia bastante atarefado. O inverno, particularmente rude, segundo todos os analistas, proíbe as viagens até o final de março. Mas, "assim que voltou o clima ameno da primavera e houve a reabertura das estradas que tinham sido fechadas, devido ao frio muito intenso", foram retomados os contatos com Hemming, o novo rei dinamarquês, que continua a ser a principal preocupação.

De acordo com sua vontade, foi organizada uma conferência entre doze representantes francos e doze dinamarqueses. Ela ocorre às margens do rio Eider, isto é, na fronteira sul da Dinamarca. No início da primavera, Carlos Magno envia os condes Wala, Abo, Osdag, Wigman, Burchardo, Unroch, Odon, Meginhardo, Bernardo, Egberto e Teotério. O 12º é desconhecido. Alguns desses condes estavam presentes na leitura do testamento. Por sua vez, Hemming envia seus irmãos, Hancwin e Angandeo, e os chefes Warstein, Suomi, Urm, Hebbi, Aowin, e três Osfrid: um chamado de Turdimulo, o segundo, filho de Heiligen, e o terceiro, filho de Schonen. A paz é concluída e selada com juramentos.

Depois da Páscoa, em 13 de abril, o imperador prepara a assembleia da primavera, que deve acontecer em Aachen. É com essa assembleia em mente que é redigido um memorando contendo uma lista de questões a serem discutidas. A particularidade desse documento se deve à natureza direta e sucinta, dir-se-ia quase brutal, das perguntas, o que leva a maioria dos historiadores a acreditar que foram formuladas pelo próprio Carlos Magno. Ele começa por exprimir o seu desejo de se dirigir separadamente aos condes, abades e bispos, pois tem perguntas específicas para cada grupo. Para os condes: por que alguns se recusam a participar do esforço de guerra? Por que essa multiplicidade de julgamentos (que, como vimos, acabavam por lhe "encher os ouvidos")? Como tratar o caso dos fiéis que trocaram o seu senhor por um outro? Para os monges: deveríamos tolerar uma regra que não seja a de São Bento? E para os bispos: estes podem interferir em assuntos seculares? Ao que renunciamos pelas palavras do batismo? Ao que nos expomos se não as respeitarmos? Estamos preparados para discutir publicamente como negligenciamos os nossos deveres de cristãos? Como tratar os bispos e cônegos que dão mau exemplo?

Como se pode ver, a assembleia será tanto um exame de consciência e uma confissão pública, quanto uma tribuna política. A confusão de gêneros se acentua. O velho Carlos Magno não faz mais a diferença entre o poder temporal e o poder espiritual. Para ele, os dois são a mesma coisa e ele persegue, mais do que nunca, seu ideal da Cidade de Deus na terra, ideal cada vez mais afastado da realidade. O que não se pode determinar, é até que ponto esse ideal de unidade, de concórdia no espírito cristão é um meio, um instrumento ao serviço do seu poder político, de um Império do Ocidente, de uma Europa da qual ele seria o soberano absoluto.

Um outro memorando, cuja data, infelizmente, é incerta, mas que também se destina a servir de base para discussão numa assembleia, trata daquilo a que chamaríamos de disfunções do sistema de recrutamento militar, ilustrando a crescente relutância dos homens livres a aderir ao exército. Qualquer meio, qualquer pretexto é suficiente para evitar o serviço militar: "Há aqueles que não vão, dizendo que o seu senhor fica em casa e que seu dever é imitá-lo... Há aqueles que, por isso, se recomendam a senhores que eles sabem que não irão para a tropa... Há aqueles que se dizem homens de Pepino e de Luís", há os que dizem que devem obedecer aos *missi* e não aos condes, e como os *missi* raramente vêm... De modo geral, "o povo dos condados se torna mais desobediente aos condes e recorre mais frequentemente aos *missi* do que no passado". Essa observação revela o cansaço das populações diante da repetição das campanhas militares, e também sua capacidade de tirar partido dos antagonismos entre as autoridades locais (os condes) e os agentes do poder central (os *missi*), abusando do direito de recorrer ao imperador, cujo palácio transborda de litigantes. Carlos Magno viu-se vítima da sua preocupação com a justiça e a eficácia. A bela máquina administrativa fica paralisada. E o memorando aponta outras desordens, em particular os abusos de bispos, abades e condes, que aumentam suas propriedades perseguindo os pequenos proprietários, sistematicamente mandando-os para o exército, até que estes abandonem suas terras.

A referência a Pepino pode indicar que esse documento é anterior a 810. Em todo caso, os problemas que levanta são característicos do final do reinado, e se encontram em todos os capitulares posteriores, ilustrando as dificuldades crescentes de um regime que não dispõe de meios materiais para impor sua visão totalitária e utópica numa área geográfica tão vasta.

Após a assembleia da primavera, Carlos Magno organiza as ocupações de verão. Todas ainda têm um caráter guerreiro. A defesa do império exige expedições anuais, que são demonstrações de força destinadas a intimidar os vizinhos, a antecipar os ataques e a punir os potenciais agressores. Nesse verão de 811, o imperador envia um exército para além do rio Elba, para castigar os linons e os wilzes, que tinham capturado e destruído o forte de Höhbeck no ano anterior. Uma operação de rotina: o território é devastado, e o forte, reconstruído. Outro exército é enviado para a Panônia, para resolver a disputa entre os ávaros e os eslavos. Um terceiro exército é enviado para o oeste, para punir os bretões pela sua "perfídia"; talvez tivessem efetuado outro ataque e pilhagem na Marca da Bretanha. Esses três exércitos, dizem os *Anais Reais*, "foram vitoriosos e regressaram sem danos".

Os combates prosseguem também na Marca da Espanha, onde Luís faz uma terceira tentativa contra Tortosa. Dessa vez, não se lança mais mão da esperteza dos sioux: com os condes Heriberto, Leutardo e Isembardo, mais os reforços vindos da Frância e "aríetes, balistas, manteletes[5] e outros engenhos de cerco", atacam em força, e, ao fim de quarenta dias de assalto, diz o Astrônomo, "os habitantes perderam as esperanças e, vendo suas forças

---

5 Espécie de prancha de madeira usada como um escudo longo, sólido e pesado, munido de duas rodas para movê-lo, que servia para proteger o guerreiro. (N. T.)

vencidas pela má sorte de guerra, entregaram as chaves da cidade", que Luís passará pessoalmente às mãos de seu pai.

Enquanto ocorrem essas batalhas, Carlos Magno faz uma viagem de inspeção às costas da Mancha e do Mar do Norte. Quer verificar se os navios, cuja construção ordenara no ano anterior para proteger as costas contra os ataques dos vikings, estão operacionais. A principal etapa de sua viagem é Boulogne, onde está reunida uma flotilha. É provável que lá tenha permanecido durante várias semanas, pois não somente se ocupa dos navios, mas também manda restaurar o farol, que data do período romano, recoloca-o em atividade, e ordena que se acenda uma fogueira todas as noites no cimo. Durante sua estadia, também promulga importantes capitulares.

O principal deles, datado de outubro de 811 em Boulogne, é inteiramente dedicado a questões militares. Pela primeira vez, um artigo prevê a mobilização marítima: "A cada vez que quisermos enviar uma frota, os senhores deverão se dirigir aos navios e equipá-los". Como não evocar esse outro imperador, senhor do continente, que mil anos depois, no mesmo lugar, no seu acampamento de Boulogne, terá as mesmas ilusões? Napoleão, tal como Carlos Magno, imaginará que uma frota pode ser improvisada e comandada como uma força terrestre.

Todo o resto do capitular é dedicado aos problemas de recrutamento e funcionamento do exército. Todo homem livre convocado para o exército e que não compareça terá de pagar o *heriban*[6] *de sessenta sous* e, se não for solvente, será reduzido à servidão por um período correspondente a essa multa. As multas devem ser pagas em ouro, prata, tecidos, armas, cavalos, gado ou outros bens móveis, mas não em terras ou em servos. E devem ser recebidas pelos *missi*, e não pelos condes. Aqueles que chegarem atrasados ao exército serão privados de carne e vinho por tantos dias quanto foi o atraso; os que saírem antes de receber autorização – casos de deserção – serão executados; os que abandonarem seus companheiros durante a campanha perderão seus benefícios; os que se embriagarem no exército serão privados de vinho; os que servem no palácio imperial não devem impedir seus vassalos

---

6 *Heriban*: Do baixo latim *heribannum*. Na época franca, o termo designa inicialmente a convocação para o serviço militar. Depois, uma multa paga por aquele que não compareça e, por fim, uma taxa que permita escapar a essa chamada. (N. T.)

de acompanhar o conde ao exército. Cada senhor está autorizado a deixar dois homens em sua casa enquanto estiver no exército; ele deve dar seus nomes aos *missi*, e pagará o *heriban* tantas vezes quantos forem os homens a mais que deixar para trás. Todos devem comparecer ao exército munidos de três meses de provisões e seis meses de roupa e de armas. Mas, se ele vier de longe, a duração do trajeto estará compreendida nesses três meses e seis meses? Para os que são convocados a leste do Reno e vêm do sul do Loire, esses períodos são contabilizados a partir do momento em que atravessam o Reno; se for para uma campanha contra os eslavos, são contados a partir da travessia do Elba; se for uma campanha na Espanha, conta-se a partir dos Pireneus; se vier de além do Reno para uma campanha ao sul do Loire, conta-se a partir desse rio. Mais uma vez, fica-se confuso pelo contraste entre essa extraordinária exigência de precisão e a escassez dos meios de que se dispõe para implementá-la. Em muitos aspectos, o governo de Carlos Magno prefigura os exigentes estados burocráticos esmiuçadores da época moderna, mas sem a capacidade de controle, sem o qual tais exigências meticulosas são puras ilusões. Também se pode imaginar como o exército deve estar abarrotado de carroças.

Por fim, um curioso artigo concerne ao tráfico de armas efetuado pelos eclesiásticos, incluindo abadessas: "Fica decidido que nenhum bispo, abade, abadessa, reitor ou guardião de uma igreja dê ou venda uma cota de malha ou uma espada a um estrangeiro sem a nossa autorização; ele só pode atribuí-los aos seus vassalos. E se houver mais cotas de malha numa igreja ou lugar santo do que o necessário para os homens do reitor da dita igreja, então que o reitor da dita igreja pergunte ao Príncipe o que deve fazer com elas". Devemos, portanto, assumir que as igrejas e os mosteiros são, ao mesmo tempo, arsenais militares, outra ilustração da mistura de assuntos espirituais e temporais no império.

Outro capitular é geralmente atribuído à estadia de Carlos Magno em Boulogne, em outubro de 811. Esse capitular diz respeito mais especificamente à justiça. Nele se afirma que "os bispos, abades, condes e homens de poder, se tiverem uma disputa entre si e não chegarem a um acordo, devem comparecer perante nós". Os *missi* deverão julgar durante quatro meses, em janeiro, abril, julho e outubro; no resto do ano, os julgamentos serão efetuados diante do conde. O imperador exige também informações precisas sobre o que cada um tem como benefício, quantos homens dependem de cada benefício, como os benefícios são cultivados, quem criou para si *alleux* (domínios em propriedades privadas) nos benefícios (propriedades reais confiadas aos vassalos), do que se compõem exatamente as propriedades da Coroa; os *missi* são instados a reunir essas estatísticas, escrevê-las e enviá-las para Aachen. Essa exigência administrativa é totalmente impossível de cumprir. Por fim, os *missi* devem continuar a fazer prestar o juramento de fidelidade, explicando a todos a "natureza das obrigações que implica este juramento que nos é devido".

Um Carlos Magno cada vez mais minucioso, exigente e fora da realidade: é esta a imagem do imperador septuagenário que, em Boulogne, promulga esses capitulares em outubro de 811. Como todos os soberanos que vivem um pouco de tempo demais, ele começa a cansar-se. A disciplina afrouxa; o número crescente de exigências e sanções nos capitulares só servem para banalizar as negligências; e a autoridade imperial parece enfraquecer. O Astrônomo fala do seu "rápido declínio na velhice". Os rugidos do velho leão já não fazem mais efeito.

Continuando sua viagem, ele deixa Boulogne no final de outubro, vai a Gand, inspeciona outra flotilha no estuário do Escalda e regressa a Aachen em meados de novembro, onde embaixadas estão à sua espera. Os enviados de Hemming, Aowin e Hebbi trazem-lhe presentes; o *tudun* dos ávaros vem agradecer-lhe o envio de ajuda contra os eslavos; estes também enviam representantes. Além disso, as negociações com Bizâncio avançam. No início do ano, Carlos Magno envia uma embaixada ao imperador Nicéforo, composta por Hugo, conde de Tours, Aio, um lombardo do Friuli, e Haido, bispo da Basileia. Levam consigo dois desertores bizantinos, Willeri, duque de Veneza, e o siciliano Leão. Sua missão é garantir os termos da paz, oferecendo a devolução do Vêneto e da Dalmácia a Nicéforo, em troca do reconhecimento do título imperial.

Todavia, a situação política em Bizâncio altera-se rapidamente. Nicéforo está no meio de uma guerra com os búlgaros e morre num combate. Seu filho, Estaurácio, fica gravemente ferido e abdica em favor de seu cunhado, Miguel Rangabe, de uma família de altos dignitários. Proclamado basileu, Miguel I acolhe favoravelmente os enviados de Carlos Magno e, no ano seguinte, envia a ele uma embaixada, com suntuosos presentes e um pedido de casamento entre uma princesa carolíngia e seu filho Teofilacto. Os embaixadores, o bispo Miguel e os protoespatários[7] Arsafe e Teognosto, são portadores de um acordo na mais pura tradição do bizantinismo: Carlos Magno é reconhecido como imperador e basileu, mas sem especificar imperador de quê; Miguel refere-se a ele como "irmão", e usa para si o título de basileu dos romanos. Cabe a cada um de nós apreciar a nuance e interpretá-la como bem entender. Carlos Magno, que não está em condições de reacender a guerra, anui e mostra que é tão capaz quanto os bizantinos de ser meticuloso, ao enviar uma carta a Miguel I em 812, em que se intitula "imperador Augusto, rei dos francos e dos lombardos", dirigida "ao seu amado e honrado irmão Miguel, glorioso imperador Augusto". Dois irmãos, dois imperadores, e todas as alusões romanas ficam entre parênteses. De fato, é o reconhecimento, feito por ambas as partes, da existência de um Império do Oriente e de um Império do Ocidente. Em sua carta, Carlos Magno também expressa seu desejo de alcançar "a paz há muito procurada e sempre desejada entre o Império do Oriente e o Império do Ocidente". O imperador franco, que já tem dificuldade em situar seu título imperial com seus próprios estados, experimenta o mesmo embaraço em relação ao basileu, e em ambos os casos associa esse título à noção de um império cristão, de uma cristandade romana, da qual o papa é o sumo sacerdote; fala na sua carta do seu desejo de "unir e pacificar sua Igreja católica santa e imaculada". E, sobre a terra, aceita restituir Veneza e a Dalmácia, em troca de um tributo. Bizâncio terá a mesma dificuldade que os francos em controlar esses territórios, nos quais os croatas se revoltam e os búlgaros multiplicam as incursões.

O texto do tratado, em latim, foi entregue a Arsafe e Teognosto, e pouco depois Carlos Magno envia Amalário, bispo de Trier, e Pedro, abade de Nonântola, para buscar o texto grego redigido em Bizâncio. De fato, esse reconhecimento mútuo, por trás do formalismo da linguagem diplomática, é o triunfo do pragmatismo e o nascimento de uma Europa ocidental cristã com duas cabeças: o imperador e o papa, diante do império ortodoxo. Este último é marcado por uma grande instabilidade: em 10 de julho de 813, Miguel I, derrotado pelos búlgaros, abdica e é substituído por Leão, o Armênio, um

---

7 Um dos títulos mais elevados da corte bizantina, concedido a generais ou governantes das províncias e para príncipes estrangeiros. (N. T.)

estratega do exército. Leão V foi o sétimo imperador que Carlos Magno viu desfilar durante seu reinado.

OS ÚLTIMOS ANOS (812-813)

Voltemos ao final de 811, que foi marcado por mais uma perda cruel para o imperador: a morte do seu filho mais velho, Carlos, em 4 de dezembro. O acontecimento é apenas mencionado nos *Anais*. Carlos, o Jovem, com 40 anos, desapareceu tão discretamente como tinha vivido. Parece nunca ter existido para si próprio. Nunca se casou, foi a sombra ou o *alter ego* do pai, o seu instrumento fiel, encarregado de dirigir as últimas campanhas. Nenhum cronista, nenhum analista se interessou por Carlos; na história, ele é apenas um nome. A causa da sua morte é tão desconhecida quanto a sua personalidade. De toda forma, seu desaparecimento, um ano após o de Pepino, torna obsoleta a *Divisio regnorum* de 806, uma vez que dos três irmãos ficou apenas um, e certamente não o mais capaz, o piedoso Luís. Carlos Magno não tinha previsto essa eventualidade, e ela perturba seus planos de sucessão.

A partir de então, confinado em Aachen, onde passa o inverno de 811-812, o imperador continua sozinho seu trabalho de Sísifo contra os dinamarqueses, os eslavos, os sarracenos e os beneventanos. Contra os dinamarqueses, a tarefa foi facilitada pela guerra civil desencadeada entre os membros da família real após a morte de Hemming. Sigfred, sobrinho do rei Godofredo, e Anulo, sobrinho de outro rei, Heriold, travaram uma furiosa batalha na qual ambos pereceram, bem como 10.940 dos seus guerreiros, de acordo com os *Anais Reais*, número sem dúvida excessivo, mas o partido do vencedor, o de Anulo, escolhe como reis os irmãos de Anulo, Heriold e Reginold, que renovam a paz com Carlos Magno. Outros normandos desembarcam na Irlanda nesse ano, e a ameaça do mar está mais presente do que nunca nas costas do império.

É também do mar que chega o perigo na outra costa, a do Mediterrâneo. A Córsega e a Sardenha são novamente atacadas pelos sarracenos, que também ameaçam as costas italianas. Desde a morte de Pepino, é seu filho Bernardo que está à frente do reino da Itália, mas ainda é um adolescente. Assim, Carlos Magno encarrega seu primo Bernardo, o conde Wala, filho do irmão de Pepino, o Breve, que ele tem em alta conta, para defender a península até que o perigo seja afastado. A preocupação é grande, como atesta uma carta do papa para Carlos Magno, datada de 26 de agosto de 812. No meio da retórica habitual, Leão III dá informações alarmantes sobre os progressos dos árabes no Mediterrâneo: "Certamente não passou despercebido à sabedoria que Deus vos enviou, que o abominável povo dos hagarenos [árabes] pretendia atacar a Sicília este ano. Mas, de fato, como nos foi relatado, eles atacaram algumas ilhas gregas". O basileu, continua o papa, "enviou um patrício para pedir ao duque de Nápoles, Antímio, que mandasse navios, o que ele não fez. E logo, como ouvimos dizer, aqueles abomináveis mouros, com treze navios, invadiram a ilha de Lampedusa e saquearam-na". Sete navios gregos expedidos para reconhecimento foram destruídos, e suas tripulações, mortas. Felizmente, a maior parte da frota grega interveio a seguir, "e pela misericórdia de Cristo matou todos aqueles malvados mouros, não deixando um único sobrevivente". E não é tudo: quarenta navios sarracenos atacaram a ilha de Ponza, ao largo da costa de Gaeta, onde vivem os monges, e saquearam-na. Depois, entre 18 e 21 de agosto, os mouros desembarcaram em Ischia, uma ilha a poucos quilômetros de Nápoles, "onde encontraram um grande número de trabalhadores e animais pertencentes aos napolitanos"; apoderaram-se de tudo o que puderam. As costas italianas estão sob ameaça permanente.

Fora isso, aqui as coisas estão bem. O que, na carta de Leão III, é dito assim: "No que diz respeito às nossas terras, porém, informamos Vossa Sereníssima Potência Imperial que, por intercessão da Santa Mãe de Deus, Maria Nossa Senhora, sempre virgem, e dos santos apóstolos Pedro e Paulo, e pelas vossas prudentíssimas disposições, tudo está são e salvo". O papa agradece a Carlos Magno por tê-lo avisado sobre o perigo, o que lhe permitiu fortificar a costa. essa precisão não é destituída de interesse. Mostra que o imperador está bem consciente e ao corrente da situação no longínquo Mediterrâneo. Aliás, nesse setor, Grimoaldo, duque de Benevento, paga-lhe nesse ano um tributo de 25 mil *sous* de ouro.

Na Península Ibérica, Luís continua suas operações ao norte do Ebro. Se aceitarmos a cronologia do Astrônomo, que nada tem de evidente, Carlos Magno manda Heriberto, seu *missus*, cercar Huesca, enquanto ele mesmo exerce seu "passatempo de caçar nas florestas". O cerco, mal conduzido, foi um fracasso total, sobretudo devido à falta de seriedade dos combatentes: "Eles relaxaram a atenção e comportaram-se com demasiada descontração; alguns jovens impetuosos e fanfarrões avançaram até as muralhas, provocando com palavras e lanças os que defendiam a fortaleza. Por sua vez, os da cidade, desprezando o pequeno número dos atacantes e julgando que os outros chegariam demasiadamente tarde, abriram os portões e fizeram uma saída. A batalha desenrolou-se, com altos e baixos, e mortes de ambos os lados. No final, alguns regressaram à cidade e os outros ao seu acampamento, para não mais saírem". No entanto, o emir de Córdoba, Hakam I, a quem os *Anais* chamam Abulaz (Abul Aaz), manda uma embaixada a Carlos Magno, e uma trégua de três anos é concluída.

Depois de mais um inverno em Aachen, é num estado muito enfraquecido que o imperador começa o ano de 813. No início da primavera, decide ir caçar nas Ardenas, como fazia todos os anos. Sobrestimou suas forças: abatido pela gota, precisou ficar de cama, e foi como "convalescente", dizem os *Anais Reais*, que regressou a Aachen. Em maio, soube que a grande ponte que tinha construído sobre o Reno, em Mainz, uma das grandes realizações do reinado, tinha sido completamente consumida pelo fogo.

Os que o rodeavam pressentiram que o fim estava próximo. Não seria o momento de trazer o herdeiro, Luís da Aquitânia? Nessa ocasião, seu enviado, Gerricus, que é também seu falcoeiro, está em Aachen, onde seu amo o enviou para consultar o imperador sobre certos assuntos. Membros influentes da corte pedem-lhe que diga a Luís para vir, informando-o de que "seu pai declina rapidamente devido à idade avançada, que tem dificuldade em superar a perda infeliz dos seus filhos e que esses fatos mostram que a morte certamente está próxima". Gerricus relata essas palavras a Luís, que consulta seus conselheiros e estes têm a mesma opinião: ele deve ir para Aachen. "Mas o rei", relata o Astrônomo, "[...] rejeita essa iniciativa, para não despertar as suspeitas de seu pai." Isso diz muito sobre o temor que Carlos Magno continua a inspirar nos seus filhos: Luís, que tinha 35 anos, não se atreve a regressar a Aachen sem ser convocado.

Essa convocatória chega pouco tempo depois.

O imperador Carlos, refletindo sobre seu declínio e rápido envelhecimento, e temendo que, ao partir deste mundo, deixasse o seu reino que, graças a Deus estava em boa ordem, em confusão; temendo, portanto, ser atingido por tempestades externas ou dilacerado por divisões internas, dá ordens ao seu filho para regressar da Aquitânia. Este vem, e o imperador o recebe com ternura, mantendo-o consigo durante todo o verão, e instruindo-o em todos os assuntos que considera necessários, dando-lhe conselhos sobre como conduzir sua vida privada, sobre como reinar, ordenar o reino e manter essa ordem.

Podemos nos perguntar sobre a pertinência dos conselhos de Carlos Magno a respeito da vida privada. Quanto à ordem no império, está cada vez mais precária. Carlos Magno está bem ciente disso, e é precisamente para remediar a situação que ele decide, já na primavera, convocar cinco assembleias conciliares, em Mainz, Reims, Chalon, Tours e Arles, às quais confia a tarefa de lhe apresentar propostas para corrigir os abusos e assegurar a retidão da fé e da moral. A partir desses pareceres, ele tirará conclusões que promulgará numa grande assembleia geral, no outono, em Aachen. Carlos Magno se ilude: quem se atreveria a dar-lhe conselhos, e sugerir que certas coisas corriam mal? Os textos apresentados pelas cinco assembleias são um encadeamento de lisonjas que se limitam a dizer que só o imperador é capaz de discernir as decisões a serem tomadas. Já não há Alcuíno para falar com franqueza – uma franqueza florida! – ao imperador. Temido, Carlos Magno já não tem conselheiros, apenas cortesãos. "Todos aqueles que desejarem saber o que contêm estes regulamentos [das assembleias conciliares] podem encontrá-los nas cinco cidades, mas também foram feitas cópias, que estão nos arquivos do palácio", dizem os *Anais Reais*.

Vamos folheá-los rapidamente. O conteúdo é eloquente, em todos os sentidos da palavra. O clero da Austrásia e da Germânia, reunidos em Mainz, agradecem a Deus por ter "dado à Igreja um chefe tão piedoso [Carlos Magno], tão devotado ao serviço de Deus, e que, fazendo jorrar a fonte da sabedoria sagrada, dispensa com constância o santo alimento às ovelhas de Cristo, para formá-las nos ensinamentos divinos; um líder que se esforça, por meio de incansável trabalho, para aumentar o povo cristão; que honra com alegria as igrejas de Cristo, e que se esforça por arrancar das garras do terrível Dragão o maior número possível de almas, para trazê-las novamente ao seio da nossa santa Mãe, a Igreja, e conduzi-las todas juntas para as alegrias do Paraíso e do Reino dos Céus; um líder que supera todos os outros reis da terra pela sua santa sabedoria e piedoso zelo". E que reformas fizeram esses bispos e abades? Nenhuma. Pelo contrário, esperam que "Sua Magnificência Imperial" os ilumine, pois eles "precisam de sua ajuda e do seu conhecimento". Nada mais há a esperar dos clérigos da Provença e da Septimânia, reunidos em Arles, pois tudo está bem, no melhor dos mundos possíveis, graças ao imperador. Os clérigos da Aquitânia, em Tours, concordam num ponto: "Todas as medidas que o nosso piedosíssimo príncipe quiser decidir, estamos prontos, como servos fiéis, a aceitá-las, inclinando-nos antecipadamente de bom grado diante de vossa vontade". Em Chalon, os borgonheses são mais corajosos: eles "solicitam a ajuda do seu senhor imperador" para restabelecer as antigas regras de penitência e excomunhão, mas "esperam a sua decisão" sobre a questão dos clérigos que se julgam absolvidos de todo o pecado se peregrinarem a Roma ou a Saint-Martin de Tours.

Na realidade, portanto, tudo é transferido para o imperador, por medo de desagradá-lo. Era o que ele queria? Não se pode dizer. Os bispos que resumem esse trabalho chegam à conclusão de que ele podia fazer "como quisesse". De fato, é o que ele sempre fez, e não teria sido necessário realizar esses concílios para deixar isso claro. A síntese resulta em dois capitulares, nos quais encontramos a repetição de exortações já muitas vezes citadas, misturando assuntos seculares e espirituais. O fato de Carlos Magno ter sido obrigado a repetir, quatro meses antes de sua morte, as mesmas ordens e proibições que vinha repetindo havia 45 anos, é simultaneamente um sinal de sua obstinação e de seu fracasso em moldar o "povo cristão" de acordo com seu grande ideal agostiniano.

A COROAÇÃO DE LUÍS (SETEMBRO DE 813)

É na grande assembleia geral convocada em setembro, em Aachen, que ele promulga esses capitulares. Mas o gesto mais espetacular dessa sessão é a proclamação de Luís como "imperador e Augusto". Esta foi uma grande alteração da *Divisio regnorum* de 806, da qual o título de imperador havia desaparecido, talvez pelo simples fato de que tal título não se divide, e atribuí-lo a uma só pessoa corria o risco de provocar ciúmes. A partir de agora, a situação é simples, uma vez que Luís é o único sobrevivente. Em todo caso, ele é o herdeiro natural, que todos teriam aceitado como rei, com ou sem a designação oficial do seu pai. Se ele procede a esse ritual, é porque queria que Luís fosse imperador. Talvez o reconhecimento do título imperial carolíngio efetuado por Bizâncio o tenha convencido da legitimidade dinástica desse título, que até então ele considerava meramente vitalício e pessoal.

O procedimento adotado é ao mesmo tempo simples e oficial. Carlos Magno convoca "todo o exército, os bispos, abades, duques, condes e seus subordinados", ou seja, aqueles que são considerados como os representantes do povo do império. Ele pergunta-lhes, "interrogando todos eles, desde os mais altos em dignidade até os mais baixos na hierarquia das funções", se estão de acordo para que ele confira "seu nome, o *nomen imperatoris*, ao seu filho Luís. Isto é o que relata a *Vida de Luís*, uma crônica escrita por Thegan, bispo de Trier. Esse procedimento é simplesmente uma retomada do ritual de eleição popular, emprestado ao mesmo tempo do reino franco e do antigo Império Romano. "Todos deram sua aprovação, dizendo que era pertinente e que agradava a todo o povo", dizem os *Anais de Moissac*. Todas as fontes indicam a alegria dos presentes, bem como a sua unanimidade. "Esta decisão de Carlos Magno foi aceita com grande entusiasmo por todos os presentes, pois parecia ser uma inspiração divina para o bem do Estado", escreve Eginhardo. "Decisão de Carlos Magno", "aceita por todos": esta é a combinação da nomeação e da eleição.

No domingo seguinte, 11 de setembro, procede-se à coroação na capela do palácio de Aachen. Carlos Magno dirige-se ao seu filho, recordando-lhe os seus deveres:

> Amar e temer a Deus Todo-Poderoso, guardar Seus mandamentos em todas as coisas, dirigir a Igreja de Deus e defendê-la contra os homens maus. Ele ordena-lhe que mostre sempre bondade para com as suas irmãs e irmãos mais novos [os filhos ilegítimos nascidos de concubinas de Carlos Magno], seus sobrinhos e todos os seus parentes; também ordena que honre os sacerdotes como seus pais, ame o povo como seus filhos, force os homens arrogantes e perversos a seguir o caminho da salvação, ajude os mosteiros e seja um pai para os pobres. Ele deve escolher oficiais fiéis e tementes a Deus, que recusem presentes ilícitos; não privar ninguém da sua honra sem justa causa, e mostrar-se irrepreensível em todas as coisas aos olhos de Deus e dos homens.

Segundo o relato de Thegan, tendo Luís declarado que aceitava esse programa de governo, Carlos Magno, que tinha uma coroa na cabeça, coloca uma coroa de ouro, que havia sido posta no altar elevado, sobre a cabeça de seu filho. Nesse caso há uma discrepância entre as fontes: segundo Thegan, Carlos Magno ordena a seu filho que se autocoroe; todas as outras fontes dizem que é o antigo imperador que coroa o filho, o que parece mais provável. Depois vêm as aclamações: *Vivat Imperator Ludovicus!* "Viva o Imperador Luís!" e a grande ladainha das Laudes.

O mais notável da coroação de Luís é o fato de se ter tornado um assunto de família e um assunto franco. O aspecto romano desaparece completamente. A cerimônia realiza-se em Aachen, e não em Roma, e sem a menor intervenção dos bispos nem, sobretudo, do papa. Este se encontra ausente, o que evita as ambiguidades da coroação de 800: dessa vez, não pode haver qualquer dúvida: é de fato o imperador que coroa o imperador; ele não deve sua coroa a mais ninguém. Não se pediu a opinião de Leão III e este, numa carta datada de 11 de novembro, não faz qualquer referência ao acontecimento. Carlos Magno, depois de ter duvidado da utilidade do título imperial, confisca-o para sua família: o império já não é romano, mas carolíngio e, portanto, franco, e o regime imperial é de fato o cesaropapismo.

Com a sucessão assegurada, todos devem retomar suas tarefas. Luís volta imediatamente para a Aquitânia. As despedidas, segundo Thegan, são patéticas, pois pai e filho sabem muito bem que não voltarão a se ver: "Abraçando-se para se despedir e beijando-se antes de se separar, derramaram lágrimas de amor. O filho parte para a Aquitânia, e o senhor imperador cuida de seu reino e da honra de seu nome, como convém". Dois setores continuam a atrair sua atenção: o norte e o sul. No norte, a paz é renovada com os reis dinamarqueses, que, de todo modo, estavam paralisados por disputas internas, uma expedição à Escócia e o desembarque de exilados que tinham regressado em grande número da Suécia, onde tinham se refugiado.

A ameaça dinamarquesa fica temporariamente afastada. Ao sul, por outro lado, os sarracenos estão cada vez mais ativos no Mediterrâneo, onde a confusão está no auge. Os *Anais Reais* relatam que uma frota moura, que regressava de uma expedição de pilhagem na Córsega, foi surpreendida ao largo de Maiorca pelo conde Irmingar de Ampúrias, que havia se apoderado de oito navios sarracenos e libertado quinhentos prisioneiros corsos. Como vingança, os sarracenos atacam Civitavecchia, Nice e a Sardenha. Em sua carta de 11 de novembro a Carlos Magno, Leão III se refere a negociações confusas entre sarracenos da África e da Espanha, a um ataque a Reggio Calabria, e à destruição de uma frota sarracena durante uma tempestade. Os *missi* circulam em todas as direções entre Roma, a Sicília, a África e a Espanha, e, diante de seus relatórios contraditórios, o pontífice parece já nem saber mais qual é a situação exata.

MORTE DE CARLOS MAGNO (28 DE JANEIRO DE 814)

Quando recebe essa carta, Carlos Magno está em Aachen, onde passaria seu último Natal. Aproxima-se dos 72 anos muito enfraquecido. No início de janeiro, é acometido por uma febre bastante violenta e deve acamar-se. Deixemos que Eginhardo, que está presente, conte a história: "Como fazia sempre que estava com febre, reduziu sua alimentação, pensando que podia curá-la jejuando ou, pelo menos, fazê-la baixar. Então, sentiu uma dor no lado, a que os gregos chamam de pleurisia. Continuou a jejuar, tomando líquido como único alimento, e isso em raros intervalos. Depois de estar acamado durante sete dias, recebeu a Santa Comunhão e em seguida morreu, às 9 horas da manhã do dia 28 de janeiro, no septuagésimo segundo ano de vida e no quadragésimo sétimo ano de seu reinado". Thegan especifica que foi depois de tomar um banho que Carlos Magno contraiu a febre e a pleurisia, o que não é surpreendente, ao sair da água quente em Aachen, no mês de janeiro. Foi Hildebaldo, o "pontífice mais próximo dele", que lhe deu a comunhão, em corpo e sangue. Como o imperador não tinha dado instruções sobre o seu enterro, sua comitiva decidiu enterrá-lo no mesmo dia na capela do palácio de Aachen, certamente temendo que os monges de Saint-Denis viessem reclamar o corpo. Assim, não haverá um funeral grandioso. Eginhardo achou necessário acrescentar, em acordo com a *Vida de Augusto*, de Suetônio, que a morte de Carlos Magno havia sido anunciada por uma série de presságios: eclipses repetidos, uma mancha negra no Sol durante sete dias, o desmoronamento do pórtico que une a capela ao palácio de Aachen (de fato, esse acidente ocorreu em 817), a passagem de um meteoro pouco antes do amanhecer, durante a campanha contra os dinamarqueses; nessa ocasião, o cavalo do imperador morreu repentinamente e Carlos Magno caiu no chão, com as armas espalhadas ao redor; e depois, os frequentes terremotos em Aachen, as vigas rangendo nos aposentos do imperador; uma tempestade violenta em que a bola de ouro no teto da capela, atingida por um raio, foi projetada sobre a casa do bispo; na capela, a palavra *Princeps*, na inscrição da faixa sobre os arcos, foi se desvanecendo e tornou-se ilegível pouco antes da morte do imperador. Finalmente, "a ponte de madeira sobre o Reno, perto de Mainz, cuja construção demorou dez anos, feita com tanta habilidade e trabalho que parecia poder durar para sempre, incendiou-se de modo acidental e queimou completamente em três horas, de tal forma que não restou uma única tábua, salvo o que estava debaixo d'água". Mas, diz Eginhardo, "Carlos Magno não prestou atenção a esses presságios".

Foram imediatamente enviados mensageiros a Luís, que se encontra ao sul de Angers, em Doué, na propriedade de Layon. O conde Rampon dá-lhe a notícia. Luís fica muito perturbado e é seu fiel Bégon que o consola. Começa então a viagem para Aachen, que dura um mês. As pessoas se precipitam para ver o novo imperador, e não hesitam, segundo Ermoldo, o Negro, em atravessar o Loire a nado em pleno mês de fevereiro. Passam por Paris, onde rapidamente visitam Saint-Denis e Saint-Germain-des-Prés. Luís já se encontra escoltado – enquadrado, seria mais exato – por um esquadrão de eclesiásticos, bispos e abades, entre os quais Bento de Aniane, que tinham a intenção de fazer dele seu instrumento. O novo imperador, que já tinha dado mostras de piedade excessiva, deu logo o tom: seu primeiro gesto, ao chegar a Aachen, diz o Astrônomo, foi "expulsar do palácio a enorme tropa de mulheres que lá se encontravam", incluindo suas irmãs, "cuja conduta sob o teto paterno há muito provocava sua ira". Com Luís, o Piedoso, a ordem moral se abate sobre Aachen. O tesouro é dilapidado à primeira vista, com uma distribuição que não respeita o testamento de Carlos Magno: "Sem perder tempo", diz Thegan, "ele ordena em primeiro lugar que lhe mostrem os tesouros de seu pai em ouro, prata, pedras preciosas e objetos de valor de todos os tipos. Depois de ter dado às suas irmãs a parte que lhes cabe, ele oferta o resto para o repouso da alma de seu pai. Manda a maior parte do tesouro para Roma, no tempo do papa Leão, e distribui o resto para os sacerdotes, os pobres, os estrangeiros, as viúvas, os órfãos...".

O novo imperador está sob a influência de uma equipe de bispos e abades, entre os quais Bento de Aniane, Hilduíno, abade de Saint-Denis, Agobardo, arcebispo de Lyon, Jessé, bispo de Amiens. Suas irmãs e três meios-irmãos são colocados num convento; "o governo assume um caráter eclesiástico, quase monástico", os concílios multiplicam as instruções religiosas. O papa volta a assumir o controle. Numa carta aos bispos, afirma claramente que o Soberano Pontífice é superior ao imperador:

> Como podeis opor-vos a mim e às vossas igrejas, quando estou cumprindo uma missão de paz e de unidade, que é um dom de Cristo e o próprio ministério de Cristo?... A ordem da Santa Sé Apostólica não deve ter-vos parecido menos sagrada do que a ordem do Imperador. É contrário à verdade dizer que esta última é superior à nossa, quando é a ordem pontifícia que deve ter o primeiro lugar. Não deveis ignorar que o governo das almas, que pertence ao pontífice, é superior ao governo imperial, que é temporal.

Luís, o Piedoso, submetido à penitência pública em Attigny, em 822, é forçado pelos bispos a abdicar em 833 e a retirar-se para um convento, numa cerimônia humilhante em Compiègne, em 1º de outubro. Diante de uma assembleia geral, o imperador é acusado por Ebbone, arcebispo de Reims, e Agobardo, arcebispo de Lyon, de ter, "por sua imprevidência e negligência", mergulhado o império "num tal estado de ignomínia e degradação que se tornou para os seus amigos um assunto de aflição, e para os seus inimigos um tema de escárnio", de ter "irritado a Deus e escandalizado a santa Igreja", "levado seus súditos a matarem-se uns aos outros". Arrastado para Saint-Médard de Soissons, atirou-se ao chão diante do altar-mor e confessou a lista de seus pecados, redigidos pelos bispos. Depositou seu cinturão e suas armas, vestiu o hábito de penitente e foi confinado num convento, de onde "não se regressa à vida secular". Eis como fica reduzido o poder imperial menos de vinte anos após a morte de Carlos Magno. Os bispos, que haviam tremido diante do terrível imperador, agora pisoteavam seu filho. Essa espetacular inversão ilustra a ambivalência, a ambiguidade e a fragilidade de um império baseado na religião. O poder político não se apoia impunemente sobre o poder religioso, que por essência é totalitário: ao primeiro sinal de fraqueza, os padres impõem a lei de Deus, isto é, a sua própria. Quando o poder temporal e o poder espiritual se fundem para governar em conjunto, um dos dois necessariamente domina, e o resultado é o cesaropapismo ou a teocracia, ou então é confronto, os sacerdotes contra o soberano. Desde o antigo Egito, com as difíceis relações entre o clero de Amon e o faraó, até o Sacro Império, com a luta entre o papa e o imperador, todas as grandes monarquias tradicionais experimentaram esse mecanismo.

Tudo depende da relação de forças: Luís, o Piedoso, infelizmente também é Luís, o Inofensivo, e por isso mesmo não está em condição de controlar os padres. Como quase sempre acontece, o fundador de um novo regime tem uma personalidade forte, cria um sistema que lhe convém, um sistema que funciona bem enquanto ele o dirige, mas que se avaria quando passa a mãos mais fracas. O império fundado por Carlos Magno só poderia funcionar com Carlos Magno, ou com um Henrique IV, um Frederico Barbarrossa, um Frederico II, um Carlos V; nos intervalos, o papa assume o controle, e a teocracia alterna com o cesaropapismo. E, se tanto o papa quanto o imperador são incapazes, o poder se fragmenta. O império fundado por Carlos Magno é um regime para homens fortes e inspirados. Esta é sua sua força e sua fraqueza.

– 12 –

CARLOS MAGNO E SEU IMPÉRIO: DIVERSIDADE DE PAÍSES E FRAQUEZAS DAS TROCAS

Nos atlas históricos, o império de Carlos Magno é um bloco impressionante, um conjunto uniforme, com limites bem definidos, cobrindo uma boa parte da Europa ocidental, das marchas bretãs aos limites das planícies húngaras, do Elba ao Ebro, da Frísia ao sul da Toscana. Um bloco de cerca de 1.200.000 km², agrupando os atuais territórios da França, da ex-Alemanha Ocidental, da Bélgica, dos Países Baixos, de Luxemburgo, da Suíça, da Eslovênia, da maior parte da Áustria, do norte e do centro da Itália.

O IMPERADOR E A PERCEPÇÃO ESPACIAL DE SEU IMPÉRIO

Considerando esse mapa, a primeira pergunta que surge é: que ideia o imperador tem de seu próprio império? Que imagem tem dele? Como, sem um atlas ou um mapa, imagina a extensão de seus estados? Vamos começar relendo a lista elaborada por Eginhardo, quando ele faz o balanço do reino.

Carlos Magno, escreveu ele, dobrou o tamanho do reino franco que havia herdado de seu pai, Pepino.

Os francos orientais originalmente ocupavam apenas as regiões da Gália que se estendem entre o Reno, o Loire, o Oceano Atlântico e o mar ao redor das Ilhas Baleares, juntamente com a parte da Germânia situada entre a Saxônia, o Danúbio, o Reno e o Saale, este último rio separando os turíngios dos sorábios. Também devemos acrescentar que os alamanos e os bávaros faziam parte do reino franco. Por meio das campanhas que descrevi, Carlos Magno anexou a Aquitânia, a Gasconha, toda a cadeia de montanhas dos Pireneus e as terras que se estendem ao sul até o rio Ebro, que nasce em Navarra, atravessa as planícies mais férteis da Espanha e deságua no Mar das Baleares, sob as muralhas da cidade de Tortosa. A isso ele acrescentou toda a Itália, que se estende por mil quilômetros, de Aosta até o sul da Calábria, onde se encontra a fronteira entre os gregos e os beneventanos. A isso ele acrescentou a Saxônia, que forma uma parte considerável da Germânia, e que se estima como sendo duas vezes mais larga que os territórios ocupados pelos francos, e com aproximadamente o mesmo comprimento; depois as duas províncias da Panônia, a parte da Dácia além do Danúbio, a Ístria, a Libúrnia e a Dalmácia, com exceção das cidades marítimas, pois Carlos Magno permitiu que o imperador de Constantinopla as mantivesse, por causa de sua amizade por ele e do tratado que haviam celebrado. Por fim, ele subjugou e forçou a lhe pagar tributos todas as nações selvagens e bárbaras que habitam a Germânia entre o Reno e o Vístula, o Oceano Atlântico e o Danúbio, povos que falam mais ou menos a mesma língua, embora seus hábitos e costumes sejam muito diferentes. Entre esses últimos, os mais notáveis são os veletos, os sorábios, os abodritas e os boêmios, contra os quais ele travou guerra. Outros, de longe os mais numerosos, se submeteram sem lutar.

Por ora, não importa que nessa lista Eginhardo demonstre expansionismo, anexando ao império regiões que de fato lhe escapam. O que notamos é que, sem um mapa e sem nunca ter estado em todos esses locais, ele situa corretamente as peças do quebra-cabeça, umas em relação às outras, seguindo os pontos de referência naturais, que são os rios e as costas. A espinha dorsal do império é o Reno, mencionado três vezes, assim como o Danúbio. O coração dos territórios carolíngios é percebido como estando localizado em cada lado desses dois eixos. Outra observação se impõe: o exagero das distâncias assim que se deixa os territórios francos originais: uma península italiana com mais de 1.600 quilômetros de comprimento, a Saxônia duas vezes mais larga que os territórios francos entre o Reno e o Loire. Da mesma forma, Alcuíno estima a penetração carolíngia em mais de 450 quilômetros ao sul dos Pireneus. Observe-se também essa curiosa menção aos povos selvagens "entre o Oceano Atlântico e o Danúbio", e essa alusão ao Vístula, ao qual Carlos Magno nunca chegou a menos de 500 quilômetros. E também não há menção ao Elba e ao Weser, os principais eixos das campanhas saxãs, tanto como os Alpes ou o Ródano.

Em suma, a visão que Eginhardo tem do império é mais administrativa que geográfica, uma visão extraída de arquivos, tratados, relatórios, uma visão "abstrata", por assim dizer. Encontra-se essa concepção em Alcuíno, cuja correspondência contém inúmeras anotações geográficas. Sua geografia nada tem a ver com paisagens, direções ou extensões. É uma geografia exclusivamente cultural. Ocorre-lhe fazer observações concretas sobre regiões que percorreu em suas viagens, mas quando evoca territórios em um contexto político ou religioso, territórios que ele mesmo não viu, usa noções culturais. Em uma carta a um mestre inglês, ele escreve que o mundo é composto por três partes: África, Ásia Maior e Europa. A África e a Ásia Maior são os territórios muçulmanos; a Europa é o mundo cristão, do qual ele lista as várias partes: Frância, Germânia, Gothia, Bélgica, Baviera, Avária, Saxônia, que correspondem a povos ou lugares culturalmente definidos: a Frância é a terra dos francos, a terra frequentada por Carlos Magno. "Eu não fui para a Frância e não fiquei lá, não por motivos de avareza", ele escreve, "aquele que conhece meu coração pode ser minha testemunha, mas por causa das necessidades da Igreja, para ali confirmar os fundamentos da fé." Aliás, Germânia e Frância parecem se fundir para ele quando, por exemplo, relembra os eventos que, em 800, forçaram Carlos Magno a trocar as "doces estadias da Germânia" pelas regiões insalubres da Itália.

Ele vê a Europa não com seus próprios olhos, mas com os conceitos herdados da literatura clássica da Antiguidade, cujo vocabulário ele utiliza, mesmo que não corresponda mais de fato à geografia de hoje; ele a pensa em termos romanos, falando de Hispânia, Gália, Itália, Germânia, Britânia (a parte da Grã-Bretanha sob o domínio romano), Scotia (Irlanda).

Quanto às distâncias, ele só as menciona com alguma precisão quando são curtas e familiares: tal estabelecimento "fica a oito milhas do mosteiro de Saint-Martin".

Generalizemos: na época de Carlos Magno, o espaço é concebido como uma noção cultural, uma construção social. O mundo não é pensado em termos matemáticos de extensão, e as representações que se tem dele não se destinam a ajudar a encontrar um caminho, mas a expressar um simbolismo. As três partes do mundo, África, Ásia e Europa, são os três continentes atribuídos aos três filhos de Noé: Sem, Cam e Jafé. Elas são cercadas pelo oceano, e a Terra, plana de acordo com alguns, esférica de acordo com outros, é evocada metaforicamente, como em Beda, o Venerável, que escreve que "ao redor dela há a água, como ao redor da gema de um ovo há a clara; ao redor da água está o ar, assim como ao redor da clara do ovo está a membrana que o contém; e tudo isso é cercado por fogo, da mesma forma que a casca".

Já foi dito que os conceitos geográficos da época são uma "espacialidade sem extensão", ou de uma "vasta indiferença ao espaço", correspondendo à "vasta indiferença ao tempo", para usar a expressão de Jacques Le Goff. O espaço é medido em termos de função social: partes de terra em unidades de trabalho (o diário), em capacidade de alimentar uma família (o manso), em unidades de tributação (a *censive*),[1] em unidades de semeadura (a *sétérée*)[2] ou venda (a *soudée*); o tamanho da floresta é avaliado em termos do número de porcos que podem ser criados ali, como no *Polyptique* de Irminon.[3] É no mundo muçulmano, e não antes do século X, que surgem as primeiras tentativas de cartografia, com o mapa-múndi de al-Istakri em 934.

Portanto, Carlos Magno não tem nenhuma representação cartográfica de seu império. Ele também não tenta visitá-lo. Todos os seus deslocamentos são motivados por objetivos militares ou diplomáticos, e se situam principalmente entre o Mosa, o Weser e o Danúbio. Embora tenha ido à Itália cinco vezes, ele só atravessou o Loire e a Aquitânia uma vez, e só chegou às margens do Canal da Mancha duas vezes. Ele nunca esteve na Borgonha,

---

[1] Terra sujeita ao pagamento do censo, terra enfeudada. (N. T.)
[2] Superfície em que se pode semear um sesteiro (unidade antiga de medida) de trigo. (N. T.)
[3] Em latim, *Liber de donnibus et redditibus monasterii Sancti Germani a Pratis*, é um inventário redigido por Irminon (morto em 829), abade de Saint-Germain-des-Près, descrevendo as possessões da abadia, situadas principalmente na região parisiense. (N. T.)

na Provença ou no Lyonnais, apesar de o arcebispo Leidrade lhe escrever dizendo que havia preparado um apartamento para recebê-lo. Falta de tempo, mas também falta de interesse. Todos os seus palácios ficam entre o Sena e o Weser. No restante do império, ele só visita regiões que apresentam problemas, que exigem sua intervenção. Quanto ao resto, ele encarrega os *missi* de transmitir suas ordens e não demonstra nenhuma curiosidade turística. Aliás, o que há para ver? Em toda parte, há pântanos e florestas, pequenas cidades desinteressantes que há muito tempo perderam seu brilho do período romano. Carlos Magno é um administrador com tendências "burocráticas", que exerce o controle por meio de seus *missi*. A eficiência é primordial: por meio de seus relatórios escritos e orais, ele aprende mais sobre seu império em poucas horas do que em uma viagem de seis meses.

As fronteiras desse império são tão tênues quanto suas representações. Apenas as linhas costeiras têm um traçado claro. E olhe lá! A regressão marinha carolíngia muda o traçado do litoral da Frísia, onde as áreas cultivadas avançam em direção ao mar. No continente, há pouquíssimas fronteiras lineares claramente definidas: uma parte do curso do Elba, a fronteira com o Patrimônio de São Pedro na Itália. Em todos os outros lugares, a passagem do império para os territórios exteriores se dá por uma zona intermediária, entre 50 a 100 quilômetros de largura: as marchas. Carlos Magno não construiu um *limes* no estilo romano, uma fronteira fortificada com diques, valas, muros e paliçadas, pontilhada de acampamentos e fortes. Ele não tem meios para fazer isso. Esse tipo de fronteira exige um exército permanente para as guarnições, de que ele não dispõe. Cria fortalezas nas fronteiras saxônica e eslava, mas elas não formam uma estrutura coerente e linear; são apenas pontos de apoio e de refúgio no caso de um ataque.

As marchas são zonas de transição, com estatuto mal definido, onde as leis locais são aplicadas em função dos casos. Esse tipo de estrutura dá aos limites do império flexibilidade e plasticidade, permitindo que ele absorva ou amenize os golpes de fora, e concentre forças de contra-ataque ou de ofensiva. No vocabulário administrativo da época, a palavra *marca*, às vezes substituída por *ducatus* (ducado), refere-se a uma região composta por vários condados, colocada sob a autoridade de um *comes Marchae* (conde da Marca), ou *marchio* (marquês), ou *Markgraf* (margrave) em língua germânica. Essa pessoa desfruta de mais poderes e independência que os condes comuns. Ele é, acima de tudo, um líder militar e pode dar provas de certa iniciativa, devido à distância do poder central e à sua posição em contato com os bárbaros do exterior.

No final do reinado, na fronteira oriental, tem-se, de norte a sul, a Marca dos Normandos, entre o estuário do Elba e o Daneverk do rei Sigfred; em seguida, a Marca de Wende, em ambos os lados do Elba, perto de Magdeburg, em frente aos veletos; a Marca dos Sorbes; a Marca Ávara ou Marca da Panônia, no ângulo do Danúbio; e, finalmente, a Marca do Friuli. A oeste, a Marca da Bretanha, que aparece nos textos em 778, compreendendo os condados de Nantes, Rennes e parte do Vannetais. Rolando e depois Gui foram seus condes. Ao sul, a Marca de Gothie compreende uma dúzia de condados em Septimânia, o atual Languedoc, tendo o conde de Toulouse como seu chefe. Por fim, a Marca da Espanha, ao sul dos Pireneus, compreende uma dúzia de condados. Suas fronteiras ao sul flutuam e não se estendem realmente até o Ebro. O conde de Barcelona é seu chefe.

Deve-se acrescentar que, na Itália, ao sul dos Estados da Igreja, o ducado de Espoleto tem um *status* intermediário, mal definido, e faz a transição com o ducado de Benevento, que é, por sua vez, abertamente hostil. A leste, em frente às Marchas, entre os rios Elba e o Oder, há toda a área dos povos eslavos tributários do império, cuja submissão é precária. Assim, a transição entre o império e o mundo externo hostil se dá de maneira progressiva, o que torna ilusória qualquer representação clara das fronteiras do império de Carlos Magno, que é mais uma questão cultural que geopolítica.

QUINZE A VINTE MILHÕES DE SÚDITOS: UMA RELATIVA ESCASSEZ DE MÃO DE OBRA

Carlos Magno obviamente não tinha ideia do número de seus súditos. Sabemos pouco mais do que ele sabia. A ausência de documentos estatísticos, de registros paroquiais ou fiscais, combinados com a natureza incerta dos limites do território, tornam as estimativas extremamente arriscadas. No entanto, como o historiador moderno não pode prescindir de números, foram feitas tentativas, com base em pistas escassas, para dar uma ordem de grandeza. Esta fica em algum lugar entre 15 e 20 milhões de habitantes, ou seja, para um território de 1,2 milhão de km^2, uma densidade média entre

12,5 e 16,6 hab./km². Para fins de comparação, a Europa do Tratado de Roma de 1957, cujos seis países correspondem aproximadamente aos do Império Carolíngio, com uma área de 1.164.000 km², agora têm 200 milhões de habitantes e uma densidade de 172 hab./km², ou seja, dez a treze vezes maior que aquela do império de Carlos Magno.

Aos nossos olhos, este último é composto de imensidões vazias, ou quase vazias, das quais apenas regiões como o Lozère podem dar uma ideia hoje em dia. As florestas cobrem grandes áreas, mais da metade do território, em maciços gigantescos, especialmente na Germânia, com pequenos intervalos constituídos por diminutas clareiras cultivadas. Um ambiente ameaçador, habitado por animais selvagens perigosos para o homem, principalmente lobos e ursos. Na Saxônia e nos países eslavos, o urso é objeto de um culto e, por essa razão, é considerado pelos missionários como um obstáculo ao cristianismo. Após as campanhas vitoriosas de Carlos Magno, o urso foi ativamente caçado a pedido dos bispos. Em 773 e 785, bem como em 794-799, foram organizadas caçadas em massa, que resultaram no massacre de milhares de ursos e, ao mesmo tempo, a derrubada de árvores, a movimentação de pedras e o desvio de fontes, todos locais e objetos de adoração pagã. Os relatos hagiográficos mostram santos domando ursos e, na *Canção de Rolando*, Ganelon e os trinta membros de sua família que vêm em seu auxílio no sonho de Carlos Magno, são retratados como ursos, um animal maligno que representa o paganismo. A floresta profunda é perigosa, e só é usada para a caça; vimos o imperador caçar um auroque nas montanhas da Boêmia e javalis selvagens nas Ardenas. A floresta próxima é objeto de exploração intensiva e regulamentada: madeira, carvão vegetal, frutas silvestres, bolotas, culturas sobre queimadas, e caça de pequenos animais são elementos indispensáveis da economia rural. Os nobres dividem suas florestas em duas partes: a reserva, que é explorada diretamente, e o manso tributário, que é alocado para os camponeses em troca de uma taxa paga em prazos fixos. Em Saintonge, a abadia de Saint-Germain-des-Prés, que possui vastas florestas, concede o direito de uso para os vassalos que paguem com peles de veado curtidas, usadas para encapar os manuscritos da biblioteca.

À luz dos estudos realizados até o momento, várias conclusões importantes podem ser tiradas com relação à situação demográfica do império: leve crescimento populacional geral, com contrastes consideráveis de uma região para outra, e uma relativa escassez de mão de obra. Após as grandes invasões, as perturbações e os movimentos populacionais que elas causam, a população atinge seu nível mais baixo nos séculos VI e VII. A recuperação ocorre por volta de 750, coincidindo com a tomada do poder pelos carolíngios. O movimento não é nada espetacular e é contido pelo retorno de alguns cavaleiros do Apocalipse: o reinado de Carlos Magno conhece pelo menos três períodos de fome, o mais sério dos quais foi o de 805-808; os *Anais* também registram várias epidemias, que afetam mais o gado do que as pessoas; quanto à guerra, ela é endêmica. É claro que ela só concerne às regiões periféricas, mas o número de vítimas diretas e, sobretudo, indiretas, é considerável: na Lombardia, na Panônia e, acima de tudo, na Saxônia, onde o saque sistemático, a destruição de plantações e vilarejos, ano após ano, enfraquece consideravelmente a população, aumenta a mortalidade e causa fugas em massa, voluntárias ou forçadas. A política de deportação sistemática executada por Carlos Magno a partir do final do século VIII contribui para o esvaziamento de áreas inteiras, pois a chegada de colonos eslavos e francos não compensa as perdas. Outros deslocamentos também foram organizados, por exemplo a colonização franca no vale do Meno, que corre entre a Saxônia e a Baviera, repovoamento da Septimânia, com refugiados espanhóis que fugiam da guerra na Marca Espanhola, assentamento de francos, saxões e turíngios na Panônia, de saxões na Borgonha, na Alemânia e até na Aquitânia.

O sinal mais tangível de um aumento geral é a prática do desmatamento, relatado em vários setores. Eginhardo é a ilustração: como abade laico de Seligenstadt, na Francônia, ele manda abrir uma clareira em Odenwald, onde implanta uma cidade inteira. A proliferação de nomes de topônimos em *rode, rath, ingerode, reuth, rieth*, que significam "roçado" ou "desflorestação" na Alemanha central e do norte, e topônimos em *ville* ou *court*, que precedem ou seguem na Frância um nome latino ou germânico e que, na maioria das vezes, se referem à abertura de um novo domínio, bem como o uso de novos termos, como *comprehensio, captura, aprisio*, que se referem à apropriação de terras vagas para cultivo, confirmam a existência de uma tendência inegável de desflorestamento. O termo germânico *Bifange* ("aquilo que é tomado por cima"), que significa a "tomada" (*fangen*) de terras para a agricultura, vai na mesma direção. A *comprehensio* se torna um meio de aquisição de uma terra: na lei franca, qualquer pessoa que desmata um pedaço de terra se torna seu proprietário. Estudos locais assinalam esses movimentos de desmatamento tanto na Septimânia, quanto no Artois, na Baviera, na Frísia, na Turíngia, nas Ardenas, na Francônia, em Hesse e no Piemonte. Um movimento que foi tanto espontâneo quanto incentivado: as grandes abadias concedem autorizações para desmatar partes de suas florestas. Carlos Magno, nos capitulares do início do século IX, incentiva os administradores de suas propriedades a desmatar, tanto para colocar novas terras em cultivo quanto para proteger áreas já cultivadas de incursões de animais selvagens. Ele também regulamenta o movimento: é preciso obter a permissão do proprietário da floresta antes de desmatá-la; no final do século VIII, ele concede essa autorização aos colonos em suas propriedades na região de Narbonne.

Portanto, o crescimento demográfico parece garantido. Quanto às suas causas, ficamos mais hesitantes. Além do declínio das calamidades naturais, às vezes se argumenta que, sob o efeito combinado dos esforços do clero e dos capitulares, o conceito cristão de casamento progride no mundo rural: monogamia, exogamia, estabilidade da unidade familiar, teriam incentivado a taxa de natalidade. Essa afirmação é discutível. Em todo caso, se há crescimento natural, ele é extremamente modesto. A mortalidade permanece muito elevada, isso é evidente; a mortalidade infantil é enorme; a expectativa de vida é muito baixa, como é confirmado pela arqueologia: num cemitério em Lyon, todos os falecidos tinham menos de 60 anos; em outra necrópole, em Île-de-France, todos os adultos tinham entre 19 e 29 anos; em 12 crianças, 9 tinham menos de 10 anos. Mais surpreendente é a taxa de natalidade relativamente baixa. Todos os polípticos, esses inventários das grandes propriedades, tão preciosos pelos números que revelam, concordam: em média, há de dois a três filhos vivos por casal (2,34 nas propriedades de Saint-Rémi de Reims, 2,9 nas de Saint-Victor de Marseille). Levando em conta as mortes, estimamos a taxa de natalidade em pouco mais de cinco crianças na vida de uma mulher, o que é claramente inferior à taxa atual dos países pobres. Frequência de práticas de aborto, mencionadas em penitenciais, grande número de viúvos, de viúvas, de solteiros e de monges: todos esses fatores ajudam a explicar essa média relativamente baixa. A economia de subsistência, sempre à beira da escassez, incita os casais a reduzir a taxa de natalidade.

Os contrastes de densidade são extremamente acentuados. Na Champagne, Michel Rouche encontra áreas não cultivadas com menos de 10 h/km², e outras, bem cultivadas, com mais de 30 hab./km²; F. L. Ganshof, no norte da França, nas propriedades da abadia de Saint-Bertin, encontra 34 hab./km² entre o Yser e as encostas do Artois, 20 hab./km² mais ao norte, 9 a 12 hab./km² perto de Lille, mas apenas 4 hab./km² no vale do Mosela. Na Frísia, as estimativas variam de 4 hab./km² nas areias ao sul de Drenthe, até 20 hab./km² nas argilas marinhas. Na Itália, onde a população total é estimada em 4 milhões de pessoas, as baixas planícies costeiras são abandonadas em favor das colinas e das primeiras elevações das montanhas, devido principalmente aos ataques bizantinos e sarracenos. A população entre o Reno e o Elba não ultrapassaria 500 mil ou 600 mil habitantes, como aquela da Alemânia. O centro da Bacia Parisiense é particularmente favorecido, como mostra o excepcional documento que é o *Políptico* de Irminon, abade de Saint-Germain-des-Prés, datado do final do reinado de Carlos Magno: em oito paróquias ao sul de Paris (Palaiseau), havia 4.100 habitantes, enquanto mil anos depois, em 1835, quando a população rural atinge seu pico absoluto, há 7.754 habitantes na mesma área, ou seja, um aumento de apenas 89%. De acordo com Ferdinand Lot, isso corresponderia a uma densidade de cerca de 39 hab./km². O políptico fornece informações extremamente precisas. Ele lista 23,5 mansos livres na propriedade de Gagny, habitadas por 31 famílias, dos quais 29 são de colonos e dois são de servos casados com colonas. Das 29 famílias, 20 são completas, 8 são mantidas por um viúvo, um por uma viúva e há 44 filhos; há também 7 mansos servis, com 15 chefes de família e 12 filhos.

É claro que o exemplo desse setor bem fértil e favorecido não pode ser generalizado. Na escala do império, há certa escassez de mão de obra, que, como vimos, trouxe problemas para o recrutamento do exército no final do reinado, pois os proprietários de terras relutam em se privar de mão de obra essencial no auge da época da colheita. Há competição por mão de obra: Carlos Magno, em um capitular, preocupa-se com o fato de que alguns de seus vassalos empregam, em suas terras pessoais, camponeses submetidos às propriedades do fisco real, que o imperador lhes havia confiado como honras; na *Divisio regnorum*, ele proíbe a seus filhos comprar "escravos utilizados na agricultura" nos reinos de seus irmãos; no capitular *De villis*, ele demanda aos administradores de suas *villae* que comprem escravos para cultivar terras onde não houver agricultores, e que o informem sobre aqueles que são excedentes às necessidades; ele também demanda que limpem as áreas de floresta que cercam os campos dos fiscos "assim que consigam encontrar um homem para realizar esse trabalho", o que implica que não há muitos disponíveis. Em 802, ele se refere ao risco que os pobres errantes sofrem de serem sequestrados e vendidos como escravos. Os mosteiros da Baviera não dispõem de mão de obra suficiente para cultivar as terras a eles alocadas na Panônia. Todos esses são sinais de penúria.

Como se vê, Carlos Magno está ciente do problema. Ele obviamente não tem uma política demográfica, e suas recomendações visam, acima de tudo, garantir o bom funcionamento de seus domínios por meio de uma distribuição criteriosa da força de trabalho disponível. No entanto, suas exigências com relação ao recrutamento militar estão em contradição com sua busca por braços para a agricultura. As convocações anuais para o exército interrompem o trabalho agrícola, privando os campos de um número considerável de homens jovens e vigorosos. Com a duração do reinado, esse afastamento tornou-se difícil de suportar.

UM MOSAICO LINGUÍSTICO E CULTURAL

Essa população crescente e insuficiente também é extremamente variada. Carlos Magno governa um império que pode ser qualificado como multinacional, e não é de surpreender que a obsessão de seu reinado tenha sido a unidade. A diversidade de povos, de idiomas, de costumes, de estilos de vida e de sistemas jurídicos faz desse império um mosaico comparável ao que será o Grande Império Mogol na Índia. Uma das maiores conquistas de Carlos Magno foi ter conseguido manter unidos elementos tão heterogêneos.

Os dois grupos fundamentais e, até certo ponto, antagônicos, são o germânico e o latino. O primeiro inclui os alamanos, os burgúndios, os turíngios, os saxões, os lombardos e, acima de tudo, os francos, que mantiveram a mentalidade dos conquistadores, representando os antigos habitantes do Império Romano sob o nome de *Welsche*. Sua mentalidade de povo superior e escolhido é expressa no prólogo da lei sálica, escrita no final do reinado de Pepino, que lembra que eles haviam sacudido o "penoso jugo imposto pelos romanos" e difundido a verdadeira fé. Os outros povos germânicos compartilham esse orgulho. Um manual bávaro de exercícios de latim propõe traduções de frases tais como: "Os romanos são loucos, os bávaros são sábios". Os francos, que eram apenas um grupo numericamente limitado, fundiram-se à população galo-romana, que, como um todo, ao norte do Loire, se considera franca. Os francos usam seus próprios termos para designar os povos e as regiões do império: eles distinguem entre *Franchonolant* (a terra dos francos, entre o Sena e o Reno), o *Walholant* (a terra dos *Welsche*, ao sul do Loire), o *Vuasconolant* (a terra dos bascos), o *Peigirolant* (a terra dos bávaros), o *Lancpartolant* (a terra dos lombardos).

Carlos Magno sempre se considerou, antes de tudo, um franco, recusando-se, por exemplo, a se vestir no estilo romano. Ele só o fez duas vezes, a pedido do papa, para as cerimônias excepcionais em Roma, usando uma roupa de imperador romano, com uma túnica longa, clâmide e sandálias. Contudo, por outro lado, em seus atos oficiais, ele copia as formas romanas. Em seu testamento, quando lista as sedes metropolitanas que se beneficiariam de suas doações, segue a geografia do Império Romano. Primeiramente Roma, depois as sedes italianas, depois as cidades germânicas da margem esquerda do Reno, com exceção de Salzburgo, depois as cidades da Gália, da Narbonnaise e da Aquitânia; em outras palavras, uma primazia romana, e não germânica.

Encontramos essa dualidade no âmbito das línguas. No império de Carlos Magno, escreve-se numa língua e fala-se em outra, o que já é uma primeira anomalia. O idioma escrito é o latim. Ele é falado apenas por uma pequena minoria de letrados, os clérigos, mas é de grande importância, porque expressa as crenças religiosas e as leis do império. Para Carlos Magno, é vital estabelecer uma correspondência estrita entre a linguagem e a realidade que ela expressa. Ele tem uma verdadeira paixão pela clareza e a precisão da expressão, porque, para ele, isso envolve a questão da verdade. A linguagem deve ser um espelho absolutamente fiel da realidade, e os erros ou incertezas na expressão podem levar a crenças errôneas, a heresias, a comportamentos culpados, a desobediências. Como soberano e guardião da fé, ele exige uma expressão escrita impecável, que não deixe nenhuma dúvida, nenhuma possibilidade de erros, tanto na aplicação de suas ordens quanto na recitação de orações e no conteúdo da fé.

Ora, durante o período merovíngio, o latim clássico, em grande parte contaminado pelas línguas populares e deformado por clérigos ignorantes, havia se degenerado, tanto no vocabulário e na sintaxe quanto na pronúncia, a ponto de se tornar dificilmente compreensível de uma região para outra da Europa. Uma das grandes batalhas do reinado é o restabelecimento de um latim escrito puro e clássico. Em uma carta circular de 784, *De litteris colendis*, Carlos Magno se diz escandalizado com a expressão terrível das cartas enviadas a ele, e que, apesar de tudo, provêm dos que deveriam ser os centros de cultura: os mosteiros. "Muitas cartas nos foram enviadas nos anos passados, provindas de vários mosteiros, mencionando os esforços feitos, por nosso pedido, pelos irmãos neles residentes, no campo das orações sagradas e piedosas. Percebemos que na maioria desses escritos, há sentimentos corretos e linguagem grosseira. Pois o que a devoção piedosa ditava fielmente quanto ao conteúdo, uma linguagem ignorante, por falta de aprendizado, era incapaz de expressá-lo sem erros quanto à forma. Por isso, começamos a temer que, por causa de uma escrita deficiente, a compreensão das Escrituras Sagradas poderia ser insuficiente. E sabemos que, se os erros de expressão são perigosos, os erros de compreensão o são ainda mais". Isso também leva a erros de conduta, "porque, embora seja melhor fazer o que é o certo do que conhecê-lo, o conhecimento vem antes da ação. Portanto, todos devem aprender o que esperam poder alcançar, para que compreendam o que devem fazer...". O rei, portanto, exorta os monges e todos os clérigos a estudar mais, para "dominar as letras".

Essa exortação é repetida muitas vezes. Em uma carta de 786 aos leitores, ele lamenta o fato de que o conhecimento tenha sido "quase destruído pela negligência de nossos padres", e pede aos clérigos que "dominem o estudo das artes liberais" e corrijam o texto das Escrituras em um latim impecável. Ele encarrega Paulo Diácono de revisar o texto dos ofícios noturnos. Na *Admonitio generalis* de 789, ele ordena "que o clero chame a si não apenas os filhos de servos, mas também os filhos de homens livres. Que se criem escolas onde as crianças possam aprender a ler. Corrijam cuidadosamente os salmos, as notas, o canto, o calendário, as gramáticas, em todos os monastérios e bispados, e os livros católicos. Pois muitas vezes acontece que, ao querermos rezar bem, rezamos mal a Ele por causa de livros incorretos". Paulo Diácono, Paulino de Aquileia, Teodolfo e Alcuíno realizam uma obra considerável de correção e revisão dos textos. Em 800, Alcuíno envia a Carlos Magno sua nova tradução do Novo Testamento, "nada sendo mais digno de nosso pacífico ofício que o presente dos livros divinos, [...] diligentemente corrigidos e reunidos na santidade de uma ilustre compilação".

Alcuíno e os clérigos anglo-saxões e irlandeses são, sem dúvida, capazes de melhorar a qualidade dos textos latinos de sua época e de restaurar o latim clássico até certo ponto, já que nas Ilhas Britânicas o latim jamais havia sido falado e, portanto, permanecera relativamente puro, enquanto no continente fora contaminado por inúmeros empréstimos das línguas gaulesas e germânicas. Alcuíno e sua equipe, portanto, escrevem manuais como o *De orthographia*, estabelecendo não apenas as regras ortográficas e gramaticais, mas também a pronúncia que, ao passar para a prática oral, se corrompera de tal modo que se tornara incompreensível de um povo para outro.

O latim, então, é a língua oficial, a da administração, da religião, a língua da escrita e a da elite. Entretanto, quanto à língua falada, o império é uma verdadeira Babel. Dois grupos de idiomas compartilham o território: a *lingua romana*, falada nas antigas terras romanas, uma mistura de latim corrompido e línguas celtas e gaulesas, e a *lingua theotisca*, de base germânica. A fronteira entre as duas se estabelece grosseiramente ao longo da rota Boulogne-Tournai-Liège-Metz-crista dos Vosges-Saint-Maurice d'Agaune-eixo alpino. Durante o século VIII, as diferentes línguas faladas se individualizam, dando os embriões das línguas modernas. A título de exemplo, veja-se como é dito o início do Pai Nosso no século IX. Ao latim litúrgico, *Pater Noster, qui es in caelis, sanctificetur nomen tuum* (Pai nosso, que estás no céu, santificado seja o Teu nome), corresponde o antigo alto alemão *Fater unser, thu in himilom bist, giwihit si namo thin*, de acordo com um manuscrito de Württemberg do século IX. Na Frísia, diz-se: *Vader onse, du bist inden hemelen, gheheylighet sij dijn name*; em romano da Nêustria: *Li nostre Perre, qui ies es ciels, seit seintifiez li tuns nuns*; na Septimânia: *Pare nostro celestial, lot eu nom sia beneyt e loat qui es sant*; e na Toscana: *Padre nostro kesee'in celo, sia santificato il nome tuo.*

Quanto a Carlos Magno, embora fosse capaz de se expressar em latim, ele e seu entorno usavam uma forma de alto-alemão antigo falado na Francônia de língua renana, o que significa que, de acordo com um glossário de alto alemão e latim do século X, dizer: "De onde você vem, irmão? – Da casa do meu mestre", seria assim: "*Guane cumet ger, bothro? – E cunt mino dodon us*". E se o imperador pergunta: "*Gueliche lande cumen ger?*", deve-se entender: "De que país você vem?", e possivelmente se responderá: *"E guas mer in gene Francia"*, "Estive na terra dos francos". A grande maioria de seus súditos não entenderia uma palavra que ele disse, e vice-versa.

Os clérigos da época obviamente atribuíram essa diversidade ao mito da Torre de Babel. No século VII, Isidoro de Sevilha, em suas *Etymologies*, explica que antes de Babel havia uma única língua, a que Deus usou para dizer "Faça-se a luz"!", e que Adão e Eva a usavam em suas conversas pastorais. Isidoro admite que não sabe qual era essa língua. Desde Babel, tem havido uma grande variedade de idiomas, mas três são sagradas: hebraico, grego e latim, as três línguas que Pilatos mandou inscrever na cruz.

No que refere aos idiomas, portanto, encontramos a incômoda dualidade da posição imperial. Por um lado, ele exige a purificação e a correção de um único idioma para a administração e a cultura em seu império, de outro, reconhece a variedade de idiomas falados e demanda que seu clero se expresse nesses dialetos para serem compreendidos pelo povo. Em 813, em um decreto sobre a reforma da igreja de Tours, ele exige que os sacerdotes traduzam os sermões *in rusticam romanam linguam aut theotiscam* [na língua romana ou germânica], para os dois principais grupos de idiomas populares. De fato, encontraram-se em antigo alto-alemão, do início do século IX, vários textos de orações. Os principais centros de produção foram Fulda, Freising, Reichenau, Sankt Gallen, Werden, Weissenberg, Salzburgo e Murbach. O *Catecismo de Weissenberg* contém o texto latino do Pai-Nosso com comentários em alemão, uma lista dos principais vícios em latim e alemão, bem como outras orações traduzidas. Já em 794, o Sínodo de Frankfurt declarava: "Que ninguém acredite que Deus deva ser adorado somente em três línguas. Que Deus seja adorado em todas as línguas, e o homem será ouvido, se pedir coisas justas".

Em questões linguísticas, como em todas as outras, Carlos Magno está dividido entre a herança romana, que ele restaura, e a cultura franca, na qual havia sido criado. Ele faz purificar o latim, mas fala o alto-alemão e protege simultaneamente os dois. Eginhardo escreve:

> Ele fez com que fossem transcritos [...], para que a memória deles não se perdesse, os poemas bárbaros muito antigos, em que eram cantadas a história e as guerras dos velhos reis. Ele também esboçou uma gramática da língua nacional.

Deu o nome a todos os meses em sua língua materna,[4] sendo que até então, entre os francos, alguns eram chamados por seus nomes latinos, e outros por seus nomes bárbaros; ele fez o mesmo para cada um dos doze ventos,[5] dos quais quatro, no máximo, poderiam antes dele ter sido designados em sua língua.

A antroponímia reflete claramente o triunfo das influências germânicas no povo. Na Frância, os nomes galo-romanos, que no século V representavam três quartos do total, a metade no século VI e um quarto no século VII, praticamente desapareceram no final do século VIII. A maioria dos nomes germânicos são substantivos comuns ou adjetivos, usados sozinhos ou em combinação, como Bero (urso), Théodo (povo), Frido (paz), Hugo (espírito), Waldo (que governa), Heri (exército), Hard (duro), Ald (velho); os nomes femininos geralmente têm os prefixos Hild (combate), Gund (guerra), Burg (fortaleza) e o sufixo Trud (fidelidade), Gard (moradia), Leuba (amor). Todas as combinações são possíveis. Entretanto, como os germânicos são de dez a vinte vezes menos numerosos que os galo-romanos, em cuja massa eles se fundem, seus nomes são deformados por contração ou mutação consonânticas, a ponto de se tornarem irreconhecíveis. Assim, Théodebaldo (povo ousado) torna-se Thibaut; Chlodovechus (Clóvis) dá Ludovic, ou Louis; Théodoric, dá Thierry. Como não há sobrenomes, a filiação é marcada pela aliteração do nome paterno ou materno, ou pela utilização de um dos dois componentes do nome do pai ou da mãe. O *Políptico* de Irminon fornece vários exemplos disso; por exemplo, Gautsaus e sua esposa Faroildis têm como filhos Gaudus, Gaugioldis, Gaudoildis, Faregaus.

Existe a mesma variedade, uma fonte de conflito e até mesmo de contradição para Carlos Magno, em termos de estilos de vida, hábitos alimentares e de vestuário. Cada povo se distingue por certas modas, que são estigmatizadas pelos outros como sendo grosseiras ou decadentes. Os romanos, de cabelos curtos, se opõem aos alemães, de cabelos longos. Alcuíno escreve

---

4 Janeiro (*wintermanoht*), fevereiro (*hormunc*), março (*lenzinmanoht*), abril (*ostermanoht*), maio (*winnemanoht*), junho (*prahmanoht*), julho (*hewimanoht*), agosto (*aranmanoht*), setembro (*zvintumanoht*), outubro (*winduntmemanoht*), novembro (*herbistmanoht*), dezembro (*helmanoht*). (N. T.)
5 Representados na rosa dos ventos dita clássica, da Idade Média: *Nordroni, Nordostroni, Ostnordroni, Ostroni, Ostsundroni, Sundostroni, Sundroni, Sundvuestroni, Vuestsundroni, Vuestroni, Vuestnordroni, Nordvuestroni*. (N. T.)

para Aethelred, da Nortúmbria: "Considere a vestimenta, o penteado e o estilo de vida dos nobres e do povo. Veja como você deseja se equiparar aos pagãos pela maneira como corta a barba e os cabelos". Estereótipos depreciativos já abundam, sinais de xenofobia latente. Os pagãos são bebedores de cerveja, enquanto o vinho, mais nobre e civilizado, é a bebida dos cristãos. Os monges de Saint-Martin de Tours ficam irritados com as frequentes visitas dos (grã-)bretões, que vêm visitar seu abade Alcuíno, então zombam de sua língua e de seus modos. Teodulfo, que não gosta de Alcuíno, aplica a ele, em um poema sobre o banquete de Carlos Magno, o estereótipo do inglês: ele come com os dedos, ainda não bebe água quente, mas cerveja e coalhada, e come um tipo de mingau, chamado *porridge*. Já em 747, Bonifácio, em uma carta ao arcebispo de Canterbury, lamenta a reputação de alcoólatras de seus compatriotas. "Esse mal, de fato, é peculiar aos pagãos e à nossa nação. Nem os francos, nem os gauleses, nem os lombardos, nem os romanos e nem os gregos sofrem disso."

O imperador, mais uma vez ciente dessa diversidade, adota uma atitude hesitante. Por um lado, ele parabeniza seu filho Luís por ter adotado a moda da Aquitânia, o que o torna popular entre seu povo, mas, por outro, deseja que ele preserve as tradições francas. Quanto a ele próprio, "usava o traje nacional dos francos", escreve Eginhardo: camisa e *caleçon* de linho, calças compridas e túnica bordada com seda; faixa de tecido enrolada ao redor das panturrilhas; no inverno, um colete feito de pele de lontra ou de arminho; casaco azul, um cinto de ouro e prata e uma espada. "Em dias normais, sua vestimenta pouco diferia daquela do povo." Nos dias de festa, usava roupas bordadas em ouro, com fivela de ouro, sapatos, coroa e espada incrustada com pedras preciosas. De qualquer forma, "ele detestava as roupas de outras terras, por mais elegantes que fossem, e nunca quis usá-las", diz Eginhardo. Já vimos como o pequeno casaco gaulês lhe parecia ridículo, aquele "babadorzinho" que nem sequer lhe cobria as nádegas quando ia se aliviar, diz Notker. A única vantagem: "parecia mais prático para lutar" porque se tem maior liberdade de movimentos do que com o grande casaco franco. Então ele tolera isso, até perceber que os francos estavam se aproveitando da situação para vendê-lo pelo mesmo preço do casaco franco, que usa três vezes mais tecido. Conhecemos a historieta moralizante, provavelmente inventada por Notker, que mostra Carlos Magno, vestido apenas com uma pele de carneiro, zombando de seus cortesãos vestidos de forma extravagante, em Pavia, e os leva para caçar em um terreno lamacento, onde eles estragam suas roupas finas.

PAÍSES COM *STATUS* DIFERENTES

A diversidade étnica, linguística e cultural desse vasto império, com suas fronteiras imprecisas, é acompanhada por uma diversidade de *status* administrativos, o que torna possível responder, de modo relativamente flexível, às exigências particularistas das regiões mais resistentes à dominação franca. O Império Carolíngio não é uno e indivisível. As forças centrífugas são consideráveis e Carlos Magno as administra com verdadeiro pragmatismo.

A Aquitânia tem um forte sentimento identitário. Sua estrutura social e econômica é muito diferente da estrutura social e econômica dos países francos. Até mesmo o traje tradicional, com sua camisa de mangas largas, calças bufantes e o pequeno chapéu redondo, contribui para manter um particularismo tenaz. Sob a monarquia merovíngia, a Aquitânia nunca foi realmente integrada ao reino, e Dagoberto fez dela um reino separado, para um de seus filhos, tendo Toulouse como capital. Carlos Magno seguiu esse exemplo, depois de se livrar com dificuldade do duque Waifar: em 781, ele nomeia seu filho Luís, "rei dos aquitanos" e o envia, aos 3 anos de idade, para viver na *villae* de Poitou. Obviamente, ele é controlado de perto e, mesmo quando se torna adulto, permanece sob a supervisão constante e estreita de seu pai, que frequentemente o convoca e lhe dá sermões, por exemplo, censurando-o por desperdiçar a receita real em benefício de seus fiéis. Mas Luís tem um "palácio", sua própria administração, sua chancelaria, suas casas da moeda, e isso dá aos aquitanos a ilusão de uma certa autonomia. No sudoeste, os gascões e bascos, com seus duques, são mais indóceis, quase independentes.

Outra região com um *status* muito especial é a Itália. De fato, um *status* muito curioso, já que Carlos Magno a transformou em um reino, que confiou a seu filho Pepino, com o título de rei, enquanto ele próprio manteve até o fim o título de "rei dos lombardos". Portanto, havia dois reis, sendo o filho, ainda aí, apenas um executor. Mas ele tem sua capital, Pavia, seu palácio, seus dignitários, sua chancelaria e sua própria moeda. O reino lombardo, que era totalmente independente antes da conquista de 774, conserva suas próprias leis, seu direito, e os capitulares francos só são aplicados a ele com certos ajustes. Pepino mantém até mesmo relações diplomáticas diretas com Bizâncio. Quando ele morre, Carlos Magno repassa a coroa para seu filho Bernardo, que mais tarde seria vítima de seu tio, o piedoso Luís, que manda arrancar seus olhos.

Ainda mais ambíguo é o *status* dos dois ducados lombardos, no centro e no sul da Itália, a ponto de alguns mapas históricos os incorporarem ao império, enquanto outros os excluem. Em teoria, o ducado de Benevento se reconhece em vassalagem carolíngia e paga tributos, embora de forma irregular, mas, na realidade, é independente. O ducado de Espoleto é um pouco mais leal ao imperador, mas sua distância do mundo franco lhe confere uma autonomia de fato. Quanto aos Estados do papa, ou Patrimônio de São Pedro, são uma obra-prima de ambiguidade, aos quais se prefere não tocar. Ex-território do Império Romano, que passou para o Império Bizantino, é reivindicado pelo rei dos lombardos, que agora é ao mesmo tempo Pepino e Carlos Magno, governado pelo papa em virtude de uma falsa doação imperial, confirmada por uma promessa oral suspeita de Pepino, o Breve, e de Carlos Magno, é o deleite dos casuístas da diplomacia. "Estamos em terra do império?", perguntava-se Louis Halphen. "Esse ponto parece ter sido deliberadamente deixado no escuro."

A Baviera é outro caso especial. O povo bávaro também tem suas próprias leis e nunca foi totalmente integrado ao reino franco. Governado por um duque pertencente a uma dinastia nacional, os Agilolfingo, sua atitude independente exigiu várias vezes a intervenção militar de Carlos Martel e de Pepino, o Breve, para obter o pagamento de tributos. Carlos Magno, após depor o duque Tássilo em 784 e deserdar completamente sua família em 788, estabeleceu ali um regime especial: as terras são governadas por um *praefectus Baioariae* (prefeito da Baviera), que era ninguém menos que seu cunhado Geraldo. Com a morte de Geraldo, em 799, o lugar passou a ser governado por dois prefeitos. O sistema de condes não foi introduzido. A lei dos bávaros é mantida, e a elevação de Salzburgo a arcebispado reforça a impressão de um regime semiautônomo.

Na periferia, as marchas também têm um *status* muito especial, enquanto na Saxônia e na Frísia, regiões conquistadas havia pouco em campanhas extremamente duras, e submetidas a estreita vigilância, os sentimentos particularistas permanecem muito fortes. Por fim, mesmo nos territórios francos, cada um tem suas próprias leis. O império de Carlos Magno, que não tem um centro real, nenhuma capital oficial, é, portanto, um organismo muito estranho, cujas várias partes só são frouxamente unidas por uma mistura de medo e laços administrativos, cuja solidez depende exclusivamente da personalidade do imperador. Carlos Magno é o império e o império é Carlos Magno. A história caótica dessa organização após 814 é prova disso. Mesmo durante seu reinado, movimentos de revolta, rebeliões, conspirações, cuja importância é minimizada nos anais e crônicas, quando estas não as ocultam completamente, mostram como a construção é frágil.

Nessas condições, os esforços de Carlos Magno para unificar o império parecem bastante utópicos, dados os meios insignificantes de que dispõe para controlar tal conjunto. Mais uma vez, seu trabalho tem duas faces. Por um lado, ele insiste na necessidade de unidade em todas as áreas, mas, por outro, sabe que é preciso encontrar a justa medida e aceitar pragmaticamente uma certa dose de particularismo. Unidade na diversidade: este poderia ser o lema de seu império.

A ECONOMIA A SERVIÇO DA POLÍTICA E DA RELIGIÃO

Vamos começar examinando esse pragmatismo na esfera econômica. Carlos Magno certamente não tem uma política econômica no sentido em que a entendemos hoje, nenhum sistema global coerente, nenhum princípio geral que oriente decisões coordenadas para atingir um objetivo definido. Mas muitos artigos de seus capitulares dizem respeito diretamente à área de produção e comércio, que, como outras, não fica isenta de sua vontade regulatória. Em uma economia de escassez, baseada quase exclusivamente na agricultura, com o único objetivo de garantir a subsistência dos homens, suas decisões são tomadas em função das circunstâncias, em resposta às flutuações na produção, e dizem respeito a pontos muito específicos, sem uma verdadeira visão global. Apesar disso, elas são motivadas por um desejo de unificar, na medida em que são inspiradas pelos valores religiosos cristãos, que devem ser aplicados a todo mundo. Para Carlos Magno, assim como há uma política cristã, há também uma economia cristã, dominada por uma preocupação com a justiça, o que é um inegável elemento unificador no império.

Assim, é para combater a fraude que o imperador inicia, a partir de 779, uma reforma de pesos e medidas. As mesmas palavras, tais como o módio[6] ou a libra, cobriam realidades muito diferentes, dependendo das regiões e das necessidades: os agiotas usavam um módio pequeno para emprestar e um grande para o reembolso. A *Admonitio generalis* de 789 tenta uma harmonização. Um capitular de 802 decide aumentar a capacidade do módio de metade, para todo o império; assim, "quem devia três módios daria, doravante, dois". A libra-peso fica alinhada àquela do Monte Cassino; ela passa de 12 onças, definição romana, para 16, ou seja, 437 gramas.

Com a mesma preocupação de equidade, o imperador tenta unificar e controlar os preços dos produtos de primeira necessidade, velha ilusão de todos os estados pré-capitalistas. Em período de carestia, ele tenta impor um preço máximo e, em tempos normais, busca impor a noção de preço justo e de comércio justo. Em uma economia que está sempre à beira da penúria, a grande tentação é a do monopólio, tirando proveito da rarefação de uma mercadoria, ou criando-a artificialmente para aumentar os preços. O capitular de Nimegue, em 802, condenou esse "ganho infame": "Todos aqueles que, na época da colheita ou da de uva, adquirem trigo e vinho sem necessidade, mas com segundas intenções de ganância, por exemplo, comprando um módio por dois denários e guardando-o até poder revendê-lo por seis denários, ou até mais, cometem um ganho desonesto. Se, por outro lado, eles o comprarem por necessidade, para mantê-lo para si ou para revendê-lo em um prazo normal, chamamos isso de ato de comércio". Em um capitular destinado à Itália, editado por volta de 780, o rei impede as transações pelas quais aqueles que, levados pela fome ou pela necessidade, precisaram vender seus bens por um preço inferior ao preço legítimo. O Concílio de Mainz, em 813, reitera que existe um comércio legítimo e honrado, aquele que pratica o preço justo, quando o comerciante vende um objeto por seu valor acrescido

---

6 Grandeza imprecisa, que cobre muitas variantes, o módio (do latim *modius*, "medida principal"), é uma unidade de capacidade para grãos, matérias secas e também para líquidos, que variava de uma região para outra. (N. T.)

de um *lucrum*, de um benefício razoável, sem nenhuma manobra artificial para aumentar o preço.

As regras de economia são retiradas de tratados teológicos e editadas por assembleias eclesiásticas. Isso é bem conhecido no que concerne à regulamentação dos empréstimos. O princípio, estabelecido há muito tempo, é o da absoluta proibição de empréstimos com juros, qualificado, qualquer que seja a taxa, como usura. A Bíblia é muito clara sobre o assunto, seja no Antigo Testamento – "Se emprestas dinheiro a alguém de meu povo..., não lhe cobrarás juros" (Êxodo); "Não cobrarás juros de teu irmão, nem por dinheiro, nem por comida, nem por qualquer outra coisa que se empreste a juros" (Deuteronômio) – ou o Novo Testamento – "Emprestais sem esperar nada em troca, e vossa recompensa será grande" (Evangelho de Lucas). Os concílios haviam repetido essa instrução muitas vezes. Sua proibição de empréstimos com juros tinha como alvo principal os clérigos. Com relação aos laicos, o papa Leão simplesmente disse: "o lucro da usura é a morte da alma". Carlos Magno põe os pingos nos "ii": emprestar a juros, seja em dinheiro ou em bens *in natura*, é absolutamente proibido a todos. Ele especifica isso na *Admonitio generalis* de 789, e insiste pesadamente em vários artigos do capitular de Nijmegen em 806:

> Art. 11: A usura ocorre quando se exige mais do que se dá; por exemplo, se você tiver dado dez *sous* e pedir mais, ou se você deu um módio de trigo e depois pede outro a mais.
>
> Art. 14: A avareza consiste em cobiçar os bens alheios e não os dar aos outros quando os obtém. De acordo com o Apóstolo, é a raiz de todos os males.
>
> Art. 15: Aqueles que, por manobras variadas, intrigam desonestamente para acumular bens de todo tipo com a intenção de lucrar, obtêm um ganho infame.
>
> Art. 16: Um empréstimo consiste em fornecer algo; ele é justo quando apenas o que foi fornecido é reivindicado.

Não é preciso dizer que essa proibição nunca foi respeitada. Um de seus efeitos foi incentivar as atividades financeiras dos judeus, que não foram afetados por essa regulamentação. Como de qualquer forma eles estão condenados ao inferno, a prática da usura não faz diferença. Mas os bons cristãos também têm muitas maneiras de contornar a proibição: os juros são disfarçados como uma venda a prazo, por exemplo, quando o camponês que toma o empréstimo tem que pagar em trigo num momento em que os preços estão em seu nível mais baixo; quando diferentes medidas são usadas para o pagamento; quando a terra é penhorada como garantia, e da qual o agiota retira os frutos; quando o mutuário se compromete a trabalhar para o credor até que o empréstimo seja pago, o que é muito apreciado numa época de escassez de mão de obra. Os princípios cristãos também foram aplicados para desencorajar a acumulação e favorecer os gastos em vez da poupança. Os bens devem circular e ser úteis. Essa atitude foi qualificada como uma "política de imprevidência".

A MOEDA, UM INSTRUMENTO DE UNIFICAÇÃO

O imperador tem um meio direto de intervir na esfera econômica, por meio da moeda, e tenta se reservar o direito de cunhá-la. As decisões de Carlos Magno nessa área também são variáveis e pragmáticas. Elas obedecem tanto a preocupações políticas quanto a econômicas. A moeda é um instrumento de prestígio, uma ferramenta de propaganda e de unificação.

Durante o período merovíngio, as moedas de ouro praticamente desapareceram do Ocidente, por dois motivos: comércio e entesouramento. Esse ponto tem sido objeto de muitos debates entre especialistas em história econômica, e muitas hipóteses contraditórias foram apresentadas. Parece estabelecido que as compras de produtos orientais de luxo, que não eram compensadas pela venda de produtos ocidentais de menor valor, levaram a um fluxo de metal amarelo aos mundos árabe e bizantino. Além disso, a relação ouro/prata, que é de 1/18 em Bizâncio e 1/14 no mundo árabo-muçulmano, onde o ouro é muito procurado para a cunhagem de *triens* e de *denários*, é claramente mais vantajoso que no Ocidente, onde é de 1/12, acelerando ainda mais a fuga desse metal, e a chegada da prata. Mais importante ainda para explicar o desaparecimento do ouro é o entesouramento, efetuado pelos nobres, pelos reis e pela Igreja. Os soberanos acumulam tesouros consideráveis, na forma de joias de metais valiosos, incrustadas com pedras preciosas. Chilperico manda fazer uma bacia de ouro de cinquenta libras; "nossos cofres estão cheios de ouro, prata, pedras preciosas, colares e outros ornamentos", diz Gregório de Tours a Fredegundo. Museus e achados arqueológicos testemunham esse gosto da realeza bárbara por joias. Quanto à Igreja, converte moedas de ouro em cálices, cruzes e relicários, que suscitam a admiração do povo e a cobiça dos saqueadores. Os fabulosos tesouros dos ávaros, subtraídos das igrejas, testemunham isso. Dessa forma, como as minas de ouro estão no Sudão, na Núbia, no Cáucaso e nos Urais, o mundo ocidental não tem os meios para reabastecer seus estoques. Além disso, ele não precisa de moedas de ouro, cujo valor é alto demais para o escasso comércio de produtos básicos que é realizado. A moeda real é proporcional às necessidades: moedas de prata, denários, cuja qualidade em meados do século VIII é extremamente medíocre: pequenas moedas enegrecidas, com alta proporção de chumbo, tão finas quanto uma folha de papel.

É Pepino, o Breve, que se empenha em elevar o nível da moeda, em grande parte por razões de prestígio: as moedas são sinais tangíveis do poder dos soberanos que as cunham, e é preciso mostrar que a nova dinastia tem os meios para executar suas políticas. As novas moedas são cunhadas a uma taxa de 264 denários por libra romana de prata pura, pesando 327 gramas, ou 1,24 grama por moeda. O metal está amplamente disponível: nas minas de prata do Harz, nas montanhas da Boêmia, em Melle na região de Poitou, e talvez nos Pireneus. Também há moedas do Oriente advindas como pagamento pelas exportações.

A partir de 770, com uma série de medidas, Carlos Magno continua a política de seu pai. Suas primeiras moedas trazem no anverso o nome CAROLUS, abreviado e, a partir de 770, KAROLUS, em duas linhas, com uma representação simbólica do local de emissão, que também é indicado. Cunham-se 264 moedas com a libra-peso de 327 g (326,337 g exatamente). As encontradas pesam entre 1,1 g e 1,3 g. Por volta de 790, um novo sistema é desenvolvido: 240 denários por libra de prata de 18 onças, ou seja, 489,505 g, o que produz denários significativamente mais pesados: 2,03 g em teoria, mas, na realidade, entre 1,6 g e 1,75 g. Ao mesmo tempo, a efígie muda: no anverso, o monograma de Carlos Magno, com o nome da oficina, e, no reverso, uma cruz central, cercada pelo nome do rei e pelo seu título: CAROLUS REX FR. As novas moedas serão idênticas em todos os lugares e sua função de propaganda é muito clara. A moeda de um denário é a única moeda real, com seus múltiplos *sous*, o óbolo ou *maille*, de meio denário, e o *picte*, de um quarto de denário. Doze denários formam um *sou*, e vinte *sous*, uma libra, mas o *sou* e a libra são moedas contábeis, que não correspondem a nenhuma moeda real.

O novo denário é um estratagema tanto político quanto econômico: Carlos Magno mostra que tem os meios, exibe seu monograma em belas peças e, ao aumentar o teor de prata do denário, consegue manter a relação ouro/prata em $1/12$, em um momento em que ela corre o risco de se enfraquecer devido à abundância do metal, limitando assim o aumento dos preços. Ele fez todos esses cálculos? É improvável. Mas sua decisão tem efeitos positivos. Em 806, é feita uma mudança final, motivada por um imperativo estritamente político: os novos denários, dessa vez, mostram o próprio imperador, de perfil, em estilo romano, com uma coroa de louros, com a legenda KAROLUS IMP AUG e, no reverso, uma igreja com colunas e um frontão encimado por uma cruz. Mesmo aqueles que não sabem ler sabem do que se trata.

O sistema atual é o monometalismo de prata, mas Carlos Magno cunha algumas moedas de ouro, que têm mais o caráter de medalhas comemorativas, sempre com vistas ao prestígio. Assim, após a conquista da Itália lombarda, onde Desidério cunhava os *solidi* de ouro, o novo rei franco quer mostrar que não é, de forma alguma, inferior ao seu antecessor e, para impressionar Bizâncio e também o duque de Benevento, ele manda cunhar um *solidi* de ouro em Vicenza, que por muito tempo foi chamado de "*sou* d'Uzès", devido a um erro de tradução da legenda. Ele também manda cunhar *triens* de ouro, imitando os de Bizâncio, em Lucca, Milão, Pavia e Treviso. Essas moedas são de baixa qualidade, contendo apenas 40% de ouro fino. No final do reinado, ele também manda cunhar, em Dorestad (Duurstede), um *sou* de ouro de 4 g, com o objetivo de deslumbrar os povos do norte.

Em princípio, o rei, ou o imperador, se reserva a exclusividade da cunhagem monetária, mas nunca estará em condições de fazer respeitar estritamente essa regra. As igrejas de Reims e os mosteiros de Saint-Firmin, em Amiens, de Saint-Martin, em Tours, de Sainte-Croix, de Poitiers e de Sankt Peter, de Trier, também emitem moedas reais. Para garantir um melhor controle, o número de oficinas monetárias foi reduzido. De mais de uma centena durante o reinado de Pepino, caiu para cinquenta, depois para trinta, localizadas não nos palácios reais, mas nas principais cidades. Elas foram identificadas em Chartres, Limoges, Lyon, Sens, Melle, Dorestad, Mayenne, Treviso, Milão, Lucca, Pavia, Pisa, Ravena, Arles, Rouen, Trier e Quentovic, mas não em Aachen. Em 805, o capitular de Thionville decreta que nenhuma moeda será cunhada fora da oficina do palácio. Entretanto, no mesmo regulamento, o imperador reconhece ser impossível eliminar a falsificação da moeda: "Sobre a moeda falsa, dado que é feita em muitos lugares, contra a justiça e os éditos, desejamos que nenhuma moeda seja fabricada em outro lugar que não seja em nosso palácio, exceto se decretarmos ordens em contrário. Entretanto, os denários que foram cunhados dessa forma, podem ser aceitos se tiverem o peso e o título adequados".

Curiosamente, constata-se que os usuários desconfiam da moeda real e imperial. É preciso elaborar sanções contra aqueles que se recusam a aceitá-la como pagamento. Parece que essas disposições se referem, principalmente, ao "hábito de examinar e pesar a moeda, um hábito inveterado na sociedade franca, e que não se deixava vencer facilmente pelo monograma real", escreve Renée Doehaerd. Os denários de Carlos Magno, de boa qualidade, circulavam por todo o império, e o monopólio parece ter sido respeitado: diferentemente do período merovíngio, nenhuma moeda de prata estrangeira foi encontrada nos tesouros enterrados durante o período carolíngio. Pelo contrário, moedas carolíngias foram encontradas até na Escócia.

Também parece que as moedas circulam mais amplamente do que se pensava, e isso talvez seja o sinal de uma relativa e tímida recuperação econômica. Por exemplo, está especificado que as tarefas e os serviços pagos em mercadorias podem ser resgatados em denários, que os salários são pagos em denários, que os colonos e servos podem ser comprados em denários, e que os tributos e impostos também podem ser cobrados em moedas. Mas quase sempre o preço dos bens e serviços é avaliado tanto em denários quanto em mercadorias. Por exemplo, em 809, um certo Ellamod doou em comodato um pedaço de terra para o bispado de Freising; se seu sobrinho desejar usufruir dela após sua morte, ele deverá pagar seis denários, "ou o preço de seis denários" em alimentos ou outros bens. É a escassez desses bens que lhes confere um valor monetário, em uma economia em que a troca continua sendo essencial. Em 827, a abadia de Fulda compra um pedaço de terra e os 15 camponeses que trabalham nela por 8 espadas, 5 peças de tecido, 3 bois, 1 vaca, 1 cavalo, 1 presunto e 4 brincos. Uma economia de escassez, que ilustra a fórmula de Irwing Fisher: $MV = PT$ (M: massa monetária em circulação; V: velocidade de circulação da moeda; P: nível de preços;

T: quantidade de bens e serviços disponíveis), e sobre o qual C. Cipolla escreveu: "A economia europeia foi... submetida a uma tremenda depressão; a mais profunda e longa que o mundo já viu".

OBSTÁCULOS E LIMITES DAS TROCAS COMERCIAIS

Nesse contexto, obviamente as trocas são muito limitadas. A regra é: baixa produção, baixo consumo, autarcia dominial. É claro que a autarcia nunca foi completa, e as carroças circulam por todo o império, mas em três quartos dos casos transportam produtos agrícolas de uma vila para outra, numa mesma propriedade, ou para os celeiros da corte do senhor. A rede de transporte é rudimentar, mas adaptada às fracas necessidades. As antigas estradas romanas, embora degradadas em alguns pontos, ainda formam as malhas principais da rede a oeste do Reno, complementadas por estradas locais. Mas, mesmo em áreas onde não há vias romanas, as estradas são transitáveis e relativamente numerosas, graças, em parte, ao tráfego militar: Carlos Magno nunca teve problemas para levar seu exército através da Saxônia. Onde milhares de homens, acompanhados por centenas de carroças pesadas, podem passar sem dificuldades, os comerciantes não encontrariam grandes obstáculos materiais. Os rios são cruzados por balsas, às vezes por pontes formadas por barcos e, muito mais raramente, por pontes permanentes. A ponte de Mainz, no Reno, é obviamente uma exceção. Há doze ao longo do Sena. As montanhas em si não parecem constituir obstáculos intransponíveis, exceto no inverno. As estradas são usadas por pedestres, mulas, cavalos e carros de boi. Os métodos não evoluíram desde a Antiguidade, o que limita a capacidade de carga. No caso dos cavalos, a correia flexível em volta do pescoço estrangula o animal, que também não pode ser atrelado em uma fila. Os bois são preferidos para cargas mais pesadas, usando a canga de garrote, mas a velocidade é, obviamente, muito limitada: cerca de 10 quilômetros por dia para os bois, 30 a 35 quilômetros para os cavalos. Sempre que possível, a rota fluvial é a preferida, mas muitas vezes é inutilizável contra a correnteza, e os percursos precisam ser completados por terra. O transporte de determinados objetos, como as colunas de mármore e a estátua de Teodorico, de Ravena para Aachen, é uma verdadeira façanha.

As limitações tecnológicas não são o único obstáculo às comunicações de longa distância. Com muita frequência, os viajantes precisam dormir ao ar livre, independentemente do clima; as intermináveis viagens através de florestas por dezenas e dezenas de quilômetros não são isentas de perigos: animais selvagens e, principalmente, bandidos, proliferam. A ausência de mapas pode tornar a rota incerta, e o contato com os habitantes locais pode ser difícil: problemas de idioma, hostilidade e agressividade. A esse respeito, é revelador observar que um manual do final do século IX, *Conversations de Paris*, que fornece um glossário de expressões em romano, latim e alto-alemão antigo para viajantes, considera útil saber como dizer no idioma local: *"Fourre-toi le nez dans le cul du chien"*[7] (alto-alemão: *Under ars in tine naso*; latim: *Canis culum in tuo naso*). Os insultos fazem parte do arsenal do viajante.

Além disso, há uma infinidade de pedágios, tanto legais quanto ilegais. Eles são cobrados na passagem por cima e por baixo das pontes, na margem dos portos fluviais, nas entradas dos portos marítimos e nas entradas das cidades. São um incômodo considerável, mesmo que seja apenas porque obrigam a circular com dinheiro, o que não é muito seguro. Os pedágios reais se aplicam a todas as mercadorias, exceto às destinadas ao exército e ao palácio, e àquelas transportadas de um domínio para outro do mesmo proprietário. As taxas são elevadas: 10% nas passagens dos desfiladeiros dos Alpes e dos Pireneus, bem como nos portos do Mar do Norte e do Canal da Mancha. No entanto, Carlos Magno concede uma série de isenções para os mosteiros, de duas maneiras: por um lado, ele confere isenção de taxas sobre a circulação de produtos provenientes ou destinados à abadia, como em 779, em favor de Saint-Germain-des-Prés, e, por outro, concede à abadia o direito de cobrar esses impostos em seu próprio nome, como em 775, em favor de Saint-Denis, sobre os produtos vendidos em sua feira. Em 805, ele isenta de pedágio os barcos que passam sob as pontes sem precisar de ajuda. A facilidade com que o imperador dá isenções é tanto um sinal da baixa proporção desses impostos e, portanto, do baixo nível de comércio, quanto o desejo de estimular o comércio. Os condes e senhores locais não têm escrúpulos em desviar parte desses impostos ou em aumentá-los ilegalmente.

---

7 "Enfie teu nariz no ânus do cão". (N. T.)

Os impostos *tonlieux*[8] também são cobrados sobre transações em feiras e mercados. Estes últimos proliferam, e neles se trocam produtos locais, gado, cavalos, grãos e vinho; os comerciantes também conversam muito, como em todas as épocas: no capitular *De villis*, Carlos Magno demanda aos funcionários de suas propriedades que não percam seu tempo lá, e outros capitulares tentam, em vão, proibir os mercados do domingo, o dia do Senhor. Por outro lado, as feiras são pouco numerosas. Nelas são encontrados produtos vindos de lugares distantes. Os saxões e frísios frequentam aquelas de Saint-Denis desde meados do século VIII. Na de Troyes e Chappe, a vinte quilômetros de distância, é possível comprar escravos.

Os primeiros carolíngios multiplicaram deliberadamente os mercados (*forum, mercatum*), fontes de impostos lucrativos e fáceis de coletar. Já em 744, um capitular de Carlos Martel ordena que todos os bispos abram um mercado, um *legitimus forus*, em todas as cidades episcopais onde ele ainda não exista. Eles são encontrados até mesmo em modestas *vici*, ou grandes aldeias, onde são realizados semanalmente. Como Pirenne já havia indicado, longe de serem sinais de um aumento no comércio, pelo contrário, eles apontam para um recuo, uma fragmentação em escala local. Nesse comércio vendem-se galinhas, ovos, legumes e um pouco de utensílios em cerâmica, muitas vezes por escambo. Alguns vendedores ambulantes trazem modestos objetos e vestimentas. Pratica-se o comércio por "*denrée*"[9] (*per denaratam*), isto é, por quantidades de mercadorias que valem um denário.

Também existe um comércio regional de maior escala, envolvendo produtos mais caros, vendidos em grandes quantidades e vindos de lugares mais distantes: grãos, vinho das regiões do Reno e do Mosela, peixes e matérias-primas de uso corrente, como chumbo e ferro.

O comércio interno das grandes abadias desempenha um papel importante, pois suas propriedades estão espalhadas por regiões distantes umas das outras, com produção complementar. Por exemplo, a abadia de Saint-Denis recebe azeite de suas propriedades na Provença, o vinho das encostas

---

8 Na Idade Média, os *tonlieux* são as taxas indiretas sobre as mercadorias; essas taxas são cobradas por ocasião do transporte, na passagem pelos portos, pelas pontes etc., além das transações nos locais de comércio. Em português de Portugal, é traduzido como *terrádego*, e significa terreno ocupado, num mercado ou feira, pela barraca ou tenda. (N. T.)

9 Produtos alimentares de primeira necessidade. (N. T.)

do Sena, o peixe de Ponthieu, e lã e queijo de Flandres. Presentes e doações também circulam em quantidades surpreendentes.

O grande comércio, de tipo internacional, é restrito. Muito arriscado, ele se limita a produtos de luxo para uma clientela segura: a corte real ou imperial, os nobres e a Igreja. É do Oriente mediterrâneo – países muçulmanos e Bizâncio – que vêm esses produtos preciosos. Embora a conquista muçulmana não tenha interrompido as trocas Leste-Oeste, como Pirenne afirmava, ela as tornou mais precárias, em decorrência da guerra e da pirataria sarracena, e contribuiu para reduzir a gama de produtos importados. Muitos foram trocados por produtos sucedâneos, e apenas os objetos insubstituíveis continuam a ser comprados no Oriente. A manteiga, a banha, a cera e o sebo substituíram o azeite de oliva para cozinhar e iluminar; o pergaminho substituiu o papiro; nada substituiu as frutas exóticas. Três categorias de produtos ainda vêm do Oriente: especiarias, perfumes e, acima de tudo, tecidos de luxo para os nobres e para a Igreja: sedas, brocados, tecidos púrpura. Os grandes senhores e condes gostam de se vestir com ostentação; os bispos e abades mandam fazer vestimentas litúrgicas suntuosas e se vestem da mesma forma, apesar das repreensões do imperador. Angilberto, abade de Saint-Riquier compra, entre 789 e 814, nada menos que 74 tecidos de luxo, 24 túnicas de seda, 6 alvas romanas litúrgicas e capas (amictos) de brocado, 5 estolas e 10 orários de brocado, 5 almofadas de seda, 5 casacos de seda, 10 de púrpura, 6 de estoraque, 1 casula cor de pêssego, 15 casulas de brocado, 6 de cendal. Teodulfo de Orléans doou para Notre-Dame du Puy uma suntuosa bíblia escrita em letras de ouro, cujas folhas são protegidas por tecidos de crepe da China, caxemira e seda.

O centro desse comércio com o Oriente é a Itália e o Adriático. É nessa época que Veneza realmente decola. Os bizantinos fecham o canal de Otranto, o transporte marítimo fica seguro no Adriático, e os comerciantes italianos vão diretamente para o Egito e para a costa libanesa. As boas relações entre Carlos Magno e Harun al-Rachid facilitam os contatos. A conquista do reino da Lombardia abre aos *negociatores* o acesso à Germânia e à Frância por meio dos desfiladeiros alpinos. As grandes abadias do norte logo percebem as vantagens de ter relações regulares com a Itália: já em 775, a abadia de Saint-Denis recebe de Carlos Magno a isenção de impostos indiretos para os homens que ela enviar para a Itália; no mesmo ano, os *negociatores* da abadia de Flavigny são relatados por lá; em torno de 796, Alcuíno, na qualidade de abade de Saint-Martin de Tours, escreve ao bispo de Coire pedindo que ele facilite a passagem de seu comerciante, que está retornando da Itália com mercadorias. Otranto, Comacchio, Nápoles e Veneza se beneficiam desse tráfego, que não é de forma alguma prejudicado por diferenças religiosas: em 807, um monge cristão parte de Bari para a Palestina em um navio muçulmano, com um passaporte muçulmano. Em 827, os venezianos irão buscar as relíquias de São Marcos em Alexandria. Os lombardos de Pavia e Cremona também são intermediários ativos.

O comércio é mais difícil no Mediterrâneo ocidental, por causa dos piratas sarracenos, mas também há algum tráfego via Tortosa, Barcelona, Marselha e Arles, onde Teodulfo assinala que se podem adquirir tecidos de seda da Arábia, couro de Córdoba, linho, incenso, marfim e bálsamo da Síria. Em troca desses artigos de luxo, os ocidentais vendem peles, tecidos, armas, estanho e, acima de tudo, escravos, cujos comboios cruzam o império a partir dos confins dos países eslavos.

Os países bizantinos também podem ser alcançados pelo Danúbio e pela Panônia. Mas essa é uma área complicada e militarizada, tornada perigosa pela presença dos ávaros. Carlos Magno tenta forçar os comerciantes que seguem por essa rota a passar por uma dezena de cidades, incluindo Regensburg, Magdeburg e Lorsch, e proíbe a exportação de armas e cotas de malha. O cruzamento dessas rotas comerciais da Panônia e da Itália é Mainz, onde, pelo eixo do Reno, se dá o contato com o comércio nórdico. A importância econômica do eixo renano é ilustrada por um texto de Ermoldo, o Negro, datado de cerca de 826, a *Primeira epístola do rei Pepino*, na qual empresta ao rio as palavras:

> Eu sou bem conhecido pelos francos, saxões e suábios, para quem meus navios trazem ricas cargas: Eu sou o Reno, criador de inúmeras riquezas e povoado por mais peixes do que qualquer um dos grandes rios... Caso seu povo, da Alsácia, guardasse para seu próprio uso tudo o que sua terra fértil produz, veríamos essa valente raça estendida nos campos, afogada na embriaguez, e dificilmente seria possível que em uma cidade tão grande [Estrasburgo] restasse um único homem. É um bem vender vinho para os frísios e para as nações marítimas, e importar produtos melhores. Assim, nosso povo se previne; nossos

comerciantes e os do exterior transportam para ele mercadorias brilhantes. Pois os mantos os vestem, tingidos com cores diferentes, desconhecidas para você, Vosges. Você tem casas de madeira, eu tenho ouro em pó; e, no lugar de suas árvores derrubadas, vêm as gemas transparentes..."

Os tesouros enterrados por volta de 790 em Wiesbaden, perto de Mainz, confirmam a situação de encruzilhada: lá são encontradas, misturadas aos denários francos, *triens* de ouro lombardo, moedas de ouro do Magrebe, moedas de prata anglo-saxônicas. Pelo Mosela chegam os vinhos, pelo Main os produtos do Oriente, pelo Reno os do Mar do Norte e do Báltico.

Nesse setor, deve ser feita uma distinção entre o comércio com as Ilhas Britânicas e aquele que se faz com os países escandinavos. O primeiro é realizado via Rouen e, especialmente, Quentovic. É por lá que Alcuíno passa em seu caminho para Mércia e Nortúmbria. Em 779, Carlos Magno concede à abadia de Saint-Germain-des-Prés isenção do imposto *tonlieux* para suas mercadorias que transitam por Quentovic, Rouen, Amiens, Dorestad e Maastricht. As *Atas dos santos Pais da abadia de Saint-Wandrille* registram que Gervold, abade de Saint-Wandrille, "foi por muitos anos administrador do comércio do reino, coletor de impostos e de pedágios em vários portos e cidades, especialmente em Quentovic. Consequentemente, é bem sabido que havia vínculos estreitos entre ele e Offa, o poderoso rei dos anglos ou mercianos. Algumas cartas subsistem, enviadas por Offa a Gervold, nas quais ele declara que este é seu amigo mais querido e íntimo". Carlos Magno, em várias ocasiões, envia Gervold em embaixadas junto a Offa, especialmente na época do controverso projeto de casamento entre os filhos dos dois reis, o que levou à interrupção temporária das relações comerciais entre os dois países. As relações foram retomadas pouco tempo depois, cada um protegendo os comerciantes do outro, os ingleses vendendo tecidos, casacos e estanho, os francos vendendo vinho e as famosas "pedras negras".

Com o mundo germânico, o tráfego é feito via Dorestad e Hamburgo, a partir de 804. Todo o comércio está nas mãos dos frísios, cujos *kogges*, navios de fundo plano, com cerca de quinze metros de comprimento e que são içados nas praias durante a noite, carregam pouco mais de 6 a 8 toneladas de mercadorias; os *boulques,* com seus cascos mais redondos e uma vela quadrada sobre a quilha, surgem no século VIII e podem carregar cerca de dez toneladas. Esses navios trazem produtos do Norte, como âmbar e peles, além de produtos árabes e bizantinos, que chegam por meio de enormes desvios subindo o Volga. Na ilha de Gotland foram encontradas 22 mil peças de moedas árabes. De lá, os suecos e os dinamarqueses transportam esses produtos do Báltico para o Mar do Norte, por terra ou por mar. Portos como Jumme, na foz do Oder, e Bardovic, no que hoje é Schleswig, são muito ativos na época de Carlos Magno, cujos cortesãos apreciam muito as peles de castor e de marta.

O PEQUENO MUNDO DOS MERCADORES

Quem são os *mercatores*, os comerciantes que se dedicam a essas atividades? Vamos começar dizendo que eles são audaciosos, verdadeiros aventureiros. Ter a ousadia de viajar centenas ou milhares de quilômetros em condições tão precárias e em meio a tantos perigos, com uma carga preciosa, requer coragem excepcional. Até mesmo o humilde vendedor ambulante, de quem mal se entrevê a silhueta em alguns relatos hagiográficos, como aquele que, na *Vie de Saint-Germain-des-Prés*, viaja de cidade em cidade com seu burro carregado de sal, "vendendo aqui mais caro aquilo que havia comprado lá", merece a consideração.

Os comerciantes são poucos. Eles não formam um grupo social propriamente dito. São indivíduos isolados, como os mencionados por Eginhardo em Mainz. Alguns são os homens de negócios dos ricos ou dos mosteiros. Outros são autônomos. Muitos são italianos, como os venezianos mencionados no *Liber pontificalis* em 750, que compram escravos em Roma para vendê-los aos infiéis; alguns aparecem como testemunhas em julgamentos em Milão e em Pavia. Há um pouco mais deles em Aachen, quando o imperador reside lá, atraídos pela presença de uma rica clientela. Eles são tão raros e valiosos que o soberano lhes concede privilégios para conservá-los. A esse respeito, a medida mais significativa data não de Carlos Magno, mas de Luís, o Piedoso, em 828, e é o "Preceito dos mercadores". Trata-se de uma carta de proteção concedida a seus *fideles*, que se comprometem a "vir regularmente, todos os anos ou a cada dois anos, em meados de maio, ao nosso palácio, onde cada um se esforçará para servir fielmente à nossa câmara, fazendo seus próprios negócios e, ao mesmo tempo, os nossos". Em troca, o imperador os isenta do serviço militar, da requisição de animais e carroças, do pagamento dos *tonlieux* e pedágios, exceto os de Dorestad e Quentovic; eles também são isentos da jurisdição dos tribunais ordinários "para seus julgamentos e os de outros comerciantes". Eles tinham que ser realmente necessários para que lhes concedessem tais vantagens, e essa é outra indicação dos limites do comércio naquela época. Uma economia de penúria, repetimos, em que a demanda supera em muito a oferta.

De fato, os principais comerciantes são os sírios e os judeus. Aqueles mencionados nos textos como *Syri* (sírios) são, na verdade, comerciantes provenientes de todas as regiões orientais do Mediterrâneo: Síria, Egito, Ásia Menor e até mesmo da Palestina. No Ocidente, eles estabelecem pequenas colônias nos principais lugares de comércio e seu tráfego é unidirecional: importação de tecidos preciosos, perfumes e especiarias, sedas, couro, papiro e azeite de oliva, e exportação de ouro, usado para pagar por essas mercadorias. Mas, a partir de meados do século VIII, sua importância declina rapidamente. Como já dissemos, quase não há mais ouro no Ocidente; alguns desses itens de luxo são substituídos e, além disso, a agitação no mundo muçulmano perturba seriamente esse grupo de mercadores, cujos nomes gradualmente desaparecem dos textos.

Por outro lado, o papel dos judeus continua a crescer. Muito úteis por causa de sua capacidade de crédito, que não foi afetada pelas proibições cristãs aos empréstimos com juros, eles também têm atividades mais diversificada, não se contentando em importar produtos de luxo orientais, mas também comprando escravos, que depois vendem para os muçulmanos, juntamente com armas, cavalos e peles. Alguns deles visitam regularmente Aachen, e Carlos Magno utiliza seus serviços. As *Fórmulas imperiais* contêm textos sobre os privilégios que lhes são concedidos; eles gozam de proteção real e fazem negócios para o Tesouro. Por volta de 820, ficam sob a responsabilidade de Evágrio, mestre da disciplina do Palácio. Notker os menciona em suas historietas. Em uma delas, ele mostra como Carlos Magno usa um deles para dar uma lição a um bispo vaidoso e estúpido: "Ele instrui um comerciante judeu, que ia com frequência à Terra Santa e trazia de volta muitos objetos raros e maravilhosos pelo mar, para que engane esse bispo da maneira que quiser". Não há nenhuma conotação antissemita aqui por parte de Notker. O que ele diz é simplesmente que os judeus da corte são "astutos", o que não é um defeito, e são úteis. Na historieta, o judeu pega um camundongo, enche-o de especiarias e o pinta, depois o apresenta ao bispo como uma peça rara e preciosa. O bispo lhe dá uma enorme soma de dinheiro pela peça, e Carlos Magno revela a trapaça publicamente, para ridicularizar o prelado. Essa história ilustra a presença quase oficial dos judeus na corte e a confiança que o imperador deposita neles. Quanto ao judeu Isaac, que é perfeitamente histórico e mencionado nos *Anais Reais*, desempenha um papel exemplar: ele atua como intermediário entre o imperador cristão e o califa muçulmano Harun al-Rachid.

Aliás, é em um texto árabe que encontramos a melhor descrição do papel dos comerciantes judeus do sul da França e que praticam o comércio mediterrâneo. No século IX, o geógrafo Ibn Khurradadhbeh escreve: os comerciantes judeus

> falam árabe, persa, grego, francês, espanhol e eslavo. Eles viajam do Oeste para o Leste e do Leste para o Oeste, por terra e por mar. Eles trazem do Ocidente eunucos, escravas, meninos, brocados, peles de castor, de zibelina e de outros animais, e espadas. Eles partem da terra dos francos no Mediterrâneo ocidental e desembarcam em Faram [Egito, a leste do delta], de onde levam suas mercadorias em camelos para Qulzun, a uma distância de 25 parasangues[10] [no Mar Vermelho]. Em seguida, navegam pelo mar Oriental [Mar Vermelho], de Qulzun para Al-Djar e Jedda, e de lá para Sindh, Índia e China. Da China, eles trazem almíscar e aloés, cânfora, canela e outros produtos, e retornam a Qulzun. Em seguida, levam tudo para Farama e zarpam novamente para o mar Ocidental. Alguns deles navegam com suas mercadorias para Constantinopla e as vendem aos gregos. Outros as levam ao rei dos francos e as vendem lá. Às vezes, eles trazem mercadorias da terra dos francos pelo mar Ocidental e as desembarcam em Antioquia. De lá, uma caminhada de três dias os leva até Al-Djabiya, de onde descem o Eufrates até Bagdá, depois o Tigre até Ubulla, e de Ubulla para Omã, Sind, Índia e China.

---

10 Parasangue (*farsakh*, em árabe): antiga unidade de distância persa, valendo cerca de 5,35 km ou mesmo 6 km. Era a distância que poderia ser percorrida a pé em uma hora. (N. T.)

Carlos Magno não tem uma política comercial real. Suas intervenções nessa área se limitam a alguns conselhos sobre a venda de eventuais excedentes provindos de suas *villae*, como veremos no capitular *De villis*, e a intervenções pontuais em tempos de escassez de alimentos ou fome: ele denuncia o entesouramento, a prática de compras em massa na época da colheita, quando os preços são baixos, com o objetivo de especular em épocas de preços altos; tenta impor um preço máximo e proibir as exportações em épocas de escassez. Outra área sensível é a do comércio de armas; em 779, ele proíbe a exportação de cotas de malha; essa interdição foi repetida em 803, abrangendo também espadas e outros equipamentos militares. Em 805, proíbe os comerciantes que viajam para países eslavos ou ávaros de levar armas e armaduras. Em 811, os bispos, abades e abadessas são proibidos de vender armas a estrangeiros. Deve-se dizer que as armas francas, de boa qualidade, são um dos principais itens exportados para o Oriente. Os maiores traficantes de armas para os muçulmanos são os bispos e abades, cujas oficinas particulares lucram com esse comércio. Os negócios sempre estiveram à frente da política e da religião.

Carlos Magno também tenta impor uma série de pontos de passagem obrigatórios para os comerciantes com destino à Panônia e aos países eslavos. Mas, além da eficácia duvidosa dessas medidas, elas não constituem uma política comercial de conjunto. As trocas, limitadas a alguns produtos raros e caros, não são uma prioridade para o governo imperial, que está muito mais preocupado em garantir o bom desempenho das propriedades agrícolas, que constituem a base vital para um conjunto de regiões quase exclusivamente rurais.

– 13 –

CIDADES E CAMPOS: UM IMPÉRIO RURAL À BEIRA DA PENÚRIA

O império de Carlos Magno é constituído por vastidões de bosques, de charnecas, de florestas, de pântanos, de montanhas, de alguns campos, de minúsculos lugarejos e de raras pequenas cidades. Em 1.500 quilômetros de leste a oeste e de norte a sul, só se atravessam algumas aldeias. Um império rural, em contraste com o império urbano dos romanos. Enquanto para os romanos não havia vida civilizada fora da *urbanitas,* no Império Carolíngio todas as atividades essenciais acontecem no campo, nos monastérios, nos grandes mansos de madeira dos senhores laicos e nas *villae* reais. Somente os bispos são urbanos, embora suas pequenas cidades episcopais sejam mais parecidas com vilarejos que com verdadeiras cidades.

Essa característica, por si só, seria suficiente para mostrar até que ponto o regime do imperador Carlos Magno deve ser diferente do regime dos imperadores romanos. Não se governa um mundo de camponeses e senhores como um mundo de municipalidades urbanas. A transição de um para o outro deu origem a muitos acalorados debates historiográficos, desde a obra póstuma de Henri Pirenne em 1936, *Maomé e Carlos Magno*, que situava a ruptura na época das invasões árabes, responsáveis pelo brutal corte Leste--Oeste e a introversão do mundo mediterrâneo sobre si mesmo como parte de uma economia de subsistência. Esses debates nem sempre são desprovidos de segundas intenções ideológicas contemporâneas, que giram em torno do Islã como um fator de progresso ou de regressão. Outro elemento também é discutido: o papel das invasões germânicas e a dimensão exata da perturbação que elas provocaram. Digamos que o Baixo Império Romano já estava em um estado de decomposição bastante avançado quando os bárbaros forçaram sua entrada. Entre os séculos V e VIII, ocorreram mudanças políticas, culturais, religiosas e econômicas nas quais elementos variados entraram em cena e culminaram nesse mundo carolíngio, tal como o encontramos no surgimento de Carlos Magno, um mundo quase exclusivamente rural.

AS EXPLORAÇÕES AGRÍCOLAS: A DOCUMENTAÇÃO

Temos informações relativamente boas sobre esse mundo, o que pode parecer surpreendente, dada a escassez de documentos escritos, o baixo nível de alfabetização, a precariedade das condições de vida e os acasos da preservação das fontes ao longo de 1.200 anos de vicissitudes históricas. Uma razão essencial deve-se à natureza material e cultural dos arquivos: documentos essencialmente fiscais e de terras, inventários de bens e listas de pagamentos, registrados em um material sólido e resistente, o pergaminho, preservados por instituições atemporais e protegidos por seu estatuto religioso: os mosteiros. Nada é mais precioso para os proprietários que os títulos de posse e a lista do que lhes é devido; se além disso esses proprietários desfrutarem de um vínculo com o sagrado, seus arquivos têm uma boa chance de sobreviver.

É por isso que a principal fonte de informações sobre a organização da vida rural são os polípticos, inventários detalhados dos bens de igrejas e mosteiros. O termo remonta ao Império Tardio, quando era usado para descrever o registro de terras, elaborado por um proprietário de terras, para estabelecer a base tributária. No século VII, dois clérigos haviam organizado a descrição de uma propriedade em Quercy para o bispo de Nevers, mas é somente no período carolíngio que esse tipo de documento se generaliza. Ele lista todas as *villae* do proprietário e, para cada uma delas, identifica-se a composição da reserva, a lista dos comodatos concedidos aos camponeses, com seu estatuto, área, pagamentos e servidões, e a composição de cada família. Para o reinado de Carlos Magno, temos a sorte de dispor de um políptico extraordinariamente detalhado, escrito por volta de 813, a pedido do abade de Saint-Germain-des-Prés, Irminon. Vinte e cinco propriedades estão listadas nele, no Baixo-Sena, região de Paris, Beauce, Orléanais, Gâtinais, Berry e Anjou. Outros polípticos mais resumidos, às vezes se autodenominando *Breviationes* (inventários breves), apresentam uma descrição sucinta da *villa*, com a extensão da reserva e o número de comodatos, divididos em três categorias: as *mansi ingenuiles*, ou comodatos livres, *mansi servi*, ou comodatos servis, e *mansi absi*, sem inquilinos.

Outro grupo de textos também se revela precioso. Trata-se de um manuscrito de Wolfenbüttel, datado do primeiro terço do século IX, publicado como *Brevium Exempla ad describendas res ecclesiasticas et fiscales* (Exemplos de inventários para descrever propriedades eclesiásticas e fiscais). Uma compilação de inventários de propriedades eclesiásticas e reais, feitos como modelos para os *missi* distribuírem a fim de incentivar que os fiscais reais procedessem da mesma forma, em resposta à solicitação feita por Carlos Magno no capitular *De justiciis faciendis*, de 811-813: "Que seja feito um inventário descritivo não apenas dos benefícios dos bispos, abades e abadessas, dos condes e dos nossos vassalos, mas também de nossos impostos, para que possamos saber quais direitos possuímos, na alçada da missão de cada um". O valor dos documentos é que esses modelos de inventários não são estereótipos, formas abstratas, mas descrições de áreas muito reais. Eles consistem em três partes: uma descrição das propriedades da abadia de Staffelsee, numa ilha no lago Constança, na diocese de Augsburg; uma lista de doações feitas à abadia de Wissembourg, na Alsácia, e terras concedidas por esta última; um inventário detalhado de cinco fiscos reais que o historiador M. Grierson conseguiu identificar em 1939: as propriedades de Annapes (2.900 ha), Vitry-en-Artois (1.855 ha), Cysoing (1.867 ha), Somain (1.406 ha), todas situadas no norte da França, e o de Treola, possivelmente na região de Poissy, no rio Sena.

Por fim, temos um documento excepcional: o capitular conhecido como *De villis*, um longo texto de setenta parágrafos, que é um regulamento detalhado sobre a maneira como o rei deseja que sejam mantidas suas *villae*. A data exata não é conhecida, mas, como o texto se refere à rainha e o soberano é rei, deve ser entre 770 e 800, já que Carlos Magno não se casou novamente após essa data, ou então entre 793 e 813, se for um capitular de Luís, o Piedoso, rei da Aquitânia e casado entre essas duas datas. Digamos que o documento date bem do final do século VIII. É certo que ele não descreve uma propriedade real; é um texto normativo, um conjunto de regras para as quais não há prova de que sejam de fato aplicadas. Como não são novas, é razoável supor que sejam inspiradas na realidade, da qual elas simplesmente dão uma imagem lisonjeira. De qualquer forma, a notável precisão dos detalhes já dá uma indicação da situação de penúria permanente da monarquia carolíngia: que o rei exige ser informado sobre o número de galinhas, gansos e bodes em suas propriedades, que ele especifica que o intendente deve fornecer 3 litros de cera e 8 *setiers* de sabão por dia quando a família real estiver de passagem, ou que os opérculos das carroças sejam bem cobertos com couro, diz muito sobre o nível e o estilo de vida do grande Carlos Magno. Em outros tempos, o capitular *De villis* teria passado por um contrato de aluguel de um grande fazendeiro de Beauce. O imperador do Ocidente e rei dos lombardos, terror dos saxões e conquistador dos ávaros, venerado pelo papa, convocador de concílios e instituidor do *Filioque*, deve também contar suas vacas e seus porcos.

 A fazenda típica do império de Carlos Magno é a *villa*, pelo menos em parte herdeira da *villa* galo-romana. Uma das principais questões debatidas pelos historiadores da economia é saber qual a proporção de terra ocupada por essas grandes propriedades em relação às pequenas propriedades. A resposta varia de região para região, já que o Império Carolíngio é tão variado em suas estruturas agrárias quanto em outras áreas. A região mais conhecida é aquela entre o Loire e o Reno, a Frância clássica, e nessa área as grandes propriedades dominam, como resultado de um fenômeno de concentração que ocorreu durante os séculos VII e VIII. As cinco propriedades mencionadas nos *Brevium exempla* têm todas entre 1.400 e 2 mil hectares de área. Alguns grandes proprietários laicos são capazes de fazer donativos para a Igreja que denotam uma fortuna em terras colossal. No século IX, uma certa Ângela se permite doar para a catedral de Colônia um pedaço de terra medindo 18.600 hectares: um retângulo entre 2 e 5 quilômetros de largura e 25 quilômetros de comprimento, em grande parte coberto por florestas, ao sul de Bruxelas. Ela guardaria uma área quatro ou cinco vezes maior para si e para sua família.

No entanto, as propriedades mais bonitas são as das abadias, que aumentam ao longo dos séculos, por meio de sucessivas doações, sem nunca serem desmembradas pelas partilhas de sucessão. A abadia de Saint-Bertin, nos confins das fronteiras de Flandres e Artois, em meados do século VIII, possuía cerca de quarenta *villae* espalhadas entre Boulon e Vermand; um século depois, só o *mense*[1] conventual, destinado à manutenção dos monges, cobria mais de 10.120 hectares. O *Políptico* de Irminon lista, para a abadia de Saint-Germain-des-Prés, 25 *villae*, com uma área total de mais de 30 mil hectares, e a lista não está completa.

As doações são consideráveis. Por exemplo, em 3 de agosto de 800, o notário Deodato cede à abadia de Saint-Bertin todos os seus bens, provenientes do alódio paterno e de várias aquisições. Em 813, um certo Bredingus deu ao mosteiro de Aniane tudo o que possuía: "Eu, Bredingus, doo ao mosteiro de Aniane o manso senhorial onde resido e os outros mansos que são deste dependentes, com construções, árvores, estradas, prados, campos, terras aráveis, água, riachos, jardins, vinhedos...".

Além disso, os grandes mosteiros se beneficiam de isenções de *tonlieux* e pedágios, o que lhes permite comercializar vantajosamente em determinadas áreas. Assim, no final do século VIII, a pedido de Alcuíno, Carlos Magno concede uma isenção ao mosteiro de Cormery, que depende de Saint-Martin de Tours:

> Carlos, pela graça de Deus rei dos francos e dos lombardos, patrício dos romanos, a todos os bispos, abades, condes, servos, vigários, administradores de condados e todos os nossos outros fiéis, presentes e futuros, saibam que, a pedido de nosso querido Alcuíno, venerável abade do mosteiro de Saint-Martin [...] concedemos o seguinte: a saber, que os monges colocados sob a regra de São Bento, que vivem no mosteiro construído em um lugar chamado Cormery, tenham permissão para levar, para suas necessidades, dois navios no Loire, no

---

[1] Na época carolíngia, porção de terra de um bispado ou de um monastério, destinado seja ao uso do bispo ou do abade, seja à serventia dos cônegos ou monges. (N. T.)

Mayenne, no Sarthe, no Loir e no Vienne, a montante e a jusante, sem pagar ou dar qualquer *tonlieu* nem de sal, nem de qualquer outra mercadoria, em qualquer lugar, nem eles, nem seus homens. Também ordenamos que seja feito o presente preceito em virtude do qual é nossa vontade que nem nós, nem nossos sucessores, pelos navios acima mencionados, ousem perturbar ou levar à justiça o abade acima mencionado ou seus sucessores, muito menos seus monges e seus homens... e que ninguém se atreva a exigir ou tomar deles qualquer *tonlieu* [...] nem qualquer pagamento de qualquer espécie, mas que nossas esmolas sejam usadas perpetuamente para o crescimento deste lugar sagrado de Cormery [...].

Há também as *villae* anexas, muito menores: duas reservas da abadia de Lobbes, em Hainaut, têm 40 hectares; as três reservas da *villa* de Annapes, em Gruson, Noyelles e Wattiessart, têm cerca de 200 hectares cada uma. A fragmentação é muito mais pronunciada na Aquitânia, e até mesmo em algumas partes do noroeste.

Depois do Reno, na Saxônia, o sistema de *villa* é estabelecido pelos merovíngios e carolíngios e, desde o início, consiste em unidades ainda maiores, nas quais trabalha uma mão de obra majoritariamente servil. Enquanto o temporal[2] de Saint-Germain-des-Prés conta com cerca de 2 mil mansos, o de Sankt Gallen tem 4 mil, e algumas abadias da Baviera e da Saxônia ultrapassam 10 mil. As *villae* seculares dessas regiões também são unidades administrativas, chefiadas por um *villicus* ou intendente. Enquanto nos países francos há um vínculo estreito entre a reserva e as propriedades, com os comandatários obrigados a realizar serviços e trabalhar na reserva, em outros lugares a reserva e as propriedades são desarticuladas, e o trabalho na reserva é feito com mão de obra servil.

Na Itália, ou pelo menos na Lombardia, o sistema, derivado do direito romano antigo, também justapõe uma reserva senhorial, na qual trabalham os escravos prebendeiros, que têm um pequeno lote de terra, e os *servi casati*, que devem serviços ilimitados, por um lado, e, por outro, mansos cedidos por um contrato escrito, de um período de 29 anos renovável, a camponeses livres, os *libellarii*, que são isentos de serviços. Eles pagam ao proprietário

---

2 Rendimento ligado a um benefício eclesiástico. (N. T.)

da terra uma parte de sua colheita: 10% dos grãos e do linho, 25% a 33% do vinho nas terras da catedral de Ravenna, 33% dos grãos e 50% do vinho nas terras de Santa Giulia de Bréscia. É, de fato, um sistema de meação.

ESTRUTURA DA *VILLA* CAROLÍNGIA

Consideremos o sistema da grande *villa* clássica. Ela constitui a unidade de exploração, a célula econômica de base. Os grandes proprietários têm várias *villae*. Outros têm apenas uma. No caso de uma propriedade real, a *villa* é um fisco. Ela consiste sempre em duas partes: a reserva e as propriedades cedidas em comodato (*tenures*).

A reserva é a parte da *villa* que é usada para manter o senhor e sua família. O termo "reserva" é, de fato, uma denominação moderna. Os inventários e polípticos se referem à *terra dominicata*, ou *indominicata*, ou *mansus indominicatus*. Aqui encontramos o centro vital da fazenda, a *curtis*, ou pátio (*cour*), que deu origem à multidão de topônimos em *court* encontrados no norte da França. É um grupo de edificações que compreende a residência do senhor e seus anexos. Aqui está uma descrição do fisco de Annapes, conforme descrito nos *Brevium exempla*: "Encontramos no fisco de Annapes um palácio real (*sala regalis*) construído com pedra muito boa, três quartos, casa toda cercada por uma galeria com onze pequenos cômodos; embaixo, um celeiro ou adega, dois átrios; dentro do pátio, dezessete outras casas construídas em madeira, com o mesmo número de quartos e outras dependências em bom estado de conservação: um estábulo, uma cozinha, uma padaria, dois celeiros e três lojas. Um pátio munido de fortes paliçadas, com um portão de pedra encimado por uma galeria. Um pequeno pátio, também cercado por uma sebe, bem ordenado e plantado com árvores de várias espécies".

Trata-se de uma bela *villa* com ampla residência de pedra, capaz de abrigar o intendente (o prefeito ou *villicus*), mas também os *missi* de passagem, ou até mesmo o rei e sua comitiva. Nas *villae* mais modestas, os edifícios são feitos de madeira. Os anexos são importantes, pois a *villa* é uma exploração quase autossuficiente, onde se produzem não somente alimentos, mas também as ferramentas e outros implementos. Em Annapes há cinco moinhos, uma prensa de vinho, uma fábrica de cerveja e diversas oficinas. Estas são numerosas e variadas, empregando uma força de trabalho de escravos qualificados, sob a direção de um prebendeiro ou de um fazendeiro. Em 822, por exemplo, a abadia de Corbie emprega alfaiates, um batedor de lã, 6 ferreiros, 2 ourives, 2 armeiros, um fabricante de pergaminhos, 2 sapateiros, 3 fundidores, 4 carpinteiros e 4 pedreiros. Em Bobbio, o políptico menciona um primeiro camareiro, que dirige o trabalho dos peleiros, sapateiros, alfaiates e fabricantes de luvas; um segundo camareiro é responsável pelo fornecimento de matérias-primas para os ferreiros, fabricantes de escudos, seleiros, torneiros, fabricantes de pergaminhos; um provedor gerencia os outros artesãos; um mestre carpinteiro distribui pedras e madeira para a construção de muros, moinhos, casas, barris e móveis. Por volta de 790, Carlos Magno concede aos monges de Saint-Bertin o direito de fabricar roupas e cintos de peles e couros. Em oficinas separadas, o gineceu, as mulheres trabalham nos tecidos. É compreensível que a *villa* clássica seja às vezes descrita como uma manufatura. O senhor da *villa* frequentemente exige pagamento dos camponeses na forma de produtos manufaturados: a abadia de Saint-Germain-des--Prés recebe camisas de linho e de lã, enxadas, tonéis, estacas, barris, material para fazer fossos, aros, telhas de madeira, telhas de ardósia, archotes e sabão.

Algumas *villae* exploram minas e salinas. Um capitular de Carlos Magno exige que um *judex*[3] faça um relatório anual sobre a produção de minas de ferro e de chumbo em seus domínios. O fisco de Melle, em Poitou, minera chumbo argentífero. Em 775-776, a abadia de Lorsch recebe terras em Walcheren, onde o sal é extraído pela queima de turfa. A abadia de Aniane recebe, em 814, salinas na região de Narbonne. A de Kremsmünster recebe, em sua fundação em 777, uma salina e 3 *sauniers chasés*,[4] 6 ferreiros e 2 apicultores. Em 790, o duque Tássilo doa à igreja de Salzburgo oito fornos para assar sal na localidade de Reichenhall. Todos esses produtos alimentam um comércio de exportação, proporcionando à *villa* uma fonte de renda líquida.

A reserva também inclui, nas *villae* dos senhores laicos, uma capela, fundada pelo proprietário e dotada de terras, cujos proventos são usados para manter o padre.

---

3 Juiz, árbitro ou autoridade legal em contextos civis ou eclesiásticos, designado para resolver disputas e aplicar a lei de acordo com os padrões da época. (N. T.)

4 Salina cujo desfrute é atribuído a um vassalo ou a um servo em caráter vitalício. (N. T.)

Obviamente, a reserva também é um conjunto de terras cultivadas em exploração direta. Além do pomar e da horta adjacentes ao pátio, essas terras formam vastos campos abertos e alongados: a *cultura*, que deu origem aos topônimos: "La Couture", ou *condamina* na Borgonha e no sudeste da França. Essa terra cultivada, *terra arabilis*, representa 35% da superfície da *villa* em Annapes, por exemplo, mas a proporção varia muito. Há também as vinhas, que se insiste em cultivar mesmo no Norte, em particular para satisfazer o enorme consumo de vinho de missa, mas não somente. Os monges e os cônegos são grandes consumidores de vinho. Em 816, o Concílio de Aachen estabelece as quantidades de vinho que os monges e os cônegos podem receber, dependendo da importância das posses da igreja a que pertencem: 3 litros de vinho e 5 litros de cerveja por dia para as catedrais que têm entre 3 mil e 8 mil mansos; 4 litros de vinho, ou 2 litros de vinho e 3 litros de cerveja para catedrais que têm entre mil e 2 mil mansos. Se não há vinho na região, o bispo precisa comprar nas regiões vizinhas.

A reserva também inclui prados. Por um lado, os prados de corte, usados para pastagem e produção de feno, o *pratum* e, por outro lado, a *pascua*, pastagens em charnecas e terrenos baldios. Os baixos rendimentos significam que quase não há espaço para dedicar à pecuária, e os prados são pouco extensos e confinados no fundo de vales úmidos ou em terras pobres: 1,5% da terra na vila de Lobbes, no Brabant, mas até 20% em Saint-Bertin, em Artois.

O restante da reserva, na verdade a maior parte dela, é coberto por florestas e charnecas. Os polípticos às vezes fazem distinção entre *silvae*, ou floresta, *e minutae silvae*, árvores de corte e arbustos, que fornecem lenha, madeira e pastagens. Às vezes, são mencionados: *deserta*, *pastura inculta*, *mariscum ad fanum colligendum*, terrenos baldios pantanosos, charnecas, onde os arrendatários podem deixar seus animais vagarem, seja gratuitamente, seja em troca de uma taxa de *pastio*.

As terras da reserva, nas maiores *villae*, são cuidadas por famílias de servos, que formam a *familia* do proprietário, e que não têm meios próprios de subsistência. Totalmente dependentes e não livres, eles são alojados e alimentados pelo proprietário, que distribui, em data fixa, uma certa quantidade de provisões, sua *provende* ou *prebenda*. Esses servos domésticos, os *prebendarii*, vivem em completa penúria, e são alojados em cabanas miseráveis perto do pátio. Nas *villae* de menor importância, todo o trabalho na reserva é realizado pelos camponeses das propriedades que, em todos os casos, são devedores de muitos serviços.

Ao lado da reserva, a *villa* se compõe de propriedades camponesas, cujo agrupamento forma a *terra mansionaria*. Nessas terras vivem e trabalham camponeses *casati*:[5] cultivam um lote de terra alocado a eles pelo proprietário da *villa*. Esses lotes de terra são chamados de mansos, um termo simples na aparência, que, na verdade, abrange uma complexidade extraordinária. A palavra *mansus* aparece pela primeira vez no início do século VII, e há duas teorias conflitantes quanto à sua origem. Os romanistas acreditam que o manso é descendente do *jugum* romano, um típico contrato de posse de um colono, cuja extensão correspondia ao que poderia ser cultivado com uma única parelha de bois; para os germanistas, o manso corresponde a uma forma de comodato germânico, o *hoba*, *Hüfe* em alemão moderno, unidade de exploração e unidade fiscal ao mesmo tempo. Nenhuma dessas duas explicações é totalmente satisfatória. O que faz a complexidade do manso está no fato de que ele pode ser considerado tanto como uma unidade de exploração – um lote de terra suficiente para sustentar uma família – e como uma unidade fiscal – um lote de terra ao qual corresponde um certo número de taxas e serviços. Muitas vezes, esse lote de terra não corresponde mais a uma unidade familiar: vemos várias famílias compartilhando um manso, outras associadas à metade ou a um quarto de um manso, enquanto outras ainda têm partes de vários mansos.

Um manso não é simplesmente um pedaço de terra, com vinhedo, prado, mata de corte, terra arável; também significa direitos de uso: pastagem dos porcos, coleta de lenha para aquecimento, direitos de pastoreio nas charnecas da reserva. Significa também um certo número de taxas e serviços: raramente uma pequena taxa monetária, quase sempre taxas em espécie: uma certa quantidade de grãos, galinhas, ovos, madeira, objetos manufaturados e serviços, tais como transporte em carroças e trabalho agrícola. Há outra complicação aqui: há três categorias de mansos, os ingênuos ou livres (*mansi ingenuiles*), mansos servis (*mansi servi*) e mansos semilivres (*mansi lediles*).

---

5 Esta palavra tem vários significados, que vão de "alojados" ou "empregados" até "casados". Esse servo é uma pessoa ligada à terra, cujos bens e trabalho pertencem ao proprietário dessa terra (senhor, rei, comunidade religiosa), a quem ele deve obrigações. (N. T.)

Os mansos ingênuos, ou livres, são responsáveis principalmente por transporte e serviços sazonais, com atrelagem. Nem todos os serviços prestados pela atrelagem são serviços agrícolas. Eles podem envolver o transporte de excedentes para a corte do proprietário, para outra de suas propriedades ou para o mercado, às vezes por distâncias consideráveis: o *Políptico de Saint-Rémi*, de Reims, prevê viagens de carga de até 80 ou 100 quilômetros. O *Políptico* de Irminon exige transportes de vinho para Paris, Blois, Orléans, Troyes, Anjou, Chartres, para o Mans e até para Quentovic.

Os mansos servis têm que fornecer principalmente serviços braçais, muito pesados: até três dias de trabalho por semana em terras da reserva. Os mansos semilivres são intermediários. Os mais numerosos são, de longe, os mansos livres: nas quatro fazendas vizinhas de Epinay-sur-Orge, Thiais, Verrières e Palaiseau, pertencentes a Saint-Germain-des-Prés, havia 279 mansos livres para 27 mansos servis, ou seja, dez vezes mais.

Os serviços exigidos dos camponeses tendem a aumentar, e acabam representando um total impressionante. A abadia de Prüm, por exemplo, no final do século IX, tira de suas 2 mil fazendas 70 mil dias de trabalho e 4 mil tarefas de transporte por ano, 2 mil módios de trigo, 4 mil módios de mel, 4 mil módios de vinho, 1.800 porcos, 4 mil galinhas, 20 mil ovos, 250 quilos de linho, 1.500 denários. Muitos polípticos insistem que os inquilinos façam as tarefas com seus próprios animais e seus próprios instrumentos de trabalho, para não desgastar as ferramentas do senhor. Este exige mais trabalho, mais produtos em espécie, mais dinheiro. O aumento da pressão pode ser um sinal de um leve crescimento demográfico, com o qual o proprietário busca lucrar, aumentando o excedente comercializável.

O tamanho dos mansos varia enormemente: 7 ha em média na Borgonha, 11 ha na região parisiense, de 20 a 24 hectares no norte da Gália, mas os extremos variam de 0,25 hectare a 9,25 hectares para mansos servis de Saint-Germain-des-Prés, e de 1,5 a 15 hectares para mansos ingênuos. Por outro lado, o manso não é mais uma unidade de comodato: em Verrières, o tamanho médio da família é de 1,84 por manso; sejam famílias pobres que se associam para dividir as taxas e manter algumas culturas, ou famílias descendentes de um mesmo arrendatário.

Por fim, há outros tipos de comodato: os *hostises*, ocupados por anfitriões (*hospes*), que são estrangeiros ou recém-chegados (*advenae*), que haviam desmatado uma parcela. Mais pobres do que os detentores de mansos, eles estão sujeitos apenas a encargos leves. Como um verdadeiro subproletariado rural, eles não têm nem animais, nem arados, e cultivam à mão. Em Epinay, contam-se 36 mansos ingênuos, 6 mansos servis, um meio-manso semilivre e 9 *hostises*.

UM CAMPESINATO COM ESTATUTO VARIADO

Nessas propriedades com estatuto legal variável, trabalham camponeses cujo estatuto pessoal não é menos diverso. O problema é que o estatuto dos homens não corresponde necessariamente ao estatuto da terra em que trabalham. Juridicamente, as coisas parecem simples e claras: há camponeses livres e camponeses que não são livres. Mas a realidade social e econômica é muito mais complexa.

No topo da classe camponesa está a categoria dos *pagenses*. Eles são completamente livres, donos de suas terras e de suas ferramentas. Mas essa posição privilegiada tem sérios problemas: como são livres, estão sujeitos a obrigações judiciais e militares, o que se supõe ser uma honra. Por um lado, na qualidade de um *legalis homo* (homem legal), o camponês livre pode interpor, testemunhar, prestar fiança, alienar seu bem e prestar juramento, mas, por outro, precisa participar das sessões dos tribunais públicos, que são numerosos: tribunais locais de administradores e tribunais de condados, o que significa pelo menos dez ou vinte viagens por ano, às vezes mais. Pode-se imaginar o inconveniente que isso pode representar para o trabalho agrícola. Carlos Magno, ciente do problema, limita o comparecimento obrigatório a duas ou três sessões anuais do tribunal do condado, que pode ser muito distante.

A outra obrigação é o serviço militar, o que significa estar ausente nos meses de verão e providenciar equipamentos caros. Não é de surpreender que o absenteísmo tenha sido frequente, e o equipamento, rudimentar, às vezes reduzido a um simples bastão. Mais uma vez, Carlos Magno faz concessões no final de seu reinado, limitando a presença pessoal no exército àqueles que têm mais de três mansos, sendo que os outros se cotizam em dois ou três para enviar um deles. Pode-se imaginar as traficâncias e discussões que isso pode gerar.

O mais grave para esses camponeses livres é que os proprietários de terras vizinhas e os representantes do poder público, os condes, bispos e abades, exercem pressão sobre eles para forçá-los a ceder suas terras. É muito simples: eles os convocam sistematicamente para todas as campanhas militares e sessões judiciais; se eles comparecem, não podem mais cultivar suas terras; se não comparecem, são esmagados com uma multa enorme, que não podem pagar; em ambos os casos, são forçados a abrir mão de suas terras e de sua liberdade. O que podem fazer diante de um conde, bispo ou abade? Carlos Magno contenta-se em decidir que a alienação da liberdade deverá ser temporária e cessar quando a multa ou a dívida for paga. Uma medida vã. Um número cada vez maior de homens livres deve entrar para o serviço de grandes proprietários. Suas terras são anexadas à *villa* e eles se tornam colonos.

Essa segunda categoria representa de 80% a 90% do mundo camponês. Como regra geral, suas terras são consideradas um manso ingênuo. Há 1.430 deles nas propriedades da abadia de Saint-Germain-des-Prés, ou seja, 88% do total, e 1.004 nas do bispado de Augsburg, 70% do total. O termo *colonus* vem do mundo romano. Originalmente, era simplesmente sinônimo de *agricola* (agricultor). Durante o Império Tardio, foi usado para designar uma categoria de camponeses ligados à terra, homens livres em teoria, que não podiam ter suas terras retiradas, mas que também não podiam abandoná-las. A grave escassez de mão de obra na época explica essa situação. O estatuto do colono evolui durante o período merovíngio e, a partir do século VIII, o termo designa um camponês que é livre em sua pessoa, mas que é apenas o usufrutuário de sua terra, e que está sujeito a cargas extremamente pesadas.

Os colonos incluem tanto ex-*pagenses* que haviam alienado suas terras quanto antigos escravos que haviam sido libertados e os *casati*, os descendentes de colonos romanos, os recém-chegados que desmataram um pedaço de terra ou a quem foi confiado um manso livre. Os colonos são totalmente dependentes dos proprietários, fato confirmado por Carlos Magno em um capitular de 810: "No que concerne ao povo comum (*de vulgari populo*), que cada senhor faça pressão sobre seus dependentes (*juniores*) a fim de que obedeçam cada vez mais e aceitem as ordens e as prescrições imperiais". Como um homem livre, o colono está teoricamente sujeito aos tribunais públicos. No entanto, de fato, ele não assiste mais às audiências e é julgado pelo proprietário. Quanto ao serviço militar, é convertido em várias tarefas:

transporte, requisição de víveres, deveres chamados *hostilicium*, que eram frequentemente convertidos em taxas fixas. Na prática, o colono é totalmente dependente e desprezado; sua condição, aviltada, não é diferente daquela dos não livres.

Esta última categoria obviamente inclui escravos, cujo número é motivo de debate. Entretanto, uma coisa é certa: nessa sociedade cristã, em que o soberano e os líderes da Igreja concordam em governar segundo os princípios do Evangelho, nunca se tratou de abolir a escravidão. De São Paulo aos teólogos carolíngios, passando pelos Pais da Igreja, em oito séculos de cristianismo, a escravidão nunca foi posta em questão, pelo menos para os não cristãos. É aceito que um proprietário cristão não deve comprar ou possuir escravos cristãos. Mas ainda há um número suficiente de pagãos para abastecer o mercado, e o comércio de escravos continua sendo um ramo importante do comércio. Muitas vezes, esses escravos estão em trânsito: os comerciantes judeus transportam multidões de eslavos para os portos do Mediterrâneo, para vendê-los aos muçulmanos. Nas *villae*, uma quantidade significativa de trabalho escravo permanece. Carlos Magno ordena que seus administradores comprem os escravos de que precisam e que transfiram os excedentes para outras propriedades, o que já é um sinal de seu grande número. Nas polêmicas em torno do adocionismo, o bispo de Toledo critica Alcuíno por ter mais de 20 mil escravos em suas terras em Ferrières, Saint-Loup de Troyes, Saint-Josse e Saint-Martin de Tours. Em sua resposta, Alcuíno não nega o fato, mas apenas diz que não havia aumentado esse número.

A renovação dos escravos vem, por um lado, dos prisioneiros de guerra, uma fonte que tende a se esgotar no final do reinado, e, por outro, do excedente natural. Parece que a taxa de natalidade entre os escravos era maior do que se pensava anteriormente. Em 804, quando o nobre Haruhic, em Anjou, dá à abadia de Prüm uma vila com todos os homens que lá vivem, há 60 escravos casados, que têm entre 1 e 7 filhos; 16 famílias têm mais de 3 filhos.

Os proprietários, no entanto, não parecem buscar um aumento do número de seus escravos, por razões puramente econômicas. O escravo não é muito rentável: além do preço de compra, há custos de manutenção, incluindo a alimentação diária, os problemas de acomodação e de supervisão, feita por administradores que muitas vezes não têm instrução e são incapazes de se organizar, como mostram certos regulamentos de propriedades monásticas ou reais. Além disso, os escravos têm um fraco rendimento. Frequentemente se prefere empregá-los como servos domésticos, fazendo trabalhos manuais. Alguns são até encarregados de tarefas de confiança; às vezes, os escravos são designados para administrar uma *villa*.

Contudo, na maioria das vezes, o senhor prefere dar a eles um pedaço de terra: nesse caso, eles são escravos *casati*, que cultivam um manso servil. Isso é vantajoso para o senhor: ele não precisa mais alimentar o escravo; recebe pagamentos muito altos em espécie e em trabalho, já que o servo *casatus* deve ficar totalmente disponível; além disso, o proprietário pode tirar as terras dele a qualquer momento. Obviamente, o servo *casatus* não é livre; não tem acesso aos tribunais, não pode aderir à religião, e castigos corporais podem ser infligidos. Em algumas propriedades, ele está sujeito ao pagamento de uma taxa especial, o *capitagium* (capitação),[6] às vezes chamado de *census de capite* (censo do chefe), uma pequena soma de dinheiro usada para determinar sua condição jurídica.

O sistema de justiça real tem pouco poder sobre esses servos *casati*, dado que eles são propriedade de seu senhor. Para eles, esse fato é ambivalente: se cometem um delito de direito público, os tribunais do rei não podem condená-los à morte ou à mutilação, porque seu senhor não tem interesse em lhes causar danos; por outro lado, estão sujeitos à arbitrariedade desse mestre, que frequentemente recorre ao açoitamento. Alguns capitulares insistem para que este seja infligido com varas leves e flexíveis.

UMA DEGRADAÇÃO DA CONDIÇÃO CAMPONESA?

Na prática, a coexistência dentro da *villae* de várias categorias de camponeses e de mansos leva a uma situação jurídica insolúvel. Muitas vezes acontece de um colono livre cultivar uma propriedade servil, ou que, inversamente, um servo tenha recebido um manso ingênuo, livre. Que estatuto lhe deve ser aplicado? Quais taxas lhe serão aplicadas? E se o colono se casar com uma escrava? E se o servo se casar com uma mulher livre? O que eles

---

6 Impostos pagos *per capita* ("por cabeça"), cujo valor independe do rendimento do coletado. (N. T.)

deverão? Qual será o estatuto de seus filhos? E se um colono de uma *villa*, um homem livre que cultiva uma terra servil, se casar com uma escrava de outra *villa*, cujos pais cultivam uma terra ingênua? É fácil entender a consternação de certos *missi* que escrevem a Carlos Magno pedindo seu conselho, e podemos entender seu aborrecimento, por ser incapaz de responder.

Os casos que acabamos de mencionar não são fictícios ou teóricos. Os polípticos estão repletos de situações semelhantes. No *Políptico* de Irminon, observam-se dois mansos ingênuos na propriedade de Palaiseau. No primeiro, temos "Ebrulfo, colono, e sua esposa, escrava, povo de Saint-Germain... Ermenoldo, escravo, e sua esposa, colona, povo de Saint-Germain... Teutgarda, escrava de Saint-Germain... Essas três pessoas possuem um manso ingênuo com quatro *bonniers* e uma *ansange*[7] de terra arável, quatro acres de videiras, dois acres de prados. [Como pagamentos], eles cultivam oito acres no vinhedo do senhor, dão dois módios de vinho pelo direito de pastagem e dois *setiers* de grãos de mostarda". Em resumo: temos um manso livre, cultivado por dois escravos e um colono; o colono é casado com uma escrava; um dos dois escravos é casado com uma colona, e o outro é solteiro ou viúvo. Ao lado, há outro manso ingênuo, cujo regime é completamente diferente: "Turpio, colono de Saint-Germain... Ragenulfo, colono, e sua esposa, colona... têm um manso ingênuo com quatro *bonniers* de terra arável, dois acres de vinhas, dois acres de prados. Ele deve... num ano um boi, noutro um porco, quatro denários pelo direito de usar a floresta, dois módios de vinho para a pastagem, uma ovelha com um cordeiro. Ele lavra quatro perchas para os trigos de inverno e dois para aqueles de março. Ele faz tarefas, transportes, manobras e corta madeira conforme necessário. Ele deve três galinhas e quinze ovos".

Dentro da mesma *villa*, portanto, coexistem situações de infinita variedade, cujo resultado geral é tornar obsoletas as distinções de princípio entre as diferentes categorias. As diferenças entre colonos e servos *casati* são apagadas, não para dar origem a uma categoria uniforme, mas, ao contrário, para originar uma infinidade de casos individuais, que desencorajam qualquer

---

7 *Bonnier*: medida agrária valendo cerca de 1,3 ha. *Ansange*: superfície retangular com cerca de 40 perchas (42,21 m² ou 400 pés quadrados cada uma) de comprimento por 4 perchas de largura, ou seja, cerca de 14 ares. (N. T.)

tentativa de classificação. Os únicos princípios gerais que emergem são os de que, quando há uma contradição entre o estatuto do indivíduo e aquele da terra que ele cultiva, o último tende a prevalecer. Quando há um casamento entre camponeses de duas *villae*, a esposa vai morar na *villa* do marido, e o proprietário dela recebe uma indenização; quando há um casamento entre duas pessoas de estatutos diferentes, os filhos têm o estatuto de sua mãe.

Além da variedade entre as *villae*, também há variedade entre os territórios do império. Compare-se a lei dos bávaros com a dos alamanos. Na primeira, os deveres do colono são, teoricamente, os seguintes: "Cultivar, semear, cercar uma *ansange*, colher, transportar e armazenar seus produtos; cercar, colher, coletar e transportar gramíneas de um acre de prado; semear dois módios de sementes em março, colher e armazenar a colheita; plantar videiras, cercá-las, limpar ao redor delas, fazer mergulhões,[8] cortá-las e colher as uvas; fornecer um décimo da colheita em trigo de sua propriedade; pagar uma taxa para a pastagem de seus animais, de acordo com o costume da província; entregar um décimo do mel, 4 galinhas e 15 ovos; fornecer cavalos para o exército, fazer trabalhos de transporte a até 50 léguas de distância; fazer reparos nos prédios do proprietário e nos celeiros; replantar um número razoável de plantas nas sebes; para o forno de cal, terão de transportar madeiras e pedras em suas carroças em grupos de 50 homens para viagens curtas, e para os trajetos mais longos, em grupos de 100 homens, até a cidade ou vilarejo...". A lista é longa, mas todas essas especificações correspondem ao mesmo número de garantias, dado que os servos são obrigados a cumprir três dias de trabalho na reserva e a fazer entregas proporcionais à área de suas terras, o que deixa a porta aberta a todas as demandas.

Entre os alamanos, ao contrário, os mais detalhados são os deveres dos servos: eles têm que entregar 15 *sicles*[9] de cerveja, um porco no valor de um terço de um *sou*, dois módios de pão, 5 galinhas, 20 ovos por ano; trabalhar três dias por semana na reserva; para as servas, é simples: elas têm de fazer tudo o que lhes for exigido em todas as áreas.

---

8 Técnica botânica: galho enterrado sem que tenha sido separado da planta, para que crie raízes, e então seja cortado, dando origem à reprodução do vegetal. (N. T.)

9 Submúltiplo do módio. Quantidade desconhecida. (N. T.)

A *villa* também inclui outras categorias de trabalhadores, como os homens sem terra, empregados em várias funções e pagos por uma *prebenda*, ou seja, uma distribuição de alimentos. Nas propriedades do bispo de Augsburgo, no início do século IX, 72 prebendários trabalham na reserva do Staffelsee; há 640 deles nas reservas de propriedades de Bréscia. Também há vários trabalhadores assalariados. E como podemos classificar os agricultores que, por necessidade, entregam suas terras para o proprietário de uma *villa*, que as devolve em caráter "precário", em troca de pagamentos? Assim, em 754, Rothpald cede seus bens à abadia de Sankt Gallen e os retoma em troca do pagamento de 30 *sicles* de cerveja, 40 pães, um porco no valor de um *triens*, 30 velas e taxas de lavoura e colheita.

Há também os pequenos proprietários de terras que, para complementar sua renda, cultivam terras de diferentes estatutos. Por exemplo, podem obter uma concessão precária de uma abadia, que acrescentam às suas próprias terras. Os abades estão preparados para conceder terras remotas ou de difícil acesso, das quais o camponês seria, de fato, praticamente proprietário. O Concílio de Tours, em 813, chama a atenção para as perdas que isso representa para as abadias. O camponês também pode arrendar terras, geralmente por contratos de 29 anos, mas também há arrendamentos enfitêuticos, longos, para duas ou três gerações. Os polípticos italianos mostram que as abadias concediam terras dessa forma aos *livellarii*, camponeses com os quais um *libellum*, ou contrato de aluguel, era assinado. Pode-se também praticar o *aprisio*, isto é, o desmatamento de um quarto de uma floresta, da qual o camponês se torna praticamente o proprietário.

Constata-se que a terra circula rapidamente entre os pequenos proprietários: compra-se um pedaço de terra para cultivá-lo por algum tempo e vende-se outro para comprar uma carroça. Frequentemente se é forçado a vender sua exploração para um grande proprietário. O movimento não é novo. Gregório de Tours já mencionava a pressão exercida pelos bispos para aumentar suas propriedades, como o de Clermont-Ferrand, Cautin: "Ele também era propenso à avareza: qualquer propriedade que fosse limítrofe à sua, o faria se considerar arruinado se não tivesse tirado algo dela. Dos grandes, ele tirava com ações judiciais e brigas; quanto aos pequenos, ele os despojava à força". Assim, ele desapropria o padre Anastácio, que havia recebido terras da rainha Clotilde, "adulando-o e ameaçando-o, para que lhe cedesse o título de propriedade da cobiçada terra real". Essas práticas se intensificam na época de Carlos Magno, a ponto de o imperador denunciá-las em 802, e novamente em 811, acusando condes, bispos e abades de forçar pequenos proprietários livres a entregar suas terras em troca de isenção do serviço militar.

A impressão geral é a de que, apesar das boas intenções de Carlos Magno, a condição dos camponeses se deteriora durante seu reinado, o que pode ter sido a causa de certas revoltas, ocultadas pelas fontes oficiais, mas sobre as quais se tem várias alusões indiretas. O capitular de Thionville, em 806, fala de conspirações das quais participaram servos e camponeses livres. Um capitular de 820 prevê até mesmo punir os senhores que, por negligência, não conseguem impedir que seus servos matem, queimem e destruam. Que as revoltas façam parte da vida rural, as leis merovíngias já previam isso havia muito tempo, desde o Édito de Rothari, em 643, que incluía uma seção intitulada *De rusticanam seditionem*, que estabelecia que,

> se por qualquer motivo os camponeses se reunirem, seja para o propósito de se concertar e revoltar, e que eles intervenham arrancando o escravo das mãos de seu senhor, ou o que o senhor queira tirar da casa de seu escravo, aquele que estiver à frente será morto ou terá de ser comprado de volta. E se aquele que quiser tomar o que lhe pertence [ao senhor] for ferido, que seja indenizado; e se, por outro lado, um dos camponeses for ferido no processo, que nenhuma ação seja movida contra o patrão, pois a pessoa que o matou estava se defendendo e reivindicando seus bens.

UMA ECONOMIA DE ESCASSEZ, SEMPRE À BEIRA DA FOME

A *villa* é a unidade econômica básica do campo carolíngio. Cada *villa* é chefiada por um prefeito (*maior, villicus*), que organiza o trabalho e assegura a cobrança dos pagamentos. Quando se trata de propriedades muito grandes, várias *villae* são agrupadas sob a autoridade de um intendente, chamado *judex* no caso de impostos reais. Os prefeitos e os *judex* têm plenos poderes sobre o funcionamento das *villae*, e muitos abusam desse poder. Constata-se, no capitular *De villis*, que uma das principais preocupações do rei é a desonestidade e a indocilidade desses intendentes, sempre prontos a tirar proveito de sua posição para obter lucros pessoais, exigindo dos camponeses mais do que eles devem.

Os polípticos também mostram que os proprietários de terras estão interessados em cada detalhe da administração delas, regulando tudo com competência. Eles não estão, de forma alguma, isolados da realidade do campo, no qual se encontram imersos. Em contato diário com o mundo rural, do qual fazem parte, eles têm habilidades técnicas evidentes.

A produtividade do setor agrícola carolíngio é muito baixa. As ferramentas são rudimentares. Isso praticamente não mudou durante séculos. Não é incomum ver camponeses semeando suas plantações em buracos cavados com uma enxada; a lavoura é feita com um arado de madeira, que não é adequada para os solos pesados das regiões setentrionais. Na Itália, o *aratrum* tem uma base de ferro. Os inventários mencionam grades, carroças, ceifadeiras e foices. As ferramentas de metal são raras e preciosas, e as regras monásticas recomendam que elas sejam guardadas e contadas após cada uso. Também é especificado que os camponeses devem usar suas próprias ferramentas ao trabalhar nas reservas, para não desgastar aquelas do proprietário. O inventário de ferramentas na reserva da *villa* de Annapes é instrutivo: "Duas bacias de cobre, duas vasilhas para beber, dois caldeirões de cobre, um de ferro, uma frigideira, uma cremalheira, uma base para queimar madeira (*landier*), uma haste com tocha, dois machados especiais (*cognées*), um machado de aplainar a carne ou a madeira (*doloire*), duas furadeiras, um machado comum, um raspador, um desempeno, uma plaina, duas foices normais, duas foices pequenas, duas pás. Ferramentas de madeira em número suficiente".

A força de tração é fornecida por burros, mulas, bois e cavalos. Daí a importância atribuída à criação e à reprodução desses animais. Em seu capitular *De villis*, Carlos Magno recomenda não "desguarnecer os arados": somente cavalos e bois mancos devem ser enviados para o abate. É somente por volta de 800, na região de Trier, que aparece a coleira de ombro,[10] o que aumenta consideravelmente a força de tração.

A prática do pousio é muito difundida. No sul, a terra deve descansar um ano em cada dois, ou até mesmo dois anos em cada três. A rotação de

---

10 Parte do arreio usado para distribuir a carga em torno do pescoço e ombros de um animal que traciona um arado. (N. T.)

culturas de três anos só é encontrada nas melhores terras da Bacia Parisiense, ao norte do Loire, na reserva das grandes *villae*. Uma escritura de doação de 771 em favor da abadia de Lorsch, na região de Mainz, também menciona uma repartição de culturas em três locais. Em geral, procede-se a duas lavouras antes da semeadura do inverno e a uma única antes da semeadura da primavera. Como os arados apenas arranham a superfície do solo, às vezes equipes de camponeses vêm previamente revirar o solo com enxadas, como nas terras da abadia de Werden.

A adubação é altamente inadequada. Isso levanta a questão da criação de gado. As leis germânicas atribuem uma grande importância a essa atividade. Os delitos cometidos em relação ao gado, ao pessoal especializado responsável por eles, pastores, vaqueiros, veterinários, criadores de porcos e até mesmo os cães treinados, *cane docto*, que os guardam, são meticulosamente tarifados. Na Frísia, a terra é medida pelo número de animais que podem pastar nela, e Alcuíno, ao passar por Utrecht em 780, escreve que o bispo Alberico é "poderoso em vacas" (*vaccipotens*). Entre os lombardos, somente o juiz pode autorizar o penhor do gado e de cavalos por homens livres. Os casos de animais perdidos entre vizinhos dão origem a toda uma casuística agrícola relativa à sua restituição. O capitular *De villis* pede aos agentes dos *fisci* que protejam as zonas de criação contra o avanço das culturas. O gado representa uma parte importante dos pagamentos camponeses: a abadia de Saint-Germain-des-Prés (um nome revelador: *pré*, em francês, significa prado ou uma pequena extensão de terra coberta com erva para alimentar o gado) recebe, a esse título, de seus fazendeiros, 4 cavalos, 55 bois, 5 novilhas, 1.079 carneiros, 288 ovelhas, 96 cordeiros e 96 porcos por ano no início do século IX. Na mesma época, em 810, a abadia bávara de Staffelsee tem 26 bois, 20 vacas, 1 touro, 66 bezerros, 87 carneiros, 14 bezerros, 17 bodes, 60 cabras e 40 porcos. Ao mesmo tempo, a abadia de Saint-Rémi, em Reims, concede a um de seus vassalos a pequena propriedade de Longueville, dotada de uma impressionante quantidade de animais de criação: 31 bois, 42 vacas, 38 bezerros, 25 bezerros castrados, 8 touros, 607 ovelhas, 561 cordeiros, 421 cordeiros castrados, 343 carneiros, 10 javalis, 100 porcos castrados, 165 porcas, 140 porcas de engorda. Na *villa* de Annapes, ainda no início do século IX, encontram-se 51 éguas velhas, 5 éguas de três anos, 7 de dois anos, 7 do ano, 10 cavalos de dois anos, 8 do ano, 3 garanhões, 16 bois, 2 burros, 50 vacas com bezerros, 20 novilhas, 38 bezerros do ano, 3 touros, 250 porcos velhos, 100 porcos jovens, 5 javalis, 150 ovelhas com cordeiros, 200 cordeiros do ano, 120 ovelhas, 30 cabras com filhotes, 30 cabras do ano, 3 bodes, 30 gansos, 80 galinhas e 22 pavões.

Pode-se pensar que todos esses animais produzem montanhas de esterco para fertilizar a terra. Na verdade, essas listas impressionantes não devem criar ilusões. Elas precisam ser vistas no contexto das enormes áreas que precisam ser adubadas. Não é nem mesmo certo que os animais sejam deixados para pastar em terras de pousio, exceto nas regiões do norte. Muitas vezes, eles engordam em charnecas que foram deixadas em pousio, e os períodos de estabulação, durante os quais o estrume pode ser recuperado, são muito limitados, porque a quantidade de forragem é reduzida. Parte desses magros animais são usados para serem atrelados às parelhas e às carroças, ou para a produção de couros e peles e para a alimentação, especialmente nas *villae* dos senhores laicos. Nos celeiros de Annapes, o inventário mostra 10 porcos defumados do ano anterior, 200 do ano corrente, com salsichas e banhas, 43 cargas de queijo e um módio de manteiga.

Técnicas rudimentares, adubação insuficiente, sementes de baixa qualidade: embora a agricultura carolíngia seja muito orgânica, seus rendimentos são catastróficos. Os cálculos foram feitos com base nos exemplos do *Brevium* para as *villae* no norte da França, ou seja, em terras ricas, no final do reinado de Carlos Magno. Os resultados são apenas estimativas, ordens de grandeza, mas dão uma ideia de como as colheitas são escassas. Para cada grão de trigo semeado, 1,7 são colhidos; para espelta, 1,8; para cevada, 1,6; para centeio e aveia, apenas 1. A média geral é de 1,6, o que está de acordo com outros resultados de pesquisas parciais. O que resta para a alimentação quando você tiver reservado as sementes para o ano seguinte e os pagamentos para o proprietário da terra? O medo da escassez de alimentos é onipresente. A menor queda na colheita significa uma catástrofe.

É compreensível que, nessas condições, seja essencial suplementar a dieta por todos os meios possíveis: legumes e frutas da horta, colheitas na floresta, castanhas de cozinhar, frutas secas, peixes, caça de pequeno porte, pássaros, aves, frangos, ovos, qualquer coisa que seja mais ou menos comestível. Acrescente-se a isso a vinha, que está presente em quase toda parte.

Somente os celeiros dos grandes proprietários de terras podem conter algumas reservas, alimentadas por pagamentos em espécie. E ainda é preciso que a *villa* seja suficientemente grande. Considere-se a modesta propriedade de Nouailly, em Berry, perto de Châteauroux, dependente de Saint-Germain--des-Prés. Ela consiste em uma reserva de 51 hectares e seis mansos inteiros, um meio manso e dois quartos de manso, totalizando 134 hectares. Os sete arrendatários dos mansos devem essencialmente serviços: arar 8 perchas de terra no outono, 26 perchas na primavera, ajudar na colheita senhorial "o tempo que for necessário", consertar uma extensão específica da cerca de *curtis* e dos prados fechados, coletar, transportar e depositar o esterco nas terras de reserva, fazer dois carretos de madeira para a aldeia vizinha, uma carga de provisões para Angers, outra para Paris. São tarefas consideráveis, que representam vários meses de trabalho. Por outro lado, os pagamentos em espécie são baixos: 9 galinhas, 30 ovos, alguns feixes de lenha, tábuas e cabos de ferramentas, 2 ovelhas e 1 capitação de 3 denários. Não há o suficiente para formar estoques. Em compensação, no celeiro da vila real em Annapes, o inventário lista: "Espelta antiga do ano passado: 90 cestas (1 cesta = 12 módios), das quais se podem tirar 450 cargas de farinha. Cevada: 100 módios. Deste ano: 110 cestas de espelta; semeamos 60 cestas, encontramos o restante. 100 módios de trigo, semeamos 60 e encontramos o restante. 98 módios de centeio, semeamos tudo. 1.800 módios de cevada, 1.100 foram semeados, encontramos o restante. 430 módios de aveia. 1 módio de favas, 12 módios de ervilhas. Dos 5 moinhos: 900 módios por medida pequena; 240 módios foram dados aos prebendários, encontramos o restante. Das 4 cervejarias, 650 módios por medida pequena. Das 2 pontes, 60 módios de sal e 2 *sous*. Dos 4 jardins, 11 sous, 3 módios de mel".

Em certos anos, as grandes *villaes* podem, então, ter um excedente comercializável. Em particular, as propriedades eclesiásticas, responsáveis por uma grande parte da circulação de mercadorias. Em primeiro lugar, para fins internos. Os monges são sedentários e, como suas propriedades estão espalhadas por regiões às vezes muito remotas, eles transportam seus produtos para a sede, para suas próprias necessidades, o que exige a mobilização de muitas pessoas e representa um considerável desperdício de tempo e energia. Por exemplo, a abadia de Corbie tem permanentemente 140 pessoas na estrada para transportar vinho, grãos, cera, pergaminho e todos os produtos necessários para o funcionamento do mosteiro, vindos das várias *villae* que a comunidade possui. Esses produtos servem para manter os monges e seus servos; outra parte é usada para o hospital, a estalagem e a distribuição de esmolas: peregrinos, viajantes e pobres batem à porta todos os dias. O abade Adalardo estima que há em média quatrocentas pessoas para alimentar. No entanto, há excedentes, especialmente de vinho. Apesar de seus melhores esforços, os monges não conseguem absorver a enorme produção de seus vinhedos. Segundo cálculos efetuados a partir do *Políptico* de Irminon, Saint-Germain-des-Prés produzia cerca de 15 mil módios por ano, enquanto os monges bebiam 2 mil. O restante é vendido.

A situação das propriedades laicas é mais variável. Em primeiro lugar, o proprietário deixa reservas em cada uma de suas *villae*, a serem consumidas no local, evitando assim o transporte desnecessário. Para o restante, convém reservar as sementes e assegurar alimentos para seus funcionários e escravos. Existe um excedente para vender? Edouard Perroy duvidava disso, baseando-se no exemplo de um famoso proprietário de terras, Eginhardo. Sua correspondência mostra que os únicos produtos que saem de suas propriedades são para seu consumo pessoal e o de sua comitiva. Quando ele está em Aachen, manda trazer trabalhadores de sua propriedade em Maastricht para fazer reparos em sua residência, e pede que tragam de seus celeiros farinha, malte, vinho, queijo, carne e vitela salgada. Em outra ocasião, residindo em Seligenstadt, ele escreve ao administrador de suas abadias em Ghent para que lhe envie uma carga de cera, destinada à iluminação para si. Edouard Perroy conclui:

> Esses detalhes e historietas mostram que, em todos os níveis de organização das propriedades, tanto entre os grandes quanto entre os pequenos, o papel econômico das terras é, antes de tudo, fornecer um meio de subsistência para o proprietário, que delas tira os produtos que consome, e a mão de obra e os materiais para todo o trabalho que necessita ser feito. O objetivo de tudo isso é reduzir ao mínimo a troca de produtos e a circulação de dinheiro. A venda de alguns produtos excedentes continua a ser indispensável para complementar o estilo de vida do proprietário e fornecer-lhe os alimentos de que necessita, mas que não são produzidos em suas terras. De qualquer forma, isso constitui apenas uma pequena parte de seu orçamento. É verdade que o sistema dominial é

organizado para uma economia de subsistência. É apenas incidentalmente que ele participa de uma economia de lucro e trocas".

Outros historiadores reavaliaram o papel comercial das *villae*. Guy Fourquin, por exemplo, ressalta que os proprietários precisam de dinheiro para comprar bens que suas propriedades não produzem. Portanto, eles necessariamente recorrem à venda dos excedentes. A existência de feiras e mercados, a fixação de preços máximos pelos capitulares e a proibição da especulação apontam para a circulação de mercadorias. Nem por isso ela deixa de ser muito limitada.

É difícil formar uma ideia da situação econômica geral durante o reinado de Carlos Magno. Parece que ele se situaria num período de relativo aquecimento global, acompanhado por uma seca igualmente relativa. Mas os estudos de climatologia histórica permanecem muito imprecisos para que se possam tirar conclusões confiáveis sobre os resultados em uma escala de meio século. O que é certo é que o reinado foi marcado por vários anos de escassez de alimentos e, às vezes, até de fome severa, o que levou o poder a tomar medidas excepcionais: a possibilidade de se recomprar, para os pobres que, levados pela fome, haviam se vendido (Itália, 772); celebração de missas, recitação de orações, distribuição de esmolas, jejuns, ricos se encarregando dos pobres (780); fixação de um preço máximo, proibição de deixar os escravos passar fome, preces em 793-794, os anos em que "os homens comiam os excrementos uns dos outros, os homens comiam os homens, os irmãos comiam os irmãos, as mães comiam os filhos"; proibição da exportação de trigo para fora do império (805); proibição da apropriação de terras e a obrigação dos proprietários de alimentar seus dependentes (806); isenção de serviços militares na Austrásia (807); injunção a todos para "aliviar a fome de escravos ou homens livres" (809). Economia de subsistência, sempre à beira da fome, em que a principal preocupação é administrar a penúria, e sobreviver no dia a dia já é uma façanha.

O CAPITULAR *DE VILLIS*, PROGRAMA ECONÔMICO DE CARLOS MAGNO

Esse é o contexto refletido no capitular *De villis* no final do século VIII. Com suas diretrizes meticulosas, ele expressa a preocupação fundamental das autoridades da época: garantir a subsistência da população, por meio de uma gestão rigorosa e sólida das propriedades rurais, evitando o menor desperdício e aproveitando ao máximo os meios rudimentares à sua disposição. Às vezes se diz que Carlos Magno não tem uma política econômica, porque em vão procuram em seus capitulares decisões em escala macroeconômica, medidas globais e harmonizadas relativas ao comércio, à indústria e à agricultura, na escala de todo o império. Entretanto, no Império Carolíngio, tudo se encontra em escala microeconômica. As unidades de produção são as *villae*, e é nesse nível que se situa a política econômica: administrar a *villa* da forma mais eficiente possível. O capitular *De villis* é a exposição da política econômica de Carlos Magno.

É tudo uma questão de organização, e isso se baseia nos *judices*, os intendentes que são responsáveis por várias propriedades. O rei exige deles total honestidade: que não usem a mão de obra da *villa* real para realizar trabalhos em suas próprias terras; que não usem os produtos da *villa* para alimentar seus próprios dependentes ou até mesmo seus cães, e que escolham subordinados leais, que devem ser vigiados de perto. Eles têm direito de justiça sobre todo o pessoal, que pode ser punido com chicotadas. Se os servos desobedecerem, "devem vir a pé para o palácio e que se abstenham de beber ou de comer carne até que tenham se desculpado e sejam castigados com chicotadas nas costas ou recebido qualquer outra punição que nós ou a rainha acharmos adequado infligir a eles" (art. 16). Deve-se dar atenção especial a roubos e à apropriação indébita. O intendente deve aplicar uma estrita disciplina, mas sem abusar de seu poder. A denúncia de irregularidades é incentivada, e até mesmo os escravos podem fazer reclamações: "Se um de nossos escravos quiser nos contar algo sobre seu chefe que seja importante para nossos interesses, que não seja impedido por ele de vir até nós. E, se o intendente souber que alguns escravos pretendem ir ao palácio para apresentar uma queixa contra seu chefe, que ele mesmo nos relate suas queixas, para que não cansem nossos ouvidos com suas reclamações. Assim, queremos saber se eles vêm por necessidade ou sem motivo" (art. 57). Entretanto, é difícil ver como um escravo de uma *villa* situada a centenas de quilômetros de distância do local de residência do rei – desde que pudesse saber onde é essa residência, que está sempre mudando – poderia se ausentar por semanas para ir reclamar com o soberano.

O intendente deve garantir que os camponeses sejam distribuídos adequadamente, alocar mansos desocupadas e enviar o excesso de escravos para outro lugar. Ele também "deve se certificar de que os prefeitos não tenham mais terras em sua jurisdição do que podem percorrer e administrar em um dia" (art. 26), e "que os prefeitos nunca sejam escolhidos entre os homens poderosos, mas entre os de classe média, que são leais" (art. 60). Que distribua o trabalho de forma racional e produtiva, que cada pessoa tenha uma tarefa definida "para garantir que tudo seja bem-feito", que o tempo não seja desperdiçado, por exemplo, permanecendo no mercado para conversar: "Que cada administrador cuide para que nossos domésticos se dediquem ao seu trabalho e não desperdicem seu tempo nos mercados" (art. 54).

O intendente precisa ser um administrador astuto e perspicaz, que saiba como repartir as matérias-primas entre as oficinas, bem como os produtos das colheitas, entre o que deve ser enviado ao rei, o que deve ser armazenado e "o que deve ser carregado nas carroças para o exército". Ele precisa manter registros contábeis precisos de tudo o que foi produzido, enviado e armazenado. Todos os anos, no Domingo de Ramos, ele tem que "trazer o dinheiro proveniente de nossos lucros, depois de sabermos a quantia daquele ano" (art. 28).

O art. 62 exige que, no Natal, um relato detalhado da situação seja enviado, até nos mínimos detalhes:

> Que, a cada ano, nossos intendentes nos enviem no Natal, em declarações separadas, contas claras e metódicas de toda a nossa renda, para que possamos saber o que temos e quanto temos de cada coisa, a saber: a conta de nossa terra arada com os bois conduzidos por nossos pastores, e de nossa terra arada pelos possuidores de mansos que nos devem a lavoura; a conta dos porcos, dos pagamentos, das obrigações e das multas; a conta da caça capturada em nossos bosques sem nossa permissão, e das várias composições; a dos moinhos, das florestas, dos campos, das pontes, dos navios; a dos homens livres e a das

centenas que estão sujeitos aos nossos impostos; a dos mercados, dos vinhedos e dos que nos pagam em vinho; a conta do feno, da lenha, das tochas, das tábuas e de outros tipos de madeira; a da terra não cultivada; a dos legumes, do painço e da grama, da lã, do linho, do cânhamo; das frutas de árvores, nozes, avelãs, das árvores enxertadas de todas as espécies, e dos jardins; dos nabos; dos viveiros de peixes; a conta dos couros, peles e chifres de animais; a do mel, cera, gordura, sebo e sabão; a do vinho de amora, do vinho cozido, do hidromel, do vinagre, da cerveja, do vinho novo e do vinho velho; do trigo novo e do trigo antigo; das galinhas e ovos; a dos gansos; as contas dos pescadores, a dos artesãos em metal, dos fabricantes de escudos e dos sapateiros; as contas dos caixotes e caixas; as contas dos torneiros e seleiros; as de forjas, as das minas de ferro, de chumbo e das outras minas; a dos vassalos; e a de potros e potras.

O rei também exige que as edificações dos *curtis* sejam bem mantidas, "que eles devem ter sempre fogo e guardas para que não sofram nenhum dano" (art. 27), "que em cada uma de nossas *villae*, o quarto seja provido de roupa de cama, cobertores, travesseiros, lençóis, toalhas de mesa e bancos; de vasilhas de latão, chumbo, ferro e madeira; de correntes, cremalheiras, machados, martelos, brocas, cutelos e todos os outros tipos de utensílios, de modo que nunca se seja obrigado a sair para buscar ou pegar emprestado qualquer coisa de fora" (art. 42). Que os prédios, oficinas, cozinhas e padarias estejam em bom estado, e que as paredes, muros, sebes e cercas sejam reparados em tempo hábil. Carlos Magno insiste particularmente sobre a limpeza: "que tudo o que for preparado ou feito com as mãos, seja preparado e feito com o máximo de limpeza" (art. 34); que tudo o que é servido à mesa "deve ser preparado com cuidado e limpeza" (art. 24); que as uvas não devem ser amassadas com os pés, "mas que tudo seja feito com limpeza e adequadamente" (art. 48). Como suas *villae* são lugares de permanência, ele quer que o ambiente seja agradável, e que sejam ornamentadas com "pássaros singulares, tais como cisnes, pavões, faisões, patos, pombas, perdizes, rolinhas" (art. 40).

A *villa* deve incluir todas as oficinas necessárias para o processamento dos produtos e para a fabricação das ferramentas. Então ela necessita ter artesãos qualificados: "Que cada intendente tenha bons artesãos em sua jurisdição, como ferreiros, ourives, sapateiros, curtidores, carpinteiros, fabricantes de moedas, pescadores, apanhadores de pássaros, fabricantes de escudos, pescadores, criadores de aves, fabricantes de sabão, aqueles que sabem fazer cerveja, cidra ou perada, ou outras bebidas, padeiros que façam pão branco para nosso uso, aqueles que sabem como fazer redes para caça, pesca e captura de aves, e outros ministérios que levaria muito tempo para enumerar" (art. 45). Nessa época, os artesãos são raros e disputados. Às vezes, eles são trazidos de longe, como faz Eginhardo, quando começa os trabalhos de sua casa em Aachen.

Na *villa* há oficinas femininas, especializadas em manufatura têxtil. O intendente precisa garantir que "nossas oficinas de mulheres sejam bem organizadas, ou seja, que tenham moradias, salas de fogão e depósitos; que sejam circundadas por boas sebes e que as portas sejam sólidas, para que nelas se possa fazer bem nosso trabalho" (art. 49) e que os homens não possam lá entrar. Deve-se tomar cuidado para garantir que as trabalhadoras tenham todos os produtos necessários para seu trabalho, "isto é, linho, lã, pastel-dos--tintureiros,[11] *vermiculum*,[12] tinta de garança, pentes de lã, cardos, sabão, graxa, panelas pequenas e os vários objetos que ali são necessários" (art. 43).

Fabrica-se também material de guerra, em especial carrinhos para transporte de suprimentos. Eles têm que ser particularmente robustos, andar por qualquer terreno e ser anfíbios: "Que nossos carros que vão para o exército, e que são chamados de *basternes*, sejam bem construídos. Que as carroças sejam bem cobertas com couro e que sejam tão bem costuradas que, se for necessário atravessar a água, possam atravessar os rios com as provisões, sem que a água nelas penetre, e de modo que o que nos pertence passe, como já dissemos, sem sofrer nenhum dano. Queremos que cada carroça carregue farinha para nosso consumo, ou seja, 12 módios. Naquelas destinadas ao transporte de vinho, 12 módios de nossa própria medida. Que também se coloquem em cada carroça um escudo e uma lança, uma aljava e um arco" (art. 64).

Com relação às atividades agrícolas, o intendente deve selecionar a melhor semente, "seja por compra ou de outra forma", e, após a colheita, "o que

---

11 Pastel-dos-tintureiros ou isátis (*Isatis tinctoria*), planta que antigamente era muito cultivada e tinha grande valor econômico na Europa para produção de corante azul para tinturaria e pintura. (N. T.)
12 Matéria que servia para tingir em vermelho ou escarlate, produzida pela picada de um inseto no carvalho verde e sobre uma planta que existia nos arredores de Reims (Benjamin Guérard, Explication du capitulaire "De Villis", disponível em: <persee.fr/doc/bec_0373_6237_1853_num_14_1_461811>.

restar de toda a semente será guardado, para ser, segundo nossas ordens, vendido ou posto em reserva". Devem-se usar as mesmas medidas que no palácio. É preciso ter um cuidado especial com as vinhas e, se necessário, comprar o vinho do local mais próximo.

Diversos artigos tratam da criação de animais, à qual é dada grande importância, desde galinhas até cavalos. A menor galinha é contabilizada: "Que eles não tenham menos que 100 galinhas e 30 gansos nos estábulos de nossas principais *villae*, e nada menos que 50 galinhas e 12 gansos em nossas *villae* menores" (art. 19). O rei não é menos exigente com relação aos chifres de bodes: "que nos prestem contas das cabras e bodes, de seus chifres e peles, e que nos tragam todos os anos os quartos recém-salgados das cabras e bodes que eles engordaram" (art. 66).

Nunca é demais ter vacas, porcos, ovelhas e cabras, diz Carlos Magno. Os intendentes devem ter "o máximo que puderem". Para as carroças, os escravos devem usar seus próprios animais, não os nossos, e, "quando fizerem entregas de carne, que levem bois coxos, mas não doentes, vacas e cavalos não sarnentos e outros animais de criação não doentes" (art. 23). Três artigos são dedicados aos cavalos, tão preciosos para a cavalaria. Eles não devem ser deixados por muito tempo no mesmo prado, "para que não o estraguem" (art. 13), e os potros devem ser enviados ao palácio para o dia de São Martinho (11 de novembro). Um homem deve ser designado para alimentar a matilha de cães. Deve haver um tanque de peixes, e estes devem ser vendidos se o rei não vier se hospedar na *villa*.

Os bosques e as florestas são preciosos. Eles devem ser "bem guardados"; é proibido "cortá-los demais ou danificá-los" e, "se houver áreas a serem desmatadas, que o sejam, mas que não permitam que os campos cresçam à custa dos bosques". A caça deve ser protegida. É preciso livrar-se dos lobos, que são um perigo constante, tanto para o gado quanto para os seres humanos: "que nos informem imediatamente sobre o número de lobos que cada um pegou e que nos entreguem as peles. Que, no mês de maio, procurem filhotes de lobo e que os capturem com pós envenenados e ganchos ou com a ajuda de fossos e de cães" (art. 69).

O capitular termina com um curioso artigo sobre frutas e vegetais, que ficaria melhor em um manual de botânica que nos escritos do imperador do Ocidente. Carlos Magno faz uma lista impressionante das variedades de frutas e legumes que ele gostaria de ver cultivadas em sua *villa*. Uma lista valiosa para a história da alimentação, ilustrando a variedade de espécies cultivadas, algumas das quais ainda não foi possível identificar e que bem mereceria de Carlos Magno o título de "patrono dos jardineiros", juntamente com o de "patrono das escolas":

> Queremos que eles tenham todos os tipos de plantas em seus jardins, a saber: lírios, rosas, feno-grego, hortelã-pimenta, sálvia, arruda, erva lombrigueira, pepinos, abóboras, cabaças e alcachofras espanholas, *fasiolum* (?), cominho oficial, *careium* (?), alecrim, grão-de-bico, jacinto (*scille*), gladíolo, serpentária, anis, coloquíntida, heliotropo, erva-doce, seseli, alfaces, *chlorophytum*, rúcula, agrião, bardana, poejo, salsa-de-cavalo, aipo, levístico, salsinha, salsão, sabina, endro, funcho, chicórias, dictame, mostarda, segurelha, hortelã-d'água, hortelã de jardim, a menta de folhas redondas, erva-lombrigueira, erva-de-gato, centáurea, papoula de jardim, acelga, cabarte, malvisco, malvas de árvore, malvas, cenouras e mandioquinhas, erva-armola de jardim, acelga amaranto, couve--rábano, repolho, cebolas, alho, alho-poró, nabos e rabanetes, chalotas, *allium*, alho comum, garança, cardo, favas do pântano, ervilhas, coentro, cerefólio, eufórbio, alecrim.
> Quanto às árvores, queremos que nossos intendentes tenham macieiras de várias espécies, pereiras e ameixeiras também de espécies diversas, tramazeiras, nespereiras, castanheiras, nogueiras, pessegueiros de todos os tipos, marmeleiros, aveleiras, amendoeiras, amoreiras, pinheiros, figueiras, nogueiras e cerejeiras de todas as espécies.
> Nomes das maçãs: *Gozmaringa, Geroldinga, Crevedella, Sperauca*, algumas doces, outras azedas, todas cuja maturidade acontece no outono ou no começo do inverno; e aquelas que são consumidas assim que colhidas e que são precoces.
> *Poires de garde* de três ou quatro espécies, doces, para cozimento ou tardias. (art.70).

Quer tenha Carlos Magno elaborado essa lista sozinho ou com a ajuda de jardineiros, ela atesta a importância que ele dá à sua dieta. Além disso, no artigo 24 ele especifica que tudo o que é destinado à sua mesa deve ser "bom e excelente, e preparado com muito cuidado e limpeza". O fato de o grande capitular econômico do reinado terminar com algumas considerações sobre repolhos e nabos é também revelador de uma economia estreita, um reino em um estado de permanente penúria, com um equilíbrio precário entre recursos e a população, que precisa depender de uma agricultura de rendimentos extremamente fracos. O fato de que, com isso, Carlos Magno tenha sido capaz de reivindicar o domínio de toda a Europa ocidental diz muito sobre a pobreza dela.

UMA REDE URBANA POBRE

Portanto, não devemos esperar encontrar um mundo urbano muito desenvolvido. Para os poucos viajantes que vêm de megalópoles como Bagdá ou Bizâncio, com seu meio milhão de habitantes, o império de Carlos Magno é como o Velho Oeste, pontilhado de pequenas cidadezinhas, as maiores das quais, não mais do que uma dúzia delas, não ultrapassam os 20 mil habitantes. Esse talvez seja o contraste mais visível com o antigo Império Romano, cujas regiões outrora mais urbanizadas se tornaram "um verdadeiro cemitério de cidades", escreve Ernesto Sestan. Na Itália, após as invasões de godos e lombardos, 7 das 25 *civitates* listadas por Plínio desapareceram completamente, às vezes como resultado de rotas comerciais. Aquileia está em pleno declínio; as cidades que levam aos desfiladeiros alpinos para Noricum e Panônia, como Julium Carnicum, vegetam. Verona, Tridentum, Hostilia e Mântua, cujas muralhas foram demolidas por Agilolfo, são apenas uma sombra de si mesmas. Inundações e a progressão de pântanos se somam às guerras para provocar a ruína e o abandono na Ligúria, na Úmbria e na Toscana. Apenas Pavia, a capital da Lombardia, começa a florescer no século VII; recenseia-se nela cinquenta santuários.

Onde a cidade antiga simplesmente não desapareceu, ela encolheu, e sua escassa população flutua dentro dos limites de uma muralha que se tornou grande demais. Apesar de o rei lombardo ter se estabelecido em Bolonha em 727 e desenvolvido um novo bairro semicircular a leste, a cidade encolheu de 60 para 25 hectares. Os monumentos romanos são fragmentados, e os materiais reutilizados para construir igrejas. Arenas, circos, banhos termais e teatros são usados como pedreiras. Colunas, capitéis e frisos são particularmente valorizados, e Carlos Magno, como todos os conquistadores, não hesita em remover o patrimônio romano e gótico, transferindo partes do palácio de Ravena para Aachen. Em Roma, o grupo dos *marmorarii*, artesãos especializados no tráfico do mármore, desconstroem metodicamente os monumentos e os vendem em partes. Fornos de cal são instalados no Fórum e, em meio às ruínas disformes, são construídas igrejas com pedaços de templos pagãos: Santo Stefano, Santa Maria in Secundicerdo e três outras no Fórum Boarium, Santa Maria em Campo Carleo, no Fórum de Trajano, e São Basílio, no Fórum de Augusto. Os prédios da Cúria se tornaram a igreja de Sant'Adriano, a biblioteca nas Termas de Augusto se torna Santa Maria Antica, o Panteão, Santa Maria ad Martyres, o Templo de Apolo, San Lorenzo in Miranda.

A população de Roma não ultrapassa 20 mil habitantes, que se aglomeram no antigo Campo de Marte e nas ruínas dos edifícios públicos, bem como na margem oeste do Tibre, entre o Castelo de Santo Ângelo e o Vaticano, no distrito de Trastevere, conhecida como Cidade Leonina, desde que o papa Leão IV mandou fortificá-la. A vegetação tomou conta das colinas. Até mesmo as primeiras igrejas cristãs da cidade, incluindo a basílica de Latrão, estão localizadas em áreas semidesertas, e só são frequentadas pelas procissões.

A situação não é melhor no sudeste da Gália, a antiga Narbonnaise, outrora tão profundamente romanizada. As invasões árabes, os contra-ataques francos e os assaltos sarracenos dizimaram os arrabaldes das cidades, que permanecem sob constante ameaça. Os arredores de Narbonne são ainda incendiados em 793, Nice é saqueada em 813, e Antibes, Fréjus e Toulon são gravemente atingidas. Nesses locais, como em outros, os monumentos romanos são desmantelados. Em Vienne, a igreja de São Pedro é erguida no local do templo do campo militar de Vindobona. Entretanto, Arles, Narbonne e Marselha mantêm uma função comercial. Os judeus administram lá um lucrativo tráfico de escravos.

Seguindo para o norte, a paisagem urbana torna-se mais diversificada. Os monumentos romanos, menos grandiosos, também são transformados em pedreiras; as muralhas defensivas são preferencialmente destruídas, pelo menos em parte. De fato, são consideradas inúteis: paradoxalmente, o reinado de Carlos Magno, que trava guerras todos os anos, é considerado um período de paz. Os combates ocorrem apenas em lugares longínquos, então os bispos ordenam a destruição das amuradas. Em Reims, uma torre se torna uma capela, e as pedras das *courtines*[13] são usadas para construir a nova catedral. Em Metz, Lyon, Le Mans e Langres, os materiais são reutilizados para construir hospitais, oratórios e construções em abadias. Em outros lugares, limitam-se a reduzir o comprimento do recinto, como em Neuss, Andernach, Bingen, no Reno, Castrum Regina, no Danúbio, que se torna Regensburg em 804, Trier e Avenches.

Se a grande maioria das cidades encolhe, outras veem sua população crescer, como Metz e Arras, cujo desenvolvimento econômico pode ser medido pela multiplicação das igrejas: há 23 delas em Metz por volta de 800, incluindo 8 dentro dos 20 hectares da muralha do século IV, para uma população estimada em 6 mil habitantes. Metz beneficia-se da navegação no rio Mosela, bem no coração das terras francas, e é um ponto de passagem muito frequentado pelo próprio Carlos Magno. Arras, por sua vez, com uma feira e um mercado semanais, e com seus subúrbios ao redor da abadia de Saint--Vaast, talvez atinja 5 mil habitantes.

Nessa zona compreendida entre o Sena e o Reno desenvolvem-se pequenos centros comerciais ligados ao tráfego fluvial ou marítimo, os *portus*. Eles são particularmente ativos no Escalda, no Mosa e no Reno. O centro é um cais rudimentar, ou até mesmo um simples ancoradouro de desembarque, com alguns armazéns em torno dos quais se agregam oficinas de artesãos, tabernas e algumas cabanas para os funcionários do pedágio. No Escalda, onde circulam a lã, os tecidos e o chumbo inglês, o termo *portus* é aplicado a Cambrai, Valenciennes, Tournai e principalmente Gand, onde as instalações portuárias se desenvolvem abaixo da abadia de Saint-Bavon. A capacidade dessas instalações é tanta que, em 811, Carlos Magno vem inspecionar a flotilha montada para proteger a costa contra os normandos. No vale do Mosa, um texto hagiográfico, *Milagres de Santo Huberto*, escrito por volta de 825, dá testemunho da atividade comercial. Ele menciona artesãos rurais em ferro e chumbo, camponeses que vêm vender seus produtos nos mercados de Bastogne, Fosses, Visé; artigos de linho e lã vão e vêm pelo rio e os *portus* de Dinant, Namur, Huy, Liège e Maastricht são bastante movimentados. Carlos

---

13 Na arquitetura militar romana e da Idade Média, uma *courtine* é a muralha de defesa entre duas torres e que as une. (N. T.)

Magno e sua comitiva visitam a região com frequência e o rei tem uma *villa* em Maastricht. Ele frequenta ainda mais o Reno, que cruza regularmente em Colônia, Mainz e Lippeham, para ir lutar na Saxônia.

Na costa, alguns *portus* concentram o tráfego com as terras ribeirinhas do Mar do Norte, um comércio monopolizado pelos frísios. Na verdade, esses portos são estabelecidos um pouco mais retirados em relação à margem, a montante dos estuários ou no delta do Reno. Se Rouen, que tem ligações regulares com a Inglaterra, está destinada a um grande desenvolvimento, outros *portus*, que são muito ativos sob Carlos Magno, em seguida desaparecem completamente.

Esse é o caso de Quentovic, cuja última menção é de 864, e não se sabe mais onde ficava exatamente. Provavelmente no rio Canche, por causa de seu nome (*Quenta vicus*), na região de Étaples ou Montreuil. O assoreamento do litoral é, sem dúvida, o motivo do abandono do local no final do século IX, apesar de esse porto ter sido considerado a Calais de Carlos Magno, concentrando quase todo o tráfego através do Canal da Mancha: mercadorias, especialmente têxteis, peregrinos anglo-saxões indo para Roma e monges. É nesse local que Alcuíno, proprietário de uma *villa* nas imediações, em Saint-Josse, embarca e desembarca. É o centro do recebimento de *tonlieux*, cuja administração é confiada a Gervold. Também é uma das oficinas de cunhagem de moedas mais importantes do império.

Outro porto importante, que também desapareceu e foi mencionado pela última vez em 863, é Dorestad, ou Duurstede, na confluência de dois braços do Reno. Pelo menos o local exato foi encontrado, pesquisado por W. A. van Es [Willem Albertus "Wim" van Es]. A arqueologia descobriu um assentamento de 30 hectares, composto por uma grande aldeia comprida, ao longo de um eixo principal de 1 quilômetro, com 1 *castrum*, 1 igreja, 2 cemitérios e alguns cais. Alcuíno também passou por esse local. Outros portos, como o de Domburg, na ilha de Walcheren, Witla, na ilha de Voorne, na foz do Mosa, também têm uma certa atividade.

Do outro lado do Reno, os centros urbanos são de natureza diferente. Nascidos durante a conquista da Saxônia, geralmente são cidades duplas, justapondo um forte e um *vicus*, um estabelecimento militar e as pequenas oficinas e lojas frequentadas pela guarnição. Em uma segunda fase, aos mais importantes se acrescentam a sede de uma catedral. Contam-se ao menos vinte dessas cidades duplas, que combinam *burg* e *vicus*. Elas demarcam e protegem as estradas que atravessam a Saxônia. Essas são as *Königshöfen*, onde o rei tem uma *villa* ou um palácio, que lhes servem de escala, como no Hellweg, entre Colônia e Magdeburg, em Dortmund, Paderborn, Hildesheim, Goslar; na estrada de Colônia para Bremen, em Münster, Osnabrück. Paderborn até desempenha o papel de uma das "capitais" do reino, com sua catedral e palácio, onde Carlos Magno recebe o papa em 799.

Outros centros que surgiram durante o reinado: Erfurt, com seu *burg*, seu mosteiro, suas igrejas, seu palácio e seus comerciantes; Würzburg, onde o castelo ducal data de 704, dominando o Main, e que se torna bispado, depois arcebispado e residência real; Büraburg, em Hesse do Norte, originalmente um *burg* que surgiu por volta de 700 em um platô de 30 hectares, a 100 metros acima do vale do rio Eder; Fritzlar, bem perto dali, que cresceu em torno do mosteiro fundado em 723, com uma igreja com estrutura de madeira e depois de pedra, concluída em 746, devastada em 774 pelos saxões e depois reconstruída por Carlos Magno. Ele também fez construir cidades limítrofes no Elba, em Bardowiek, Jeetzel, Magdeburg e Haale, no Saale. Por último, mas não menos importante, Hamburgo, fundada em 804 e destinada ao desenvolvimento que se conhece. Em suma, durante o reinado de Carlos Magno, a região entre o Reno e o Elba adquire inúmeros pequenos centros urbanos, muitas vezes de origem militar, e formam uma rede coerente ao longo das estradas principais. Ao contrário das outras cidades do império, estas não têm um passado romano. Desde o início, sua estrutura se organiza em torno de dois polos: o castelo e a igreja. As mais importantes tornam-se sede de um bispado, e esse é o fator decisivo em seu desenvolvimento.

De fato, é sobretudo por meio de sua função religiosa que as cidades carolíngias são mantidas. Os condes não moram nelas, a corte também não, portanto, a função administrativa civil é muito fraca; o artesanato é encontrado principalmente nas *villae*; o comércio é muito limitado, portanto a função econômica é bem secundária. O que resta, acima de tudo, é a função religiosa. Isso pode ser visto na paisagem urbana por meio da proliferação de igrejas, cuja construção e manutenção já é uma das principais razões para a concentração de trabalhadores. O reinado de Carlos Magno prefigura a onda de construção do século XI, durante o qual a Europa foi coberta por um "manto branco de igrejas". A densidade de igrejas e capelas por habitante atinge um nível sem precedentes: 23 para 6 mil habitantes em Metz, 26 em Paris, 20 ou 22 em Trier e Reims, 18 em Lyon, 25 em Soissons. Além disso, na ausência de outras estatísticas, o número de santuários é usado para avaliar a importância das cidades. As maiores têm mais de 15, como Metz, Clermont, Soissons, Reims, Lyon, Arles, Bordeaux, Trier, Colônia, Mainz, Tours, Orleans, Cahors, Poitiers, Le Mans, Paris, para mencionar apenas a Nêustria, a Austrásia e a Aquitânia.

A presença de um bispo é obviamente de grande importância, com todo o pessoal eclesiástico, especialmente os cônegos, que isso implica. Sabe-se que os cônegos e os bispos são os maiores consumidores da época, a despeito dos regulamentos canônicos e dos capitulares que os intimam a viver de forma mais simples. Suas compras de ricas vestimentas, joias e móveis, além de prataria, casulas, louças religiosas, incenso e iluminação para os santuários, mantêm vivos o comércio e o artesanato. Os bispos são grandes construtores, com recursos financeiros substanciais provenientes de ofertas, doações, dízimos provenientes de suas *villae*. Leidrade, arcebispo de Lyon de 799 a 813, realiza grandes obras para embelezar sua catedral, e faz um relatório sobre o empreendimento, que ele expõe a Carlos Magno. Haito, bispo da Basileia de 803 a 823, reconstruiu a sua. "O que estava por terra, Haito, um padre cheio da vontade divina, reconstruiu a catedral desde suas fundações. Graças a ele todos os cidadãos gostam de vir aqui", diz uma carta. Jerônimo, bispo de Nevers de 795 a 815, reconstruiu a catedral e o batistério. Bernoin, bispo de Besançon de 797 a 838, também fez o mesmo, assim como o bispo de Reims. Em muitas cidades, a "cidade dos clérigos", que compreende a catedral e as construções anexas, cercadas por um muro, tornam-se uma cidade dentro da cidade. Os santuários, especialmente quando possuem relíquias de prestígio, atraem peregrinos, fontes de generosas contribuições.

Paris é uma ilustração flagrante da predominância da função religiosa das cidades na época de Carlos Magno. Pode-se até dizer que é a importância dessa função que permite que a cidade sobreviva ao longo interlúdio que o período carolíngio representa para ela. Entre os merovíngios, de Clóvis em diante, que a transformaram em uma espécie de capital, residindo frequentemente em seu palácio na Île de la Cité, e os Capetos, que reocuparam o local a partir do século XI, Paris é essencialmente impulsionada pela vida religiosa. Pepino, o Breve, é ligado à cidade, onde foi coroado em 28 de julho de 754 por Estêvão II, e onde ele e sua esposa Berta estão enterrados. Mas Carlos Magno passa pela cidade apenas duas vezes durante seu reinado. Em fevereiro de 775, ele participa da consagração da nova basílica de Saint-Denis, reconstruída por iniciativa de seu pai.

Nessa época, Saint-Denis fica evidentemente no meio do campo, assim como a outra grande abadia, Saint-Germain-des-Prés, como seu nome sugere, que na época se chamava Saint-Vincent. Fundada no século VI por Quildeberto, esse mosteiro atraía multidões de peregrinos, que buscavam o túmulo de Saint Germain (São Germano), enterrado sob o pórtico, a tal ponto que Pepino, em 756, manda transferi-lo para um confessionário situado atrás do altar-mor. Nessa ocasião, ele doa à abadia a propriedade de Palaiseau, doação confirmada por dois documentos forjados pelos monges no século IX.

A proximidade desses dois ricos mosteiros incentiva um certo comércio em Paris, que supre também as necessidades do bispo e dos cônegos, clientes dos artesãos joalheiros, ourives, fabricantes de pergaminhos, vidraceiros, fabricantes de tecidos e prostitutas. A área urbana está localizada na margem esquerda, cobrindo aproximadamente o atual Quartier Latin, e na Île de la Cité, menor do que os atuais 17 hectares. As estimativas dos historiadores sobre a população total variam de 1 a 5, ou seja, de 4 mil a 20 mil habitantes.

Há 26 locais de culto, incluindo nada menos que oito na Île de la Cité. A catedral propriamente dita é composta por três prédios: a basílica de Saint-Etienne, localizada parcialmente abaixo do átrio atual de Notre-Dame, perto da grande estátua equestre de Carlos Magno; a igreja de Notre-Dame, sob o coro da catedral atual, e o batistério de Saint-Jean-le-Rond, ao norte da basílica de Saint-Etienne.

Paris reflete a situação urbana do império de Carlos Magno: grandes cidades semirrurais, animadas principalmente por clérigos e atividades religiosas, por vezes tendo uma função comercial um pouco mais desenvolvida, especialmente nas regiões entre o Sena e o Reno. Noventa e cinco por cento dos súditos de Carlos Magno são moradores da zona rural. Isso não facilita a tarefa do governo e da administração que, não podendo contar com grandes centros urbanos de comando, devem gerenciar uma população esparsa e dispersa em vilarejos e aldeias isoladas.

– 14 –

CARLOS MAGNO:
O HOMEM E O SOBERANO

Há algo de insensato na tentativa de definir a personalidade de um homem que viveu há 1.200 anos e sobre o qual existem tão poucas informações de ordem íntima. É claro que temos Eginhardo, mas o retrato que ele faz do imperador é pouco mais que um esboço, o contorno de uma silhueta, que os outros documentos não permitem confirmar. Já é bem difícil compreender todas as nuances da psicologia de nossos contemporâneos, dos que nos são próximos; descrever a psicologia de personagens medievais, com a ajuda de nossas fontes fragmentárias e distorcidas, é como tentar reconstruir uma catedral a partir dos pedaços mutilados de uma coluna, de dois ou três vitrais quebrados e de um pedaço de um sino. Sem mencionar o fato de que, durante séculos, a humanidade vem acumulando falsos retratos, mitos, lendas e tradições que adquiriram, por sua antiguidade, o *status* de quase verdades históricas, ofuscando ainda mais as pistas que já eram pouco visíveis. Quanto menos se tiver documentos históricos sólidos sobre celebridades do passado, maior será o papel da pura imaginação na construção de suas imagens. O caso extremo é o de Jesus. Portanto, que não se tenha ilusões: tentaremos fazer o melhor uso possível dos sérios indícios fornecidos pelos documentos, mas o retrato falado que deles tirarmos será devido mais à verossimilhança que à autêntica verdade.

FORÇA E SIMPLICIDADE

A começar de seu aspecto físico. Antes de tudo, precisamos ser claros: o Carlos Magno de 20 anos não se parece com o Carlos Magno de 40 ou 70 anos. O que Eginhardo viu foi o sexagenário e o septuagenário: um homem robusto de mais de 1,90 metro, com pescoço grosso, ventre bastante proeminente, cabelos brancos, olhos penetrantes, andar confiante, corpo musculoso obtido por meio século de exercícios físicos: caça, guerra, natação. Escreve Eginhardo:

> Adorava treinar na água sempre que podia. Era um excelente nadador, e ninguém podia igualá-lo nesse esporte [pelo menos ninguém se atrevia]. Foi por esse motivo que ele construiu seu palácio em Aachen e viveu lá nos últimos anos de sua vida, até sua morte. Ele não apenas convidava seus filhos para se banharem com ele, mas também seus nobres e amigos e, às vezes, toda uma série de assistentes e guarda-costas, de modo que às vezes havia mais de uma centena de homens na água.

Exercícios contínuos e uma vida ao ar livre lhe asseguram boa saúde, que ele mantém com relativa moderação à mesa: "Ele era moderado ao comer e beber, especialmente na bebida, pois detestava a embriaguez, principalmente em sua própria casa e entre seus amigos. Entretanto, não conseguia ficar muito tempo sem comer, e muitas vezes reclamava que o jejum o deixava doente. Ele raramente dava banquetes, e somente em ocasiões importantes, mas, nesse caso, convidava muitas pessoas. Sua refeição principal consistia em quatro pratos, além da carne assada, que seus caçadores lhe traziam em espetos, e que ele adorava acima de tudo... Ele era tão sóbrio no uso do vinho e de outras bebidas, que raramente se servia mais do que três vezes durante um jantar [mas tudo depende de quanto bebia de cada vez!]. No verão, depois do almoço, comia frutas e depois bebia novamente". O abuso de carne de caça assada, que ele continuou a consumir em quantidades excessivas, apesar das orientações de seus médicos, fez que no fim sofresse severas crises de gota. A artrite e as febres prejudicaram seus últimos anos, forçando-o a adotar um estilo de vida mais sedentário e a circular mais de barco.

O Carlos Magno de 30 ou 40 anos era certamente um belo atleta. A ausência de um retrato autêntico é lamentável, na medida em que o rosto, "espelho da alma", reflete, independentemente do que se possa dizer, o caráter de um indivíduo. Ele era loiro? Moreno? Barbudo? Não se sabe. Tinha bigode, certamente. A observação de Eginhardo sobre sua altura é surpreendente: "grande, mas não excessivamente" – 1,92 metro, como confirmado quando a tumba foi aberta em 1861, ainda está bem acima da média, mesmo para um germano. Sua vestimenta é muito simples, exceto em dias de cerimônia: uma camisa e ceroulas de linho, sob uma túnica colorida que vai até a altura dos joelhos e amarrada na cintura; as pernas são cobertas por faixas, e ele usa calças à moda dos gauleses (*braies*); no inverno, uma capa longa e um casaco de lontra, esquilo ou cordeiro. Fora das campanhas, sua vida é regida por uma rotina simples: ele se levanta ao alvorecer, assiste ao serviço religioso matinal, depois recebe seus conselheiros e em seguida vai à missa. Come sua refeição sozinho ou com seus filhos e filhas, enquanto ouve uma leitura: passagens da *Cidade de Deus*, mas, acima de tudo, histórias e lendas. Após a refeição, faz uma sesta, para a qual se despe completamente; a tarde é dedicada ao trabalho ou ao lazer, conforme necessário. Deita-se relativamente cedo, dorme mal e ocupa seus momentos de insônia com exercícios de escrita. Esse colosso tem uma voz frágil, que contrasta com sua aparência geral, e é um loquaz inveterado: "ele falava distintamente, mas sua voz era frágil para um homem de seu porte físico... Ele falava com facilidade e fluência, e expressava com muita clareza o que tinha a dizer... Era eloquente a ponto de às vezes parecer tagarela", escreve Eginhardo.

Sua expressão nem sempre é refinada, e ocasionalmente é trivial. Suas reflexões, quebras de tom e boas palavras evocam para nós outro Carlos, alto como ele, com uma barriga protuberante e uma voz em falsete: De Gaulle. Mencionamos seu sarcasmo sobre o pequeno casaco gaulês que não cobre sequer o traseiro, presente do basileu para um de seus embaixadores ("Ele teria feito melhor se tivesse comprado ceroulas para você!"), ou sobre a grosseria de um bispo ganancioso que corta um pedaço de pão para si mesmo sem lhe oferecer: "Bem, vá em frente, pegue tudo!", ou algo equivalente.

MULHERES E FILHOS

Carlos Magno tem uma atividade sexual acima da média. Se Eginhardo se contenta, nesse aspecto, em listar imperturbavelmente e sem comentários esposas, concubinas, filhos legítimos e ilegítimos, o monge Wetti de Reichenau implicitamente condena seus excessos em uma visão que mostra o imperador no inferno, com uma besta devorando seus órgãos genitais. Com suas quatro ou cinco esposas legítimas, seis concubinas registradas, vinte filhos recenseados e, sem dúvida, uma infinidade de namoros, Carlos Magno perpetua vigorosamente a atitude dos reis merovíngios, mas esse comportamento é julgado com mais severidade em uma época em que a Igreja reforça as regras que regem o matrimônio. Apesar disso, Carlos Magno tem o senso de família. Ele demonstra um certo apego a cada uma de suas sucessivas esposas, todas muito mais jovens do que ele, e parece ter tido uma afeição especial por Fastrada. Sem falar de amor romântico, ele demonstra uma ternura genuína por ela. Ele não deixa suas mulheres desempenharem um papel político, mas de bom grado lhes confia a administração material do palácio em sua ausência, conforme especificado no capitular *De villis*:

> Queremos que tudo o que nós ou a rainha prescrevermos a cada intendente ou o que nossos ministros, o oficial-mor (*sénéchal*) ou o encarregado da adega (*bouteiller*) lhes terão ordenado sob nossa ordem ou a da rainha ao *plaid*,[1] seja realizado conforme notificado a eles. Qualquer pessoa que tenha se esquecido por negligência se absterá de beber depois de ter sido avisado e até que venha à nossa presença ou à presença da rainha e lhe peça perdão.

De modo geral, as mulheres ocupam um papel importante na vida de Carlos Magno: além das esposas e concubinas, destacamos o papel de sua

---

[1] Na Idade Média, conselho consultivo ou judiciário de um rei, grande nobre, prelado ou abade. (N. T.)

mãe, sua irmã e suas filhas. Ele ama e respeita sua mãe, Berta, com quem teve apenas um desentendimento sério, sobre o casamento com a filha de Desidério. Ela mora no palácio e, quando morre, em 783, ele manda enterrá-la em Saint-Denis, com seu pai Pepino. Sua única irmã, Gisele, é abadessa do convento de Chelles, o que não a impede de estar frequentemente na corte, onde faz parte do cenáculo de intelectuais que cercam o imperador. Em 799, por exemplo, ela é vista com seus três sobrinhos assinando, em Aachen, uma escritura de doação de terras artesianas para a abadia de Saint--Denis. Altamente culta, ela desenvolve atividades historiográficas, dirige a oficina de cópias de seu convento e mantém uma correspondência regular com Alcuíno.

Carlos Magno tinha um relacionamento muito especial com suas filhas, tão próximo que rumores de incesto circulavam na corte. Embora Eginhardo não pudesse fazer eco a isso abertamente, a maneira como ele evoca os vínculos entre o pai e as filhas serve para despertar suspeitas: "Essas filhas eram extremamente bonitas e muito amadas por seu pai. Por essa razão, coisa notável, ele as manteve com ele em sua casa até o dia de sua morte, em vez de dá-las em casamento aos seus homens ou a estrangeiros, alegando que não podia viver sem elas. As consequências foram bastante deploráveis para ele, que havia sido tão feliz em todos os seus outros empreendimentos. No entanto, ele fez vista grossa sobre o que acontecia, como se não estivesse ciente das suspeitas de conduta imoral, ou como se os rumores fossem infundados". Em resumo, Carlos Magno fecha os olhos para as aventuras de suas filhas. Ele as proíbe de se casar, mas tolera que tenham amantes. A mais velha, Rotruda, tem um caso com o conde do Maine, Rorico, e teve um filho, Luís, criado em Saint-Germain d'Auxerre, depois em Ferrières, que se tornará abade de Saint-Denis. Outra filha do imperador, Berta, é amante do abade de Saint-Riquier, Angilberto, amigo íntimo de Carlos Magno, com quem tem dois filhos: um deles será o historiador Nitardo. Angilberto é um dos principais intelectuais e conselheiros na corte.

Para onde quer que vá, Carlos Magno é escoltado por suas filhas. Elas comem com ele, cercam-no em cerimônias e o seguem em seus deslocamentos protegidas por guarda-costas. Seus sucessivos casamentos com garotas de 13 ou 14 anos obscurecem as linhas entre gerações e parentescos. Assim, no Natal de 799, o soberano de quase 60 anos está acompanhado de sua esposa Lutgarda (20 anos) e suas cinco filhas de casamentos anteriores, algumas das quais são mais velhas que a madrasta: Rotruda (25 anos), Berta (20 anos), Gisela (19 anos), filhas de Hildegarda; Teodrada (15 anos) e Hiltruda (13 anos), filhas de Fastrada. Se ele não permite que suas filhas se casem, é porque não quer ter genros, que seriam personagens por demais poderosos. Isso é o que os historiadores dizem, mas em nenhuma fonte esse cálculo aparece.

Quanto à diplomacia matrimonial, Carlos Magno não se opõe a ela por princípio, já que o casamento de Rotruda e o basileu chegou a ser seriamente considerado. Seja como for, a presença das mulheres na corte é muito importante, e a primeira decisão de Luís, o Piedoso, será enviar todas elas para o convento.

A atitude de Carlos Magno em relação a seus filhos é uma mistura de afeto e desconfiança; exige deles obediência absoluta, educando-os à maneira franca e preparando-os para reinar. Como vimos, o filho mais velho, Carlos, é mantido em um estado de total sujeição, a ponto de passar despercebido nos *Anais*, sempre à sombra de seu pai, que só lhe confia campanhas no final de seu reinado. Os outros dois, Pepino e Luís, têm cada um seu próprio reino, mas permanecem sob constante vigilância. O imperador os convoca e os manda de volta quando quer, e repreende Luís pela maneira como gere os domínios reais na Aquitânia. Mas também lhes demonstra uma afeição sincera e profunda, que se manifesta em gestos de ternura quando se encontram, por exemplo. E chora sem restrições ao saber de suas mortes, o que Eginhardo não está longe de julgar indecoroso: "Ele suportou a morte de seus filhos e da filha com menos coragem do que se poderia esperar, dada a força de seu caráter; pois seu sentimento paternal, que era muito forte, fez com que explodisse em soluços".

SENSIBILIDADE E BOM SENSO

Carlos Magno chora com facilidade, e não apenas na morte de seus filhos. "Quando ficou sabendo da morte de Adriano, papa de Roma e seu amigo íntimo, ele chorou como se tivesse perdido um irmão ou um filho querido", diz Eginhardo. Ele chora com remorso após confiscar as propriedades do bispo Odalrico, irmão da rainha Hildegarda; também chora de tristeza ao pensar no sofrimento futuro que os normandos infligirão ao seu povo, conta Notker: "em uma viagem a certa cidade da costa sul da Gália", ele testemunha um ataque normando contra o porto. "Carlos Magno se levanta da mesa e vai a uma janela voltada para o leste. Lágrimas preciosas escorrem em seu rosto por um longo tempo. Ninguém se atrevia a lhe perguntar o motivo. No final, ele explica seu comportamento choroso para seus chefes militares: '[...] meu coração se entristece ao pensar que, mesmo em minha vida, eles ousaram atacar esta costa, e fico horrorizado com o que farão com meus descendentes e seus súditos'". A cena é completamente impossível: Carlos Magno nunca foi à costa mediterrânea da Gália, onde os normandos ainda não haviam aparecido; e principalmente para o leste. Ao atribuir dons proféticos ao imperador, Notker apenas evoca outra cena mítica, a de Jesus chorando sobre a futura ruína de Jerusalém (Lucas, 19, 41). Mas o que importa aqui é o fato de repetidamente se atribuir o choro a Carlos Magno, o que pode parecer surpreendente. De fato, isso de forma alguma significa que ele é muito sentimental. O controle das emoções ainda não faz parte do código de conduta masculina, mesmo que a observação de Eginhardo seja sua premissa. Do riso às lágrimas, da generosidade à violência mais selvagem, sentimentos extremos são expressos sem a menor inibição. O mesmo Notker, que nos mostra o doce Carlos Magno chorando sobre o futuro destino de seus súditos, também nos conta como, em uma aldeia saxônica, ele manda cortar a cabeça de todas as crianças cujo tamanho excedesse o de uma espada, e ele chama isso de "incidente". Vimos em muitas ocasiões a conduta impiedosa do soberano.

Isso não o impede de desenvolver amizades sólidas e calorosas: "Ele era firme e constante em suas relações humanas", diz Eginhardo, "fazia amigos facilmente, cultivava-os cuidadosamente e fazia tudo o que podia por aqueles de quem se tornara íntimo". Dentre estes, estavam tanto intelectuais, dos quais falaremos mais tarde, quanto espíritos medíocres, que escrevem versos para agradá-lo, pois gosta de ser lisonjeado, e aos quais se adicionam guerreiros grosseiros e analfabetos. Por exemplo, o conde Viboldo, descrito por Teodulfo como um homem enorme, gordo e alto, que faz a casa tremer quando chega, e muito parvo, inepto para entender os versos compostos para zombar dele, e capaz apenas de emitir grunhidos, uma espécie de sargento Garcia carolíngio.

Na corte, Carlos Magno administra firmemente esse pequeno mundo, da piscina à capela, onde faz os clérigos lerem o ofício, um após o outro, designando com um dedo ou uma vara aquele que deve continuar a leitura, como um mestre-escola que deseja ter certeza de que todos estão acompanhando. Ele gosta de piadas, desde que seja ele quem as faz, como quando compõe versos (com a ajuda de Pedro de Pisa) para perguntar a Paulo Diácono se ele prefere ir para a prisão ou evangelizar os dinamarqueses.

Um dos principais traços de sua psicologia é a obstinação. Seja qual for o campo, ele nunca desiste, apesar dos obstáculos. Sua tenacidade em subjugar os saxões é o exemplo mais flagrante dessa atitude, que tanto pode ser vista em sua determinação de impor o *Filioque*, quanto em sua teimosia de dominar a escrita. Nunca desiste: "Ele nunca abandonou um empreendimento, não importava o quão difícil fosse, uma vez que o tivesse começado, e estava determinado a levá-lo até o fim; o perigo nunca o deteve. Tendo aprendido a suportar e sofrer qualquer circunstância inexorável, qualquer que fosse sua natureza, ele nunca cedeu à adversidade; e, em tempos de prosperidade, jamais se desviou com os favores da fortuna". Seus gostos são simples, mas aprecia ambientes agradáveis, exigindo, por exemplo, cisnes e pavões nos jardins de suas *villae*.

Carlos Magno não é um gênio. Suas habilidades intelectuais não são comparáveis às de César ou Napoleão, mas tem grandes qualidades: clareza de espírito, bom senso e racionalidade. Gosta que as coisas sejam claras, organizadas, lógicas e, acima de tudo, precisas. A vagueza leva a erros e equívocos, e, num campo como a religião, isso pode ser fatal. É por isso que insiste na revisão de textos, no cuidado com a cópia e na eliminação de erros. No que diz respeito à Bíblia, pede a Alcuíno que revise a versão latina. Este, usando cópias originárias da Itália, corrige erros gramaticais e certas expressões, e apresenta seu trabalho ao imperador no Natal de 801: "Eu diligentemente corrigi e reuni na santidade de uma ilustre compilação, que me dei ao trabalho de enviar à Vossa alta Autoridade", escreve ele. Do texto de Alcuíno, existem atualmente 35 cópias, que datam da primeira metade do século IX, originárias da Touraine.

Ocorre a mesma preocupação com a precisão e a unificação na revisão do sistema de pesos e medidas, bem como do calendário, e até mesmo na denominação dos ventos. Bom senso e espírito prático presidem essas reformas.

Assim, abandonando os termos poéticos e mitológicos usados para indicar a direção dos ventos, Carlos Magno decide usar os quatro pontos cardeais e suas combinações: vento do oeste (*westroniwint*), do leste (*ostroni*), do sul (*sundroni*), do norte (*nordroni*) e do noroeste (*westnordroni*), do sudoeste (*westsundroni*), do nordeste (*ostnodroni*), do sudeste (*ostsundroni*). Esse sistema, por fim, foi imposto. Carlos Magno teve menos sucesso com o calendário, cuja reforma perturba demais os hábitos. Todos os grandes reformadores lidaram com esse problema, que fixa os ritmos fundamentais da vida e é um reflexo da cultura dominante: César criou o calendário juliano, o cristianismo criou o calendário gregoriano; a Revolução Francesa tentou substituí-lo por um calendário naturalista, ao qual Napoleão pôs fim. Carlos Magno, relata Eginhardo, desenvolveu um calendário carolíngio; ele queria dar aos meses nomes lógicos e significativos, em ligação com as estações do ano e o trabalho agrícola, prenunciando o trabalho dos jacobinos. Já entre os germânicos, junho era chamado de mês do pousio, julho do feno, setembro da semeadura, outubro do vinho, fevereiro o da madeira morta, abril o da grama. O imperador propôs a seguinte nomenclatura:

– janeiro se tornaria *wintarmanoth* (mês de inverno)
– fevereiro *hornung* (a virada do ano)
– março *lentzinmanoth* (mês da renovação)
– abril *ostarmanoth* (mês da Páscoa)
– maio *winnemanoth* (mês da alegria)
– junho *brachmanoth* (mês da lavoura)
– julho *hewimanoth* (mês do feno)
– agosto *aranmanoth* (mês das espigas)
– setembro *witumanoth* (mês da madeira)
– outubro *windumemanoth* (mês da colheita da uva)
– novembro *herbistmanoth* (mês da colheita)
– dezembro *heilagmanoth* (mês sagrado)

A reforma fracassou. É verdade que as correspondências não são evidentes, devido à extensão do império em termos de latitude: a defasagem de tempo no trabalho agrícola entre a Saxônia e a Toscana, por exemplo, exacerba as anomalias.

Carlos Magno, embora não seja um homem de inteligência superior, tem bom senso e espírito prático. Muito se questionou sobre seu nível cultural, começando pela famosa passagem de Eginhardo:

> Ele não se contentava com sua língua materna, e se deu ao trabalho de aprender línguas estrangeiras. Ele aprendeu tão bem o latim que o falava tão fluentemente quanto a sua própria; mas entendia grego melhor do que o falava. Era eloquente a ponto de às vezes parecer tagarela. Dava muita importância às artes liberais e tinha grande respeito por aqueles que as ensinavam. Quando estava aprendendo as regras gramaticais, foi ensinado por Pedro Diácono, de Pisa, que era então um homem velho, mas, para todos os outros assuntos, foi aluno de Alcuíno, apelidado de Albino, também diácono, um saxão vindo da Bretanha e que era o homem mais instruído que poderia ser encontrado. Sob sua orientação, o imperador passou muito tempo e fez grandes esforços para aprender retórica, dialética e, acima de tudo, astronomia. Dedicou-se à matemática e traçou o curso das estrelas com muito cuidado e atenção. Também tentou aprender a escrever. Com esse objetivo, mantinha blocos e cadernos sob as almofadas de sua cama, para treinar a formação de letras em seu tempo livre; apesar de seus esforços, começara tarde demais e fez pouco progresso.

Essa história comovente se tornou lendária, mas esse não é o ponto principal. Carlos Magno pode ter tentado dominar a caligrafia. Ele não havia recebido uma educação intelectual, mas tinha uma mente inquiridora, uma espécie de Pedro, o Grande medieval, e tinha o maior respeito pelos estudiosos, os homens de letras e o conhecimento em geral. Durante toda sua vida, procurou aprender, em todos os lugares, em todos os momentos e em todas as circunstâncias. Ele manda que se leia para ele durante as refeições; discute teologia na piscina, faz aulas particulares, escreve versos. Ele tem uma biblioteca pessoal, que parece ter sido importante.

Em seu testamento, demanda que se venda a "grande coleção de livros que havia reunido em sua biblioteca". Os estudiosos obviamente tentaram descobrir os títulos. Os trabalhos de B. Bischoff levaram à compilação de uma lista hipotética, não surpreendente, que inclui os Pais da Igreja, especialmente Agostinho, os clássicos latinos como Lucano, Estácio, Juvenal, Tibulo, Propércio, Terêncio, Cícero, Salústio e autores mais recentes como

Beda e Isidoro de Sevilha. Uma espécie de biblioteca ideal do honesto homem carolíngio. No poema dedicatório de seus extratos do *Octateuco*, escrito entre 775 e 800, Wigbod se refere à coleção de livros reunidos por Carlos Magno, vindos de muitos países diferentes. O soberano faz encomendas, como a de um compêndio de astronomia e um de cálculo de calendário em 810. Ele manda copiar obras para sua biblioteca, e da Itália traz consigo iluminadores, como Godescalco em 783, que decora um evangeliário para ele.

A existência de oficinas de copistas trabalhando para a corte também tem sido muito debatida. Com base nas características dos manuscritos encontrados, dois grupos podem ser distinguidos: o grupo da "escola da corte" (*Hofschule*) e o grupo dos "Evangelhos da Coroação". O grupo da *Hofschule* inclui seis evangelhos e dois saltérios de grande magnificência. A localização das oficinas permanece incerta, mas a região de Trier e Echternach continua sendo a mais provável. O *scriptorium* em Chelles, dirigido por Gisele, irmã de Carlos Magno, provavelmente também trabalhou para a corte.

OS LETRADOS DO PALÁCIO

O imperador admira os intelectuais, busca sua companhia, pede-lhes que o instruam; ele recrutou os serviços dos mais prestigiosos e elabora um círculo de homens de letras e de eruditos ao seu redor, alguns deles bajuladores medíocres, mas muitos deles intelectuais de qualidade, segundo os padrões da época, é claro. No final do século VIII, os estrangeiros dominam, começando pelos italianos, que Carlos Magno incentivava a segui-lo quando visitava a península, e que frequentemente só permaneciam na corte durante alguns anos. Em 781, o soberano conhece Pedro de Pisa, conhecido como Pedro, o Arquidiácono, um gramático que ensina em Pavia. Carlos Magno recebe desse professor algumas lições de latim e o persuade a permanecer na corte. Pedro reside lá até cerca de 790, onde compõe uma gramática inspirado em Donato, além de poemas e comentários em verso de certas obras de São Jerônimo. De 782 a 787, um lombardo desempenha um papel importante na corte: Varnefredo, conhecido como Paulo Diácono, de uma família aristocrática de Friuli, antigo tutor dos filhos do rei Desidério e monge em Monte Cassino. Também chamado de Paulo Gramático, escreveu um manual, *Expositio artis Donati*, explicando as regras básicas da língua latina, e um tratado, *Sobre o significado das palavras*. Carlos Magno o chama de "nosso cliente familiar", e o encarrega de escrever uma coleção de homilias para ajudar o clero de base a fazer seus sermões. O autor também escreve um comentário sobre a Regra de São Bento, a *Vida de São Gregório, o Grande*, e obras históricas: a *História romana*, a *História dos lombardos*, e a *História da igreja de Metz*. Em 787, com quase 70 anos, ele retorna à Itália e morre dez anos depois em Monte Cassino.

Foi também em 787 que outro italiano, Paulino de Aquileia, retornou à península, onde acabara de ser eleito bispo metropolitano de Aquileia. Desde 776, ele estava na corte de Carlos Magno, onde era um conselheiro muito respeitado. Mesmo depois de sua partida, ele é consultado com frequência, dá sua opinião sobre a expedição contra os ávaros, recomenda o método suave de evangelização, combate o adocionismo no Concílio de Frankfurt e contribui para o sucesso do *Filioque*. Teólogo acima de tudo, ele escreveu a *Regra de Fé*, comentando em hexâmetros as crenças essenciais e refutando as heresias.

Por volta de 790, outro grupo nacional se instala na corte: os irlandeses. Há muito tempo esses missionários vindos do fim do mundo eram onipresentes no continente, pregando a conversão dos pagãos do Oriente. Alguns deles permanecem temporariamente na corte, onde são notados por seus estudos astronômicos para calcular as datas de festas móveis, e pelo seu interesse na língua e cultura gregas. Por esse motivo, Alcuíno não gosta deles, chamando-os de "egípcios", de "sofistas atenienses". Em 798, ele escreve a Carlos Magno: "Quando parti, deixei romanos. Quem, então, introduziu os egípcios?". Após a morte de Alcuíno, a influência dos irlandeses cresce, com Joseph le Scot, um ourives de poesia erudita, Clément le Scot, que ensinava em Aachen, o monge de Saint-Denis, Dungal, especialista em eclipses lunares, dos cálculos de calendário, da polêmica contra os adocionistas e os iconoclastas espanhóis, e da poesia alexandrina, Dicuil, geógrafo e astrônomo, e um anônimo conhecido como *Hibernicus exul*, "Exilado irlandês", que celebra em verso a vitória de Carlos Magno sobre Tássilo.

No final do reinado, também aparecem vários intelectuais germânicos, godos, burgúndios e francos. Entre eles, Angilberto é particularmente importante. Membro da aristocracia franca, torna-se íntimo do rei e de suas filhas, especialmente Berta, com quem tem dois filhos. Abade de Saint-Riquier, é um homem de confiança de Carlos Magno, enviado em três missões diplomáticas a Roma e uma força motriz por trás da Academia Palatina. Outro aristocrata franco, Eginhardo, formado na abadia de Fulda, conhecido por sua cultura latina, reside na corte desde 792. O soberano também lhe confia uma série de missões, como a obtenção da aprovação do papa para o tratado de divisão. Moduíno, um jovem clérigo franco ou burgúndio, formado na escola episcopal de Lyon, é um talentoso imitador de Lucano, Virgílio e Ovídio, e aprimora a vida na corte com suas poesias a partir do final do século VIII. E então, no final do reinado, novos talentos começam a surgir, no grupo dos *"nourris"* (educados), ou seja, jovens de boas famílias, recomendados por bispos ou abades, ou distinguidos pelo próprio soberano, e mantidos no palácio, onde podem participar de assembleias, conviver com os grandes e desfrutar do contato com os intelectuais que lá se encontram. O próprio Eginhardo pertence a esse grupo, assim como outro monge de Fulda, Rábano Mauro, que ficou com Alcuíno em Saint-Martin de Tours de 801 a 804; e se tornará abade de Fulda em 822. Ermoldo, o Negro, é outro exemplo.

Um caso especial é o de Ebbone, exceção que será citada em exemplo da possibilidade de ascensão social para filhos de famílias modestas merecedoras. Ebbone, de fato, é filho de um homem independente, vindo de um fisco de impostos real, e da ama de leite do príncipe Luís. Notado por Carlos Magno por sua inteligência, é educado na escola do palácio e adquire uma cultura notável. Sua ascensão é espetacular e torna-se arcebispo de Reims em 816. Os aristocratas nunca o perdoaram por suas origens humildes: "O imperador fez de você um homem livre, mas não fez um nobre" disse-lhe o corepíscopo de Trier, Thegan.

No círculo de intelectuais que cercam o soberano, duas personalidades dominam e rivalizam: Teodulfo e Alcuíno. O primeiro é teólogo e poeta, o que não é incompatível, por serem ambas atividades que exigem muita imaginação. Ele as pratica em conjunto, escrevendo, por exemplo, um resumo da Bíblia na forma de um poema de 78 dísticos. Chegado à corte em 780, destaca-se em todos os assuntos teológicos do reinado: correção da Bíblia, redação dos *Libri Carolini* para esclarecer a doutrina, luta contra o adocionismo, composição de um tratado sobre o Espírito Santo para justificar o *Filioque*. Em 797, é nomeado bispo de Orléans e abade de Fleury

(Saint-Benoît-sur-Loire), mas continua a manter laços muito estreitos com a corte. É um homem de confiança de Carlos Magno, que gosta de conversar com ele e o encarrega de supervisionar a aplicação dos capitulares na Provença e na Septimânia.

Teodulfo, abade de Fleury, não gosta de seu vizinho e rival Alcuíno, abade de Saint-Martin de Tours. Esse anglo-saxão chegara à corte mais ou menos na mesma época que Teodulfo, em 781. Notker, desinformado como sempre, escreve: "Um certo Alcuíno, um inglês, soube que o santo imperador Carlos Magno acolhia os homens eruditos; embarcou e foi ao encontro do imperador. Alcuíno, um homem mais erudito em todos os ramos do conhecimento que qualquer outro contemporâneo, além de tudo também foi aluno de Beda, o sacerdote erudito, o mais talentoso intérprete das Escrituras depois de São Gregório". Deixemos de lado o anacronismo: Alcuíno nasceu em 735, o ano da morte de Beda; entre os dois, há Egberto, aluno de Beda e professor de Alcuíno. Mas, acima de tudo, são as circunstâncias da chegada de Alcuíno à corte que precisam ser reconsideradas. Tradicionalmente, pensa-se que Carlos Magno o conheceu em Parma, em 781, e lhe pediu que o seguisse. Entretanto, não está excluída a possibilidade de Alcuíno ter feito várias estadias nos palácios reais.

Notker, por outro lado, destacou claramente o papel fundamental desempenhado por esse homem junto ao soberano: "Carlos Magno rapidamente recebeu Alcuíno e o manteve perto de si enquanto viveu, exceto pelas muitas vezes em que saiu para lutar em suas guerras. O imperador chegou a se dizer aluno de Alcuíno e a chamá-lo de seu mestre. Ele deu a Alcuíno a direção da abadia de Saint-Martin, perto da cidade de Tours, para que, quando ele próprio estivesse ausente, Alcuíno pudesse descansar lá e continuar a ensinar aqueles que o procuravam. Seus ensinamentos trouxeram tantos frutos que os gauleses e os francos de hoje se igualaram aos romanos e atenienses".

Sem dúvida, isso é um pequeno exagero, mas o que é certo é o papel central desempenhado por Alcuíno, que é mais que um ministro da Cultura: é um verdadeiro mentor para Carlos Magno. A correspondência entre eles prova isso amplamente: entre Davi e Carlos Magno e entre Albino e Alcuíno reina a mais perfeita compreensão. O soberano consulta o intelectual sobre questões tanto de gramática quanto de teologia, política e justiça, e Alcuíno incita Carlos Magno a desenvolver estudos no palácio: "Senhor rei, exorte todos os jovens do palácio de Vossa Excelência a estudar a sabedoria com zelo e a dominá-la por meio da prática diária, de modo que, progredindo nela na flor de sua vida, possam ser dignos de uma velhice honrosa e, assim, alcancem a felicidade eterna. De minha parte, na medida em que meus imperfeitos talentos permitirem, não serei o último a plantar as sementes da sabedoria entre seus servos nessas plagas. Pela manhã, quando ainda era jovem, eu as semeei na Bretanha com ardente zelo, e agora, quando meu sangue esfria, como na chegada da noite, não me canso de semeá-las na Frância", escreveu ele ao soberano em 797.

É verdade, confirma Notker: "De todos os seus alunos, não há nenhum que tenha deixado de se distinguir ao se tornar um piedoso abade ou um célebre bispo. Grimaldo, meu próprio professor, estudou as artes liberais sob sua direção, primeiro na Gália e depois na Itália". Alcuíno foi, antes de tudo, um pedagogo, e um pedagogo versátil: tratados sobre a ortografia e a gramática latinas, sobre retórica, dialética, lições de geometria, aritmética e exegese, todos voltados para uso em escolas monásticas e palacianas, mas também para o próprio imperador, que é seu primeiro aluno. Entre 800 e 804, escreveu um tratado sobre retórica para os grandes governantes que, na verdade, constitui um guia moral sobre seus deveres, um dos primeiros exemplos de literatura educacional para os príncipes, o que veio a ser conhecido como os "espelhos dos príncipes". Intitulada *Liber de vertutibus et vitiis* (Sobre virtudes e vícios), essa obra foi de fato encomendada pelo conde da Marca da Bretanha, Gui, e mostra, em 35 capítulos, como um laico envolvido na vida política e militar pode construir sua salvação. A melhor maneira de alcançar o céu, escreve Alcuíno, é, obviamente, a vida monástica, mas "que seu estado de laico e seu modo de vida profana não o assustem, como se nesse estado você não pudesse passar pelos portões da vida eterna". Você deve lutar contra os oito vícios: orgulho, gula, luxúria, avareza, raiva, tristeza, glória vã e acídia, ou seja, ociosidade melancólica que leva à inação.

Alcuíno não é um grande espírito; não é original, nem inovador, e é por isso que ele é um bom professor: com seu perfeito domínio da cultura clássica, é capaz de transmiti-la, explicá-la com clareza, sempre recorrendo aos autores antigos, Cícero em particular, mas também Lucrécio e Plínio. Os Pais da Igreja, os gramáticos da Antiguidade tardia e os autores "modernos", como Boécio, Isidoro de Sevilha e Beda, o Venerável, também fazem parte de seu universo cultural. Assim como seu senhor, ele é obcecado pela exatidão e pela precisão da linguagem, e passa muito tempo corrigindo textos, tanto sagrados quanto seculares. Vimos isso com a Bíblia. Em 798, ele agradece ao rei por ter lhe enviado uma cópia da *História natural* de Plínio, o Velho, e em 799 envia um de seus monges de Tours para consultar um outro exemplar, a fim de cotejar o texto, com o objetivo de melhorar a correção.

Suas obras didáticas usam um método vivo e moderno: problemas bem concretos de matemática aplicada, do tipo "torneira que vaza",[2] diálogos animados, como em seu *De Grammatica*, que apresenta dois alunos, Saxo e Franco, representando os dois povos, em uma conversa com o professor, Albino, ou seja, ele mesmo. Trata-se de detalhes concretos, que também nos informam sobre o ambiente das escolas carolíngias, onde há percevejos e o professor frequentemente usa o chicote.

Para Alcuíno, todas as ciências profanas são meros prolegômenos para o estudo das ciências religiosas, que culminam no estudo da Bíblia. É por isso que a correção do texto das Escrituras é uma tarefa essencial para ele, que a efetua entre 796 e 800, a partir de três manuscritos italianos da Vulgata, datados dos séculos V, VI e VII. Para os Evangelhos, ele usa cópias que já haviam sido submetidas a uma correção, à qual superpõe a sua própria. E sempre trabalha num espírito romano, latino; para ele, a língua latina é o instrumento ideal para expressar a Revelação, e rejeita qualquer aporte germânico na cultura da elite. De certa forma, ele é o último grande retórico latino, com uma infeliz tendência à verbosidade vazia e complicada, como já vimos. Sua expressão grandiloquente impressiona Carlos Magno e ajuda a inseri-lo na atmosfera romana.

Em 801, o imperador é chamado para arbitrar um conflito entre Alcuíno e Teodulfo, que acabara de ser consagrado bispo de Orléans, por causa de uma questão de disciplina eclesiástica. Um clérigo condenado por Teodulfo refugia-se no mosteiro de Alcuíno em Tours. O bispo recebe uma autorização de Carlos Magno e envia seus homens para prender o fugitivo. Este consegue escapar uma segunda vez e retorna a Saint-Martin. O bispo então envia uma tropa maior, que chega no meio da missa; o clérigo se refugia entre o

---

2 Problemas matemáticos sobre vasos comunicantes. (N. T.)

altar e o túmulo de São Martinho, e uma briga generalizada estoura na igreja com os monges e os pobres. Na sequência desse escândalo, Alcuíno e Teodulfo se acusam mutuamente e escrevem para o imperador, que envia um *missus*, Teoteberto, para julgar o caso. Os monges de Saint-Martin são acusados de violar a regra e de incitar a revolta. Alcuíno protesta contra o processo, escreve para seus amigos e procura se justificar, baseando seus argumentos na Bíblia, no direito romano, nas decisões dos concílios sobre o direito de asilo; além disso, o clérigo havia confessado, e seus pecados estavam, portanto, perdoados, disse ele. O debate entre os dois intelectuais foi muito acirrado e, em 803, Carlos Magno ajustará as regras que regem o direito de asilo e da confissão.

A ACADEMIA PALATINA E AS ESCOLAS

O imperador aprecia a companhia de seus intelectuais e, com eles, cria um círculo literário, a Academia Palatina. Ela é apenas uma brincadeira, mas essas crianças grandes frequentemente se levam a sério. Nas reuniões, usam um apelido que escolhem ou recebem, e que supostamente refletem sua personalidade, seus gostos, suas aspirações. E, às vezes, continuam a usar esse apelido na vida cotidiana e em suas correspondências. Carlos Magno, por exemplo, é Davi, o que lhe convém perfeitamente: um rei, bíblico, que derrotou o pagão Golias, e cujo talento literário é expresso nos Salmos. "Rei pacífico", Alcuíno acrescenta, o que é mais discutível, e nenhuma menção é feita a outras semelhanças, como a atração por mulheres bonitas, evocada pelo episódio de Betsabá. Carlos Magno-Davi é o rei sábio, reformador, fundador de uma nova dinastia e de uma capital, Jerusalém-Aachen. Alcuíno é Albino, ou Flaco, isto é, Horácio, o que mostra claramente suas preferências literárias. Teodulfo é Píndaro: o grego contra o latino, uma rivalidade que reflete a da vida real. Moduíno é Naso, ou seja, Ovídio. Angilberto é Homero; Adalardo é Agostinho; o senescal Audulfo, é Menalcas; o camareiro Megenfrido, Thyrsis; Hildebaldo, é Aarão; Paulino de Aquileia, Timóteo; o abade de Echternach, Beornredo, é Samuel; o arcebispo Arn, Áquila; o arcebispo Ricbod, Macário; o copeiro Eberhard, Nemias; o capelão Adalberto, Mago; o monge Wizzo, Cândido; o rei da Itália, Pepino, quando está de passagem, Júlio. Luís não está presente com frequência suficiente para desempenhar um papel, e mais uma vez notamos a ausência de Carlos, o filho mais velho. Quanto a Eginhardo, é Beselel, arquiteto e sobrinho de Moisés, mas muitas vezes, por meio de um jogo de palavras e brincando com sua baixa estatura, ele é chamado de Nardus, ou mesmo Nardulus, *"o pequeno Nard"*, digamos *"Nanard"*. Sendo a forma germânica de seu nome Einhard, se torna *ein Nard*, "um Nard", uma planta perfumada que cresce a partir de uma minúscula semente. Ninguém se furta a zombar dele: Teodulfo faz dele o pé de uma mesa, junto com duas outras figuras pequenas: o chanceler Arcambaldo e o clérigo Osulf; ele compara seu pé a uma formiga; Alcuíno lhe garante que, como as gramíneas, "a abelha traz um mel suculento para seu pequeno corpo".

As mulheres cultivadas são admitidas nesse círculo. Embora a rainha Lutgarda não pareça apreciar esses jogos de papéis para adolescentes tardios, vários membros da família imperial participam, assumindo alcunhas de santas mártires: Gisele, irmã de Carlos Magno é Lúcia; Rotruda, sua filha, é Colombe; a irmã de Adalardo, Gundrada, é Eulália.

A academia é um círculo informal, aberto a todas as mentes brilhantes da corte, e só existe de fato nos últimos anos do reinado, quando a corte se estabiliza mais ou menos em Aachen. Vários assuntos são discutidos, cujos ecos podem ser encontrados na correspondência de Alcuíno: por que a Lua parece menor em 18 de março de 799? Por que Marte ficou fora de vista por um ano? Qual é a diferença entre *aeternum* e *sempiternum*? Entre *perpetuum* e *immortale*? De onde vem a palavra *rubus* (espinheiro)? Qual é o seu gênero? Alcuíno, após uma série de citações gramaticais, conclui que "o masculino parece mais provável que o feminino".

Mas, acima de tudo, escrevem-se versos. Esses homens, que vivem em um contexto de extrema brutalidade, são cativados pelos exercícios de gramática, pelos alexandrinos e outros decassílabos; e quanto mais complicados e artificiais forem, mais serão admirados. Na academia, as pessoas vêm para recitar seus poemas, improvisar alguns, rivalizar em inteligência, exatamente como se fazia nos salões parisienses do século XVIII. Tudo é colocado em verso: astronomia e teologia; versificam-se os Evangelhos, e rimas são usadas na correspondência particular. Obviamente, a bajulação está na ordem do dia, pois sabe-se que o imperador gosta disso. Além disso, ele também é um rimador, mas, ciente de seu amadorismo, manda especialistas corrigirem seus versos antes de enviá-los: quando Paulo Diácono lhe manda um poema agradecendo pela libertação de seu irmão, ele responde em verso, sob a direção de Pedro de Pisa. A Academia Palatina é uma espécie de mundo paralelo, ideal, onde todos mudam de identidade e se movem no mundo da inteligência e da beleza.

Se Carlos Magno admira e incentiva a literatura, também é por razões práticas. Ele precisa de pessoal competente, não necessariamente gramáticos talentosos, mas pelo menos pessoas letradas, que dominem a lei, capazes de ocupar um cargo na administração, dos *missi* aos oficiais subalternos. Seu grande império cristão baseia-se na existência de um expressivo número de funcionários, e a escassez de pessoas competentes é o principal obstáculo para sua realização. O soberano tem consciência disso, e em várias ocasiões expressa seu pesar por se encontrar à frente de 95% de analfabetos e de não ter ao seu serviço uma dúzia de Agostinhos, como relata Notker:

> Apesar de seus esforços sobre-humanos, ele lamentava que o conhecimento não atingia o nível dos primeiros Pais e, em sua decepção, dizia: "Se ao menos eu pudesse ter uma dúzia de clérigos tão sábios e instruídos no saber humano quanto Jerônimo e Agostinho!". O erudito Alcuíno, que se considerava ignorante comparado a esses dois, ficou indignado, mas não o demonstrou, e ousou fazer o que ninguém mais teria feito na presença de Carlos Magno, porque todos ficavam aterrorizados pelo imperador: "O próprio Criador do céu e da terra, disse ele, tem pouquíssimos sábios comparáveis a esses homens, e vós desejaríeis encontrar uma dúzia!".

Vimos como Carlos Magno fica irritado com a incapacidade de certos *missi* de interpretar suas ordens e demonstrar iniciativa e bom senso. A necessidade de treinar um numeroso pessoal competente é uma das razões para o incentivo que ele dá ao ensino. É também a Notker que devemos a imagem de Epinal[3] do imperador visitando as escolas, parabenizando os bons alunos, que muitas vezes vinham de origens humildes, e repreendendo crianças ricas e preguiçosas. Uma imagem totalmente inventada, mas tão de acordo com

---

3 No sentido figurado, apresentação de um fato numa versão ingênua, simplista e exageradamente otimista. (N. T.)

os princípios da Terceira República sobre a educação como fator de desenvolvimento social, que assumiu uma dimensão simbólica e contribuiu para tornar Carlos Magno o santo padroeiro das escolas. O que não são lendárias, entretanto, são as exortações encontradas nos capitulares: "Que em cada bispado, em cada mosteiro, ensinem-se os salmos, as notas, o canto, o *comput*,[4] a gramática, e que haja livros cuidadosamente corrigidos" (*Admonitio generalis*); "parece-nos ser de extrema importância que os bispados e os mosteiros, cujo governo Cristo nos confiou, não devam se contentar em levar uma vida regular e piedosa, mas também desempenhem a função de ensinar... Sem dúvida, é melhor agir bem do que saber muito, mas é necessário saber para agir bem". Esse princípio expressa toda a política educacional de Carlos Magno: saber para agir eficazmente. E não apenas em assuntos seculares: para serem eficazes em suas preces, padres e monges devem se expressar corretamente. Ora, sobre esse assunto, o soberano diz, na circular *De litteris colendis*: "frequentemente recebemos cartas de vários mosteiros nos quais, para o pesar dos irmãos que ali vivem em oração, sermões incultos são pronunciados em sua vizinhança... por isso os exortamos a não negligenciar o estudo das letras, e que se dediquem a ele na mais humilde intenção de agradar a Deus, para que possam penetrar mais facilmente e com mais justiça nos mistérios das Escrituras divinas... Para esse fim, serão designados homens com vontade e capacidade de aprender e, acima de tudo, com o desejo de instruir os outros". Por sua vez, Alcuíno reclama da "rusticidade" de seus monges.

Há então um grande esforço a ser feito para desenvolver as escolas, mas os resultados são muito limitados. Ao lado de bispos como Leidrade de Lyon ou Teodulfo de Orléans, que abriram escolas gratuitas em suas dioceses, muitos negligenciam completamente essa área. Os professores são ainda mais escassos que as escolas. As escolas monásticas são mais desenvolvidas, pelo menos nos grandes estabelecimentos, em Corbie, Tours, Fleury, Fulda, Lorsch, Sankt Gallen e Chelles, mas elas formam essencialmente os monges, conhecedores das Escrituras e da gramática latina, e ficam menos

---

4 Cálculo que permite determinar a data da Páscoa (seus elementos são a carta dominical, o ciclo solar, a indicção romana, o número áureo e a *epatta* (do grego *epaktai hemèrai*), os dias adicionados à data da última lua nova do ano precedente para completar o ano solar. (N. T.)

à vontade nas artes liberais: "Convidamos, com nosso exemplo, todos aqueles que pudermos alcançar para aprender as artes liberais", escreve Carlos Magno em uma circular dirigida ao clero. Por artes liberais, queremos dizer o *trivium* (gramática, retórica, dialética) e o *quadrivium* (aritmética, geometria, astronomia, música). Essas disciplinas podem parecer supérfluas para o treinamento dos quadros administrativos. Na verdade, elas são um pretexto para assimilar toda a cultura clássica, a história, o direito e a filosofia, e assim dominar os problemas gerais da vida política. Carlos Magno "cultivava apaixonadamente as artes liberais, e concedia honras àqueles que as ensinavam", diz Eginhardo, pois havia compreendido que toda ação eficaz supõe uma boa educação geral. Só se pode agir bem se tiver conhecimento.

Não é certo que tenha havido uma escola palatina estruturada, mas os intelectuais do entorno do imperador fornecem uma educação da qual se beneficiam os filhos da aristocracia e os *nourris*: "Pedro (de Pisa) se destaca em seu palácio ensinando gramática", escreveu Alcuíno, e não se pode descartar que o imperador tenha visitado certas classes, o que poderia dar alguma consistência à historieta de Notker, sem chegar ao ponto de transformar a corte numa "Atenas mais bela do que a antiga, porque enobrecida pelos ensinamentos de Cristo", como Alcuíno pomposamente afirma.

UMA DEVOÇÃO FORMALISTA E UTILITÁRIA

A religiosidade de Carlos Magno é um ponto importante, pois ela desemboca diretamente nos problemas de política e de governo, sobretudo porque para ele, como para todos os seus contemporâneos, a fronteira entre o natural e o sobrenatural, o profano e o sagrado, é extremamente tênue, para não dizer inexistente. Deus e seus santos são parceiros e auxiliares que devem ser venerados e satisfeitos para que se obtenham ajuda e proteção. Os santos são particularmente úteis, e seu culto se manifesta de duas maneiras: por meio da oração e das relíquias.

Carlos Magno não parece ter santos favoritos. Ele reza em todos os santuários que encontra, desde que sejam de autênticos beatos, porque, em uma época em que os procedimentos para canonização ainda não estão claramente estabelecidos, a devoção popular coloca uma série de personagens duvidosos nos altares, beatificados pela *vox populi* por vários motivos. Em várias ocasiões, Carlos Magno lembra que não se devem colocar novos santos nos altares sem a autorização do clero, e por vezes assiste pessoalmente ao translado dos canonizados: Nazário em Lorsch em 774, Kilian em Würzburg em 788. Ocorre-lhe fazer uma viagem especialmente para venerar e pedir a ajuda de um determinado santo: Bonifácio em Fulda e Egberto em Hersfeld em 782, ou ainda Omer, Riquier, Arduíno em Rouen. No decorrer de suas peregrinações, ele não hesita em fazer um desvio se houver um santuário de prestígio nas proximidades: os de Bento em Monte Cassino ou Andreas em Monet Soracte, por exemplo. Ele visita Remígio, Medardo e Albano em Reims, Soissons e Mainz. Em 800, faz a viagem de Tours para rezar a São Martinho antes de ir para a Itália, onde há uma profusão de beatos, começando por Pedro e Paulo, é claro. Dionísio não é esquecido, e a lista de santos rezados por Carlos Magno é muito eclética e cosmopolita: apóstolos, mártires galo-romanos, bispos merovíngios, monges francos e missionários irlandeses. Os calendários dos evangeliários destinados ao soberano, como o de Godescalco, mencionam mártires romanos e italianos (Nazário, Gervásio, Protásio, Vital, Eusébio), santos galo-romanos e merovíngios (Martinho, Remígio, Macra, Genoveva, Deionísio, Medardo, Máximo, Sinforiano) e os Pais da Igreja (Agostinho, Jerônimo, Gregório). Parece que a celebração coletiva de todos os santos em 1º de novembro seja uma prática que se originou no palácio de Carlos Magno. Quanto à Virgem Maria, não foi esquecida: a capela do palácio em Aachen é dedicada a ela.

Para tornar os membros dessa corte celestial favoráveis a ele, Carlos Magno acompanha suas orações com doações a santuários: terras, florestas, isenções, dízimos, pedágios e vários privilégios. Tudo isso é um cálculo, bem entendido. Em primeiro lugar, essas generosidades não custam grande coisa para Carlos Magno, já que retira partes do fisco real e concede mais direitos do que bens tangíveis; em segundo lugar, as doações são proporcionais aos serviços que o rei espera dos beneficiários: as abadias em terras saxônicas, que são uma espécie de *limes* diante do mundo pagão, são muito mais bem dotadas que as do interior.

O outro aspecto do culto dos santos são as relíquias, às quais se atribui um poder quase mágico. Carlos Magno é um apaixonado pelas relíquias. Ele não escapa desse aspecto supersticioso da religião medieval, embora dê mostras de um mínimo de exigência racional, e às vezes solicita uma verificação: em 804, ele pergunta ao papa se era de fato o sangue de Cristo que havia sido encontrado em Mântua. Na assembleia de Thionville, em 805, ele qualifica de superstição farisaica a crença no poder das relíquias: "É melhor seguir em seu coração os exemplos dos santos do que carregar seus ossos sobre si. Tenhamos em mente os ensinamentos escritos nos Evangelhos em vez de ter amuletos pendurados em nossos pescoços. Esta é uma superstição de fariseu". A observação seria mais valiosa se ele mesmo não tivesse uma mecha de cabelos da Virgem pendurada em seu pescoço! Em 811, ele condenou a exploração financeira das relíquias: "O que se pode dizer daqueles que, como se fosse por amor a Deus e aos santos, carregam de um lugar para outro os ossos de mártires ou de confessores e as relíquias dos corpos dos santos, constroem novas basílicas e exortam todos aqueles que podem a aí doar seus bens imediatamente, querendo parecer que fizeram uma boa ação, e tentando persuadir os bispos de que assim ganharam méritos com Deus?".

Mas, na verdade, sua credulidade reflete a de seus contemporâneos: sua coleção de relíquias é considerável; ele trouxe algumas de suas viagens a Roma, e seus enviados lhe trouxeram algumas de Jerusalém. Se algumas delas são mais do tipo lembranças turísticas, como um seixo do Jordão e a água do Tigre e do Eufrates, que, como todos sabem, têm sua nascente no paraíso terrestre, outras são mais raras: há até mesmo alguns da Virgem, cujas roupas permaneceram na terra após a Assunção: seu manto, que ele doa à igreja em Sens, e uma mecha de cabelo, que oferece à igreja de Paderborn por ocasião de sua consagração, juntamente com um pedaço de São Kilian. Uma lista de doações feitas pelo imperador à igreja de Sens em 809 menciona, além do manto da Virgem, vários fragmentos de santos galo-romanos, francos, orientais: Estêvão, João Batista, Gregório, o Grande, Isidoro, Sulpício, Anastácio, Martinho, Antônio, Pacômio, Jorge, Maurício, Cândido, Exupério, Vítor, Hilário, Lamberto, Désiré. No convento de Chelles, dirigido pela irmã de Carlos Magno, encontramos partes de Antônio, Bartolomeu, Crispin, Crispiniano, Bonifácio, Bento, Benigno, Germano, Genoveva, Gregório, João Batista, Pedro, Paulo, Marçal, Martinho, bem como um pedaço da pedra sobre a qual estava Moisés quando viu Deus. Angilberto, em Saint-Riquier, também recebe numerosas relíquias. Esses dons também têm um propósito político e ideológico: graças a eles, o culto aos santos francos e galo-romanos penetra na Saxônia e nas regiões orientais recentemente conquistadas e convertidas. Isso ajuda a persuadir os povos dessas regiões de que os francos recebem ajuda divina. Como escreve Rosamund McKitterick, "a reverência concedida a essas relíquias ecoa a devoção a esses santos encontrada nos calendários de Carlos Magno. Os cultos dos santos, observados dessa forma, são uma manifestação prática da aceitação do poder dos santos e, portanto, do papel divino nos negócios francos. Em outras palavras, as coleções e traslados de relíquias desempenham um importante papel político como cimento cultural do novo império franco". Em sua devoção pessoal, Carlos Magno também acredita no poder protetor desses objetos, pois carrega uma mecha de cabelo da Virgem, que lhe serve de talismã.

Sua religiosidade é meticulosa, como seria de se esperar. Todos os dias, participa de vários cultos: "Enquanto teve boa saúde, ele foi à igreja de manhã e à noite com grande regularidade, e também à missa matinal e à noturna. Ele se certificava de que todas as cerimônias fossem conduzidas com a maior dignidade, e ordenava aos sacristãos a verificação de que nada sórdido ou sujo fosse trazido para a igreja ou deixado lá", escreve Eginhardo, ecoado por Notker:

> O glorioso imperador Carlos Magno costumava ir ao culto noturno com um manto longo e esvoaçante... Quando os hinos matinais terminavam, ele voltava para seus aposentos e vestia suas roupas imperiais para cumprir as funções matinais. Todos os eclesiásticos vestiam seus trajes sacerdotais para esses ofícios, que aconteciam antes do amanhecer, seja na própria igreja, seja na antecâmara, então chamada de átrio. Lá eles aguardavam o momento da chegada do imperador para assistir à celebração da missa e, se algum deles sucumbia ao sono, descansava a cabeça por um momento no peito de seu companheiro.

Há algo de obsessivo nessa exigência de rigor, exatidão e asseio que Carlos Magno demonstra em todas as áreas e, em particular, nos atos religiosos. Cada gesto, cada palavra, é pesada, e esse formalismo lembra o formalismo da religião romana clássica, em que a menor perturbação, o menor ruído parasita, tirava todo o valor da cerimônia. Já assinalamos várias vezes as exigências de Carlos Magno com relação à precisão dos textos. Já em 781, ele solicita uma revisão do texto dos Evangelhos. Para a liturgia, exige o uso do sacramentário romano do *Hadrianum*; para o canto, também exige o alinhamento sobre a prática romana. Há duas razões para isso: por um lado, para fortalecer a unidade do reino ou do império, assegurando que os serviços sejam celebrados de modo rigorosamente idêntico em todos os lugares. O episódio relatado por Notker é revelador: Carlos Magno estava "muito insatisfeito com o fato de que cada uma das províncias, e até mesmo as menores cidades e vilarejos, tinha uma maneira diferente de adorar a Deus, especialmente no ritmo de seus cantos. Então ele pede ao papa Estêvão III, de santa memória... que lhe envie alguns monges qualificados no canto de igreja". Assim, o papa lhe envia uma dúzia de monges especializados em canto litúrgico, com a missão de ensinar o canto romano em todas as igrejas-catedrais francas. Mas, continua Notker, "esses monges, como todos os gregos e romanos, tinham muita inveja da glória dos francos, e antes de deixarem Roma, conspiraram para impedir que os francos do reino de Carlos Magno alcançassem a unidade. Quando chegaram diante de Carlos Magno, foram recebidos com honras e foram distribuídos em vários lugares importantes. Cada um, na localidade para onde havia sido enviado, começou a cantar da forma mais variada e incorreta que pôde, e fez o máximo para persuadir os outros a fazerem o mesmo". Algum tempo depois, Carlos Magno participa das festividades de Natal "em Trier ou em Metz", e, no ano seguinte, "em Paris ou em Tours", e nota que os cantos são completamente diferentes. Ao investigar, ficou claro que todo o reino estava em completa cacofonia. O soberano reclama com o papa, que convoca seus monges, condena-os à prisão perpétua e declara a Carlos Magno: "Se eu enviar outros, ficarão tão cegos pelo ciúme quanto os primeiros, e vos enganarão como eles. Eis o que farei para satisfazer-vos: enviai-me dois dos monges mais inteligentes que tiverdes ao vosso redor, de forma que meu próprio povo não saiba que eles são vossos. Com a ajuda de Deus, eles dominarão a arte que vós procurais". Dito e feito: dois monges francos vão a Roma para aprender o canto romano e, ao retornarem, a pedido de seu filho bastardo Drogo, Carlos Magno envia um para Metz e o outro, por algum tempo, para Sankt Gallen. De lá o canto romano se espalha por todo o império.

Essa é uma historieta extraordinária. Ela revela mais uma vez as liberdades de Notker com a verdade: Carlos Magno jamais passou o Natal em Trier, ou Metz, em Paris ou Tours, e seu filho Drogo só nasceu em 801, sendo que

Estêvão III foi papa de 768 a 772 e, além disso, é difícil ver como dois monges poderiam ter conseguido, no intervalo de poucos anos, elaborar a unificação litúrgica da Europa. E há também a estranha atitude dos monges romanos, que adotam a tática divina diante da construção da Torre de Babel: vamos transformar o reino franco numa Babel litúrgica, a fim de impedir sua unificação. Certamente Eginhardo também havia enfatizado a hostilidade dos gregos e de alguns romanos diante da ascensão do poder franco, mas que os monges recorram deliberadamente a esse meio é bastante implausível. Definitivamente, essa história ilustra duas coisas: a importância que Carlos Magno atribuía ao papel unificador da liturgia e a obstinação meticulosa com a qual buscou esse trabalho de unificação. Isso é confirmado por fatos históricos: a *Admonitio generalis* de 789 especifica que o clero aprenda o canto romano; e uma carta do arcebispo Leidrade de Lyon relata que Carlos Magno enviou um clérigo à cidade para ensinar aos coristas da *Scola cantorum* o "rito do sagrado palácio" de Aachen.

A devoção do imperador é muito formal. Ele nunca perde os exercícios devocionais e exige que tudo seja feito escrupulosamente de acordo com os ritos; jejua durante a Quaresma, mas isso lhe custa muito, então tende a trapacear: usa a desculpa de que o jejum o deixa doente, diz Eginhardo, e, como o pessoal do palácio come depois dele, antecipa sua refeição fingindo que é para poupar os outros de uma longa espera. Quando um bispo lhe chama a atenção, ele o condena a comer por último, e então lhe diz: "Parece-me, meu caro bispo, que o senhor já deve ter entendido que não é a gula que me leva a comer antes do anoitecer durante a Quaresma, mas a consideração pelos outros". Pelo menos, é isso que Notker nos conta.

Da mesma forma, sobre a questão da moralidade, ele é rápido para lembrar dos deveres de um cristão, distribuindo como um predicador os preceitos de boa conduta nos capitulares: "Deem esmolas aos pobres... acolham os peregrinos..., visitem os doentes..., tenham compaixão dos que estão acorrentados..., perdoem as dívidas uns dos outros... resgatem os cativos..., evitem a embriaguez e o excesso de comida...". E, no grande capitular de 802: "Que a mulher seja submissa a seu marido, boa, casta, evitando a fornicação, os feitiços malignos e a avareza, e que ela crie bem seus filhos. Que o marido respeite sua mulher e não lhe diga palavras ofensivas. Que os filhos amem seus pais..., e, quando chegar a hora, que se casem bem". Da parte de um homem que coleciona concubinas, espolia seus sobrinhos e manda cortar milhares de cabeças, o sermão é um pouco audacioso, mas quem disse que a moralidade comum foi feita para os soberanos? Alcuíno parece ter tentado fazê-lo entender que ele não está acima dos preceitos morais, mas a tarefa de dirigir a consciência de um rei é das mais delicadas e requer prudência e diplomacia. Alcuíno não é alheio a isso. Em um livro que escreveu para uso de Carlos Magno e, aparentemente, a pedido deste último, e que pudemos reconstruir com a ajuda de manuscritos posteriores, ele incluiu várias orações penitenciais baseadas nos Salmos. Em uma delas, o penitente se acusa de "se precipitar no mal e dobrar os joelhos mais frequentemente para fornicar do que para orar, o ventre distorcido pela gula e pela bebida, as costas endurecidas pela maldade, os braços em enlaces lascivos, as mãos cheias de sangue, os ouvidos surdos para o bem, os olhos raramente fixados em Deus e raramente curvados diante Dele". Esse poderia ser um retrato bastante bom de Carlos Magno, mas não se sabe se ele realmente possuiu esse livro e, mesmo que o tivesse, é improvável que se reconhecesse nessa descrição.

Outros livros de devoção, feitos para o soberano, certamente passaram por suas mãos. São obras suntuosas, produzidas na oficina da *Hofschule*, como o evangeliário de Godescalco, contendo 208 trechos selecionados dos Evangelhos e o saltério de Dagulfo, escrito inteiramente em ouro e contendo numerosos salmos e hinos atribuídos ao herói favorito de Carlos Magno, Davi. A assimilação do rei dos francos ao fundador da monarquia hebraica é recorrente em todo o reinado de Carlos Magno. Um rei ao mesmo tempo conquistador, poeta, devoto e sedutor: o personagem tem tudo para agradar. E Alcuíno, em uma carta de 795, estende a comparação, não sem contradição com o texto penitencial que acabamos de ver: enaltece o novo Davi, "nosso líder e nosso guia":

> Feliz o povo exaltado por um líder e apoiado por um pregador da fé, cuja mão direita brande a espada do triunfo e cuja boca faz soar a trombeta da verdade católica. Foi assim que Davi, escolhido por Deus como rei do povo que era então Seu povo escolhido, subjugou nações com sua espada vitoriosa e pregou a lei divina entre seu povo... Sob o mesmo nome, animado pela mesma virtude e a mesma fé, ele é agora nosso líder e guia: um líder em cuja sombra o povo cristão descansa em paz e que, em todos os cantos, inspira terror nas nações pagãs;

um guia cuja devoção não cessa, devido à sua firmeza evangélica, de fortalecer a fé católica contra os sectários da heresia, assegurando que nada contrário à doutrina dos Apóstolos venha se inserir em algum lugar e para fazer essa fé católica brilhar em toda parte à luz da graça celestial.

Mas Carlos Magno também se imagina um Josias que, segundo ele, na *Admonitio generalis*, "pela visita, correção e admoestação, esforçou-se para restabelecer o reino que Deus lhe confiou na adoração do verdadeiro Deus". Melhor ainda: "vós sois Moisés", escreve-lhe o sacerdote Cathwulf em 775, "vós trazeis a lei para os povos do *regnum Europae*". E mesmo além, acrescentou Alcuíno em 800, em uma carta que preparava o rei para sua viagem a Roma: como Moisés, Carlos Magno é o "guia e defensor do povo cristão; piedoso, sábio e justo, reparando o mal e consolidando a virtude, ele usa toda a sua força para propagar a santidade e para difundir o nome de Deus em todos os lugares da Terra".

Josias, Davi, Moisés: e por que não o degrau mais alto do pódio, o posto supremo? A disposição da capela do palácio em Aachen é reveladora: no octógono sagrado, o imperador senta-se acima de todos, na galeria, em um trono feito em pedra vinda da Palestina; bem na frente dele, olhos nos olhos, em um nível um pouco mais baixo da galeria oposta, Cristo, representado em mosaico. Ora, como mostram os estudos de história litúrgica e dogmática, o lugar de Cristo não cessou de progredir na teologia ocidental entre os séculos IV e VIII. Na época de Constantino, somente o Pai tinha direito ao título de *Imperator*, sendo o Filho apenas *dux, comes, magister*; ele é o mediador entre os mundos humano e divino, e é do Pai que o imperador recebe seu poder. No início do século VIII, o *status* do Filho veio para o primeiro plano, com sua dimensão universalista de salvador. E Carlos Magno é mais que o novo Constantino: sagrado, ele é a imagem do Salvador, responsável pela salvação temporal e espiritual de todo o povo cristão, e é o chefe de toda a hierarquia secular e religiosa.

Se Carlos Magno não se considera realmente como Deus Pai, ele se comporta como se fosse. Qualquer pessoa que resista a ele resiste a Deus, e como Deus é discreto, é o imperador que toma as decisões, regulando a vida religiosa nos mínimos detalhes, exigindo o máximo de retidão moral do clero, respeito à hierarquia, que ele reorganiza ao restabelecer as metrópoles arquiepiscopais, repreendendo severamente bispos, cônegos, abades e monges, regulamentando os ofícios, os cantos, os textos, as vestimentas na igreja, a manutenção dos prédios, exigindo instrução e competência do clero, resolvendo pontos controversos do dogma, lembrando o papa de suas obrigações morais, regendo a vida dos laicos, de quem pretende fazer o povo de Deus: "Nós fomos enviados aqui para sua salvação eterna e estamos encarregados de adverti-los para que vivam virtuosamente, de acordo com a lei de Deus, e com justiça, de acordo com a lei do século", disse ele em um capitular.

Como intermediário entre Deus e o homem, o soberano invoca forças celestiais em tempos de necessidade, decretando jejuns e orações em tempos de fome ou de epidemias, e organizando três dias de oração e penitência para o exército antes de iniciar a campanha contra os ávaros. *Rex et sacerdos*, ele convoca as assembleias eclesiásticas, inspira suas decisões, distribui bispados e abadias para membros de sua família e para seus fiéis. De fato, todos eles nada mais são que funcionários, que ele convoca e envia em missão, encarrega de tarefas administrativas, mesmo que mais tarde isso signifique acusá-los de não darem atenção suficiente aos seus deveres pastorais. Bispos e abades fornecem o pessoal qualificado de que ele carece, mas gostaria que eles estivessem simultaneamente em várias funções, na corte e em sua diocese, em missão e em suas abadias. Alguns deles se manifestam timidamente, mas seria muito arriscado levantar a voz.

No palácio, Carlos Magno mantém um importante pessoal eclesiástico: capelães, diáconos, pessoal do coro e clérigos variados, sob a autoridade do arquicapelão, um homem a quem ele consulta com frequência em questões eclesiásticas e religiosas, e que insiste em ter ao seu lado permanentemente. Por isso, ele pede ao papa uma dispensa de residência para o bispo de Metz, depois o de Colônia, que ocupam sucessivamente essa posição. Em uma carta, Carlos Magno tem o cuidado de especificar que ele deve ter "constantemente" essa pessoa ao seu lado, "para as necessidades da Igreja", e insiste novamente nesse ponto no Concílio de Frankfurt em 794. O Concílio de Mainz, em 813, deu ao arquicapelão o título de "arcebispo do palácio sagrado", e o coloca no topo da lista de arcebispos.

Uma figura importante, portanto, não apenas por seu lugar na hierarquia oficial, mas também por seu papel de conselheiro íntimo do soberano, confidente de seus pensamentos e confessor de suas falhas. No início de seu reinado, Carlos Magno mantém Fulrad, o arquicapelão de seu pai. Em 771, pede ao papa o *pallium* para Tilpin, arcebispo de Reims, e o soberano pontífice o designa em um documento como "arcipreste da França". Entretanto, Fulrad, já idoso, não consegue mais acompanhar o rei em suas incessantes viagens, e, em seus últimos anos, se preocupa principalmente em ornamentar sua abadia em Saint-Denis, concluindo a igreja e construindo a torre do sino. Em 775, ele defende os direitos de sua abadia sobre o mosteiro de Plaisir, perto de Saint-Germain-en-Laye, contra as reivindicações do bispo de Paris, em um singular duelo judicial que invoca o julgamento de Deus: o abade e o bispo escolhem, cada um, um campeão, e o direito concerne àquele que for capaz de resistir por mais tempo com os braços abertos em cruz. Carlos Magno preside o duelo, ocorrido em sua capela, cabendo a vitória ao atleta do abade.

Fulrad morre em 16 de julho de 784; Alcuíno escreve seu epitáfio, descrevendo-o como "guardião da santa capela do palácio". Seu sucessor é Angilram, bispo de Metz, altamente considerado por Carlos Magno, devido às suas habilidades. Ele acompanha o rei em suas expedições militares, confirmando sua função de confessor. A pedido do rei, escreve uma coleção de 84 cânones sobre disciplina eclesiástica e a leva para Roma. No entanto, parece que sua dispensa de residência atraiu o ciúme de alguns dos bispos gauleses. Angilram morre em 26 de outubro de 791, ao retornar de uma campanha contra os ávaros, e Alcuíno mais uma vez escreve o epitáfio. Carlos Magno escolhe Hildebaldo, bispo de Colônia, e tem o cuidado de especificar, no Concílio de Frankfurt, que, "para o bem e a utilidade das igrejas, Hildebaldo deve fazer sua estadia cotidiana no palácio". É este último arquicapelão que assistiu ao imperador quando ele estava morrendo em 28 de janeiro de 814.

Carlos Magno se confessa? Não temos nenhuma prova formal desse fato. Mas parece impossível que o devoto imperador pensasse em escapar ao que agora parece ser uma obrigação absoluta para todos os cristãos, independentemente de sua posição. A confissão pública estava fora de questão, especialmente para o todo-poderoso. A confissão privada, auricular, agora parece bem estabelecida, mesmo que ainda seja contestada em certas regiões. Alcuíno reitera a necessidade dela por volta de 799, em uma carta dirigida *Aos irmãos e padres da província de Goths*:

Soubemos que os leigos não querem mais se confessar com os sacerdotes, que receberam de Jesus Cristo, com os apóstolos, o poder de condenar e absolver. Mas o que o sacerdote poderá fazer se não vir os pecados daquele que está em falta? Se os doentes não mostrarem suas feridas, o que os médicos poderão fazer? As feridas da alma precisam ainda mais da ajuda do médico espiritual. Mas vós quereis, dizeis, confessar a Deus, de quem não poderíeis, se quisésseis, esconder vossos pecados; e negligenciais confessar à Igreja de Jesus Cristo, em cujo seio pecastes! Por que, então, Jesus Cristo ordenou aos leprosos que havia curado para irem e se mostrarem aos sacerdotes?

E Alcuíno distingue três categorias de pecadores: aqueles que pecam por pensamento e desejo, aqueles que pecam por ação, e aqueles que contraem o hábito de pecar. Para todos eles, a confissão é a melhor maneira de evitar a condenação, e o próprio rei deve se submeter a ela. Aqui, novamente, um ilustre precedente bíblico nos permite confirmar isso: "Não disse Davi, na presença de Natan, que o estava repreendendo por seus pecados: 'Pequei contra o Senhor'? Eis que um homem tão grande quis ter um profeta como testemunha de sua confissão! Não tendo vergonha de confessar o que havia feito de errado, foi-lhe dito: 'Eis que o Senhor tirou o seu pecado'. Ele confessou seu pecado a um homem, e imediatamente recebeu o remédio de Deus".

O próprio Carlos Magno, em total concordância com Alcuíno, lembra em várias ocasiões a obrigação da confissão. Em seu primeiro capitular geral, em 769, ele retoma um cânone do Concílio de Austrásia, em 742, especificando que o soberano poderia ser acompanhado por um confessor no exército. Os soldados também devem ter a oportunidade de se confessar: "O príncipe pode ser acompanhado por um ou dois bispos e seus capelães. Cada prefeito terá consigo um padre para receber as confissões dos soldados e impor a eles a penitência a ser cumprida". Ele exige que cada padre tenha um penitenciário e, em 802, insiste sobre a obrigação da confissão no capitular sobre o exame dos clérigos e depois num capitular eclesiástico de 810-813. O segundo Concílio de Châlons, em 813, confirma todas essas decisões. Portanto, é provável que Carlos Magno se confesse, pelo menos uma vez por ano, talvez com o arquicapelão.

UM REGIME CESAROPAPISTA

Dado o papel central desempenhado pela religião no governo de Carlos Magno, a falta de separação entre o secular e o sagrado, a osmose entre o temporal e o espiritual, o envolvimento constante do soberano em assuntos religiosos, somos levados a nos interrogar sobre a natureza de seu regime. Um termo se impõe: o cesaropapismo. É de se questionar por que muitos historiadores hesitam em usá-lo, ou o cercam de tantas nuanças que ele perde sua substância. Vivemos em uma época em que a *"langue de bois"*[5] se tornou a língua universal, proibindo o uso de termos considerados excessivos, agressivos ou humilhantes, a fim de criar um ambiente harmonioso, consensual, e completamente irreal. No entanto, o cesaropapismo não é nem uma palavra grande, nem um palavrão: "Essa palavra designa o sistema político-religioso sob o qual César era ao mesmo tempo papa, sendo o poder temporal reconhecido como o legítimo repositório do supremo poder espiritual", diz o *Dictionnaire pratique des connaissances religieuses*. A palavra propriamente dita foi cunhada por volta de 1700 pelo jurista protestante Justus Henning Böhmer (1674-1749), para se referir ao fato de que o poder secular também governa a esfera religiosa. Isso foi ilustrado ao longo deste trabalho. É verdade que Carlos Magno não é papa, mas é ele, César, quem governa ao mesmo tempo a disciplina eclesiástica e o dogma, que convoca os concílios e lhes determina suas decisões, dita ao papa sua conduta e impõe seus pontos de vista litúrgicos, decide o que é herético, como nas querelas do *Filioque*, do adocionismo e da iconoclastia. Seu regime é a ilustração mais perfeita do cesaropapismo.

Essa não é, claro, uma teoria política consciente para ele, mas uma prática incentivada por seus conselheiros, particularmente Alcuíno, que se baseia na *Cidade de Deus*. Desse livro, do qual Carlos Magno manda ler trechos e que discute na academia, ele retém a ideia de que o rei é o chefe da cidade terrena, cujos habitantes, na qualidade de cristãos, devem se conformar aos preceitos evangélicos. Para conseguir isso, os dois poderes devem trabalhar juntos, sendo que o poder espiritual, representando a cidade celestial, tem preeminência sobre o temporal, que, embora independente, é o braço secular

---

5 Forma de expressão mais genérica e, neste contexto, cuidadosa, que chamaríamos atualmente de "politicamente correta". (N. T.)

da Igreja. O rei tem o direito e o dever de coagir e garantir a justiça. A obediência é devida a ele, mesmo que seja pagão. Mas, se ele for cristão, de fato detém ambos os poderes. Sagrado, ele é *rex* e *sacerdos* e, como tal, é seu dever garantir que as leis da cidade celestial sejam cumpridas. Os exemplos bíblicos de Melquisedeque, Davi e Josias apontam nessa direção e são reforçados pelas obras de Agostinho, e dos papas Gelásio I, no final do século V, e Gregório, o Grande, no início do século VII. Por volta de 620, Isidoro de Sevilha dá uma formulação inequívoca em suas *Etimologias*: "Príncipes temporais às vezes ocupam o topo do poder dentro da Igreja, a fim de usar seu poder para garantir a disciplina eclesiástica. Esses poderes dentro da Igreja não seriam necessários se não impusessem, por meio do medo da disciplina, aquilo que os padres são incapazes de impor apenas com palavras".

Os clérigos do entorno de Carlos Magno estão imbuídos dessas ideias e pressionam o soberano nessa direção: vós sois o "senhor e pai, rei e sacerdote, governador muito prudente de todos os cristãos", escreve Paulino de Aquileia em 794; para Alcuíno, a Igreja é bígama: ela é a "esposa de Deus", mas também a "esposa de Carlos Magno". Para Cathwulf, o rei "tem o lugar de Deus aqui na terra", e deve "exaltar Sua lei". A correspondência entre Alcuíno e Carlos Magno se refere em várias ocasiões a essa questão. O abade de Saint-Martin descreve o soberano como "rei pregador". Em 798, ocorre uma curiosa troca entre os dois homens, cujo conteúdo é revelado na carta 136 de Alcuíno, na edição Dümmler. Carlos Magno apresenta ao abade uma pergunta feita a ele "não por um clérigo, mas por um laico", diz ele. Na realidade, é uma pergunta que certamente faz a si próprio, revelando seu bom senso e seu desejo de entender: como conciliar o fato de que Jesus, por um lado, diz aos seus apóstolos: "Quem não tiver espada venda sua capa para comprar uma" (Lucas, 22, 36), e que, alguns momentos depois, quando eles quiseram usá-la para defendê-lo, ele os censura (Lucas, 22, 50-51)? De acordo com Mateus, ele até mesmo declara: "Os que tomam a espada perecerão pela espada" (26, 52). Então, de que serve comprar uma?

A resposta de Alcuíno é típica de um teólogo. Primeiro, ele expressa seu espanto desaprovador: aqui está um laico muito curioso; os laicos não devem fazer perguntas indiscretas sobre exegese, isso não lhe concerne, é monopólio do clero. Há alguns anos, eu não lhe teria respondido, mas os tempos mudam. Então, aqui está a explicação: seu laico é um guerreiro, não muito inteligente, que acredita que uma espada é uma espada. Errado, pois há espadas e espadas: "Talvez esse leigo, que estivesse acostumado a lutar com uma única espada, pensasse que ela tem um único significado, sem considerar que essa mesma espada que ele segura na mão tem dois gumes". Um representa a vingança; é mau e não deve ser usado; o outro representa a palavra de Deus; é bom, e é preciso vender os bens para obtê-lo. Elementar, meu caro soberano! Depois de revelar esse fato óbvio, Alcuíno passa ao papel político e religioso do rei: vossa palavra é como a espada da palavra de Deus, com dois gumes, como a espada de Davi, que subjugou as outras nações "com sua espada vitoriosa", e que foi para seu povo "o pregador sem igual da lei de Deus". Não está mais claro se Alcuíno fala de uma espada de dois gumes ou de duas espadas, mas o significado é o mesmo: vós podeis usar a "dupla espada" porque és reitor e pregador. Essa já é a expressão da famosa teoria das duas espadas, que terá grande sucesso na Idade Média, quando os papas a usarão em proveito próprio, numa perspectiva teocrática. De fato, há duas espadas, a questão é a quem elas pertencem: na teocracia, é o papa que maneja a espada do poder espiritual, e empresta ao rei a espada do poder temporal, mesmo que isso implique a possibilidade de tomá-la de volta se ele a usar indevidamente; no cesaropapismo, é o imperador que empresta ao papa a espada do poder espiritual. No caso de Carlos Magno, pode-se até dizer que ele guarda ambas para si.

Para ele, a religião é tanto o motivo de suas ações quanto o instrumento de seu poder. Promover a unidade e a harmonia no império significa tanto cumprir o plano divino quanto fortalecer seu poder. Carlos Magno usa a religião para selar a unidade de seu império e reforça a unidade do império para favorecer o triunfo da religião. Os dois aspectos são indissociáveis. Resta examinar os meios concretos de sua política, seus limites e sua eficácia.

– 15 –

O GOVERNO E A ADMINISTRAÇÃO

As rupturas na história nunca são tão completas ou tão abruptas quanto a divisão cronológica sugere. O reino franco não mudou da noite para o dia com a transição dos merovíngios para os carolíngios em 751. Muitos elementos de renovação estavam em formação sob a dinastia em declínio, ainda que não fosse pelo fato de os pepínidas já serem os verdadeiros senhores. Por outro lado, muitas das características antigas continuam sob a nova dinastia. Isso é particularmente verdadeiro no campo do governo e da administração.

Sob os merovíngios, a noção romana clássica de *Res publica*, a coisa pública, concebida como a solidariedade e a colaboração de um povo e seu governante com o objetivo de garantir o bem comum, praticamente desaparecera. O termo "Estado" não tem mais sentido, e de fato desapareceu do vocabulário. O chefe, o rei, é o senhor no sentido de proprietário de um determinado território, no qual ele deve ser obedecido: o *regnum Francorum*. Essa noção do rei como proprietário não desaparece com os carolíngios, mas, com Pepino, o Breve, e principalmente com Carlos Magno, se superpõe a noção de um vínculo, de uma unidade de interesses e objetivos entre o soberano e seu povo. Certamente isso fica no nível das medidas concretas estabelecidas nos capitulares; ninguém teoriza sobre isso, já que essa não é uma época para abstrações, mas o fato permanece. Não há, no entorno de Carlos Magno, verdadeiros juristas capazes de elaborar um pensamento político coerente, mas os intelectuais da corte, e Alcuíno em particular, se baseiam na teologia para elaborar o embrião de uma noção de Estado, que o soberano experimenta fortemente, já que não a teoriza. No capitular aos *missi* de 802, ele enumera, com relação à exigência de um juramento, uma lista completa de obrigações recíprocas que vinculam o povo cristão e o imperador, unidos para construir a cidade terrena do povo de Deus. Contudo, mesmo essa concepção rudimentar permanece virtual, pois o soberano não tem os recursos materiais e humanos para garantir o bom andamento dessa cooperação. Seus votos são piedosos, mas continuam sendo votos. Apesar disso, progressos reais foram feitos graças à obstinação de meio século de reinado.

UMA ARISTOCRACIA TURBULENTA E REBELDE

O poder de Carlos Magno repousa, acima de tudo, no apoio e na colaboração da aristocracia franca, desses grandes proprietários de terras que dominam o campo e fornecem os contingentes do exército. Sua lealdade deve ser mantida por favores e garantida pela rede de laços homem a homem dentro da estrutura da vassalagem. No topo da hierarquia contam-se cerca de trinta grandes famílias, juntamente com seus dependentes, que constituem a *Reichsaristokratie*, a aristocracia do império. Essas famílias são ligadas entre si por casamentos, e é dentre elas que o soberano recruta seus condes. Por exemplo, os vidonidas, que inclui Warin, genro do duque de Espoleto, um outro Warin a serviço do duque da Aquitânia, e Gui, marquês da Bretanha, está ligado aos robertianos, a família de Ermengarda, filha do conde Ingermano, sobrinha do bispo de Metz, Crodegango, e esposa do rei Luís da Aquitânia. Os unróquidas fornecem um conde na Alemânia, Otachar, e seu irmão Unroque é encarregado de negociar com os dinamarqueses em 811. Entre os eticonídeos, o conde de Tours está presente na captura de Barcelona, embaixador em Bizâncio em 811, sogro do filho mais velho de Luís da Aquitânia, e que recebe o apelido nada lisonjeiro de Hugo, o Medroso. Os guilherminos forneceram um conde de Autunois, Teodorico, um duque de Toulouse, seu irmão Guilherme, cuja filha Rolinda se casa com Wala, um primo de Carlos Magno. Os girardidas monopolizam o título de conde de Paris, mantido sucessivamente por Gerardo, seu filho Estêvão e seu sobrinho Leutardo, enquanto um irmão de Estêvão, também chamado Leutardo, é conde de Fezensac, na Aquitânia. Recém-chegada, a família dos rorgonidas, com Rorico, amante de Rotruda, filha de Carlos Magno, que é promovido a conde.

Guerreiros e proprietários de terras antes de tudo, esses personagens muitas vezes são iletrados, mas alguns deles começam a ter preocupações culturais. Às vezes, têm uma biblioteca, cujo conteúdo é legado em seus testamentos, o que tornou possível alguns inventários, infelizmente datados da segunda metade do século IX. Isso inclui obras sobre ciência moral, exegese, medicina, direito, agricultura e vida de santos. É para o marquês de Friuli, que ele descreve como generoso, caridoso e um bom capitão, que Paulino de Aquileia escreve um livro de exortações, e é a pedido de Gui, conde da Marca da Bretanha, que Alcuíno redige seu tratado *Sobre as virtudes e os vícios*. Angilberto, amante de uma filha de Carlos Magno, é de uma cepa diferente. Ele é um autêntico intelectual, e possui uma biblioteca de duzentos volumes. É verdade que ele é abade laico de Saint-Riquier. Essa é uma categoria que se desenvolve durante o reinado de Carlos Magno, que a vê como uma forma de conquistar a lealdade e recompensar grandes aristocratas, sem tocar em seu próprio patrimônio: ele confia a administração nominal de uma abadia a um grande senhor, que recebe as receitas e transfere as tarefas espirituais a um prior conventual. Os bispos também vêm dessa mesma aristocracia porque, apesar dos estatutos sinodais, são escolhidos pelo soberano. O soberano também indica os guerreiros, demandando a um bispo ou abade que lhes conceda uma fração de suas posses temporais; dessa forma, eles se tornam vassalos do prelado, sob cuja liderança devem serviço militar ao rei. A grande aristocracia – cujos filhos mais velhos fornecem o contingente de condes e marqueses, os filhos mais novos são bispos e abades, e as filhas, abadessas e esposas que cimentam os laços com outras famílias – forma uma rede muito densa de interesses e solidariedades da qual o soberano é totalmente dependente. Ele precisa garantir sua lealdade, e a melhor maneira de fazer isso é dar-lhes presentes, atribuindo-lhes terras, a única fonte de riqueza da época.

Essa aristocracia remonta ao período posterior às conquistas germânicas, por meio da fusão de uma minoria de guerreiros francos, que haviam conquistado vastas propriedades, e membros da antiga aristocracia galo-romana, liberada dos pesados encargos impostos pelo governo do Baixo Império. Durante todo o período merovíngio, essas famílias expandiram suas propriedades. Os pepínidas estavam entre elas, e sua ascensão ao poder se deveu muito à riqueza de terras. Carlos Magno sabe que essa aristocracia gananciosa e turbulenta só lhe é leal caso encontre nisso seu próprio interesse. É preciso constantemente dar-lhes novas terras. Foi isso que os reis merovíngios fizeram, e que os levou à ruína e à impotência, depois de dilapidarem o domínio fiscal, ficando à mercê dos grandes senhores. Carlos Magno tem consciência do risco: ele repreende seu filho Luís, cuja generosidade imprudente na Aquitânia dissipa o fisco local. Para satisfazer os apetites insaciáveis dos nobres, ele recorre a vários expedientes. A guerra de conquista torna possível construir reservas de terras reais que podem ser distribuídas; os líderes do exército podem ser recompensados com propriedades tomadas dos vencidos. Contudo, esse procedimento tem limites: depois que a Saxônia e a Baviera foram absorvidas, as conquistas cessam, e a doação de uma propriedade na Panônia é sentida como um presente envenenado. Também é possível distribuir terras confiscadas pela justiça real dos súditos rebeldes; mesmo assim, isso pode ser apenas um complemento. Há também a antiga receita de Carlos Martel: tomar as propriedades da Igreja e distribuí-las para os senhores seculares. Essa solução é clássica para os poderes temporais que enfrentam dificuldades financeiras e será usada por Henrique VIII e pela Assembleia Constituinte. Mas estamos apenas no século VIII. O patrimônio da Igreja franca é considerável, é verdade, mas Carlos Magno, apesar de seu poder, não pode se permitir provocar a hostilidade do alto clero, que é seu principal apoio e lhe fornece a maior parte de seu pessoal qualificado. Nomear abades laicos e confiar aos guerreiros terras a título precário em domínios episcopais é uma maneira de contornar a dificuldade, mas isso pode ser apenas um paliativo. Por fim, há a prática de conceder terras a título temporário, como um "benefício" (*beneficium*) ou "precário" (*precaria*). O beneficiário torna-se o usufrutuário por um determinado período, antes de devolvê-lo. Carlos Magno também recorre a esse método, que tem suas desvantagens. Em primeiro lugar, o beneficiário devolverá a terra no final do período estabelecido? A ausência de um registro de terras, a manutenção aleatória de arquivos e as conivências locais tornam muito fácil, depois de alguns anos, passar de uma concessão temporária para propriedade permanente. Carlos Magno reclama sobre isso em um capitular de 812: "Certos *pagenses* testemunham uns aos outros que os bens de nosso fisco são suas propriedades pessoais", escreve ele. Além disso, mesmo que o beneficiário devolva o patrimônio, ele o entrega numa condição deplorável. Sabendo que só o possui por alguns anos, ele o explora ao máximo, exaurindo a terra com culturas repetidas, derrubando árvores, vendendo a madeira, dilapidando o gado e não fazendo a manutenção das construções.

Durante todo o seu reinado, Carlos Magno é constantemente confrontado com esse problema. A aristocracia guerreira é uma cesta furada, que ele precisa preencher constantemente para manter sua lealdade. As considerações líricas sobre o amor de guerreiros ferozes, condes e senhores, prontos para se sacrificar por seu bom imperador, como encontradas na *Canção de Rolando*, nada mais são que invenções poéticas. Esses homens só seguem o imperador se isso lhes trouxer vantagens, e não é a menor das conquistas de Carlos Magno ter conseguido satisfazê-los por meio século. Mas nem sempre. As revoltas são mais frequentes do que está registrado nos *Anais*, que passam por cima delas em silêncio, para dar crédito à ideia de harmonia entre o soberano e os nobres.

Além da rebelião de Pepino, o Corcunda, os movimentos de apoio aos filhos de Carlomano e ao duque Tássilo, o reino teve muitas outras revoltas, que tomam a forma de conspirações, nas quais os grandes senhores se unem por juramento e se comprometem a ajudar uns aos outros contra o soberano. Os capitulares voltam constantemente a se preocupar com esse problema, proibindo associações juramentadas, e isso até o final do império. Ainda em 806, o capitular de Thionville prevê uma série de sanções contra conspiradores, "aqueles que formam uma conspiração e a selam com um juramento". As penalidades variam da tonsura à execução, passando pelo chicoteamento e a amputação do nariz. Mas que se contente em cortar os cabelos ou a cabeça com o cabelo e tudo, a precificação desses atos de rebelião é indicativa de sua relativa frequência. E essas não são palavras vazias: os *Annales Nazariani*, possivelmente escritos em Murbach, mencionam uma revolta na Turíngia em 786, após a qual os conspiradores são mandados em uma peregrinação penitencial a santuários na Itália, na Nêustria e na Aquitânia; ao retornarem, seus olhos são arrancados e são mandados para o exílio; suas propriedades são confiscadas e assim as terras dos rebeldes, distribuídas aos fiéis, servirão para dissuadir outros possíveis rebeldes.

A história dessa revolta revela a existência de um ódio feroz a Carlos Magno entre alguns dos conspiradores, mas também a discórdia entre os rebeldes: "Um deles disse ao rei: 'Se meus confederados e associados fossem da minha opinião, o senhor nunca teria chegado vivo ao outro lado do Reno'". Para grande descontentamento do soberano, que deseja alcançar unidade e harmonia em seu reino, esses turbulentos senhores francos brigam constantemente, processando uns aos outros e, mais frequentemente, declarando guerras privadas. Carlos Magno só pode constatar, em um capitular de 811, o fracasso de sua política de união:

> Por quais razões um se recusa a prestar ajuda ao outro, seja em marcha ou no exército, quando isso deve ser feito para a defesa útil do país? Por que há tantos processos judiciais, nos quais um reivindica o que obviamente pertence ao outro? Como é possível que um acolha um homem fugitivo do outro? Precisamos descobrir em que e onde os eclesiásticos constrangem os laicos, ou os laicos constrangem os eclesiásticos."

Os capitulares estão repletos de medidas destinadas a estabelecer a ordem e a paz, a pôr fim à violência, visando a instaurar a ordem e a paz, a pôr fim ao banditismo endêmico, para proibir tropas privadas, as vinganças e até mesmo o porte de armas. Essas regulamentações, totalmente ilusórias, revelam a atmosfera de violência permanente em que vive a sociedade carolíngia, em que os assassinatos e as mutilações são meticulosamente precificados, e na qual as famílias das vítimas preferem se vingar pela espada do que receber uma compensação financeira. Este artigo de um capitular de 805 mostra até que ponto a situação degenera: "Sobre o assunto das armas que não devem ser portadas dentro da pátria, ou seja, escudos, lanças e couraças. Se é uma questão de vingança, devemos discutir qual das duas partes se opõe à compensação, para que possam concordar. Se elas quebrarem a paz, ou se não a quiserem, ou se não estiverem dispostas a chegar a um acordo de forma alguma, serão trazidas à nossa presença. E se alguém tiver matado seu adversário após a pacificação, ele pagará, terá cortada a mão que perjurou e, além disso, também pagará o *ban*[1] ao senhor". Está bem claro que a proibição do porte de armas em uma sociedade e um reino construídos pela e para a guerra, onde todos devem estar equipados para a campanha militar anual, e onde a ausência de quaisquer forças da lei e da ordem obriga os súditos a garantir sua própria segurança, é uma utopia completa.

LAÇOS PESSOAIS COM OS SÚDITOS: A VASSALAGEM

Para garantir a lealdade dos nobres e um mínimo de ordem e paz civil, Carlos Magno conta muito com dois meios: o sistema de vassalagem e o juramento prestado por todos os homens livres. A vassalagem, que caracterizará as estruturas sociais durante toda a Idade Média, tem dupla origem, que é mais uma ilustração da herança dúplice de Carlos Magno. Suas "inovações" geralmente consistem numa fusão das práticas romanas do Baixo Império com as do mundo germânico.

Assim, a partir do século IV, em um Império Romano em decadência, a prática da clientela se difunde: pequenos proprietários rurais, às vezes comunidades de vilarejos, "recomendam-se" a um rico proprietário de terras local, a fim de receber sua proteção. Os dois homens fazem uma promessa mútua, a fé (*fides*): o cliente deve respeitar seu chefe e obedecer às suas ordens, recebendo dele as terras sob um contrato de "precário" (*precarium*, que se torna um substantivo feminino, *precaria*). O patrão lhe concede apenas o usufruto da terra, que pode ser retirado a qualquer momento. O contrato entre os dois homens é sempre temporário, raramente vitalício e nunca hereditário.

Os povos germânicos também têm uma forma de clientela, mas de natureza exclusivamente militar: um grupo de guerreiros livres se compromete a servir a um chefe, luta por ele, em troca de uma parte do saque e dos prisioneiros. Tácito já havia descrito esse sistema, afirmando que os guerreiros

---

1 Multa infligida por ação contra o poder do rei ou contravenções aos éditos por este publicados. Quando no campo militar, é chamado de *heriban*. (N. T.)

entravam na "companhia" (*comitatus*) do chefe. A fusão do *comitatus* germânico com a *commendatio* romana dará origem à vassalagem, que começa a tomar forma no período merovíngio. O vocabulário é estabelecido por volta de 700, mesclando termos latinos e germânicos: designa-se pelo termo *commendatio* para descrever o ato de um homem livre recomendar a si mesmo (se *commendare*) a um senhor que lhe concede proteção, sua *mundeburdis*, que deu origem ao francês arcaico *"maimbour"*;[2] o cliente é designado pelo termo *"vassal"*, derivado de duas palavras germânicas: *gwas* (jovem servo) e *gwassawl* (aquele que serve).

A natureza das obrigações que vinculam o vassalo ao seu senhor é especificada em um contrato, cuja redação varia de uma região para outra. A forma mais antiga que foi conservada, aquela de Tours, data de aproximadamente 750, bem no início do período carolíngio. Os termos são muito precisos:

> Aquele que se recomenda ao poder de outro, Ao magnífico senhor fulano de tal, eu, fulano de tal. Considerando que é sabido de todos que não tenho meios para me alimentar ou me vestir, demandei a Vossa Benevolência, e vossa vontade me concedeu, que eu me entregasse ou me recomendasse ao vosso *maimbour*. Foi isso que fiz: dessa forma, vós deveis me ajudar e me sustentar com alimentos e roupas, na medida em que eu for capaz de vos servir e merecer. E enquanto eu viver, não poderei me retirar de seu poder ou de seu *maimbour*. Como consequência desses fatos, foi acordado que se algum de nós quiser se subtrair a essas convenções, seria obrigado a pagar à sua parte contratante tantos *sous*, e o próprio acordo permaneceria em vigor. Portanto, parece apropriado que as partes façam redigir e confirmar duas cartas do mesmo teor, o que elas fizeram.

Trata-se, portanto, de um vínculo pessoal, entre um homem e outro, comprometendo os dois parceiros por toda a vida, um nutrindo e protegendo o outro, e este lhe fornecendo fidelidade, submissão e apoio: a semelhança com o contrato de casamento é chocante. Contrato feito durante uma

---

2 Termo jurídico usado pelos francos e que designa a função exercida por uma pessoa para assegurar a proteção e a gestão dos bens de um indivíduo impossibilitado de fazê-lo pessoalmente. Essa prática evoluiu progressivamente para o sistema moderno de tutela e curatela que conhecemos atualmente. (N. T.)

cerimônia ritual, no decorrer da qual o recomendado coloca suas mãos nas mãos de seu senhor, conforme demonstrado por outra fórmula muito mais antiga, datada da primeira metade do século VII, conhecida como *Fórmula de Marculfo*,[3] na qual é feita alusão a um juramento de lealdade prestado ao rei, feito por um grande personagem.

O dever do senhor é, acima de tudo, garantir a manutenção de seu vassalo. Ele pode fazer isso alojando-o, alimentando-o e fornecendo-lhe roupas em sua própria casa, conforme previsto na fórmula de Tours. No entanto, mais frequentemente, ele o faz concedendo-lhe "em benefício" um pedaço de terra. Em meados do século VIII, esse assunto configura uma época de transição crucial, na qual se completa a fusão do *"benefício"* e da *"precaria"*. Há muito tempo, a Igreja vinha usando o sistema da *precaria*, que lhe permitia expandir suas propriedades: um pequeno senhor doa terras a uma abadia, por exemplo, e a abadia lhe confere o usufruto da terra por toda a vida, em troca de uma pequena taxa. Para incentivar o movimento, a abadia acrescenta a essa terra outro pedaço de terra de sua posse, e da qual mantém a propriedade eminente, confiando-a em usufruto vitalício ao precarista. Com a morte deste último, a Igreja recupera a totalidade. Carlos Martel explora esse sistema a seu favor: ele precisa de cavaleiros fortemente armados, cujo equipamento é muito caro; para fornecer aos senhores os meios para se equiparem, ele lhes concede terras em usufruto vitalício. Entretanto, como o tesouro real havia sido dilapidado, ele recorre à *precaria* das terras da Igreja: o vassalo recebe uma terra da Igreja, paga a ela um dízimo e presta serviço militar ao rei. Em teoria, todos se beneficiam: o rei tem sua cavalaria sem pagar nada, o vassalo tem a renda da terra confiada a ele como benefício, e a Igreja guarda a propriedade eminente[4] dessa terra, enquanto recebe uma espécie de aluguel. Na realidade, o vassalo não demora muito para se comportar como um verdadeiro proprietário do benefício, que é perdido pela Igreja. Os concílios do

---

3 O título correto é *Formulário de Marculfo* (*Formulae Marculfi*). Trata-se de uma coletânea merovíngia de atos jurídicos composta entre a segunda metade do século VII e o início do VIII por um monge chamado Marcellin (*Marculf*). Esse documento é considerado "o mais importante da época merovíngia e o mais interessante também, do ponto de vista diplomático" (Arthur Giry, *Manuel de diplomatique*. Paris: Librairie Hachette et Cie., 1894, p.479-92). (N. T.)

4 Propriedade eminente: terras concedidas por um senhor, sobre as quais este tem uma propriedade superior, o que lhe dá direito a receber, por elas, as devidas taxas. (N. T.)

reinado de Pepino, o Breve, reclamam veementemente dessa situação, mas ela é irreversível, e a vassalagem oferece ao rei muitas vantagens para que renuncie a ela. Carlos Magno até reforça o sistema.

Sob seu reinado, a prática da vassalagem torna-se comum, tornando-se parte do vocabulário cotidiano: "muitos outros, de nacionalidade franca, chamados de vassalos na linguagem comum", escreve o Astrônomo, a respeito dos senhores aquitânios. O *vassus*, vassalo, é o *homo*, o homem, de seu senhor, e é um *miles*, um soldado, um cavaleiro fortemente armados. A vassalagem, inicialmente praticada sobretudo nos territórios francos entre o Sena e o Reno, espalha-se por todo o reino, com exceção das regiões ainda pouco assimiladas da Saxônia e da Frísia. O ritual da recomendação consiste em uma cerimônia durante a qual o vassalo coloca as mãos juntas nas mãos de seu senhor (é a "homenagem") e, em seguida, jura-lhe lealdade, colocando uma mão sobre um relicário contendo os restos de um santo. A redação desse juramento é, sem dúvida, muito próxima daquela imposta por Carlos Magno em 802 a todos os homens livres do império:

> Juramento pelo qual prometo ser fiel ao meu senhor Carlos, o mais devoto imperador, como um vassalo por direito deve ser a seu senhor, para a manutenção de seu reino e de seu direito. E este juramento que fiz, eu o manterei e quero mantê-lo, na medida em que sei e entendo, de agora em diante, se Deus me ajudar, o Criador do céu e da terra, e as relíquias desses santos que aqui estão.

Os dois homens estão indissoluvelmente ligados, como em um casamento. Os únicos casos em que ele pode ser quebrado estão listados num capitular de 802: se o senhor tenta matar seu vassalo, ou o ameaça com um bastão, deita-se com sua esposa ou filha, rouba-lhe um bem, tenta reduzi-lo à servidão, não o defende contra seus inimigos. A principal obrigação decorrente do contrato de vassalagem é o serviço militar: o vassalo deve juntar-se ao exército de seu senhor a cada convocação, com equipamento adequado e acompanhado por um número de soldados correspondente à magnitude do benefício recebido. O benefício para o soberano é considerável: sem pagar um centavo, ele tem uma força militar à sua disposição. Portanto, não é surpreendente que incentive seus vassalos a imitá-lo e a construir uma clientela de subvassalos. No entanto, esse elemento de força pode se tornar uma causa de fraqueza se o soberano não tiver autoridade suficiente para fazer que seus vassalos o obedeçam. No caso de uma revolta, toda a pirâmide é ameaçada de colapso e nem mesmo Carlos Magno está a salvo de tal contratempo.

A contrapartida para o auxílio militar é o benefício. Entretanto, existe uma categoria de vassalos, que não são *"casati"*, ou instalados, que são mantidos na corte, onde recebem roupas, alimentos e armas, mas essa é uma exceção. Em quase todos os casos, o vassalo recebe terras, cujo tamanho varia de acordo com sua importância social. Estima-se que uma dúzia de mansos deve ser suficiente para sustentar um cavaleiro fortemente armado, e seus vassalos diretos podem receber propriedades de várias centenas de hectares. Eles só têm o usufruto, mas, como sempre, com o uso, passam a considerá-las como suas, transmitindo-as, alienando-as, trocando-as por terras de plena propriedade. No capitular de Nijmegen, em 806, Carlos Magno encarrega seus *missi* de investigar essas práticas.

A concessão do benefício é objeto de uma cerimônia simbólica, a *traditio*, ou investidura, como era conhecida na Idade Média clássica, no decorrer da qual o senhor dá a seu protegido um objeto que representa a propriedade, como um torrão de terra ou um bastão. *Recommendatio* e *traditio*, que normalmente são duas coisas completamente independentes, de fato estão quase sempre associadas, o que ajuda, na realidade, a vincular a vassalagem e o benefício. O resultado é que o benefício retorna ao senhor ou à sua família quando o vínculo de vassalagem desaparece, seja pela morte de um deles ou pelo não cumprimento do dever de vassalagem. Por exemplo, no capitular de Aachen de 802, Carlos Magno estipula que um vassalo que pede ajuda a outro vassalo do imperador, e que não responda ao chamado, perderá seu benefício. No caso de dissolução da vassalagem por morte, as duas cerimônias de *recommendatio* e de *traditio* devem ser repetidas com os herdeiros. Assim, os benefícios se tornam mais ou menos hereditários. Ninguém até então percebia as complicações insolúveis que surgiriam de múltiplas vassalagens, quando o mesmo homem recebia benefícios de vários soberanos e estes, por sua vez, guerreavam uns contra os outros. Por enquanto, o sistema é um meio eficaz nas mãos de Carlos Magno, pois lhe permite assegurar a lealdade da maioria dos grandes senhores, bem como sua participação em campanhas militares, sem que isso lhe custe nada. Para ele, os laços de homem a homem, com base em juramentos orais, são necessários e suficientes para garantir seu poder.

    Ele está tão convencido disso que não apenas incentiva seus vassalos diretos a contratar subvassalos, a fim de criar uma pirâmide de lealdades, com ele próprio no topo, mas também concede benefícios a seus funcionários, os condes. Ora, estes últimos já se beneficiam, como dotação de suas funções, de certas propriedades dependentes do fisco, que constituem seu *comitatus* (condado), *ministerium* (cargo público) ou *honor* (honra). A renda dessas terras constitui seu salário, por assim dizer, e eles têm que deixá-las ao sair de suas funções. Inevitavelmente, os condes, que recebem terras como uma honra, por um lado, e uma propriedade como benefício, por outro, já não fazem muita distinção entre os dois; como vassalos e funcionários, tendem a mesclar os dois e considerar o todo como sua propriedade. Todo-poderosos em suas circunscrições, eles se comportam de forma cada vez mais independente, mesmo fingindo obediência por ocasião das visitas episódicas dos *missi*. Há nisso uma ameaça potencial de desmembramento do Estado. Por outro lado, a tendência de obedecer apenas ao seu senhor direto, no nível intermediário entre eles e o imperador, também é uma ameaça muito séria. Carlos Magno se dá conta disso no final de seu reinado: em um capitular de 810-811, ele reclama que algumas pessoas deixam de comparecer ao exército alegando que seu senhor não os havia convocado, ou que, como o próprio senhor não havia sido convocado, eles o seguiam, ou seja, ficavam em casa. Assim, a generalização da vassalagem, útil para Carlos Magno, está repleta de problemas futuros.

O JURAMENTO E A PREOCUPAÇÃO DE UNIDADE

    O uso de juramentos é mais eficaz? O soberano atribui grande importância a isso, porque, para ele, essa prática oferece várias garantias: em um mundo cristão, um juramento de lealdade feito sobre relíquias é supostamente inviolável, especialmente por causa da penalidade dissuasiva em caso de perjúrio: mão direita amputada e entrada na ilegalidade, um prelúdio para o inferno eterno. O juramento de obediência no início de um novo reinado era uma prática antiga, mas caiu em desuso no decorrer do século VII.

Nos primeiros anos de seu reinado, Carlos Magno desconfiava de juramentos particulares, que frequentemente eram usados para formar associações juramentadas, que poderiam rapidamente se transformar em conspirações, como foi o caso durante a crise de 778-779. Em 779, o capitular de Herstal proibiu a prática de juramentos mútuos e coletivos, mantendo apenas a validade de juramentos judiciais e de vassalagem.

Dez anos depois, o soberano muda de atitude. Em 789, após os graves distúrbios e conspirações de 785, ele decide usar o juramento para criar um vínculo pessoal entre ele e todos os seus súditos: todos os homens livres do reino com idade de 13 anos ou mais deverão jurar não fazer nada que possa colocar em risco sua pessoa, a de seus filhos ou seu poder. Os perjuros, dependendo da gravidade do caso, serão passíveis da pena de morte ou de mutilação da mão direita e serão submetidos a uma cerimônia penitencial humilhante para se reconciliar com a Igreja, sem, no entanto, recuperar todos os seus direitos como homens livres.

A implementação dessa decisão se mostra extremamente difícil, e os resultados são praticamente nulos: em 792-793, a fome combinada aos descontentamentos provoca revoltas, culminando na conspiração de Pepino, o Corcunda. Percebe-se que muitos dos conspiradores não haviam feito o juramento de 789. Carlos Magno organiza então, por uma decisão tomada em Regensburg em 793, um rigoroso sistema de prestação de juramento: os reinos franco e lombardo são divididos em *missatica*; em cada uma dessas circunscrições, os *missi* devem reunir bispos, abades, condes e vassalos reais, e exigir que todos prestem o juramento; depois, cada um deles deve exigir o mesmo de cada homem dependente dele: homens livres, colonos e até mesmo servos a partir dos 12 anos de idade. O empreendimento é colossal e, para dizer rapidamente, utópico: como, em um reino tão grande, com meios tão rudimentares, fazer que milhões de homens façam um juramento, mesmo nos mais remotos vilarejos? Tenta-se até mesmo, como vimos, obter listas escritas com os nomes dos juramentados. Além disso, a lista teria que ser atualizada todos os anos, sem mencionar o fato de que todos só conhecem sua idade aproximada. É verdade, porém, que a única coisa que importa é o juramento dos personagens de alguma importância, os únicos capazes de prejudicar o poder real, porque, no momento, o juramento é puramente negativo: não fazer nada que prejudique o rei.

Carlos Magno, agora imperador, inicia uma nova etapa em 802. Colocando-se como um representante direto de Deus, ele exige fidelidade não apenas a si, mas também à lei divina: ser um mau cristão torna-se uma forma de perjúrio; negligenciar a missa, prejudicar as igrejas, as viúvas e os órfãos, não pagar suas dívidas, será punido da mesma forma que a usurpação de terras reais, a obstrução da justiça, o não comparecimento ao exército. Em resumo, o novo juramento exige que todos declarem respeitar a lei civil, bem como a lei moral e a religiosa. O povo do império deve ser o povo cristão, a Igreja visível, a Cidade de Deus na Terra. A fórmula estendida do juramento, que é semelhante à fórmula da vassalagem, deve ser explicada pelos *missi* em cada assembleia local antes da prestação, que ocorre sobre relíquias ou sobre as Escrituras.

Não é preciso dizer que o povo do império nem por isso se tornou o povo santo, e que as revoltas não cessaram. Foi uma estranha ilusão, da parte de um homem tão realista, acreditar que poderia vincular seus milhões de súditos por meio de um juramento. A prática também teve um efeito perverso: acreditar que a obediência ao poder não é uma situação natural, já que se baseia em um juramento: aqueles que não o prestam não se sentem obrigados a obedecer. Além disso, ao assimilar a fórmula à do juramento de vassalagem, subentende-se que as obrigações são recíprocas: se o soberano não assegurar a proteção e a manutenção dos súditos, estes não são mais obrigados a obedecer. Falar de um "contrato social" seria obviamente muito anacrônico, mas é preciso reconhecer que, definitivamente, o poder de Carlos Magno repousa, acima de tudo, em seu prestígio pessoal. Ao recorrer a esses métodos de eficácia duvidosa, ele põe em risco o destino de seus sucessores menos fortes ou de menor prestígio.

O imperador está ciente de que um dos principais pontos fracos de seu império é a heterogeneidade, a diversidade étnica, linguística, cultural e jurídica, que faz dele um mosaico frágil, do qual ele, Carlos, é o principal cimento. Assim, o fortalecimento da unidade é uma obsessão de seu reinado. Tudo o que pode contribuir para isso é incentivado ou ordenado. A exigência do juramento faz parte desse arsenal e, mesmo que ele não seja respeitado, sua universalidade o torna um elemento de solidariedade. A religião é um poderoso elemento de unidade, com seu Credo, que é uniforme até no detalhe de suas fórmulas, suas cerimônias e rituais, seus textos litúrgicos alinhados com o exemplo romano. Carlos Magno, aliás, não tem interesse em esforços missionários entre os povos do mundo exterior: o cristianismo é considerado como a marca distintiva de seus estados.

Apesar dos preparativos religiosos, a guerra contra os ávaros não é, de forma alguma, uma guerra santa; somente depois que eles são subjugados é que se tenta convertê-los; a religião é um instrumento de integração. Com sua rede de abadias, dioceses e igrejas locais, seu clero hierarquizado e estruturado, a Igreja permite disseminar instruções e unir os fiéis súditos em torno de objetivos comuns: jejuns e orações em tempos difíceis, comemoração do rei na liturgia.

Na esfera secular, medidas como a simplificação e padronização de pesos e medidas, o uso da mesma moeda e a fixação de preços são fatores de unidade. Uma área particularmente importante é a da lei e da justiça. Há uma grande variedade nessa área, e Carlos Magno não pode se dar ao luxo de abolir os códigos de lei "nacionais". É preciso ao menos examiná-los, retificá-los e redigi-los durante as assembleias, a fim de obter um mínimo de harmonização, e ele faz reais esforços para melhorar a eficiência e a regularidade da justiça, a fim de disseminar a confiança e o apego às instituições do império. Tradicionalmente, a justiça era feita pelo tribunal do *pagus*, o *mallus*,[5] presidido pelo conde e ao qual os homens livres deveriam assistir. Um sistema incômodo e inconveniente: os camponeses livres tinham mais o que fazer do que comparecer a cada convocação na sede do *pagus*. Assim, o conde ou seu representante se contentava com a presença de alguns notáveis com algum conhecimento sobre as leis, os *"rachimbourgs"*. Por volta de 780, Carlos Magno aprimora o sistema exigindo a nomeação, em cada condado, de sete a doze magistrados-juízes pagos e em tempo integral, conhecidos como *scabini*. Nomeados vitaliciamente, eles acumulam experiência e conhecimento, auxiliam o conde e preparam as sentenças. Duas vezes por mês, julgam os pequenos conflitos entre particulares e delitos de direito comum menos importantes. E três vezes por ano se reúnem com o conde nos tribunais criminais para resolver casos importantes, que podem resultar em sentenças de morte ou privação de liberdade. Duas ou três vezes por ano, os *missi* também realizam tribunais judiciais, com a presença de bispos, condes e *scabini*.

---

5 Tribunal feudal. (N. T.)

A frequência é aumentada em 811: o *missus* se reunirá em janeiro, abril, julho e outubro. Os bispos também têm seus próprios tribunais, julgando apenas casos civis que opõem seus homens entre si e casos relativos a clérigos.

Medidas pontuais são tomadas para melhorar a administração da justiça. Elas testemunham um esforço sincero da parte de Carlos Magno nessa área. A lei sálica é traduzida para a língua tudesca em 802, para que possa ser perfeitamente dominada por juízes laicos. Em 811, o capitular *De justiciis faciendis* denuncia as disfunções do sistema: falsas testemunhas subornadas, falta de vontade dos juízes, que colocam mais obstáculos quando um caso embaraçoso chega para julgamento, e atrasos consideráveis no procedimento. Alguns casos remontam a Pepino, o Breve, e ainda não haviam sido concluídos após quarenta anos ou mais. O imperador incentiva o aumento das apelações ao tribunal do palácio, em teoria presidido por ele, mas cujas audiências geralmente são, de fato, conduzidas pelo conde do palácio: quando por três vezes um reclamante não for ouvido pelos tribunais ordinários, quando um litigante é vítima de uma sentença injusta, poderá acusar seu juiz; o tribunal do palácio também pode julgar em primeira instância os processos em que condes, bispos, abades e até mesmo vassalos diretos são alvo de queixas por parte de seus dependentes, bem como casos graves, tais como a deserção no exército.

Entretanto, essas reformas têm efeitos limitados. As apelações ao tribunal obviamente só dizem respeito a homens de certa importância, mas é o suficiente para sobrecarregar o tribunal e, depois de ter incentivado os apelos, Carlos Magno reclamará do seu influxo. Abuso, negação de justiça, pressão de todos os tipos, intervenção dos condes, que recebem um terço das multas impostas, portanto têm interesse em aumentar o número de condenações, são corriqueiros. A escolha dos magistrados-juízes, os *scabini*, efetuadas pelos *missi*, nem sempre é judiciosa: textos do final do reinado especificam que devem ser selecionados entre os mais virtuosos, e que os maus devem ser dispensados. De fato, esses *scabini* são recrutados entre os proprietários de terras que são vassalos dos condes, e as sessões de *mallus publicus*, a assembleia de homens livres para aplicar a justiça, assemelham-se a uma reunião dos vassalos do conde, uma espécie de tribunal feudal, dedicado aos interesses do senhor do condado. A prática das imunidades também é ambivalente: para limitar o escopo dos poderes do condado, o soberano retira de sua autoridade certos territórios privilegiados, em particular as terras da Igreja. Assim, os agentes locais de poder não têm acesso a elas e os acusados são julgados pelo tribunal imune.[6] No caso de infrações criminais graves, é o imunista, bispo ou abade, que deve apresentar o acusado perante o tribunal. Esse procedimento oferece mais garantias ao acusado, mas também é causa de muitos abusos. Por fim, o recurso à velha prática da ordália é comum, o que é obviamente contrário à própria noção de justiça, pois baseia o veredito na intervenção hipotética de um deus igualmente hipotético: o acusado cujas queimaduras, depois de agarrar um ferro em brasa ou mergulhar o braço em água fervente, não cicatrizam dentro do prazo estabelecido, é culpado. Entre o acusador e o acusado, aquele que mantiver por mais tempo os braços em cruz é inocente, e o outro sofre a punição. Todos os tipos de julgamentos podem ser usados, desde a corrida sobre nove aivecas de arados em brasa até o duelo judicial. É verdade que essas práticas são cada vez mais contestadas, não por serem absurdamente injustas, mas porque dão testemunho de uma presunção sacrílega, forçando a mão de Deus a intervir nos julgamentos humanos.

Carlos Magno tem consciência de suas responsabilidades como juiz supremo do império, e suas intervenções nessa área lembram sempre o dever dos juízes de se inspirar na lei divina, e impõem as regras de base: proteção da viúva e do órfão, do peregrino, garantia do direito dos mais fracos. A extensão do *bannum dominicum*, uma penalidade pecuniária devida ao rei, além de outras penas por violar a lei, é uma ilustração de sua intenção de, em todos os lugares e de maneira uniforme, impor a ordem cristã. Essa multa é extremamente pesada: 60 *sous*, ou seja, 720 moedas de um denário, e aqueles que não podem pagá-la perdem seu *status* de homens livres e são submetidos a trabalhos até que a multa seja paga integralmente. Esse *ban* real inicialmente afeta apenas os casos de violação dos privilégios da Igreja e de danos causados às pessoas protegidas pelo soberano: viúvas, órfãos, deserdados e peregrinos. Depois Carlos Magno gradualmente a estende a uma ampla gama de infrações: cumplicidade em um crime, ocultação de infratores, recusa de

---

6 Pertencentes a propriedades públicas, no interior das quais os agentes públicos ordinários, dependentes direta ou indiretamente do rei, não podem penetrar. Somente o soberano pode designar um *missus* para controlar a gestão. (N. T.)

pagamento de dízimos, recusa da moeda real, requisição abusiva de gêneros alimentícios, caça ilegal, desrespeito dos preços mínimos... De fato, o *ban* gradualmente se torna uma espécie de imposto real para alimentar o Tesouro e, à sua maneira, reforça o sentimento de dependência do Estado carolíngio.

ASSEMBLEIAS E CAPITULARES

Outra instituição faz uma grande contribuição para o desenvolvimento da unidade do reino ou império: as assembleias anuais. Seu ritual é bem conhecido, mas é muito menos rigoroso do que sugerem os livros de história institucional. De fato, as circunstâncias comandam, e a cada ano o soberano adapta a fórmula às necessidades do momento.

Até meados do século VIII, a assembleia tem um propósito essencialmente militar e é convocada no mês de março, dedicado ao antigo deus da guerra e que, durante séculos, marca o início das campanhas. A partir de 755, aproximadamente, a convocação é transferida para maio e, às vezes, até mais tarde, por uma razão muito prática: a cavalaria havia se tornado o elemento essencial do exército, e não poderia ser posta em movimento até que a grama fosse suficientemente abundante para fornecer pasto a milhares de cavalos. Por outro lado, as funções da assembleia tendem a se diversificar. A parte dedicada à comunicação, à discussão e a vários anúncios, se torna cada vez mais importante. São convocados condes, bispos, abades, vassalos diretos, isto é, uma reunião geral de todos os quadros do reino, ou pelo menos de vastas regiões dele, em função do local da reunião. Na maioria das vezes, isso ocorre em um dos palácios reais da Austrásia, que compreendem um grande salão com capacidade para até mil participantes. Amiúde, o lugar da reunião se situa nas regiões orientais, perto dos territórios para onde a campanha militar do ano está planejada: Paderborn, Regensburg, Lippeham, mas os locais mais comuns são Worms, Mainz, Ingelheim e, é claro, nos últimos anos, Aachen.

Nas semanas que antecedem o evento, todos recebem uma convocação, especificando o dia e o local da reunião, bem como o contingente de soldados e equipamentos a serem levados, além dos presentes obrigatórios, deixados a seu critério. Para cada um, isso requer uma pesada logística, com a reunião de homens e equipamentos, a preparação de uma jornada de várias centenas de quilômetros, e a tomada de providências para a administração da propriedade durante sua ausência. Essas reuniões são um formidável fator para a unidade para o reino: travessia de várias regiões, encontro de representantes de terras distantes, com os quais se trocam notícias e que obedecem às mesmas ordens.

Laicos e eclesiásticos são mesclados, e todos os assuntos, tanto religiosos quanto seculares, são discutidos, o que faz com que as assembleias sejam chamadas tanto de "audiência geral" quanto "sínodo", "convenção geral", ou mesmo "conselho sinodal". Se a campanha militar for iminente, a reunião se confunde com o agrupamento do exército, caso contrário, o exército será convocado mais tarde. Às vezes, o clero se reúne separadamente. Nas reuniões gerais, coloca-se o problema do idioma. O latim é usado para comunicar as decisões, e a maioria dos condes carrega um tradutor consigo.

Para Carlos Magno, a assembleia é uma oportunidade de ter suas decisões aprovadas por aclamação. Os participantes não têm iniciativa; estão lá para ouvir o que o mestre decidiu. Entretanto, sua atitude pode influenciar as disposições. Não há regras fixas para o procedimento usado para finalizar as decisões reais. Estas são preparadas por comissões, por auxiliares próximos ao soberano, e são lidas para a assembleia, que as aprova. Elas abrangem uma ampla gama de áreas e tratam tanto de preocupações circunstanciais quanto de questões substantivas. São aditivos às leis, bem como resumos de instruções dadas aos *missi* ou decisões pontuais. Elas abrangem desde o preço dos presuntos até a luta contra a falsificação de dinheiro, da regulamentação do armamento à proteção de viúvas, órfãos e dos jumentos. A redação é inequívoca: "Nós decidimos...; nós ordenamos...; nós dispusemos...; nós achamos por bem proibir...", mas o consentimento da assembleia dá a essas decisões o selo da aprovação popular. O soberano também anuncia acordos e tratados concluídos, negociações em andamento e planos de campanha. Em outubro, é realizada uma assembleia mais restrita, geralmente com a presença de eclesiásticos, na qual são preparadas as decisões para o ano seguinte.

Essas decisões são agrupadas em textos conhecidos como capitulares, devido à sua divisão em capítulos, artigos ou *capitula*. De fato, esses "capítulos" às vezes são reduzidos a um título, assumindo assim a forma de simples lembretes para os *missi* e condes, informando-os das medidas que haviam sido estabelecidas oralmente. Os capitulares não são, portanto, textos legais no sentido moderno do termo, mas sim coleções heterogêneas de breves regulamentos, indicações de tópicos para discussão e resumos de deliberações. A comunicação oral permanece primordial, mesmo que a palavra escrita tenha se tornado gradualmente mais importante: Carlos Magno recomenda a seus *missi* e condes que copiem os textos dos capitulares e os mantenham em seus arquivos para que possam se referir a eles. Mas o conceito de arquivo ainda é muito rudimentar: quando, sob o reinado de Luís, o Piedoso, o bispo Angésige procura o chanceler para compilar uma coleção pessoal dos capitulares de Carlos Magno, apenas 29 puderam ser encontrados, sendo que os historiadores redescobriram 107 delas, e muitos outros, sem dúvida, desapareceram.

UMA MONARQUIA ITINERANTE?

Esse fato ilustra como os métodos de governo são arcaicos. Para administrar um império do tamanho da Europa do Tratado de Roma, Carlos Magno dispõe de um pessoal numericamente inferior à administração de uma cidade de médio porte atual.

Em que consiste exatamente o governo central? Em primeiro lugar, não existe um centro ou, mais precisamente, o centro se move. É um fato bem conhecido que o reino não tem capital, sendo essa a principal diferença em relação ao Império Romano e ao Império Bizantino, com suas chefias hipertrofiadas, Roma e Bizâncio. Ao lado dessas duas cidades gigantescas, Aachen é uma aldeia semirrural, cujo papel essencial está expresso em seu nome: uma cidade termal com uma grande capela. As vantagens elencadas para justificar sua escolha nada têm de excepcionais: a proximidade de florestas repletas de caça e rios navegáveis. É somente no reinado de Luís, o Piedoso, que Aachen adquire o *status* de capital. Entretanto, como a maioria dos documentos sobre o reinado de Carlos Magno foi redigida durante o reinado de seu filho, os autores atribuem a este um papel equivalente ao período anterior. Eginhardo só frequentou a corte no final do reinado, em uma época em que ela se estabiliza em Aachen. Ora, durante todo o reinado, a assembleia geral de maio só foi realizada nessa cidade cinco vezes, quatro delas depois de 800: 789, 802, 809, 811, 813. É somente em 795 que Carlos Magno passa a maior parte de seu tempo lá: antes dessa data, ele havia celebrado o Natal em Aachen apenas em 768, 788 e 795, e a Páscoa em 789. Então, de 795 a 813, em 19 anos, seu Natal só ocorre lá 15 vezes, e a Páscoa, 14 vezes. Outra contagem: de acordo com os *Anais Reais*, estima--se que ele aí passa 30% de seu tempo entre 794 e 803, e 64% entre 804 e 814. Seu pai, Pepino, havia tomado posse dos palácios reais merovíngios de Compiègne, Berny, Ponthion e Soissons, mas ele também frequentemente está em Attigny, Corbeny, Samoussy, Quierzy, Ver e Verberie. Carlos Magno às vezes se hospeda nesses lugares, mas com mais frequência em Mainz, Thionville, Metz, Worms, Herstal e Trier, e manda construir outras residências nas regiões recém-subjugadas de Ingelheim, Paderborn e Regensburg. Também devemos mencionar as *villae* e palácios de Longlier e Saxy, nas Ardenas, Düren, Colônia, Nijmegen, Spire na Renânia, Frankfurt, Würzburg no Main, Eresburg na Saxônia, e Salz, na Francônia.

A lista, que não é exaustiva, já é impressionante, e sugere um tribunal em perpétuo movimento. Deve-se ressaltar, entretanto, que essas residências, pomposamente batizadas de "palácios", são, na maioria dos casos, bastante modestas e só podem acomodar o rei e sua escolta por apenas alguns dias. Aqui está a descrição da construção de Annapes, no inventário que foi feito sobre ela: "A residência real, muito bem construída em pedra, tem três salões. Todas as construções são cercadas no primeiro andar por terraços (galerias) que se abrem para onze cômodos fechados por ferrolhos. No andar de baixo, há uma adega e dois pórticos. Dentro do pátio, há dezessete casas construídas em madeira, cada uma com um quarto e dependências bem estruturadas. Há também um estábulo, uma cozinha, uma padaria, dois celeiros e três estrebarias. A casa é envolta por uma forte cerca viva de *tunin* e tem uma porta de pedra que comporta um andar destinado à circulação. Um pequeno pátio, também cercado por *tunin*, bem arrumado, contém árvores de diversas espécies". O mobiliário é apenas digno de uma grande casa de fazenda: uma cama, uma mesa, roupa de cama, duas tigelas, duas bacias de bronze, dois fogareiros de bronze, um de ferro, um candeeiro, três machados, uma enxó, uma bacia para fazer sal, duas puas, um cinzel de madeira, uma plaina, duas gadanhas, duas foices, duas pás. Não é luxuoso. Annapes poderia ser descrito como um pavilhão de caça.

Num nível completamente diferente estão os palácios de Ingelheim, Nijmegen e Paderborn. Em Ingelheim, as escavações arqueológicas confirmaram as descrições de Ermoldo, o Negro, revelando uma estrutura complexa, com um vasto salão de audiências, a *aula*, cujas paredes eram decoradas com afrescos que contavam as façanhas dos conquistadores da Antiguidade: Nino, Falaris, Ciro, Alexandre, Aníbal, Rômulo e Remo, o que é uma indicação sobre os sonhos e o mundo mental de Carlos Magno. Em Paderborn, o soberano manda construir um palácio destinado a manifestar a integração dessa região ao reino. Aqui também, a arqueologia descobriu as fundações de uma série de edificações, em particular a *aula*; uma grande igreja com nave única e uma basílica com uma nave central e corredores laterais, decoradas com mosaicos e afrescos, formando um conjunto impressionante, dedicado a São Kilian e à Virgem Maria, e que foi consagrada pelo próprio papa em 799. Carlos Magno realiza importantes assembleias em Paderborn em 777 e 785, e a cidade se torna a sede de um bispado em 805.

Aachen é o foco de uma grande campanha de construção a partir da década de 790, talvez como consequência da destruição do castelo de Worms por um incêndio no inverno de 790-791. De fato, tudo aqui é excepcional: o tamanho, o esplendor e a decoração, que faz uso extensivo dos despojos da Antiguidade romana e de Bizâncio: mosaicos e colunas de mármore de Roma e de Ravena, escultura da loba romana, estátua equestre de Teodorico. O modelo romano é especialmente muito considerado, com a imitação da grande *aula* constantiniana em Trier. Nem por isso Aachen é uma capital de fato, pelo menos não sob Carlos Magno. É a residência favorita do imperador no final de seu reinado, mas seu prestígio lhe vem mais de sua piscina e, acima de tudo, de sua capela, que de sua função política.

Os historiadores há muito tempo atribuem duas funções a essa rede de palácios. Uma função econômica: o rei e sua corte se instalavam em um palácio e lá residiam até que suas reservas de alimentos se esgotassem; então, movidos pela necessidade, mudavam de residência e consumiam os recursos de outra vila. Um papel político: essa forma de governo itinerante permitiria que o rei fosse visto, para afirmar sua presença física no reino. A última biógrafa de Carlos Magno, Rosamund McKitterick, tem pouca fé nessas explicações, já que as *villae* do fisco carolíngias eram, em sua opinião, capazes de alimentar a pouco numerosa corte do soberano por períodos muito longos, e a concentração de palácios em certas regiões, enquanto outras eram negligenciadas, como Nêustria, Alemânia e Provença, contradiz a teoria de que Carlos Magno procurava se mostrar para seus súditos.

De fato, a historiadora contesta a expressão de "monarquia itinerante". É verdade que Carlos Magno viaja muito, mas suas permanências se dão no mesmo lugar por longos períodos. Ele geralmente se estabelece em algum lugar no final de uma campanha militar, em outubro, e lá passa todo o inverno, o Natal, a Páscoa e realiza a reunião de maio, o que representa sete ou oito meses de presença ininterrupta no mesmo local. Assim, ele está em Regensburg para a assembleia de 791, o Natal de 791, a Páscoa de 792, a assembleia de 792, o Natal de 792, a Páscoa de 793 e a assembleia de 793. Esse não é um caso único e, no final do reinado, sua mobilidade se torna ainda mais restrita: enquanto entre 794 e 804 a média anual de seus deslocamentos é de mil quilômetros, ela cai para apenas 460 quilômetros entre 805 e 814.

Quando se desloca, hospeda-se em suas *villae*, onde os administradores precisam ter sempre reservas suficientes para uma visita inesperada do rei e de sua corte. Além disso, é proibido que os *missi* em serviço oficial sejam mantidos nas *villae* reais. São os condes que devem alimentá-los. Os locais de reunião para a assembleia de maio são cuidadosamente escolhidos, não apenas por sua posição estratégica, mas também por sua capacidade de alimentar muitas centenas de pessoas durante vários dias. Os deslocamentos nunca são feitos ao acaso. São sempre motivados por razões precisas: imperativos militares e diplomáticos, visitas a santuários ou a fortificações. Fora de períodos de guerra, as regiões visitadas permanecem dentro de um perímetro restrito: a região de Mosa-Mosela em 768, 769, 772, 775-779, 782, 783, 786, 788, 789, 794-802, 804-814, e a região do Reno-Main em 770-774, 776, 779, 781, 783, 784, 786, 788, 790, 791, 794, 803, 807, 808.

Além disso, o rei se move com um grupo muito limitado de pessoas. O rei se desloca, mas o governo não é nômade. Os "escritórios" permanecem fixos, com sua equipe de escribas, notários, secretários e funcionários. A redação dos registros não está vinculada à presença do rei, como é demonstrado por um exame das cartas do reinado. Elas são redigidas por um pequeno grupo de notários que se reportam à capela e são chefiados por um deles, às vezes chamado de protonotário e, a partir de 808, *cancellarius* (chanceler). Os titulares são pessoas de confiança e valor, o que lhes dá grande estabilidade e recompensas, já que, nos 47 anos do reinado, Carlos Magno teve apenas três chanceleres.

O primeiro, Itherius, ou Ithier, já estava no cargo sob Pepino III, e ocupa o cargo até 775, quando se torna abade de Saint-Martin de Tours. Ele redige cartas em Aachen, Orville, Herstal, Valenciennes, Blanzy, Brumath, Longlier, Quierzy e Pavia. É auxiliado pelos notários Vibaldo e Rado, que subscrevem as cartas em Düren, Samoussy, Saint-Denis, Quierzy, Vicenza, Herstal, Pavia, Hersfeld, Gondreville, Cispliaco, Thionville, Worms, Verberie, Aachen e Patri Gagio. Quando Ithier se aposenta, Rado o sucede como chanceler, de 776 a 799. Ele é abade de Saint-Vaast e comanda os notários Vibaldo, Optato, Gilberto, Widolaico, Jacob, Gudulfo e Ercambaldo, que assinam as cartas em Cápua, Pavia, Roma, Regensburg, Herstal, Hersfeld, Worms, Thionville, Aachen, Ingelheim, Mainz, Frankfurt e Kostheim. Em 799, Ercambaldo sucede Rado e permanece como chanceler até 812, comandando Amalberto, Aldrico, Altfredo, Blado, Genésio, Hadingo, Gilberto, Ibbo e Suavis.

De acordo com as cartas remanescentes, os notários não são sobrecarregados de trabalho: em média, enviam quatro cartas por ano. Mesmo quando as perdas são levadas em conta, o ritmo não é infernal, e o acréscimo em seu número não parece ser devido a um aumento em sua atividade. Essas cartas são essencialmente atos de doação, garantias de privilégios, vendas, mas o mais interessante é que elas não correspondem necessariamente a lugares onde o soberano está presente, o que permite supor que há uma rede de notários em vários palácios que redigem as cartas no local, a pedido do rei, mas em sua ausência: Carlos Magno não viaja com sua chancelaria. Portanto, não podemos falar de governo itinerante.

Os registros são datados, de acordo com a prática da chancelaria papal, usando o antigo sistema inconveniente, complicado e, para dizer o mínimo, incompreensível, exceto para especialistas, da indicção,[7] o que é uma maneira de permanecer ligado ao mundo romano. De fato, desde Adriano (117-138), o imposto sobre a propriedade em Roma era revisada a

---

7 De acordo com o *Dicionário Houaiss*: período de quinze anos, correspondente ao período orçamentário no Baixo Império Romano que, mais tarde, seria utilizado no cômputo eclesiástico. (N. T.)

cada 15 anos. Tornou-se costume fixar o ponto de partida em 312, primeiro ano do imperador cristão Constantino, e os anos foram agrupados por 15, indicando a classificação do ano em questão em uma indicção. Assim, um documento datado do ano 8 da 32ª indicção corresponde ao ano 800, pois 32 × 15 = 480; 480 + 312 = 792, e 792 + 8 = 800. Mas, de fato, os documentos simplesmente se referem ao número do ano, dentro de uma indicção sobre a qual nada sabemos. Assim, escreve-se: "indicção 8". Cabe a cada um descobrir, por tentativa e erro, de qual indicção pode se tratar, sabendo que o ano começa em 25 de dezembro. Daí os inúmeros erros. Em sua obra *De temporum ratione*, Beda, o Venerável, sugere outro método: "Isso permitirá que descubras qual é a indicção para o ano, seja ela qual for, que quiseres: pegues tantos anos quantos forem desde a Encarnação de Nosso Senhor; no momento atual, por exemplo, 725. Tu sempre adicionas 3, porque, de acordo com Denis, Nosso Senhor nasceu na indicção 4: isso dá 728. Tu os divides por 15 [15 vezes 40, dá 600, e 15 vezes 8, dá 120]: restam 8. E 8 é a indicção. Se não houver resto, é 15". Ou: por que simplificar as coisas quando podem ser complicadas? Muito simplesmente: para que o reinado de Carlos Magno possa ser relacionado com o do imperador Constantino, e assim colocado na continuidade do Império Romano.

O selo usado para autenticar esses registros é outro exemplo desse recurso: o selo principal é composto por um entalhe antigo, mostrando de perfil um busto romano barbudo mal identificado, supostamente o soberano, com uma legenda na borda: +XPE PROTEGE CAROLUM REGE FRANCR. (Cristo, protege Carlos, rei dos francos). Após 800, REGE FRANCR é substituído por IMPERATOREM. Para os atos mais solenes, a ligação com a Roma antiga é ainda mais clara: um balão é usado, de chumbo ou de ouro, como o exibido pelo papa ou o imperador bizantino, que é a imitação de uma medalha ou de uma moeda do imperador Constantino, mostrando o imperador vestido em estilo romano, com lança e escudo, e a legenda DN KARL IMP PF PP AUG (Senhor Carlos, Imperador, Piedoso, Feliz, Perpétuo, Augusto); no verso, um portão de cidade encimado por uma cruz, com a inscrição ROMA e a legenda RENOVATIO ROMAN IMP (Renovação do Império Romano), sendo Roma a nova Jerusalém, a Cidade de Deus. O império de Carlos é o Império Romano cristianizado.

O PALÁCIO: UMA ADMINISTRAÇÃO RESTRITA

A realidade por trás dessas fórmulas pomposas é muito mais modesta. Consideremos o soberano em um de seus palácios. Com sua família, seus servos, sua equipe administrativa, seus convidados e seus guardas, essa é a corte, da qual os intelectuais do século IX dão uma visão idealizada. Angilberto, Alcuíno e Teodulfo, em seus poemas maneiristas, celebram um imperador digno e solene, movendo-se em uma corte refinada, escoltado por suas filhas, sua irmã Gisela, seus conselheiros clericais e laicos, discutindo literatura, teologia e ouvindo versos, em um ambiente esplêndido. Moduíno, em uma pastorela[8] de 804-810, fala de um verdadeiro renascimento da Roma antiga, enquanto o poema anônimo conhecido como *Epopeia de Paderborn* descreve Carlos Magno como o pai de uma Europa que é uma segunda Roma, retratando em termos virgilianos os suntuosos edifícios palacianos, conforme descrito no poema *Karolus Magnus et Leo papa*, por volta de 800.

Essas descrições poéticas devem-se mais a devaneios que à realidade. Uma imagem muito mais precisa é fornecida pelo *De Ordine palatii*, do arcebispo de Reims, Incmaro (845-882). Falando no tempo imperfeito, após onze capítulos dedicados aos preceitos do bom governo, descreve o funcionamento do "palácio sagrado", no centro do qual estão o rei, a rainha e sua família. O mestre dos lugares é o capelão, um bispo isento de residência, que é também o conselheiro do soberano e o chefe da capela real. O conde do palácio lida com todos os problemas práticos e com o contencioso. Os oficiais são cuidadosamente escolhidos para representar todas as regiões do reino e, assim, facilitar o acesso de seus compatriotas à corte. Em seguida, Incmaro descreve a realização das grandes assembleias de maio, ao ar livre se o tempo permite, com as comissões reunidas em salas no palácio, enquanto apenas as principais personagens participam da assembleia de outono. As viagens do soberano são organizadas pelo *mansionarius*, o mestre dos alojamentos, e pelo senescal. As ordens são enviadas para todo o reino por mensageiros rápidos. A impressão geral é a de uma bela máquina bem azeitada, cujo funcionamento não tem falhas.

---

8 De acordo com o *Dicionário Houaiss*: poesia bucólica em que pastores dialogam. (N. T.)

O problema é que o texto de Incmaro data de 882, quase setenta anos após a morte de Carlos Magno. É certo que ele afirma ter apenas copiado um texto de Adalardo, abade de Corbie entre 815 e 826, o que nos aproxima a cerca de dez anos após a morte do imperador. Infelizmente, é impossível saber o que Incmaro modificou ou embelezou desse *Cuius libellum de ordine palatii legi et scripti*, que desapareceu. Certos elementos do texto de Incmaro sugerem que o arcebispo estava perseguindo um objetivo ideológico, em vez de documental. Ele quer essencialmente mostrar que a organização e a prática da corte de Carlos Magno estão alinhadas com as de Constantino. É por isso que há certos anacronismos, principalmente na titulação, destinados a mostrar a continuidade entre Constantino e Carlos Magno. O *apocrisiarius*, título que ele atribui ao capelão da corte, só aparece entre os francos por volta de 860, e menciona títulos que têm função após a morte de Adalardo, o que contradiz sua afirmação de que apenas o copiou. Da mesma forma, o título *mansionarius* não aparece até os primeiros anos do reinado de Luís, o Piedoso.

No entanto, isso não significa que *De Ordine palatii* seja uma obra da imaginação. Foram detectadas inúmeras semelhanças entre esse texto e o capitular *De villis*, especialmente com relação à organização das *villae* reais, dos *missi*, do papel da rainha e dos escritórios do palácio. Portanto, muitos historiadores acreditam que Incmaro foi de fato inspirado pelos escritos de Adalardo, e que o texto talvez fosse uma instrução destinada à organização da corte de Luís na Aquitânia. Caso se complete e compare o *De Ordine palatii* com as indicações de Eginhardo e algumas das observações de Notker, se obterá a imagem de uma corte com um efetivo pequeno, mas bem organizado, espalhado por várias edificações, na qual a capela e sua equipe eclesiástica desempenham um papel central.

O pessoal que cerca Carlos Magno diretamente é limitado a um pequeno grupo de íntimos e conselheiros, com os quais ele dirige o império de forma mais pragmática que institucional. Os títulos e funções ainda não têm um conteúdo rigoroso. Esse pequeno grupo, conhecido como "o palácio", inclui membros da família, bispos, abades, colaboradores privados, e todo esse pessoal cuida ao mesmo tempo das coisas privadas do soberano e dos assuntos públicos, que não são realmente separados. Na família, alguns nomes se destacam, como o do conde Geraldo, irmão da rainha Hildegarde, prefeito da Bavária, que morreu em 799, e Bernardo, tio do rei, bem como seus filhos

Wala e Adalardo. Angilberto, abade de Saint-Riquier, também faz parte da família real, na qualidade de amante oficial da filha do rei. É um conselheiro muito ouvido, assim como os clérigos Paulino de Aquileia, Teodulfo, abade de Saint-Denis, Fulrad, seu sucessor em 784, Mainardo, o chanceler Ithier, Angilram, bispo de Metz, Hildebaldo, arcebispo de Colônia, Arn, arcebispo de Salzburgo e, é claro, Alcuíno.

Consta que Alcuíno tenha aconselhado Carlos Magno a reduzir sua equipe a uma dúzia de pessoas, sendo que ele próprio desempenharia o papel de primeiro-ministro e mentor, que não vê com bons olhos o surgimento de uma nova geração de conselheiros, formados nas escolas, e que não vivenciaram o período de Pepino, o Breve, como Eginhardo ou Alderico, futuro arcebispo de Sens. Por volta de 800, a velha guarda se retira gradualmente. Aqueles que não morreram foram cuidar de suas terras-benefícios ou morar em um convento, como Arn em 785, Paulino em 787, Pedro de Pisa em 790, Alcuíno em 796, Teodulfo em 797. A atitude de Carlos Magno em relação aos seus conselheiros é a do senhor: ele os ouve, mas sempre toma a decisão. Eles lhe devem tudo, pois tem o cuidado de escolhê-los entre os membros da aristocracia mais modesta, de acordo com as instruções que dá aos administradores de suas propriedades no capitular *De villis*: "Não escolha como prefeitos homens que sejam muito poderosos, mas sim pessoas de importância medíocre: eles são fiéis".

No "palácio", a capela ocupa um lugar de destaque. O termo, que nos é muito familiar atualmente, era então muito recente. Ele se refere à *capella*, ou "pequena capa", de São Martinho, uma preciosa relíquia conservada no oratório privado do soberano. As pessoas responsáveis por ela são os *capellani*, os capelães. Eles realizam serviços religiosos para o rei e aqueles que o cercam. Um deles está à frente, conhecido como "arquicapelão", como vimos: Fulrad até 782, depois Angilram até 791 e, finalmente, Hildebaldo. É dentre os clérigos da capela que são recrutados os notários responsáveis pela redação dos relatórios, dirigidos pelo protonotário ou chanceler.

Os outros cargos importantes do palácio são os de senescal e de copeiro, cujos títulos modestos são enganosos. Eles compartilham os poderes do antigo prefeito do palácio, cargo que desapareceu quando seu titular, Pepino, tornou-se rei. Não se trata de ressuscitá-lo: o novo soberano está bem posicionado para saber o quão perigoso um homem desses poderia ser. Assim, seu título desaparece, e sua função é partilhada em duas: o *senescalcus* (senescal), um termo germânico latinizado que significa "o mais velho, o chefe dos valetes", responsável pelo suprimento de alimentos, e o *buticularius* (copeiro), responsável pelas bebidas. Como a comida e a bebida vêm dos domínios fiscais, eles são de fato responsáveis por administrá-los.

O *comes stabuli* (conde do estábulo, ou condestável) é responsável por cuidar dos estábulos reais, uma função particularmente importante devido ao papel fundamental dos cavalos nessa época: eles asseguram o transporte da corte, dos mensageiros, dos embaixadores, dos *missi*, e a cavalaria é a parte essencial do exército. O condestável tem que cuidar dos revezamentos, da remontagem, da forragem e do pasto.

Não menos importante, apesar de seu título humilde ainda aqui, é o *camerarius* (camareiro). Ele cuida do quarto do rei, o que pode parecer modesto, mas é ali que fica o tesouro do rei: portanto, desempenha o papel de tesoureiro, tanto público quanto privado, já que não se faz distinção entre os dois. O tesouro do rei é um amontoado de joias, coroas de ouro, artigos de ourivesaria, tecidos de luxo, lingotes de ouro e prata, moedas provindas de presentes oferecidos por vassalos, condes e soberanos estrangeiros, os excedentes de propriedades reais e os espólios. O rei usa isso principalmente para recompensar os fiéis e para fazer presentes, já que ele praticamente não tem gastos públicos a serem efetuados: os funcionários são pagos por tributos diretos sobre os administrados, os trabalhos são feitos pela corveia e os soldados pagam por seus equipamentos.

Há também um *comes palati*, ou conde do palácio. Ao contrário do que seu título poderia sugerir, de forma alguma é o sucessor do prefeito do palácio. Ele preside a corte do palácio, aplica a justiça por delegação permanente do soberano, tarefa extenuante devido ao crescente número de apelos, incentivados por Carlos Magno. Ele elabora diplomas de execução de sentenças, o que lhe dá um papel suficientemente importante para que o imperador se inquiete. Então, no capitular do final do reinado, ele estipula que, para julgamentos importantes, o conde do palácio não pode apresentar uma sentença sem antes submetê-la ao soberano. Todas as manhãs, diz Eginhardo, ele acompanha Carlos Magno ao levantar, expõe-lhe os julgamentos importantes, e o imperador, depois de ouvir os litigantes, profere a sentença.

Cada um desses grandes oficiais tem sob suas ordens outros oficiais subordinados, escrivães, notários, agentes de execução, como os *cubicularii* (camareiros), servidores ligados aos apartamentos particulares, os *ostiarii* (porteiros), os *coqui* (cozinheiros), os *pincernae* (copeiros), os *marescalei* (ferreiros), além de caçadores e falcoeiros.

A equipe administrativa total não deve exceder duzentas pessoas, para governar um império com 2,5 vezes o tamanho da França atual. Isso só foi possível por causa da extrema descentralização de poderes e atividades, devidos, entre outros, ao sistema de vassalagem. Cada propriedade, cada proprietário de terras, cada administração local goza de grande autonomia. Além disso, a regulamentação é reduzida ao mínimo, os serviços são prestados diretamente, em espécie e de pessoa para pessoa, e o papel da oralidade é considerável na administração. O império de Carlos Magno é o oposto de uma monarquia burocrática.

FINANÇAS REDUZIDAS

Vejamos o exemplo das finanças. Primeira observação: as finanças públicas e privadas não são separadas, e a renda do rei é a renda do Estado, o que simplifica as contas. Os impostos diretos praticamente não existem mais, devido à falta de listas de contribuintes; ainda subsiste, em teoria, um imposto sobre a terra, o censo, ao qual os capitulares até então se referem, mas não sabemos realmente quem o paga. Parece que se tornou uma pequena taxa fixa, paga em coisas ou em dinheiro, que não tem muito a ver com o valor da terra, e que rende muito pouco. No capitular de Thionville, em 805, Carlos Magno ordena que os *missi* cobrem o imposto real onde quer que este seja devido, "tanto na pessoa de um homem quanto em suas posses", e, no extremo final do reinado, ele demanda que seja elaborada uma lista das terras, uma espécie de cadastro, medida totalmente irrealista.

Mais interessantes para o Tesouro são as doações e presentes que os condes, bispos, abades e vassalos deveriam portar a cada assembleia de maio. Não havia nada de opcional nesses presentes: os capitulares especificam onde e quando eles devem ser depositados. O valor não é especificado, mas o costume certamente fixou uma ordem de grandeza, ou pelo menos um limite abaixo do qual não vale a pena ir. O pagamento é feito em coisas ou em espécie, com a remoção por conta do doador.

Os impostos indiretos sobre transações e transporte, englobados sob o nome genérico comum de *tonlieux*, são pesados para os contribuintes, mas rendem pouco para o Tesouro. Eles incluem impostos pagos em feiras e mercados sobre todas as vendas, e os pedágios cobrados sobre todas as mercadorias que passam por certos pontos estratégicos: sobre ou sob uma ponte, na entrada e na saída de uma floresta ou vila, ou ainda nas margens acostáveis de um rio. Os textos distinguem entre esses impostos o *rotaticum*, cobrado sobre veículos com rodas, o *saumaticum*, sobre os fardos de animais de carga, o *portaticum*, sobre cargas carregadas nas costas dos homens. Tudo isso é impressionante, mas de pouca renda. Em primeiro lugar, o comércio não é muito ativo e, acima de tudo, os poderes reais ou imperiais não têm os meios para garantir a cobrança eficiente dessas taxas. Como se poderia controlar as dezenas de milhares de feiras, mercados e locais de pedágio no vasto império? De fato, existem oficiais encarregados das taxas, os *tonloyers* ou *télonaires*, mas eles geralmente ficam com a maior parte do dinheiro que arrecadam, ou concordam em dividi-lo com os condes, que, por sua vez, não têm escrúpulos em multiplicar impostos e pedágios, apesar das repetidas proibições do soberano. Além disso, o imperador, ao multiplicar as isenções e imunidades, se priva de uma grande parte dessas receitas. As principais beneficiárias são as abadias e catedrais, que recebem isenção de impostos sobre a venda de seus produtos, ou que cobram em proveito próprio os pedágios de uma determinada circunscrição.

Os mesmos desvios, tanto legais quanto ilegais, também reduzem consideravelmente a receita das taxas da justiça: confiscos e multas, em especial o *bannum* real de 60 *sous*, dois terços dos quais deveriam ir para o soberano. Mas, como ele aumenta o número de imunidades, também reduz sua renda na mesma proporção, e o restante é usurpado pelos condes.

Deve-se mencionar também o imposto sobre o selo, que é pago por qualquer destinatário de um documento da chancelaria, mas à taxa de quatro diplomas por ano, isso não vai muito longe. O direito sobre a confecção de moedas também é de baixo valor, devido à fraqueza dessa cunhagem e à fraude dos *monetarii*. Mais seguras são as receitas das *villae* do fisco real, essas imensas propriedades cuja administração Carlos Magno tenta racionalizar no capitular *De villis*. São quase exclusivamente renda em coisas: grãos, frutas, vinho, animais para abate, madeira, produtos de salinas e de minas. Tudo isso é transportado para as residências e consumido no local, e o excedente é vendido. No total, o soberano possui cerca de sessenta propriedades, principalmente no norte da França, nas regiões do Oise, Somme, Mosa e Reno Médio, mas também na Turíngia e até no sul do Danúbio. Na Saxônia e na Turíngia, onde Carlos Magno confiscou enormes áreas de terra, as propriedades têm ainda centenas de cavalos e ainda mais gado e ovelhas. E, depois, há a boa sorte da guerra, como o saque e os tributos coletados dos vencidos, que são recursos muito aleatórios. Os tesouros do *ring* dos ávaros são uma exceção durante o reinado.

As receitas são, portanto, escassas, mas as despesas o são ainda mais. A maior parte dos custos de funcionamento do governo e de seus agentes é coberta por requisições em coisas e em trabalho na forma de corveia. O sistema de vassalagem possibilita que os serviços civis e, acima de tudo, militares, sejam retribuídos sem custo. O vassalo se equipa e se alimenta, devendo lançar mão de seus próprios vassalos para poder fazer isso. Os condes são retribuídos com terras que lhes são confiadas a título precário, cuja renda constitui seu salário, e que frequentemente tendem a confundir com os seus próprios bens. Os "serviços públicos" são realizados gratuitamente pelas corveias: manutenção de estradas, construção de pontes, reparo de construções. Os agentes do poder que circulam no reino são mantidos nos locais por meio de um sistema de requisições: os mensageiros, os condes, que precisam percorrer seu condado todos os anos para realizar sessões nos tribunais, exercem o direito de hospedagem, assim como toda a sua comitiva; os *missi* e toda a sua escolta devem ser hospedados pelos condes. De modo geral, todas as pessoas a serviço do rei estão munidas de uma carta especial de *tractoria*, que lhes permite exigir, à sua passagem, carroças, cavalos de troca, pão, vinho, cerveja, carne de porco e de carneiro, aves, ovos, mel, azeite, especiarias, legumes, feno e aveia para os cavalos, lenha para aquecimento e cera para iluminação. A passagem de um agente do rei em serviço oficial é um verdadeiro cataclismo, porque é acompanhada por uma grande comitiva e não tem pressa de partir. Os abusos são tantos que um capitular de Luís, o Piedoso, limitará as entregas que poderiam ser exigidas: assim, um bispo visitante poderia receber dos camponeses todos os dias 40 pães, 1 porco, 3 galinhas, 15 ovos, 3 módios de bebida, e 4 módios de forragem para os cavalos.

Então, o que mais o rei tem que pagar? Essencialmente, a manutenção dos poucos jovens que vivem na corte, os *nourris* e a compra de produtos exóticos essenciais: especiarias, peles, ourivesaria, materiais para a construção e manutenção dos palácios, as festas, os presentes para os embaixadores e soberanos estrangeiros. Para tudo isso, ele usa o tesouro acumulado em seu quarto, que é mais do que suficiente para atender às suas necessidades. Sem orçamento, sem problemas de tesouraria: o governo de Carlos Magno ainda está próximo de suas origens bárbaras.

CONDES E *MISSI*

A extensão desse império exige a presença de uma forte administração local, capaz de fazer sua autoridade ser sentida e respeitada. Os agentes dessa administração são os condes. Seu nome, *comes*, também é um legado do Baixo Império, em que era um companheiro do príncipe, mas também corresponde ao germânico *Graf*, latinizado como *grafio*. Essa dupla origem, romana e germânica, que pode ser vista repetidamente nas instituições, também caracteriza o território sobre o qual eles têm autoridade: o condado (*comitatus*), que corresponde ao *pagus* (terra, região), que designa tanto a unidade administrativa quanto sua sede nas regiões antigamente romanizadas, enquanto nas regiões germanizadas é usado o termo *Gau*. O império de Carlos Magno é dividido em 200 ou 250 condados de tamanho muito desigual, muito maiores no sul, onde frequentemente coincidem com antigas cidades romanas, compreendendo vários *pagi*. Em média, um condado abrange cerca de 5 mil a 6 mil km², ou seja, um pouco menos do que um departamento[9] atual.

O conde é nomeado e destituído diretamente pelo soberano, cuja escolha é, na verdade, bastante limitada: é preciso ser alguém competente, relativamente honesto e confiável, aceito pela aristocracia local, condições que limitam seriamente as possibilidades. Um estudo de 110 casos identificáveis durante os reinados de Carlos Magno e Luís, o Piedoso, mostra que

---

9 Divisão administrativa ou circunscrição departamental do território francês (divididos em distritos, cantões e comunas) sob a autoridade de um *préfet* (governador civil que representa o poder executivo central) e administrado por um conselho geral. (N. T.)

os detentores desses altos cargos pertencem todos a algumas dezenas de grandes famílias, entre as quais 70 são francas da Austrásia e 52 são mais ou menos diretamente aparentadas à dinastia carolíngia. Além disso, frequentemente elas são ligadas entre si pelo matrimônio. Esses fatores contribuem para sua estabilidade, a ponto de formar verdadeiras dinastias. Além de serem praticamente inamovíveis, há uma tendência cada vez maior de os condados se tornarem hereditários. Com a morte de Geraldo, conde de Paris, em 778, seu filho Bego o sucede até sua morte em 816, quando o cargo passa para o irmão de Bego, Leutardo, que até então era conde de Fezensac, na Gasconha. O filho de Leutardo será próximo de Luís, o Piedoso.

Em sua nomeação, o conde recebe uma nota especificando seus deveres:

> Cabe à clemência real procurar, dentre todo o povo, homens bons e vigilantes, e não conferir a dignidade de juiz levianamente, mas proceder primeiramente a um exame da fidelidade e do valor do homem.
>
> Portanto, tendo conhecimento de sua lealdade e eficiência, concedo-lhe o cargo de conde em tal região, anteriormente ocupado por fulano, para que você o governe e administre, permanecendo sempre fiel ao nosso governo, e que comande todos os homens que ali habitam, sejam eles francos, romanos, burgúndios ou de qualquer outra nação, com justiça e de acordo com suas leis e costumes, e que seja o grande defensor das viúvas e dos órfãos.
>
> Você reprimirá os crimes de bandidos e malfeitores, de modo que as pessoas que estão sob seu governo desfrutem da paz.
>
> Todos os anos, você mesmo entregará ao nosso Tesouro tudo o que for devido ao fisco pelo exercício da função.

Em seu condado, muitas vezes a centenas de quilômetros de distância do poder real, o conde é um verdadeiro vice-rei, com praticamente todos os poderes: ele executa todas as ordens administrativas, legislativas e judiciais que lhe são transmitidas. Ancestral dos intendentes da polícia, da justiça e das finanças, bem como dos magistrados, tem sobre eles a vantagem de contar com a cumplicidade da aristocracia local, da qual é membro. Ele cobra taxas, impostos e doações, impõe a ordem pública, preside aos tribunais, nos quais pronuncia sentenças e cobra multas, convoca, recruta e comanda contingentes militares, requisita mão de obra para as corveias públicas de manutenção das estradas e outras infraestruturas rudimentares do condado. De fato, nada lhe escapa.

Para cumprir essa missão universal, ele está cercado por um punhado de auxiliares, estimado em não mais do que dez ou doze: um visconde (*vice-comes*), pelo menos nas regiões ocidentais, que ele mesmo escolhe e nomeia após teoricamente ter obtido o acordo do soberano, alguns delegados régios, *voyers*[10] ou *centeniers*,[11] que ele delega para chefiar os distritos locais dos condados, os vicariatos (*vicaria*) e centenários (*centena*). Muitas vezes, ele não dispõe sequer de um secretário, um *notarius*, capaz de redigir os documentos de sua administração: vários dos capitulares de Carlos Magno expressam o desejo de que cada conde seja acompanhado por um escriba. No total, os 250 condados do império operam com cerca de 2 mil a 3 mil funcionários locais.

O conde é muito bem pago por seus serviços. Durante o exercício de seu cargo, o soberano lhe concede uma grande extensão de terras, que é retirada das propriedades reais, e da qual ele recebe a receita: é a "honra". Além disso, retém para si um terço das multas impostas pelos tribunais públicos, um terço dos impostos indiretos, pedágios e *tonlieux*.

Há muitos indícios de que os condes agiam como tiranos, pressionando a população e multiplicando as fraudes, as extorsões e os desvios de verbas. Os capitulares estão cheios de recriminações e vãs ameaças contra esses administradores desonestos e suas práticas opressivas. Eles tendem a usurpar as terras que lhes foram confiadas a título de honra, anexando-as às suas propriedades pessoais, ou as exploram de forma tão intensa e desavergonhada que já perderam todo o valor quando as devolvem; passam parte do gado de sua honraria para seu próprio rebanho e exigem corveias excessivas dos camponeses. Guardam para si a maior parte do produto das multas; abusam das convocações ao serviço militar para confiscar e multar os recalcitrantes; multiplicam os processos, as taxas e os pedágios. Carlos Magno parece impotente para coibir esses abusos, por dois motivos. Por um lado, os condes se beneficiam da cumplicidade da aristocracia local, com quem compartilham os lucros de sua fraude, e o soberano não pode se dar ao luxo

---

10 Agente encarregado da manutenção de todas as vias de comunicação públicas (estradas, caminhos, vias fluviais etc.) e suas dependências. (N. T.)
11 Chefe de uma tropa constituída por cem homens (sinônimo de centurião), submetido à autoridade do conde. (N. T.)

de descontentar esses poderosos além de certo ponto. Por outro lado, se ele demite os condes, não terá ninguém para substituí-los, porque o império está desesperadamente carente de pessoal qualificado.

Nem por isso ele fica passivo diante desse problema. Seus representantes em missão, os famosos *missi dominici*, são encarregados de monitorar os condes e chamá-los à ordem. Essa instituição está, com toda a razão, indissoluvelmente ligada ao nome de Carlos Magno, cujo espírito prático e sistemático ela testemunha, com vistas à máxima eficiência. Os *missi* são mencionados pela primeira vez em 789, quando se trata de exigir um juramento de lealdade de todos os homens livres. Eles recebem instruções estipulando que, além do juramento, devem verificar em que medida os capitulares anteriores haviam sido aplicados. Um segundo *capitulare missorum* foi redigido em 792 e, a partir de então, os poderes dos *missi* são ampliados, e a instituição se torna regular no decorrer dos últimos vinte anos do reinado.

Os *missi dominici*, enviados do rei, são inspetores encarregados de uma missão num território definido, o *missaticum*, geralmente muito extenso. Por exemplo, um *missaticum* se estendia do Loire até o Jura, dentro de limites que se estendiam de Orléans a Besançon e de Besançon a Autun; outro abrangia a província eclesiástica de Rouen e o bispado do Mans; um terceiro, a província eclesiástica de Sens. Os *missi* geralmente vão em pares, e, nesse caso, um dos dois é sempre um eclesiástico de alto nível, e o outro, um grande aristocrata laico, de nível condal. São sempre figuras consideráveis, o que aumenta seu prestígio e autoridade, tornando-os menos vulneráveis à corrupção. São sempre escolhidos fora da região que devem visitar, para evitar conluio com as autoridades locais. A missão é sempre temporária, inicialmente por um ano, mas a duração tende a aumentar: um capitular dos últimos anos do reinado prescreve que os *missi* deveriam fazer quatro visitas anuais em seu *missaticum* e ali realizassem sessões judiciárias em janeiro, abril, julho e outubro.

Os *missi* que saem em turnê recebem instruções precisas, em uma variedade de formas: lembretes simples, espécie de *checklists* enumerando os vários objetivos da missão; instruções mais detalhadas sobre pontos específicos e, por fim, instruções orais, que são muito importantes, mas para sempre inacessíveis aos historiadores. As tarefas mais comuns consistem em verificar se as decisões tomadas nos anos anteriores foram implementadas: se as igrejas foram consertadas, se os erros foram corrigidos etc. Eles devem verificar se a paz reina e se os condes não oprimem o povo. Além disso, são também agentes de informação: Carlos Magno insiste nesse ponto, que é para ele uma preocupação permanente e a condição de um governo eficaz: "Desejamos saber, por meio de nossos *missi* agora enviados por todo o reino...", diz o capitular de 802. "Saber": a qualidade da informação é um dos pontos fortes do reinado; é um dos segredos de seus sucessos militares e diplomáticos, e da relativa tranquilidade dos assuntos internos. Carlos Magno talvez seja o soberano mais bem informado de seu tempo. Ele exige de seus *missi* um relatório de suas viagens, detalhando as medidas tomadas, os problemas encontrados e os resultados obtidos.

A visita dos *missi* é aguardada com certa apreensão pelos condes e com certo grau de esperança pelos litigantes: estes últimos preferem aguardar a oportunidade das sessões judiciais para intentar ações, em vez de recorrer ao tribunal condal. No entanto, podemos ser céticos quanto à eficácia real dos *missi*. Eles são pouco numerosos, e suas circunscrições, muito amplas: sobrecarregados de trabalho, só podem realizar inspeções superficiais. Às vezes, são incompetentes ou têm medo de tomar iniciativas, preferindo recorrer ao senhor, mesmo que isso signifique fazer perguntas para as quais a resposta é óbvia, o que, como vimos, tem o efeito de irritar Carlos Magno, que lhes responde que tudo o que precisam fazer é consultar os textos e usar o bom senso. Além disso, os condes sabem como se manter discretos durante a visita, pressionando seus dependentes a se manterem calados, e retomam o contrabando e a fraude assim que os *missi* se vão. Os *missi* são espertos e previnem os condes de sua chegada: "Certifique-se de que ninguém pegue você ou seus subordinados contando aos seus administrados: 'Fiquem quietos até que os *missi* tenham passado, depois disso, faremos justiça entre nós'". Mas o que eles podem fazer? Além do mais, os próprios *missi* são condes, e podem demonstrar compreensão para com seus semelhantes, cujas preocupações compartilham e a quem não devem desagradar excessivamente. Eles sabem como fazer vista grossa quando necessário.

Definitivamente, o aspecto mais positivo da administração local e do sistema dos *missi* é o funcionamento de uma boa rede de comunicação, que permite ao soberano ter uma ideia bastante precisa de seu império e do que nele acontece. Ele não tem meios de controlar o conjunto, mas a frequência de seus deslocamentos, daqueles de seus funcionários, dos homens que se juntam ao exército e às assembleias, dos *missi* em turnê, provoca uma agitação que promove a unidade. De certa forma, a informação toma o lugar da ação: Carlos Magno sabe o que acontece no império, e sabe-se que ele sabe disso, o que incentiva à prudência.

– 16 –

GUERRA E PAZ: EXÉRCITO E CULTURA, INSTRUMENTOS DO PRESTÍGIO

Na memória coletiva, Carlos Magno é, ao mesmo tempo, o valente e o promotor da escola, o conquistador e o instigador do "Renascimento Carolíngio". Esses dois aspectos do personagem, baseados nas narrativas de Eginhardo e de Notker, não são inexatos, mas precisam de um ajuste. Um Carlos Magno que cultiva tanto a arte da paz quanto a arte da guerra certamente é uma realidade, mas os dois aspectos são alternativamente acentuados pela posteridade, de acordo com o contexto do momento, para as necessidades conjunturais da propaganda. O interessante é que os dois campos são complementares, ilustrando a personalidade complexa e as variadas preocupações do imperador. Mas convém relativizar: ele não é nem um gênio militar, nem um grande intelectual. Se domina sua época, é em parte por falta de rivais à sua altura. E o que o faz ter sucesso em qualquer um desses dois setores é mais a vontade, o trabalho árduo, o bom senso e a obstinação que o talento natural. Seu mérito é ainda maior por isso.

O HOMEM DE FERRO

Então apareceu aquele homem de *ferro*, Carlos Magno, usando seu capacete de *ferro*, seus punhos enluvados de *ferro*, seu peito de *ferro* e seus ombros platônicos (?) cingidos com *ferro*. Com sua mão esquerda, empunhava uma lança de *ferro* contra o céu, e em sua mão direita, uma espada invencível. Para cavalgar com mais facilidade, os outros homens deixavam suas coxas desguarnecidas, mas as coxas de Carlos Magno eram cingidas com placas de *ferro*. Quanto às suas caneleiras, também eram protegidas com *ferro*, assim como todos os outros em seu exército. Seu escudo era todo de *ferro*. Seu cavalo brilhava com uma cor de *ferro* e seu ardor era como *ferro*. Todos os que cavalgavam diante dele, os que o escoltavam nos flancos e os que o seguiam usavam a mesma armadura, e seu equipamento era uma cópia tão fiel quanto possível do dele. O *ferro* recobria os campos e todos os espaços livres. Os raios de sol eram refletidos por essa formação de batalha de *ferro*. Essa raça de homens mais duros que o *ferro* prestava homenagem à dureza do *ferro*. O rosto pálido do homem em sua célula fechada ainda empalidecia mais diante do brilho do *ferro*. "Oh! o *ferro*! ai de mim, tanto *ferro*!", foi o clamor confuso dos habitantes de Pavia. As fortes muralhas tremeram ao contato do *ferro*. A determinação dos jovens enfraqueceu diante do *ferro* desses homens mais velhos.

Um texto surpreendente do monge Notker, que imagina assim o exército de Carlos Magno, diante de Pavia sob cerco. Uma visão inoxidável digna de cenas do filme *Excalibur*, de John Boorman. Depois dessa aparição teatral, tentemos cernir a realidade de Carlos Magno como um senhor da guerra. Uma evidência se impõe: ele nada tem de um gênio militar. Quem, além dos especialistas, poderia citar uma única vitória de Carlos Magno? Com ele, não há Issos ou Arbeles, nem Pharsalus, Austerlitz ou Jena. A única batalha com a qual seu nome está associado é uma derrota: Roncesvales. Onde ele conseguiu a reputação de valente, de brilhante cavaleiro e de conquistador?

Em primeiro lugar, pelo número de suas campanhas: não se pode passar cinquenta anos em guerra sem, pelo menos, ganhar a reputação de ser um guerreiro. Em segundo lugar, por uma observação muito simples: ele deixou um reino maior do que havia recebido, então fez conquistas. Em terceiro lugar: se não se pode citar nenhuma vitória, também não se pode atribuir-lhe nenhuma derrota. Roncesvales é apenas um incidente de retaguarda, no qual ele não estava pessoalmente presente, de onde sua reputação de invencibilidade. Os *Anais Reais* contribuíram amplamente para a disseminação dessa imagem.

Caso se olhe mais atentamente, constata-se que, de fato, a grande qualidade de Carlos Magno no plano militar foi saber aproveitar ao máximo os meios à sua disposição e ter dominado perfeitamente o tipo de guerra que caracteriza sua época: uma guerra de desgaste contra inimigos mal organizados, dispersos e imprevisíveis. Uma guerra nada espetacular, sem dúvida, sem grandes batalhas campais, já que não há um grande exército enfrentando-os, o que não significa que o inimigo seja menos perigoso ou mais fácil de derrotar, muito pelo contrário. Seus adversários estão divididos: a monarquia lombarda está em conflito com os duques, os chefes muçulmanos estão em guerra uns com os outros, os saxões estão divididos entre uma classe senhorial que se inclina a favor dos francos e as classes mais baixas, que lhes são ferozmente hostis, os ávaros estão divididos em clãs rivais, assim como os eslavos. Somente os bizantinos poderiam ter colocado em campo uma força militar sólida, com armamentos pesados e efetivos consideráveis, mas, sob constante ameaça dos árabes e dos búlgaros, não conseguiriam travar uma verdadeira guerra contra os francos.

Na maioria das vezes, Carlos Magno enfrenta grupos dispersos, em um ambiente hostil, lutando esporadicamente, atacando de surpresa; uma forma ingrata de guerra que se assemelha mais à guerrilha que a uma guerra clássica. E sabemos o quão temível é esse tipo de guerra para os exércitos regulares, quaisquer que sejam sua superioridade material, seu poder e seu equipamento. O fato de terem sido capazes de se adaptar a esse tipo de guerra e realizar seus empreendimentos com sucesso, seria suficiente para justificar a reputação militar de Carlos Magno. Eginhardo concorda: "Carlos Magno não encontra o inimigo em uma batalha campal mais de duas vezes no decorrer dessa guerra", ele diz sobre as campanhas saxônicas, e os historiadores não conseguem encontrar mais de quatro grandes confrontos desse tipo: em 775 em Lübbecke, em 779 perto de Bocholt e em 783 em Detmold e nas margens do Haase.

Carlos Magno não parece ter planejado uma estratégia geral, com uma exceção: a guerra contra os ávaros, cuidadosamente planejada e executada descendo o Danúbio. Sua tática favorita é dividir suas forças em dois ou três grupos, que convergem para o objetivo, atacando-o como uma torquês, uma pinça. Esse processo é mais ou menos imposto a ele pela necessidade de encontrar pasto suficiente para sua cavalaria no caminho. Ele não parece ter tido nenhum treinamento militar teórico: nem Vegécio, nem Frontino, os clássicos do gênero, são mencionados em suas leituras ou em sua biblioteca. Ele foi treinado nas ações, em que suas qualidades eram, acima de tudo, a força física, a resistência, a aptidão para liderar homens, a força de vontade e a obstinação: "Ele nunca desistiu de um empreendimento que havia começado, e estava determinado a levá-lo com sucesso até o fim, simplesmente por causa do trabalho que representava, e o perigo nunca o deteve", escreve Eginhardo. Trabalho paciente, sistemático e muitas vezes ingrato, feito de longas marchas, de escaramuças, de captura de campos fortificados e de destruição de vilarejos.

Sem grandes batalhas, como dissemos. Também sem grandes cercos. Seus adversários não são urbanos, e Carlos Magno quase nunca encontrou grandes cidades fortificadas em sua rota, exceto na Itália, e todas as vezes isso lhe causa grandes problemas, pois não está munido com equipamento de cerco, que jamais é mencionado nos capitulares de convocação do exército. Por outro lado, carregam-se todas as ferramentas de carpintaria necessárias para fazer algumas catapultas no local, mas, se estas são suficientes contra as pequenas fortalezas de madeira, não podem fazer grande coisa contra as muralhas de pedra das cidades meridionais: levou mais de um ano para tomar Pavia, meses para tomar Verona, e foi preciso desistir diante de Saragoça ou Barcelona, onde Luís só tem aríetes à sua disposição e expressa sua raiva impotente golpeando a muralha com sua lança, de acordo com Ermoldo, o Negro.

RECRUTAMENTO E ORGANIZAÇÃO DO EXÉRCITO

A grande força de Carlos Magno no plano militar é sua logística, a notável organização do recrutamento, dos equipamentos, dos suprimentos, dos movimentos, nos quais demonstra suas qualidades habituais de bom senso e uma mente clara e sistemática. Em princípio, as coisas são claras: todo homem livre no reino é obrigado a responder às convocações do serviço militar. Dado o tamanho do reino, isso representa um potencial de recrutamento considerável. As avaliações numéricas, no entanto, são muito aleatórias, devido à ausência de dados demográficos e detalhes sobre a idade e a condição física desses homens livres: a partir de que idade, até que idade, em que estado de saúde estavam aptos para o serviço? Nenhum texto o diz. F. Lot e F. L. Ganshof estimavam que Carlos Magno poderia ter, na melhor das hipóteses, de 5 mil a 6 mil combatentes, uma hipótese muito baixa, que não parece ser muito confiável. J. F. Verbruggen, por outro lado, calculava os efetivos possíveis entre 9 mil e 13 mil, incluindo 2,5 mil a 3 mil cavaleiros. K. F. Werner, que calculou o número de condados, de bispados, de abadias e de *pagi*, chegou a números muito consideráveis: cerca de 1,8 mil vassalos diretos, trazendo uma média de vinte cavaleiros cada, forneceriam 36 mil cavaleiros, aos quais poderiam ser adicionados 100 mil homens de infantaria, o equivalente a um exército napoleônico. Esses números são rejeitados como muito excessivos por vários historiadores. Mas eles só representam um potencial. Carlos Magno nunca proclamou a chamada em massa de todos os homens livres do império, é claro, o que teria desorganizado completamente o país, sem mencionar o fato de que teria sido impossível alimentar tal massa de combatentes. É razoável pensar que, em um ano normal, ele tenha consigo entre 5 mil e 10 mil homens, e talvez excepcionalmente em torno de 15 mil, como na guerra contra os ávaros.

De fato, o recrutamento é limitado a determinadas áreas geográficas e a certas categorias de homens livres. Por exemplo, para a expedição de 778 à Espanha, os contingentes vieram da Aquitânia, da Borgonha e da Austrásia, mas também da Baviera e da Lombardia. Para as guerras na Saxônia, as regiões da Alemanha central e do norte da Gália são particularmente concernidas. Os condes são instados a não nomear sempre os mesmos homens, pois uma convocação para o exército equivale a uma ausência de vários meses durante o período de trabalhos agrícolas pesados, e uma repetição dessas ausências seria catastrófica para a gestão de uma propriedade rural. Ora, as campanhas são quase anuais: em 46 anos, somente em dois deles não houve uma convocação para o exército. O cansaço explica por que um número cada vez maior de homens não responde à convocação ou então deserta, a ponto de ser necessário cancelar a campanha de 807, devido à falta de combatentes.

Os capitulares, no final do reinado, promulgam uma série de medidas para combater essa perda de interesse. Por um lado, medidas repressivas: o capitular de Boulogne, em 811, declara que aqueles que chegarem atrasados ao local de reunião serão privados de vinho e de carne por tantos dias quantos forem os atrasos; aqueles que fugirem da obrigação de servir devem pagar imediatamente a taxa de convocação de sessenta *sous*; aqueles que desertarem serão condenados à morte. Por outro lado, medidas de relaxamento: um capitular de 808 permite que condes e dignitários eclesiásticos deixem alguns homens em casa durante a campanha, para administrar suas propriedades e proteger (ou supervisionar?) suas esposas. Mas, a partir de 811, as autoridades se queixam de que essa autorização foi interpretada de forma ampla demais. O número de combatentes a serem enviados pelos pequenos proprietários de terras também é definido: um homem para cada três mansos, representando aqueles que possuem menos e se agrupam para enviar um deles. Um esquema especial também é introduzido em 807 para certas regiões delicadas, que não devem ser levadas ao limite: na Saxônia, todos os homens livres só serão convocados no caso de uma campanha contra o povo vizinho, os sorábios, na margem direita do Elba; no caso de uma guerra contra os tchecos, apenas dois terços do contingente total serão convocados, e serão reduzidos para um sexto no caso de uma campanha contra os ávaros ou na Itália.

O tempo de serviço anual também é determinado. Normalmente, é de três meses, mas, quando os soldados vêm de regiões muito remotas, os deslocamentos podem representar semanas de ida e volta: o tempo de viagem deve ser incluído no cálculo do tempo de serviço? O capitular de Boulogne estabelece as modalidades: em caso de guerra além do Reno, o tempo de serviço para homens vindos da Aquitânia começa na travessia do Loire; para as guerras contra os eslavos, o serviço é contado a partir da travessia do Elba. As tropas que vêm das regiões mais remotas devem ser dispensadas mais cedo que as outras. Evidentemente, todas essas instruções teóricas são difíceis de aplicar nas circunstâncias concretas.

O fato é que a legislação referente a assuntos militares mostra uma organização notável e até mesmo excepcional para a época, considerando-se os meios disponíveis. Vimos uma ilustração disso com a convocação, em 806, de Fulrad, abade de Saint-Quentin: a carta de convocação foi enviada várias semanas antes do início das operações, definindo a data e o local de ajuntamento, dia 17 de junho, em Stassfurt, ao sul de Magdeburgo, com todo o seu contingente, equipamento completo, ferramentas, armas e três meses de víveres para cada um. Todos os anos, a campanha é planejada, seguindo um ritual bem estabelecido. A guerra se torna uma atividade sazonal normal, como a colheita ou as vindimas. O que é anormal é um ano de paz, que os *Anais* não deixam de sublinhar como sendo um evento extraordinário. Isso também ilustra uma característica essencial das táticas de Carlos Magno: a melhor defesa é o ataque. O principal objetivo dessas campanhas é defender o reino e garantir a segurança de suas fronteiras, uma tarefa realizada por ataques preventivos, seja na Saxônia, contra os ávaros e contra os sarracenos. Em quase todos os casos, ele é quem toma a iniciativa.

Carlos conduz a guerra em sua própria velocidade, que não necessariamente é rápida, porque a intendência precisa seguir. E a intendência são carroças de boi, que mal podem percorrer mais de quinze quilômetros por dia. Nessas condições, qualquer ideia de uma *Blitzkrieg* está fora de questão. Calcula-se que um exército de 10 mil homens precisa de 6 mil carroças de duas rodas, cada uma puxada por um par de bois, para transportar suprimentos e equipamentos. Então, no caminho, é preciso encontrar grama para 12 mil bois e cerca de 3 mil cavalos por dia. Mas essa marcha lenta não impede investidas de surpresa, atacando e defendendo com táticas de guerrilha, das quais se encarrega a cavalaria ligeira, os *scarae*, esses jovens do entorno imediato de Carlos Magno.

A grande força do exército carolíngio é sua cavalaria pesada, que avança em cargas maciças. Isso coloca o irritante problema do estribo, um problema fundamental, já que esse equipamento reforça a estabilidade e o poder de absorção de choque do cavaleiro. Ora, nem os textos, nem a arqueologia, nem a iconografia permitem estabelecer esse ponto da técnica militar. Várias teorias contraditórias foram apresentadas; nenhuma é absolutamente convincente. O estribo é atestado na China no século V, no Irã e entre os ávaros no final do século VIII, e os bizantinos já estavam familiarizados com eles desde o século VI, mas na Europa Ocidental a mais antiga representação data de meados do século IX, em um manuscrito da abadia de Sankt Gallen. Nem por isso seu uso é generalizado: certos cavaleiros nas iluminuras do manuscrito são desprovidos deles. Tudo que podemos dizer é que o estribo certamente é conhecido no exército de Carlos Magno, mas provavelmente só seja usado por alguns cavaleiros, aqueles que usam a lança comprida, cuja haste seguram firmemente sob a axila, e os outros empunham uma lança mais curta, desferindo golpes diretos, golpeando para cima e para baixo, ou usando-a como um dardo. Há vários tipos de lança. A mais longa, com cerca de dois metros, consiste em uma haste de ferro que termina em uma ponta de flecha, presa a uma haste de madeira. Também há vários tipos de espada: a grande espada de dois gumes, com uma lâmina de 90 cm de comprimento e 6 cm de largura, com empunhadura e proteção leves, a espada curta, com 40 a 50 cm de comprimento, e a espada de um só gume, estilo cutelo. Os arcos também são muito usados.

As armas de defesa compreendem o escudo, objeto essencial, redondo ou elíptico, feito de lâminas de madeira cobertas com couro, de 80 a 90 cm de diâmetro e cerca de 1 cm de espessura, com uma parte metálica no centro, o *umbro*, sobre a qual se pode bater para manifestar sua aprovação ou impressionar o inimigo. O capacete é um simples gorro de couro cozido ou de ferro revestido com tecido em seu interior. A couraça, comumente chamada de *bruina*, ou *brogne*, é uma jaqueta de couro ou lona acolchoada com crina de cavalo, na qual são costuradas argolas ou placas de ferro, mais ou menos imbricadas ou compactadas, dependendo da riqueza do proprietário. Ela desce até um pouco acima dos joelhos, tem duas mangas curtas e, às vezes, um gorro.

É claro que esse equipamento não é uniforme. Cada um escolhe a roupa de acordo com suas posses, pois uma vestimenta completa é muito cara: estima-se que custe o equivalente a cerca de vinte vacas. As pessoas também são muito apegadas às suas armas, que às vezes são personalizadas e às quais se dá um nome. Perdê-las em uma batalha não é apenas uma desonra, mas também uma catástrofe financeira. Por isso, algumas pessoas preferem não as usar: os capitulares apontam que você não deve deixar sua *brogne* em casa, e que um simples bastão não basta para ir à guerra.

Todo homem livre, com pelo menos doze mansos, deve ter uma *brogne*, e é proibido vendê-la. O comércio de armas é regulamentado; as exportações de lanças, espadas e *brognes* para o Leste europeu são proibidas, principalmente pelo capitular de 811. Os cavalos precisam ser fortes e resistentes; os cavaleiros precisam ter vários, para a troca, e são avaliados em sete *sous* por um macho e três *sous* por uma égua. As epidemias equinas, que dizimam a cavalaria, podem comprometer uma campanha. Uma tarefa essencial para os líderes do exército é organizar o pasto para as montarias ao longo da rota planejada.

Uma campanha militar típica de Carlos Magno, a partir do ponto de encontro, compreende primeiramente uma marcha lenta de aproximação, ao ritmo dos bois: em 778, por exemplo, foram necessários dois meses para viajar de Poitiers até os Pirineus, o que representa cerca de sete quilômetros por dia. Para facilitar os suprimentos e a pastagem, o exército é dividido em dois ou três grupos, que seguem rotas diferentes. Chegando ao território inimigo, a cavalaria leve realiza o reconhecimento, usa táticas de guerrilha e faz operações rápidas. Os soldados de infantaria tomam os fortes de madeira que encontram pelo caminho e, dependendo da situação e das condições, destroem metodicamente as aldeias que encontram, e que são então saqueadas e queimadas. A atitude de Carlos Magno em relação à população local depende das circunstâncias. Sem ser mais sanguinário que os outros, ele pode se mostrar implacável: o uso do terror para subjugar um oponente é uma de suas armas, assim como a tomada de reféns.

Essa prática é essencialmente destinada a garantir que as tréguas sejam respeitadas e, como tudo o que Carlos Magno faz, organizada de maneira sistemática e racional. Um manuscrito de Reichenau do início do século IX contém uma lista de 37 reféns saxões: seus nomes estão registrados, assim como os nomes de seus pais e os de seus guardiões; eles são divididos em grupos, de acordo com sua região de origem, e confiados aos cuidados do bispo da Basileia e do conde Hitto. O sistema é pouco eficaz no que concerne à manutenção das tréguas, porque os chefes de guerra não se preocupam com a sorte dos reféns, quando desencadeiam novas revoltas, e ignora-se o que acontece com eles nesses casos. Mas essa prática se mostra benéfica de outro ponto de vista: reféns, especialmente os de alto escalão, que passam meses ou até anos na corte do soberano, ou com um conde ou bispo, fazem amizade com a aristocracia franca e gradualmente assimilam a cultura de seu conquistador, tornando-se agentes de propagação da civilização franca entre seu próprio povo.

Se o exército encontra uma força inimiga, a batalha é decidida por algumas cargas de cavalaria, seguidas pelas tropas de infantaria, que continuam a luta com arco, espada e faca. O inimigo, geralmente inferior em equipamentos e números, foge; ele é perseguido por algum tempo, depois se faz o saque e a marcha devastadora é retomada. As guerras de Carlos Magno são uma mescla de operações de saque pontuadas por escaramuças, nas quais o espírito de organização do soberano é o maior trunfo dos francos. A distribuição do saque é regida por regras estritas, que já existiam na época de Clóvis, como ilustra o episódio do vaso de Soissons. Quanto ao destino dos prisioneiros, tudo depende das circunstâncias e do estado de espírito do momento: a escravização ou o massacre puro e simples são as soluções mais comuns.

O CRISTIANISMO E A LEI DA GUERRA

Falar de uma relativa humanização da guerra sob a influência do cristianismo é usar palavras sem nexo e tomar como verdade tratados teóricos que não têm nenhuma consideração com a selvageria dos costumes. Beda, no século VIII, Rábano Mauro e Réginon, no século IX, nos lembram que os assassinatos cometidos na guerra são pecados que devem ser redimidos por quarenta dias de penitência, mas quem pode acreditar que seus apelos tiveram o menor eco nos exércitos carolíngios? Além disso, nessa época, a guerra tem um caráter de julgamento de Deus, e ela está totalmente integrada ao pensamento teológico.

Um dos livros favoritos de Carlos Magno é *Cidade de Deus*, de Santo Agostinho, no qual se pode ler: "O soldado que mata outro soldado em obediência ao poder legítimo, não é, de acordo com a lei civil, culpado de homicídio: ao não fazer isso, ele seria culpado de desobediência e desprezo pela autoridade; fazendo isso por sua própria vontade e autoridade, ele estaria cometendo o crime de derramamento de sangue humano. Portanto, ele é punido se agir sem uma ordem, e se não agir tendo recebido uma ordem para isso". Para Agostinho, a guerra é uma necessidade, certamente horrível, mas inevitável, desde o pecado original. O importante é que a guerra que se trava seja justa, e "são chamadas justas as guerras que vingam as injustiças, quando o povo ou o Estado contra o qual a guerra deve ser declarada negligenciou a punição dos erros de seu próprio povo, ou não devolveu o que foi tirado por essas injustiças". As guerras contra povos pagãos ou heréticos são sempre justificadas, pois, diz Agostinho, por esse meio, "em virtude do poder que Deus lhe conferiu, no devido tempo, por meio de reis religiosos e fiéis, a Igreja força a nela entrar aqueles que encontra nas estradas e nas sebes, entre cismas e heresias; que estes não reclamem que estão sendo forçados, mas que considerem para onde estão sendo empurrados". Guerreia-se contra eles para seu próprio bem. A ideia de uma guerra santa ainda não fica explícita, mas está sendo elaborada: o papa Estêvão II promete a salvação para os soldados que lutam contra os lombardos pagãos: "Tenham certeza de que na batalha que travam pela Igreja, sua mãe espiritual, o Príncipe dos Apóstolos perdoará seus pecados"; no século IX, Leão IV fará a mesma promessa àqueles que lutam contra os sarracenos: "Àqueles que morrerem fielmente nessa batalha, não lhe serão negados os reinos celestiais".

Carlos Magno, o novo Davi e o novo Constantino, é o rei-sacerdote, que segura a espada do Senhor, com a qual deve espalhar o terror entre os pagãos. Isso lhe foi confirmado por Alcuíno em 795:

> Feliz é o povo exaltado por um líder e apoiado por um pregador da fé cuja mão direita empunha a espada do triunfo e cuja boca toca a trombeta da verdade católica. Foi assim que Davi, escolhido por Deus como rei do povo que era então Seu povo eleito, submete a Israel, com sua espada vitoriosa, as nações ao redor e prega a lei divina entre os seus... Sob o mesmo nome, animado pela mesma virtude e pela mesma fé, este é agora nosso líder e guia: um líder sob cuja sombra o povo cristão descansa em paz e que, por todos os lados, inspira o terror às nações pagãs; um guia cuja devoção não cessa, por sua firmeza evangélica, de fortalecer a fé católica contra os sectários da heresia, assegurando que nada contrário à doutrina dos apóstolos se infiltre em qualquer lugar, e se esforçando para que essa fé católica brilhe em todos os lugares à luz da graça celestial.

Quando Alcuíno declara que Carlos Magno "inspira terror às nações pagãs", de sua parte não é uma mera figura de retórica. A interminável guerra contra os saxões, acompanhada de massacres sistemáticos daqueles que recusam o batismo, desde o capitular de 785, é uma prova terrível disso. Embora Alcuíno condene esses excessos em várias cartas, para muitos outros clérigos trata-se do exercício legítimo da violência real. Para Eginhardo, as guerras contra os saxões servem ao mesmo tempo para aumentar a cristandade e o reino franco: "Estes últimos [os saxões] haviam herdado de seus ancestrais seus cultos demoníacos e suas superstições; e então, tendo adotado os sacramentos da fé e da religião cristãs, eles se uniriam aos francos e se tornariam um só povo com eles".

O renascimento do império, portanto, trouxe de volta o antigo ideal do qual Santo Agostinho se desviara por um momento: a esperança de uma vitória quase universal do cristianismo, justificando os métodos expeditos que permitiriam que o trabalho fosse concluído mais rapidamente. Mais uma vez, a confusão entre a Cidade de Deus e a cidade dos homens se mostrava ser um fator suplementar de guerra.

Desde ao menos o século V, os concílios proíbem os clérigos de participar de guerras, mesmo que justas, porque não devem derramar sangue. Carlos Magno faz pouco caso disso, mesmo que signifique se contradizer. Em seu primeiro capitular, em 769, ele escreve: "Proibimos absolutamente que os clérigos portem armas e partam em guerra, com exceção daqueles que foram escolhidos, em razão de seu cargo, para celebrar a missa e carregar as relíquias dos santos. Assim, o príncipe pode ser acompanhado por um ou dois bispos com seus capelães. Cada prefeito terá um padre consigo, para receber as confissões dos soldados e impor-lhes penitência". Ora, durante todo o seu reinado, ele convoca bispos e abades para o exército, que devem prestar o serviço militar como todos os outros, e que participam das batalhas com os outros vassalos.

Carlos Magno também mantém relações diplomáticas com outros soberanos por meio de embaixadas. Os *Anais* e as crônicas mencionam que o soberano recebeu embaixadores dos sarracenos da Espanha, do basileu, do califa de Bagdá, do papa, dos reis das Astúrias, de Mércia, da Nortúmbria, dos dinamarqueses, do *khagan* dos ávaros, dos eslavos, do governador da Sicília, o que constitui um reconhecimento de seu poder e prestígio. Os embaixadores precisam viajar para o local de residência do soberano, que pode ser tanto na Saxônia quanto na Austrásia e a finalidade da embaixada é, acima de tudo, demonstrar o desejo de aproximação e de boas relações. Ela é sempre acompanhada de presentes, que expressam a importância do remetente e do destinatário. O elefante e o relógio hidráulico de Harun al-Rachid causaram uma grande impressão, assim como o leão da Numídia e os tecidos púrpura enviados por um rei líbio.

Por outro lado, Carlos Magno não pratica a diplomacia direta de "reuniões de cúpula": além do papa, ele não se encontra com nenhum outro soberano do mundo conhecido na época e também se recusa a participar da diplomacia do casamento. Certamente ele achava que não precisava recorrer a esse meio para afirmar sua posição na Europa.

UM MUNDO DE VIOLÊNCIA E SUPERSTIÇÕES

As guerras de Carlos Magno foram travadas fora do reino, que nunca havia sido ameaçado por uma invasão estrangeira. As incursões saxônicas, ávaras e sarracenas são ocasionais e muito limitadas, não perturbam a paz interna do mundo carolíngio. O reinado de Carlos Magno representa 46 anos de guerra e 46 anos de paz. Entretanto, o contraste é provavelmente menos acentuado do que parece.

A guerra tem um efeito permanente na vida no campo, devido às requisições, à convocação de homens livres, à passagem de contingentes; acima de tudo, a "paz" é uma realidade relativa num mundo de permanente insegurança, onde o banditismo e o crime são endêmicos, onde cada um deve garantir sua própria segurança em um contexto de violência diária. Os costumes são rudes. Agressões, assassinatos, estupros e vinganças são comuns. Os capitulares se referem constantemente à luta contra os bandidos, à regulamentação das vinganças privadas, à necessidade de garantir a ordem pública.

O termo "bárbaro" assume todo seu significado quando lemos os manuais de penitência contendo as listas de perguntas que os padres devem fazer aos paroquianos que se confessam. Do século VI ao século XII, a lista de torpezas da vida camponesa não muda, revelando um mundo no qual a violência, a superstição e a mais crua bestialidade são chocantemente banais. Eis algumas das questões que, ainda no início do século XI, o bispo Burchard, de Worms, em seu penitencial, considerou necessário fazer aos penitentes:

> Você cometeu um homicídio voluntariamente e sem necessidade?
> Você cometeu homicídio para vingar seus pais?
> Você cometeu homicídio sem intenção, pretendendo apenas, em sua raiva, bater em outra pessoa, sem intenção de matar?

Você matou um escravo de seu mestre?

Você aconselhou alguém a cometer homicídio, sem de fato tê-lo cometido, e alguém foi morto por causa de seus conselhos?

Você cometeu parricídio, ou seja, matou seu pai, sua mãe, seu irmão, sua irmã, seu tio, seu irmão, sua irmã, seu tio paterno ou materno, sua tia ou outro parente?

Você cortou a mão ou o pé de seu próximo? Você arrancou-lhe os olhos ou o feriu?

Você matou com suas próprias mãos ou incitou alguém a matar um clérigo, um salmista, um porteiro, um leitor, um exorcista, um acólito, um subdiácono, um diácono ou um padre?

Você violou um túmulo, ou seja, quando viu que alguém estava sendo enterrado, você foi à noite para abrir o túmulo e roubar as vestimentas?

Você consultou feiticeiros, trouxe-os para sua casa para procurar um objeto perdido ou para realizar purificações?

Você amaldiçoou seu pai e sua mãe, bateu neles, desonrou-os?

Você roubou bens da igreja?

Você ateou fogo na casa ou no celeiro de seu vizinho por ódio?

Você bebeu até vomitar? Por ter bebido demais, você vomitou o corpo e o sangue do Senhor?

Você comeu *idolothytus*, ou seja, ofertas feitas em determinados lugares perto de túmulos, fontes, árvores, pedras ou bifurcações?

Você colocou seu filho ou filha na cumeeira do telhado ou na chaminé para curá-los?

Você se disfarçou, como os pagãos fazem no dia de Ano-Novo, como um veado ou uma novilha?

Você fornicou com a irmã de sua esposa?

Você fornicou com duas irmãs?

Você fornicou com sua nora?

Você fornicou com sua sogra?

Você fornicou com a esposa de seu irmão?

Você fornicou com sua nora antes de seu filho se casar com ela?

Você cometeu incesto com sua mãe?

Você fornicou com sua madrinha?

Você fornicou com sua afilhada de batismo ou de confirmação?

Você cometeu incesto com sua irmã?

Você fornicou com sua tia paterna ou com a esposa de seu tio?

Você cometeu sodomia ou bestialidade, com homens ou animais, isto é, com uma égua, uma vaca, uma jumenta ou qualquer outro animal?

Você incendiou uma igreja ou foi cúmplice disso?

Você aprendeu a fazer abortos ou deu o método a outras pessoas?

Você matou deliberadamente seu filho ou filha após o nascimento?

Você preparou uma poção letal para envenenar outras pessoas?

Você bebeu o esperma de seu marido para que ele a ame mais graças às suas ações diabólicas?

Você compartilha a crença de muitas mulheres no séquito de Satanás? Que no silêncio da noite, depois de se deitar em sua cama, e enquanto seu marido descansa em seu peito, você tem o poder, corpórea que você é, para sair pela porta fechada, de percorrer o espaço com outras mulheres que se parecem com você? Que você tem o poder de matar, com armas invisíveis, cristãos batizados e redimidos pelo sangue de Cristo, para comer sua carne depois de tê-la cozinhado, e colocar, no lugar de seu coração, palha ou um pedaço de madeira ou qualquer outro objeto?

Você já fez o que as mulheres fazem, pegou um peixe vivo, colocou-o em seu sexo, o manteve ali até que estivesse morto e, depois de cozinhá-lo ou grelhá--lo, deu-o de comer a seus maridos, para fazê-los arder ainda mais por você?

Você fez o que as mulheres fazem, ajoelhar-se de bruços no chão, desnudar seus flancos e fazer com que se prepare um pão em suas costas nuas; depois de assar o pão, dá-lo para seus maridos comerem, para que se inflamem ainda mais por elas?

Você fez o que as mulheres fazem, colher o sangue de suas regras, misturá-lo com comida ou bebida, dá-lo a seus maridos para que se inflamem ainda mais por elas?

Você fez o que as mulheres costumam fazer, pegar as glândulas genitais dos homens, queimá-las e mandar seus maridos ingerirem as cinzas para curá-lo?

Você fez o que as mulheres de ousadia diabólica fazem quando uma parturiente não consegue dar à luz e morre no parto, perfurar a mãe e o filho com uma estaca e fixá-los no chão, na mesma cova?

Você fez o que algumas mulheres fazem, despir-se, untar o corpo nu com mel e se enrolar no trigo espalhado em um lençol, e depois recolher com cuidado todos os grãos que estão grudados em seus corpos; colocar esses grãos em um moinho e pôr a pedra de moer contra o sol; com a farinha assim obtida, fazer um pão, que dão de comer a seus maridos para que fiquem doentes e impotentes?

Essa lista dispensa comentários. É claro que isso não significa necessariamente que as práticas listadas façam parte da rotina diária, mas, se considerarmos sua possibilidade na pacífica zona rural, o que podemos esperar em territórios em estado de guerra? Os capitulares insistem na necessidade de as famílias aceitarem uma compensação financeira em caso de agressão, a fim de quebrar o círculo infernal da vingança privada. As tarifas nas leis germânicas revelam a atmosfera geral. O fato de ser especificado que "a pessoa que causar ou fazer que seja causado um ferimento, se provar que não o fez de propósito, mas sem premeditação, assim que a discussão começar, e a briga tiver começado acidentalmente, pagará 100 *sous* por um olho arrancado", dá uma ideia da violência dos costumes. O texto da lei visigótica continua: "Se acontecer de a pessoa que foi atingida ainda conseguir enxergar parcialmente com o olho, ela receberá em troca uma libra de ouro. Aquele que foi atingido no nariz com tanta força e que perca todo o nariz, a pessoa que o agrediu pagará 100 *sous*. Se o nariz tiver sido atingido com tanta força que a parte danificada do nariz esteja aberta, o juiz condenará imediatamente a pessoa que bateu, na medida da lesão que ele constatou; e ordenamos que se aja da mesma maneira em relação aos lábios e às orelhas... À pessoa cuja mão tenha sido completamente decepada ou golpeada, de tal forma que nunca mais possa ser usada, a pessoa que a golpeou dará uma compensação de 100 *sous*. Para um polegar decepado, 50 *sous* serão dados em compensação, para o dedo seguinte, 40, para o terceiro, 30, para o quarto, 20, para o quinto, 10. A mesma quantia será paga pelos pés. Para cada dente quebrado, 12 *sous* serão dados em compensação. Aquele que tiver quebrado o tórax de outro, se este ficar enfermo, aquele que o atingiu terá que pagar uma compensação de uma libra de ouro. E tudo isso será observado e cumprido entre homens livres". Até aqui são lutas não premeditadas. Mas há mutilações deliberadas: "Como consequência, qualquer homem livre que tenha a audácia de tosar outro homem livre, ou fazer mutilações ou desfigurações vergonhosas em seu rosto ou no resto de seu corpo, golpeando-o com um chicote, um bastão, ou socando-o ou arrastando-o traiçoeiramente pelo chão, ou cortando qualquer parte de seu membro, ou que o tenha amarrado ou mantido em cativeiro ou acorrentado, ... será punido pelo juiz na medida do dano causado, por ele ou por sua ordem, à vítima, e estará sujeito ao talião...".

É claro que se pode olhar para o lado positivo e dizer que a compensação financeira é um passo adiante na limitação da vingança privada. O fato, porém, é que o clima geral está impregnado de uma violência banal, que o cristianismo é impotente para conter, mesmo entre a elite social, na qual a superstição e as práticas mágicas são inseparáveis das crenças ortodoxas. Quando vemos o próprio Carlos Magno presidindo duelos legais, percebemos como é fino o verniz da civilização com que a religião recobre os costumes bárbaros.

Do cristianismo se retêm principalmente seus aspectos espetaculares e mágicos, como o culto às relíquias, que dá lugar ao tráfico internacional em grande escala, com roubos e falsificações. Os principais exportadores são Roma e Bizâncio, minas inesgotáveis de relíquias de todos os tipos. Em Bizâncio, reúnem-se as relíquias mais preciosas, trazidas de Jerusalém antes da conquista muçulmana. Há, é claro, a verdadeira Cruz, fragmentada em pequenos pedaços, que constituem presentes baratos, e muito apreciados pelos soberanos, mosteiros e igrejas catedrais. No Grande Palácio de Bizâncio, são conservados o sangue de Cristo, a coroa de espinhos, a lança sagrada, o sudário, o manto de cor púrpura e o junco da Paixão, a toalha da lavagem dos pés e o pedaço de pão dado por Jesus a Judas; na igreja de Blachernes podem-se ver as fraldas do menino Jesus e os cestos da multiplicação dos pães, além do leite da Virgem e as relíquias de Isaías. Outras relíquias incluem o cajado de Moisés, o manto de Elias, a mão direita de Santo Estêvão e uma infinidade de fragmentos de santos diversos. Em Roma, onde os túmulos dos santos proliferam, regularmente saqueados por caçadores de relíquias, o papa é obrigado, em 817, a mandar transportar intramuros 2 mil corpos para preservá-los, e os fiéis rondam os cemitérios vazios na esperança de encontrar algumas migalhas, um pedaço de falange ou uma costela extraviada durante o transporte.

O fascínio pelas relíquias é tão grande que qualquer meio é bom para obtê-las, inclusive o roubo, que é considerado um ato piedoso inspirado por Deus. Quando Eginhardo manda transferir as relíquias dos mártires

Marcelino e Pedro de Michelstadt para a abadia de Seligenstadt, a viagem precisou ser feita à noite para evitar roubos. O contrabando dos ossos santos é ativo e lucrativo; sob a pressão da demanda, os preços sobem, e, em Roma, verdadeiros corretores de relíquias gerenciam as transações. Toda igreja, todo mosteiro que se preze, deve ter uma seleção de relíquias, as mais prestigiosas que for possível. Quando, em 849, os monges do vale de Rance, perto de Dinan, pedem terras a Nominoé, rei da Bretanha, ele responde: "Vocês têm relíquias de santos? Pois, se eu der terras, é para poder pedir ajuda e assistência dos santos para minha política". Os monges, então, organizam uma invasão à ilha de Sark, onde roubam pedaços da São Magloire, e assim Nominoé concorda em dar terras para o mosteiro deles em Léhon.

O culto às relíquias não se limita à religião popular. Os melhores intelectuais da época também são participantes fervorosos. A primeira coisa que Alcuíno pergunta ao arcebispo Arn, em seu retorno de Roma, é: "Você trouxe alguma relíquia?". E quando o abade Angilberto restaura seu mosteiro de Saint-Riquier, manda vir pelos da barba de São Pedro, cabelos de João Batista, leite da Virgem, um pedaço da sandália de Jesus, algumas migalhas de pão distribuídas por Cristo a seus apóstolos, pedras que serviram à lapidação de Santo Estêvão: o suficiente para atrair multidões de fiéis e suas oferendas. A imaginação nessa área não tem limites. As regiões recém-convertidas são particularmente requerentes de relíquias, que são argumentos poderosos para a conversão dos pagãos. Ainda em 836, Hilduíno, abade de Saint-Denis, envia para Warin, seu confrade de Corvey, o corpo do mártir romano São Vito, e os clérigos de Paderborn vão ao Mans procurar fragmentos de São Libório.

As canonizações selvagens, espontâneas, alimentam a crescente demanda, e os fiéis não esperam pela decisão das autoridades antes de esquartejar os corpos dos defuntos venerados, a tal ponto que Carlos Magno teve de reiterar em seus capitulares, no final do reinado, as regras a serem respeitadas na matéria.

Ele também insiste na necessidade formação dos clérigos e no respeito da disciplina eclesiástica, pois o nível médio do clero, embora um pouco mais alto que o dos fiéis, não é muito brilhante. A *Admonitio generalis* de 789 demanda "que em cada mosteiro e em cada bispado aprendam-se os salmos, as notas (uma espécie de estenografia), o canto, o *computus*, isto é, o cálculo, a gramática, e que se disponha de livros católicos bem corrigidos". O Concílio de Frankfurt, em 794, dá diretrizes para o estudo das letras, e as instruções do início do século IX afirmam que um padre deve saber "leitura, canto, escrita, arte do trabalho notarial; e outras disciplinas: *computus*, medicina". Alguns bispos zelosos repercutem essas ordens: Arn de Salzburgo, Leidrade de Lyon, Teodulfo de Orléans, que em 798 regulamenta o funcionamento das escolas paroquiais: "Que em cada vilarejo e nos burgos os padres mantenham escolas; se alguns dos fiéis lhes confiarem crianças para aprender as letras, não se recusem a recebê-las e a ensiná-las em toda a caridade... Quando os padres desempenharem essa função, que não exijam salário e, se receberem algo, que sejam apenas pequenos presentes oferecidos pelos pais".

Os resultados são muito limitados. Com padres muitas vezes incapazes de pregar, e cuja cultura se limita a algumas fórmulas litúrgicas, e os laicos continuam a misturar maciçamente crenças novas e antigas, sempre baseadas em superstição, cuja lista é interminável.

BISPOS E ABADES, ENGRENAGENS ADMINISTRATIVAS E RELIGIOSAS

No entanto, a Igreja fornece ao grande líder a indispensável estrutura cultural e social de seu império. Carlos Magno deve a ela grande parte de seu sucesso político, e é ela que, por meio de sua rede administrativa, mais que por sua moral e seus dogmas, permite que o mosaico étnico, que é o reino carolíngio, se mantenha firme. E isso apesar de, ou talvez graças a, seus abusos e fraquezas. A Igreja carolíngia ultrapassa amplamente o campo espiritual e fornece as estruturas sociais, econômicas, culturais e até mesmo militares, sem as quais não haveria um Estado organizado, devido à carência de elites laicas.

A estrutura essencial é a diocese, cerca de uma centena delas em todo o império, o que significa que, em média, são duas ou três vezes mais vastas que os condados. À frente delas está o bispo, que reside na sede administrativa, a cidade episcopal. Essa personagem é uma engrenagem essencial na máquina administrativa, ainda mais importante que o conde, pois sua autoridade se estende ao mesmo tempo aos domínios religioso e secular. Como líder religioso, ele organiza e preside a vida da igreja, os serviços, a liturgia e a disciplina. Para tanto, é cercado por um grupo de cônegos, cujo número varia, com média que gira em torno de uma dúzia, e que leva uma vida praticamente monástica, desde a reforma de Crodegango em Metz: eles permanecem agrupados em torno de um claustro, liderando os serviços da catedral, pelo menos em teoria, porque os prelados frequentemente têm dificuldade em impor disciplina nessa comunidade. Alguns deles começaram a se especializar em funções como cantor, escolástico e tesoureiro.

O bispo também dispõe de um grande número de clérigos ao seu redor, que trabalham ativamente em várias tarefas religiosas e civis, e que vivem no burgo, num conjunto de edificações agrupadas em torno da catedral. Esta é a igreja por excelência, e muitos clérigos moram nessas construções quando elas ainda estão em obras durante o reinado de Carlos Magno. Em outras palavras, o bispo também é o principal patrocinador de obras na cidade, fornecendo trabalho para pedreiros, talhadores de pedras, carpinteiros, ourives e outros artesãos. Para esse trabalho, o prelado dispõe de consideráveis recursos financeiros, pois é o principal beneficiário do dízimo, generalizado pelo capitular de Herstal em 779. Esse imposto, que deveria ser usado para manter o clero rural, frequentemente é desviado em benefício dos mosteiros e bispados. Além disso, o bispo ainda tem grandes propriedades, em que pesem as espoliações de Carlos Martel e Pepino, o Breve.

Ele precisa visitar sua diocese regularmente, pelo menos uma vez por ano. Algumas dioceses são tão grandes que começam a se transformar em arquidiaconados. Por exemplo, a diocese de Langres compreende dois arquidiaconados a partir de 801: os arquidiáconos são nomeados pelo bispo e devem realizar a visitação em seu nome. A cada ano, o bispo também deve reunir o clero diocesano em seu palácio para elaborar os estatutos da diocese. Ele também preside seu tribunal, cuida das escolas e dos asilos.

O soberano também lhe confia deveres civis: o controle de pesos e medidas, a organização de mercados, a gestão da salubridade e dos suprimentos. Todo ano, deve comparecer à assembleia geral e, amiúde, ao exército. Carlos Magno faz exigências contraditórias aos bispos, a quem constantemente lembra o dever de residência e suas funções exclusivamente religiosas, ao mesmo tempo que os encarrega de tarefas seculares, convoca-os à corte ou envia-os em turnês como *missi*. Isso porque esses homens do tipo "faz-tudo" lhe são indispensáveis, devido à cruel escassez de pessoal competente.

Por isso, ele os recruta com base em critérios de fidelidade e eficiência, mais que em suas qualidades morais e religiosas. O procedimento de nomeação é o seguinte: após a morte de um bispo, o rei nomeia um visitante, que fará uma investigação e encarregará a assembleia eleitoral, composta pelo clero local e pelos notáveis, de eleger um sucessor no prazo de três meses. O eleito é apresentado ao rei, que o investe, e o metropolitano é empossado. Essa é a teoria. Na prática, Carlos Magno faz com que o homem de sua escolha seja eleito, às vezes selecionado no círculo da corte, como Teodulfo para Orléans em 788 e Leidrade para Lyon em 797. Os titulares das novas sedes saxônicas, Halberstadt, Hildesheim, Paderborn, Verden, Minden, Münster, Osnabrück e Bremen são particularmente importantes como agentes de pacificação e de subjugação dessas regiões, e é altamente improvável que Carlos Magno corresse o risco de ver ali eleitos bispos de capacidade duvidosa. Podemos conjecturar sobre a fidelidade dos bispos pelo fato de nenhum deles ser mencionado nas conspirações e revoltas que ocorreram durante o reinado. Apenas Pedro, bispo de Verdun, ficou sob suspeita: em 794; ele teve que jurar não estar envolvido em uma conspiração.

A despeito da importância desses personagens, poucos nomes são conhecidos, além da meia dúzia de celebridades que constantemente aparecem nos textos como colaboradores próximos do soberano, como Arn, Teodulfo, Angilram, Willehad, Liudger, Leidrade e alguns outros. A maioria deles são apenas nomes mencionados alguma vez de passagem, como Gislebert de Noyon, Gavienus de Tours, Erembert de Worms, Wilichart de Sens, Herminarius de Bourges, Daniel de Narbona, Herulfus de Langres, mencionados no *Liber pontificalis* como tendo participado do Sínodo de Roma em 769. Se confiarmos em Notker, os bispos de Carlos Magno são um bando de fornicadores, glutões, amantes da trivialidade, caçadores, festeiros, opressores, fraudadores, briguentos, acumuladores, a quem o imperador dá boas lições durante suas visitas. Que os bispos não sejam "bons meninos" é totalmente plausível: afinal, eles vêm da aristocracia turbulenta de sua época, e manejam a espada com tanta habilidade quanto o fazem com o aspersório. Todavia, devem ser considerados os ressentimentos pessoais do monge gago de Sankt Gallen com relação a esses prelados, que, de qualquer forma, se não eram santos – nenhum deles foi canonizado, o que é notável nesses dias de fácil beatificação – foram auxiliares políticos e agentes administrativos preciosos.

Além disso, Carlos Magno restabeleceu entre eles e si mesmo um nível intermediário que havia perdido a importância: o arcebispado. Em sua metrópole, o arcebispo chefia uma província eclesiástica que inclui várias dioceses sufragâneas. Esses metropolitanos têm poder de supervisão sobre os bispos de sua jurisdição. O testamento de Carlos Magno menciona 21 deles, em 811, para todo o império: os de Roma, Ravena, Milão, Cividale, Grado, Colônia, Mainz, Salzburgo, Trier, Sens, Besançon, Lyon, Rouen, Reims, Arles, Vienne, Moutiers-en-Tarentaise, Embrun, Bordeaux, Tours e Bourges.

Na outra extremidade da pirâmide, as dioceses começam a se fragmentar em paróquias, cada uma chefiada por um vigário nomeado pelo proprietário de terras local, para batizar e celebrar o culto em sua capela. Essas igrejas privadas são uma necessidade para o povo cristão, dada a vasta extensão das dioceses. Elas já são numerosas, mas o processo continua durante todo o século IX.

De cima a baixo na hierarquia, o pessoal eclesiástico deixa muito a desejar, e os capitulares voltam constantemente a questões de disciplina. A secular batalha contra o absenteísmo, o concubinato, a embriaguez e a violência clerical está apenas começando. Carlos Magno atribui ainda mais importância pelo fato de os clérigos serem simultaneamente seus funcionários e os educadores de seus súditos. Ele não dissocia o papel religioso e a missão deles de unificadores do reino e de agentes de paz e harmonia. E lhes impõe ao mesmo tempo o dogma, a liturgia e a moral, numa concepção de governo verdadeiramente totalitária, convencido de seu dever de alinhar a cidade terrena com a Cidade de Deus.

Os mosteiros também desempenham um papel fundamental nessa tarefa, em todas as frentes. Como uma verdadeira milícia espiritual, guardando seu convento, os monges rezam pelo rei e pelo reino, são uma imagem e uma prefiguração da Cidade de Deus, mas são também agentes econômicos e culturais: por meio de suas escolas e asilos, por meio de suas imensas propriedades administradas de maneira exemplar, são pontos estratégicos de apoio do poder carolíngio. Na frente oriental, poderíamos até falar de um verdadeiro *limes* espiritual composto, entre outros, pelos mosteiros de Corvey, Höxter, Hersfeld, Fulda, Seligenstadt, Lorsch, Reichenau e Sankt Gallen. No total, há mais de 650 mosteiros estabelecidos no império, com um efetivo considerável: 358 pessoas em Fulda em 779, 300 em Córbia durante o abaciado de Adalardo, 114 em Jumièges em 826, 72 em Ferrières, 70 em

Saint-Wandrille. Quando Angilberto manda reconstruir o mosteiro de Saint-Riquier (Centula), em que é abade laico, estão incluídos 300 monges e três igrejas ligadas por galerias. A igreja principal, construída entre 790 e 799, reproduz a planta da igreja do Santo Sepulcro, com doze altares e uma cripta onde as relíquias são mantidas. As cerimônias solenes são grandiosas, ordenadas de acordo com o número 7, como os 7 dons do Espírito Santo: por trás das 7 cruzes e dos 7 relicários, vêm os diáconos, depois 7 subdiáconos, 7 acólitos, 7 exorcistas, 7 leitores, 7 porteiros, precedendo os monges, em fileiras de 7, seguidos pelas 100 crianças da escola e as cruzes das 7 aldeias vizinhas à abadia. Os grandes mosteiros são verdadeiras cidades, como se depreende da famosa planta de Sankt Gallen, desenhada a pedido do abade Gosberto em 820, provavelmente com vistas a uma reconstrução que nunca foi realizada.

Como vimos, a riqueza em terras dos mosteiros é colossal. Além disso, Carlos Magno frequentemente lhes concede o privilégio de imunidade, o que significa que não dependem mais da justiça dos condes, cabendo ao abade entregar à justiça real qualquer bandido que se refugie nas terras do mosteiro, confiar a um advogado laico a cobrança de impostos e multas, convocar os homens livres para o serviço militar e presidir o tribunal. Os abades dos mosteiros mais importantes são personagens consideráveis, que Carlos Magno escolhe com tanto cuidado quanto os bispos, não hesitando em nomear abades laicos entre seus conhecidos ou membros da família: Angilberto em Saint-Riquier, Alcuíno em Saint-Martin de Tours; Eginhardo, por sua vez, será abade de Seligenstadt, Saint-Wandrille, Saint-Servais de Maastricht, Saint-Pierre de Gand, Saint-Jean-Baptiste de Pavia.

Os mosteiros têm outra utilidade: podem ser usados como prisões para se livrar de pessoas que não seria conveniente executar: a tonsura as desqualifica de uma vez por todas. Esse foi o destino reservado aos filhos de Carlomano, a Tássilo, a Pepino, o Corcunda; em 814, Luís o Piedoso, mandará suas irmãs para o convento, e mais tarde ele mesmo terá uma sorte idêntica.

Uma coisa contraria Carlos Magno: os mosteiros não obedecem às mesmas regras. Para esse seguidor da regra das três unidades – um povo, um império, um governante –, essa anomalia é chocante, e ele incentiva todos os abades a adotar a regra mais praticada e mais prestigiada, a de São Bento. Em 813, ele pede ao abade de Monte Cassino que lhe envie uma cópia, que ele faz circular, e os cinco concílios reunidos naquele ano – em Mainz, Reims, Tours, Chalon e Arles – devem discuti-la. A resposta deles é moderada. Carlos Magno não fundou nenhum mosteiro, mas criou e restaurou alguns, para os quais impôs a regra de São Bento, por exemplo o de Luxeuil. Ele também apoia o trabalho de Vitiza, um aristocrata visigodo que se retira para um mosteiro da Borgonha, depois de ter passado a juventude na corte. Assumindo o nome de Bento, ele funda um mosteiro em uma de suas propriedades, em Aniane, e faz dele o centro de difusão da regra de seu homônimo. Amigo de Alcuíno e de Luís, rei da Aquitânia, ele reforma mais de vinte mosteiros e escreve o *Concordia regularum*, comentando a regra de São Bento de Núrsia e comparando-a com outras.

A ESCRITA COMO EXPRESSÃO DA CULTURA

O mosteiro também é – e talvez o seja acima de tudo – um centro cultural, com sua escola, biblioteca e oficina de copistas, o *scriptorium*. E se o termo "Renascença Carolíngia" pode ter alguma justificativa, o que é discutível, é em grande parte nos círculos monásticos que se devem buscar as manifestações.

A maioria dos mosteiros tem uma escola onde os futuros monges são educados; eles são confiados ao estabelecimento quando ainda bem jovens. Há também os filhos da aristocracia, que não são necessariamente destinados à vida eclesiástica, mas cujos pais avaliam a importância da cultura escrita. Toda a educação é dada em latim, desde os rudimentos da leitura, da escrita, da aritmética e do canto. Aprender de cor é a regra, e o professor usa o Livro dos Salmos, bem como obras da antiguidade clássica: fábulas de Avieno e Esopo, dísticos de Catão e provérbios atribuídos a Sêneca. Os manuais de Donato e Marciano Capela são amplamente propagados, e são compostos pequenos diálogos didáticos, como o *Dit de l'enfant sage*, que ensina máximas morais elementares por meio de perguntas e respostas. O próprio Alcuíno não se esquiva de compor esse tipo de obra. Aliás, ele fica muito orgulhoso de poder relatar ao imperador, em seu estilo habitual, as atividades de sua escola: "De acordo com vossos desejos, à sombra do convento martiniano,[1]

---

[1] De Saint Martin, bispo de Tours, que propõe um novo modelo de santidade para seus fiéis: ascese, preces e monaquismo. (N. T.)

eu nutro alguns com o mel das Escrituras e ofereço a outros o vinho fortificante das ciências antigas e da história; a estes, apresento os frutos da gramática, a àqueles direciono os olhos para as estrelas do firmamento; em suma, eu me esforço para ser útil a todos, para o maior benefício da Igreja".

Para estudos mais avançados, a gramática e a retórica são disciplinas rainhas, embora deixem pouco espaço para o raciocínio, a lógica e a dialética, mesmo que se aponte um tratado sobre o Ser e o Nada, de Fridugise, sucessor de Alcuíno em Saint-Martin de Tours. O estudo da teologia é, por si só, muito limitado, com os alunos se contentando em copiar o *De doctrina christiana* de Agostinho, e as obras de Cassiodoro. Quanto aos filhos da aristocracia, apenas uma minoria vai à escola e, dessa minoria, apenas uma pequena fina elite vai além de aprender a escrever. Somente alguns poucos privilegiados se beneficiam dos conselhos escritos de Alcuíno, o qual compõe alguns tratados curtos, do gênero "espelhos dos príncipes". Mas todos os raros exemplos de grandes nobres que se interessaram pela cultura escrita são da segunda metade do século IX, como Eberhard, marquês de Friuli, que em 865, lega sua biblioteca de cinquenta volumes a seus nove filhos. Os nobres letrados têm uma cultura oral épica e folclórica, e Carlos Magno, segundo Eginhardo, ordena que sejam escritos os "antigos poemas bárbaros em que eram cantadas a história e as guerras dos velhos reis". O nível cultural geral dos laicos não parece ter progredido significativamente durante o reinado de Carlos Magno.

Se há progresso, é nos mosteiros que se pode constatar. Lá se preservam e cultivam os tesouros da Antiguidade e dos Pais da Igreja. As bibliotecas se enriquecem com novas cópias, que dão muito mais destaque às obras da Antiguidade pagã do que se desejaria. Assim, quinze anos após a morte do imperador, em 831, pode-se consultar, na abadia de Saint-Riquier, 22 manuscritos da Bíblia, 48 dos Pais da Igreja, 70 florilégios, salmos e regras monásticas, mas também 26 obras de Virgílio, Aratos e de fabulistas, 15 livros de historiadores e geógrafos romanos, bem como livros de leis romanas e germânicas. Adicionemos as múltiplas cópias de missais e outros livros litúrgicos, e atinge-se um total de mais de 500 livros.

Ora, esses livros não ficam tomando poeira nas estantes: eles são usados, emprestados, circulam. Vimos Alcuíno pedir permissão para mandar vir livros da biblioteca de York; também empresta livros para Gisele, a irmã do imperador. Em duas cartas, ele se refere ao peso dos livros (*pondera librorum*) que carrega em suas viagens e tornam sua bagagem mais pesada. Em seu mosteiro de Saint-Martin de Tours, há manuscritos italianos trazidos pelo abade Bento Biscop e pelo monge Ceolfrid entre 670 e 680.

Mais que o número de títulos, é o número de cópias que aumenta: nos *scriptoria* monásticos, as penas se agitam freneticamente, e a cópia de manuscritos passa por uma expansão sem precedentes. Continuemos em Tours. No mosteiro de Saint-Martin, vários copistas trabalham o dia inteiro. Uma inscrição preserva as recomendações feitas a eles por Alcuíno, nas quais encontramos esse cuidado com a exatidão, com a precisão, essa vontade de eliminar os erros, fontes de heresia, uma obsessão que o abade compartilha com seu mestre, o imperador:

> Aqui é a sede daqueles que escrevem os oráculos da lei divina e as palavras dos Pais. Que tomem cuidado para não misturarem ao texto suas frivolidades. Que suas mãos não escrevam rápido demais, que procurem livros cuidadosamente corrigidos, que sua pluma experiente siga bem a linha, que coloquem a pontuação corretamente, para que não estejamos expostos a cometer erros ou a parar repentinamente ao ler na igreja. É um bom trabalho escrever livros sagrados: o próprio copista não fica sem recompensa. É melhor copiar livros do que abrir buracos nos vinhedos.

Desse ateliê em Tours saem dezenas de exemplares de obras de devoção, como esse magnífico evangelho conhecido como "de Carlos Magno", agora na biblioteca municipal, mas também obras profanas e manuais práticos, como as *Fórmulas de Tours*, que fornecem 33 modelos de ação para diferentes circunstâncias. Esse tipo de obra prova que o uso de documentos escritos se dissemina na administração. Outro manual do mesmo tipo foi amplamente utilizado, o *Formulário de Marculfo*, que dá exemplos de cartas de nomeação, de recomendação, de demissão, de cortesia, de requisição etc.

Também revelador da veneração pela palavra escrita é o lugar do *scriptorium* no mosteiro. Um verdadeiro santuário no coração do complexo, como mostra a planta de Sankt Gallen: uma sala retangular no flanco norte do coro da igreja, com acesso direto ao transepto, logo abaixo da biblioteca. A cópia de manuscritos é uma atividade praticamente sagrada. É também um verdadeiro martírio, cujos ecos podem ser encontrados nas inscrições deixadas por escribas ao final de seu trabalho, coletadas por Wilhelm Wattenbach: "O ato de escrever é penoso: cansa os olhos, dá dor nas costas e despedaça todos os membros ao mesmo tempo", disse um, enquanto outros exigem uma recompensa ao final de seu trabalho: vinho (*"vinum scriptori debetur de meliori"*), ou uma bela mulher (*"detur pro pena scriptori pulchra puella"*).

A média é de quatro a dez páginas por dia, dependendo da qualidade do texto e, é claro, do número de caracteres por página. Um copista conta que levou 166 dias para concluir 206 folhas, outro contabiliza 35 dias para 182 folhas. O suporte agora é o pergaminho, cujo original mais antigo a chegar até nós data de 677 e que, no decorrer do século VIII, suplantou completamente o papiro. O pergaminho feito de couro de ovelha, cabra ou bezerro provém do rebanho da abadia e é submetido a uma longa preparação antes do uso no *scriptorium*. O escriba usa um cálamo, uma cana entalhada ou uma pluma de pássaro, mergulhada numa tinta preta feita de substâncias vegetais.

Os manuscritos mais luxuosos recebem iluminuras, o que exige a intervenção de um verdadeiro artista. A iluminura, destinada a cópias de prestígio, para presentes principescos, se desenvolve inicialmente no *scriptorium* do palácio de Carlos Magno, de onde saem, por exemplo, o *Evangeliário de Godescalc*, pouco depois de 781, e o *Evangeliário de Saint-Médard de Soissons*, por volta de 800. Em Chelles, pouco antes de 800, Gisela manda iluminar as letras maiúsculas do *Sacramentário de Gellone*. Em Corbia, é produzida uma versão ilustrada das *Quaestiones in Heptateuchon*, de Santo Agostinho, e o *Saltério de Amiens*; outros manuscritos com iluminuras são elaborados em Saint-Denis, Saint-Germain-des-Prés, Flavigny, Fulda, Lorsch, Sankt Gallen, Bobbio e noutros lugares. Entretanto, Alcuíno e Teodulfo parecem bastante reticentes com relação a essas ilustrações, que causam distração e interferem na concentração intelectual sobre o texto: este é o início da longa rivalidade entre a palavra escrita e as imagens! Assim, o *Evangeliário de Carlos Magno*, produzido em Tours, adota uma firme postura de seriedade e de austeridade em suas 278 folhas, nas quais apenas as iniciais são decoradas.

Mas a verdadeira revolução técnica ocorre na escrita, com a introdução da famosa "minúscula carolina" (ou carolíngia). Essa revolução é, de fato, uma evolução longa e complexa, cujo início pode ser visto já no século VII, no auge do período merovíngio. Os tratados de paleografia traçaram suas etapas. Para os escritos correntes, as glosas marginais, os textos de caráter privado, os escribas merovíngios usavam uma escrita cursiva rápida, difícil de ler, por causa da ligadura de letras e palavras, a "nova escrita comum". Para as obras de luxo, lançavam mão de uma escrita limpa, a uncial,[2] com letras bem destacadas e com formas elegantes. Gradualmente, a uncial desaparece no naufrágio dos exemplares de prestígio que acompanha o declínio cultural da dinastia, mas um tipo intermediário permanece e servirá de base para a escrita precarolina a partir de meados do século VIII: a semiuncial.

É no mosteiro de Córbia, no abaciado de Maurdramnus, entre 772 e 780, que ocorre uma primeira evolução caligráfica, da qual a Bíblia em vários volumes da biblioteca municipal de Amiens é a principal representante. Treze manuscritos desse novo tipo foram reportados: letras bem desenhadas e o respeito à pontuação anunciam diretamente a minúscula carolina. Mas a evolução é confusa e não uniforme: mais rápida na cópia de livros que na escrita de atas diplomáticas, nas quais a tradição retarda a mudança, ela também comporta variações locais: é possível distinguir os tipos ibérico, insular, italiano e germânico. Mas em todos os lugares se fazem sentir as mesmas características: a busca de uma maior clareza, de uma estrutura mais harmoniosa, de melhor legibilidade, até que, por volta de 780, essa poligênese dá origem à minúscula carolina.

O mérito foi atribuído a vários *scriptoria*: Saint-Martin de Tours, Aachen, Roma e Córbia. Parece que é o resultado de um progresso paralelo feito em vários mosteiros, que buscam maior clareza e legibilidade, especialmente na área entre o Loire e o Reno, que constitui o coração do reino. Para Charles Higounet, Córbia inegavelmente desempenhou um papel essencial, mas, ele acrescenta,

> se a nova escrita do século IX é de fato carolina, isto é, carolíngia, é porque se originou nos *scriptoria* dos países entre o Reno e o Loire, que eram o coração da "Frância" carolíngia, durante o grande reinado de Carlos Magno... Os grandes *scriptoria* não descansaram no último quarto do século VIII. Essa febre foi ainda

---

2 Escrita usada pelos romanos a partir do século I e pelos gregos a partir do século IV, constituída por letras grandes, arredondadas e que, mesmo conservando a forma das maiúsculas, já prenunciavam as minúsculas carolinas. (*Houaiss*)

mais favorável à pesquisa gráfica por lhe dar um objetivo: a escrita padronizada, como diríamos hoje, com o objetivo de produzir rápida e economicamente textos de leitura agradável aos olhos.

O mais importante a ser observado é que esse tipo de escrita se inscreve na linha geral das reformas culturais desejadas por Carlos Magno, das quais vimos as manifestações nas áreas da liturgia, do canto, dos textos sagrados, das crenças: clareza acima de tudo, precisão, simplicidade, unidade e harmonia. O soberano não deu nenhuma instrução específica com relação à caligrafia, mas, na medida em que a carolina minúscula torna a leitura mais fácil e reduz o risco de erros e enganos, ele só pode incentivar seu uso, o que está exatamente no espírito do artigo 72 da *Admonitio generalis* de 789:

> Corrija cuidadosamente os salmos, a notação musical, o canto, os cálculos, a gramática e os livros reconhecidos pelo magistério católico, em cada mosteiro e em cada bispado. De fato, muitas vezes acontece que algumas pessoas, desejando orar a Deus de acordo com as regras, O invocam, na realidade, em formas incorretas, porque o fazem por meio de livros não corrigidos. Quanto a seus jovens clérigos, evitem corrompê-los ao fazê-los ler ou escrever tais manuscritos. Mas, se caso se deseje copiar um evangeliário, um saltério ou um missal, que sejam homens de idade madura a escrevê-los, com todo o zelo necessário.

A nova escrita, com suas letras bonitas e bem formadas, palavras separadas, com curvas femininamente harmoniosas, evoca as linhas arredondadas que predominam na arquitetura carolíngia: arcos de abóbada e absides duplas semicirculares. Ela é um importante elemento para o reino, no qual se impõe lenta, mas seguramente, na cópia de manuscritos: a dedicatória do *Evangeliário de Godescalc*, entre 781 e 783, o códice *Ada* dos Evangelhos, as duas Bíblias de Teodulfo, o saltério escrito por Dagulfo para Carlos Magno, que o doa a Adriano III, e a Bíblia de Alcuíno, em 800. Sob Luís o Piedoso, a carolina triunfa em livros e diplomas imperiais, mas é somente na segunda metade do século IX que ela é usada em cartas privadas.

CARTAS: A PRIMAZIA DA FORMA SOBRE O CONTEÚDO

Se os letrados de Carlos Magno progridem na escrita, por outro lado, o conteúdo de suas obras é decepcionante. Em todas as disciplinas intelectuais, a forma tem primazia sobre o conteúdo, e não se observam avanços notáveis no pensamento, em comparação com a época anterior. A maior parte do trabalho consiste em copiar, em cuidar da forma, em esclarecer, em desenvolver os instrumentos que permitirão uma relativa expansão cultural sob os sucessores do grande imperador. A verdadeira Renascença Carolíngia começará com Luís, o Piedoso. O reinado de Carlos Magno constitui seus prolegômenos.

A situação inicial não é brilhante, mas nem por isso o período merovíngio constitui um deserto intelectual. É verdade que a cultura latina clássica havia sido consideravelmente corroída e abastardada, mas de forma desigual. O sul da Gália e a Itália preservaram fragmentos do conhecimento antigo. Em Roma, a Biblioteca do Latrão reuniu os volumes compilados por Cassiodoro no século VI, no mosteiro calabrês de Vivarium. Os monges gregos introduziram textos antigos no *scriptorium* pontifício, e alguns papas letrados mantiveram uma vida cultural significativa. Em Monte Cassino, em Bobbio, em São Vicente de Volturno, em Farfa e em Pavia, bispos e monges dirigem escolas, enquanto no norte do mundo ocidental os monastérios irlandeses e anglo-saxões são centros renomados de cultura científica e teológica. Até mesmo certos reis merovíngios eram alfabetizados, como Teodeberto e Teodebaldo, na Austrásia, ou ainda Chilperico. Os dois séculos e meio do período merovíngio, de 500 a 750, produziram Boécio, Cassiodoro, Isidoro de Sevilha e Beda, o Venerável.

O fato é que, em meados do século VIII, o conturbado período de Carlos Martel e Pepino, o Breve, experimentou uma regressão cultural marcada pela vacância de bispados, a migração dos monges, a deserção dos *scriptoria*, a corrupção da língua latina, contaminada por termos germânicos, a má qualidade e a rarefação de manuscritos, aos quais se tem toda a dificuldade do mundo para acessar. Do topo à base da hierarquia, tanto eclesiásticas quanto seculares, as preocupações culturais recuam. Entre os laicos, poucos conseguem assinar um documento; os eclesiásticos se contentam em recopiar compilações de Isidoro de Sevilha e escrever poemas de circunstância. Curiosamente, nesse naufrágio cultural, é a poesia que sobrevive melhor. Mas que poesia! Retórica, afetada, chamativa, empolada, enfática, presunçosa, artificial, ela tem o apelo das joias bárbaras.

A situação melhora muito lentamente, a partir dos centros italianos e anglo-saxões, nos quais os remanescentes da cultura antiga ardem sob as cinzas dos detritos acumulados desde as invasões. Alguns intelectuais, mais esforçados que brilhantes, começam a desobstruir as ruínas, e o apoio de Carlos Magno será decisivo. Em 751, o bispo bizantino Jorge se estabelece em Córbia e traz consigo os rudimentos da cultura grega; ele aí permanece 47 anos, até sua morte, em 798. É especialmente a partir da década de 780 que vários nomes um pouco conhecidos entram no entorno imperial, antes de seguir para os mosteiros: Paulino de Aquileia em 776, Teodulfo em 780, Pedro de Pisa e Alcuíno em 781, Paulo Diácono, em 782, seguidos por uma onda irlandesa a partir de 800, com Joseph, Dungal, Clement le Scot, Dicuil e alguns germânicos, como Eginhardo, Modoin e Angilberto; os últimos a chegar, Ebbon, Rábano Muro e Ermoldo, o Negro, alcançarão sua plenitude no reinado seguinte.

O trabalho desses intelectuais consiste muito mais em traduzir e corrigir textos antigos que em criar novas obras. A prioridade é colocar em ordem, traduzir e corrigir textos sagrados, cujas versões existentes estavam repletas de interpolações e erros. Teodulfo e Alcuíno conseguem produzir uma versão da Bíblia que será a referência por vários séculos. Os textos litúrgicos, alinhados com Roma, permitem pôr ordem às cerimônias; as homilias, como a de Paulo Diácono, fornecem modelos para a pregação. A qualidade do latim foi aprimorada.

Muito mais importante para um "renascimento" cultural foi a tradução de textos da Antiguidade clássica. Recopiam-se os textos de Salústio e de César em minúsculas carolinas, vários livros de Tito Lívio, Tácito, Virgílio, Agrícola, Cícero, e até mesmo o *De natura rerum*, de Lucrécio, do qual não se parece temer o impacto materialista, dado que Carlos Magno manda traduzi-lo para a língua tudesca na corte e confia a revisão do texto ao irlandês Dungal. A elegância do latim clássico seduz os intelectuais da corte, que apreciam a poesia de Horácio, Virgílio e Ovídio. Mas, para Alcuíno, esses textos devem continuar sendo uma preparação para os estudos religiosos.

Os clérigos carolíngios copiam e recopiam, polindo os textos e eliminando os erros. São mais professores que criadores. Metade das obras de

Alcuíno são tratados didáticos e pedagógicos. Prisioneiros de textos antigos, eles produzem pouco por si mesmos. Nenhum pensamento original surge dos círculos literários. As obras mais significativas – e isso é muito revelador– estão voltadas para o passado, pois se trata de história, sob a forma de anais, que se contentam em registrar eventos, sem pretensões literárias e, além do mais, imitando os historiadores romanos. Mencionamos essas obras no segundo capítulo. Raras são as épocas em que a produção literária é dominada por obras de história, o que é um sinal de culturas dominadas pelo passado. O reinado de Carlos Magno é um desses períodos.

A imaginação se expressa exclusivamente na poesia, que permeia todos os campos, de tanto que a preocupação com a forma domina a do fundo. Ela é usada tanto em peças de circunstância, em cantos épicos, na expressão de sentimentos, quanto em tratados dogmáticos, nos manuais escolares, nas vidas de santos e até mesmo nos trabalhos científicos. É claro que se deve avaliar esse uso imoderado de expressões rítmicas e de rimas, que favorece a memorização em uma sociedade em que a escrita é tão rara, mas também é preciso nele considerar a tradição da literatura épica germânica e o fascínio de um mundo, que ainda é fundamentalmente bárbaro, pelo brilho artificial dessa expressão virtuosa e figurada do mundo. Essa poesia está contaminada pela retórica ambiente que os intelectuais se sentem obrigados a usar, aquela insuportável verborragia floreada que entulha as páginas dos tratados e até mesmo da correspondência particular. Vimos vários exemplos disso em Alcuíno, que não evita o grotesco de imagens, alegorias, perífrases, metáforas e outras figuras de estilo com as quais acompanha as declarações mais banais. Para dizer a Carlos Magno: "Eu vos envio alguns exercícios de aritmética", ele sente a necessidade de escrever: "Eu enviei a Vossa Excelência... algumas figuras aritméticas cuja sutileza causa prazer, no caderno que nos enviou vazio para que, oferecendo-se nu ao nosso olhar, ele possa voltar vestido".

As grandes fórmulas figuradas dissimulam mal o vazio do pensamento. O reinado de Carlos Magno não produziu nenhum grande trabalho inovador em filosofia, ou mesmo em teologia, sendo que as duas disciplinas eram mais ou menos confundidas na época. Os tratados apenas repetem e retomam indefinidamente as autoridades, em particular Agostinho, Isidoro, Gelásio e Gregório, o Grande. Philippe Wolff escreve: "O único trabalho filosófico – pelo menos quanto ao tema escolhido – escrito por Alcuíno é um tratado: *Sobre a natureza da alma*, escrito a pedido de Gundrada, prima de Carlos Magno. Alcuíno se limita a agrupar uma série de ideias tiradas de Santo Agostinho e apresentadas, aparentemente, sem qualquer suspeita de seu significado filosófico. Assim, ele reproduz a teoria agostiniana das sensações: os sentidos são os mensageiros que informam à alma o que está acontecendo no corpo, mas é a própria alma que forma suas sensações e imagens". Sobre filosofia política? A respeito do problema profundamente sério da relação entre o poder espiritual e o poder temporal, Alcuíno se contenta em recitar Gelásio e Isidoro. Um ponto de teologia? Quando Gisela, irmã de Carlos Magno, e Rotrude, sua filha, pedem a ele um comentário sobre o Evangelho segundo São João, diz ainda Philippe Wolff, "Alcuíno procede como um escritor de trechos escolhidos: ele guarda passagens de Santo Agostinho para comentar a Paixão (para a qual o texto é menos difícil de seguir), e para toda a primeira parte do Evangelho, mais complicada, ele a substitui pelos comentários mais simples de Beda e Gregório, o Grande".

Quanto à ciência, ela é, de acordo com o mesmo autor, "um deserto". As superstições tomam o lugar da medicina, as receitas práticas e as compilações botânicas são copiadas de manuais "sírios" e judaicos, as comparações tomam o lugar da razão: "A lua reflete a luz do sol, assim como a Igreja reflete a luz divina; a fênix, ressurgindo de suas cinzas, é a imagem de Cristo; o pavão, cuja carne se acredita ser imune ao apodrecimento, é um símbolo da eternidade... Também podemos nos mostrar severos quanto às especulações, então bem na moda, sobre o valor simbólico dos números: o 3 simboliza Deus, o 7 representa o homem (composto por um corpo, de número 4, formado pelos quatro elementos, e por uma alma, o número 3, à imagem de Deus), o número 8 configura a vida eterna (que transcende o homem) etc.". Na astronomia, o exercício favorito é o *comput*, para calcular a data da Páscoa, mas isso não vai muito longe. Acrescentemos que as obras gregas, associadas à cultura dos adversários bizantinos, são sistematicamente negligenciadas, ou até mesmo desprezadas.

Um balanço muito escasso, portanto, e que exige sérias reservas sobre a expressão "Renascimento Carolíngio". O termo só apareceu em 1840, cunhado por Jean-Jacques Ampère, em sua *Histoire littéraire de la France jusqu'au XIIe siècle*, mil anos após o chamado Renascimento Carolíngio. Uma expressão conveniente, daí seu sucesso, mas enganosa, especialmente na medida em que parece prefigurar o grande Renascimento dos séculos XV e XVI. Ela é mais essencialmente baseada no prestígio de Carlos Magno e em suas intenções, que em realizações ou personalidades excepcionais. No mundo dos letrados, tudo repousa sobre os ombros frágeis de Alcuíno, nome que aparece insistentemente, mas cuja estatura é limitada. O dito popular "em terra de cegos, quem tem um olho é rei", é muito apropriado aqui. É claro que Alcuíno teria achado a expressão abominavelmente trivial, embora metafórica. Mas ele não expressou a mesma coisa quando escreveu para Carlos Magno, em 799: "Se muitos entendessem suas intenções, uma nova Atenas seria formada na Frância; devo dizer, uma Atenas mais bela que a antiga, porque enobrecida pelos ensinamentos de Cristo, e a nossa ultrapassaria toda a sabedoria da Academia. Para se instruir, a antiga tinha apenas os discípulos de Platão; no entanto, formada pelas sete artes liberais, ela nunca deixou de brilhar; a nossa seria dotada, além disso, da plenitude septiforme do Espírito e superaria toda a dignidade da sabedoria secular"? Tudo é dito na primeira palavra: "se...". O Renascimento Carolíngio está no nível do desejo, da intenção; é um voto piedoso. A própria ideia de comparar Aachen com Atenas é risível, como também o é estabelecer uma aproximação entre a Academia Palatina e a Academia Platônica.

O fato, porém, é que o reinado de Carlos Magno tem um grande mérito na história cultural, na medida em que garantiu a indispensável atualização dos textos antigos, e que, graças ao aperfeiçoamento da escrita e da cópia, permitiu que eles fossem transmitidos aos séculos seguintes. É nos *scriptoria* monásticos que se encontra o acontecimento cultural do reinado. Afinam-se aí as ferramentas que, três séculos mais tarde, permitirão o verdadeiro primeiro renascimento, aquele do século XII. Sem elas, quantas obras, pagãs e cristãs, teriam desaparecido? O pergaminho, a minúscula carolina e o trabalho árduo de algumas centenas de monges para corrigir e recopiar os textos: eis o grande mérito cultural do reinado. Não é um "renascimento", é um trabalho de manutenção, de limpeza, de tirar o pó. Uma tarefa mais humilde, mas sem a qual as grandes mentes da Idade Média clássica nada poderiam ter feito.

ARTES NA MEDIDA DO IMPÉRIO

As artes são muito mais dinâmicas que a literatura. Elas atraem um público bem mais amplo, porque se dirigem mais aos sentidos. Não é preciso saber escrever para construir uma *villa*, um castelo ou um palácio. Essas obras combinam o útil ao agradável, manifestam a riqueza e o poder. No mundo eclesiástico, os bispos e abades desejam afirmar o triunfo do cristianismo e o prestígio de suas catedrais e mosteiros, ampliando-os e embelezando-os de acordo com os gostos da época. Canteiros de obras surgiam em todos os lugares. De acordo com os cálculos de Stéphane Lebecq em *Les Origines franques*, o reinado de Carlos Magno, de 768 a 814, viu a construção de 27 catedrais, 232 mosteiros e 65 complexos palacianos, sem mencionar uma infinidade de igrejas e capelas. Algumas cidades episcopais são canteiros de obras permanentes. Leidrade, arcebispo de Lyon, escreve a Carlos Magno dizendo que havia mandado refazer o telhado da catedral e da igreja vizinha de Saint-Etienne, reconstruir o claustro dos cônegos, ampliar o palácio episcopal e restaurar várias igrejas. O próprio Carlos Magno é um construtor, com canteiros consideráveis, como os de Paderborn e Aachen. Essas obras reúnem uma força de trabalho considerável, por meio de um sistema de corveia, e a administração é confiada a arquitetos, que frequentemente são clérigos. Elas também deram origem a vários casos de roubo e desvio de dinheiro, conforme relata Notker. Esse aspecto de seu reinado raramente é mencionado, pois quase todas as construções erigidas naquela época desapareceram ou foram reduzidas a algumas paredes que são pouco evocativas.

Há um estilo carolíngio próprio do reinado de Carlos Magno? É difícil responder a essa pergunta. É provável que o soberano busque na arquitetura a mesma unidade que na liturgia e no dogma e, portanto, incentive a reprodução de um modelo que lhe parece mais adequado às necessidades da vida religiosa e civil. Esse modelo para a vida religiosa, ele o encontra em Roma, na basílica constantiniana de São Pedro. Não lhe cabe impô-lo aos outros: seu pai, Pepino, e o abade Fulrad, já haviam começado a construir a abadia de Saint-Denis, cujos trabalhos são concluídos em 775. Em 24 de fevereiro, ele participa pessoalmente da consagração e, portanto, visita esse local, que é conhecido como o protótipo das igrejas carolíngias baseadas no modelo romano. Uma descrição detalhada do início do século IX dá uma ideia precisa: a igreja tem 63 metros de comprimento; é dividida em três naves por duas fileiras de colunas; a nave central tem 10 metros de largura e é coberta por um teto abobadado; os dois corredores laterais têm 5,20 metros de largura cada um. No prolongamento da nave central, há uma abside elevada, porque embaixo há uma cripta, conhecida como "confissão", que contém as relíquias de Saint Denis (São Dionísio). Onde a abside e as naves se encontram, há um transepto, cujos dois braços formam uma cruz com a nave; 90 colunas, das quais 59 grandes, sustentam o teto abobadado; o interior é iluminado por 101 janelas em plena abóbada e 1.250 lamparinas a óleo. As portas são decoradas com marfim, ouro e prata, e, no exterior, há um longo pórtico de 103 colunas.

A característica mais original das igrejas carolíngias surgidas sob Carlos Magno, provavelmente também seguindo o modelo romano, é a presença de dois coros, com dois altares, em duas absides em cada extremidade da nave, a leste e a oeste. Uma estrutura tão confusa para nós quanto um carro com dois volantes e dois painéis de instrumentos, um na frente e outro atrás. O coro ocidental é uma espécie de coro fúnebre, onde os corpos dos santos são venerados. Essa segunda abside aparece por volta de 780 em Saint-Maurice d'Agaune, depois em Fulda, Colônia, Paderborn e Reichenau. Entre 790 e 800, em Saint-Riquier, não só há dois coros em duas absides, mas dois transeptos, um a leste e outro a oeste: a igreja tornou-se duplamente simétrica, em ambos os lados de um eixo longitudinal e de um eixo transversal. Gradualmente, o lado oeste da igreja se desenvolve, torna-se mais imponente, com uma enorme torre do sino, um vestíbulo e três andares: é o *Westwerk*, que quase destrona o lado oriental. O simbolismo é muito forte, com os três andares sobrepondo-se à morte (cripta), o triunfo sobre a morte (igreja superior) e a chegada ao céu (piso dos arcanjos). O primeiro *Westwerk* foi provavelmente o de Lorsch, a partir de 768.

Outras características especiais estão intimamente ligadas ao desenvolvimento das práticas religiosas e da liturgia. O culto aos arcanjos, dos quais Carlos Magno nos lembra que existem apenas três – Miguel, Gabriel e Rafael –, desenvolve-se no século VIII. Na organização do santuário, essas criaturas guerreiras aladas garantem a proteção da "retaguarda", e seu alojamento é o *Westwerk*, que visto de fora parece uma fortaleza. Além disso, como o batismo é agora administrado logo após o nascimento, o batistério não é mais um prédio separado. A pia batismal fica localizada no segundo andar do *Westwerk*, o andar do triunfo sobre a morte, da ressurreição. Terceira evolução: com a inflação do culto às relíquias, o número de altares se multiplica; há dezessete deles na planta de Sankt Gallen. Em 807, Carlos Magno se opõe a essa proliferação.

Pouquíssimos edifícios construídos nessa época subsistem em nossos dias. As destruições e as restaurações abusivas deixaram apenas alguns fragmentos, a partir dos quais a arqueologia tenta reconstruir os monumentos. Entre eles, os palácios reais ocupam um lugar especial, pois são verdadeiros complexos que combinam funções seculares e religiosas, e são a personificação do cesaropapismo de Carlos Magno. As plantas dos mais importantes, como Ingelheim, Frankfurt, Worms, Paderborn e Aachen, puderam ser reconstituídos.

Aachen merece uma menção especial. Na década de 790, Carlos Magno decide empreender a reconstrução desse palácio, que ele frequenta com mais assiduidade e que deseja tornar digno do prestígio alcançado por seu governo. O arquiteto é um monge, Odon, que conhece bem as obras de Vitrúvio e que, segundo Notker, é culpado de desvio de fundos. Seu trabalho é supervisionado por Angésige, abade de Saint-Wandrille, e por Eginhardo, que nos surpreende ao encontrá-lo nessa função, mas que parece ter tido habilidades arquitetônicas genuínas.

O conjunto, concluído no início do século IX, é imponente. A fortificação abrange vinte hectares, formando uma espécie de "Cidade Proibida", dentro da qual estão as edificações do governo, da administração, alojamentos, salas de reunião e um local de culto. Ela tem uma estrutura geométrica, perfeitamente representativa do estilo simples e lógico de Carlos Magno, e da união do profano e do sagrado. O espaço, delimitado por uma muralha, é dividido em quatro partes por meio de duas medianas. A mediana norte-sul é uma longa galeria coberta, com mais de cem metros de comprimento, de alvenaria, que une a grande sala de reuniões, ao norte, à capela, ao sul, o poder temporal e o poder espiritual. A mediana leste-oeste é uma rua, que conecta os bairros ocidentais de comerciantes e artesãos ao complexo termal do leste, com sua grande piscina capaz de conter uma centena de nadadores: os mundos do trabalho e do lazer. Na interseção das duas medianas, centro geométrico do palácio, equidistante dos polos de governo, religião, trabalho e lazer, um pórtico monumental, tendo uma sala para audiências judiciais no primeiro andar: a função da justiça no cruzamento das atividades do poder.

A grande sala de assembleias ao norte, a *Aula regis*, à qual se tem acesso por um duplo átrio de entrada coberto de madeira, pode acolher mil pessoas em seus 1.000 m². É composta por duas absides laterais e uma grande abside ocidental elevada por três degraus, onde fica o imperador durante as reuniões. Tem dois andares de janelas e o teto tem vinte metros de altura. Do lado de fora, no lado sul, uma galeria de madeira percorre toda a extensão do edifício, domina a praça e permite que eventualmente se dirija ao povo.

A capela, única parte que permanece até hoje, foi concluída em 904. Imitada daquela de São Vital de Ravena, consiste em um grande octógono de 144 pés de contorno interno, dimensão derivada dos 144 côvados[3] da Cidade Santa celestial descrita no Apocalipse. A estrutura, com seus arcobotantes internos e a cúpula central, revela a notável habilidade dos mestres de obras. No primeiro andar, há uma galeria onde, a oeste, em um coro retangular, se encontra o trono real, de simplicidade austera: quatro placas de mármore de Carrara sem adornos. Ele está voltado para outro coro, a leste, onde está localizado o altar do Salvador: frente a frente, o imperador e Cristo. As colunas e os mosaicos vêm de Roma e de Ravena, "porque não podiam ser encontrados em outro lugar", disse Eginhardo. Outros mosaicos foram criados por artistas romanos, um dos quais representa a Jerusalém celestial, cercada pelos quatro rios do Paraíso: o Tigre, o Eufrates, o Fison e o Gihon. Ouro e prata se combinam com o mármore para a ornamentação, e pesadas portas de bronze cinzelado fecham o pórtico ocidental. Sob a cúpula, em letras carmesim, a inscrição KAROLUS PRINCEPS, e, do lado de fora, no topo da cúpula, um globo de ouro. Esse conjunto imponente resume, por si só, a imagem que Carlos Magno pretende dar de seu poder.

O desenvolvimento da arquitetura é acompanhado por um refinamento das artes decorativas. Sabemos pouco sobre a decoração interna de igrejas e palácios, dos quais, na melhor das hipóteses, restam apenas as bases das paredes. Pinturas murais, mosaicos e estuques são atestados aqui e ali, bem como algumas esculturas e baixos-relevos de folhagens e figuras de animais. As antigas habilidades germânicas no trabalho dos metais, combinadas com

---

3 Antiga medida de comprimento equivalente a 66 cm. (*Houaiss*).

fontes de inspiração italiana e anglo-saxônica, no contexto de um império de dimensões europeias, produz algumas realizações notáveis: relicários, louças religiosas, mesas de ouro e prata cinzeladas, como as mencionadas por Carlos Magno em seu testamento, joias incrustadas com pedras preciosas, cruzes peitorais, encadernações preciosas, em mármore e em ouro. Os trabalhos em bronze e ferro atingem a perfeição. As grandes portas de bronze da capela em Aachen, entre as quais a principal tem 4 metros de altura e pesa mais de 4 toneladas, vêm de uma fundição próxima, no Katschhof, e foram feitas por metalúrgicos vindos da Lombardia. A qualidade das armas, principalmente das espadas, é tão grande que alimenta as lendas, como a do ferreiro Wieland, que forjou uma espada capaz de cortar um floco de lã flutuando em um rio, até as lâminas famosas das epopeias: a Balmung de Siegfried, a Excalibur de Arthur, a Durandal de Rolando; a Hauteclaire, de Olivier, e a de Carlos Magno, Joyeuse.

CONCLUSÃO

CARLOS MAGNO: O PRIMEIRO EUROPEU OU O ÚLTIMO ROMANO?

Temos que admitir um certo constrangimento quando chega a hora de fazer um balanço. Carlos Magno deixou um grande nome, mas é difícil entender o motivo para isso. Um grande guerreiro de quem não se pode citar nenhuma vitória, um grande administrador a quem não se pode atribuir nenhuma criação decisiva, um grande chefe de Estado cujo regime irá rapidamente degenerar e entrar em colapso, um grande fundador de um império cujo território se desmantelará trinta anos após sua morte, um grande protetor das letras, cujo reinado não viu nenhuma obra importante: é tudo muito confuso. Carlos Magno terá usurpado seu lugar entre os grandes homens da História?

Reflitamos. Ninguém se torna uma lenda sem motivo. Se o nome de Carlos Magno foi usado tantas vezes, pelos mais variados motivos, ao longo de 1.200 anos, e se ele é ainda hoje uma das poucas figuras sobreviventes nos destroços da cultura histórica na Europa, isso se deve a vários fatores. Em primeiro lugar, Eginhardo. O que seria de Carlos Magno sem seu primeiro biógrafo? Sua obra é um panegírico do imperador, na origem das imagens populares do soberano conquistador, administrador, protetor das escolas. A literatura muito rapidamente se apoderou do personagem e fez dele um herói mítico, que bem depressa se tornou intocável, e, uma vez que essa imagem foi impressa na memória coletiva, ela se tornou indelével: Carlos Magno é uma espécie de Deus Pai barbudo, que vai a Roncesvales para vingar a morte de Rolando, comparado a um Deus Filho, cujo sacrifício salva a "doulce France" da ameaça árabe. Na época das cruzadas e da guerra santa, isso lhe renderá a reputação de herói da fé cristã contra o Infiel. Mas, nesse aspecto, seu avô Carlos Martel havia se saído melhor em 732: Poitiers ainda é mais gloriosa do que Roncesvales; e as relações cordiais com Harun al-Rachid não são consistentes com sua reputação como o martelo do Islã.

Contudo, independentemente do que faça, Carlos Magno parece pairar acima de qualquer crítica, o que é característico de um ser irreal que acedeu ao *status* de um herói lendário. Desse ponto de vista, seu destino póstumo supera os de César ou Napoleão, que permaneceram mais humanos e, portanto, mais limitados e vulneráveis a críticas. Eles têm seus partidários e seus oponentes. Carlos Magno, acima da contenda, tornou-se uma figura ideal, e isso se deve, em parte, à escassa documentação sobre ele: na ausência de documentos acusatórios, a imaginação fica livre para se dar liberdade, a ponto de transformá-lo em um santo, um santo laico e também cristão. Para alguns, César e Napoleão são gênios organizadores e guerreiros, para outros, abomináveis tiranos sanguinários que, aliás, acabaram mal. Carlos Magno parece transcender essas categorias, como se não tocasse mais a terra, um pouco irreal.

Isso deixa o problema sem solução e torna discutível qualquer tentativa de fazer um balanço. Seu principal mérito, como vimos, foi levar à perfeição, isto é, à máxima eficiência, as instituições, a organização e os instrumentos desenvolvidos por seus antecessores. Por meio de sua energia, determinação, persistência, clareza mental, bom senso e realismo, ele aperfeiçoou o sistema monárquico implementado por seu avô e por seu pai. Ele não inventou nada, não é um gênio, mas um pragmático talentoso, que desfrutou de um reinado excepcionalmente longo. Excelente organizador, tem senso de realidade, discernindo o que é possível e recusando-se a embarcar em empreendimentos utópicos. Essa talvez seja sua maior força: sabe como permanecer dentro dos limites do que é viável, pelo menos politicamente, pois, em termos religiosos, seu ideal é curiosamente irrealista: fazer de seu império a Cidade de Deus, a cidade santa, com um povo unido no fervor cristão, vivendo na paz, na harmonia e na submissão a Deus. Mas esse ideal é sua principal motivação e lhe dá a força de que precisa para realizar seus esforços políticos, que permanecem muito realistas. Nessa área, ele não sonha, e isso o poupa dos desastres que as ambições ilimitadas podem causar. Esse "conquistador" só faz conquistas defensivas, e sempre soube parar nas fronteiras da razoabilidade, nesse caso, no Elba, no Danúbio, nas montanhas da Boêmia, no Friuli, na Itália central e no Ebro. Ele havia aprendido a lição de Roncesvales e nunca imaginou uma cruzada ou um conflito Leste-Oeste contra Bizâncio. A Europa lhe basta, desde o Atlântico até o Elba.

Autoritário, exigente e implacável, ele certamente não é um rei complacente. Participa da violência predominante e é tão capaz de arrancar olhos e cortar cabeças quanto qualquer outra pessoa, mas nunca de forma gratuita, por assim dizer. Brutal, ele certamente é, e muito temido. O que o irrita particularmente é sua consciência da falta de meios para criar um Estado cristão unificado. Unidade: essa é sua grande obsessão e seu grande fracasso. Se Carlos Magno tivesse sido bem-sucedido, não teria havido nações, nem França, nem Alemanha ou Itália, mas um vasto conjunto, a que hoje chamamos de Europa, mas que na época não tinha verdadeiramente um nome, e que ele transformou num império, um império sem nome, nem romano, nem germânico, nem francês: o império de Carlos Magno.

Esse é o cerne de sua grandeza e, ao mesmo tempo, de seu fracasso: a personalização de seu regime fez com que uma grande ideia não tivesse futuro. O império de Carlos Magno dificilmente poderia sobreviver a Carlos Magno. Em seu plano de divisão de 806, ele nem mesmo cogitou transmitir o título de imperador, e dividiu o território à maneira franca, entre todos os seus filhos, depois de ter trabalhado durante seu reinado inteiro pela unidade de seu Estado. Isso ilustra as incertezas e a falta de um projeto político real desse homem, que permaneceu fundamentalmente um franco e, portanto, um germânico, enquanto ornamentava seu poder com um decoro emprestado do mundo romano cristianizado. Os capitulares de Carlos Magno revelam plenamente seus ideais e intenções: fazer de seu reino um todo homogêneo e coerente, harmonizando os códigos de leis, impondo uma linguagem administrativa única e depurada, uma religião com conteúdo e liturgia uniformes e estruturas políticas estáveis, sujeitas à supervisão regular, e tudo isso dependendo diretamente de sua pessoa, pela exigência de um juramento de fidelidade e do estabelecimento de laços pessoais por meio da pirâmide de vassalos. Meio século de esforços nesse sentido deixou sua marca, advindo após mais de quatrocentos anos de agitação mais ou menos anárquica. A imensidão da tarefa e a falta de pessoal qualificado para realizá-la explicam os modestos resultados alcançados.

Além disso, a tentativa de Carlos Magno foi baseada em fundamentos frágeis. O cesaropapismo, dado que esse é o tipo de regime que ele busca estabelecer, pressupõe uma estreita colaboração entre os poderes temporal e espiritual, em que o primeiro domina e dirige o segundo. O papa é simplesmente o sumo sacerdote de César. E é bem assim que se apresenta a situação até 814. Isso pressupõe que César seja uma personalidade excepcional, capaz de impor sua vontade ao clero. Porque este permanece atento ao menor sinal de fraqueza, para retomar o comando e inverter a hierarquia, transformando o cesaropapismo em uma teocracia. Todas as religiões monoteístas tendem a estabelecer a teocracia, pois essa é sua natureza, já que afirmam falar em nome de um Deus único e infalível. Onde quer que o cristianismo, o islamismo e o judaísmo estejam em posição dominante, eles se impõem ao poder político e ditam sua conduta. Carlos Magno, ao estabelecer o império em 800, tem em mente a criação de um Estado cristão no qual reinariam a paz e a harmonia, a Cidade de Deus na Terra, mas uma Cidade de Deus da qual ele seria o líder supremo. Seu prestígio e autoridade lhe permitem considerar a realização desse tipo de regime. Mas o que ele parece não enxergar é que, ao basear esse regime em sua pessoa, irá transmitir a seus sucessores um fardo esmagador, que seriam incapazes de carregar. A partir do reinado de Luís, o Piedoso, os bispos assumem o controle e aviltam o poder político para afirmar o poder dos sacerdotes.

A grandeza de Carlos Magno, portanto, está mais em suas intenções que em suas realizações. Ele estabilizou o Ocidente após quatro séculos de constante turbulência, e é por isso que fascinou as pessoas, mas seu reinado foi como um grandioso parêntese entre 250 anos de reis merovíngios caricaturados como indolentes, e 300 anos de carolíngios decadentes e de frágeis primeiros Capetos. Carlos Magno, na história, é acima de tudo a encarnação efêmera de uma ideia. Mas qual ideia? Há duas opiniões opostas sobre ele; em ambos os lados, o imperador é venerado como um grande homem, mas para alguns ele olhava para o passado, enquanto para outros preparava o futuro. Carlos Magno foi um restaurador ou um precursor? Foi o último romano ou o primeiro europeu?

A questão não é nova, porém é mais atual que nunca. De certa forma, pode-se dizer que ela foi levantada durante a vida do próprio Carlos Magno, já que, por um lado, ele se autodenomina "sereníssimo Augusto, grande e pacífico imperador que governa o Império Romano", é aclamado como "novo Constantino", "renovador do Império Romano", em seu selo lê-se que ele é "imperador, piedoso, feliz, perpétuo, Augusto", e, em sua moeda, "Carlos, imperador, Augusto"; por outro lado, o sacerdote Cathwulf, em 775, lhe escreve dizendo que Deus o colocou no trono "para a maior glória do reino da Europa", Angilberto o via como o "venerável cume da Europa", o "rei e pai da Europa", o "mestre do mundo e pináculo da Europa", e um clérigo anônimo o parabenizou por ter recebido o "domínio da Europa "; outro até o chama de "Pai da Europa". No final do século IX, o *Poeta Saxão*, texto anônimo saxão, expressa a gratidão de "quase todos os povos da Europa" por seus esforços em favor da conversão.

Um debate muito artificial, no qual Carlos Magno certamente não teria se reconhecido. Será que ele sequer sabia o que era a Europa? Nenhum documento atribuído a ele usa esse termo, que, na época, não passava de uma vaga expressão geográfica tingida de mitologia. Pouco progresso havia sido feito desde que, no século V a.C., Heródoto escrevera em suas *Histórias*: "Quanto à Europa, ninguém sabe claramente se, no Levante e no Norte, ela é cercada por água; mas sabe-se que, no sentido do comprimento, ela se estende ao longo de duas outras partes – a Líbia e a Ásia". Quanto à origem de seu nome, Heródoto é igualmente impreciso:

> Não há nenhuma luz sobre a origem de seu nome e sobre quem o impôs, a menos que digamos que o país recebeu seu nome da tirense[1] Europa, porque antes disso, assim como as outras duas partes do mundo, ela não tinha nome. É certo que essa Europa se originou na Ásia e que ela jamais veio para esse país,

---

1 Originária de Tiro (atual cidade libanesa). (N. T.)

que presentemente os gregos chamam de Europa; ela veio somente da Fenícia para Creta, e de Creta foi à Lícia.

Europa é uma personagem mitológica, uma das 3 mil ninfas, diz Hesíodo, aquela "raça sagrada de jovens que, com Apolo e os deuses rios, nutrem a juventude dos homens", filhos de Oceano e Tétis. Ou talvez ela seja a filha do rei de Tiro, Agenor, e de sua esposa Agriope, ela mesma descendente de Poseidon e da oceânide Líbia. O que é certo é que essa magnífica garota, com seu "rosto amplo", ou "pálida face", de acordo com as etimologias, atraiu a atenção de Zeus, que, metamorfoseado em um touro, a raptou, a levou para Creta, e com ela teve três filhos: Minos, Radamanto e Sarpédon. Ela é considerada uma divindade pelos cretenses, e os poetas se apoderaram de sua história. No século I, Ovídio narra seu rapto em *Metamorfoses*.

Qual é o significado desse mito? Por que o nome dessa mulher foi dado a um território? Heródoto admite sua ignorância, e Horácio, em *Ode a Galatea*, a interpela: "Você é, sem saber, a esposa do invencível Júpiter. Deixe de lado seus soluços e aprenda a suportar bem uma grande fortuna: uma parte do globo terrestre receberá seu nome". Isso pode significar que a Europa tem origens asiáticas e foi fecundada pelo gênio grego. Os cristãos não se contentam com esse mito pagão e, por isso, inventam o seu próprio: para encontrar a origem da Europa, dizem os Pais da Igreja, é preciso voltar no tempo até o Dilúvio. Após a descida do nível das águas, Noé confiou as três partes do mundo a seus três filhos: Ásia para Sem, África para Cam e Europa para Jafé. Santo Ambrósio confirma isso e especifica a natureza dos três povos: os asiáticos são bons, os africanos são ruins e os europeus são indiferentes, capazes tanto do bem quanto do mal. Santo Agostinho repete esse padrão em *Cidade de Deus*: os descendentes de Jafé são os povos da Europa, que um dia se converterão, e Isidoro de Sevilha especifica que esses chamados povos europeus se estendem do Taurus até o Oceano Britânico. Será que Carlos Magno, leitor e ouvinte de certas partes da *Cidade de Deus*, se vê no papel de convertedor e líder dos povos europeus? Nada permite dizer isso.

O Império Romano ignora essa ideia de Europa. O termo é usado uma única vez por Tácito, e nem uma vez por César. Somente o geógrafo Estrabão lhe dedica uma longa seção. Escrevendo no século I, ele lhe dá limites muito amplos, dado que o estende desde as Colunas de Hércules até o Phase, um pequeno rio que desce do Cáucaso e deságua no Mar Negro, isto é, de Gibraltar até a Turquia moderna, inclusive. Essa grande Europa é natural e humanamente favorecida, diz ele: "É pela Europa que devemos começar, porque ela tem uma grande variedade de formas, que é a mais bem dotada de homens e sistemas políticos de valor, e que tem sido para o mundo o grande distribuidor de seus próprios bens". Em seguida, Estrabão procede a uma apologia da união dos povos europeus, da qual se pode fazer uma leitura surpreendentemente moderna, 2 mil anos depois:

> Os povos podem ser úteis uns aos outros: alguns oferecem a ajuda de suas armas, outros a de suas colheitas, seu conhecimento técnico, sua formação moral. É claro que também podem causar grandes danos uns aos outros, se não vierem mutuamente em auxílio; sem dúvida, aqueles que têm as armas vencem pela força, a menos que sejam derrotados pelo número. Acontece que, também nesse aspecto, nosso continente é naturalmente bem dotado, pois é composto inteiramente por um mosaico de planícies e montanhas, de modo que em toda parte a tendência camponesa e social, e o instinto guerreiro, coexistem. É o primeiro elemento que domina, o que leva à paz; e assim ele reina também graças à influência dos povos dominantes, primeiramente os gregos, depois os macedônios e os romanos. Dessa forma, tanto na paz quanto na guerra, a Europa é totalmente autônoma, tem uma reserva inesgotável de homens para lutar, trabalhar a terra e administrar as cidades. Outra superioridade de que dispõe é que ela produz os melhores frutos, aqueles que são essenciais à vida, bem como todos os minerais úteis; ela só recebe do exterior os perfumes e pedras de grande valor, cuja privação ou abandono nada acrescentam à felicidade de nossas vidas. A Europa também alimenta rebanhos em quantidade, mas poucos animais selvagens. Essas são as principais características desse continente.

Nesse texto, Estrabão parece assimilar Europa e mundo romano. Entretanto, as duas noções tendem cada vez mais a se distanciar uma da outra. O Império Romano se concentra no mundo mediterrâneo, e acentua a divisão com o Norte e o Noroeste, os países bárbaros, germânicos e celtas, com os quais há crescentes confrontos desde as invasões gaulesas do século IV a.C., as dos cimbres e dos teutônicos, a catástrofe de Varo. Isso levou a separar os dois mundos militarmente, pelo *limes*. Onde fica então a Europa? Dentro do império ou fora dele? Com as invasões, a partir do século III, a ideia de romanidade se desloca para o Leste, e essa evolução é consagrada por Constantino (325-337), com quem se opera uma dupla mutação: o Império Romano se recentra sobre Constantinopla e se cristianiza. Assim, quando Carlos Magno é visto como sucessor de Constantino, isso diz respeito apenas à natureza do regime, e não à sua situação geográfica.

Na mesma época, a noção de Europa se torna ainda mais confusa, pois, com o número crescente de violações dos *limes*, as passagens contínuas dos bárbaros germânicos na parte ocidental do império, não se sabe mais onde estão os europeus: são os bárbaros germânicos ou os habitantes do Império do Ocidente? No final do século IV, o poeta Claudiano qualifica os povos germânicos de "inimigos da Europa". Mas quando, em 451, as hordas de Átila são detidas a vinte quilômetros de Troyes, no *Campus Mauriacus*, ou Campos Cataláunicos, por Aécio, este lidera uma coalizão de romanos, celtas e germânicos, em um confronto Leste-Oeste que assume a aparência de uma defesa comum da Europa, uma Europa baseada em uma ideia cultural: os povos ocidentais mais ou menos romanizados e imersos no judeo-cristianismo.

Com a chegada dos reinos bárbaros ao Ocidente, a noção de Europa se torna um pouco mais germanizada. Do ponto de vista jurídico e político, a ideia de Estado desaparece, sendo substituída pela de apropriação individual do território pelos soberanos, enquanto a herança romana é transmitida por meio da língua latina abastardada e pelos bispos, estruturas de um cristianismo institucional. Parece então que se caminha para uma fusão entre a noção de romanidade e a noção de Europa, o que levou os historiadores a ver os francos como os "precursores da Europa", segundo o tema da exposição no Grand Palais, em Paris, em 1997. Entretanto, escrever, como o faz Gilles Chazal, que os francos conduziram uma "ação inegável em favor da união europeia" parece um pouco excessivo, mesmo que o autor especifique que o fizeram "de acordo com os modos e as ambições da época". De qualquer forma, Clóvis, ao aceitar, em 507-508, o título de cônsul honorário e o direito de usar as insígnias imperiais, enviados por uma embaixada de Anastácio, foi mais uma continuação do ideal romano.

No entanto, pouco a pouco, a noção da Europa como uma realidade geográfica, política e cultural, suplanta aquela de romanidade. Um testemunho discreto, mas decisivo, desse fato, pode ser encontrado na "Crônica

Moçárabe" de 754, que descreve a batalha de Poitiers, em 732, como um confronto entre os "árabes" e os "europeus". Como sempre, a maneira mais eficaz para definir uma identidade cultural é contrapondo-se àquela de seus adversários; define-se opondo-se. Mas, como na época a Espanha e a Septimânia estavam sob controle árabo-muçulmano, a "Europa" é deslocada para o Norte, em direção ao mundo germânico, em contraste com o mundo mediterrâneo, onde a influência romana permanece muito forte.

Essa é a situação no início do reinado de Carlos Magno. Para ele, o termo "Europa" é, na melhor das hipóteses, uma vaga entidade sem limites ou conteúdo precisos. Por outro lado, o fantasma do Império Romano ainda assombra a imaginação de seu entorno. Ele viu em Roma os resquícios da grandeza romana. Ele próprio é, acima de tudo, franco; fala e raciocina como um soberano germânico, e o regime que cria é um reino franco enfeitado com pompas romanas. Todas as estruturas são francas: a lei, os laços de homem a homem, a divisão do reino entre os herdeiros do soberano proprietário. Mas o decoro é romano: a linguagem escrita, os títulos, as efígies, as estruturas administrativas. Ele acrescenta um elemento essencial: o cristianismo romano, do qual usa a liturgia, e seu modelo não é Clóvis, mas Constantino. O vasto conjunto que ele elabora não é a Europa, nem o Império Romano, mas sim a cristandade, um regime pessoal que reúne, em um vasto território, povos cujo único elemento comum real é a religião, sendo ele mesmo o lugar-tenente de Deus. Um regime que não é nem imitação, nem antecipação. De que seria ele a imitação? O império de Constantino é o Mediterrâneo, e mais especificamente o Mediterrâneo Oriental; o verdadeiro imitador de Constantino é o basileu, é Bizâncio. E antecipação de quê? Do Sacro Império Romano-Germânico? Este último, é verdade, assume claramente sua tripla herança: Roma, os germânicos e o cristianismo. Todavia, é mais germânico que romano, e dificilmente pode ser descrito como um regime pessoal, de tanto que os imperadores são frágeis; o poder temporal e o poder espiritual são aí separados e se combatem. É notório que não é isso que Carlos Magno tem em mente.

Quanto a fazer dele o "Pai da Europa", no sentido da ideia europeia atual, digamos que seu nome pode servir como um símbolo, para dar uma face de prestígio ao grande empreendimento de união europeia, uma face mais histórica do que as do Tio Sam, John Bull, Marianne ou Germânia, mas não se pode ir mais longe que isso. Dentro da própria União, o imperador continua a dividir, e ainda recentemente foi realizado um grande debate sobre a questão: *Karl der Grosse oder Charlemagne?* A dificuldade já pode ser prevista pelo título, e mostra que, em ambos os lados do Reno, muitos continuam a reivindicar o grande imperador como parte de seu patrimônio nacional, e não europeu. Uma herança que vai contra o objetivo fundamental de um soberano que buscou constantemente fundir os povos numa unidade religiosa e cultural. Falar de vestígios nacionalistas seria um exagero, mas K. F. Werner lembrou que, como diretor do Instituto Histórico Alemão em Paris, teve dificuldade em convencer um embaixador alemão a não mencionar *Karl der Grosse* como um grande alemão em um discurso oficial.

Ainda há oposição entre os "romanistas", que colocam o império de Carlos Magno na continuidade do Império Romano, e estendem a Europa para o Mediterrâneo, e os "germanistas", que enfatizam o componente saxão. Pode-se observar, nas discussões de 2008 sobre a criação da "União para o Mediterrâneo", um episódio dessa oposição: a ideia apresentada pelo presidente francês de unir a União Europeia e os países mediterrâneos do Processo de Barcelona é a ideia de um "latino", enquanto a chanceler alemã reage como "germânica", com muitas reticências.

Carlos Magno "Pai da Europa" talvez seja um *slogan* conveniente e uma forma de vincular a ideia europeia a um patrimônio cultural, mas não se deve ir muito longe com isso. É verdade que o império de Carlos Magno quase coincide com a Europa do Tratado de Roma, e Aachen não fica muito longe de Bruxelas. Mas esse império exclui os eslavos, os húngaros, os espanhóis e os britânicos, e é governado por um líder todo-poderoso, que governa em nome da religião, imposta pela força. Há nisso aspectos potenciais e inaceitáveis que podem dar a algumas pessoas más ideias. Por outro lado, a criação de um Prêmio Carlos Magno, concedido anualmente desde 1950 a uma personalidade comprometida com a unificação, atribuído em 2008 a Angela Merkel e entregue por Nicolas Sarkozy, é um reconhecimento totalmente legítimo do que talvez tenha sido a maior contribuição do grande imperador para a união dos povos europeus: ter feito respeitar, no mosaico de seu império, *a unidade na diversidade*.

CRONOLOGIA

742   Nascimento de Carlos Magno
      Crodegango se torna bispo de Metz

743   Chegada do merovíngio Quilderico III
      Vitória franca sobre os bávaros

744   Fundação da abadia de Fulda por Estúrmio

746   Hunaldo, duque da Aquitânia, presta juramento de fidelidade a Pepino, o Breve
      Bonifácio é nomeado arcebispo de Mainz

747   Retirada de Carlomano I

748   Tássilo III se torna duque dos bávaros

749   Astolfo se torna rei dos lombardos

750   Chegada dos abássidas a Bagdá

751   Pepino, o Breve, destrona o último merovíngio e é sagrado rei dos francos
      Os lombardos tomam Ravena

752   Eleição do papa Estêvão II
      Pepino, o Breve, intervém na Septimânia
      Lulo se torna arcebispo de Mainz

754   Pepino, o Breve, faz uma campanha na Itália e é sagrado por Estêvão II
      Bonifácio é assassinado na Frísia
      Inicia-se califado de al-Mansour

755 Chegada dos omíadas à Espanha
Criação do dízimo no Concílio de Ver

756 Segunda campanha de Pepino, o Breve, contra os lombardos
Primeira submissão de Tássilo III

757 Desidério se torna rei dos lombardos

759 Tomada de Narbonne pelos francos

760 Campanha de Pepino, o Breve, na Aquitânia

763 Revolta da Baviera

767 Morte de Grifo

768 Morte de Pepino, o Breve, e ascensão de Carlos Magno e de seu irmão Carlomano II
Assassinato do duque Waifar na Aquitânia

769 Revolta do duque Hunaldo II e submissão da Aquitânia por Carlos Magno

771 Morte de Carlomano II

772 Eleição do papa Adriano I
Início da guerra na Saxônia: tomada de Irminsul

773 Primeira campanha de Carlos Magno contra os lombardos

774 Carlos Magno em Roma
Tomada de Pavia: Carlos Magno rei dos lombardos

776 Campanha no Friuli contra o duque Rodgaud, revoltado

777 Expedição contra o ducado de Benevento
Abd al-Rahman pede a ajuda de Carlos Magno na Espanha

778 Expedição na Espanha e derrota de Roncesvales
Insurreição de Viduquindo na Saxônia

779 Capitular de Herstal
Grave fome

780 Capitular para os bispos
Expedição ao ducado de Benevento

781 Carlos Magno em Roma: seus filhos Pepino e Luís são coroados rei da Itália e rei da Aquitânia
Alcuíno chega à corte de Carlos Magno

CRONOLOGIA

Embaixada bizantina
Tássilo III presta juramento de lealdade em Worms

782 Insurreição na Saxônia, com a derrota dos Süntel, seguida pelo massacre de Verden
Bento funda o mosteiro de Aniane
Negociações com os ávaros

783 Morte da mãe de Carlos Magno, Berta, e da rainha Hildegarda
Carlos Magno casa-se com Fastrada
Campanha na Saxônia
Paulo Diácono na corte de Carlos Magno

784 Morte de Fulrad, abade de Saint-Denis

785 Submissão de Viduquindo e do capitular terrorista na Saxônia
Exigência de um juramento de lealdade dos homens livres
Conspiração de Haroldo na Francônia
Hildebaldo arcebispo de Colônia

787 Insurreição de Tássilo III
Expedição a Benevento

788 Submissão da Baviera e julgamento de Tássilo pela assembleia de Ingelheim
Adalgis desembarca na Calábria

789 O grande capitular *Admonitio generalis*
Reforma dos pesos e medidas
Novo juramento de lealdade
Submissão dos wilzes (veletos)

790 Novo capitular saxão

791 Primeira campanha contra os ávaros
Conquista da Ístria

792 Conspiração de Pepino, o Corcunda
Publicação dos *Libri Carolini*

793 Revolta na Saxônia
Construção de um canal entre o Reno e o Danúbio
Ataque sarraceno na Septimânia e derrota do duque Guilherme no Orbieu

794 Morte da rainha Fastrada e novo casamento de Carlos Magno com Lutgarda
     Concílio de Frankfurt
     Início das obras do novo palácio em Aachen

795 Nova campanha contra os ávaros e captura do ouro do Anel [Ring]
     O papa Leão III é eleito

796 Alcuíno abade de Saint-Martin de Tours

797 Submissão da Saxônia e novo capitular saxão
     Irene assume o poder em Bizâncio

798 Embaixada bizantina
     Concílio de Aachen: o adocionismo é condenado

799 Ataque a Leão III, que se encontra com Carlos Magno em Paderborn

800 Carlos Magno percorre as margens do Canal da Mancha
     Morte da rainha Lutgarda em Tours
     Coroação imperial de Carlos Magno em Roma

801 Captura de Barcelona
     Troca de embaixadas com Bizâncio
     Teodulfo abade de Fleury

802 Embaixada de Harun al-Rachid em Aachen
     Assembleia de Aachen e capitular para os *missi*
     Novo juramento de lealdade

803 Os ávaros são definitivamente derrotados
     Embaixada do imperador Nicéforo

804 Morte de Alcuíno
     Conclusão da capela em Aachen
     Submissão de Wihmode e Noralbíngia

805 Capitular de Thionville
     Pepino conquista a Veneza

806 Projeto para a divisão do império: a *Divisio regnorum*
     Capitular de Nijmegen
     Reconquista da Veneza e da Dalmácia pelos bizantinos

807 Carlos Magno precisa abandonar uma campanha militar devido à deserção de seus vassalos

808 Insurreição dos wilzes (veletos)

809 Derrota de Luís da Aquitânia contra Tortosa
Concílio de Aachen e imposição do *Filioque*

810 Morte de Pepino, rei da Itália, filho de Carlos Magno
Embaixada do basileu Nicéforo

811 Morte de Carlos, o Jovem, filho mais velho de Carlos Magno
Capitular de Boulogne e inspeção da costa do Canal da Mancha
Paz com a Dinamarca
Testamento de Carlos Magno

812 Campanha contra os wilzes (veletos)
Embaixada do basileu Miguel I

813 Cinco conselhos regionais para impor a disciplina na Igreja
Coroação imperial de Luís, filho de Carlos Magno

814 Carlos Magno morre em 28 de janeiro

LUGARES DE RESIDÊNCIA DE CARLOS MAGNO NO NATAL E NA PÁSCOA SEGUNDO OS *ANNALES ROYALES*

Ano	Páscoa	Natal
768	...	Aachen
769	Rouen	Duren
770	Liège	Mainz
771	Herstal	Attigny
772	Herstal	Herstal
773	Herstal	Pavia
774	Roma	Quierzy
775	Quierzy	Sélestat
776	Trévise	Herstal
777	Nimègue	Douzy
778	Chasseneuil	Herstal

Ano	Páscoa	Natal
779	Herstal	Worms
780	Worms	Pavia
781	Roma	Quierzy
782	Quierzy	Thionville
783	Thionville	Herstal
784	Herstal	Lügde
785	Eresburg	Attigny
786	Attigny	Florença
787	Roma	Ingelheim
788	Ingelheim	Aachen
789	Aachen	Worms
790	Worms	Worms
791	Worms	Regensburg
792	Regensburg	Regensburg
793	Regensburg	Würzburg
794	Frankfurt	Aachen
795	Aachen	Aachen
796	Aachen	Aachen
797	Aachen	Herstelle
798	Herstelle	Aachen
799	Aachen	Aachen
800	Saint-Riquier	Roma
801	Roma	Aachen
802-803	Aachen	Aachen
804	Aachen	Quierzy
805	Aachen	Thionville
806	Nimègue	Aachen
807	Aachen	Aachen
808	Nimègue	Aachen
809-813	Aachen	Aachen

CRONOLOGIA GERAL SINÓPTICA

Carolíngios	Império Bizantino	Papas	Califas de Bagdá (abássidas)	Emires de Córdoba	Reis anglo-saxões Mércia Nortúmbria
Pepino III, O Breve 768	Constantino V	Paulo I 768	Al-Mansour	Al-Rahman I	765 Al Hred
771 Carlomano		772 Estêvão III			774 Ethelred
	775 Leão IV		775		779
	780	Adriano I	Al-Mahdi	Abd	Aelfwald
CARLOS MAGNO	Constantino IV Irene		785 Al-Hadi 786	788 Hicham I	788 OFFA
	797	795		796	796 Ethelred
	802 Irene	Leão III	Al-Rachid	HAKAM I	Eardwulf CENWULF
810			Haroun 809		810
	811 Michel Nicéforo				Eanred
814 Luís, o Piedoso					

MAPAS

Os três mundos por volta do ano 800

- Mundo carolíngio
- Mundo bizantino
- Mundo muçulmano

O império de Carlos Magno por volta do ano 800

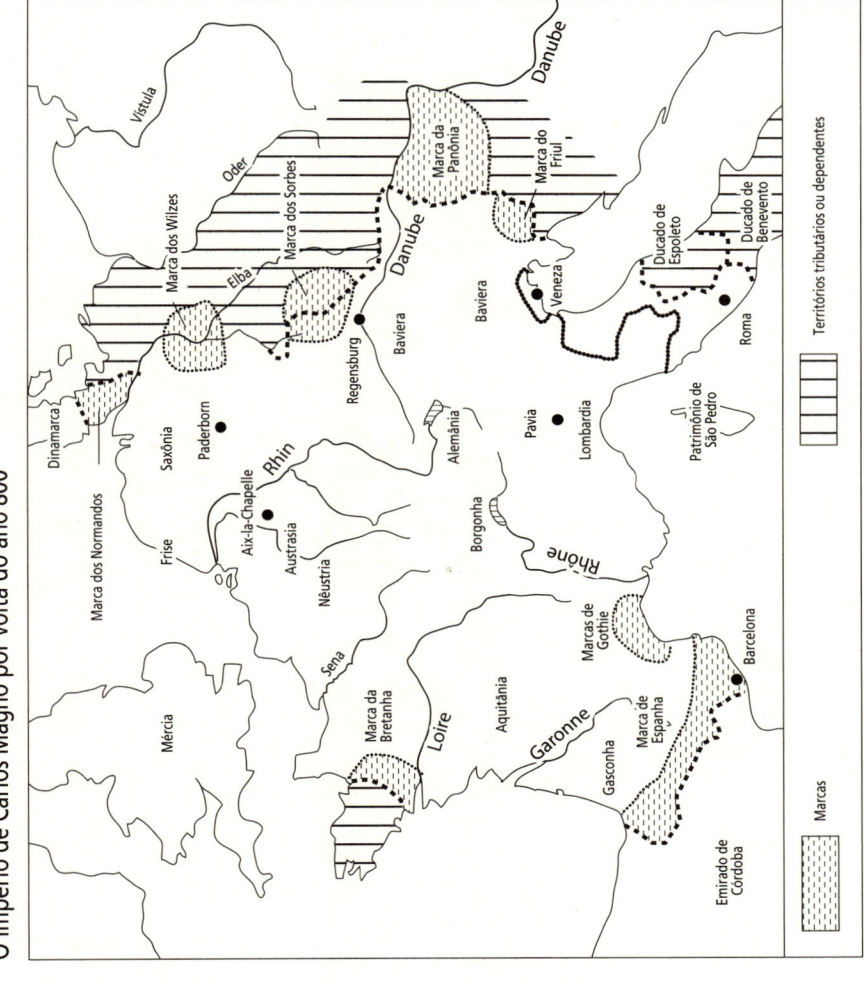

Saxônia – Turíngia – Hesse

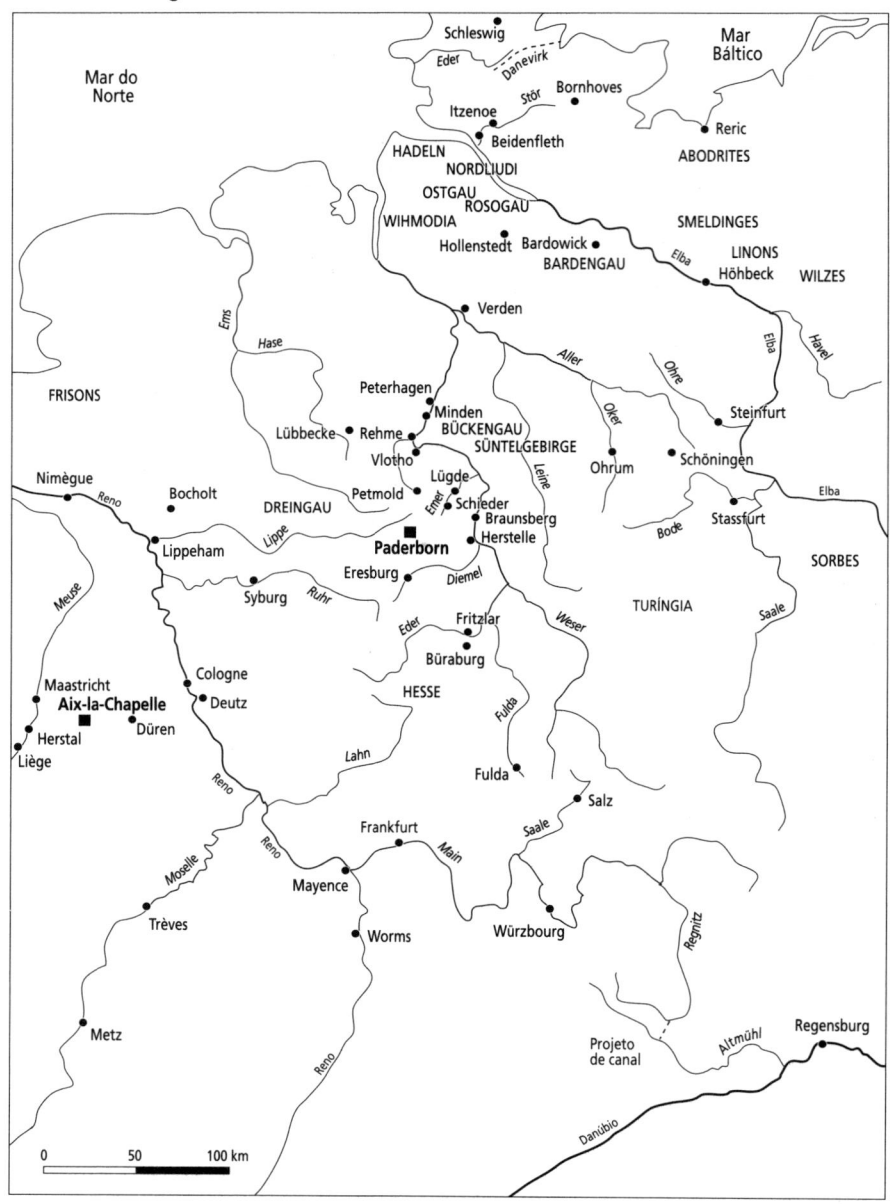

Palácios e abadias entre o Sena e o Reno

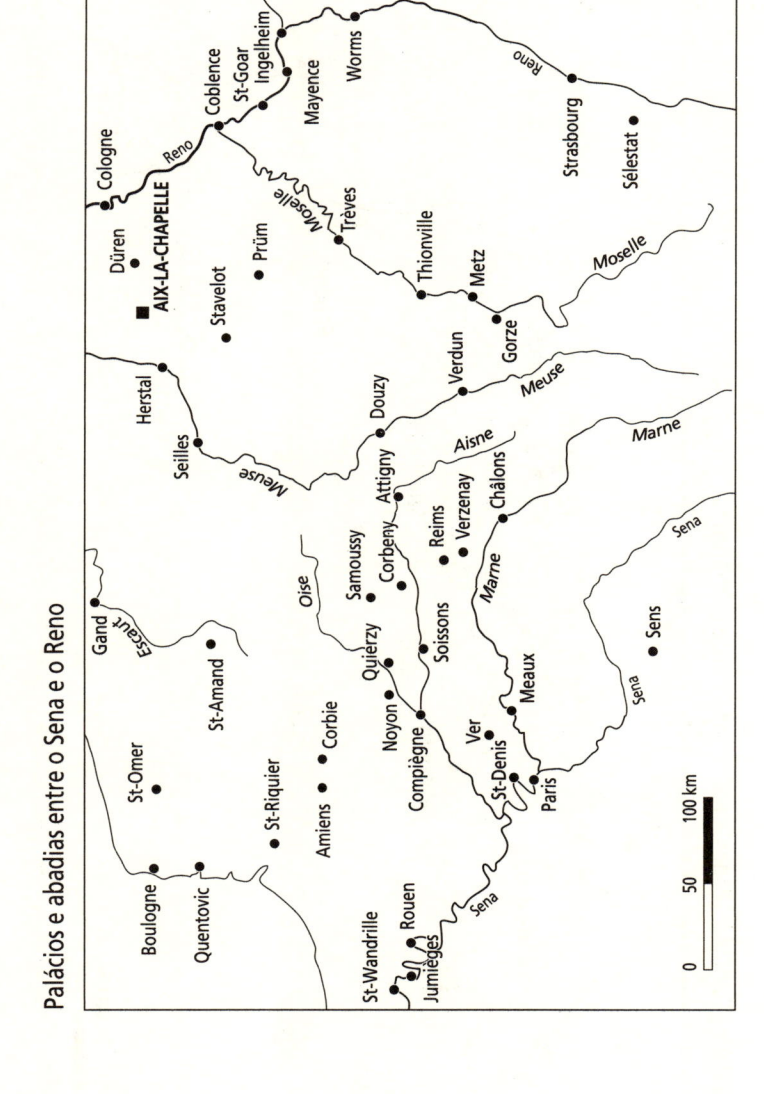

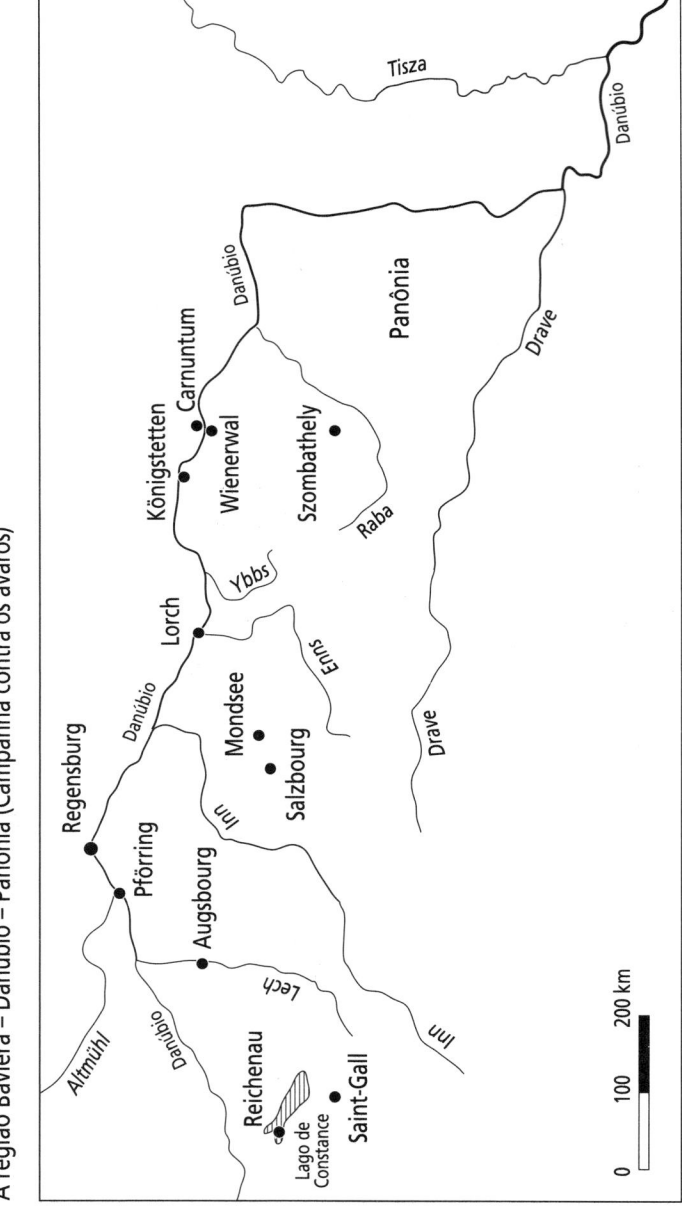

A região Baviera – Danúbio – Panônia (Campanha contra os ávaros)

O "*limes* espiritual"

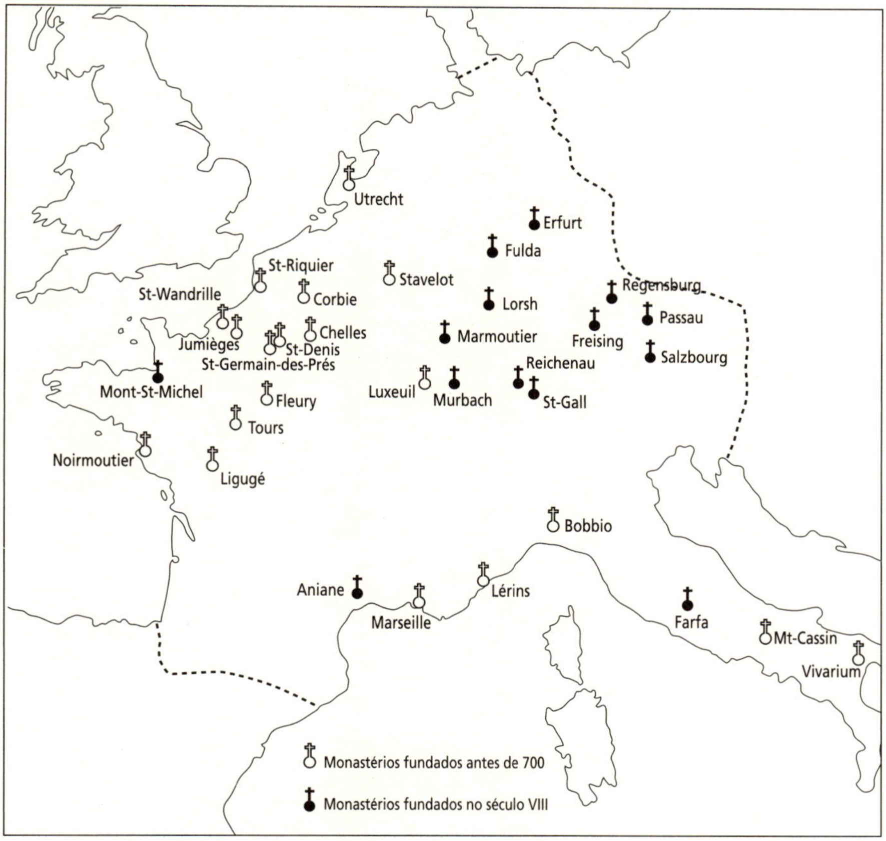
Utrecht
Erfurt
Fulda
St-Riquier
Stavelot
St-Wandrille
Corbie
Regensburg
Lorsh
Passau
Chelles
Marmoutier
Freising
Jumièges
St-Denis
St-Germain-des-Prés
Salzbourg
Reichenau
Mont-St-Michel
Luxeuil
Murbach
St-Gall
Fleury
Tours
Noirmoutier
Ligugé
Bobbio
Aniane
Lérins
Marseille
Farfa
Mt-Cassin
Vivarium
Monastérios fundados antes de 700
Monastérios fundados no século VIII

Itália

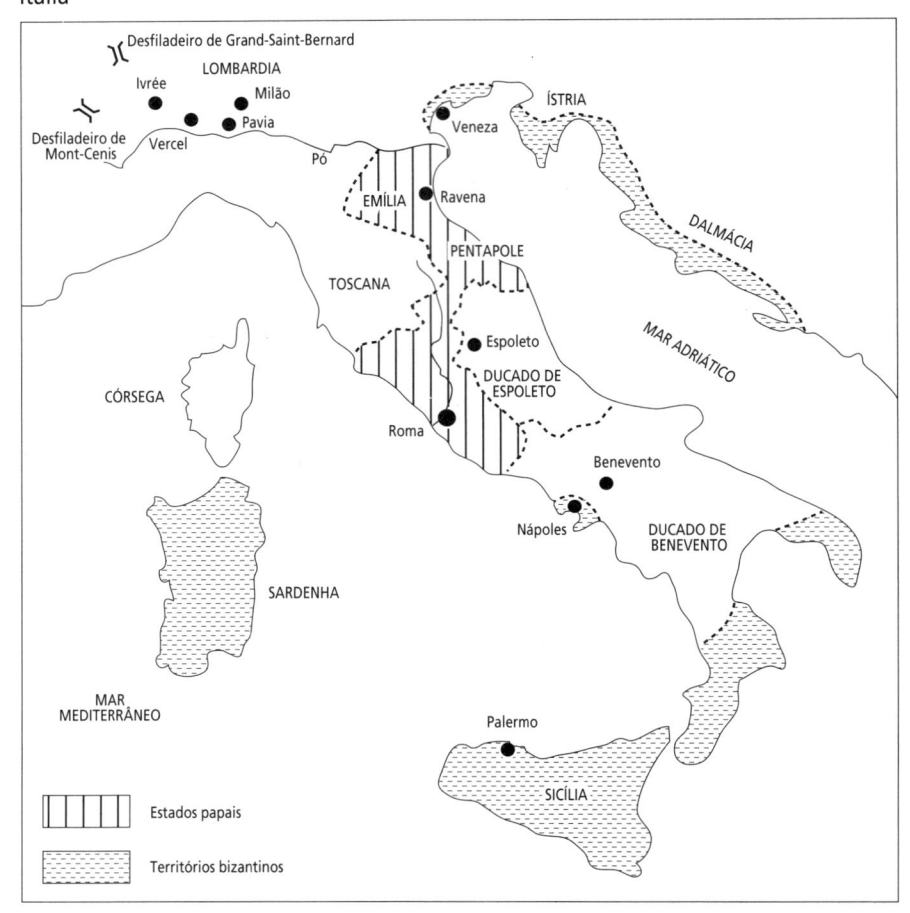

Mapa da Itália mostrando:
- Desfiladeiro de Grand-Saint-Bernard
- LOMBARDIA (Ivrée, Milão, Pavia)
- Desfiladeiro de Mont-Cenis
- Vercel
- Pó
- EMÍLIA
- Veneza
- ÍSTRIA
- Ravena
- PENTAPOLE
- TOSCANA
- DALMÁCIA
- MAR ADRIÁTICO
- Espoleto
- DUCADO DE ESPOLETO
- Roma
- Benevento
- Nápoles
- DUCADO DE BENEVENTO
- CÓRSEGA
- SARDENHA
- MAR MEDITERRÂNEO
- Palermo
- SICÍLIA

Legenda:
- Estados papais
- Territórios bizantinos

A Europa de Carlos Magno (800) e a Europa do Tratado de Roma (1957)

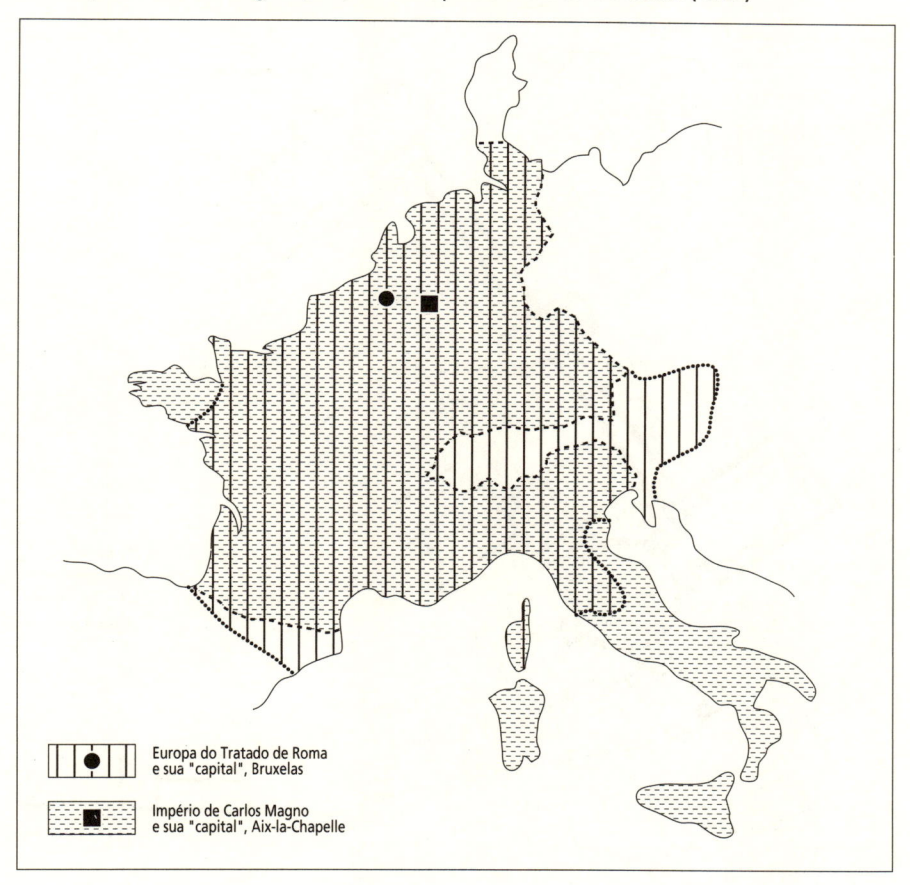

Europa do Tratado de Roma e sua "capital", Bruxelas

Império de Carlos Magno e sua "capital", Aix-la-Chapelle

O palácio de Aix-la-Chapelle

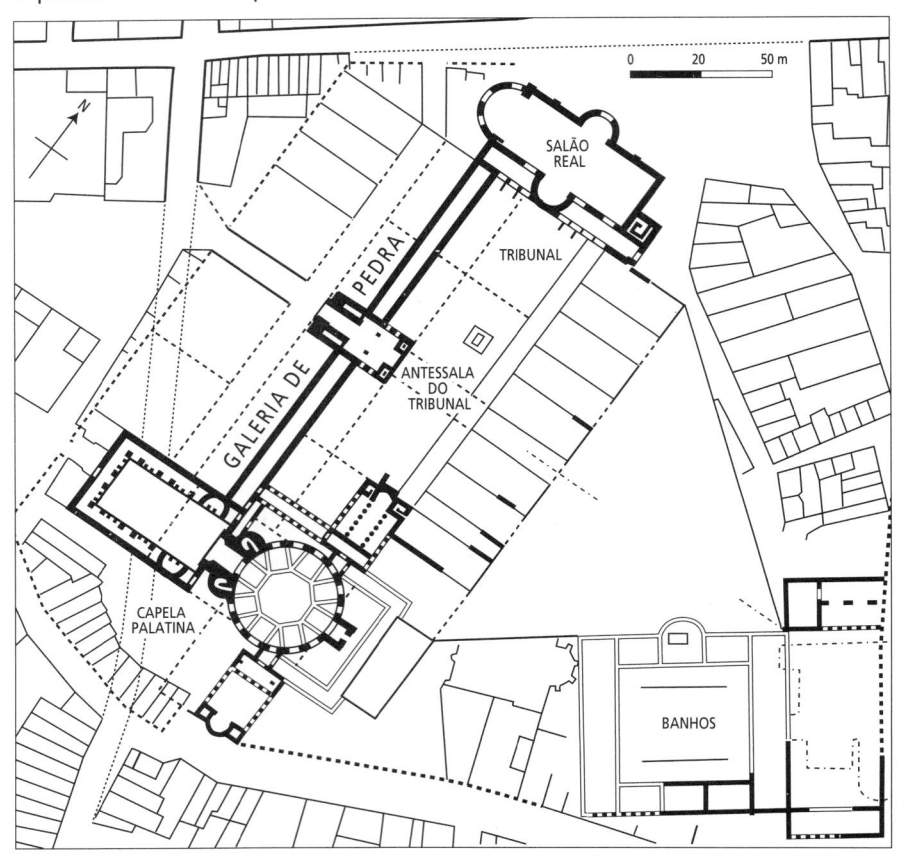

SALÃO REAL

TRIBUNAL

GALERIA DE PEDRA

ANTESSALA DO TRIBUNAL

CAPELA PALATINA

BANHOS

QUADROS GENEALÓGICOS

OS PIPÍNIDAS

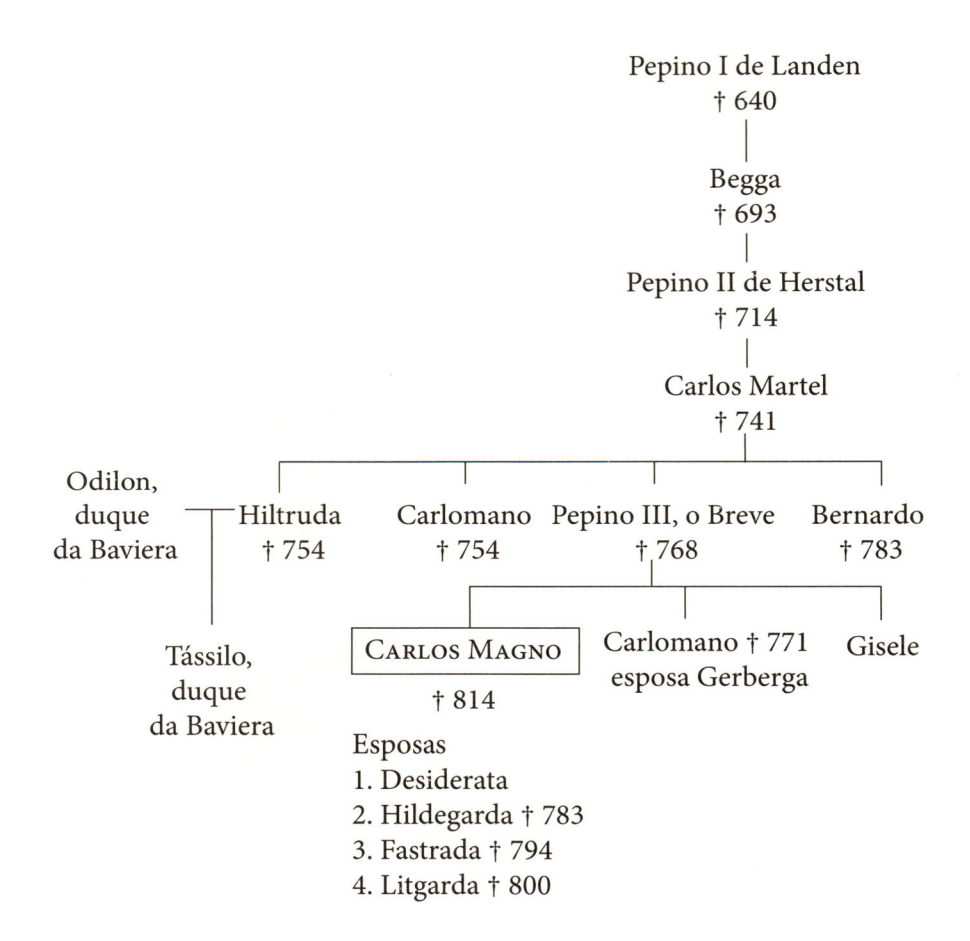

```
                                    Pepino I de Landen
                                           † 640
                                            │
                                          Begga
                                           † 693
                                            │
                                    Pepino II de Herstal
                                           † 714
                                            │
                                      Carlos Martel
                                           † 741
                                            │
    ┌───────────────┬──────────────┬──────────────┬──────────────┐
Odilon,          Hiltruda      Carlomano   Pepino III, o Breve  Bernardo
duque             † 754          † 754           † 768           † 783
da Baviera                                        │
    │                                   ┌─────────┼─────────┐
Tássilo,                          CARLOS MAGNO  Carlomano † 771  Gisele
duque                                 † 814    esposa Gerberga
da Baviera
                                  Esposas
                                  1. Desiderata
                                  2. Hildegarda † 783
                                  3. Fastrada † 794
                                  4. Litgarda † 800
```

QUADROS GENEALÓGICOS

OS FILHOS LEGÍTIMOS DE CARLOS MAGNO

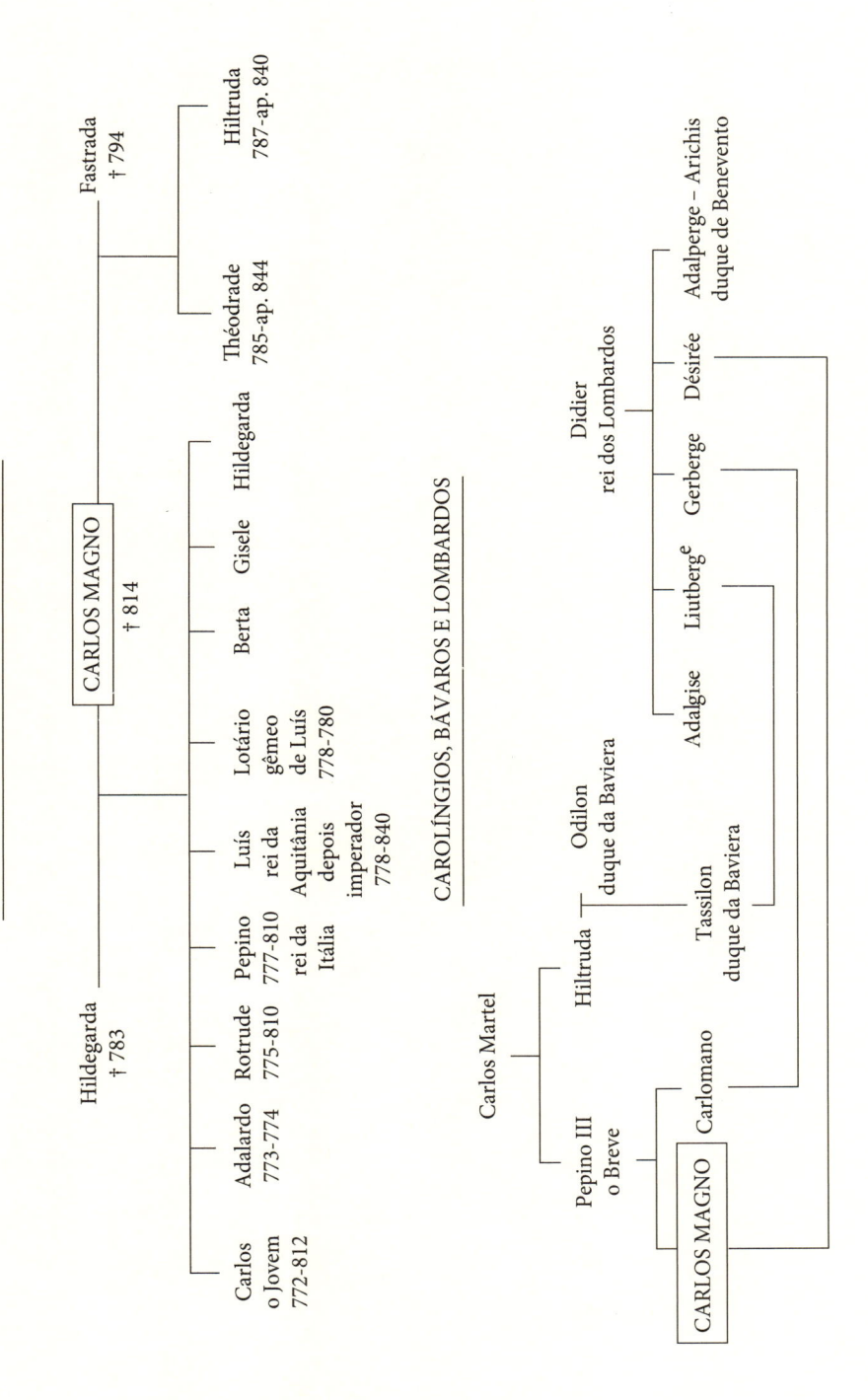

```
                    Hildegarda ─── CARLOS MAGNO ─── Fastrada
                      † 783           † 814          † 794
         ┌──────┬──────┬──────┬──────┬──────┬──────┤         ├──────┬──────┐
      Carlos  Adalardo Rotrude Pepino  Luís  Lotário Berta  Gisele Hildegarda  Théodrade  Hiltruda
     o Jovem  773-774  775-810 777-810 rei da gêmeo                           785-ap. 844  787-ap. 840
     772-812                   rei da Aquitânia de Luís
                               Itália depois  778-780
                                    imperador
                                    778-840
```

CAROLÍNGIOS, BÁVAROS E LOMBARDOS

```
                    Carlos Martel
                    ┌──────┴──────┐
                Pepino III      Hiltruda ─── Odilon
                 o Breve                  duque da Baviera
                    │                         │
            ┌───────┴───────┐                 │
        CARLOS MAGNO    Carlomano         Tassilon ─── Liutberge      Didier
            │                             duque da Baviera            rei dos Lombardos
            │                                 │                       │
            │                        ┌────────┼────────┐       ┌──────┼──────┐
            │                     Adalgise Liutberge Gerberge  Désirée     Adalperge ─ Arichis
            │                                                                         duque de Benevento
            └──────────────────────────────────────────────────(casado com Désirée)
```

BIBLIOGRAFIA

FONTES IMPRESSAS

O essencial das fontes relativas à história de Carlos Magno foi publicado na coleção dos *Monumenta Germaniae Historica (MGH)* no final do século XIX.

AGNELLUS of Ravenne. *Liber pontificalis*. Ed. Deborah Mauskopf-Deliyannis. Turnhout: Brepols, 2006.
ALCUIN. *Carmina*. Ed. Ernest Dümmler. Berlim: Weldmann, 1888.
ANGESISUS. Capitularia. In: SCHMITZ, Gerhard (ed.). *Die Kapitulariensammlung des Ansegis*. Hanôver: Hahn, 1996.
ANNALES Fuldenses. Ed. G. H. Pertz e F. Kurze. Hanôver: Hahn, 1891.
ANNALES Maximiani. Ed. G. Waitz. Hanôver: Hahn, 1881.
ANNALES mettenses priores. Ed. B. von Simson. Hanôver: Hahn, 1905.
ANNALES Nazariani. Ed. G. H. Pertz. Hanôver: Hanh, 1826.
ANNALES q.d. Einhardi. Ed. F. Kurze. Hanôver: Hahn, 1895. (Versão revisada das *Annales regni Francorum*.)
ANNALES regni Francorum unde ab. a.74 usque ad. a.829, qui dicuntur Annales laurissenses maiores et Einhardi. Ed. F. Kurze. Hanôver: Hahn, 1895.
ANNALES sancti Amandi. Ed. G. H. Pertz. Hanôver: Hahn, 1826.
ASTRONOMUS. *Vita Hludowici*. Ed. E. Tremp. Hanôver: Hahn, 1995. (Contém também o texto de Thegan, *Die Taten Kaiser Ludwigs*.)
BONIFACE. *Epistolae*. Ed. M. Tangl. Darmstadt: [s.n.], 1968.
CAPITULA episcoporum. Ed. P. Brommer. Hanôver: Hahn, 1974.
CAPITULARE De villis. Ed. C. Brühl. Stuttgart: Müller und Schindler, 1971.
CAPITULARIA. Ed. A. Boretius. Hanôver: Hahn, 1883.
CHARTAE latinae antiquiores: Facsimile Edition of the Latin Charters. Ed. Peter Erhart. Zurique: U. Graf, 2006.
CODEX epistolaris carolinus. Ed. W. Gundlach. Hanôver: Hahn, 1892.
CONSTITUTUM Constantini. Ed. H. Fuhrmann. Hanôver: Hanh, 1968.

DIPLOMATA Karolinorum. Ed. E. Mühlbacher. Hanôver: Hanh, 1906.
EGINHARD. *Vie de Charlesmagne*. Ed. L. Halphen. Paris: Les Belles-Lettres, 1947.
ERMOLD le Noir. *Poème sur Louis le Pieux et épîtres au roi Pépin*. Paris: Les Belles-Lettres, 1964.
GERBALD de Liège. *Capitularia*. Ed. W. A. Eckhardt. Göttingen: [s.n.], 1955.
GESTA abbatum Fontanellensium. Ed. G. H. Pertz. Hanôver: Hahn, 1829. [Trad. franc. P. Pradié. *Chronique des abbés de Fontenelle*. Paris: Les Belles-Lettres, 1999.]
GREGORIAN Sacramentary: Le Sacramentaire grégorien: ses principales formes d'après les plus anciens manuscrits. Ed. J. Deshusses. 3v. Friburgo: Aschendorff, 1971-1982.
HARIULF. Chronicon centulense. In: LOT, F. (ed.). *Chronique de l'abbaye de Saint-Riquier*. Paris: Picard, 1894.
HINCMAR. *De Ordine palatii*. Texto latim trad. e anot. M. Prou. Paris: F. Vieweg, 1884.
KING, P. D. *Charlemagne*: Translated Sources. Inglaterra: University of Lancaster, 1987.
LEIDRADE. *Epistola*. Ed. E. Dümmler. Hanôver: Hahn, 1895.
LEX Alamannorum. Ed. K. Lehmann e K. A. Eckhardt. Hanôver: Hahn, 1966.
LEX Baiuvariorum. Ed. F. E. von Schwind. Hanôver: Hahn, 1926.
LEX Ribuaria. Ed. F. Beyerle e R. Buchner. Hanôver: Hahn, 1954.
LEX Saxonum et Lex Thuringorum. Ed. C. F. von Schwerin. Hanôver; Leipzig: Hahn, 1918.
LIBER pontificalis: texte, introduction et commentaire. Ed. L. Duchesne. 2v. Paris: E. Thorin, 1886-1892.
MARCULF. *Formulae*. Ed. K. Zeumer. Hanôver: Hahn, 1882-1886.
NITHARD. *Histoire des fils de Louis le Pieux*. Ed. e trad. P. Lauer. Paris: Les Belles-Lettres, 1964.
NOTKER Balbulus. *Gesta Karoli Magni Imperatoris*. Ed. H. H. Haefele. Berlim: Weidmann, 1959.
PAUL le Diacre. *Gesta episcoporum mettensium*. Ed. G. H. Pertz. Hanôver: Hahn, 1829.
_____. *Historia Longobardorum*. Ed. G. Waitz. Hanôver: Hahn, 1878.
PAULINI Aquileiensis opera omnia. Ed. Dag Norberg. Turnhout: Brepols, 1990.
POETA Saxo. Ed. P. von Winterfeld. Berlim: [s.n.], 1899.
POLYPTYQUE de l'abbaye de Saint-Rémi de Reims: Ou dénombrement des manses, des serfs et des revenus de cette abbaye vers le milieu du IXe siècle de notre ère. Ed. M. B. Guérard. Paris: L'Imprimerie Impériale, 1853.
THEGAN. *Gesta Hludowici*. Ed. E. Tremp. Hanôver: Hahn, 1995.
THÉODULF d'Orléans. *Opus Caroli regis contra synodum*. Ed. A. Freeman. Hanôver: Hahn, 1998.

ESTUDOS E TRABALHOS SOBRE CARLOS MAGNO E SEU REINO

AGNEW, J.; CORBRIDGE, S. *Mastering Space*: Hegemony, Territory and International Political Economy. Londres; Nova York: Routledge, 1995.
AIRLIE, S. Charlemagne and the Aristocracy: Captains and Kings. In: STORY, J. *Charlemagne*: Empire and Society. Inglaterra: Manchester University Press, 2005.

AIRLIE, S. Narratives of Triumph and Rituals of Submission: Charlemagne's Mastering of Bavaria. *Transactions of the Royal Historical Society*, v.9, p.93-119, 1999.

_____. The Palace of Memory: The Carolingian Court as Political Center. In: REES JONES, Sarah; MARKS, Richard; MINNIS, A.-J. *Courts and Regions in Medieval Europe*. Reino Unido: York Medieval Press, 2000.

ALBU, E. Imperial Geography and the Medieval Peutinger Map. *Imago Mundi*, v.57, n.2, p.136-48, 2005.

ANÔNIMO. *Charlemagne*. Bruxelas: [s.n.], 1848.

ATSMA, H. (ed.). *La Neustrie*: Les pays au nord de la Loire de 650 à 850. 2v. Sigmaringen, Alemanha: Jan Thorbecke, 1989.

BACHRACH, B. S. Charlemagne and the Carolingian General Staff. *Journal of Military History*, v.66, p.313-357, 2002.

BARBERO, A. *Charlemagne*: Un père pour l'Europe. Paris: Payot, 2004.

BARBIER, J. Le Système palatial franc: genèse et fonctionnement dans le nord-ouest du Regnum. *Bibliothèque de l'École des Chartes*, v.148, n.2, p.245-99, 1990.

BASTERT, B. (ed.). *Karl der Grosse in der europäischen Literaturen des Mittelalters*: Konstruktion eines Mythos. Tübingen: Max Niemeyer, 2004.

BATHIAS-RASCALOU, C. *Charlemagne et l'Europe*. Paris: Vuibert, 2004.

BAUTIER, R.-H. La Chancellerie et les actes royaux dans les royaumes carolingiens. *Bibliothèque de l'École des Chartes*, v.142, n.1, p.5-80, 1984.

BECHER, M. *Karl der Grosse*. Munique: C. H. Beck, 1999.

_____; JARNUT, J. (eds.). *Der Dynastiewechsel von 751*: Vorgeschichte, Legitimationsstragegien und Erinnerung. Münster: Scriptorium, 2004.

BERNDT, R. (ed.). *Das Frankfurter Konzil von 794*: Kristallisationspunkt karolingisher Kultur. v.I: Politik und Kirche; v.II: Kultur und Theologie. Mainz: Selbstverlag der Gesellschaft für Mittelrheinische Kirchengeschichte, 1997.

BERTOLINI, O. Il *Liber pontificalis*. In: CENTRO ITALIANO DI STUDI SULL'ALTO MEDIOEVO (ed.). *La Storiografia altomedievale*. 2v. Espoleto: Presso la Sede del Centro, 1970.

BISCHOFF, B. *Manuscripts and Libraries in the Age of Charlemagne*. Cambridge: Cambridge University Press, 1994.

BÖHMER, J.-F.; MÜHLBACHER, E. *Regesta Imperii*. t.I: Die Regesten des Kaiserreichs, unter des Karolingern, 751-918. Hildesheim: Böhlau, 1966.

BORST, A. *Die Karolingische Kalenderreform*. Hanôver: Hahn, 1998.

BOUGARD, F. *La Justice dans le royaume d'Italie de la fin du VIIIe siècle au début du XIe siècle*. Roma: École Française de Rome, 1995.

BRAUNFELS, W. (ed.). *Karl der Grosse*. 5v. Düsseldorf: L. Schwann, 1965-1967.

BRÜHL, C. Remarques sur les notions de "capitale" et de "résidence" pendant le Haut Moyen Age. *Journal des Savants*, v.4, p.193-215, 1967.

BRUNTERC'H, J.-P. Le Duché du Maine et la Marche de Bretagne. In: ATSMA, H. (ed.). *La Neustrie*: Les pays au nord de la Loire de 650 à 850. t.I. Sigmaringen, Alemanha: Jan Thorbecke, 1989.

BUCK, T. M. "Capitularia imperatoria": Zur Kaisergesetzgebung Karls des Grossen von 802. *Historisches Jahrbuch*, v.122, p.3-26, 2002.

BÜHLER, A. *Capitularia relicta*: Studien zur Entstehung und Überlieferung der Kapitularien Karls des Grossen und Ludwigs des Frommen. *Archiv für Diplomatik*, v.32, p.305-501, 1986.

BULLOUGH, D. *The Age of Charlemagne*. Londres: Edwin Smith, 1965.

_____. *Alcuin*: Achievement and Reputation. Being Part of the Ford Lectures Delivered in Oxford in the Hilary Term 1980. Leiden; Boston: Brill, 2004.

_____. Aula renovata: The Carolingian Court before the Aachen Palace. *Proceedings of the British Academy*. v.LXXI. Londres: Oxford University Press, 1985.

_____. Charlemagne's Court Library Revisited. *Early Medieval Europe*, v.12, n.4, p.339-63, 2003.

_____. Europae pater: Charlemagne's Achievement in the Light of Recent Scholarship. *English Historical Review*, v.85, p.59-105, 1970.

BUTZER, P. L.; LOHRMANN, D. (eds.). *Science in Western and Eastern Civilization in Carolingian Times*. Basileia; Boston: Birkhäuser, 1993.

CAVADINI, J. *The Last Christology of the West*: Adoptionism in Spain and Gaul, 785-820. Filadélfia: University of Pennsylvania Press, 1993.

CHAZELLE, C.; VAN NAME EDWARDS, B. (eds.). *The Study of the Bible in the Carolingian Era*. Turnhout: Brepols, 2003.

CHIESA, P. (ed.). *Paolino d'Aquileia e il contributo italiano all'Europa carolingia*. Udine: Forum, 2003.

CLASSEN, P. *Karl der Grosse, das Papsttum und Byzanz*: die Begründung des Karolingischen Kaisertums. Sigmaringen, Alemanha: Jan Thorbecke, 1985.

COENS, M. Litanies carolines de Soissons et du Psautier de Charlemagne. In: *Recueil d'études bollandiennes*. Bruxelas: Société des Bollandistes, 1963. (Subsidia Hagiographica, n.37.)

COLLINS, R. *Charlemagne*. Londres: Macmillan, 1998.

_____. Charlemagne's Imperial Coronation and the *Annals of Lorsch*. In: STORY, J. *Charlemagne*: Empire and Society. Inglaterra: Manchester University Press, 2005.

_____. The "Reviser" Revisited: Another Look at the Alternative Version of the *Annales Regni Francorum*. In: MURRAY, A. C. (ed.). *After Rome's Fall*: Narrators and Sources of Early Medieval History. Canadá: University of Toronto Press, 1998.

COVILLE, A. *Recherches sur l'histoire de Lyon du Ve au IXe siècle (450-800)*. Paris: Picard, 1928.

CROSBY, S. M. *The Royal Abbey of Saint-Denis from its Beginning to the Death of Suger, 475-1151*. New Haven: Yale University Press, 1987.

DAVIDS, A. Marriage Negotiations between Byzantium and the West and the Name of Theophano in Byzantium. In: _____ (ed.). *The Empress Theophano*: Byzantium and the West at the Turn of the First Millenium. Cambridge: Cambridge University Press, 1995.

DE CLERCQ, C. Capitulaires Francs en Italie à l'Époque de Charlemagne. In: *Hommage à Dom Ursmer Berlière*. Bruxelas: H. Lamertin, 1931.

DELARUELLE, E. Charlemagne, Carloman, Didier et la politique du mariage franco-lombard (770-771). *Revue Historique*, v.170, p.213-24, 1932.

DELIYANNIS, D. M. Charlemagne's Silver Tables: The Ideology of an Imperial Capital. *Early Medieval Europe*, v.12, n.2, p.159-78, 2003.

DEPREUX, P. Tassilon III et le rei des Francs: examen d'une vassalité controversée. *Revue Historique*, v.293, n.1, p.23-73, 1995.

_____; JUDIC, B. (eds.). *Alcuin*: De York à Tours. Écriture, pouvoir et réseaux dans l'Europe du haut Moyen Age. Rennes; Tours: Presses Universitaires de Rennes, 2004.

DEVROEY, J.-P. *Puissants et misérables*: Système social et monde paysan dans l'Europe des Francs (VIe-IXe siècles). Bruxelas: Académie Royale de Belgique, 2006.

DIERKENS, A. La Mort, les funérailles et la tombe du rei Pépin le Bref (768). *Médiévales*, v.31, p.37-52, 1996.

_____. Le Tombeau de Charlemagne. *Byzantion*, v.61, p.156-80, 1991.

DURAND-LE GUERN, I.; RIBÉMONT, B. *Charlemagne*: Empereur et le mythe d'Occident. Paris: Klincksieck, 2009.

ECKHARDT, W. A. Die capitularia missorum specialia 802. *Deutsches Archiv für die Erforschung des Mittelalters*, v.14, p.495-516, 1956.

EDELSTEIN, W. *Eruditio und sapientia*: Weltbild und Erziehung in der Karolingerzeit. Untersuchungen zu Alcuin Briefen. Friburgo em Brisgóvia: Rombadi, 1965.

EFFROS, B. *De partibus Saxoniae* and the Regulation of Mortuary Custom: A Carolingian Campaign of Christianisation or the Suppression of Saxon Identity? *Revue Belge de Philologie et d'Histoire*, v.75, p.267-86, 1997.

ERHART, P.; HOLLENSTEIN, L. (eds.). *Mensch und Schrift im frühen Mittelalter*. Sankt Gallen: Stiftsarchiv, 2006.

ESTEY, F. N. Charlemagne's Silver Celestial Table. *Speculum*, v.18, n.1, p.112-7, 1943.

_____. The Scabini and the Local Courts. *Speculum*, v.26, n.1, p.119-29, 1951.

EWIG, E. Résidence et capitale pendant le haut Moyen Age. *Revue Historique*, v.230, n.1, p.25-72, 1963.

FALKENSTEIN, L. Charlemagne and Aix-la-Chapelle. In: DIERKENS, A.; SANSTERRE, J.-M. (eds.). *Le Souverain à Byzance et en Occident du VIIIe au Xe siècle*. Bélgica: Institut des Hautes Études de Belgique, 1991.

FAVIER, J. *Charlemagne*. Paris: Tallandier, 2000. [Ed.bras.: *Carlos Magno*. São Paulo: Estação Liberdade, 2004.]

FENSKE, L.; JARNUT, J.; WEMHOFF, M. (eds.). *Deutsche Königspfalzen*: Beiträge zu ihrer historischen und archäologischen Enforschung. v.5: Splendor palatii. Neue Forschungen zur Paderborn und anderen Pfalzen der Karolingerzeit. Göttingen: Vandenhoeck & Ruprecht, 2001.

FLECKENSTEIN, J. *Die Bildungsreform Karls des Grossen als Verwiklichung der* norma Rectitudinis. Bigge-Ruhr: Josefs-Druckerei, 1953.

FOLZ, R. *Le Couronnement impérial de Charlemagne*: 25 décembre 800. Paris: Gallimard, [1964] 2008.

_____. *Études sur le culte liturgique de Charlemagne dans les églises de l'Empire*. Paris: Les Belles-Lettres, 1951.

_____. *Le Souvenir et la légende de Charlemagne dans l'Empire germanique médiéval*. Paris: Les Belles-Lettres, 1950.

FOURACRE, P. *The Age of Charles Martel*. Harlow: Routledge, 2000.

FREEMAN, A. Further Studies in the *Libri Carolini*. *Speculum*, v.40, n.2, p.203-89, 1965.

FREEMAN, A. Theodulf of Orleans and the *Libri Carolini*. *Speculum*, v.32, n.4, p.663-705, 1957.

FRIED, J. *"Donation of Constantine" and "Constitutum Constantini"*: The Misinterpretation of a Fiction and its Original Meaning. Berlim; Boston: De Gruyter, 2007.

FULBROOK, M.; SWALES, M. (eds.). *Representing the German Nation*: History and Identity in Twentieth-Century Germany. Manchester; Nova York: Manchester University Press, 2000.

GALL, J. *Charlemagne*. Paris: Presses Universitaires de France, 2008.

GANSHOF, F. L. Charlemagne et les institutions de la monarchie franque. In: BRAUNFELS, W. (ed.). *Karl der Grosse*. v.I. Düsseldorf: L. Schwann, 1965.

_____. Eginhard Biographe de Charlemagne. *Bibliothèque d'Humanisme et Renaissance*, v.13, n.3, p.217-30, 1951.

_____. Le Programme de gouvernement impérial de Charlemagne. In: *Renovatio Imperii*: atti della giornata internazionale di studio per il le millenario. Faenza: Fratelli Lega, 1963.

_____. *Recherches sur les capitulaires*. Paris: Sirey, 1958.

GANZ, D. Eginhard's Charlemagne: The Characterization of Greatness. In: STORY, J. *Charlemagne*: Empire and Society. Inglaterra: Manchester University Press, 2005.

GARRISON, M. English and Irish and the Court of Charlemagne. In: BUTZER, P. L.; KERNER, M.; OBERSCHELP, W. (eds.). *Karl der Grosse und sein Nachwirken*: 1200 Jahre Kultur und Wissenschaft in Europe. v.I: Wissen und Weltbild. Turnhout: Brepols, 1997.

_____. The Social World of Alcuin: Nicknames at York and at the Carolingian Court. In: HOUWEN, L.; MACDONALD, A. A. (eds.). *Alcuin of York*: Scholar at the Caroligian Court. Groningen: Forsten, 1998.

GAUTHIER-DALCHÉ, P. *Géographie et culture*: La représentation de l'espace du VIe au XIIe siècle. Aldershot: Routledge, 1997.

GEARY, P. J. *The Myth of Nations*: The Medieval Origins of Europe. Princeton: Princeton University Press, 2002.

GODMAN, P.; JARNUT, J.; JOHANEK, P. (eds.). *Am Vorabend der Kaiser Krönung*: das Epos "Karolus Magnus et Leo Papa" und der Papstbesuch in Paderborn. Berlim: Walter de Gruyter, 2002.

GOETZ, H.-W.; JARNUT, J.; POHL, W. (eds.). *Regna et Gentes:* The Relationship between Late Antique and Early Medieval Peoples and Kingdoms in the Transformation of the Roman World. Leyde: Brill Academic, 2003.

HACK, A. T. *Codex Carolinus*: päpstliche Epistolographie im 8. Jahrundert. 2v. Stuttgart: A. Hiersermann, 2007.

HÄGERMANN, D. *Karl der Grosse*: Herrscher des Abendlandes. Biographie. Berlim: Econ Ullstein List, 2000.

HALPHEN, L. *Charlemagne et l'Empire carolingien*. Paris: Albin Michel, 1947. [Ed. port.: *Carlos Magno e o Império Carolíngio*. Lisboa: Início, 1971.]

_____. *Études critiques sur l'histoire de Charlemagne*. Paris: Alcan, 1921.

HALSALL, G. *Warfare and Society in the Barbarian West, 450-900*. Londres: Routledge, 2003.

HAMPE, K. *Karl der Grosse oder Charlemagne?* Acht Antworten deutscher Geschichtsforcher Probleme der Gegenwart Werden und wirken. Berlim: E. S. Mittler, 1935.

HARDT, M. Hesse, Elbe, Salle and the Frontiers of the Carolingian Empire. In: POHL, W.; WOOD, I.; REIMITZ, H. (eds.). *The Transformation of Frontiers*: From Late Antiquity to the Carolingians. Leiden: Brill, 2001.

HARTMANN, F. *Hadrian I (772-795)*: Frühmittelalterliches Adelspapsttum und die Lösung Roms vom byzantinischen Reich. Stuttgart: Hiersemann, 2006.

HEN, Y. Charlemagne's Jiha". *Viator*, v.37, p.33-51, 2006.

HOUWEN, L.; MACDONALD, A. A. (eds.). *Alcuin of York*: Scholar at the Carolingian Court. Groningen: Forsten, 1998.

INNES, M. Charlemagne's Government. In: STORY, J. *Charlemagne*: Empire and Society. Inglaterra: Manchester University Press, 2005.

_____. Charlemagne's Will: Piety, Politics and the Imperial Succession. *English Historical Review*, v.112, n.448, p.833-55, 1997.

JANKUHN, H. Karl der Grosse und der Norden. In: BRAUNFELS, W. (ed.). *Karl der Grosse*. v.I. Düsseldorf: L. Schwann, 1965.

JONG, M. de. Charlemagne and the Church. In: STORY, J. *Charlemagne*: Empire and Society. Manchester: Manchester University Press, 2005.

KEMPF, D. Paul the Deacon's *Liber de episcopis Mettensibus* and the Role of Metz in the Carolingian Realm. *Journal of Medieval History*, v.30, n.3, p.279-99, 2004.

KEMPSHALL, M. S. Some Ciceronian Aspects of Einhard's Life of Charlemagne. *Viator*, v.26, p.11-38, 1995.

KLEINCLAUSZ, A. J. *Éginhard*. Paris: Les Belles-Lettres, 1942.

KRÜGER, K. H. Neue Beobachtungen zur Datierung von Einhards Karlsvita. *Frühmittelalterliche Studien*, v.32, p.124-45, 1998.

LAMPEN, A. Die Sachsenkriege. In: STIEGEMANN, C.; WEMHOFF, M. (eds.). *799. Kunst und Kultur der Karolingerzeit*: Karl der Grosse und Papst Leo III in Paderborn. 3v. Mainz: Philipp von Zabern, 1999.

LICHT, T. Additional Note on the "Library Catalogue of Charlemagne's Court". *Journal of Medieval Latin*, Brepols, p.210-13, 2000.

LOBBEDEY, U. Carolingian Royal Palaces: The State of Research from an Architectural Historian's Viewpoint. In: CUBITT, C. (ed.). *Court Culture in the Early Middle Ages*: The Proceedings of the First Alcuin Conference. Turnhout: Brepols, 2003.

LOT, F. Le Premier capitular de Charlemagne. In: *Recueil des travaux historiques de Ferdinand Lot*. 2v. Genebra: Droz, 1968-1970.

LOZOVSKY, N. Carolingian Geographical Tradition: Was it Geography? *Early Medieval Europe*, v.5, p.25-44, 1996.

MCCORMICK, M. *Les Annales du Haut Moyen Age*. Turnhout: Brepols, 1975.

MCKITTERICK, R. *Charlemagne*: The Formation of a European Identity. Cambridge: Cambridge University Press, 2008.

_____. *History and Memory in the Carolingian World*. Cambridge: Cambridge University Press, 2004.

_____. The Illusion of Royal Power in the Carolingian Annals. *English Historical Review*, v.115, n.460, p.1-20, 2000.

_____ (ed.). *Carolingian Culture*: Emulation and Inovation. Cambridge: Cambridge University Press, 1994.

MAGNOU-NORTIER, E. *L'"Admonitio generalis"*: Étude critique. *Jornades Internacionals d'Estudi sobre el bisbe Feliu d'Urgell*. Urgell-Litana: Facultat de Teologia de Catalunya; Societat Cultural Urgel-Litana, 2000.
MARTIN, H. *Mentalités médiévales*. 2v. Paris: Presses Universitaires de France, 1996-2001.
MARTIN, T. Bemerkungen zur "Epistola de litteris colendis". In: STENGEL, E.; HEINEMEYER, W. *Archiv für Diplomatik*. Berlim: Böhlau, 1985.
MASAI, F. Observations sur le Psautier dit de Charlemagne. *Scriptorium*, v.6, n.2, p.299-303, 1952.
MAYR-HARTING, H. Charlemagne, the Saxons and the Imperial Coronation of 800. *English Historical Review*, v.111, n.444, p.1113-33, 1996.
MONOD, G. *Études critiques sur les sources de l'histoire carolingienne*. Paris: Bouillon, 1898.
MORDEK, H. Bemerkungen zum Frankfurter Kapitular Karl des Grossen (794). In: FRIED, J. et al. *794: Karl der Grosse in Frankfurt am Main*. Sigmaringen, Alemanha: Thorbecke, 1994.
_____. Karl des Grossen zweites Kapitular von Herstal und die Hungersnot der Jahre 778-779. *Deutsches Archiv für Erforschung des Mittelalters*, v.61, p.1-52, 2005.
MORRISSEY, R. *L'Empereur à la barbe fleurie*: Charlemagne dans la mythologie et l'histoire de France. Paris: Gallimard, 1997.
MÜTHERICH, F. Manuscrits enluminés autour de Hildegarde. In: RICHÉ, P.; HEITZ, C.; HEBER-SUFFRIN, F. (eds.). *Actes du colloque "Autour d'Hildegarde"*. Paris: Imprimerie Intégrée de l'Université Paris-X, 1987.
NEBBIAI-DALLA GUARDA, D. *La Bibliothèque de l'abbaye de Saint-Denis en France*: du IXe au XVIIIe siècle. Paris: Éditions du CNRS, 1985.
NELSON, J. L. *Charlemagne and the Paradoxes of Power*. Southampton: University of Southampton, 2006.
_____. Warum es so viele Versionen von der Kaiserkrönung Karls des Grossen gibt: um 801. In: JUSSEN, B. (ed.). *Die Macht des Königs*: Herrschaft in Europa vom Frühmitterlalter bis in die Neuzeit. Munique: C. H. Beck, 2005.
_____. Was Charlemagne's Court a Courtly Society? In: CUBITT, C. (ed.). *Court Culture in the Early Middle Ages*: The Proceedings of the First Alcuin Conference. Turnhout: Brepols, 2003.
NOBLE, T. F. X. A New Look at the *Liber pontificalis*. *Archivum Historiae Pontificiae*, v.23, p.347-58, 1985.
_____. From Brigandage to Justice: Charlemagne, 785-794. In: CHAZELLE, C. M. *Literacy, Politics and Artistic Innovation in the Early Medieval West*. Lanham: University Press of America, 1992.
ODEGAARD, C. E. Carolingian Oaths of Fidelity. *Speculum*, v.16, p.284-96, 1941.
PEACOCK, D. P. S. Charlemagne's Black Stones: The Re-Use of Roman Columns in Early Medieval Europe. *Antiquity*, v.71, n.273, p.709-15, 1997.
PERRIN, P.; FEFFER, L.-C. (eds.). *La Neustrie*: Les pays au Nord de la Loire, de Dagobert à Charles le Chauve (VIIe-IXe siècles). Rouen: Musées Départementaux de Seine-Maritime, 1985.
PÖSSEL, C. Authors and recipients of Carolingian capitularies, 779-829. In: CORRADINI, R.; MEENS, R.; PÖSSEL, C.; SHAW, P. (eds.). *Texts and Identities in the Early Middle Ages*. Viena: Österreichische der Wissenschaften, 2006.

REUTER, T. Charlemagne and the World beyond the Rhine. In: STORY, J. *Charlemagne*: Empire and Society. Inglaterra: Manchester University Press, 2005.

_____. Pluder and Tribute in the Carolingian Empire. *Transactions of the Royal History Society*, v.35, p.75-94, 1985.

RICHÉ, P. *Éducation et culture dans l'Occident barbare*. Paris: Seuil, 1962.

_____; HEITZ, C.; HEBER-SUFFRIN, F. (eds.). *Actes du colloque "Autour d'Hildegarde"*. Paris: Imprimerie Intégrée de l'Université Paris-X, 1987.

ROSS, J. B. Two Neglected Paladins of Charlemagne: Erich of Friouli and Gerold of Bavaria. *Speculum*, v.20, p. 212-34, 1945.

SCHEFERS, H. (ed.). *Einhard*: Studien zu Leben und Werk. Darmstadt: Hessische Historische Kommission Darmstadt, 1997.

SCHIEFFER, R. Charlemagne and Rome. In: SMITH, J. M. H. (ed.). *Early Medieval Rome and the Christian West*: Essays in Honour of Donald A. Bullough. Leiden: Brill, 2000.

SCHRAMM, P. E. Karl der Grosse oder Charlemagne? Stellungnahme Deutscher Historiker in der Zeit des Nationalsozialismus. In: *Kaiser, Könige und Päpste*: Gesammelte Aufsätze zur Geschichte des Mittelalters. v.1. Stuttgart: A. Hiersemann, 1968.

SCHREINER, K. "Hildegardis regina": Wirklichkeit und Legende einer Karolingischen Herrscherin. *Archiv für Kulturgeschichte*, v.57, p.1-70, 1975.

SEMMLER, J. Karl der Grosse und das Fränkische Mönchtum. In: BRAUNFELS, W. (ed.). *Karl der Grosse*. v.2. Düsseldorf: L. Schwann, 1965.

SMITH, J. M. H. Einhard: The Sinner and the Saint. *Transactions of the Royal Historical Society*, v.6, n.13, p.55-77, 2003.

_____. Oral and Written: Saints, Miracles and Relics in Brittany, c.850-1250. *Speculum*, v.65, p.309-43, 1990.

_____. *Province and Empire*: Brittany and the Carolingians. Cambridge: Cambridge University Press, 1992.

SONZOGNI, D. Le Chartrier de l'abbaye de Saint-Denis en France au haut Moyen Age: essai de reconstitution. *Pecia: Ressources en Médiévistique*, v.3, p.9-210, 2003.

STAAB, F. Die Königin Fastrada. In: BERNDT, R. (ed.). *Das Frankfurter Konzil von 794*: Kristallisationspunkt karolingisher Kultur. v.I: Politik und Kirche; v.II: Kultur und Theologie. Mainz: Selbstverlag der Gesellschaft für Mittelrheinische Kirchengeschichte, 1997.

STIEGEMANN, C.; WEMHOFF, M. (eds.). *799. Kunst und Kultur der Karolingerzeit*: Karl der Grosse und Papst Leo III in Paderborn. 3v. Mainz: Philipp von Zabern, 1999.

STOCLET, A. *Autour de Fulrad de Saint-Denis (710-784)*. Genebra; Paris: Droz, 1993.

STORY, J. Cathwulf, Kingship and the Royal Abbey of Saint-Denis. *Speculum*, v.74, n.1, p.1-21, 1999.

_____. *Charlemagne*: Empire and Society. Inglaterra: Manchester University Press, 2005.

TISCHLER, M. *Einharts Vita Karoli*: Studien zur Entstehung, Überlieferung und Rezeption. Hanôver: Harrassowitz, 2002.

TOCK, B.-M. La Diplomatique française du Haut Moyen Age vue à travers les originaux. In: TOCK, B.-M.; COURTOIS, M.; GASSE-GRANDJEAN, M.-J. (eds.). *La*

Diplomatique française du Haut Moyen Age: Inventaire des chartes originales antérieures à 1121 conservées en France. Turnhout: Brepols, 2001.

VERHAEGE, F. Urban Development in the Age of Charlemagne. In: STORY, J. *Charlemagne*: Empire and Society. Inglaterra: Manchester University Press, 2005.

VEZIN, J. Les Livres dans l'entourage de Charlemagne et d'Hildegarde. In: RICHÉ, P.; HEITZ, C.; HEBER-SUFFRIN, F. (eds.). *Actes du colloque "Autour d'Hildegarde"*. Paris: Imprimerie Intégrée de l'Université Paris-X, 1987.

VIRET, J. La Réforme liturgique carolingienne et les deux traduquetions du chant romain. In: RICHÉ, P.; HEITZ, C.; HEBER-SUFFRIN, F. (eds.). *Actes du colloque "Autour d'Hildegarde"*. Paris: Imprimerie Intégrée de l'Université Paris-X, 1987.

WALDHOFF, S. *Alcuins Gebetbuch für Karl der Grossen*: seine Rekonstruktion und seine Stellung in der frühmittelalterlichen Geschichte der *libelli precum*. Münster: Aschendorff, 2003.

WALLACE-HADRILL, J. M. Charlemagne and England. In: *Early Medieval History*. Oxford: Willey-Blackwell, 1975.

WERNER, K. F. Bedeutende Adelsfamilien im Reich Karls des Grossen. In: BRAUNFELS, W. (ed.). *Karl der Grosse*. v.I. Düsseldorf: L. Schwann, 1965.

_____. Das Geburtdatum Karls des Grossen. *Francia: Forschungen zur Westeuropäischen Geschichte*, v.1, p.115-57, 1973.

WERNER, M. *Adelsfamilien im Umkreis der frühen Karolinger: die Verwandschaft Irminas von Oeren und Adelas von Pfalzel*. Sigmaringen, Alemanha: Thorbecke, 1982.

WEST, G. V. B. Charlemagne's Involvement in Central and Southern Italy: Power and the Limits of Authority. *Early Medieval Europe*, v.8, n.3, p.341-67, 1999.

WOLFRAM, H.; DIESENBERGER, M. Arn und Alcuin bis 804: zwei Freunde und ihre Schriften. In: NIEDERKORN-BRUCK, M.; SCHARER, A. (eds.). *Erzbischof Arn von Salzburg*. Viena: R. Oldenbourg, 2004.

_____. The Creation of the Carolingian Frontier System c.800. In: POHL, W.; WOOD, I.; REIMITZ, H. (eds.). *Transformation of Frontiers*: from Late Antiquity to the Carolingians. Leiden: Brill, 2000.p. 233-245.

WYSS, M. Un Établissement carolingien mis au jour à proximité de l'abbaye de Saint-Denis: la question du palais de Charlemagne. In: RENOUX, A. (ed.). *"Aux Marches du palais"*: Qu'est-ce qu'un palais médiéval? In: CONGRÈS INTERNATIONAL D'ARCHÉOLOGIE MÉDIÉVALE, 7. Le Mans-Mainz, 9-11 set. 1999. Actes du... Caen: Société d'Archéologie Médiévale, 2001.

ÍNDICE ONOMÁSTICO

A

Abbio, chefe saxão, 210
Abd Allah, embaixador, 409
Abd al-Malik, 268
Abd al-Rahman, emir de Córdoba, 108, 116, 184-6, 188, 235, 636
Abdala, 303, 306-7
Abetz, Otto, 50
Abo, conde, 420
Abraão, chefe ávaro, 251, 384
Abu Yusuf, 359
Abul Abbas, califa de Bagdá, 187, 361, 369, 380, 416, 429
Acciaiuoli, Agnolo, 24
Acciaiuoli, Donato, 25
Adalardo, abade de Corbie, 159-60, 198, 251, 320, 498, 529-30, 573-4, 607
Adalardo, *missus*, 402, 413
Adalberto, 93, 95, 293, 529
Adalberto, herege, 150
Adalgis, camareiro, 205-6,
Adalgis, filho do rei Desidério, 71, 84, 171, 180, 195, 199, 222, 225, 229-30, 232, 637, 655
Adaltruda, filha ilegítima de Carlos Magno, 326
Adalungo, abade de Lorsch, 418
Adelaide, filha de Carlos Magno, 161

Adelberga, filha do rei Desidério, 155, 203, 222, 229-30
Adeleric, 235
Adélia de Vermandois, 15
Adelinda, concubina de Carlos Magno, 326
Ademar (ou Adémar), 81, 200, 411
Adémar de Chabannes, 6
Adenauer, Konrad, 52
Adriano I, papa, 73, 161, 164-5, 171-3, 178-80, 185, 194, 196, 199, 201, 204-5, 214, 216, 219-20, 222-4, 230-1, 250, 255, 282, 287-8, 291-2, 302, 343, 518, 570, 636
Adriano, duque, 231
Aécio, eunuco, 366
Aécio, general romano, 99-100, 632
Aelberto, bispo de York, 203
Aelfflaed, 251
Aelfwald, rei da Nortúmbria, 221
Aethelred, rei da Nortúmbria, 221, 300, 455
Afiarta, Paulo, 165
Agilolfo (ou Aigulfo), rei dos lombardos, 106, 506
Agnello, 84
Agobardo, arcebispo de Lyon, 417, 436

Agostinho, Santo, 18, 94, 211, 215, 240-1, 302, 342, 352, 522, 529, 531, 534, 545, 594-6, 609, 611, 616-7, 630
Ahmad Ibn Hanbal, 359
Aio, conde lombardo, 64, 425
al-Asmaï, 359
Alberico, bispo, 495
Albino, cubicular, 76, 312
Alboíno, rei dos lombardos, 106
Alcuíno, monge, 522, 526, 528-9
Alderico, arcebispo de Sens, 574
Aldrico, notário, 570
Alexandre de Roes, 23
Alexandre III, papa, 11, 13-4
Alfonso II, rei de Oviedo, 262, 306
Alfonso, o Casto, 262, 306, 308
al-Hadi, 187, 642
al-Hosein, 188
Alhred, rei da Nortúmbria, 221
Alim, bispo de Brixen, 202
al-Istakri, 442
al-Mahdi, 186-7, 642
al-Mamun, 359
al-Mansur, califa de Bagdá, 187
al-Muqanna, 359
Alpaida, concubina de Pepino de Herstal, 116
Alpais, filho ilegítimo de Luís, o Piedoso, 299
al-Saffah, 187
Altfredo, notário, 570
Alto, abade de Mondsee, 202
Amalário, arcebispo de Trier, 426
Amalberto, notário, 570
Ambrósio, santo, 342, 630
Ampère, Jean-Jacques, 42, 617
Amrus, 413, 417
Anne da Bretanha, 19
Ana da Áustria, 161
Anastácio, 535
Anastácio, camareiro do papa, 175, 492
Anastácio, imperador, 632
André, bispo, 178
Angandeo, 420
Angésige, bispo, 566, 621

Angilberto, abade de Saint-Riquier, 81, 290-2, 345, 418, 468, 517, 524, 529, 535, 549, 572, 574, 602, 607, 615, 629
Angilram, bispo de Metz, 68, 280, 542, 574, 605
Ansa, mulher de Desidério, 155
Anselmo, conde do palácio, 190-1
Antímio, duque de Nápoles, 428
Anulo, 427
Aowin, 420, 425
Aregunda, 137
Arequis, duque do Benevento, 155, 178-80, 195, 200, 203, 214, 222-5, 228-31
Ariosto, 21
Arn, arcebispo de Salzburg, 75-6, 214, 224, 296, 310, 314, 319, 322, 325, 328, 333, 377, 413, 418, 529, 574, 602-3, 605
Arnoldo, 200
Arnulfo, bispo de Metz, 113, 117, 161
Arnulfo, filho ilegítimo de Luís, o Piedoso, 299
Arsafe, 426
Artavasde, 135
Artur, rei, 18, 39
Aruin, duque, 255
Ascaric, bispo, 250
Ascheric, conde, 317
Astolfo, rei dos lombardos, 60, 123, 125-6, 128-31, 635
Atala, filha de Pepino da Itália, 297
Átila, 44, 99-100, 257, 632
Atto, 194-8, 229-30
Atton, bispo de Freising, 328
Aubert, David, 25
Aubery, Antoine, 30
Auchier, duque, 160, 165, 170
Audaccrus, *missus*, 223
Aude, irmã de Pepino, o Breve, 235
Audgar, 125, 131
Audulfo, conde e senescal, 218, 385, 529
Auréolo, conde, 413
Aventino, 84, 202

ÍNDICE ONOMÁSTICO

B

Baluze, Jean, 30
Bapst, Jacques-Evrard, 40
Barbero, Alessandro, 48, 151
Barnave, Antoine, 36
Basilisco, 308
Baugolfo, abade de Fulda, 80, 85
Beato, duque de Vêneto, 399, 411
Beato, monge, 262
Beatrix, rainha, 52
Beatriz de Vermandois, 15
Beauharnais, Josefina de, 40
Beau-Villiers, duque de, 32
Bebenburg, Lupold de, 19
Beda, o Venerável, 79, 82, 109, 220, 442, 523, 526, 528, 571, 594, 614, 617
Begga, filha de Pepino I, 113-4, 654
Bégon (ou Bego), conde de Paris, 435, 580
Belisário, 105
Belleforest, François de, 26, 28
Bento de Aniane, 200-1, 435-6, 608
Bento XIV, papa, 15
Beornred, abade de Echternach, 220-1, 529
Bera, conde de Barcelona, 404, 411, 418
Berdolet, Marc-Antoine, 40
Bernardo, bispo de Worms, 20, 413
Bernardo, conde, 420, 427
Bernardo, filho de Pepino da Itália, 297, 416, 427
Bernardo, filho ilegítimo de Carlos Magno, 326, 457
Bernardo, irmão de Pepino, o Breve, 170, 198, 573, 654
Bernoin, bispo de Besançon e de Clermont, 418, 511
Berta (ou Bertranda), mãe de Carlos Magno, 91, 98, 122, 126, 128, 137, 151, 154, 155-6, 158, 160-1, 208, 374-5, 512, 517, 637
Berta, filha de Carlos Magno, 81, 161, 196, 251, 290, 517-8, 525
Berta, filha de Pepino da Itália, 297
Bertário, 114

Bertolini, O., 79
Biennais, Martin-Guillaume, 40
Bischoff, B., 522
Biscop (Benoît), abade, 610
Blado, notário, 570
Blair, Tony, 52
Boécio, 100, 528, 614
Böhmer, Justus Henning, 544
Boiardo, Matteo, 21
Bonaparte, Lucien, 41
Bonifácio, São, 85, 89, 109, 117-20, 123, 132, 134, 149, 455, 534-5, 635
Boorman, John, 586
Borrell, conde, 303
Borries, Kurt, 50
Bossuet, Jacques Bénigne, 31-3
Boulainvilliers, Henri de, 34
Branca de Castela, 161
Burchard de Worms, 118
Burchard, bispo de Würzbourg, 123, 597
Burchardo, conde do estábulo, 408, 418, 420
Burellus, 411

C

Calisto, abade, 367
Calmette, Joseph, 50
Cam, filho de Noé, 442
Campulo, 209, 289, 312, 328, 332, 632
Capeto, Hugo, 9, 15
Cariberto, conde de Laon, 98
Carlomano, filho de Carlos Magno, 80, 161, 197
    Ver também Pepino.
Carlomano, irmão de Carlos Magno, 37, 63, 92, 98, 128, 130, 132, 134, 137-41, 146, 148-9, 152-3, 155, 157-60, 165, 169-70, 174, 198, 218, 264, 395, 398, 551, 607, 636, 654
Carlomano, irmão de Pepino, o Breve, 119-22, 128, 132-3, 136, 386, 635, 654
Carlos de Valois, 17
Carlos II, o Calvo, 16, 46
Carlos III, o Gordo, 94

Carlos IV de Luxemburgo, 10, 13-4, 18
Carlos IX, rei da França, 26
Carlos Martel, 38, 68, 72, 78, 80, 108, 115-22, 129, 132, 134, 146, 148, 150, 166, 253, 289, 342, 346, 457, 467, 550, 555, 604, 614, 626, 654
Carlos V (Carlos Quinto), 11, 53, 437
Carlos V, rei da França, 14, 18, 27, 40, 44-5
Carlos VII, rei da França, 19, 24
Carlos VIII, rei da França, 19-20, 25
Carlos, o Jovem, filho de Carlos Magno, 252, 285, 298, 337, 427, 639
Carlos-Orlando, 19
Casaubon, Isaac, 89
Cassan, Jacques de, 29
Cassiodoro, 100, 361, 609, 614
Cathwulf, 70, 152, 540, 545, 629
Cautin, bispo, 492
Caylus, Anne Claude Philippe de, 39
Céline, 51
Cenwulf, 303
Ceolfrid, monge, 610
Ceroldo, 93
Châteaubriant, Alphonse de, 43, 51
Chazal, Gilles, 632
Chilperico II, 461, 614
Chorso (ou Corso), duque de Toulouse, 200, 235
Churchill, Winston, 52
Cícero, 89, 522, 527, 615
Cipolla, C., 465
Claudiano, 632
Clément le Scot, 524, 615
Clinton, Bill, 52
Clotário III, 27n.6, 135
Clóvis I, 15, 27n.6, 96, 102, 107, 112, 124
Clóvis II, 137, 347, 454, 511, 594, 632-3
Coislin, Pierre Cambout de, 34
Colcu, 250
Condorcet, 37
Constaes, sacelário, 198
Constantino II, imperador, 290
Constantino V, imperador, 123, 125-6, 128, 132, 135-6, 198, 339, 352, 380

Constantino VI, imperador, 198-9, 222-3, 228, 249, 285
Constantino, antipapa, 154
Constantino, imperador, 16, 27, 73, 80, 185, 255, 274, 290, 327, 342, 344, 347, 351, 354, 357, 392, 396, 540, 571, 573, 595, 629, 632-3
Cordemoy, Géraud de, 32
Coudenhove-Kalergi, conde, 52
Courtin, Nicolas, 30, 32, 34
Creôncio (Crantz, ou Creontius), 84, 156, 159-60, 202, 218, 224, 227
Crescêncio, 231
Cristóforo, primicério, 158, 164
Crodegango, bispo de Metz, 125, 149, 548, 604, 635
Curne de Sainte-Palaye, La, 38

D

D'Arlincourt, Charles Victor, 41
Dagoberto I, 96, 113, 137, 456
Dagoberto II, 113
Dagulfo, 278, 539, 613
Damasceno, João, 109
Damase, 201
Daniel, bispo de Narbona, 605
Daniel, padre, 31
Davi, rei de Israel, 10, 75, 124, 131, 262, 284, 316, 339, 342-4, 346, 352, 354, 392, 526, 529, 539-40, 543, 545-6, 595
David, Jacques-Louis, pintor, 39
De Gaulle, Charles, 52, 515
Déat, Marcel, 50
Delors, Jacques, 52
Denis, o Pequeno, 571
Denon, 40-1
Desiderata (Désirée), filha de Desidério, 155-6, 159, 285, 654
Desidério, rei dos lombardos, 84, 92, 131, 133, 137, 155-61, 164-6, 170-1, 174, 179-80, 195, 199, 201, 203, 222, 226, 228-9, 264, 463, 517, 523, 636
Di Bergamo Andrea, 84
Dodo, *missus* de Carlomano, 158-9

Doehaerd, Renée, 464
Donato, bispo de Zara, 399, 523, 608
Double, Lucien, 46
Dragovit, 239
Drogo, filho de Regina, 326, 537
Du Boulay, 32
Dubois, Pierre, 25
Dubroca, Louis, 41
Duméril, Alfred, 46
Dungal, monge, 524, 615
Dürer, Albrecht, 10, 27

E

Ealdwulf, legado, 409, 411
Eanbald, arcebispo de York, 203, 221
Eardwulf, rei da Nortúmbria, 301, 409, 412, 642
Ebbone, arcebispo de Reims, 436, 525
Eberhard, copeiro real, 201, 529
Eberhard, marquês de Friuli, 609
Ebroíno, prefeito do Palácio da Nêustria, 113-4
Eburis, 308
Ecgfrith, 251, 303
Edo, conde, 418
Egberto, 220-1
Egberto, conde, 412, 420
Eggihard, senescal, 190
Egila, bispo, 250
Eginhardo, 19, 23, 26, 58, 77, 80-1, 85-92, 95, 97, 122, 150-3, 156, 160, 166-7, 170, 189-91, 208, 211, 217-9, 238, 257-8, 264, 273-4, 293-4, 306, 313, 322, 325, 336-7, 361, 368, 393, 395, 418, 420, 432, 434-5, 439-41, 446, 453, 455, 471, 498, 503, 513-9, 521-2, 525, 530, 533, 536, 538, 566, 573-5, 585, 587-8, 595, 601, 607, 609, 615, 621-2, 625
Eigil, 80
Elipando, arcebispo de Toledo, 250, 262, 278-9, 309, 327
Elpídio, 199
Erasmo, 25, 312

Ercambaldo, chanceler, 363, 365, 570
Ercanger, conde, 418
Erembert, bispo de Worms, 605
Érico, duque de Friuli, 292-3, 322
Ermengarda, imperatriz, esposa de Luís, o Piedoso, 548
Ermoldo, o Negro, 80, 254, 364, 394, 435, 469, 525, 568, 588, 615
Es, W. A. van, 509
Estaurácio, eunuco, 228-9, 249, 366
Estaurácio, filho de Nicéforo, 425
Estêvão II, papa, 90, 125-9, 131, 172, 343, 512, 595, 635
Estêvão III, papa, 73, 132, 152, 154, 157-9, 161, 164-5, 537-8
Estêvão, bispo, enviado do papa, 180, 279
Estêvão, conde, 418, 549
Estrabão, 630-1
Estúrmio, abade de Fulda, 635
Etério, bispo d'Osma, 262
Eudes, arquiteto, 254
Eudes, duque da Aquitânia, 116
Eugênio III, papa, 13
Eugerius, *missus*, 247
Euticius, 200
Evágrio, 472
Ewig, Eugen, 73

F

Fardulfo, abade de Saint-Denis, 70, 263, 265, 577, 628
Fastrada, esposa de Carlos Magno, 24, 29, 70-1, 75, 208, 210, 225, 227, 258-61, 264, 284, 516, 518, 637-8, 654
Fauriel, Charles, 42
Favier, Jean, 63, 98, 157, 173, 239, 351
Felipe II Augusto, rei da França, 17, 40, 46
Felipe, o Belo, 17, 19
Felipe, papa, 132
Félix, bispo d'Urgel, 262, 278-9, 309, 327
Félix, monge, 409
Fénelon, 31
Ferdinando I, imperador, 11

Fesch, Joseph, 41
Fisher, Irving, 464
Fleury, Claude, abade, 31, 115, 525-6, 532, 638
Folz, Robert, 48, 275, 331, 349
Fontanes, Louis de, 40
Fortunato, patriarca de Veneza, 369
Fourquin, Guy, 499
Fredegário, 79, 137, 140
Frederico I Barbarossa, imperador, 11-4, 21, 48, 437
Frederico II, imperador, 13, 23
Fridugise, abade de Saint-Martin de Tours, 418, 609
Frodaldo, conde de Vannes, 323
Frontino, 588
Fulrad, abade de Saint-Denis, 70, 123, 127, 129, 131, 137-8, 151, 159, 404, 542, 574, 619, 637
Fulrad, *missus*, 402
Fustel de Coulanges, 46

G

Gaguin, Robert, 25-6
Gaillard, Gabriel Henri de, 39
Gailo, 71
Galbert de Bruges, 19
Ganshof, F. L., 448, 589
Garibaldo, 101
Garrod, H., 94
Gausfrido, 175
Gautier, Léon, 43
Gavienus, bispo de Tours, 605
Gelásio I, papa, 342, 545, 616-7
Geraldo, conde de Paris, 580
Geraldo, cunhado de Carlos Magno, 65, 161, 227, 258, 457, 573
Geraldo, sogro de Carlos Magno, 161
Gerardo, conde de Paris, 549
Gerbaldo de Liège, 63, 386, 402-3
Gerberga, filha de Desidério, 155, 157, 160, 170, 654-5
Germaire, conde, 314-5, 328
Gerricus, 429

Gersuinda, concubina de Carlos Magno, 326
Gervilib, 120
Gervold, abade de Saint-Wandrille, 251, 470, 509
Gewein, 218
Gibbon, Edward, 38
Gilberto de Tournai, 17
Gilberto, notário, 570
Gilles de Paris, 17
Gilles, Nicole, 26
Gilon, condestável, 206
Girard d'Amiens, 18
Giscard d'Estaing, Valéry, 52
Gisela, filha de Carlos Magno, 161, 196-7, 202, 204, 518, 611
Gisela, irmã de Carlos Magno, 72, 98, 151, 156, 310, 395, 572, 617
Gislebert, bispo de Noyon, 605
Godelaib, duque abodrita, 410
Godescal, 307
Godescalco, monge, 203, 523, 534, 539
Godofredo de Bulhão, 18
Godofredo de Viterbo, 19
Godofredo, rei dinamarquês, 325, 382, 410, 412, 415-6, 427
Godramnus, 229-30
Gotfried, duque, 132
Goulart, Simon, 29
Grahamann, *missus*, 233
Grant, A. J., 94
Gregório de Tours, 79, 462, 492
Gregório II, papa, 117
Gregório III, papa, 107, 120-1
Gregório XI, papa, 14
Gregório, o Grande, 342, 526, 534-5, 545, 616-7
Grierson, M., 477
Grifo, filho de Carlos Martel, 121-2, 132-4, 136, 636
Grimaldo de Reichenau, 93, 527
Grimoaldo, filho de Arequis, 224, 228-32, 263, 269, 355-6, 428
Grimoaldo, filho de Pepino I, 113, 115
Gudulfo, notário, 570

Guenée, Bernard, 71
Gui (ou Guy), conde da Marcha da Bretanha, 323, 444, 527, 548-9
Guilherme II, imperador da Alemanha, 48
Guilherme, conde de Toulouse, 549
Guilherme, conde, 235, 249-50, 268-9, 364, 404, 637
Guillaume, o Bretão, 17
Guiraut de Cabrera, 21
Guise, François, duque de, 29, 33
Guizot, 43, 47
Gundrada, filha de Pepino da Itália, 297, 530, 617

H

Hadingo, notário, 570
Haido, bispo da Basileia, 425
Haillan, Bernard du, 26
Haimeric, conde, 417
Hakam I, 300, 303, 429
Halphen, Louis, 48, 89, 94, 126, 239, 293, 334, 351, 420, 457
Hancwin, 420
Hardrad, conde, 71, 82, 218
Harun al-Rachid, califa de Bagdá, 187, 356-63, 366-7, 370, 408-9, 468, 473, 596, 626, 638
Hatto, conde, 418
Hebbi, 420, 425
Heito (ou Haito), arcebispo da Basileia, 418, 511
Helgaud, conde, 367
Helinando de Froidmont, 23
Hemming, rei dinamarquês, 416, 420, 425, 427
Henrique de Susa, 14
Henrique I, o Passarinheiro, rei da Germânia, 9
Henrique II Plantageneta, rei da Inglaterra, 11
Henrique IV, rei da França, 11n.2, 30, 37, 48, 437
Henrique VII, imperador, 19

Herberto II, conde de Vermandois, 15
Heriberto, conde d'Autun, 422
Heriold, rei dinamarquês, 427
Héritier, Jean, 50
Herminarius, bispo de Bourges, 605
Heródoto, 629-30
Herulfus, bispo de Langres, 605
Hesíodo, 630
Hessi, 176
Higounet, Charles, 612
Hildebaldo, arcebispo de Colônia, 280, 317, 328, 333, 418, 434, 529, 542, 574, 637
Hildebrando, duque, 171, 179-80, 194, 200, 209
Hildegarda, esposa de Carlos Magno, 93, 161, 171, 174, 187, 196, 207-8, 227, 297, 362, 518-9, 573, 637, 654-5
Hildegarda, filha de Carlos Magno, 161, 207, 655
Hildegarda, filha de Luís, o Piedoso, 299
Hildger, conde, 418
Hilduíno, abade de Saint-Denis, 436, 602
Hiltruda, filha de Carlos Magno, 208, 259, 284, 518, 655
Hiltruda, irmã de Pepino, o Breve, 132, 655
Himiltrude, concubina de Carlos Magno, 92, 155-6, 263, 285
Himmler, 51
Hisham (ou Hicham), emir de Córdoba, 186, 268-9, 300, 303, 642
Hitler, Adolf, 39, 50-1, 90
Hitto, conde, 593
Horácio, 529, 615, 630
Hotman, François, 28
Hroculf, *missus* e conde, 403, 418
Hucpert, duque da Baviera, 132
Hugo de França, 15
Hugo, bispo de Paris, 119
Hugo, conde de Tours, 425
Hugo, filho ilegítimo de Carlos Magno, 326
Hugo, o Forte, 22, 43, 45

Hugo, o Medroso, 549
Hugo, Victor, 44-5
Hunaldo II (ou Hunold), duque da Aquitânia, 186, 636
Hunaldo, duque da Aquitânia, 122, 136, 152-3, 635
Hunayn Ibn Ishaq, 359
Hunric, abade, 224
Hütten, Ulrich von, 73

I

Ibbo, notário, 570
Ibn al-Abbas, 186-7
Ibn Khurradadhbeh, 473
Ibrahim, 187, 357, 360
Imma, mulher de Eginhardo, 87
Incmaro, arcebispo de Reims, 81, 572-3
Ingermano, conde, 299, 548
Ingoberto, *missus*, 414
Inocêncio III, papa, 14, 23
Irene, imperatriz, 22, 83, 198-9, 205, 222-3, 228-9, 232, 249, 275, 278, 308, 333, 346, 365-7, 638, 642
Irmingar, conde, 433
Irminon, abade de Saint-Germain-des-Prés, 418, 442, 448, 454, 479, 485, 498
Irwein, 218
Isaac, mensageiro judeu, 357, 360, 473
Isembardo, conde, 411, 422
Isidoro de Sevilha, 79, 123, 453, 523, 528, 535, 545, 614, 616-7, 630
Itherius (ou Ithier), abade e chanceler, 205, 213, 570

J

Jacob, notário, 37, 570
Jaffé, Philippe, 89, 94
Jerônimo de Urrea, 21
Jérônimo, bispo de Nevers, 511
Jessé, bispo d'Amiens, 328, 367, 418, 436
João XXII, papa, 10
João, abade de Ravena, 216
João, arcebispo de Arles, 418

João, logoteta, 232
João, patriarca de Grado, 178
Jordanes, 124
Jorge o Sincelo, 83
Jorge, abade do Monte das Oliveiras, 409
Jorge, bispo de Óstia, e depois de Amiens, 125, 221
Jorge, o Monge, 109
Joseph le Scot, 524
Joseph, monge, 229-30
Josias, 240, 540, 545
Jourdan, Jean-Baptiste, 40
Jung, Carl Gustav, 9
Justiniano, imperador, 100, 105, 274, 380

K

Karamanlis, Konstantin, 52
Kilian, monge, 118, 534-5
King, P. D., 71, 79, 241, 328
Kleinclausz, A., 48, 94
Kohl, Helmut, 52
Konrad, 21
Krag, Jens Otto, 52
Krüger, Gerhard, 49

L

Lacanodracon, Michel, 135
Lallement, Louis, 50
Lamberto, conde de Nantes, 323, 535
Lanfredo, monge, 357
Larousse, Pierre, 43
Lavisse, Ernest, 46-7
Le Goff, Jacques, 442
Le Laboureur, Jean, 34
Le Laboureur, Louis, 32
Le Trosne, Guillaume-François, 37
Leão I, santo, papa, 205, 342-3
Leão III, papa, 28, 33, 41, 73, 287-92, 294, 300, 312-3, 317-21, 328, 331-3, 335-7, 348, 365-7, 383-4, 409, 412-3, 420, 428, 433-5, 460, 638
Leão IV, imperador, 83, 266, 595
Leão IV, papa, 198, 507

ÍNDICE ONOMÁSTICO

Leão V, imperador, 83, 368, 427
Leão X, papa, 28
Leão, arcebispo de Ravena, 174, 178
Leão, siciliano, 366, 425
Lebecq, Stéphane, 619
Lecho, duque da Boêmia, 385
Leidrade, arcebispo de Lyon, 352, 377, 418, 442, 511, 532, 538, 603, 605, 619
Lemaire de Belges, Jean, 27
Leoba, abadessa de Tauberbishofsheim, 161
Leuderic, conde, 229-30
Leutardo, conde de Fezensac e depois de Paris, 364, 580
Leutardo, conde, 422, 549
Liuberga, filha do rei Desidério, 133, 201, 226-7
Liuberga, mulher de Tássilo, 155
Liudger, bispo de Münster, 221, 605
Liuprando, rei dos lombardos, 107, 120-1
Lombard, Maurice, 110
Longuyon, Jacques de, 18
Lot, Ferdinand, 448, 589
Lotário, filho de Carlos Magno, 51, 161, 187
Lotário, filho de Luís, o Piedoso, 299
Ludovico, o Mouro, 20
Luís da Baviera, imperador, 10
Luís I, o Piedoso, 9, 41, 51, 63, 69-70, 80-1, 85-6, 88, 90-1, 125, 161, 187, 191, 200-1, 204, 234-5, 251-2, 255-6, 258, 260, 263-4, 269, 297-300, 303-4, 306, 323, 326-7, 329, 347, 351, 363-5, 374, 385-6, 392, 395, 397-8, 404, 411, 414, 417, 420-3, 427-9, 431-3, 435-7, 455-7, 471, 478, 517-8, 525, 529, 548-50, 566, 573, 578-80, 588, 607, 613-4, 628, 636, 639

Luís IX (São Luís), rei da França, 17-9, 29, 32, 48, 161
Luís XI, rei da França, 19, 24, 85
Luís XII, rei da França, 28
Luís XIII, rei da França, 29, 160

Luís XIV, rei da França, 29-30, 32-3, 160-1, 378
Luís XVI, rei da França, 36-7
Luís XVIII, rei da França, 41
Luís, filho de Luís, o Piedoso, 299
Lulo, judeu, 635
Luns, Joseph, 52
Lupo Servato (Loup de Ferrières), 87
Lupo, duque de Gascogne, 153
Lutgarda, esposa de Carlos Magno, 214, 285, 326, 518, 530, 638

M

Mabille de Poncheville, 51
Mabillon, Jean, 30
Mably, Gabriel Bonnot de, 36
Machelm, 202, 204
Madelgarda, concubina de Carlos Magno, 326
Mägel, 202
Magnus, bispo de Sens, 66
Mainardo (ou Maginarius), chefe da chancelaria, 70, 159, 205, 213, 229-30, 574
Malesherbes, Guillaume Lamoignon de, 36
Mamalus, *primicier*, 198
Mancio, *missus*, 247
Maquiavel, Nicolau, 25
Marcellinus, Amiannus, 79
Marchangy, Louis Antoine de, 41
Maria de Médici, 160
Maria, a Armênia, esposa de Constantino VI, 223, 229
Marshall, George, 52
Martin, Hervé, 3
Marwan II, 186
Maurdramnus, abade de Córbia, 612
Maxêncio de Aquileia, 351
Maximilian, imperador, 25
Mayol de Lupé, 51
McKitterick, Rosamond, 48, 58, 63, 71, 88, 140, 156, 177, 251-2, 350, 536, 568
Megenfrido, camareiro, 214-5, 258-9, 261, 355, 529

Meginhardo, conde, 418, 420
Meginher, conde, 418
Melquisedec, 124, 545
Merkel, Angela, 53, 634
Mézeray François Eudes de, 30
Michelet, Jules, 43
Miguel I Rangabe, imperador, 368, 425-6, 639
Miguel, bispo, 367, 426
Miliduoch, chefe sórbio, 406
Milo (ou Milon), 119, 217
Mitterrand, François, 52
Moduíno, bispo de Autun, 525, 529, 572
Moisés, 131, 291, 339, 342, 530, 535, 540, 601
Montesquieu, 35
More, Thomas, 25
Moreau, Jacob-Nicolas, 37
Mousket, Philippe, 22
Musset, Lucien, 104-5
Mussolini, Benito, 48, 90

N

Nanthilde, esposa de Dagoberto, 137
Napoleão I, 8, 39-46, 164, 192, 423, 520-1, 626
Narases, 105
Nauthar de Saint-Omer, 409
Nibelungo, filho de Childebrando, 80
Nicéforo I, imperador, 367-9, 399, 417, 425, 638-9
Nicetas de Bizâncio, patrício, 109, 399
Nitardo, 81, 98, 517
Noé, 442, 630
Nominoé, rei da Bretanha, 602
Notker, monge de Sankt Gallen, 23, 26, 47, 92-4, 265-6, 293, 313, 362-3, 370, 393, 455, 472-3, 519, 526-7, 531, 533, 536-8, 573, 585-6, 605, 619, 621

O

Odalrico, bispo, 519

Odberht, 302
Odilon, duque da Baviera, 122, 132-3, 654-5
Odon, conde, 416, 420, 621
Offa, rei de Mércia, 219-21, 251-2, 272, 285, 294, 300-3, 383, 470
Olivier, 22-3, 46, 623
Optato, notário, 570
Osdag, conde, 420
Osfrid, 420
Osulf, monge, 530
Otachar, conde, 548
Oto, conde de Lomello, 6
Oto I, imperador, 9-11, 28, 51
Oto III, imperador, 5-6, 9, 11, 13, 44
Otulf, conde, 418
Ovídio, 525, 529, 615, 630

P

Paris, Gaston, 43
Pascal III, antipapa, 11-3
Pascoal, primicério, 288, 312, 332
Pasquier, Etienne, 25, 28
Paulino, arcebispo de Aquileia, 204, 214, 295, 309, 345, 451, 524, 529, 545, 549, 574, 615
Paulo Diácono, 68, 84, 90, 203, 216-7, 451, 520, 523, 531, 615, 637
Paulo I, papa, 131-2, 342-3
Paulo, duque de Zara, 399, 411, 415
Pedro de Pisa. *Ver* Pedro Diácono.
Pedro Diácono, 64, 203, 520, 522-3, 531, 533, 574, 615
Pedro, abade, 367, 426
Pedro, bispo de Verdun, 280, 605
Pepino, conde de Vermandois, 15
Pepino, filho de Carlos Magno, rei da Itália, 61, 65, 82, 157, 161, 185, 197-8, 200, 204-5, 225, 232, 251-2, 258, 260, 263-4, 269, 292-3, 295, 297-8, 304, 307, 317, 323, 329, 347, 351, 355, 363, 374, 385-6, 395, 397-9, 404, 408, 411, 415-6, 421-2, 427-8, 440, 449, 456-7, 518, 529, 636, 638-9

Pepino, filho de Luís, o Piedoso, 299
Pepino, o Corcunda, 71, 92, 95, 156, 198, 263-4, 265-8, 280, 283, 300, 326, 551, 559, 607, 637
Pepino I de Landen, 113, 654
Pepino II de Herstal, 114-6, 654
Pepino III, o Breve, 8, 15, 41, 63, 69-70, 72, 78, 80, 91, 98-9, 107, 119-37, 139-41, 146, 149-50, 152-5, 160, 164-6, 175, 178, 201, 216-7, 225-6, 235, 244, 253, 266, 282, 342-3, 374-5, 380, 457, 462-3, 511-2, 517, 556, 562, 567, 570, 574, 604, 614, 619, 635, 636, 654
Perroy, Edouard, 48, 498
Petrarca, Francesco, 24
Pirenne, Henri, 110, 467-8, 476
Pisano, Cristina de, 18
Plectruda, esposa de Pepino II, 115-6
Portalis, Jean-Etienne, 40
Possessor, bispo, 178-9, 209
Postel, Guillaume, 27
Prandulo, 164
Pulci, Luigi, 25

Q

Quildeberto, 512
Quildebrando, meio-irmão de Carlos Martel, 113
Quilderico III, 99, 122-3, 635
Quintiliano, 89

R

Rábano Mauro, 85, 505, 525, 594, 615
Rabigaud, 178-9
Radbod, 116
Rado, chanceler e abade de Saint-Vaast, 570
Rafael, 28
Ragenfrido, prefeito do palácio da Nêustria, 116
Rampon, conde, 435
Ratger, abade de Fulda, 86

Ratper, 93
Raul de Vermandois, 15
Regina, concubina de Carlos Magno, 326
Reginaldo, 410
Reginbaldo, duque de Chiusi, 180
Réginon, 594
Rémy, bispo de Rouen, 131
Rethel, Alfred, 6, 44
Ricbod (ou Ricbold), abade de Lorsch e arcebispo de Trier, 76, 214, 331, 529
Ricbod, filho ilegítimo de Carlos Magno, 326
Richelieu, cardeal, 30
Riculfo (ou Richolf), arcebispo de Mainz, 214, 331, 333, 418
Riculfo, 75
Rigord, 16
Rihwin, 418
Roberto, conde, avô de Hugo Capeto, 15
Rochet, Charles, 46-7
Rochet, Louis, 46
Rodgar, conde, 200, 356
Rodgaud, duque de Friuli, 64, 179-81, 636
Rodolfo, conde, 208
Rodpert, duque, 84, 218
Rolando, conde das Marchas da Bretanha, 190-1, 444
Romualdo, filho de Arequis, 223-4, 228, 230
Rômulo Augústulo, imperador, 100
Rorico, conde do Maine, 517, 549
Roselmo, governante, 356
Rotfrid, 409
Rotruda, esposa de Carlos Martel, 121
Rotruda, filha de Carlos Magno, 80, 161, 199, 204, 222-3, 228, 285, 361, 415-6, 517-8, 549, 655
Rotruda, filha de Luís, o Piedoso, 299
Rotstagnus, conde de Gerona, 364
Rouche, Michel, 447
Rouget de Lisle, 39
Rutilda, filha ilegítima de Carlos Magno, 326

S

Sadun, governador de Barcelona, 300, 303, 306, 329, 363-4
Saint-Simon, Louis, duque de, 33
Sancho Lopo, príncipe dos bascos, 364
Sarkozy, Nicolas, 53, 634
Saul, 124
Sem, filho de Noé, 442
Senela, 385
Sérgio (ou Serge), secundicério, 154, 158, 164
Sestan, Ernesto, 506
Seyssel, Claude de, 28
Siegfried (ou Sigfred), rei dinamarquês, 183, 205, 307, 427, 444, 623
Sigimundo, 357
Sigurdo Serpente no Olho, chefe dinamarquês, 382
Silvestre, papa, 73, 126-7, 290, 312, 319
Simperto, bispo de Regensburg, 204
Sisínio, 308
Smaragdo, abade de Saint-Miguel, 413
Sorel, Albert, 46
Sorel, Charles, 30
Spaak, Paut-Henri, 52
Stieve, Friedrich, 50
Stresemann, chanceler, 49
Suanaquilda esposa de Carlos Martel, 121, 132
Suavis, notário, 570
Suetônio, 89, 95, 151, 393, 434
Sulayman Ibn al-ArabiSuoni, 183

T

Tácito, 90, 553, 615, 630
Taido de Bergamo, 64
Tarásio, patriarca de Constantinopla, 228, 277, 308
Tarquínio, 266
Tássilo, duque da Baviera, 82, 84, 92, 130, 132-4, 151, 155, 161, 201-2, 204, 218, 224-7, 232-4, 264, 282-4, 457, 482, 524, 551, 607, 635-7, 654-5

Teoctisto, 306
Teodão, duque da Baviera, 201, 226-7
Teodão, filho de Tássilo, 201, 226-7
Teodebaldo, duque dos alamanos, 122
Teodebaldo, rei merovíngio, 614
Teodeberto, rei merovíngio, 614
Teodicio, duque de Espoleto, 164
Teodorico, conde de Autunois, 549
Teodorico, conde, 206, 235, 258, 261, 268
Teodorico, filho ilegítimo de Carlos Magno, 326
Teodorico, rei dos ostrogodos, 100, 102, 104, 255, 465, 568
Teodoro, duque de Népi, 132, 209
Teodoro, khagan dos ávaros, 296, 384
Teodrada, filha de Carlos Magno, 208, 284, 518
Teodrada, filha de Pepino da Itália, 297
Teodulfo, abade de Fleury e bispo de Orleans, 87, 275, 328, 418, 455, 468-9, 519, 525-6, 528-30, 532, 572-4, 603, 605, 611, 613, 615, 638
Teófanes, o Confessor, 83, 109, 199, 223, 313, 365-6
Teofilacto, bispo de Todi, 279
Teofilacto, filho de Miguel I, 426
Teófilo, bispo, 308
Teognosto, bispo, 426
Teotério, conde, 420
Thégan, bispo de Trèves, 80, 432-5, 525
Thenaud, Jean, 28
Thibaud de Bar, 18, 454
Thierry IV, rei dos francos, 116
Thierry, Augustin, 47
Thierry, filho de Quilderico III, 123
Thietmar, 5, 7
Thrasco, rei dos abodritas, 307, 382, 410, 412
Tito Lívio, 95, 266, 615
Tomás, arcebispo de Milão, 202, 409
Torhtmund, 221, 300
Trasíbulo, 266
Tunno, duque de Ivrée, 164
Turpin, arcebispo, 16, 23

U

Ubaidun, duque, 414
Unroque, *missus* e conde, 402, 418, 420, 548
Urm, 420

V

Valla, Lorenzo, 73
Vardanes, o Turco (Bardanios Tourkos), 367
Verbruggen, J. F., 589
Verimberto, 93
Verino, Ugolino, 25
Vernes, Jacob, 37
Vertot, abade, 36
Vibaldo, notário, 570
Viboldo, conde, 519
Vibraye, Régis de, 49
Viduquindo, chefe saxão, 183, 192, 206-7, 210-1, 220, 325, 636-7
Vileado, da Dinamarca, 214, 220
Vilibaldo, São, bispo d'Eichstätt, 109, 118, 145, 357
Vilibrordo, bispo na Frísia, 118-9, 214, 346
Villani, Giovanni, 24
Villena, Francisco Garrido de, 21
Villette, Charles-Michel de, 37
Villon, François, 25
Vinigiso, duque de Espoleto, 312, 356
Virundo, conde, 314
Vitiza. *Ver* Bento de Aniane.
Voltaire, 37-8, 47, 53
Vulfário, arcebispo de Reims, 418

W

Waifar, duque da Aquitânia, 136-7, 152, 456, 636
Wala, abade de Corbie, 418, 549, 574
Wala, conde, 420, 427
Walcaudo, arcebispo de Liège, 418
Wamba, rei dos visigodos, 100, 124
Warin, abade de Corvey, 159, 548, 602
Warstein, 420
Wattenbach, Wilhelm, 611
Weisberger, Léo, 50
Werinar, conde, 385, 391
Werner, K. F., 97, 589, 634
Wetti, monge de Reichenau, 265, 516
Widolaico, notário, 570
Wigbod, 523
Wigman, conde, 420
Wilicher (ou Wilichart), arcebispo de Sens, 605
Willeri, duque do Vêneto, 399, 411, 425
Witzan, rei dos abodritas, 286
Wizzo, monge, 333, 529
Wolff, Philippe, 616-7
Wonomir, 292
Worad, conde do palácio, 206

Y

Yasid II, 186

Z

Zacarias, papa, 90, 123, 334, 343
Zacarias, monge, 324, 334

SOBRE O LIVRO

Formato: 16 x 23 cm
Mancha: 27,5 x 42 paicas
Tipologia: Iowan Old Style 10/14,6
Papel: Off-white 80 g/m² (miolo)
Cartão Triplex 250 g/m² (capa)

1ª edição Editora Unesp: 2024

EQUIPE DE REALIZAÇÃO

Capa
Marcelo Girard

Edição de texto
Tulio Kawata (Copidesque)
Marcelo Porto (Revisão)

Editoração eletrônica
Sergio Gzeschnik (Diagramação)

Assistente de produção
Erick Abreu

Assistência editorial
Alberto Bononi
Gabriel Joppert

Camacorp Visão Gráfica Ltda

Rua Amorim, 122 - Vila Santa Catarina
CEP:04382-190 - São Paulo - SP
www.visaografica.com.br